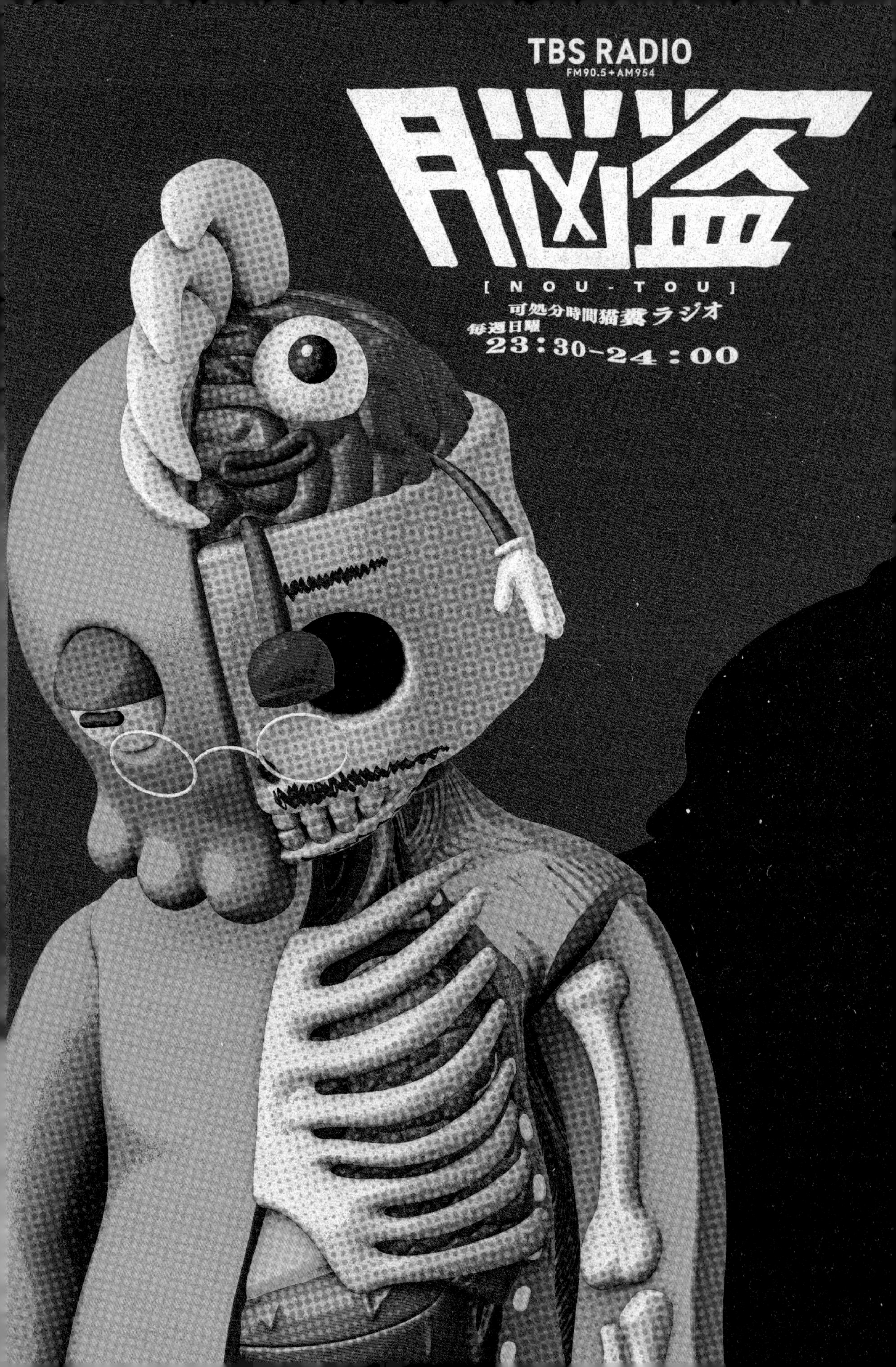
TBS RADIO
FM90.5＋AM954
脳盗
[NOU-TOU]
可処分時間猫糞ラジオ
毎週日曜
23:30-24:00

HAIR DESIGN & CARE

PIN PIN

ORIGINAL WAX

本剤又は本剤の成分、ヨーグルトによりアレルギー症状を起こしたことがある人は使用しないでください。

WAI WAI RADIO
歪歪放送
ワイワイレディオ
Apple
Spotify
ワイワイ
ガヤガヤ
―内容―
恋愛
相談
教養
音楽
意匠
映像
雑学
その他
毎週水曜日と土曜日
夜十時にポッドキャストにて
元気に放送中
アフター
歪歪放送

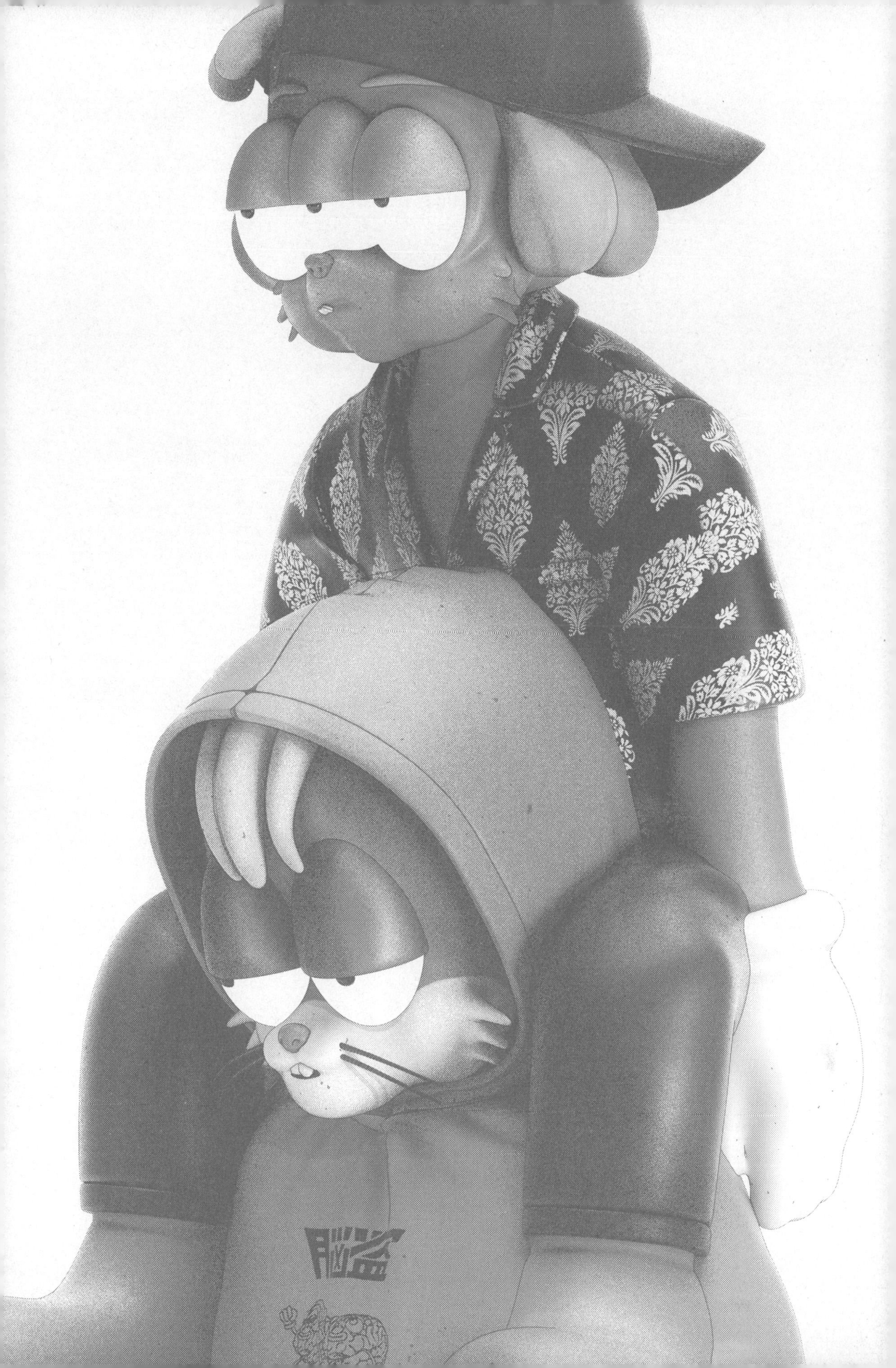

奇奇怪怪

2023

石原書房

Contents

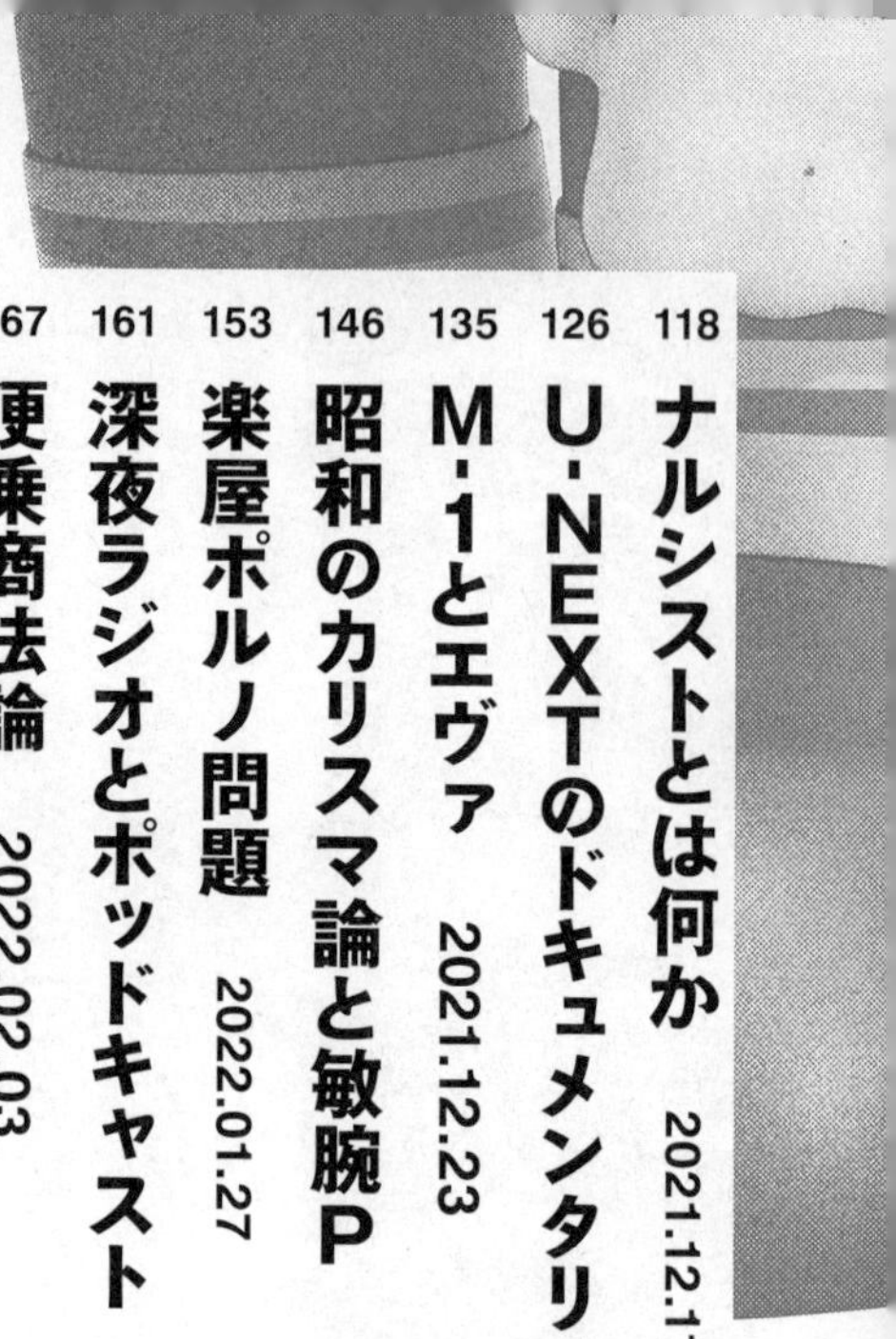

Contents

PACHINKO

TaiTan

溶けたジャンプを見たことがある。

小学4年の頃だったか。

当時私がよく遊んでいた公園の一角に、雑誌の違法投棄場があった。

不要な雑誌を資源の日に出すのを億劫《おっくう》がった近隣住人たちが、こともあろうに公園をゴミ箱にしてしまったのだ。区だか市だかはその対応に苦労していたようだが、子供達には関係ない。軽犯罪の現場は、すぐに放課後の溜まり場と化した。

なんせ、少年漫画誌にはじまり、ベースボールマガジンやPLAY BOY、果てはもっとエグい成人誌までがそこに玉石混合に集積していたのだから、もはや最寄りのブックオフだったわけである。

そんなブックオフで、私は件のジャンプを目撃する。

ある豪雨の翌日。いつものようにその一角へ立ち寄ると、そこにはみるも無惨な雑誌たちの姿が。ああそうか、このブックオフには屋根がないのだった、と呑気に思ったのも束の間、私は目を疑う。

ジャンプが溶けているじゃないか。

雨で紙がクタっているどころのレベルじゃない。雨で溶解

TaiTan（ラッパー） Dos Monosのメンバーとして3枚のアルバムをリリース。台湾のIT大臣オードリータンや、作家の筒井康隆とのコラボ曲を制作するなど、領域を横断した活動が特徴。また、クリエイティブディレクターとしても¥0の雑誌『magazine ii』やテレ東停波帯ジャック番組『蓋』などを手がけ、2022年にvolvoxを創業。Spotify独占配信中のPodcast『奇奇怪怪』やTBSラジオ『脳盗』ではパーソナリティをつとめる。

しているのだ。溶けてバラバラになった紙片の一コマに、威勢よく光線系の技名か何かを叫ぶ描写が載っていたように思うが、濡れた泥の上ではその声は誰にも届かないだろう、と残酷にも思ったのをよく覚えている。しかし反面、そのあられもないジャンプの有様に〝かっこよさ〟を覚えたのも事実だった。なぜか。それは、子供の私には処理のしきれない感情の混線だったが、そう感じた記憶だけは私の中に強く沈殿し続けていた。

本書は、そんな私の記憶を起点につくられたものである。溶けたジャンプのかっこよさとは何だったのか。

ジャンプは、もとより週刊の雑誌である。だから、商品としての寿命は基本的には一週間でおわる。そして、だからこそ雨に濡れたら即溶解するような再生紙を使っているわけだろうし、子供達もそれを理解してかせずしてか、乱暴に扱うことを躊躇《ためら》わない。しかし、そんなモノとしての短命性や低権威性とは裏腹に、掲載される漫画たちは、子供から大人までを熱狂させ、生涯にわたる影響を及ぼし続けている。

今ならわかる。私は、その在り方に惹かれていたのだ。

たかが漫画、されど漫画。その矜持の強さが、読者に一瞬限りの快楽と一生続く衝撃を与えているのだ。

本書も、それでいうと、たかがPodcast番組を書籍化したものだ。ただただ、私と友達の玉置君がさまざまなカルチャーや社会現象の話をしているように見せかけて、その実は、冗談の速射を競い合っているような行儀の悪いコンテンツである。別に恭《うやうや》しく扱われるような作品ではない。おまけに書籍化としては第弐弾である。手の内はバレているともいえる。

それでも。それでも、なお。

この本の何かが、どっかの誰かにとっての具体的な武器に変わってくれたらいいと思っている。つまり、「されど」的な、そういう種類の放熱があって欲しいと強欲にも願っている。

まあでも。そうはいっても、やっぱりたかがPodcastである。だから、書籍化にあたっての紙もあえてジャンプよろしくの雑魚紙を採用した。

読んでるうちにだんだんササクレだってくるだろう。少しでも濡れたら、文字が滲んで不便にちがいない。雨なんかに打たれたら最後、溶けるかもしれない。その際の返品対応は、しない。ブックオフにでも出してほしい。

ただ、約束できるのは、次第に形が変わってゆく姿がむしろかっこよく映るような、そういう代物には仕上げたつもりだ。

だから安心して、できるだけ夢中に、乱暴に読んでもらえたら嬉しい。

序

玉置周啓

玉置周啓　MONO NO AWAREとMIZのギターボーカルとして作詞作曲を手がける。サブカルチャーマガジン『EYESCREAM』にて読書感想文をweb連載、その他各種メディアに寄稿しており、ユーモアある文体が特徴。Spotify独占配信のポッドキャスト『奇奇怪怪』、TBSラジオ『脳盗』のMCを務める。

「俺の兄ちゃんジャンプをベッドにして寝てんだ」

クラス中が驚きと笑いに包まれたその日、少年誌を買ってもらう習慣のなかった私は愛想笑いをしながら「ジャンプという寝具がある」という事実を海馬に叩き込み、ターンエンドした。

遊戯王カードは、勝利中毒に罹っている友人から雑魚を与えられ、言われるがままデッキを組んだ。ルールも分からないままライフが削れていく日々、負けるために遊戯王をやっていた私に、それが元々漫画であることを知る機会はなかった。

友人の部屋で読んでみたこともあったが、ほとんど全ての漫画に〝前回〟があると知って意識が遠のき、どのページをめくっても主人公が「俺だぜ」と言っていて心が折れた。

唯一、私が自発的に読んだのは『DEATH NOTE』である。「人間って面白」という名言を残した平成の名作。この作品だけは〝前回〟を知る必要のない、一瞬にして脳の深奥に突き刺さる快楽と衝撃をもたらした。

床屋、中華屋、漫画雑誌コレクターの友人と、ジャンプが読めそうな環境に行くたび話数が飛び飛びであることも意とせず貪り読んだ。

完結してなお熱冷めやらぬ私は、母親にキャンパスノートを渡して、せがんだ。デスノートを作ってください。程なくして私の勉強机の上にはデスノートが置かれ、そこに「字が汚かった場合、名前を書かれた者は死なない」などと新ルールを書き留めては鍵付きの引き出しに仕舞い込んだ。今となっては、いつまでも仕舞われていて結構である。

仕舞うといえば、本作の書籍化にあたり、多忙にかまけて聞き返せていなかった『奇奇怪怪』のアーカイブを再生した。こちらも同じくいつまでも仕舞われていて結構だったが、私とモヒカンともども話を盛りがちであることを友人から揶揄《からか》われ、そんなに盛っていた記憶がないので聞き返した次第である。

話を盛るどころか、よそっていた。かつて味道楽をふりかけるように脚色する程度だった二人の会話は、いまや空想の炊飯器から米をよそって互いの喉元に詰め込み合う段階まで来ていた。

無論いちいちの発言に嘘があるわけではないが、本筋と全く関係のないところで盛り上がって、大馬鹿笑いしている。モヒカンが鳥の物真似を披露するゴットタレントに変わったのかと思った。

ただ、空想の炊飯器から米をよそうことに社会性がないわけではない。大真面目に社会を語らずとも、大馬鹿笑いの中に一粒の真実を見ることもある。私が『DEATH NOTE』に脳を揺さぶられたように、ギャグやラブコメに人生を触られた人も多いだろう。

ともかく私は漫画雑誌に触れずに育ったが、唯一、週刊漫画に限らぬ雑誌の愛すべき点は、思いもよらぬ出会いがある。何の話か分からないまま、よそわれた米を喰むようにページをめくっているうち、おこげのような、カルビをバウンドさせた痕跡のような、レトルト五目ご飯の天文学的確率の鶏肉のような、感動がごくまれにある。

それに出会ってしまったとき、私たちは「人間って面白」と思わざるを得ない。

012
スラングとコミュニティ強度／言葉はテクノロジーである

TaiTan　TaiTanです。

周啓　玉置周啓です。

TaiTan　『奇奇怪怪明解事典』でございますけれども。地下熱ね。

周啓　地下熱。

TaiTan　「地下熱」っつう曲を出しましてね。『Larderello』というアルバムの五曲目に入ってて。この曲のコンセプトは、「三人それぞれが何に狂ってきたのか」みたいなことをリリックにしたためたということなんですよ。

周啓　なるほど。

TaiTan　だから最初の題は「クレイジー」で。それはダサすぎるからっていうのでやめたんだけど、一応リリックの方針としては「Crazy about 何々」みたいなことだったんですよね。

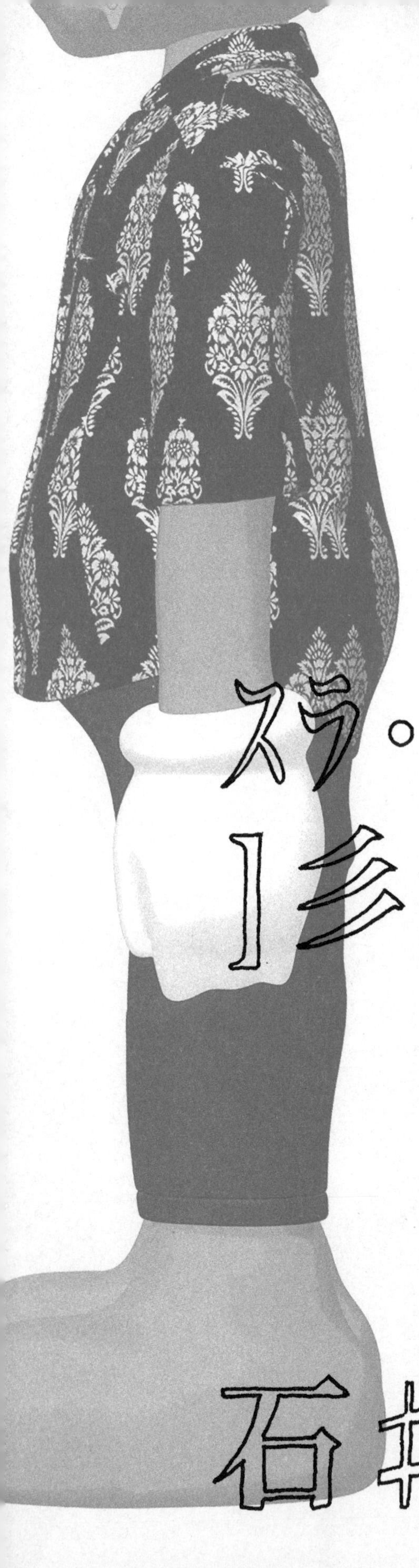

スラングとコミュニティ@

僕の場合は、あんまりやったことなかったんだけど、自分が今まで通ってきた、影響を受けてきた具体的な固有名詞をめちゃくちゃ羅列したんですよ。それこそ爆笑問題みたいな名前も出てくるし、あるいは大人計画とか。俺が好きだった演劇の団体の名前とかをバーっと入れるみたいなことをやってみたんですよね。

周啓　なるほどね。

TaiTan　そしたら最近仲良くしてる編集者の人とかが、その部分のリリックに反応してくれて。具体的には、この配信の中で俺はよく言ってるけど、ハイブリッドハイジ座。俺らが大学生の頃にめちゃくちゃ勢いがあった早稲田大学の劇団のね。その名前を俺がこっそりと忍ばせたら、そこにリアクションをしてくれる人が出てきた、というのがちょっと嬉しいなと。こんなに世間的にはマイナーな

石井究

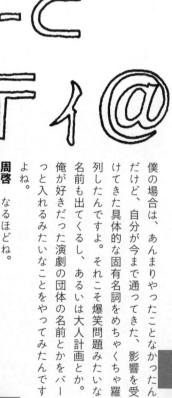

単語を忍ばせても、ビビッドに反応してくれる人がいて、しかも結構盛り上がってて。当時ハイジ座とか好きだった人が、「わ、嬉しい」みたいな。別にそれを狙ったわけじゃないけど、そういうリリックを書いたらそういう二次的な反応があったのが嬉しくてね。

周啓　いや、嬉しいね。暗号的なね。

TaiTan　そう、わかる奴にはわかる。わからない人には何を言ってるのか全くわからない、みたいな忍ばせ方をしたんだけど。そういうのはあるかって話を、君がするんだよ。

周啓　お前、すごいね。えーと……。

TaiTan　ある？　歌詞の中に忍ばせてみました的な、隠し味にチョコレートが入ってます、みたいなさ、そういうやつよ。

周啓　でもかなりあるんだよ、MONO NO AWAREは。簡単なのでいうと、俺は「ひと夏の恋」という歌を作ったことがあって、これは……あれ知ってる？　忌野清志郎の「自転車ショー歌」みたいな曲があるわけよ。それはダジャレみたいに、歌詞の中に自転車メーカーの名前が羅列されて入ってる。それこそ、『茄子　アンダルシアの夏』のエンディング曲になってるんだけどさ。

TaiTan　なるほど。

周啓　あれが面白かった。で、僕は当時、日本酒をウリにしている居酒屋でバイトしていたわけよ。そこで俺は、「日本酒ってほんとに美味しいし、こんなに種類があって、そして甘かったりすっぱかったり知らない味がたくさんあるんだな」ということがどうしても抑えきれなくなって、全部日本酒の銘柄だけで組んだ歌詞を作ったことがあって。その時はやっぱ日本酒好きの人が反応してくれて、日本酒界隈でちょっと広がるみたいなことはあったね。

TaiTan　へえ。

周啓　短くまとめると、「ひと夏の恋」というのも銘柄なんだけど、これは名前もおしゃれだし、ジャケットもかわいいわけ。だけど使ってるお米の名前が「ひとめぼれ」なのよ。なんか……よくない？

TaiTan　すごいね。なんかこう、花言葉的なあれがあるね。わかる奴にはわかるという。

周啓　そうそう。その「ひと夏の恋」という日本酒がすでに、「忍ばせてみました」みたいなことをやってるわけよね。

TaiTan　なるほどね。その「ひと夏の恋」の由来というのが、なんだっけ、「ひつまぶし」じゃなくて……。

周啓　「ひとめぼれ」というね。食用にも使われるお米なんだけど、あんまり使われないんだよ。普通はお酒用のブランド米みたいなのがあるから。そういう意味で面白いなと思って。日本酒をやってる人って杜氏《とうじ》が代替わりしていて、若い人が新しいアイデアをどんどん盛り込んで作ってるというところにも、僕は共鳴というか面白味というか熱量を感じて、そういうのを作ったりしましたよ。

TaiTan　なるほどね。

周啓　一番面白かったのは、音でもやってて。「夢の扉」というお酒があって、それはベートーヴェンの「田園」という曲を聴かせながら作っているという話も聞いてね。だから「夢の扉」という歌詞が出てきた後にその「田園」の音をサンプリングしたギターリフを入れたりとかして。そういうのに気づいてくれる人もいて、「そこまで気づくか」と。そこまでいくと、期待していた以上の反応があることが嬉しくなっちゃって、僕はやらしい下心があったわけだけど、「気づいてくれて嬉しいな」みたいなことはあったね。

TaiTan　あるよね。日本酒もそうだけど、ニッチであればあるほど逆に広がっていくというのが面白いよね。

周啓　「いわゆる普遍性」みたいな曲よりも実は……というね。

TaiTan　当たり前の話なんだけど、いざ忍ばせてみて誰かが反応すると、それに対してまた誰かが「うわ、すごっ」みたいになっていく、というのが面白い現象だなと。それこそ、確か『水ダウ』の藤井健太郎さんの本にも書いてあったけど、「いかに画面内に忍ばせるか」みたいなこと。要は、画面に映っているものとしてはただストーリーと構成を前に進めるためのものとしてVTRを組んでいくんだけど、ちょっと見切れてるところに、なんか「わかる奴にはわかる」もの、「なくてもいいんだけどわかる奴には反応できる」ものを入れておくとか。

周啓　それたまんないね。

TaiTan　そういうのがやっぱり、くすぐるんだよね。こういうことを言うと、次やるのが恥ずかしくなるんだけど。

周啓　「忍ばせてんなあ」っていうね（笑）。

TaiTan　「反応して欲しいんだろうなあ」みたいなことが出てくる。

周啓　でも、誰しもかはわからないし、おしゃれなのかどうかわからないけど、忍ばせてはいるんじゃないの。「ここがいいんだ」っていうニュアンス的な喜びとかは、入ってはいるんじゃないかね。そこがつながった時にできたつながりは、めちゃくちゃ強いぞって思ったりもするしね。

TaiTan　やっぱりそうだよね、コードをわかってる奴同士っていうのは。部活とかでも、コードネームで呼んだりするじゃない。自分たちの中だけでわかる共通言語というか。基本的に日本に限らず全部そうだよね。スラングとかもそうだし、いわゆるギャル語とかだって絶対にそういう要素があるじゃん。要は、自分たちの中だけで流通する言葉をいかに作るか。それによって結束を固める。外界との境界を言葉によって作ることで、コミュニティとしての粒を立てていくっていう。

周啓　面白い。それはそうだね。

TaiTan　だから、そういう意味でさっきの「忍ばせる」じゃないけど、松本人志氏が「さぶい」とか「すべった」という言葉を作ったとよく言われるじゃん。それも軍団の中だけの言葉だったのが徐々に拡大していって、日本のお笑い界の標準語になっている。ほんとすごいよね。

周啓　世界のベーシックを作るっていうのは、文字通り発明みたいなことだもんね。すごいですよ。

TaiTan　そういうのも含めて、やっぱり風通しっていうか、その集団の空気感を決定づけるのはやっぱり言語なんだよ。俺ばっかり喋ってあれだけど、時々違うコミュニティに自分一人だけで遊びに行くと、言語の差にびっくりするときあるじゃん。

周啓　いやわかるね。人見知りを発揮してしまうだとか、気まずい思いをすることのほぼ最大のものは言語の問題なんじゃないかと思うよね。

TaiTan　ほんと不思議なんだよね。なんか使ってる言葉が、理解できるんだけど腑に落ちてこない。でも他の人たちはそれでツーカーで会話してる感じっていうか。だから言葉が強いチームが本当に強いんだなっていうのは、よく思うね。

周啓　それはそうだね。同じ質感というか、同じレイヤーでの言葉を交換できている人たちのつながりの強さというのはよくわかる。

でも、輪が広がる喜びというのもわかったな。居酒屋で働いてて実感したんだけれども、若い人たちが日本酒を飲み始めたというのも、蔵の努力が実って日本酒のブランディングが成功して、「おっさんがちゃぶ台に一升瓶置いて飲む不味《まず》い酒」みたいなイメージを払拭しきったことの証明なんだろうなと思いながら接客してたんだけどね。同じ感覚を持ってる人に何かが広がっていくことの、その「同じ感覚」を持っているのが若い人たちだった場合、文化として広がりやすく、継続しやすくなるっていうかね。そういう風に思ったし。

TaiTan　だからやっぱり言葉なんだよね。言葉がうんぬんということをコンセプトにした番組をやってますけど、「言葉はテクノロジーである」っていうことをよく思うんだよね。

周啓　というと?

TaiTan　要は、テクノロジー、技術って目には見えないけども、世界認識を変えたり、世界の基準を変えたり、ルールを変えるものじゃない、優れたテクノロジーっていうのは。言葉にはそういう力があると思うんだよね。集団のルールとか社会の規範を変えてしまう。なぜなら、人間の考え方のOSを変えちゃう力が言葉にはあるから。それが面白いんだよね。

周啓　確かになあ。

TaiTan　「日本酒でござい」と言われるより

も、やっぱり「ひつまぶし」なんだよって言われた方がありがたいな、っていうのがあるよね。

周啓 ……いやごめん、最後が全然分からなかった。

TaiTan いやほんとに今ね、すべった。

周啓 （笑）。

TaiTan こうやって自然に「すべった」とか言うじゃない。

周啓 自然に言うよね。

TaiTan 言うんだよ。というようなことで。改めて、言葉は面白いですよ。

銃としての身体と実弾としての言葉／作詞家はすごすぎる

周啓 でもどういう風に、コミュニティができていくんだろうね。やんわり変わっていくのかな。どっかで誰かが変えたっていうようなことではないのかな、平場っていうか、日常生活の中では。

TaiTan めっちゃ思うよね。これは総論として言うわけじゃないけど、語尾遊びとかに集団のカラーが出るなと思うんだよね。それこそ大学の時につるんでた岩崎（裕介）とか小御門《こみかど》（優一郎）とかは、語尾が気持ち悪かったんだよね。「ラジャ丸」とか「何々だと思っている僕がいる」みたいなさ。わかる？

周啓 わかるよ。最後に揺らぎをもってくる。

TaiTan 日本語の構造としてそうなりがちっていうかさ。結論をぼかすっていうかね。そこで遊び幅がふんだんに含まれているから、そこでの大喜利性によってそれぞれのコミュニティのカラーが決定づけられていく、みたいなことがきっとある。「語尾の研究」って面白くない？

周啓 語尾の研究。面白いけど、周りにいたかな。関西弁とかそういうことではない？「ねん」みたいなさ。

TaiTan （笑）。でも、ある気がするよね。神奈川だったら「じゃん」とか。「ばい」とか「けん」とか、やっぱ語尾じゃん。

周啓 八丈島は「だらあ」だからね。すごいだろ。

TaiTan 「だらあ」？ すごいな。ワンダラーのダラーじゃん。通貨の単位じゃん。

周啓 そう。それが語尾に来てるの。

TaiTan すごいね。ネオリベの孤島と言われているだけあるね。

周啓 ふざけるなよお前。日本に変な島を書き加えるなよ。

TaiTan タックスヘイヴン的なね。金持ちたちがそこに財産を隠すことによって……。

周啓 ありあまる語尾を手に入れた……（笑）。

TaiTan （笑）。そういうファンタジーやってほしいな。筒井康隆とかに。

周啓 これは安易な論かもしれないけれどもさ、小説とかも群像劇だとキャラクターをつけていかないといけないでしょう。そのために語尾ってめちゃ有力でさ。語尾で決まってる人多いじゃない、あと口癖とか。「じゃ」って言われるとやっぱり自然とおじいちゃんっぽいなとか、その空気感が掴めるのは面白いよね。

TaiTan 三流役者がよ。ジジイを絶対に「じゃ」で終わらせる奴は演劇とかでも下手だっ

ていうのはあるよね。

周啓　（笑）。でも、そういう違和感を感じることなかった？　「うわあ、おじいさんが「じゃ」って喋ってる、この小説」とか。学生生活の台詞回しで、「何々なんじゃん？」とか「それマジじゃん」みたいな、「こいつ絶対この言葉使ったことないだろ」っていう小説に出会うことあったよね。

TaiTan　あるね。

周啓　ああいうのも現象として面白いよね。つまり、使ったことないコミュニティの言葉を使うってこんなに難しいことなんだ、というのがさ。僕らが人見知りを発揮する時のあの気まずさが、作品にも出てしまってる時があるっていう。「あ、この人知らない人なんだ」っていうのが言外にわかってしまうあの感じ。

TaiTan　それは本当に深いテーマだと思う。俺が一番興味あるテーマは結局そこなんだよね。言葉と身体の接着。なぜそいつの言葉は人の心を動かすのか。なぜそいつの言葉は上滑りするのか。

周啓　同じような言葉でもそれは起きるわけだよね。

TaiTan　そう、同じことを言ってるはずなのに……とかっていうのが生涯のテーマだね。ラップとか演劇とかも全部そうだけど、なんでこいつが発声すると、グルーヴが生まれるのか。それを発生させている装置としての身体と、実弾としての言葉がちゃんと合ってるんだよね。熱狂させたりすることができる人っていうのは。メーカーが合ってるっていうかさ。

周啓　わかるなあ。情報として受け取るんだったら誰が何と言おうと一緒とか、感傷だけでいったら、誰が言ってるかのみが重要っていう極論になると思うんだけど、熱狂ということになると、「うわあ、こいつが……！　そう言っている……！」というその事実がもう神々しいという瞬間なんだよなあ。それは本当によくわかりますね。

TaiTan　ほんと、そこがずっと興味あるね。言葉と身体。

周啓　影響されることはないの？　たとえば他のコミュニティに入った結果、言葉とかしぐさがうつるとか……。俺はほんとによくあるわけ。

TaiTan　なるほどね。でもあると思う。一回ね、めちゃくちゃ影響されて口調が変わったタイミングがあって、それが端的に出てたのが、「マジで」と言うときに、「マジで」ってなっちゃってた時期があった。そういう奴とつるんでる時に。

周啓　うわあ。

TaiTan　その時に俺、言葉自体が感染してるわと思って、速攻そのコミュニティを抜けたんだけど。

周啓　へえ。自分の発した言葉に驚いたんだ。

TaiTan　『花束みたいな恋をした』でさ、菅田将暉氏が演じる方が「言葉が変わっていっちゃう」という描写があったじゃない。今まではサブカルチャーが大好きですみたいな会話をしていたんだけど、残業ばっかりみたいな生活をしてると、いつの間にか「なんでそんなことすんの？」みたいな口調になってしまう。やっぱ言葉から人間は変わっていくんだよ。

周啓　それは確かにあるかもなぁ。

TaiTan　これはウイルスと同じっつうか、なんか体内が変化しちゃうんだよ。

周啓　使う言葉が変わることによって。

TaiTan　その人間をも食い破っちゃう瞬間がある。そこが面白いと思うね。

周啓　わかりやすく言うと、表情が変わるもんね。責め立てるような口調が多い人は眉間にしわが寄っていったりさ。

TaiTan　なんか「怒りそうだな」っていう人の顔あるもんね。つんのめってるっていうかさ。

周啓　うんうん。だから語尾のゆらぎを聞くと場がゆるむというか。

TaiTan　その違和感の正体を端的に表した具体的な現象として、ドラえもんの声優が大山のぶ代から水田わさびさんに変わった瞬間に、もう違うものに見えちゃう、というのがあるよね。そういう感じなんだよ。

周啓　あの違和感ね。

TaiTan　あれは単純に声色とかが違うから

石井光

違うものに見えちゃうというのがあるんだけど、でもキャラクターが変わってないのに、言葉の抑揚とかが違っちゃうわけじゃん。それはネオドラえもんになっちゃうんだよ。

周啓　いや、そうだ。これは仮説にすぎないけど、おそらく脚本も変わったよね。脚本家が変わったんじゃなくて、脚本を書く人もその人の声で書くわけでしょう。

TaiTan　わかる。そうね。絶対それによって徐々にネオドラえもんは形成されていったんだろうね。

周啓　で、今は馴染んでるというのは、時の経過だけじゃない理由による可能性があるということだよね。

TaiTan　そういうこと。面白いよね。

周啓　わかるなあ。だから、自分で歌を考えて作るってなったら、もちろん自分の声として歌うからあれだけど、楽曲提供とかする人はどういう感じで作ってるのか気になる。

TaiTan　ほんとにすごいよね。作詞家っていう仕事あるじゃない？　あれってほんとにすごくない？　マジで「なんでこの言葉が、このアーティストに」っていう……松本隆の曲とか、すべてその人の、歌い手の言葉になるじゃん。なにそれって思うんだよね。

周啓　わかるわ。この人が書いた詞を自分で歌ってるんじゃないかと勘違いさせるんだよね。後から「えっ、これも松本隆だったの？」って気づくアハ体験があるんだよな。

TaiTan　後年それに気づくときの、「うわっ、黒幕ここにいたんだ」感。びっくりするね。

周啓　そうだわ。作詞家ってすごい職業だね。

TaiTan　なんで今、作詞家っていないんだ

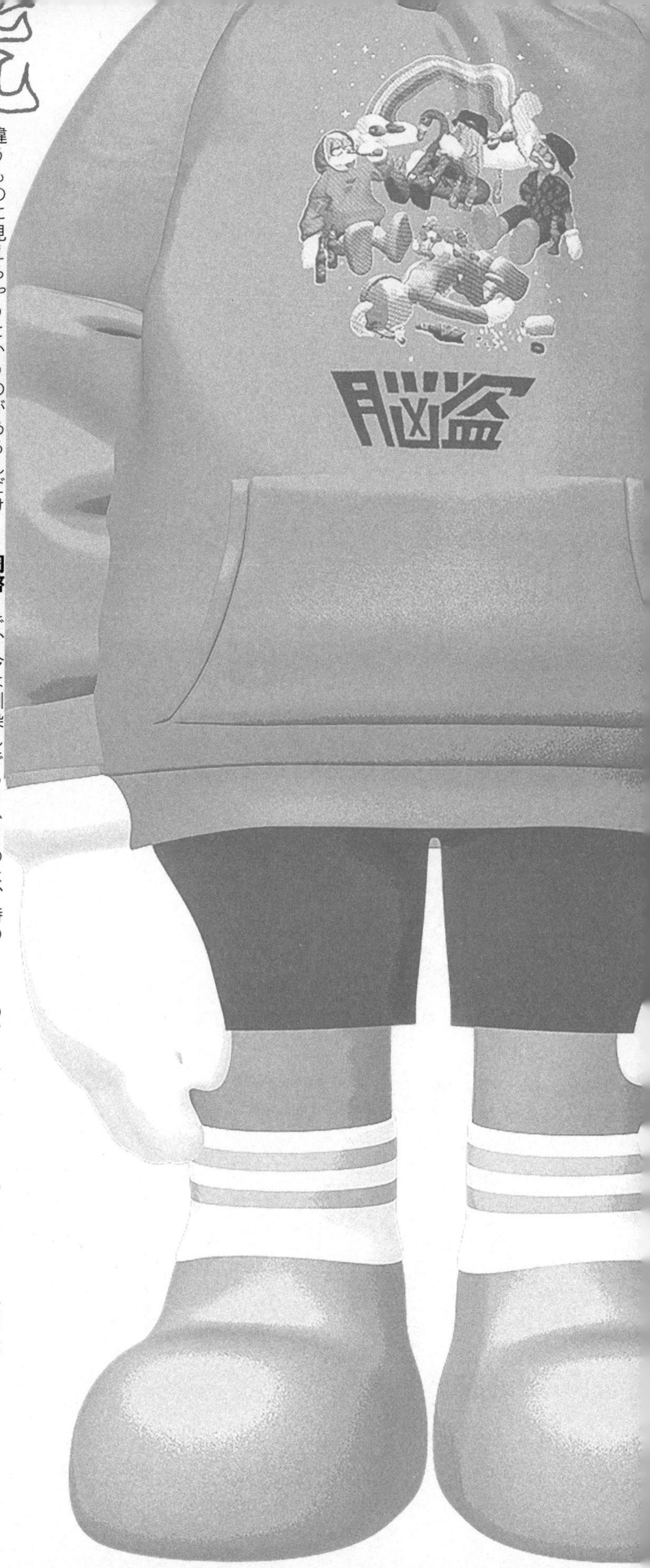

018

ろうね。いや、いるんだけど、いわゆる松本隆的なレジェンダリーというか、それによって活動してますみたいな人って、ぱっと思い浮かばなくない？　それこそいしわたり淳さんとかいらっしゃるけれども、でもじゃん。

周啓　わかるよ。なんなんだろうね。需要がもしかしたらない可能性もあるのかなと思うけど。自力で生み出すみたいなことでさ。松本さんの時代だと、アイドルがどんどん出てきて、それに対して、メジャーでいくようなアーティスト数が少なかったりしたのかなって。想像を膨らますとね。

TaiTan　でも松本隆も当然すごいんだけど、俺が「うわ、すげえ」と思ったのは、ケミストリーの……。

周啓　おっ。堂珍。

TaiTan　ケミストリーには堂珍先生も所属しているけれど。

周啓　と、川端さんね。

TaiTan　その二人のファーストシングルでさ、「PIECES OF A DREAM」みたいな曲があるんだよね。

周啓　なんだお前。唇をくっつけたり離したりするなよ。

TaiTan　いや、喋るってのはそういうことだから。「PIECES OF A DREAM」というのがあるのよ。

周啓　英語の曲ね。

TaiTan　そういう曲があるのよ。それの作詞家が、麻生哲朗さんという人で、この人はコピーライターなんだよね。

周啓　へえ。

TaiTan　それを後年知った時のびっくりね。あんな完璧な……「PIECES OF A DREAM」を久々に聞くとさ、もうすごいわけよ。

周啓　歌詞がいいの？

TaiTan　ハマってるわけ。メロディに。あと声にもハマってる感じがするんだよね。「これを本人たちが書いてるんじゃないんだ」というのを知ったときの……。しかもそれを音楽産業の作詞家ではなく、コピーライターの人がババっと書いたというのが、なんというのか、プロの技術を感じたね。

周啓　でも俺も、見たことがあるよ。菅野美穂がやってたクリープのCMで、菅野美穂が歌うやつがあって、そのメイキングムービーみたいな映像。その歌もコピーライターの人が書いてるんだけど、タクシーの中で、ガラケーのメールの本文のとこに打ち込んでたよ。自分で鼻歌歌いながら、「こうだ、こうだ」って。そういうふうに作ってんだと思って。

TaiTan　自分にそのアーティストを下ろすのかね。

周啓　口ずさんでいって、最初小さな声でやってるんだけどだんだん声が大きくなっていって、大きくなりきったところでもう詞が出来上がってるみたいな感じでさ。なんかこう、揉んでるんだよ。餅つきみたいな感じで。

TaiTan　お前、前回のエピソード（「第76巻（前編）トラウマテレビ論」本書未収録）で出たものを出すなよ。

周啓　言葉狩りだろ、それは。

TaiTan　何だよ、「餅撒き」って。

周啓　いいよ何回も（笑）。引っかかってくんな。まあだから、そういうふうに詞が出来る瞬間を見たのが初めてでさ。グラデーショ

石井究

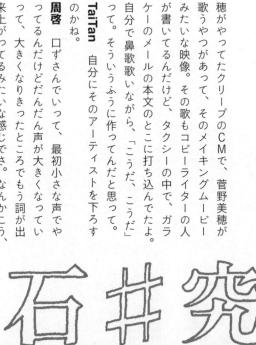

TaiTan ……ンみたいな、その流れが面白かった。

TaiTan やってみたいよね、詞の提供とか。

周啓 ねえ。面白そうだよ。

TaiTan 下ろしてみたいんだよ。

周啓 そのアーティストが歌ってるところをね。面白そうだな。その映像を見て、僕は「ジョーン」をしてしまったという話で。

TaiTan ……まぁ一回以上空けているものに関してはいいでしょうということで。

周啓 いいだろ。

TaiTan まぁ今回は「地下熱」ということで、言葉を忍ばせるとそれが熱源になっていくというのが面白いなという話と、言葉っていうのは、なんで共同体のカラーを決定づけていくのか、みたいな話をしましたけど。もうこれは、一生のテーマですね。コトバとカラダ、にんげんのぜんぶ。

周啓 それこそ本とか交えて話したら面白そうだね。

TaiTan 作詞家の本とか読んでみようかな。具体的に話せたら面白そうだよね。

「ギャルじゃん」成分／声を奪う

TaiTan なに、もう。九月じゃん。

周啓 ギャルがよ。秋風を感じてんじゃねえぞ。

TaiTan (笑)。クラシカルなギャルだね。「なに、もう。ギャルじゃん」……「ギャルじゃん」じゃない。やめた方がいい。

周啓 アイデンティティに気づいた瞬間ね。

TaiTan 鏡を見て、「なに、もう。ギャルじゃん」って(笑)。

周啓 (笑)。

TaiTan どういうシチュエーションだったらありえるんだろうね、そういう発声って。

周啓 これは言語と一緒ですよ。着る服が変わっていくとか……。

TaiTan 美容院で、初めて染めますみたいなときね。最後ぱっと鏡を見て、「えっなにもう。ギャルじゃん」って(笑)。

周啓 クソ客がよ(笑)。「こうして下さい」って言ってるはずなんだから。

TaiTan オメーが言ったんだろうが、と(笑)。まあそうしたことも含めて、Spotifyで聞いてる方は……。

周啓 どういったことを含めてんだ、聞いてる方は。「ギャルじゃん」成分を含めてんのか。

TaiTan (笑)。ということも含めて、Spotifyで聞いてる方はフォローしていただけたらありがたいなと思いますね。今これを録ってるのが、九月の十五日ですと。これが配信される土曜日は三日後ですか。この頃には八千八百人とかになっているんじゃないかと。ということは一万人までもう間近。ちょっともう、勢いでバババッといきたいなという気持ちもありますので。皆さんよかったら周りの人に勧めてくれたりしたら、ありがたいなと。

周啓 僕としても、ありがたいなと。

TaiTan という空気がありますと。ポッドキャスター周啓というミドルネームが爆誕した状態で、次のライブが決まってましたね、君は。その告知はしなくていいんですか。

周啓 次のライブ? あ、そうだね。あれだ、十八、十九日……。

TaiTan まあ下半期のどっか。

周啓 お前。ライブの告知するときに、下半期という百八十日のスパンで告知する奴はいないんだよ。

TaiTan 武道館決まった、とかレベルだよね、それは。第一報の時以外ありえないんだから(笑)。

周啓 今週来週の話を「下半期のどっか」はまずすぎる。

TaiTan 覚えてこいよ(笑)。

周啓 そうだな。この配信の次の日に、香川県の「島フェス」というやさしいフェスに出ます。その次の日は、新木場のスタジオコーストでドアーズというイベントに出ますので、調子がいい方はいらしてください。

TaiTan 大事なこと。調子がいい方はいらしてくださいと。Dos Monos関連でいうと、シアターDというライブがこの間ありましたので、それのアーカイブ配信がいまだに買えますので。ぜひ僕対ヴォルデモートを含めて楽しんでいただけたらいいのかなと。何笑ってんだてめえ。

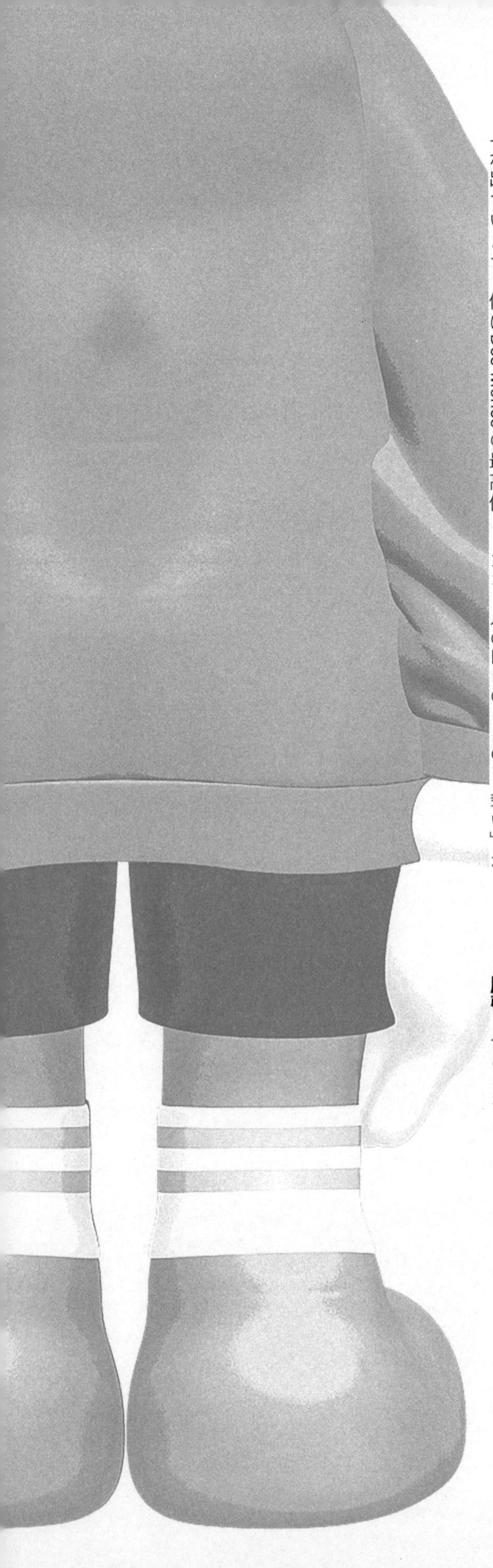

周啓　「僕対ヴォルデモート」なんていう……（笑）。

TaiTan　最終回だろ僕対ヴォルデモートは。笑うとこじゃねえんだよ。

周啓　「ハリー・ポッターと僕対ヴォルデモート」ね（笑）。

TaiTan　なんでだよ。じゃあ「僕」は誰だ。俺か。

周啓　読者自身だろうがよ。

TaiTan　そういうJ・K・ローリングの没入感操作も含めて、楽しんでいただけたらいいなと。

周啓　なんでも含めんなよお前。ブラックホールがよ。

TaiTan　あと『Larderello』という新アルバムが出ています。僕はDos Monosの最高傑作だと思っていますので、聴いていただけたらありがたいなと思っています。あともう一個だけ言っていい？　ミュージック&トークでDos MonosがLarderelloについて喋っている特別回を聴いていただけると、いかに僕が言論統制されているかということがわかる。

周啓　（笑）。

TaiTan　最初「お前が仕切れよ」みたいな感じだったんで、導入部分を俺が喋り出したんだけど、「この度ニューアルバムがリリースされまして……」くらいのタイミングで、もう荘子it君にマイクを奪われてた。その瞬間を聞いてほしい。

周啓　奪ってばかりだな（笑）。THEATER Dもそうだったし。すごかったな、アンコールのMCのときの、「奪い」が。

TaiTan　「声を奪う」って感じなんだよね。だから本当、ヴォルデモート性が高い。なんか俺が言ってんのに、コンマ0で入ってくる感じ。そこだけ聞いてほしい。

周啓　楽しみにしてるわ、そこ。

TaiTan　そこを聞いていただいて、クスクスと笑ったり、「かわいそ」って思ったりしてください。

周啓　どんな番組なんだよ（笑）。お前がやってるユニットだろ。

TaiTan　（笑）。ユニットだよ。スリーピース。

周啓　トリオね。お前がやってるトリオなんだから。

TaiTan　そういうことも含めて、ありがとうございました。

周啓　含めるなよ。

78a

TIKTOKとテレビの中毒性論

TikTokロムってみた二ヶ月／TikTokとテレビは経験として似てる

TaiTan　TaiTanです。

周啓　玉置周啓です。

TaiTan　えー、『奇奇怪怪明解事典』でございますけれども。TikTokね。

周啓　TikTokだ。

TaiTan　TikTokなんだよ、再び。

周啓　お前、好きなんだろ。ほんとは。

TaiTan　好きになった、ということを告白せざるを得ない論ね。

周啓　それ「論」になるの？（笑）

TaiTan　「論」になるんだよ、こっから。

周啓　あ、そう。してってよ。

TaiTan　「TikTok再び」と言いましたが、なぜ「再び」なのか。なぜリローデッドなのか。

周啓　そこだね。

TaiTan　何回か前に「TikTokわかんねえ」っつう話をしたの覚えてる？

周啓　覚えてるよ。

TaiTan　筒井康隆の名著がTikTokを中心に

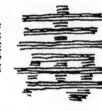

022

リバイバルされたという社会現象を受けて、TikTokを見てみたけれども、俺はちょっとわかんねえわとかっていうのを話したましたけれども。
周啓 話したましたね。
TaiTan 真下まさかべみたいな奴ね。
周啓 真下正義な。
TaiTan それから二ヶ月くらい経ったこの間に、俺はやっぱりむっつりですから、TikTokを電車に乗るとき、バス停、コンビニでコーヒーを待っているとき、ZOOMの会議中とかね。
周啓 見るなよ。
TaiTan ありとあらゆる隙間時間を利用して……。
周啓 隙間時間じゃねえだろ、ZOOMの会議は。そういう側面もあるけど。
TaiTan 二ヶ月間、見たんだよね。バーッと。
周啓 二ヶ月間も。
TaiTan 要はあれだよ。モンハンとかで、総プレイ時間が百時間とかになる瞬間あるだろ。
周啓 ああ、いいたとえだね。
TaiTan まあ一個のさ、ゲームやらアプリやらの世界観をインストールするにはそれくらい時間がかかるんだというところで、私はむっつりこっそりと、見てたんだよね。そしたらだんだんね、TikTokは実は面白いんじゃないかという結論に近づいておりまして。
周啓 すごい話だね。
TaiTan ねえ。あんなこと言ってたくせに、と。態度を今から軟化させていこうかなという、そんな話でございますね。
周啓 いや、いい話だった。
TaiTan まだ終わってないんだよ。これは枕だったんだよ。落語で言うところの。
周啓 ああ、営業ね。
TaiTan お前、もう……（笑）。まあいいんだけれども。要は何かっていうとね、俺の好きだったころのテレビの快楽に近いなということを今、思ってるんですよね。
周啓 というと。
TaiTan 俺はこう名付けようと思ってますね。「ザッピングの誘惑」。
周啓 …………。
TaiTan おい、ゲロゲーロが。
周啓 （笑）。
TaiTan 車に轢かれろ、お前。翌朝起きてびっくりするんだから。潰れているカエルを見て、こんなむごいことをするのは誰？ってみんな言うんだけれども、車だって夜道は見えないですから。
周啓 轢いた側も轢いたことには気づいていないし。そういう死が、この世にはあります。
TaiTan あるよね。俺昔さ、一回だけ救急車呼んだことがあって。
周啓 ええっ。どうした。
TaiTan あの……猫がさ、轢かれてて。
周啓 うわあ。
TaiTan 俺、どこに電話したらいいか全然わからなくて、そのとき。で、救急車にとりあえず電話したんだけどさ、全然対応してくんなくて。
周啓 そうだよな。人用だもんな。
TaiTan 人用だからね。そのときは警察かなんかに電話して「どうすればいいですか」って訊いたんだけど。
周啓 すごいね、それ。
TaiTan ああいうのはね、ちょっと……「この世」だなって、思ったよね。
周啓 猫の死はね……。特に、なんか犬よりも胸にくるよね。
TaiTan それはわからんけれども……でも、そうね。あのときはちょっと、別に誰が悪いとかっていう話ではないんだよね、ということしか思えなかったんだよね。轢いた奴だって、そりゃしょうがないとしか言いようがない。そりゃ走ってるんだから、と。

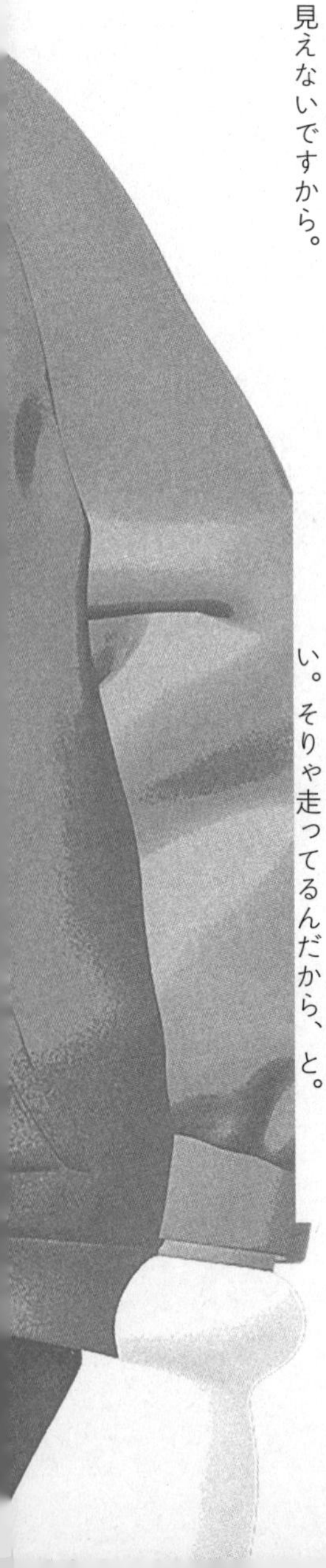

周啓　わかる。オーストラリアでいうコンドルね。

TaiTan　コンドルは、何？

周啓　コンドルは、オーストラリアの人が車を一八〇㎞とかで飛ばすだろ、ハイウェイを。そうするとさ、向こうから点がだんだん大きくなってきて……。

TaiTan　マジ？

周啓　なんだなんだと思ったら、こっちに突進するように飛んでくるコンドルだった、というのがよくあるらしい。だからボンネットにバンバン当たるんだって、コンドルがよ。

TaiTan　うわあ。何、そんなにコンドルって低空飛行なの？

周啓　ねえ。「コンドルは飛んでいく」で聞いてたイメージでは結構高いところにいる……。

TaiTan　高いところからさ。なんていうの、猛禽類系の。鋭いくちばしで、高みからネズミやら草食動物を食ってるイメージがあるんだけど。そんな低空飛行なの？

周啓　ボンネットを主食にしていたらしいね。

TaiTan　……ほう。つまり向こうとしては、獲物としての。

周啓　らしいよ。高速で移動している車を。

TaiTan　まあ、ということも含めて、TikTokなんだけれども。

周啓　含められるの？

コンテンツのクオリティが不問となるプラットフォーム／身体言語としてのダンス

TaiTan　「ザッピングの誘惑」なんですよと。要はね。

周啓　ああ……はいはい。どんどん次のチャンネルにいくというような。

TaiTan　これはよくできてるなと思ったんだよね。そのものが面白いか面白くないかということが、ほとんど不問に付されてしまう、ということなんですよ。

周啓　なるほど。流れていることが重要なんだね。

TaiTan　「次に何かあるかもしれない」という、一瞬の期待値。

周啓　ザッピングの魅力はそこに尽きるもんね。

TaiTan　テレビだってそうだろ？「なんかやってねえかな」っていうので、1、2、3、4、6……。

周啓　8、10、12な。

TaiTan　かつてはそうだったんだぜっていうね。

周啓　なんでチャンネルが一個とばしだったか知ってる？

TaiTan　知らん。

周啓　これね、最初にテレビ用に電波を日本が買ったんだって。テレビ局って、電波の帯域を買うんだって。

TaiTan　へえ。

周啓　その電波の中で放送するんだけど、例えば4にフジテレビ、5に日テレとかにすると、4と5の帯域が混ざっちゃって、画質が粗くなったり、間違って5の映像が4チャンで流れたりするんだって。それで一個とばしにしたらしいよ。

TaiTan　なるほどね。けっこうまともな回答が返ってきてびっくりしてるということも含めて、「ザッピングの誘惑」なんだけれども。

周啓　「ザッピングの誘惑」だよ。

TaiTan　でもほんとにそうなんだよね。俺テレビってすごいなって思ってたのがね、4から6に変えるときに、ちょっと一瞬、間があるだろ。

周啓　あるね。

TaiTan　完全にスムーズに移行しないだろ。

周啓　つまりそれは、4への期待値を消費しきるまでの時間ということだもんね。

TaiTan　そう。だから、「次に何かあるんじゃねえか」ということを、常に思う間があるのよ。で、6に変えたときにCMとかをやってて、また8に変えたとしても、もう一回6に戻れば何かがあるんじゃないかと思わせる、ジュークボックス感があるんじゃないかと。そこにみんなかじりついて、テレビに夢中になっちゃう、というような認識なんだけどね、俺は。特に平成生まれとかのテレビっ子は。

周啓　そうだね。

TaiTan　で、その感覚が、TikTokにはすごくある。これはYouTubeとかともまたちょっと違う感覚なんだよね。

周啓　ああ、そうなの。同じ動画でも。

TaiTan　YouTubeは、すごく大きな差があるの。YouTubeにはサムネというものが表示されてるじゃない。だからどこまで行っても、自分の選択によって次に見るものへの期待値と結果がバグらないのよ。

周啓　まあ、だいたい期待値どおりの結果が出ると。

TaiTan　そう。自動再生をオンにしていたとしても、TikTok的、テレビ的な快楽が得られない。TikTokのスワイプ、つまりテレビで言うところのチャンネルを変えるという自分のアクションに対するリアクションには、常に「何かあるかもしれない」という感じがある。そこにTikTokにズブズブとハマっていってしまう感覚があるんじゃないか、と思ったんだよね。つまりTikTokは現代のテレビ。

周啓　そうかそうか。実際大人気なわけだしね。

TaiTan　それに、コンテンツが常にフローで供給され続けてるというのもテレビっぽい。

周啓　テレビとまたちょっと違っちゃうのかもしれないけど、うちはCS放送が入ってたんだよ。CS放送が入ったときの喜びってさ、尋常ならざるものがあったからね。つまり、絶望するほどのチャンネル数があって、「テレビの十倍の量の面白さがここには入ってるんじゃないか」という期待値があったわけよね。TikTokはそれの一億倍くらいあるわけでしょ。

TaiTan　TikTokは、永遠にスワイプし続ければ無限にコンテンツがわらわらと、湯水のように湧いてくるわけですから。

周啓　だから、子供時代に思い描いていた最高のテレビの形みたいなものだよね。僕らの小さいころに教えてあげたいくらいの。

TaiTan　ここでひとつ大事なのは、TikTokの一個一個のコンテンツのクオリティとかっていうのはどうでもいいっちゃどうでもいい、というところに魔境性があるんだよね。

周啓　なるほど。じゃあもう、すぐスワイプしちゃったりもしてたの。

TaiTan　基本全部とばしよ。でもたまに「なにこれ、どうなるんだろこれは」みたいなのが来ると見ちゃう。これはソシャゲとかと一緒で、快楽の報酬性みたいなさ。一回当たると、次もじゃあ同じ法則で、何パーセントかの割合では当たるかもしれないんだからもうちょっとスワイプしてみようか……となっていったらもう中毒、ジャンキーモード、となるわけよね。そういうところで、最近見ちゃってるんだよね。

周啓　ちなみにどういうのに引っかかったの？

TaiTan　TikTokで「これ面白いな」となるのは、二パターンしかないです。一個は、テレビ番組の切り抜き。

周啓　あ、そういうのもあるんだね。

TaiTan　めっちゃあるよ。というか基本そうじゃない？　いわゆるビューを取ってるのは。あとは、実験系。

周啓　何、フリスクコーラみたいなこと？

TaiTan　まあ古くはそう。

周啓　古いのか、やっぱり（笑）。

TaiTan　まあ元祖でしょう、実験系の。

周啓　「これはどうなっちゃうんでしょう」みたいな、知的好奇心をわかりやすくくすぐるもの。

TaiTan　俺はかっこつけて二パターンって言ったけど、ぶっちゃけ普通にダンス動画とかを見ちゃうときもある。

周啓　わかるわ、ダンス動画ね。なんか人の踊りって、けっこう飽きずに見れちゃうというのがあるかもしれないね。

TaiTan 俺これもいつか話そうと思ってるんだけど、踊りというものが今、必修科目になってるんでしょ。

周啓 ええっ。

TaiTan そんなことを聞いたのよ。小学校か中学校やらで。だから俺らよりはるか下の世代にとってはダンスというものが、というか人前でダンスをする、動いてみるということがさ、なんていうの……例えばそれこそ人前で歌うとか、そういうレイヤーにまで来てるんじゃないかと。

周啓 なるほど。俺らの感覚でいうと、歌の方がまだダンスよりはハードルが低いなっていうくらいだけど。

TaiTan 低いでしょ。要はカラオケなんて全然行ってたじゃん。ダンスがそれくらいの話になってるんじゃないかなと。

周啓 それは面白いね。

TaiTan ダンスというものが完全に市民権を得たと。「市民権を得た」と言うとちょっと生意気な言い方で、もっと具体的な言葉を探したいんだけど……。

周啓 まあ一般化したということでしょう。踊れる人とか、それに興味がある人たちの一ジャンルでしかなかったものが教育に落とし込まれたのと同じように、誰でも飯を食うように、歌を歌うように簡単にトライできるようなものになったということだよね。

TaiTan なんか、カタカナを使うようになったくらいの感覚だと思うんだよね。わかる?

周啓 それは……なんだよ。

TaiTan （笑）。いや、俺が導き出したいのはそっちなのよね。もう、使用言語が変わっちゃってる感じがする。要はカタカナっていうものが、昔の漢字とか英語を起こしましたよなんていうワンステップあるような言語認識ではなく、カタカナというものがそもそもある上でコミュニケーションが図られている世界観ってあるわけじゃない。そういう歴史の中の分断って絶対あるじゃない。それ以降の世代っていう感じするんだよね。ダンスというものはコミュニケーションの、つまり身体言語のひとつでしかないんだっていう。

周啓 えっ、そうだとしたらだいぶ面白いね。

TaiTan だいぶ面白いんだよ。なんという

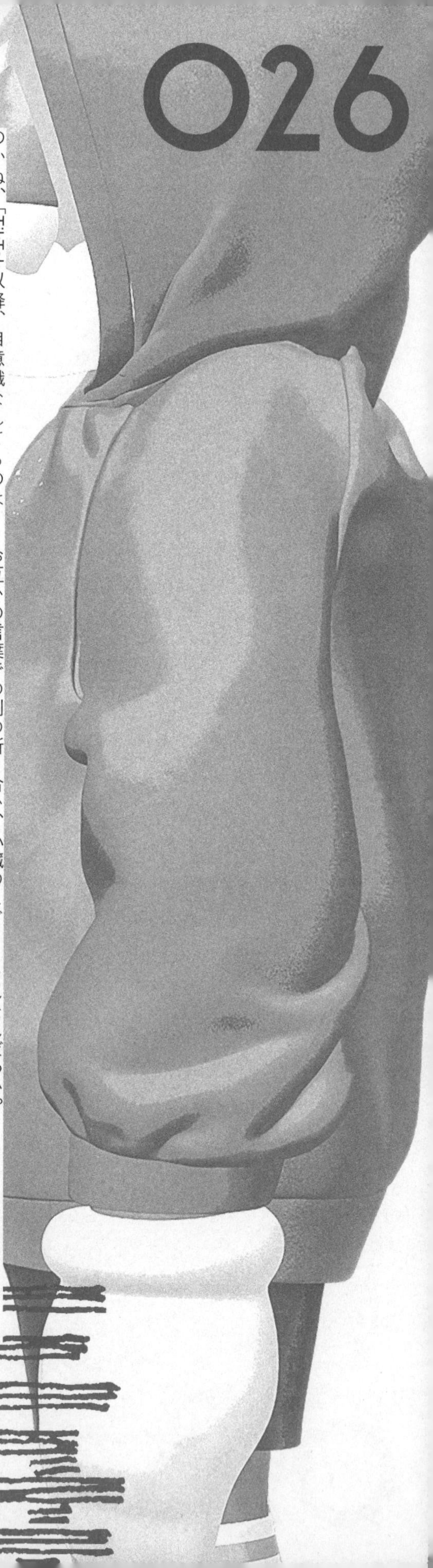

のかね、「TikTok以降、自意識なんてものはなくなってるんだ」とかいう人がよくいるんだけど、俺はそうとは思わないんだよね。自意識なんて絶対消えないし、自意識こじらせてる人なんて無限にいるわけだから。なんだけど、ダンスというものが、そういう自意識みたいなものが働く表現領域ではなくなってるんじゃないかと。みたいなことを含めて面白いんだよね。

周啓　はいはい。街中でダンスで会話するみたいなこともありえるわけでしょう。

TaiTan　あるんじゃない。

周啓　その先には君がよく言う、道端で全裸でメンチ切り合うみたいな会話が成立する可能性があるわけだよね。

TaiTan　俺がよく言うのは、あれだよね。もし全裸でメンチを切り合っていたならば、お互いの言葉での剣の斬り合い、心臓のえぐり合いみたいなものは発生しないんじゃないか、ということだよね。

周啓　そうそう。大声出しあって、一メートル離れた位置で威嚇する。それはいい話だなと思ってね。そこに到達しうる第一歩をダンスで踏んだんじゃないですかと思うね。

TaiTan　かもしれないよね。

周啓　ダンスっていいじゃない。よく言うんだけどさ、地元で盆祭りがあって、高速マイムマイムというどんどんテンポが上がってトランスミュージック化していくお祭りがあったわけ。そこに入ってる間はさ、例えば嫌な先生とか、喧嘩した友達とか……。

TaiTan　まあそんなんばっかだからな。

周啓　俺はな。俺だけ。

TaiTan　（笑）。いやいや、お前の地域はそんなんばっか。

周啓　お前。言い直すなよ。どこにアクセントを置いてんだよ。

TaiTan　もう、卒業文集のあ行からわ行までそんなんばっか。教員のところもそんなんばっか。部活の紹介欄もそんなんばっか。

周啓　「ばっか」をリズムに乗って使うんじゃねえよ。

TaiTan　そんなんばっかの、マイムマイムでしょ。

周啓　それを超えるんだよ、マイムマイムはお前。マイムマイム中にそんなしがらみばっかになってたらもう終わりだろ、人間は。

TaiTan　全国の嫌な奴だけ集めたマイムマイム（笑）。

周啓　（笑）。

TaiTan　全国の嫌な奴の県大会を突破して

きた奴が八丈島に集まって、嫌な奴しかいないフェリーに乗って……（笑）。

周啓 「〽殺意がわいたー」って。出航できねえだろそんな船は。船長だけはいい奴なのか。

TaiTan そうだよ。

周啓 それで奇跡的に出航して島につくと。「水がわいた」って曲なんだよあれは。悪意や殺意ではなく。そういう曲が引き出すダンスっていうのはね……ダンスっていうか、最後はやぐらの周りを走り回るだけなんだけどね。やっぱりその時だけはヒエラルキーとか、当時の関係性が一瞬消える。なぜなら走ってるからだよ。

TaiTan いいね。

周啓 もう息が上がっちゃってるから。どうでもいいんだよね。こいつと俺がどういう関係かとか。同質化するというか、なんかそういう力があると思わない？ みんなで踊るとか、そういうことじゃん。

TaiTan あると思うんだよね。君も経験あると思うけど、ソーラン節とかやっただろ。

周啓 ソーラン節は、中三までやったからね。

TaiTan やってんじゃねえよ。小六までなんだよ、あのプログラムは。

周啓 うちはロックソーランだったから。

TaiTan ロックソーラン？

周啓 アレンジがロックミュージックっぽいソーラン節ね。

TaiTan エレクトリックギターとかを、掻き鳴らしてたわけだ。

周啓 掻き鳴らしてたよ。いやそれがもう……まあ俺は真面目にダンスやる側だったんで、踊りましたよ。

TaiTan やろう系だったんだ。やっぱりダンスだりいな、とか俺らくらいの世代までは思ってたんですよね。「ダンスなんてやんねえよ」みたいな。

周啓 いわゆる「男子ちょっと、ちゃんとやって」みたいな。

TaiTan そう。みたいなことがあるんだけど、いざ踊ってみると高揚感にみんなコロッとやられちゃうんだよ。ハイタッチとかしちゃって。ダンスってそういう力があるよね。

周啓 あるんじゃないですか。俺、チアリーディングっていつから始まったんだろうって甚だ疑問なんですけど。踊るじゃん。甲子園にもいる……。

TaiTan 応援する団体的な。あれなんなんだろうね。

周啓 アメフトとか、そういうものなのかね。

TaiTan 発祥はああいうアイビーリーグ的な、ラルフローレン的なノリの感じはするよね。なんで踊ってんの？ って思うよね。

周啓 でもなんかグッとくるのはわかるっていうかね。声援が雑多にブワッと届くより、応援団もそうだけど統制された動きがあるわけで。あれを見たときにちょっと気持ちいい感じがするもんね、応援されている側はね。

TaiTan 目が楽しいということはやっぱり高揚感を倍増させるのかな。

周啓 だから、祭的だよね。

TaiTan 祭だね。祭なんじゃないか、やっぱ。

周啓 良い流れなんじゃないですか、祭的な社会に戻っていくというか、それがまた取り入れられていくというのは。

TaiTan そうだよね。まつりごとになっていくという。

周啓 だから、TikTokに出ている人がオリンピックの舞台で踊るみたいなこともあるんじゃないですか。まあ暴論だけれども、そんなことを思いましたよ。

TaiTan 健全な形でまつりごとを取り戻すというのはいいよね。今まつりごと系への批判もあるっちゃあるんだよね。

周啓 ああそう。

TaiTan これは概念としてのまつりごとね。要はオリンピックだなんだっていう大きなイベントほど運営主導でやって、とりあえずまつりごとにしとけばいろんなことをブラックボックス化させて解決できるだろう、というさ。

周啓 なるほどね。

TaiTan そういうことに対する批判。だから平成は空虚な祭の時代だった、みたいなことをよく言うけど。そういう概念としての祭をおっ立てるんじゃなくて、今地域の祭とか

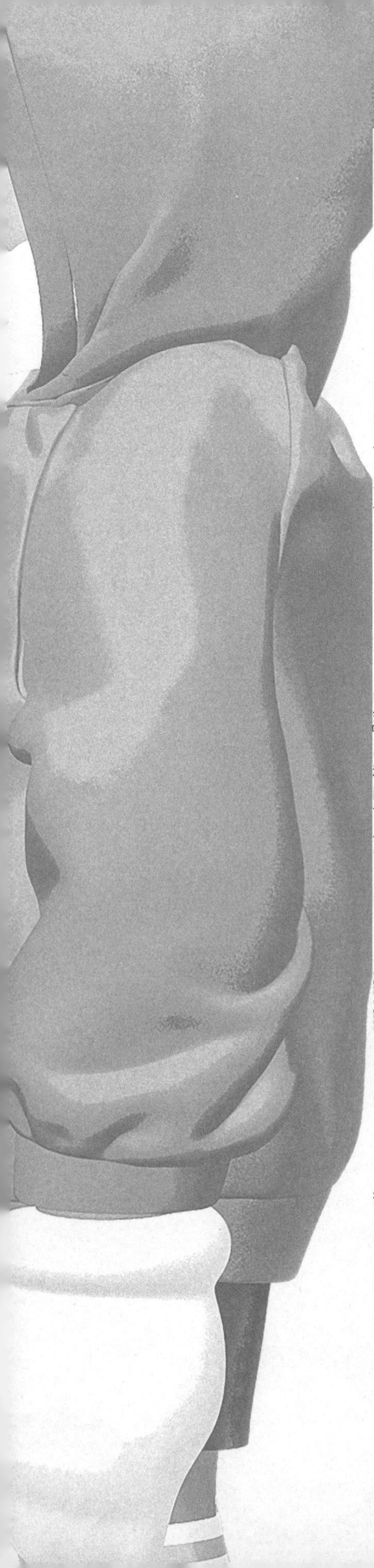

が減っていってるでしょう。

周啓 そうだよ。

TaiTan そういうものを取り戻していくのが、俺たちの世代の責務なんじゃないか。

周啓 おおっ。

TaiTan あるんじゃないでしょうか。

周啓 と、俺も思うんじゃないでしょうか。

TaiTan 誰だお前。誰だとしたら、誰だ。グーグル翻訳だろ今の。

周啓 （笑）。四往復くらいした後の。英日日英、英日日英の。

TaiTan そんなことやってる奴、お前しかいねえんだよ。一人でオセロやったり、一人でグーグル翻訳往復してみたり。

周啓 お前また、ゲイリーおじさんみたいなこと言って。

TaiTan 暇人がよ。人生の密度ギュッとしたら、二ヶ月だぞ。

周啓 （笑）。お前に何がわかんだよ。踊ってた時間とかあるだろうがよ。TikTok二ヶ月見てた奴に言われたくないわ。

TaiTan 俺のその二ヶ月はほんとにね、二時間だった。ギュッとしたら。

周啓 （笑）。実際スワイプに時間をかけてるわけだから。ザッピングに。

TaiTan 何も得てない。俺、何も覚えてないんだよ。これだからすごいと思うんだけど、コンテンツから何も得てないのに、そこから何かしらの雑感だけは起こってるっていう。

周啓 それこそテレビ的だよね。

TaiTan テレビ的なんだよ。ほんとにそう。『笑っていいとも!』とかをなんか見ちゃうんだけど、中身はどうでもいい。あの空虚さ。

周啓 それでよかったんだよな。番組自体がザッピングというかさ。待ってれば面白いコーナーとか、関根勤が素人の人を何かにたとえたりするんじゃないか、という期待値があの番組を見させていたわけで。

TaiTan それを皮肉ったのがこないだの『キングオブコントの会』の秋山竜二の。「はいはいはいはいはいはい」とか言ってさ。ザッピングなんだよね。

周啓 「事務所どこだっけ？」ってやつね（笑）。

TaiTan だから、会話をただザッピングしてるだけ、なんか面白いこと出たらもうそれでいいや、っていう。基本つまんなくていい。とりあえず会話がつながっていて、リレーされていることだけが大事っていう。面白がっちゃいけないというより、あるリテラシーを持って面白がることが大事なんだよね。

周啓 確かになあ。

「無駄が大事」論のその先へ／TikTokだけがシステム的に無駄を量産した

周啓 それこそ戻ると、祭の民主化になりうる可能性があるということだよね。

TaiTan あるね。でも、祭もやっぱりそうでしょう。俺詳しくないから滅多なことは言えないけど、祭だって別に意味はないわけじゃない。

周啓　それ自体にはね。

TaiTan　もともとの思想性とか概念とかっていうのを知ってるのは創設者とかの一部のみで、そこから時代が経つにつれて形骸化していくわけじゃない？　それでだんだん露店ができたり、盆踊りをやってみたりとかさ。我に返ったら「なんのためにやってるんだっけ？」となるんだけど、それがないとだめなんだっていうさ。それが足りないんじゃないか、今。

周啓　だから俺は、「場」だと思ってるんだけど。

TaiTan　場だね。

周啓　体を動かせる場が、別に踊りじゃなくてもね。とは思うよね。ネット上のコンテンツでも面白いんだけど、それこそどこかの企業が結論を出していたじゃない。アメリカの本社でリモートワークを徹底した結果業績がどうなったかっていうのをさ。

TaiTan　生産性が落ちたんじゃないか、みたいなね。

周啓　そうそう。実際落ちたらしいんだよ。それって何が問題で落ちたかっていったら、それこそ詳しくないからニュースの受け売りだけど、要は無駄な時間が減ったんだと。リモートで必要な事項だけを共有するという関係性に全員がなった結果、軽くお茶飲んだりタバコ吸ったりしてる時間に出てきた言葉、それに対する反応、そこから出てくるアイデアがすべてなくなってしまったという話で。用意された環境だけで、こなしていくみたいな生活をしてるとそうなっちまうんだ、おもろいアイデアが出てこなくなっちまうんだ、というオチだったんだけども。それはまさにテレビ的なものというか、無理やりつなげるとそういうことになるんだと思うんだけどさ。

TaiTan　いやわかるわ。非常によくわかる。TikTokがこれだけ世を席巻した、YouTubeよりもユーザーの滞在時間が長くなったというデータは、一過性のものじゃないという気がするんだよね。要は六秒動画のvineとか、あの手のサービスとはちょっとこう、レイヤーが違う感じがしてるんだよね。もっと人の生活の中にギュッと入っていく腕力がある感じがする。

周啓　なるほどね。

TaiTan　なんかツールじゃない、それこそテレビみたいに、インフラっぽい。その骨格を支えてるのは、空虚さ。それは別にネガティブな面もあるけど、今周啓が言ったような無駄であるというポジティブな面もあって、それが非常によく設計されてるんじゃないかという説はちょっと思った。ほんとに二ヶ月さわっただけだから、ここから考えが変わるかもしれないけどね。

周啓　でも無駄は必要だよね。こんなの十年くらい前から、それこそオモコロがやってることなんてそういうことだしね。

TaiTan　なんかさ、あらゆるムーブメントが起きるタイミング、社会が変化するタイミングで「やっぱり無駄って大事だよね」っていう議論ってなされるんだけど、それをシステムの中に取り入れることに成功して、かつ経済的にもぶん回すことに成功しているのがTikTokなんだろうなという気がする。

周啓　そういうことなんだろうね。

TaiTan　無駄が大事なんてことは一生言われ続けていることじゃない。

周啓　そうだね。多分メディア以前から言われてたよね。文壇で言われていたような時期もあっただろうし。

TaiTan　それよく思うんだけど、「無駄が大事だよね」って言うとき、なんか偏差値が高い言葉になっちゃうんだよね。

周啓　わかるよ。

TaiTan　「旅に出よう」とか「知らない人と話してみよう」とかさ、ちょっと偏差値が高いんだよな。

周啓　「人生の寄り道」みたいなものを哲学的に語っている空気になっちゃうということね。

TaiTan　そう。無駄って、テレビとかTikTokでいいんだよ、っていう感じ。

周啓　で、広汎性があればあるほどいいと思うんだよ、無駄っていうのは。オモコロは俺も好きだしメディアとしても面白いけど、でも物好きな人が集まっているわけじゃん。

TaiTan　そう。サブカルチャーなんだよね。それが大事なのは当たり前じゃん。そんなのめっちゃ面白くて当たり前なんだよね、という感じがする。

周啓　だから本当の無駄っていうのは笑っちゃうような無駄でもなく、それこそさっきの「空虚」ということだよね。その時間自分がこの世にいなかったかのような錯覚さえ起きるような、「ただただ時間が過ぎていた」というような、あの時間。そういう時間の過ごし方を提供するシステムという意味では、TikTokはテレビ的であり、そして実は国民というか市民が求めていたサービスなんじゃないかと思うね。

TaiTan　そう、人類普遍の快楽に刺さっている感じがする。ここから先の話にも面白いテーマがあって、要は「TikTokによって音楽はどう変わったのか」ということと、「そのことをどう評価するのか」ということを、こないだね、ある緊急事態宣言中の飲み会でさ……。

周啓　おいお前。毎日行ってるよね？　毎日LINEしてくるもんね。「今日も飲み会行っちゃった、緊急事態宣言中だけど」って。

TaiTan　（笑）。米印で、「※緊急事態宣言中に」って。

周啓　テレビのテロップ？（笑）逆テロップ。

TaiTan　そう、逆テロップ（笑）。自ら露見させにいくスタイル。

周啓　（笑）。パンの裏に書いてある、「※なお、遺伝子組み換えのものを使っています」みたいなね。

TaiTan　まあ冗談でございますけれどもね。

周啓　あ、冗談なんだ。

TaiTan　緊急事態宣言中なのは知った上で、まあご飯を食べに行ったときに行われた会話の中で、先述したような話があったんですが。それを次回の配信で触れようかなと、思おうと思います。

周啓　思おうと思います。

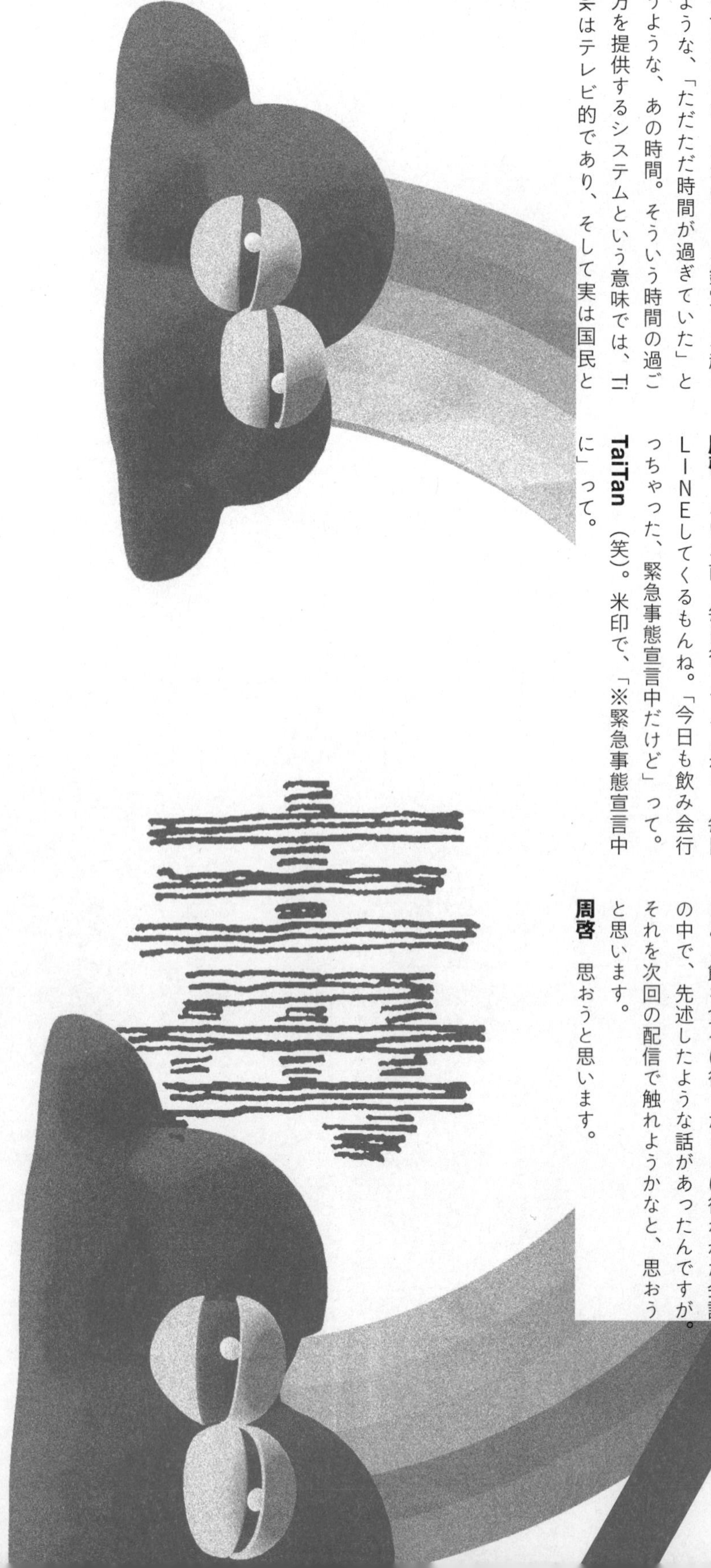

音楽の形の変遷／「ら抜き言葉」議論の不毛さ

TaiTan TaiTanです。

周啓 玉置周啓です。

TaiTan えー、『奇奇怪怪明解事典』でございますけれども。TikTokと音楽ね。

周啓 TikTokと音楽。ドルチェ＆ガッバーナの。

TaiTan ドルチェ＆ガッバーナは去年の話。

周啓 今年は何だっつうんだよ。

TaiTan 「ポケットからキュンです」だろうがよお前。

周啓 （笑）。

TaiTan それは去年の話なんだよ。二手目で盤上の、ゲームの行方を見失ってんじゃん。将棋だったら死んでるぞお前。

周啓 死んではいないだろ。

TaiTan あるだろ、長考するときボタンを押すやつ。

周啓 へぇ～ボタンね。

TaiTan へぇ～ボタンは……メロンパン。メロンパンなんて食う奴いないんだよ（笑）。

周啓 お前（笑）。メロンパンは食う奴がいなかったからなくなって、リキッドルームが建ったんだよ。

TikTok以降の音楽について

TaiTan 全員が前回から聴いてると思うなよ。

周啓 これは、M-1で金髪の人が言ってた。「前のネタを引っ張って二回目のネタをやるのはあまり好きじゃない」って。

TaiTan あれだろ。前のネタの文脈の上でやるのはNGなのと、小道具を使うのはどうかと思うんですよねえ、という。

周啓 あと笑いながらツッコミするのもあんまり好きじゃないんですよねえ、って言ってた。

TaiTan まあよくわかりますけれども。というようなことなんだけれども、TikTokと音楽っていうね。前のエピソードで、TikTokというのは意外と面白いんじゃないか、というのを二ヶ月の研究の末導き出した我々でございましたけれども。TikTokと言うたらば、当然はずせないのが音楽のことだということなんですよ。ドルチェ＆ガッバーナとか、TikTok発のヒット曲があるというのは片目くらいでは目視しているけど、両目で見ようとしてこなかったじゃない、我々は。

周啓 そうだね。

TaiTan まああれは、対岸の、それこそまつりごとというか。それくらいのことを思ってたじゃない。

周啓 まあ自分がそれをやろうと思えないというか、プロセスが想像もできなくて。

TaiTan だし、やろうと思って出来るもんじゃないから。そんな舐めた世界じゃないというのも当然わかった上でのあれなんだけど。

周啓 もちろんもちろん。

TaiTan なんでこの話をしようと思ったかというと、こないだとある人と喋っていて、TikTokの話になったんですよね。で、「イイヅカ君とかはTikTokの音楽についてどう思ってるの」と聞かれて。「あれって音楽をやっている人間はどう評価するの?」みたいなことを言われたんですよね。なんかそのとき出てきたのは、リル・ナズ・Xっていうアメリカの……お前、「リル」が多すぎて頭ショートしてるだろ。

周啓 そうだな。リル……?

TaiTan リル・ナズ・Xね。

周啓 名前は俺もなぜか知ってる。

TaiTan もうTikTokをハックしちゃって、グラミー賞レベルまで行っちゃったというさ。めちゃくちゃ若いビリオネア。

周啓 スターになっちゃったという。

TaiTan 「ああいう音楽ってどう思う?」って聞かれて、俺は別にそんなに何とも思ってないなということに気づいたんだよね。

周啓 なるほど。

TaiTan 要は、俺はよく言うんだけど、音楽の形っていうのは四分の中でA・B・Cパートがあって、その間にサビが入るみたいな、あれって別に俺らの青春時代がそうだったってだけで、歴史をひもとけば全然そうじゃなかったわけで。

周啓 そうね。

TaiTan 必ずメディアとかプラットフォームの中で音楽のスタンダードは変わっていくから、それが今そうなっているだけなんじゃねえかということを、その会話の中でふと思ったんだよね。

周啓 それは鋭いんじゃないか。TikTokというプラットフォームが、TikTokでバズるような音楽を生み出したんだと。当たり前のようだけど、それは今まで歴史上起きてきたことと構造上なんら変わらないんじゃないか、ということね。

TaiTan だって音楽はさ、俺らが契約するときによく出てくる、「演奏家の権利」と「記録する権利」という二個があるけど、届けるときに何かしらのメディアを通さないといけないから、必ずその時代における強いメディアに影響されるんだよね。コンテンツの宿命として。

周啓 そうだよね。そもそも俺らが聴き始めたときはCD、よくてiTunesだったところが、今やサブスクリプションが当たり前の時代でリリースするという状態になってるんだもんね。それで何かしら考えることもあるだろうし。

TaiTan そう。CDの全体尺が八十八分だったっけか。ベートーヴェンの第九がなんとかっていう理由で。それだって、「そういうふうに決まっているからそうである」としか言いようがないっていうかさ。メディアの規格的にね。

周啓 それを無意識というか、「そうだったから」という理由だけで使っては来たけれども。

TaiTan　そうそう。みたいなもんで、今のTikTok的なものが主流になっている以上は、そういう音楽が色んな人の耳に届きやすかったりする、そのメディアにふさわしい曲が作られたりするということが起こっても、別に何とも思わないんですけど、みたいなことを思ったんだよね。それを俺らがやるかどうかは置いといて。

周啓　なるほどね。置いといて。

TaiTan　俺その結論に至ったときに、これ何かの現象にめっちゃ似てるなと思って。

周啓　何？

TaiTan　これは、「ら抜き言葉」議論。

周啓　ああ、なるほど。

TaiTan　やっぱり、「ら抜かれてない言葉」を使っていた世代からすると、「ら」が抜かれた瞬間に、その違和に対してやいのやいの言いたくなる。「こんなの言葉の乱れである、日本語として正しくない」と。でも俺は、言葉は常に生活している人間のものだという気がするんだよね。辞書に載ってるものを聖典とするなんておかしいだろって思うわけよね。

周啓　そうだね。辞書だってその反映を受けて、今では「ダサい」とか「ウザい」も載ってるわけだろ。

TaiTan　「イクメン」とかだって載ってるわけでしょ。言葉は常に固定されていない、流動的。

周啓　更新されていくものだよね。

TaiTan　そう考えると、なんか「そんなもんだろ」と。これは滅多なことを言うもんじゃないけど、権威を持ちすぎている感じがするんだよね。

周啓　今までの音楽というものが？

TaiTan　なんか、立派なものとされすぎている感じがしない？

周啓　そうね、わかる。シンプルにTikTokを音楽の乱れと表現するのは、ちょっとあまりにも、物見やぐらすぎるというか。

TaiTan　みたいなことを思う自分がいるんだよね。当然、TikTokの音楽の使われ方があまりにもBGM的、それこそスーパーの生鮮食品売り場の、魚を売らんかな的なミュージックとほとんど同等の扱いで、魚を売るための音楽でしかない、曲で踊ってバズるための音楽でしかない、みたいな使われ方に対して自分の感覚として「ウッ」と思わんか？　と言われれば、思う部分はあるけど、それは一個の事象として、別に目くじら立てるようなことでもないんじゃねと思う気持ちもあるんだよね。

周啓　だし、既存の音楽業界だって、CM音楽とか売るために作ってということだから。

TaiTan　ほんとだよね。タイアップだってそういう話だから。

周啓　だからそういう俗物的な側面は、音楽が商業化した時点で既にあると考えたら、商業化したうちの選択肢の一個として今、TikTokがあるということだろうなと俺は思うけどね。

TaiTan　思ったんだよねえ、というような話ですよ。

周啓　それこそマンホール、じゃなくて、なんだっけ。

TaiTan　マンホールの上ではダンスホール。

周啓　お前それ、なんか、工場かタクシー会社かなんかのおじさんがマンホールの上で踊る映像だろ。

TaiTan　違えし。

周啓　（笑）。

TaiTan　これは、TikTokに二ヶ月ズブズブに入っていた俺と、二ヶ月寝ていた君との差が出たね。

周啓　冷凍睡眠入ってたもんな。

TaiTan　冷凍でお前、精子を凍らせてたもんな。まあ今、流行ってるんだよね。まあ乱れだと思って見てましたけれども。こんなのが流行るんだ、と。

周啓　（笑）。まああれでしょ、TikTokの中でもグラデーションがあるってことでしょ。「これはさすがに、ら抜きどころかですます抜き、主語抜き、述語抜きですわ！」くらい文法が破壊されてしまってるんじゃないかというものもあれば、俺がさっき言ったのはマンホールの上で踊る、タクシー運転手の芋洗坂係長みたいなおじさんね。これは絶対、お前が知らないだけで流行ってるよ。

TaiTan　あ、ほんと。じゃあ同じことを言ってる可能性があるね。あれだろ、通行人がバーッて歩いてて、マンホールの上に立った瞬間にいきなりダンスミュージックが鳴るやつだろ。

周啓　エレクトリカルパレード？（笑）

TaiTan　違えよマジでよ。エレクトリカルパレードはディズニーランドだけで見られるありがたいまつりごとだから。

周啓　あ、そうか。ディズニーランドはほとんどマンホールないしな。

TaiTan　ディズニーランドにはマンホールが少ない。なぜならネズミが湧き出てきちゃうから。

周啓　ネズミは地上をウロウロしてるだろ、ディズニーランドは（笑）。

TaiTan　ディズニーランドでマジのネズミが出てきてしまったら、世界が崩壊するわけよ（笑）。「あれ、こいつとあいつ、一緒じゃね？」と純粋な子供が思ってしまったならば、ディズニーの株価は暴落する。

周啓　隠れミッキーじゃすまないわけよ。

TaiTan　隠れミッキーとか言ってる場合じゃないのよ。マジミッキーだから、あっちが。だからマンホールはできるだけ無いように設計されてるわけよ。隙はないの、ディズニーランドには。

「休みの日に何をしてる？」的な愚問／音楽の届け方と新しいメディア

周啓　いや、俺がもともと言いたかったのは、『蓋』ですよ。君がやっていた。

TaiTan　あ、そっちの話にもっていきたかったのね。

周啓　いや、今日はディズニーランド回にしたっていいよ。

TaiTan　ディズニーランド回は、ビュー伸びるだろうね。あれ延べ来場人数、七千四兆人だろ。そんくらいいってるだろ。

周啓　マジで今、何を言ってるか一言も聞き取れなかったわ（笑）。リズムだけはすごかった。フローだね。

TaiTan　TikTokってそういうことだと思うよ。要はフローだけで聞かせる。その中に情報があるかどうかはどうでもいい。

周啓　でもそれ、わかるな。フローってほんとに気持ちいいもんね。間が埋まればいい、つまり寝てないことになればいい。

TaiTan　いや、ほんとにそう。

周啓　ちなみに日々でフローとかあんの？

TaiTan　何？

周啓　つまりTikTok的な、フローで埋めるみたいな……。俺だったら、あまりに安易すぎるけども、タバコとかはそういうフロー的なところがあるわけよ。「スパー……」が十分の俺の人生の余暇を埋めてくれるという。なんもやってないとまでは思いたくないじゃん。やってる間は、時間を忘れていたいじゃん。終わった後はちょっと空虚だけど。そういうのは無かった？

TaiTan　なんなんだろうね。まあ、あっただろう、それは。

周啓　困るよね、こういう質問。

TaiTan　困る。

周啓　今日なのか、いつかでもいいけれど、俺インタビューで聞かれる「休みの日、何されてますか？」という質問に答えられたためしがないのよ。

TaiTan　それは「普段どこで遊んでるの？」論につながるんだよ。そういうもんじゃないんじゃないかっていう話ね。休みの日に何かをするっていうのは、休みの日に何かをしたいからそこに行ってるわけであって、統計データを出したところで、それが有効な俺の休み観を表してるわけじゃないんですけど、みたいな。

周啓　わかりやすく働きづめの生活をしていて土日が休みだったら、この前の土日を思い出せば何をしていたかパッと言えるから、それが「休みの日に何をしているか」でしょう。僕は人生がざっくばらんなので、映画とか見ていても仕事のこと考えてたりするわけよ。それは休みなのか？　とかいう話になってくるでしょうが。

TaiTan　まあそうだね。

周啓　やめた方がいいよね、下手したら。こういう問い。

TaiTan　下手したらね。

周啓　だからTikTokとかはいいのかなと思ったよね。だって微弱な快楽は感じるわけでしょう。

TaiTan　「快楽」ということなのかもわからないんだよね。だからほんとに、極めてテレビっぽい。「見た」という事実以外何も残ってない。

周啓　半身浴とかぬるま湯的な、出れない、ってやつね。ぬるいから。

TaiTan　そうそう。アッチッチ、とかもないし、冷水との交互浴とかっていう、具体的に身体を巡るものがさ……あれすごいだろ？外気浴してるときとか。

周啓　なんか、来るもんね。脳が鼻の方まで沈んでくる感覚。

TaiTan　そういう感覚がないんだよね。だから怖いんだよねっていう話もありつつ。何の話をしてたっけ。

周啓　もともとはマンホールの……。

TaiTan　『蓋』がなんだっけ。

周啓　『蓋』は、あれも結局さ、リリースする場所を新しく考える、ということの結果じゃない。テレビ番組でさ、初オンエアみたいな……。

TaiTan　お前上手く説明できないんだったら、持ち込んでくるなよ。世紀の発明を。

周啓　『蓋』ね。この話にはもう蓋するわ。

TaiTan　くせえものみたいに言うなよお前。

周啓　くせえだろ、どう考えても。

TaiTan　あれは……いざ開けると、「くっせえ」ってなるね。

周啓　自分のワキガには耐えられないんだよ(笑)。簡単に言うと、中身というよりやり口の話ね。「持て余している何か」みたいな、これは時間じゃなくてテレビ局の枠の話だけれども、そういう場所を使って、思ってもみないような形で音源をリリースするという手段をとったわけじゃん。あれはやっぱり面白いなと思ってさ。何を話したかったかというと、TikTokと同じように新しい発表の仕方、今までの価値観からすると乱れに思えるけれども新しいやり方とかもあるのかなと思って、君に聞きたかったわけだよね。

TaiTan　いや、あるだろうね。『蓋』というのはさ、要は新曲が急に、テレビの電波が止まった瞬間に流れてしまうという、そういうリリースの仕方だってあるんじゃないかということなわけですよ。なんでサブスクで「情報解禁！」とかいってさ……。今回直前までずっと悩んでいたことがあって、結局新曲を発表する時は、二、三週間前にプレスリリースを出すわけよね。ジャケットが出て、曲目リストが出て、ティザーが出てみたいな段階を踏んで、ドロップでそこが一番聞かれますみたいなことをやるんだけどさ、俺はもう無効化してると思うんだよね。無効化というか、みんな同じことやるんだったら、あんま面白くないなということを思うわけですよね。

周啓　差別化もできないし。

TaiTan　となった時に、別に効果が薄くても……。前日に初めて情報解禁したんだよね。

周啓　そうだよね。

TaiTan 前日に第一報をやって、その数時間後にはもうその曲が流れてしまう、という。

周啓 それが良かったよね。俺はその日、『Larderello』発売のライブに行ってたんだけど。

TaiTan それもそうだったんだけど、そのライブが新曲の一発目。『蓋』の情報出しの時には、アルバムが出るなんて露とも知らせず。ほんとに急にやったんだよ。

周啓 そうだった。失敬失敬。

TaiTan だから発想としては、テレビの枠を使ってプレミアム公開をするっていうことだったの。

周啓 なるほど。

TaiTan プレミアム公開って要は、「あと十時間後に、みんなで見ましょう」みたいな話でさ。

周啓 そのカウントダウンは、番組表が代わりにやってくれるってことだよね。

TaiTan で、テレビなんてどの時間を切り取ったって五十万人くらい見るわけでさ。そういうことを思って、シコシコと仕込んでたんですよ。

周啓 へええ。

TaiTan そういうのもあっていいじゃん、と思うんだよ。なんでYouTubeでやんなきゃきけないのみたいな感じもちょっとする。そういうことを思ってる人間なんで、TikTokとかも不意打ちのインパクト、不意打ちの快楽みたいなものを感じるんだよね。

周啓 でもちょろっと見たけど、けっこうサウナ的だったけどね、映像が。何でもないってことにはならなそうな感じという点でもいいなと思った。

TaiTan ああそう。まぁ具体的な中身については、俺は何も言わないんだけれども。まあDos Monos的な設計としてはそういうことを考えていたということで。誰かのツイートかなんかで面白いと思ったのが、「Dos Monosの新曲は、常に都市の中からドロッと出てくるヘドロ感があって好き」みたいなことを言ってくれる人がいて。それはどういう文脈かというと、去年俺らは屋外広告で、DTMの譜を出して、それで新曲を発表しちゃうと。つまり、俺らの楽曲よりも、誰かがコピーして書き起こしたその譜面が先に出る、ということをやったんだけど、そういうのがやってて面白いんだよね。なんか今まで見えてなかったものが、ドロッと急に来ちゃう感じ。

「情報解禁」ってなんなん？／小マルフォイ再び

周啓 「ドロッと出てきちゃう」というのはいいね。気張っていない感じにもなるし。なんちゅうの、だいたい「解禁」という言葉に表れてるじゃない。

TaiTan そうそうそう。「解禁」ってなんか、気持ち悪くない？ だってさ、裏側なんてバレバレなわけよ。

周啓 こんな時代になったらね。

TaiTan 何ヶ月か前には曲が納品されてて、レーベルやらなんやらと示し合わせて、メディアにも「この時間に解禁してください」というのを伝えているわけですよね。

周啓 「この日に公開するぞ。クックックック……」というのをやってるわけよね。

TaiTan で、メディア側からしたら、一日に何千通とそういうメールが各所から届いて、もう流れ作業のようにね、「はい、解禁でーす」とやってくださってるわけよね。「そのシステム自体に疲弊してない、みんな？」という気がちょっとするんだよね。

周啓 「解禁」に対しては、疲弊してるところがあるね。

TaiTan 俺はひねくれてるからそう思うのかもしれなくて、純粋にアーティストの活動を追ってる人からしたら、着々と正当な方法で曲紹介して、リリースしてよと思う人もいると思うんだけど、やってる側としては面白くないなって。

周啓 やっぱり「気張ってない」というのが一番でかい。ほんとはめちゃくちゃ気張ってるんだろうけどさ。だって、緊張しただろ？ 最初のテレビ放映のときとか。

TaiTan めちゃくちゃ。だから俺がこうやってべらべら喋ってるのとかも、一番野暮ったい。だけどこれは俺のホームだと思ってますから。

周啓　そうだよ。

TaiTan　聞いてる人もほとんどいないわけですから。と言いつつ人気番組なってるわけでございますけれどもね。

周啓　自意識がよ。揺れるなよお前。

TaiTan　まあだんだん喋りづらくなってくるんだろうな、というのも含めてね。

周啓　まあ、そういう「本当は」とかを一回抜きにすると、「全部結局見透かされてる」というのが前提じゃない。マジの謎を作ることはもうほとんどできないじゃない。君も身分を明かしてるし。本名なんだったっけ？

TaiTan　えーと……小マルフォイです。

周啓　（笑）。実は本当にそういう名前だったっていうね。ノリと見せかけて。だからね、そういうのが面白いなと思ったんだよな。それだけで「おっ」となることがあるわけじゃない？

TaiTan　そうね。

周啓　最近も思ったもの。別にケチをつけたくて言ってるわけじゃないけど、雑誌とかに載せてもらうとかでもさ、こっちからすると「おおっ、載せてもらえる！」というテンションがあるわけだけど、その雑誌を購読している人から見たら、知らないアーティストが毎月毎月出ているだけなんだなとか考えると、メディアの露出を避けるとかではないけど、もうちょっと違う関わり方ができると結果的に多くの人に見てもらえるんじゃないか、とか。そういうの一つとってもあるわけじゃない。だから面白い試みだなと思って。TikTokだってすごいんだけど、手を出しづらいというか、違う言語だなという感じもものすごくあるから。

TaiTan　そうだね。気張る、気張らないというよりか、面白いというのがあるべきだろうという。

周啓　それがおおもとの話だよね。

TaiTan　普通に「驚きたいよね」と思うよね。いろんなことに、ちゃんと。これだけコンテンツが溢れてて。

周啓　溢れてるぶん、そうだよね。むしろ乱れの方がいいってこともあるし。

TaiTan　ほんとにそうだよね。だから曲とかも、要はいろんな人に聞かれたいわけでしょう。いろんな人に聞かれるために、MVとか作って、つまり流通装置としてミュージックビデオを作る場合もあるわけじゃない。それはプロモーションビデオと呼ばれるのかもしれないけど、それに百万とかかけて、YouTubeに上げて、「百万回再生いった、わーい」とかやってるわけでしょう。でもその百万円があるんだったらさ、百万円で百万人に聞かせるのが目標ならば、百万人が往来する店舗で流し続ければよくねとか思うんだよ。

周啓　なるほどね。目的達成のプロセスでいったら、そういう手も浮かぶだろうと。

TaiTan　みたいなことを、常に考えたいんだよね。急にどっかの商業施設が一ヶ月間ずっと流してたら、絶対話題になる。そこの店舗のBGMの権利とかは絶対百万円で買えるから。全体じゃなくても、トイレだけとかでもいいと思うんだよね。そうすりゃ百万人くらいは使うわけで……とかね。あるいは新宿駅の利用者数なんて世界で一番だからね。となったら、一日借りるだけで一千万人がその楽曲に触れる可能性が含まれてるとかさ。そういう感じをやりたい。

周啓 それは実質のリーチ数という効果もあるし、傍から見たときの驚きにも満ちているということだよね。

TaiTan 「これって、あいつらの曲じゃね?」という瞬間が、ドロヘドロなわけじゃん。「何これ?」っていう。なんかそういう感じだよね。……というのを次やろうと思ってたんだけど、もう今言っちゃったんで、使えません。

周啓 (笑)。

TaiTan でもそういう感じ。そういう感じなんだよなあ。

周啓 たしかにそういう感じのこと、やりたいなぁ。Tempalayも最近、銭湯とコラボしててかわいかったよ。

TaiTan かわいいとか言ってんじゃねえぞお前。かわいいけれども。

周啓 でしょ。だし、合うのよね。空気感がすべてで。だから、フィットしてるというのも一個の驚きだよね。「こんなにフィットするか」っていう。銭湯だってめちゃくちゃ利用者数多いし。

TaiTan 的なことを、やっていきたいんだよね。ドスに限らず、いろんな人と。

周啓 こういう近しいところの話をし始めると、半分考えちゃって、歩みが緩むよね。

TaiTan 君の思考も加速してるわけだね。いろいろ考えちゃって。

周啓 ここからTempalayどうしてこう、みたいな。

TaiTan ふざけんなよお前。菅《すが》さんがよ。

周啓 (笑)。「さん」をつけるなよ、「がよ」で。

TaiTan いや、けっこう怒ってるって聞いてさ。

周啓 (笑)。

TaiTan 「ちょっとまずいな」っていうのが、今です。

周啓 そうだね。今だよね。

TaiTan 俺、二言くらいしか喋ったことないからね。

周啓 よく言えたよね、「脇見運転している」とか。

TaiTan それはお前が言ったんだろ。実は過去のアーカイブをひもといていけば、俺はそんなに悪口言ってないということが分かるんですよ。

周啓 あ、そうですか。

TaiTan 基本的には玉置君が何か言ったことに対して、俺が乗っかるやらブーストさせるやら、くらいのことしかやってなくて。カルピスの原液部分は君。俺は水を足してるだけ。

周啓 それはブーストなのか?

TaiTan 飲みやすくしているということですね。

周啓 そういうことね。真偽の程は聞いていただければわかると思うので。

TaiTan まあそういうことで、はからずもTikTokと音楽、あるいは広くはメディアの使い方ですね。みたいなことで、いろんな人と遊びてえよと思っているという、最近のタイタンでした。

周啓 「へえ」って思った、今の玉置周啓でした。

奇奇怪怪
ガンダーラを漂う耳の旅。
毎週火曜日18時頃配信

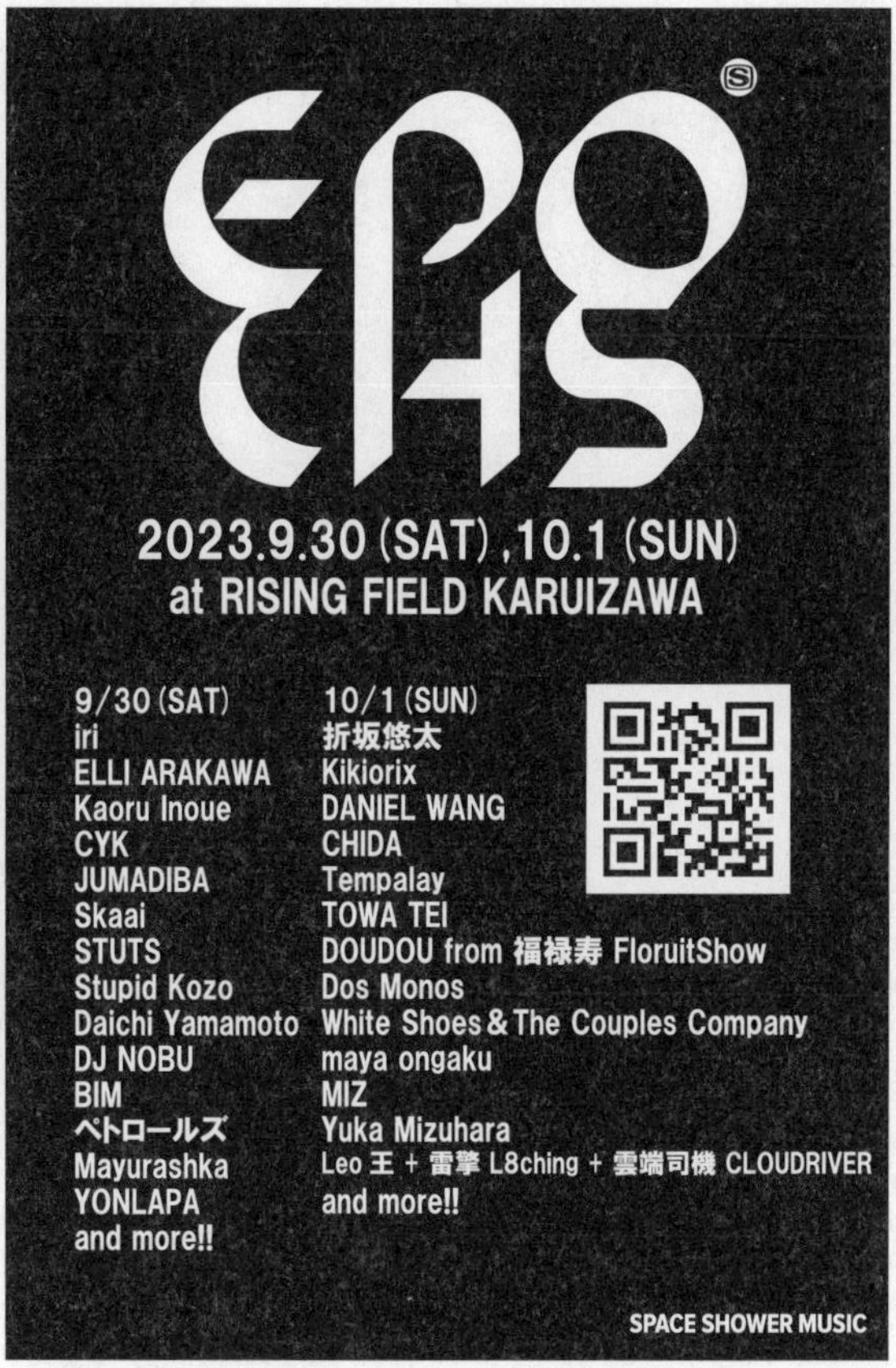

EPOCHS
2023.9.30 (SAT) ,10.1 (SUN)
at RISING FIELD KARUIZAWA
9/30 (SAT)
iri
ELLI ARAKAWA
Kaoru Inoue
CYK
JUMADIBA
Skaai
STUTS
Stupid Kozo
Daichi Yamamoto
DJ NOBU
BIM
ペトロールズ
Mayurashka
YONLAPA
and more!!
10/1 (SUN)
折坂悠太
Kikiorix
DANIEL WANG
CHIDA
Tempalay
TOWA TEI
DOUDOU from 福禄寿 FloruitShow
Dos Monos
White Shoes & The Couples Company
maya ongaku
MIZ
Yuka Mizuhara
Leo 王 + 雷擎 L8ching + 雲端司機 CLOUDRIVER
and more!!
SPACE SHOWER MUSIC

HOW TO BLOW UP A PIPELINE

「遠浅の部屋」って知ってる?
オレがお前に教えたんだろ
迷いながら
日々を生きる、
すべての人に
捧ぐ——
カンゼン
@KANZEN_pub
大橋裕之自伝的漫画
『遠浅の部屋』好評発売中!

TAKE ME HIGH(ER)
take me high(er)《テイクミーハイアー》
毎週木曜日 18:00 新着エピソード配信

040

ハンゲームの思い出／新解釈
「そこにあったから」

TaiTan　えー、TaiTanです。

周啓　玉置周啓です。

TaiTan　『奇奇怪怪明解事典』でございますけれども。『イカゲーム』ね。

周啓　ハンゲーム？

TaiTan　それは、お前の幼少時代および青春の記憶。思い出。お前ハンゲーム部だもんね。

周啓　ハンゲーム部はヤバすぎるだろ。認めるなよ、学校は。ハンゲームを部活として（笑）。

TaiTan　（笑）。ハンゲーム部ではないのね？

周啓　ハンゲーム部ではなかったよ。

TaiTan　でも自宅ではやってたもんね。

周啓　自宅ではやってたね、五目並べ。

TaiTan　お前さ、オフラインでできることをオンラインでやんな。

周啓　わかってなかったんだよ。

TaiTan　ハンゲームでは魚釣りゲームとか、インベーダーゲームとか、オフラインではしづらいことをやるんだよ。

エンジョウコウコク

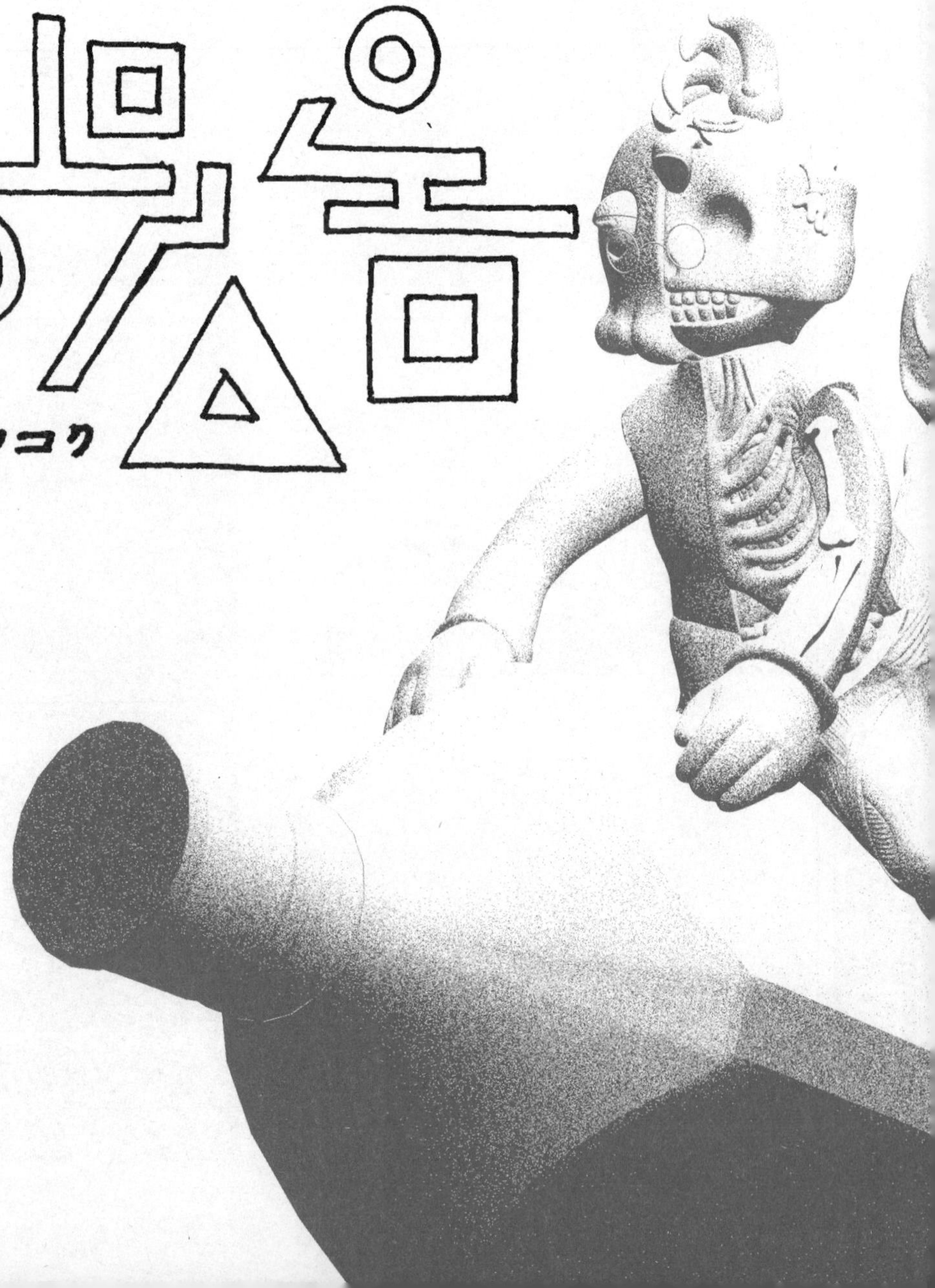

1

周啓　知らなかった。五目並べしかやったことなかったから。

TaiTan　五目並べ、君は得意だった？

周啓　まあそこそこだったね。基本負けてた。

TaiTan　ハンゲームをどんなにやっても、上手くならないものは上手くならないんだと。

周啓　でも五目並べって、必勝法があるんだってよ。

TaiTan　マジで？　もうゲームとして破綻してるじゃん。

周啓　だから、五目並べのプロと呼ばれる人たちって……。

TaiTan　なにで生計立ててんだよ（笑）。

周啓　石を置くことでだろうが。

TaiTan　テーブルゲーム全体で生計を立ててるならまだしも、五目並べ協会みたいなのがあるんですか？

周啓　職人気質の人もいるんだよ。その人たちは全員必勝法を記憶してる。だから最初は意味わかんないところに置くんだって。五個が外れたら、変なとこに置くとか。やんなっちゃうよね。

TaiTan　へえ、むずいね。それはでも、数学の神秘に近いものがあるよね。こうすれば必ず、盤の目は固定されるっていう。

周啓　碁盤が言語になってるみたいな感覚なんだよ。

TaiTan　すごいね。五目並べ、俺も好きだったよ。

오징어 게임と
イカゲームと

周啓　あら。週五で。

TaiTan　週五でやったよ。囲碁とかはめんどくさいから、ルール覚えるの。でも五目並べは五目並べじゃん。

周啓　あれすごいルールわかりやすいよね。

TaiTan　しかも、相手がその罠を見逃した瞬間めっちゃくちゃ興奮しない？

周啓　たしかに。でも一番興奮するのは、相手も自分もその罠を見逃してたときね（笑）。

TaiTan　「あったんじゃん」。「そこにあったから」ってそういう歌だっけ？（笑）

周啓　お前。

TaiTan　ハンゲームで五目並べをしていて、PCと対戦しているのに、PCが四つ並んでいることを見逃したときの歌、じゃないのね？

周啓　お前。「間に引かれた線」は碁盤の目の話じゃないんだよ（笑）。

TaiTan　PCの強さ「強」で戦ってるのに、向こうが見逃してしまったときの快楽じゃないのね？

周啓　なんでお前、誰も得しないことを延々と語れるんだ。

TaiTan　「そこに四つあったんじゃん」の歌（笑）。

周啓　もううるせえよ（笑）。正確には、「飛び三があったんじゃん」の歌なんだよ。

TaiTan　飛び三ね。飛び三ってなんだっけ。

周啓　飛び三は二個並んでて、一個空白があって一個。つまり二、一個空いて一だね。

TaiTan　それって禁じ手じゃなかったっけ？

周啓　それはもうハンゲームのなかでは、禁じ手にする機能もあればなんでもありの機能もありますから。お前忘れてたの？

TaiTan　ハンゲーム部のOBがよ。

周啓　「どうなの？　現役がそれ忘れちゃってるの」（笑）。

TaiTan　三年ぶりに凱旋したと思ったら、ミスタードーナツのエンゼルクリームを持って「食えよ！」とか言って（笑）。

周啓　大人だから二十個とか平気で買えちゃうわけ。

TaiTan　でもセンスは育ってないから、永遠にミスタードーナツ買ってきちゃうのよ。

周啓　いいだろうが、ミスタードーナツ買うぶんには。カレーパンじゃないだけマシだろ（笑）。

TaiTan　いやほんとにそうだよ。ミスタードーナツは美味しいからね。ハンゲーム部のOBね……（笑）。「今日行くから」って突然メールが入って、騒ぎ出す現役生ね。

周啓　「エンゼル来るって」って。

TaiTan　「エンゼル」っていう名前をつけられてるのよ。なぜならお土産がエンゼルクリームだから（笑）。

周啓　差し入れは毎回変えないと、自分の善意にあだ名がついてる可能性があるから。だからお前も、絶対後輩から「フリスク」って呼ばれてるぞ。

오징어 게임と

イカゲームとエン

TaiTan　なんでだよお前。お土産のセンスゼロだな。

周啓　フリスク百箱ね。「みんな一人一箱いっちゃっていいよ」（笑）。

TaiTan　それは裏メッセージが発生するだろ。「お前ら、くせえぞ」と。

周啓　なんなんだろうね。そのOBから現役への、その口臭へのメッセージ。

TaiTan　三年ぶりにやってきたと思ったら、嫌なこと言うなあこいつ、というね。

周啓　普通逆だろと。OBが言われる側だという気もするけども。

『イカゲーム』見た／炎上社会とスクショ

TaiTan　いやぁ、お土産論ね。つらいよな。

周啓　お土産論じゃなくてだろ。イカね。イカ差し入れする奴いるのかな？　魚介を。

TaiTan　ホタテの干物とかの珍味系だったらまあね。

周啓　この後の打ち上げで食えよというのはあるかもしんないよね。イカ一杯はありえないだろうな。

TaiTan　まぁイカゲームだっつう話でさ。

周啓　なんなの、それは。

TaiTan　「イカゲーム」って、やたら盛り上がってるんでしょう、今。Netflixで。見たんですよ、僕も。

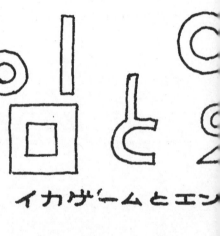

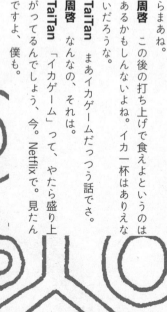

周啓 どうだった?

TaiTan まあデスゲームものって聞いてたから、俺あんまり得意じゃないんだけどね。

周啓 デスゲームってなんだっけ、『SAW』とかそういうこと?

TaiTan まあそういうさ、『カイジ』みたいに、とあるでかいゲームの主催者がいて、殺し合うことで賞金を得たり、その場所から出られるという。

周啓 なるほど。『バトルロワイヤル』とか。

TaiTan そうそう。あんまり好きじゃないから、気乗りせずに見たんだけど、わりとサクッと見れちゃうというか。ずーっと面白い。

周啓 それはすごいことじゃん。

TaiTan ダレる瞬間がないっていうか。もうネットフリックスで過去公開されたものの中で、一番再生されるであろうとされているんだって。だから『愛の不時着』とかとっくのとうに超えちゃってる。

周啓 『水曜どうでしょう』とかも?

TaiTan 『水曜どうでしょう』は早々に負けてると思うよ。対象が全世界だから。『水曜どうでしょう』は日本の男性だけだから(笑)。

周啓 お前(笑)。そんなことはない。

TaiTan そんなことはない。でも基本男性のイメージあるけどな。

周啓 でも女性も多いよ、意外と。MONO NO AWAREも四分の三『水曜どうでしょう』好きだもん。

TaiTan 誰が仲間外れなんだよ。

周啓 そりゃトモさんだろうが。

TaiTan トモさんがいて四だとしたら、誰がMONO NO AWAREの元メンバーになったんだ?(笑)

周啓 めんどくさいことをしてしまったな(笑)。これ五目並べの「そこにあったから」に似てるよね。言ったそばから「うわあ、ミスった……」と。

TaiTan どんどん墓穴を掘ってたよね。

周啓 ボケの墓穴を掘りましたけどもね。でも成順以外はみんな見てて、大好きなわけ。竹田とかも好きだから。

TaiTan でもなんかさ、車とかに貼ってる人多くない?

周啓 だから男女とかいうよりも、車を持ってるか持ってないかで分けた方がいいんじゃない。

Q44

TaiTan だから、日本の車所有者向けの……（笑）。もうほんとに怒られるよね。「怒られる」って言うと生意気だけど、嫌な気持ちにさせるのだけは嫌だから。

周啓 しかも好きなのに嫌な気持ちにさせたら申し訳ないしね。愛ゆえのということにしてほしいんだけども。

TaiTan 好きがゆえにということも含めてね。まあだから、再生回数がやたらすごいことになってますよ、歴代最高になってますよと。韓国コンテンツはめちゃくちゃすごいですねと。毎年のように言われてるけど、それを更新し続けていると。

周啓 伸びてるんだね、やっぱり。

TaiTan BTS状態になってるということで。たしかにめちゃくちゃ面白いんだよ。どこを見ても今何が起きてるかわかるっていう、もう奇跡みたいな作品なのよ。『空白』みたいに、寺島しのぶのウザい演技とかに対してこっちが解釈しなければいけないみたいな、いわゆる作品読解の奥行きみたいなものはパーっと見てるぶんには発生しない。

周啓 じゃあ『トランスフォーマー』じゃん。

TaiTan いわゆる、そういう映画。

周啓 じゃあいいとき見たらめっちゃいいんじゃないの。

TaiTan そうよ。俺も寝る前とかに一話だけ見て、みたいなのをずっとやっても気持ち悪くないっていうか。サクッと見れちゃう。だし、ちゃんと面白いっていう作品なんですよ。たしかにこれが全世界的にヒットするのはわかるな、とちょっと思ったんだよね。言語を超えるからさ、デスゲームという構造は。プラス、参加者たちにやらせるゲームが「だるまさんがころんだ」とかなんだよね。ビー玉ゲームとか。誰もが子供の頃通ったゲームがそのフィールド内に持ち込まれるわけね。

周啓 ある意味ノスタルジーも包括していて。

TaiTan そうそう。だからゲーム自体のクリエイティブはないんだよ。殺し方とかは、「面白っ」って思ったりするんだけど。要はそのイカゲームには四百五十六人が参加してて、最後に残った一人は四百五十六億ウォンが貰えるという。一人死ぬたびに一億ウォン積み重なっていって、それを総取りしていく。超わかりやすい。だから流行るのもわかるなと思うし、ソーシャルとか見てても、みんなスクショを上げるんだよね。要は象徴的なシーンをポンポン上げていて、どこを切り取っても何が起きているのかわかる。しかも全体のアートディレクションとかもすごく働いて

て。

周啓　なんか、セットの映像は見た。

TaiTan　ピンクと緑と、みたいなさ。それが上がった瞬間に『イカゲーム』だとわかる。そういうシグネイチャーもはっきりしてて。

周啓　それはすごい。

TaiTan　だから韓国のコンテンツって異常にクオリティが高いなってことを思ったわけですよ。それに対していろいろ、まあ何をやってもいろいろ言う人はいるんだけどさ、「あまりにも単純じゃないか」みたいなことを言っている人も増えてるなという印象もあるんだが。でね、思ったのが、それとまた別の現象で、こないだNewsPicksの広告が燃えたじゃない。

周啓　品川駅の。

TaiTan　俺はあれに対して思うことがあって。あれはなんつうんだろうね、「今日の仕事は楽しみですか?」みたいな一枚が撮られちゃった。サイネージが全面広告になってて。

周啓　品川駅の、サラリーマンたちが通る……

……。

TaiTan　あの回廊にさ。いわゆる「品川ゾンビ」みたいなことを言われる回廊にNewsPicksの関連会社がその広告を出したことで批判された、みたいな文脈だったと思うんだけど、あれは動画広告だから表示されてるものはその一枚だけじゃないんだよ。でも、とある撮影者が一番センセーショナルな瞬間だけを撮って、それが拡散されてバカ炎上して取り下げられる、みたいな話になった。実際にはそれが表示されてる瞬間というのは一秒足らずで、基本的には関連会社のサービスとか設備やなんやらの話が繰り返されて、その後ウェザーニュースとかになったり、普通のNFニュースみたいなことが流れる、いわゆるサイネージの動画広告だったんだよね。となったときに、俺はあまりにもこれはやりすぎだろと思ったっつうか、それと同時に「一枚画が強すぎる問題」というのを感じたんだよね。

周啓　なるほどね。

TaiTan　『イカゲーム』に限らず、スクショに耐えるということがコンテンツに問われる時代だから、そのポジティブな側面というのはたしかにあるんだけど、かたやスクショ一枚で社会的信頼を失うみたいなさ。これが同時に起きてるのが面白いなと思ったんだよね。

周啓　だから、現場にいた人は感覚が違った可能性があるということだよね。

TaiTan　絶対なにも感じてないと思う、あれ。

周啓　実際に通勤してる人からしたら。俺はそれこそ切り抜き一枚しか見てないから、しかも品川駅にそんなにいかないから、あれがサイネージだということを知らなくてさ。つまり、多分ほとんどの人は、あれが動画だって知らずに見てるってことだよね。ずっと「今日の仕事は、楽しみですか?」という文字が映し出され続けてると。

TaiTan　そう。「上からの目線で、いわゆる『品川ゾンビ』たちに対してそれをやっている」という構図になっちゃうじゃん。それはもう最悪最低に意地悪なことだと思うけど。

周啓　あまりに挑発的で。

TaiTan　だから今は、ほんとに撮影者がゆるすぎるんだよね。

周啓　なるほどな。ある意味、面白いポイントだけ切り取ってしまえばバズれるし。

TaiTan　写真ってほんと、現代的だなあというか、両刃の刃、取り扱い注意過ぎる。

周啓　メディアの切り抜きがどうこうというのはずっと前から言われているけれども。

TaiTan　言われてはいるけれども、ここまで社会ごとになっていくのはすごいなと思って。トキシックピック問題というかさ。「写真の毒性」の部分がすごく最近気になるなぁというね。

大麻と記念写真／薪をくべる奴は普通の人だった問題

周啓　これは写真の話なのか切り抜きの話なのかよくわからないけれども、切り抜かれた写真一枚のよくなさというのは、元がわからないまま、思ってもみなかった人の心に沈殿していくっていうか。要は、俺なんかも「できるだけ切り抜きに気を付けよう、ネットリテラシーを」とかなんとか言って生活しているつもりでも、結局今のNewsPicksのやつは、ちょっと印象悪いイメージのままここまで来てたから。今の話を聞いて初めてことの顚末を知ってさ。みんながみんな調べるわけじゃないだろうしね、これがどういう意図で作られてとか……。

TaiTan　絶対調べないし、流れてきたらもう嫌悪感しかないじゃん。だから最悪だなっていう印象になるじゃん。

周啓　特にネットなんてのは、品川駅にいない人も発言できるから、あの写真への感想が広告への感想になり替わって伝播してしまう。恐ろしいことですわな。

TaiTan　そう、そうなんだよね。そういうことを思ったんだよな。

周啓　写真でいうとね、古いけど伊勢谷友介が土を持って歩いてる写真とかあるんだよね(笑)。花壇の土を持って帰っちゃった、とかいって。

TaiTan　しかもそういうのをさ、大麻とか、そういうニュースのタイミングで出すじゃない。そしたらそういうイメージになるじゃん。

周啓　そうね。ある意味誤謬《ごびゅう》を誘発するというか、ミスリードを誘う。

TaiTan　「栽培してたんじゃないか」みたいな、そういう話になっていっちゃう。

周啓　なってたね、たしかに。

TaiTan　だから写真ってマジ怖いよな。なんか、顔出して活動するのとか、えぐいなって思ったりするもんね、時々。

周啓　あとはあれもあったね。板東英二が子供を抱いてる写真に、ケシの花が映り込んでた、みたいなさ。聞いたことない？

TaiTan　(笑)。すごいねそれ。

周啓　すごい問題になったんだよ。家で子供抱いて、にこやかに「第一子誕生！」の一面記事みたいな感じだったのに、写真の左半分全部ケシの花だった、みたいな。

TaiTan　それって何なの？　合法なの。

周啓　いや、たまたま生えちゃってて、家の人が誰も気づいてなかったっていう。

TaiTan　へぇえ。ヤバいね。

周啓　これ今だったら、いくらでも歪曲させて炎上させることができるんだろうなと思うとさ。当時は多分、笑い話になったんだろうけど。

TaiTan　これさ、写真の話から「薪をくべる人問題」というのに派生していくんだけど。こないだ、キングオブコントの話をしてたからニューヨークのラジオを聞いてたんだけど、屋敷氏がさ、コントが終わった後の松本人志氏に対してのコメントについて、ちょっと一部で盛り上がったと。もう二百か三百くらいDMが来たわって言ってて。その中に、四件くらい激烈なお怒りのメッセージが来ていたと。「もうアンタはテレビから消えなさい」系の。で、うわあしんど、と思いながらその人のプロフィールを見たら、「二児の母」って書いてあったんだって。要は、薪をくべたりとか怒ってる人って、マジで正義感に駆られてやってるだけなんだよ。愉快犯的な卵アイコンだったら「どっかいけバカ」で終わるんだけど、「そうか」と。こういう一見まともに見える人が、もっともこちらに牙を向けてくる。しかもリテラシーがない状態で、かつ彼らはそれを正しいと思っている……みたいなことを実感した、というようなことを言ってて。それは重要な指摘だと思った。

周啓　これは責任とかを一回外した話にしたいけれども、二児の母として生きていくって、多分むちゃむちゃ大変じゃん。特にパートナーが仕事をしていて家にいない場合。情報を外に出て得る余裕も物理的にないだろうしさ。てなるとやっぱ、俺がイメージしたのはママさんで集まってみんなの共通の話題で怒っている、みたいな……これももしかしたらよくないレッテルなのかもしれないけれど。その世界では、でも正義だからさ。なんていうの……いいっちゃいいわけじゃん。俺らの中でもありうる。どれだけバランスをとってもさ、何かを訴える以上はよからぬ一言で誰かを傷つけている可能性がある。ここ二人で喋っているだけじゃ、いくら想像力があっても回収しきれないというね。そこがまたつらい問題だよね。

TaiTan　そうね。そこもね、どんどん繋が

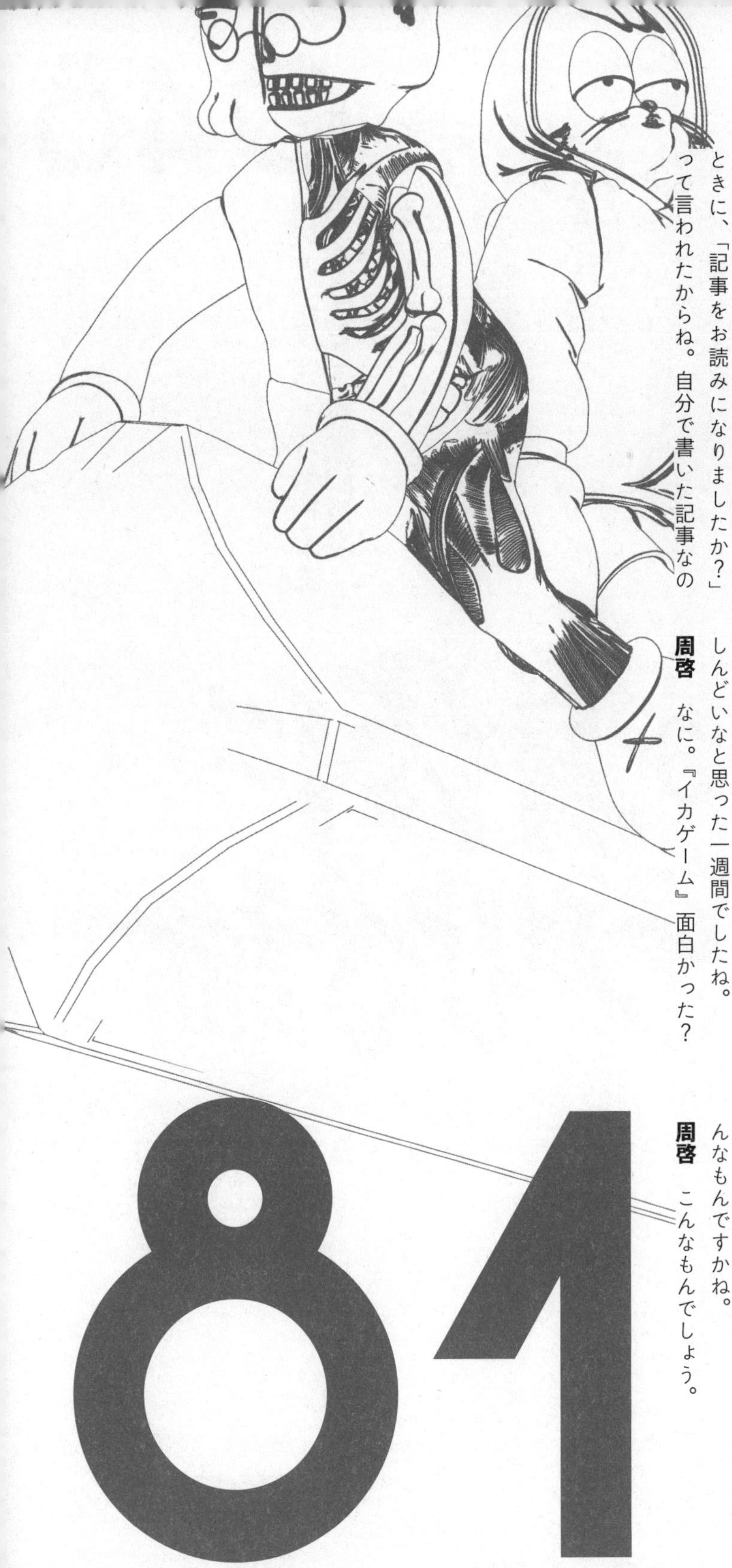

っていくなと思ったんだよね。「写真で一言」になっちゃうし、「写真で一言」ってお題が設定されたら、みんなそりゃ怒るわっていう感じだし。その怒ってる人たちも、狂った愉快犯じゃないんだと。ほんとに怒っちゃうんだ、という……なんなんだろうね。一回グッと考えるというか。まあこんな道徳的なこと言ってもしょうがないんだけどな。

周啓　俺もMONO NO AWAREのフジロックのステートメントをリツイートしようとしたときに、「記事をお読みになりましたか？」って言われたからね。自分で書いた記事なのに（笑）。そういうワンクッションだよね。求められているのは。

TaiTan　最近出てくるよね。記事読まずに、見出しだけでリツイートしようとすると。

周啓　でもまあ、これくらいを共有しておきたいなってことだよね。

TaiTan　そうなんだよな。つまりここで大事なのは、「写真ってのは今、そういうふうに使われてるぜ」というのをわかっといた方がいいよねというかさ。なんかそういう……しんどいなと思った一週間でしたね。

周啓　なに。『イカゲーム』面白かった？

TaiTan　だから『イカゲーム』は、俺がもろ手を挙げてなんかするような作品ではないから。サクッとみられる。それと表裏一体のバズ現象とあわせて、写真というものに注目していたというか。しんどいなと思ってたね。

周啓　そういう作品がまた出てきそうな感じもするしね。それこそ『空白』が半分以上描いてた気もするし。

TaiTan　というような、久しぶりのしんどみだけで突っ切る回でしたけども。今週はこんなもんですかね。

周啓　こんなもんでしょう。

81

動詞族と名詞族／人間中心主義を瓦解させる言語運用態度

TaiTan　タイタンです。
周啓　玉置周啓です。
TaiTan　『奇奇怪怪明解事典』でございますけれども。動詞族ね。
周啓　どうしよう。
TaiTan　……綾斗ね。
周啓　お前（笑）。いきなりのクソ番組化。
TaiTan　それはお前が今、水を向けただろ。
周啓　すごいね。「どうしよう」っていうあんだけ公共性のある言葉を。
TaiTan　持ってるんだよね。「ジンジャーエール」はくるりのもんだし、「どうしよう」はもうTempalayのものなんだという。
周啓　「四季」はDos Monosのものだしね。
TaiTan　そうなの？　ありがとうございます。支配者じゃん（笑）。
周啓　神話じゃん。
TaiTan　まあ君は「そこにあったから」だからね。「そこにある」という概念そのものの所有権をＮＦＴで売買してるわけでしょ

言葉は身体に比べてダサい論

（笑）。神じゃん。
周啓　そうだね（笑）。俺が多分一番持ってるよね、そうなったら。この世で持ってたら一番強いのって、お金とかいうレベルじゃないもんね。
TaiTan　でもそれは本当に思うことあるね。この世でもっとも強いのは誰なんだ、みたいな話を大学生のときとか考えてて。よく言われるのは、司法・立法・行政の三権だと。要はメディアは第四の権力だ、みたいなことが言われるじゃん。俺はもう一個先に行った権力というか、「こいつって意外とこの世界の磁場を決定してるんじゃないか」と思ったのがあって、それは人事権。
周啓　人事権？
TaiTan　つまり俺がそのとき具体的に思ったのは、要はリクルートとかには、人間をどの業界に配置するかをコントロールできる可能性がある。これはただの大学生の妄想だけど、それを流動的にビジネスにしてる人たちって、すごくね？　と思ってたんだよね。世界を掌握できるじゃんと。
周啓　たしかにね。世界各地のこの企業に置

いとこう、みたいに、企業のアベンジャーズを作ることもできると。

TaiTan そう。第五の権力、人事権。というのを考えていたことがあるというのまでは、お伝えしておこうと思います。まあTempalayの話は、どっかでまた。

周啓 今日はTempalay論じゃないのね？

TaiTan じゃないだろ。お前に振ることになるぞ、距離が近いんだから。

周啓 俺はほんとに、「海苔美味しい」くらいのことしか言えないから（笑）。

TaiTan あんまり落ち込むなよお前。飯フェチ論（「第82巻（中篇）それぞれの飯フェチ論」本書未収録）の後に、「足りてます？　どう？」って俺に聞くなよ。俺は再録するのがめんどくさかったから断固として断ったけれども。

周啓 そういえば、「菅さんは左上論」というのを持ってるんだよね。

TaiTan 何？

周啓 メニューとか券売機の、左上を絶対に頼むっていう、菅さんの食のこだわり。あと豊《ゆたか》は、飯屋に行っても基本的に感動しない。なぜなら、実家のご飯が普通にめちゃくちゃ美味いんだって。それを超える複雑な味を味わわないと、そんなに美味しいと感じられない身体になっちゃってるっていう話でさ。

TaiTan ……海苔の方がマシだね。マジで。

周啓 ほんとに言ってる？（笑）哲学が反映されてるだろうが、お前。

TaiTan 海苔はでも、面白かったよ。海苔が……好きだっていう。

周啓 もういいよ、じゃあ（笑）。今度さ、一回どこかで「複雑な味を食べに行く」というのをやりたいよね。前も話したけど、焼き肉とかもどんだけ美味いとはいっても、どこかで頭打ちになる感じがするけど、複雑な味とか、食べたことがないものとか、得体が知れないけど美味いことだけはわかるみたいな体験って面白いじゃん。

TaiTan それでいうと、フュージョン料理系だね。イノベーティブ系の料理。不動前の……。

周啓 Kabiとか？　でもあそこは予約待ちがすごいっていうじゃない。

TaiTan Kabi。この前行ってきてさ。美味かったよ、ほんと。

周啓 裏口から？

TaiTan 三河屋がよ。不倫してんじゃねえだろうなあれ。どういう描写だ？　夕方十八時に不倫描写をやるなよ、あんまり。

周啓 （笑）。ほんとに不倫なら恐ろしすぎるよ。

TaiTan 酒を運搬すると見せかけてそれはただのカモフラージュで、裏口で……（笑）。

周啓 そういうカモフラージュしてどうこうは、Netflixで作れよ。

TaiTan 裏口でことに及んでいるわけではないのね？

周啓 お前、余計な見え方をつけるなよ（笑）。今後どうすんだよ、サザエさんを見るたびに。毎週そんな思いをしたくないよ俺。俺が人生で食った中で一番複雑だった味は、イチゴのリゾットね。

TaiTan 何それ。

周啓 出してもらったのよ、とあるところで。最後にそれが出てきて、「イチゴのリゾット？」とか思って食ったら、イチゴだし、リゾットなのよ。で、美味いの。

TaiTan チーズとかで。パセリとかも乗っててね。

周啓 そうそう。すごいね。いたっけ？

TaiTan いないんだよ俺は。

周啓 いないのに？　裏口にいたんじゃないだろうな。

TaiTan （笑）。裏口にいて、飯を与えられていない使用人Bじゃないんだよ。金持ちの家に仕えている。「イチゴのリゾット、美味しそうだなあ」って思いながら夜、味を想像して眠るBじゃないんだよ。

周啓 なんなんだよ（笑）。そんなひどい雇用のされ方なの？　まあそういうのをいつか食べに行こうよ、と。

TaiTan というようなもんで、本題にいこうと思うんだけれども。動詞族と名詞族の話ね。要は何かというと、伊藤亜紗さんという、『どもる身体』（医学書院）とか『手の論理』

（講談社）とか、この番組で引用というか僭越ながらご紹介というか、「めちゃくちゃ面白いですよ」みたいな話をした記憶があるんですが。その伊藤さんが最近出した本で、『きみの体は何者か』（筑摩書房）という本と、『ちゃぶ台』（ミシマ社）という雑誌に載っている、藤原辰史さんとの「ふれる、もれる、すくわれる」というタイトルの対談があって。その中に出てくる一節に、「名詞族と動詞族」というのがありまして、これは本当にいい表現だなと思うわけですよね。

周啓　これはどういう区分なんですか。

TaiTan　要は、人間には世界認識の仕方として、動詞で世界を捉えている人と、名詞を中心に世界を捉えている人がいると。で、動詞で捉えている人というのは……まあ逆か、吃音で捉えている人……名詞で捉えている人は……。

周啓　すごいね今。言葉の神経衰弱だね。

TaiTan　言葉が完全にシンコペーションして、出てきちゃってた（笑）。

周啓　手品師だったら今殺されてた（笑）。

TaiTan　舞台とかでも殺されてただろうね。「お前見切れてんだよ!」ってさ（笑）。「吃音」が。

周啓　なんかちょっと面白そうだね。「吃音」とかが出てくる舞台。

TaiTan　しかも吃音ってそういう感じしない？　難発・連発みたいな概念があるけど、先発という、要は言葉を飛び越しちゃうっていう。だから今のは、このテーマに沿ったハプニングな気がしているね。「出てきちゃった」、「生まれてきちゃった」という。

周啓　なんだっけ、名詞が吃音だという話だったよね、先週のは。

TaiTan　そうですそうです。要はわたくしめ、イイヅカが、「吃音を持っている」というふうに名詞で世界認識をする人間か、「どもっている」という動詞で世界認識をする人間かで大きく違うんだと。名詞で認識する人は、そこで世界が止まっている感じがする、と伊藤さんは指摘するわけですな。対して、動詞で「どもる」という言葉を運用できている人の認識のなかは、イイヅカという主体ではなく「言葉がどもっている」というふうに、人間を主体としてそこに置かなくても通用可能なものになったりする、というのが面白いと。言葉が、あるいはこの空気自体がどもっている、あるいは「身体がどもる」という表現も可能かもしれない。そういうふうに、「どもる」という状態を交換できていくというところに面白さを感じる、みたいなことをこの対談のなかで喋っていて。すごい面白いなと思ったんだよね。

周啓　なるほどね。

TaiTan　俺らって、zipファイル論者じゃない？

周啓　俺を、ファイルに含めるなよ。

TaiTan　シフトキーを押してファイルを青にして、「圧縮」で君はシュッと巻き込まれてるわけよ。複数選択で。

周啓　恐ろしいね。情報社会っていうのは、zipされちゃうんだと。

TaiTan　そう。要は名詞というものにはzipファイルの効果がある。いろいろなものを一個のものに抽象化する力がある。それに対して動詞はそれを開く、解き放つことができるんだという話をしていて。要は動詞族という人たちは、世界に対して揺らぎを感じることができるという。それがどういう態度を生んでいくかというと、人間中心主義を瓦解させるような言語運用の態度なんじゃないか、というところに繋がっていくという対談で、すげえ面白いんだよね。

周啓　なるほどね。人間中心主義を瓦解させる……。

TaiTan　でも周啓君もそっち側だと思うわけですよね。

周啓　うん、そうだと思う。

生まれたての身体に興奮する／「ぱおん」と「ンゴ」

TaiTan　で、この対談集のなかでもう一個面白い項目が出てきて、「言葉は身体と比べるとダサい」という表現が出てきて、すごいよくわかる。周啓君も読んだんだよね？　出

言葉は身

てきたでしょう。

周啓　出てきた。たしかにね。その「ダサさ」というのは、凝り固まり方とか、自由自在に言葉を操っているように見せかけて、名詞に束縛されているという……言い過ぎ？　そういうふうに解釈したんだけど。

TaiTan　いや、でもそういうことだと思う。言葉によって何かを捉えているようでいて、すべてをとりこぼしている。つまり身体の方がよっぽどいろんなことを受容しているはずなのに、言葉にした瞬間にそれをなかったことにしてしまっている。なのに、言葉がたくみな人間の方が、ある種の知性を漂わせたり、相手を言い負かしたりすることができる。その全体を「ダサい」と言ってるんじゃないかと思ってて。それはよくわかる。で、周啓君は体《からだ》論者じゃない。

周啓　うん。カタカナで「カラダ」ね。でも俺は変わったね。前話したかもしれないけど、高校のとき現代文の先生に、「『日が沈む』っておかしくない？」って言われたことがあってね。「本当は地球が太陽の周りを回ってるのに、地球に住んでる人たちは『日が沈む』としか表現できなかったの、おかしくない？」みたいな。俺はめちゃくちゃ反発してさ。「言語を考えてるのは人間なんだから、人間中心の表現をするのは当たり前でしょ」みたいな反論を、まあ若造だからしていたんだけど。何がきっかけか忘れたけど、最近それを思い出して、自分もそれに違和感を持つようになっていることに気づいた。年齢的なものなのか時代的なものなのかわかんないけどさ。

TaiTan　うんうん。

周啓　当時は「人間中心でいいだろ」って平気で思ってたからね。「見方を変える」という言い方で言うとさ。特にそれは、伊藤亜紗さんみたいに研究職とかではなかったし、言葉のみに執着してたから、「どう表現するか」というポイントについてのみ言えば、人間中心でもいいだろうと。「言葉を使うのは人間なんだから」という感覚だったんだけど、そういうレイヤーじゃないんだなって。言語を使うその前の段階があるんだなと最近わかるようになってからは、この対談で言われている「身体主義」が実感を伴ってわかるようになってきたなという気がするね。

TaiTan わかるよね。要はなにかっつうとさ、身体も地球の一部なんだということだと思うんだよね。つまり日が沈むように人間の身体はどもるわけだし、人間は死ぬわけだし。つまり「状態」なんだっていう。「そうなっている」というだけであって、人間が理性によって超克できている範囲なんてわずか0・何パーセントかの話でしかない、みたいな。前提の立ち方を変えるというやり方だと思うんだよね。体は自分でやっているようでいて、実はただ「なっている」だけであると。そこが面白いんだよね。

周啓 たしかになぁ。

TaiTan この番組と相性のいいテーマでいうと、こないだ漫才の話をしたじゃない。そのとき出たのは、鬼越トマホークのM-1一回戦のネタで、どっちかがアドリブを急に入れた時の、相方の身体の反応。そこにやっぱり興奮する。

周啓 ンムッ！　ってやつね。

TaiTan ビビっちゃってるやつ。「オッ！」ていうその一瞬に、人間の、体の「こぼれ」が出るっていう。いわゆる社会的な、競技化された体ではない、生まれたてのままの体がそこにあるって感じ。興奮するんだよね。

周啓 そうね。だからといって言語を捨てるということではないから、「動詞族と名詞族」という語り口になっていくんだろうね。「名詞よりは動詞の方が適しているんじゃないか」という展開になっていくということなんだろうな。

TaiTan そうそう。そこに面白さがある。「それこそがメインである」というふうに考え始めると、いろんなことが面白がれるようになっていくという。すごいよくわかるんだよね。

周啓 大学のときも、哲学の教授が、「わからん現象に名前をつけるのはやめましょう」って言ってたんだけどさ。

TaiTan お前は、教えをちゃんと守れよ。

周啓 お前に巻き込まれてこうなったんだろうが（笑）。

TaiTan つい巻き込まれてzipファイルに圧縮されていたら（笑）。

周啓 気づいたら圧縮されているから、逃げ場もなかったわけで。でも「名前をつけない方がいい」っていうのは、「空《くう》の空なるや」とかそういうことじゃなくて、つけるんだけど、今まで思ってたような名前のつけ方じゃないのかも、みたいな示唆だったのかなというのをこの文章を読んで思い出した。

TaiTan そうそう。だからそれもこの番組っぽくて、「その名詞は未来永劫固定されるものではないんだ」っていう、その前提だけを共有した上で、言語遊びをしましょうよっていう。「食べられる」っていつまで言ってんだジジイっていうさ。絵文字だって毎年毎年出てくるのも、人間の感情なんていろいろ出てくるわけですから。みたいな、そういう「生き物」であるという前提に立った上でそういう遊びをするんだったらいいよねと。「ぴえん」としか言いようがない感情。「ぽえん」とかもうそういうのがあるわけよ。

周啓 「ぱおん」ね。

TaiTan あと、「卍丸《まんじまる》」ね。

周啓 あと……「キショ丸」。

TaiTan あと、「フロリダ」。あと………「ンゴ」。

周啓 お前、やめろよ（笑）。ネットのゴミ箱から出てきたクッキーモンスターが、「ンゴゴゴゴｗｗｗ」って言いながら。でも「ンゴ」としか言いようがない感情が、人間にはあるんですよ。

周啓 だから言語になったんだろうしな。面白いね。そこはどんどん受け入れていったらいいのにね。他の言語もそうだけど、日本語は中国からの影響やらなんやらで、言語が大きく変容した国じゃないですか。方言も異常に多いしさ。「スラングの研究」（第77巻（後篇）「スラングとコミュニティの研究」）のときも言ったか忘れたけど、そういうのが増えるといいですよね。わけわかんない言語になっていったら面白いのになと思うときがあるよね。

TaiTan 思うよね。それってつまり、俺ら

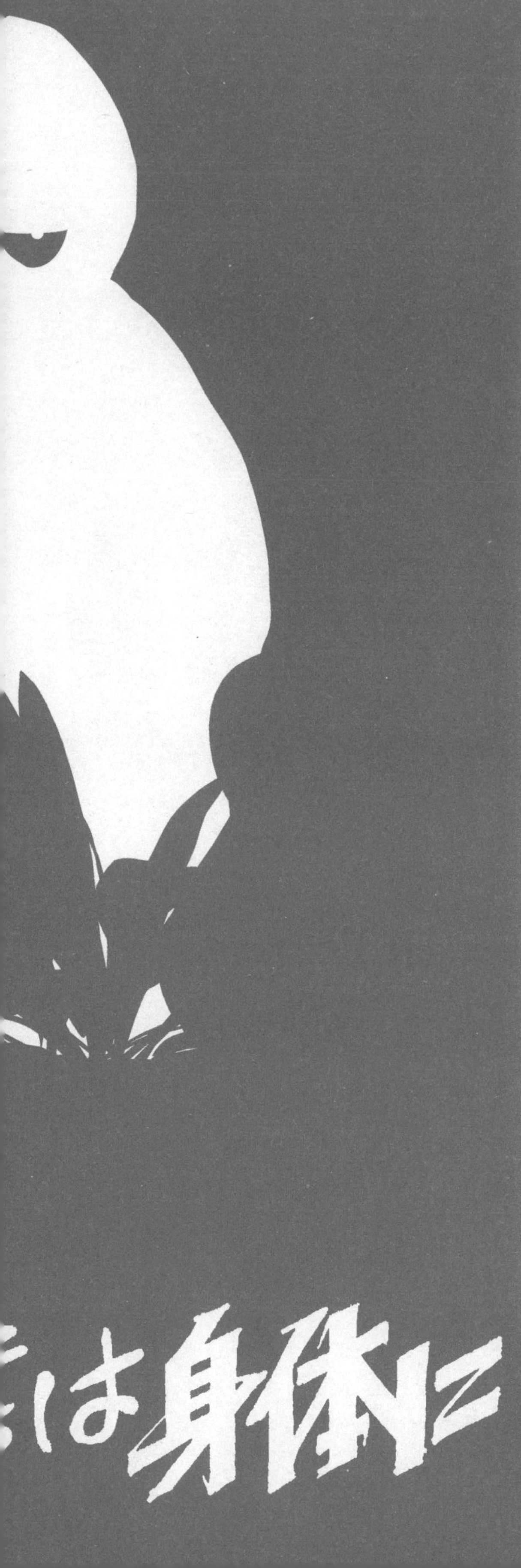

が古文の時代とかに「こんな言葉喋ってるわけねえだろ、ナメてんのかよ」って思ったあの感覚が未来で待ってるわけよ。そう考えるとワクワクするよね。

周啓　まさにそうね。古典みたいに思われたいもんね。思われたいっていうか、その方がなんか面白そうだよね。その方が、なんかそのぶん世の中が展開した証明になる気がするじゃない。百年後も言語がほぼほぼ同じレベルだったら悲しい気がするよね、ちょっと。

TaiTan　そうそう。だから、これが飽和なんてことは絶対ありえないわけだよね。この録音なんて、例えばこれを百年後に聞いたら、誰ももう聞き取れないと思うよ。『羅生門』とか見てるとさ、「何言ってんだテメー」って思うわけじゃん。

周啓　なんでお前はいちいち文学作品にキレ散らかしてんだよ。

TaiTan　三船がよ。「ちゃんと喋れよコラ」って思うわけじゃん。

周啓　あんまり船越英一郎のことをいじるなよ。

TaiTan　船越英一郎と三船敏郎は共演してないわけよ。知らねえけど。

周啓　字がほぼ同じなのに？

TaiTan　違えし。お間もう、死んだ方がいい可能性があるね。いつかは。

周啓　どうしようもないからね、死は。「船」ってつく人はこの世にその二人しかいないもんね。

TaiTan　まあ、そういう面白さに充ち満ちた対談なんですよ。

名詞族への通行パス／ポッドキャストだとどもらないのはなぜか

TaiTan　で、ここまで話しているなかで、動詞の方が世界に対してラフなノリで接しているんじゃないかという論旨でずっと話してきたんだけど、俺は言うても言葉と体信者だから、言葉の面白さというものをオンしたい気持ちもあるわけですよ。で、俺が動詞族に対してちょっと「ウッ」って思う瞬間がある、というのをここで周啓君と話してみたい。

周啓　なるほど。

TaiTan　要は動詞族というのは、横ノリ系の人、バイブス系の人、と言えるわけですよ。もうちょっと具体的に言うと、スケーターとか、ラッパーもしかしたらそうかもしれない。「Hey what's up?」「どう?」みたいな。あるだろ、そういうコミュニケーション。

周啓　なるほどね。お前だろ?　それ。

TaiTan　俺はどっちかっていうともうちょっと踏み込むけど。ラッパーのアイデンティティがそんなにないから。

周啓　そうだね。

TaiTan　「イエー」みたいなね。「もうちょっとまともに喋れよ」っていう感覚があるわけ。

周啓　（笑）。俺スケーターの人とあんまり喋ったことないから。そういう感じなの?

TaiTan　実際そういうシーンよく見るしさ。横ノリで会話を流していく感じ。「いい感じだね」、「チルだねー」みたいな。でも俺は、それはそれで退屈だなと思っちゃうんだよね。すべてがノリに回収されていく感じ。周啓君は、それに対しては、どうなんですか。

周啓　お前、「どう?」って。

TaiTan　（笑）。ワッツアバウト「どう?」。

周啓　つまり、「なんも言ってねえじゃん」化するってこと?

TaiTan　そうそうそう。つまり「その状態がいいよね」みたいな話に入りすぎることによる、なんでも許されてしまう感というかさ。

周啓　それはまさに、「そこにあったから」を作ったときの唯一の懸念点はそこだったからね。

TaiTan　君は言ってたもんね。「元も子もなくね」性っていうか。

周啓　だって「そこにあったから」って言ったら……。

TaiTan　「だろうよ」っていうさ（笑）。

周啓　そうそう（笑）。常に曲作るときに考えるわけよ。自分の言ってることが悪意のある人に流用されたらどうなっちゃうのかと。痴漢とかして「尻がそこにあったから」とか言ってる奴がいたらさ（笑）。とんでもない話だけど、そういう奴もいるのかなと思うとゾクゾクしてきちゃって。だから「そこにあったから」というのは危険な言葉だなと思ったわけ。

TaiTan　ね。実はその議論もセットで語られたいよね。この横ノリ系の話、世界認識を変えよう系の話、中動態の話は、「だってついやっちゃったんだもん」みたいな行為を不必要に擁護する可能性がある的な話になってくる。

周啓　そうなんだよね。

TaiTan　遅刻した奴に、「いやなんか……起きたら十時だったんだよね。地球がそうだった気がする」みたいに言われたらさ（笑）。

周啓　それで生きていけるのメキシコだけだからな（笑）。

TaiTan　そいつに「なんだこいつ殴るぞ」って思う気持ちに対して、正当に向き合いたいっていう。

周啓　もちろん本意は違うわけだよね。俺が「そこにあったから」を作ったときは……。

TaiTan　「ケツがあったから」じゃねえよ……（笑）。

周啓　お前、掘るなよ（笑）。「掘る」もまためんどくさいし。

TaiTan　あの、AVパロディが出たら名作と言われる的なさ（笑）。『ハイパーハードボイルドグルメリポート』もそうなったらしい。

周啓　え、そうなの？

TaiTan　ヒットを飛ばすと、必ず最初にAVメーカーがパロってくる。

周啓　わかるよ。俺が人生で一番面白かったのは『オマター』だから。『アバター』の……（笑）。

TaiTan　（笑）。もうこの話はやめよう。

周啓　なんで。残りはこの話するんじゃないの？

TaiTan　違えんだよ。「そこにあったから」がなんですか。要はその、不本意な形で援用可能なものになっちゃうという。

周啓　そうそう。あの曲はもともと『海辺のエトランゼ』というアニメの主題歌の候補として作り始めたものでさ。ゲイの人、バイセクシャルの人の生きづらさを描くというよりは、生きづらいのが前提、当たり前の世界を生きている二人を描くという感じの漫画だったから、『普通』って感覚は俺の中に余裕であるんだけど、これって何なんだろう？」みたいな意味で作ってたのよ。でもそういうのを肯定しようとすると……これはいくらでも類推できるよね。いろんな問題にあてはめられる。何かを守ろうとして使う言語が、誰かの悪意を助長する。Twitterなんてそんなことの螺旋になってるじゃん。

TaiTan　だから言葉ってダサいよね。

周啓　ということだよね。そういうもともとの、これは勝手に言わせてもらうけど優しさ、親切心、のようなものを中心に回る世界だったらいいのになとは思うけどね。……何に繋げようと思ったんだろうな。それが「チルだわ」でもいいと思うし、名詞を使って必死に言語化をしようとするということのあわいということなんじゃないかと思ってる。

TaiTan　総論として、俺はこの名詞族・動詞族の議題をすげえ面白いなって思いつつ、じゃあ俺が完全に動詞族かと言われたら、そこまでじゃないというか。比重はそっちに傾いてても、名詞族の方にも遊びに行ける通行パスを持っていたい、という。すごい嫌なのが、チル系の人と喋ったときに、俺から切り出す会話とかに「難しくない？」とか言われるときに、「は？」とか思っちゃうわけ。つまりその村では、名詞族のパスポートが効かない感じがする瞬間というのがあって、それはそれですごいつまんないなって思うんだよね。

周啓　そうだね。基本チルでいいっていう、そういう論旨だったよね。非人間的などうしようもなさがこの世界の主体としてまずあって、そこから言葉を使って旅に出るような感覚というか。それは必要だろうね。それこそ、皮膚感覚がなくなってくるもんね。「何もしなくてもこの体がある」みたいなことで、同じ風を切ってるだけの生活だと。

TaiTan　みたいな話で、すげえ面白いんだよね。というようなことを、おそらく今夜の僕はお会いするのが二回目なんですが、B&Bの配信を見て頂けたらありがたいなと。テーマはこの伊藤さんの新著『きみの体は何者か』（筑摩書房）なんだけど、今僕らが話したようなこととぶれないと思うね。

周啓　こういう言い方がいいよね。『きみの体は何者か』というのも、主語と目的語がニアリーイコールみたいな表れ方をする感じというかさ。

TaiTan　そうなんだよね。伊藤さんはその対談のなかでも指摘されてたけど、そういうままならなさみたいなものを面白がりながら

も、ある種の冷たさを世界に対して持っている。ある種の人間のエラーを温かい気持ちで受け入れつつも、観察もしているっていう。そういう感じは俺もよくわかる。それは自分に対してもそう。「うわ、どもってんじゃん俺」みたいなこともよくある。みたいな話を深掘りできたら、熱い話になるんじゃないかな。なんで俺がポッドキャストとかだとあんまりどもらないのか、とかね。

周啓　ね。あんまりどもらないよね

TaiTan　これはつっこまれるから言おうと思ってるけど、これはもう、リズムなんだよね。

周啓　リズムに入っちゃってる状態なんです、と。

TaiTan　自分のなかに、体を揺らしてビートを作っていけばそこに乗っていくだけだっていう。だからマイクと僕の体は今、同一化してるんですよ、という感覚があるんだよ、ほんとに。でも自己紹介とかだと、めっちゃどもるっていう。

周啓　（笑）。

TaiTan　何笑ってんだよテメー。クラスメイトがよ。小二の。

周啓　お前、自己紹介のとき、めっちゃ首揺れちゃうもんね。

TaiTan　ビートがよ。

周啓　ビートがよは、どっち？（笑）ビートさとしじゃなくて？

TaiTan　ビートさとしは、skillkillsじゃない？

周啓　この世で一番かっこいいドラマーね。

TaiTan　ビートたけしね。あと、どもる相手というのもめっちゃいるんだよね。なんか、喋りづらい、って思う瞬間。

周啓　御大とか？

TaiTan　御大は、喋らせてくれない（笑）。俺が喋ろうとすると、肩入れられる。

周啓　（笑）。いいね、サンドウィッチマンのボブスレー漫才みたいな。

TaiTan　タテ構造漫才ね。俺が喋ろうとすると、「いや」って言われる。

周啓　面白いな。たしかに相手によってどもるのはある。俺も話す相手ごとに喋り方は違うとしても、明らかに特殊な喋り方に変わっちゃうなという相手はいるね。

TaiTan　いるよね。というようなお話をしようと思っているので。良かったら、皆さんぜひ見て頂けたらありがたいです、というようなもんで。次の配信も、この話の延長をしようかな。「その優しさがしんどい論」というエピソードがこの対談に出てきていて。

周啓　あったね。

TaiTan　ということで、今日はここらへんで。

恋愛は等価交換なのか問題

落つる／好きな人に好きと言われるとしんどい

TaiTan TaiTanです。

周啓 玉置周啓です。

TaiTan 『奇奇怪怪明解事典』でございますけれども。「その優しさがしんどい」ね。

周啓 えーと……かきつばた。

TaiTan 病床に持っていってはいけない花ランキング一位ね。なぜなら、花が落つるから（笑）。

周啓 （笑）。やだねえ。

TaiTan 高等遊民のいじめね。なんだよ「落つる」って。

周啓 古典おもれーな。「かきつばた」って名前に出てる感じがいいよね。今日はそういう話。

TaiTan かきつばた。花言葉論ね。

周啓 花言葉はクソね。

TaiTan その話も伊藤亜紗さんと藤原辰史さんの対談に出てきましたね。「すみれの花言葉は何々だ」みたいな、そういう世界認識こそが人間中心主義だろうと。すみれはすみれだからっていう。

周啓 はいはい。あれはどうかと思ったけどね（笑）。

TaiTan 俺っぽいよね、こういう突っかかり方（笑）。

周啓 面白いなと思いつつも、それこそ元も子もなくなっちゃうなと。でもこれってめちゃくちゃ難しい話で、元も子もないことを一回言っとかないといけない、つまり成長痛としての「すみれはすみれ」論なのかもとも思った。だって、そのバックグラウンドにある生物学とか生態学の文献があまりに名詞的に語られすぎてることに鬱屈してこういう本を書いてます、みたいな二人が「すみれはすみれだろ」と言うのはただの難癖とはわけが違うから。花言葉的なもの、ロマンチシズムばっか重要視して、この世にあるすべてをそれこそ人間の添え花のように扱う価値観に異を唱えるというのは、かなりクリティカルやなあと思ったけど。「すみれはすみれだろ」は、君の声で聞いた瞬間にクソ論になる側面もあるよね。

TaiTan そうなんだよね。俺が言うとクソリプ性が高まるっていう（笑）。卵アイコンがよ。

周啓 それは俺だろうがお前。

TaiTan クソリパーと卵アイコンによるポッドキャストで一万人いったのは快挙。マジで。

周啓 大丈夫か？ サロン化しない？（笑）

TaiTan でも花言葉ってよくわかんないよね。そういう世界に隠された隠喩っていうか、コードネームっていうか、よくわかんない。要は、詫びのときは虎屋の羊羹《ようかん》持ってけみたいな、そういう通念があるじゃん。意味がわかんないんだよね。今度引っ越しするから、「引っ越しの時にはこれ」みたいなのを調べてるんだよ。ご近所さんにあげるまんじゅうはどれがいいのかとか。

周啓 なんでまんじゅう限定なんだよ。

TaiTan そう思うだろ？ なんでまんじゅうなんかあげなきゃいけないんだよ。イソップのシャンプーでよくね？ と思うわけ。

周啓 かきつばたでいいだろ。

TaiTan かきつばたは、俺の家が刃牙の家並みに落書きされる。「出てけ」「引っ越し」って。

周啓 （笑）。「落つるな」って書いてある可能性あるな。

TaiTan 隣人が布団叩いて俺を追い出そうとするんだから。やめた方がいい。

周啓 どう展開するかにもよるんだけど、要はそれも一種のストーリーづくりなんだと思うけどね。そういうのが全部なくなっちゃうと、この世から落語が消えちゃうっていうか。そんな感じがする。

TaiTan ほんとにほんとに。その言葉やエピソードに含有されている多くの情報に「なくてよくね？」って言った瞬間に、Ｗｏｒｄで喋ってるみたいな、Ｗｏｒｄファイルを交換しあってるみたいな状態になっちゃうからさ。データになっちゃう。

周啓 もうエヴァですよ。よくない意味で境界線がなくなっちゃうんじゃないかな。

TaiTan というようなところも含めて、「その優しさがしんどい」というね。三週にわたってこの伊藤さんと藤原さんの対談を引っ張るのもどうかと思うんだけど、ほんとに面白いんだよ。前回までは名詞族・動詞族みたいな話に触れてきたけど、その延長線上で、今の若者にアンケートをとって、「好きな人から好きと言われるのがしんどい」というムードが今の若い者にある、ということがデータ上明らかになったというエピソードが出てくるわけですよね。

周啓 これ面白い。

TaiTan 面白いよね。好きな人から好きって言われたら、普通嬉しいはずじゃない。でもそれがしんどいのはなぜかというと、女性の回答には「その好意ぶんの好意を返せないからしんどいと思っちゃう」という回答が多くて、男性は「自分にはそれほどの価値がない、そんな言葉を頂くに値しない人間だという自己卑下の心が働くからしんどい」という結果が出たらしくて、これめっちゃ面白いなと思って。

周啓 でもちょっと、ハーフな感じがあるけどね。僕もその気があるなと思った。自分も？

TaiTan 俺もそういうときはあるかな。ある気もする。

周啓 なんか、「ハードルが上がるな」とは何回も思ったことがある。そんなにモテあそばしてた人生ではなかったけれども。

TaiTan まあそうだね。

周啓 お前、迂闊に肯定するなよ。

TaiTan （笑）。凪《なぎ》の人生だからね、君は。お母さんの産道を通ってきたときから。

周啓 ほんとテンション落つるからやめて（笑）。

TaiTan かきつばたがよ。お母さんのお股から出てきたときから首が落つてたんだよ。

周啓 お前！『オマター』の話をもうする

なよ。

TaiTan　（笑）。パロディAVの話はしないよ、俺は。

周啓　まあそうね、俺は凪《な》ぎ続けてきた人生でした。

TaiTan　産声すらアンビエントだったともっぱらの噂じゃないか。ブライアン・イーノが近くで演奏してるのかと思ったら、君が産まれていたという（笑）。地元のニュースが報じたんだから。

周啓　喋りかけてきた看護師さんに手のひらを突き出したらしいから。「今ちょっと、静かにしてたいから」って。

恋愛は等価交換なのか／自分が生きてた方がいいと思う気持ち

周啓　まあだからさ、「ハードルが上がるな」とは思ったことがあるという話で。意中の人からじゃなくても、例えば告白をされたときとかに、嬉しさよりも「これに対して自分は……」と思ってしまう。告白って、すごい行為だよね。会話だったら最悪返答しなくていいことがあるのにさ、告白に返答しないのはナシじゃん。すごくない？

TaiTan　すごいよね。回答を望むっていう。いわゆる事件とかで質問状を投げかけて、「回答期限はここまでです」みたいな、向こうからの返答をもって完結するコミュニケーション。

周啓　もしかしたら本題からずれてるかもしれないけど、俺はそういう意味でものすごくハードルを感じてた。何かを課す感じがすごくあるなと思ってたけども。

TaiTan　入り口の本題とはずれるけども、「関係が変わってしまうことへの恐れ」というのは絶対あるよね。人間はね。

周啓　あるね。だし、その延長線上にあるんだと思うんだよな。「同じぶんだけの愛を返さなきゃ」というのは。それも書いてあったよね。

TaiTan　あった。「恋愛は等価交換なのか」という。

周啓　現代ってそうなのかな。でも「恋愛は等価交換だと若者が思ってしまう」みたいなことは、多分ずっと言われてたよね。だから世代差とかではなくて、若者はそういうものなのではないかという。

TaiTan　どうなんだろ。自由恋愛以降なのかな。研究してないからわからないけど。

周啓　自由恋愛以降じゃない？　エーリッヒ・フロムという人が書いた、『愛するということ』という本の趣旨は「愛は技術だ」って話でさ。勝手に運命の人と出会っていい感

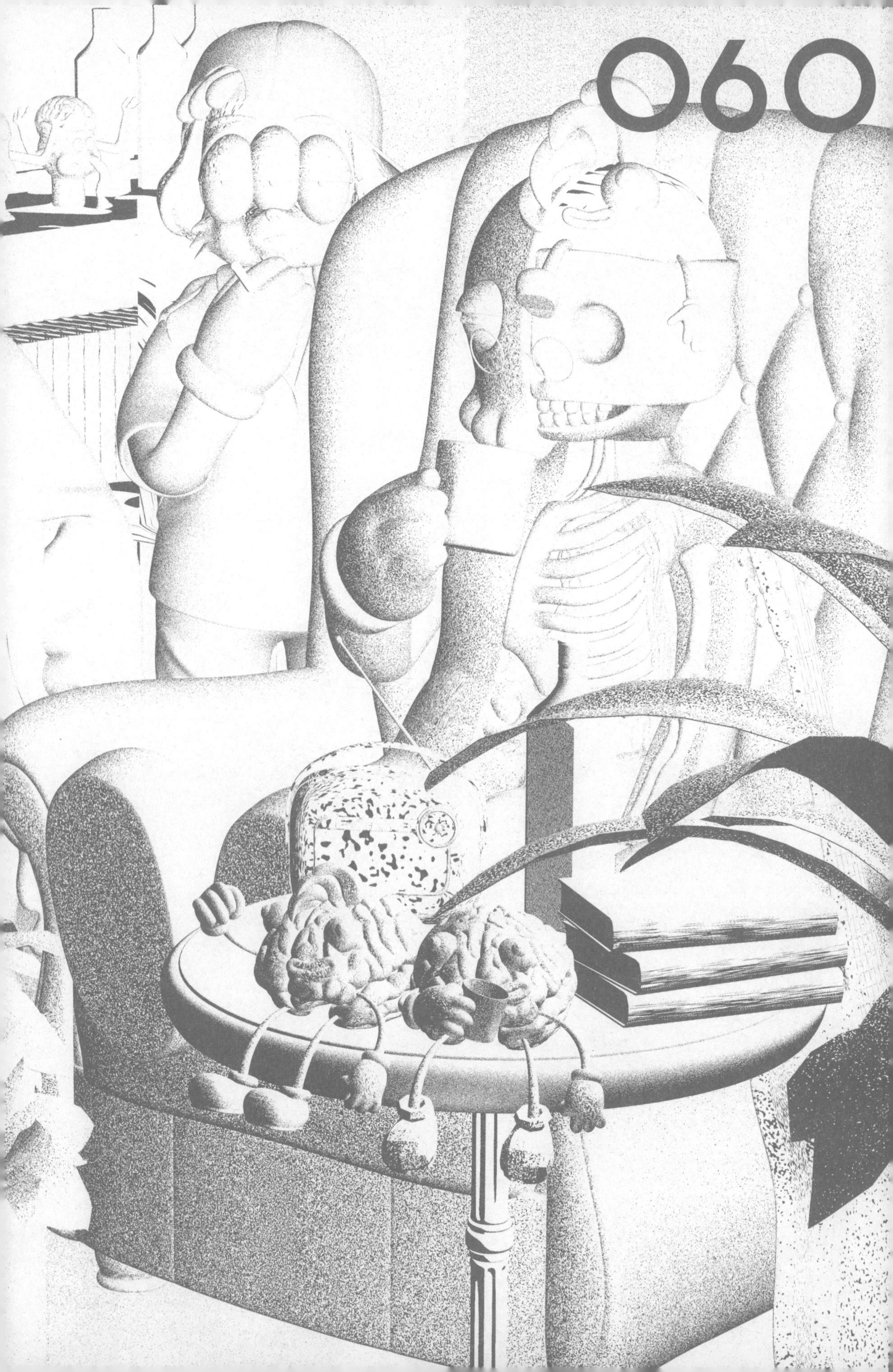
060

交換なのか問題

じになるんじゃなくて、もう「この人だ」と決めた覚悟の付き合いが愛を成就させるんだと。でもそんなの高校、大学のとき理解できたかっていったら絶対できないだろうなって思うし。でも、「返さなきゃ」という恐れは体感としてわかる。だから戻ると、「優しくされるのがしんどい」ってそういうことなんじゃないかなって。優しさが満ち溢れた世界になっちゃうと、税金と同じで「みんなが払ってるのに自分だけ払ってないのはおかしい」とか思ってしまうんじゃないの？ っていう。

TaiTan その発想は面白いと思うね。

周啓 多分、下手したら日本だけなんじゃない？ キリスト教文化圏だったら、同じ質問に大学生たちがどう答えるのかめっちゃ気になるもん。

TaiTan なるほど、たしかにね。いわゆる「推し」っていう文化がこれだけ広まっているのも、そういうものの延長な気がする。

周啓 優しくする側にまわり続けるっていうことだよね。

TaiTan 「私は一方的に好きでいるという状態が一番いい、向こうからの返答なんて一ミリも求めてないんですけど、なにか？」みたいな。

周啓 それは返答されてしまった瞬間に、関係性が崩れてしまうからってことだよね。なんていうの……これ言語化しづらいな。

TaiTan でもこういうムードってあるんだろうなって思ったりする。じゃあテメーはどうなんだって思ったときに、さっき「わかる気がする」って保留したけど、あんまわかんないかもって気もちょっとする。普通にめっちゃ嬉しい、舞い上がっちゃうタイプだと思うな。

周啓 まあ愛されずに育ってきたから。

TaiTan お前あんまり、ふるさとのことを思い出させるなよ。物置のことを。

周啓 お前、人の母親のオマターのことをあんだけ言っといて。あと、物置に住んでたの？ ポッターがよ。物置に住んでるのはポッターかドラえもんだけなんだから（笑）。

TaiTan お前、押し入れのことを物置って言うなよ。「百人乗っても大丈夫」じゃないんだから（笑）。

周啓 機能なんだよ、すべては。

TaiTan たしかに物は置いてある場所だからね。

周啓 まあドラえもんも物だしね、なんなら。

TaiTan おい。AIの話ね。

周啓 もう名詞族っていうか、差別族だな（笑）。

TaiTan そうね。あんまわかんないんだよな。だから俺、ナルシストなのかもしれない。要はこの、男性の回答に多い「自分にはそれほどの価値がない」っていう発想が、正直ない。俺、これはどっかの回で言ったかもしれないけど、……まあ言葉は慎重に選ばにゃならんが……。

周啓 がんばれ。

TaiTan 「がんばれ」が一番つらい論ね。まあ言うたらば、自ら自分を貶めてしまう行為ってあるじゃない？ ちょっと難しいな……。要は、自傷行為的なこと。まあ俺は自傷行為的なことをしたこともないし、あんまりそれをする感覚も、現時点ではわからないと思っているの。で、そこまで言い切れるのはなんでなの？ って言われたときに思いついたんだけど、「俺が生きてた方が世界にとっていいから」という発想が、どこかにちょっとあるんだよ。

周啓 すごい、それは。

TaiTan　というくらいのポジティブマインドが、大変不遜ながら俺の中にあるという。でもそういう……この話、まずい？

周啓　いや全然まずくないでしょ。こんなポジティブな面を見たの久々だわ、ほんとに。

TaiTan　うーん、というか、そう思おうとしている節がある。「自分には何かできるんじゃないか」ということを、ギリギリのところで信じているという節があるんですわな、と。その意味で、「自分にはそこまでの価値がない」っていう心の運動を、あんまりこう、よしとしていない性癖を持っているところがあるんだよね。

周啓　へえ、面白い。

TaiTan　表面上は、「俺なんてごぼうである」みたいなことを些細なことでは言ったりするけど。実際そうな部分もあるし。でも根柢のところでは、本当はそうは思ってない感じが、自分に対してずっと期待し続けている感じがする、というところはあるんだよね。ちょっとしどろもどろになりましたけど。

周啓　なるほどね。でもちょっとわかるな。俺も死ぬ妄想はずっとしてたんだよね。それで悲しむ家族を想像して浄化される、みたいな行為をよくしてたんだけどさ。要はポジティブであるために頑張る節はあるな。

TaiTan　まあこの手の話は難しくなってくるね。なんなんだろうな。普通の生活のなかでは「あ～……」とか思ってるんだけど、それは自分へのまやかし、ごまかしに過ぎなくて。

周啓　ポーズというかね。

TaiTan　本当のところでは、すごく自分に期待しているという。

周啓　形を変えて俺も同じかもしれないね、それは。なんかさ、突然死にたいんだよね。わかる？　いや、「死」とかあんまり言わない方がいいか。

TaiTan　そうね。ちょっと普通に不愉快な気持ちになるというのはありますから。

周啓　でもその死ということ、「人間なんていずれ死んじゃうんだ」というのは自明のこ

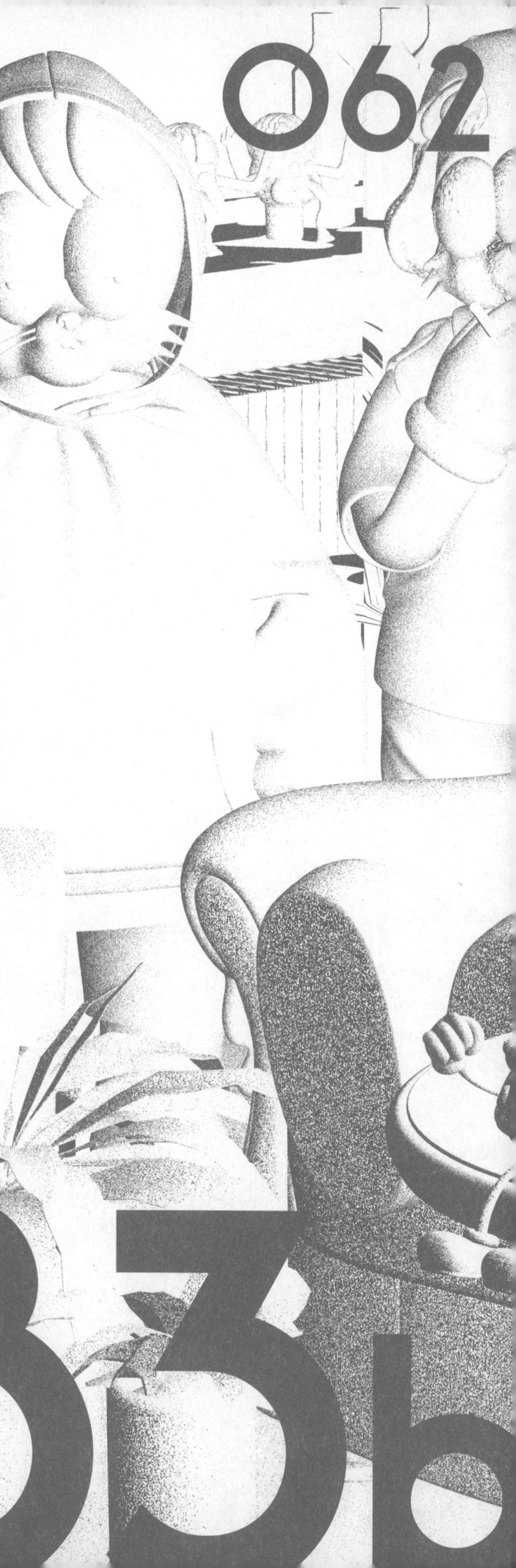

とだし、それは人間が抱えてるどうしようもなさのトップにあるものでしょう。そのどうしようもなさを受け止めているから、さっき「不遜」と自分で言っていたけど、そういう態度がとれるっていうか。不遜な奴が、どうしようもないことに巻き込まれていく、それは死以外でもそうだけど、そっちの方が俺は面白いなと、ちょっとどこかで思ってるというのは俺もある。

投げ銭文化の背景／怪人・感情人工精製工場長

TaiTan　だから「ギリギリのところまで言葉にしていたいんだ」なんだよ。

周啓　貴様。

TaiTan　クソ演劇がよ。クソ演劇の再終幕ね。敵とうとう対峙したときの、主人公Bね。

周啓　「主人公B」!?『バクマン』じゃないんだから。

TaiTan　タッグで戦っていくわけよ。クソ活劇ね。

周啓　クソをつけるなよ、なんでも（笑）。なんで「死」がだめで「クソ」はOKなんだよ。どっちも不愉快だろうが。でも、そういうのがありますよ、だから不遜な態度でいたいっていう。

TaiTan　「言葉がなかったら」がなんで好きかっていったら、「ギリギリのところまで言葉にしていたいんだ」っていうところじゃない。それも名詞族と動詞族みたいな話になるんだけどさ、全部ひっくるめて、それでもなおかすかに残る最後の可能性を掴んでおきたいんだっていう、その切実さ。自分で自分に萌える感じがあるんだよね。

周啓　この前の配信回で言ってた、「名詞族との接続点は持っておきたい」というのはそういうことだよね。それはめちゃくちゃわかるんだよなあ。じゃあ「そこにあったから」の懸念点は、「言葉がなかったら」でもう解決してた可能性があるのか。

TaiTan　そうね。だからカップリングとしてすごくいいんじゃない。A面B面で。

周啓　でも、「優しさがしんどい」の話に戻ると、そういうめんどいことをなんも考えずに受け取っちゃう……だから、『ひゃくえむ。』は本当にいい話だったね。俺、内容はほぼ忘れちゃったけど、あの登壇して喋る奴の「浅く考えろ」っていうところだけすごく残っててさ。現代へなのか、若者になのか、すごくちょうどいいというか。結果、恋愛に限らず臆病な状態になってる人が多いのかなっていう気もして。つまり、面倒ごとに巻き込まれたくない、関係性をできるだけ排除したいっていうさ。

TaiTan　そうだね。「世界が揺れてほしくない」っていう欲求なんだよね。自分はあくまでも世界に対しての観察者であるっていうか、それこそ投げ銭とかもそういうことだと思うのよね。なんだけど、もうちょっとこう、世界に対して介入していくことにワクワクしていたいっていう気持ちもあるだろうと。自分が生きていることによって何かが揺れてしまう瞬間。どんなに小さいことであっても、そういう歴史の転換点にいたいっていうかさ。というようなことを思ってるかな。だから俺は、「好き」って言われてたじろぐみたいなことがそんなにないんだなって今思ったね。

周啓　なるほどなあ。だから俺はそれでいうと、アンケートに答えた若い人たちと近いわけよ。つまり、できれば人と会話せずに曲だけ作って、なんかそれが受け容れられて生活するお金が入ってこないかなっていうのを、どこかで夢見続けてるんだよね。だから俺も、人と関わるのが怖いんだろうなと思って。そうじゃなかったらもっと楽しく人生を過ごせてるんじゃないかっていう気がしてさ。「なんでわざわざ音楽を媒介にして人と対話するようなことをしてるんだろう」という、そこに対してのある種の潔癖症みたいなものがあるのかな、とかそういうことを考えましたね。

TaiTan なるほどね。たまにはこういう回があってもいいのかな。真面目一辺倒で喋るという回があっても。

周啓 でも君の名台詞があったじゃない。「クソ活劇」っていう。

TaiTan （笑）。多くの学生演劇を敵に回す。

周啓 いるのか？ 今でも演劇で「貴様」って言ってる奴。

TaiTan いるんだよ。

周啓 いるのか。

TaiTan でもそういうのも、ご招待いただけたら行きますので。

周啓 すごい着地だったな。今そういうスポーツやってたのね？

TaiTan まあいいんだけれどもさ。はいはいはいはい、はいはい、はいはい。

周啓 なんだよ。お母さんの目を見なさいよ、マサ。

TaiTan 愛されて育ってなかったからさ。その言葉すら、今胸に温かい（笑）。

周啓 （笑）。お前ほんと、キャバクラとか行くなよ。気をつけろよ。

TaiTan 俺の親は時々、聞いてんだよ。

周啓 （笑）。

TaiTan 俺はちゃんと、タカコに愛されて育ったから。

周啓 まあそりゃ、松たか子は優しかっただろうけれども。

TaiTan 「クリスマスが今年もやってくる」のは、竹内まつ子？

周啓 それは竹内まりやだろ。まあどっちも、植物が名前に入ってるって意味では、同じだ。

TaiTan 松たか子はあれだ、レリゴーレリゴーだ。

周啓 そう。大豆田とわ子。

TaiTan ……ウゥッ……。

周啓 （笑）。

TaiTan 産声ね、俺の（笑）。

周啓 キモいなぁ（笑）。ベビーブブゼラが。やめろ、タカコが傷つくだろ。ちなみに、島で狭い世界だから名前言えないけど、我が母も聞いてるんだから、貴様もあんまりオマタ

ーから俺が無音で出てきたとか言うなよ。

TaiTan アンビエントじゃないのね？

周啓 アンビエントってなんだお前。知って て言ってんのか。

TaiTan じゃあそういうことでいいですよ。でも俺は、ここではっきりと訂正してお詫びします。俺は親に愛されて育ったんだよ。俺が引っ越しをしますと言ったら、マミーは「ちゃんと礼金の交渉とかしたの？」とか送ってきてくれるんだから。

周啓 すぐ金の話。

TaiTan 愛しているから。

周啓 母親の主語にお前が動詞をつけるなよ。重ためのロシア文学みたいだな。でもいいね。大家族スペシャル。

TaiTan はい、ビッグダディでしたということで。

最後に、フォロワー一万人いきましたということ、改めてありがとうございました。君はどう？ それに関しては。

周啓 黒柳徹男がよ。早口で喋った後に、「どう？」じゃないんだよ。

TaiTan 急にパスするクリロナみたいな奴ね。高速ドリブルしてピュッとパスしてくると。でも、どう？

周啓 クリロナと、徹子……（笑）。

TaiTan （笑）。

周啓 もうほんと、俺こんなんでいいんだな。ここにいちゃいけない人間なんだよ。家でこういうこと言いながら、サッカー動画を見てればいい人生だった。「クリロナと、徹子。ブフォｗｗｗ」。

TaiTan （笑）。一人でやってるわけじゃないんだから。あんまり一人で言って一人で膝叩いてクククククとかやるなよ。

周啓 そうだね（笑）。でも「どう？」の前の文章が早すぎて聞き取れてないから、質問がなんなのかわかってないんだよ。

TaiTan だから、一万人いきましたっつう話よ。

周啓 あ、その話になってたのね。いや、嬉しいよ。

TaiTan はい、嬉しいね。嬉しい気持ちだということで、これからもよろしくお願いいたします。

周啓 なんか、お前みたいな奴が介護施設とかの質を下げてると思う。あんまり「はい、嬉しいということで」とか言って次に行くなよ（笑）。

TaiTan （笑）。人の気持ちを勝手に代弁するなと。

周啓 その危険性を、ちゃんと自覚して喋るべき。何回俺の気持ちを「嬉しい」に設定して立ち去ってるかを考えろ。その後俺、嬉しい気持ちを作ってるんだから。

TaiTan 感情を人工精製する怪人（笑）。

周啓 笑ゥせぇるすまんじゃん。

TaiTan 感情精製工場のファクトリーチーフね。

周啓 何なんだよお前（笑）。なんでも名詞化すんなよ。

TaiTan じゃあありがとうございましたって言いなよ。

周啓 学芸会がよ。皆さん今まで本当にありがとうございました。今後ともよろしくお願いいたします。以上、玉置周啓でした。

新庄剛志と『嫌われた監督』論

新庄剛志の会見よすぎた／日本ハムの球団としての面白さ

TaiTan　えー、TaiTanです。

周啓　玉置周啓です。

TaiTan　『奇奇怪怪明解事典』でございますけれども。新庄剛志ね。

周啓　きんじょうたけし。

TaiTan　金城武ね。いい俳優だということで。新庄ね。すごい元気になっちゃって、どうしたのっつう話でさ。見た？

周啓　会見でしょ。君が「すごく元気が出る」って言うから、見たよ。

TaiTan　ビッグボス。あれどうなってんだよ。

周啓　（笑）。面白いよなぁ。史上初の、「監督」以外の肩書を背負った人間だよね。

TaiTan　すごいよなあ。あの会見はずっと見ていられる。不思議だね。

周啓　ちょうどテレビ的なもののど真ん中を行ってたよね。なんていうの、飛びすぎてもいないし、見続けちゃう魔力があったよね。

TaiTan　なんだろうね。顔とかもさ、俺もう『トイ・ストーリー』に出てくるブリキの……（笑）。

周啓　お前、あんまり（笑）。

TaiTan　でも自分でもそこいじってたじゃない？「これからは、顔を変えずにチームを変えていきたいと思います」みたいなさ。

周啓　言ってたね。

TaiTan　「もうなんでもありじゃん」と思ってね。あの絵に描いたようなハンサム感。

周啓　あの、人形が止まってる映像がドラマになってるやつあるじゃん。

TaiTan　『オー！　マイキー』的な？

周啓　そうそうそう。

TaiTan　マジであれだよね。歯の笑った感じとか。あのインプラント感というか。

周啓　これ、大丈夫なのか？（笑）

TaiTan　大丈夫でしょう。自分でも言って

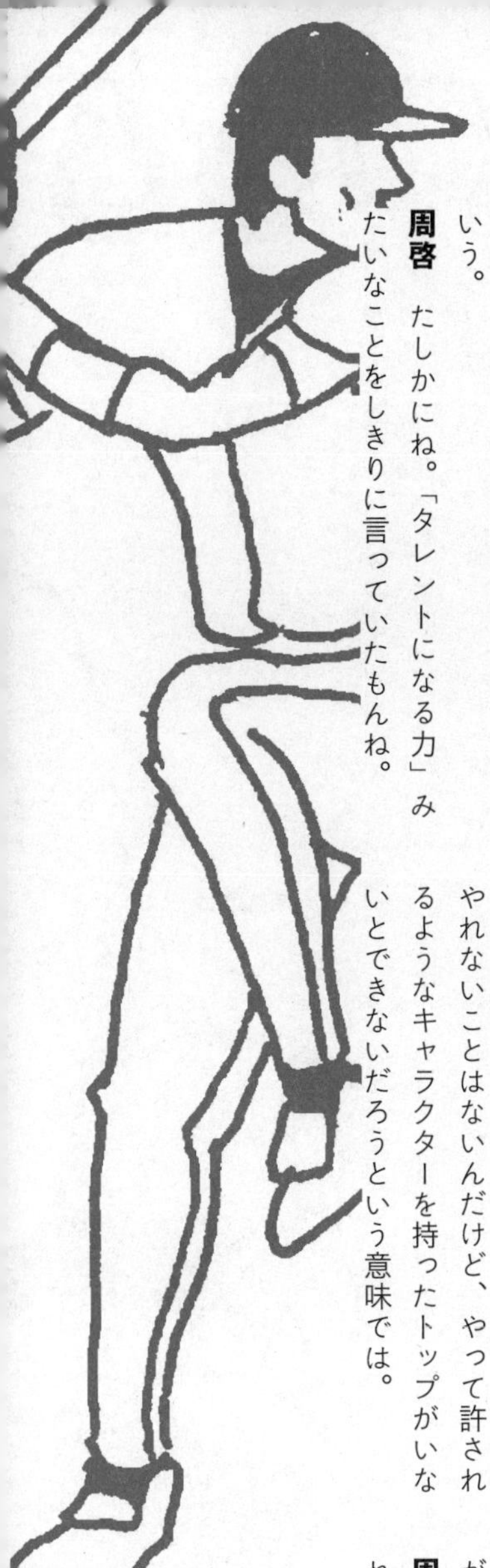

ますから。

周啓　なんか、喋ってることすべてにこう、あのキャラクターが打ち出されてきた感があったよね。

TaiTan　満点だよね。だからあれ見た後に、君にも送ったしDos Monosのラインにも「これは見た方がいい」って送って。没君から、「これはめっちゃ元気出るわ」って来ましたからね。

周啓　実際世間も沸いている感じがあったしね。

TaiTan　だから思ったのはね、来年の日本ハムはめっちゃ面白いだろうなと思ったのよ。日本ハム、ひいてはプロ野球界全体に及ぼす影響ってめっちゃあると思うわけ。会見で言っていたように、新庄はプロ野球に新尺度を作ろうとしているんだと思うんだよね。

周啓　なるほど。

TaiTan　要は「こんなのはファン興行じゃん」っていうそのベースに立ち返るということを、トータルではやっていくんだろうなという。

周啓　たしかにね。「タレントになる力」みたいなことをしきりに言っていたもんね。

TaiTan　もう勝った負けたとかじゃないんだよっていうさ。結局人気になればいいじゃん、面白がらせればいいじゃん、というね。いわゆるスポーツ興行では今までサブの要素だと思われていたものを、めちゃくちゃ全面的に出していってやろう、という。とにかくタレントになるというね。だから、超プロデューサー。監督というか、プロデューサーなんだろうね。秋元康みを感じるっていうか。登録されている選手は必ず一回は試合に出すって言ってたもんね。

周啓　言ってたね。来年の開幕が全員新卒になっているかもしれないということも言うしね（笑）。

TaiTan　そう。だからAKBとかもじゃんけん総選挙とかやってたじゃん？　運がいい奴が勝つみたいなさ。どっかの消化試合とかでやりそうじゃない？「この日のオーダー、全部じゃんけんで決めました」みたいな（笑）。

周啓　やりそうだね（笑）。でも他の球団には絶対に踏み切れない分、それは強みだよね。やれないことはないんだけど、やって許されるようなキャラクターを持ったトップがいないとできないだろうという意味では。

TaiTan　破壊力だね。「監督じゃなくて『ビッグボス』なんだ」という、前提を揺るがす感じね。いいよなあ、新庄。かっこいいよなあ。

周啓　自分が選手時代にやっていた手法でもありつつね。

TaiTan　そうだね。しかも俺はDeNAを応援してるけど、日本ハムはすごい好きなのよ。それはなんでかっていうと、新庄時代を知ってるからなんだよね。ヒルマン監督のときに、小笠原とかがいて日本一になったりしてたけど、実はその後も日本ハムって面白くてさ。だってスターぞろいじゃない。

周啓　そう？

TaiTan　新庄いて、ダルビッシュいて、斎藤佑樹が入って、清宮入って、大谷翔平でしょ。実はめちゃくちゃヤバくない？

周啓　そうか。ドラフトでとる選手が軒並みその世代のスターなんだね。

TaiTan　そう。やっぱ持ってる球団だと思うんだよ。しかもそれが、新庄以降だって気がするんだよね。

周啓　たしかに。世代もあるかもしれないけれど、自分がプロ野球に興味を持ったときには既に新庄が活躍してて、黄金時代というような感じがしてたからね。新庄以降というイメージは強いわ。

TaiTan　あと日本ハムは、ソフトボールの、めちゃくちゃホームラン打つ選手とかをドラフト指名したりしてるんだよね。ばくち的に。

周啓　（笑）。すごいね。もう球団が新庄化しているというか。

TaiTan　だから何か、根底にあるんだろうね。「おもろい方に賭けてみたい」みたいな。

周啓　それ何かのドキュメンタリーで見たね。新庄が入った頃は北海道民もほとんど巨人ファンみたいな時代で、新庄がそれをどうにかこう、人気が出るように……本拠地も札幌ドームに移したりして。

TaiTan　すごいよね。東京にヤクルト、ジャイアンツ、日本ハムの三つの球団があって、そこから北海道に行ったという。俺いつか、日本ハムの歴史を振り返るみたいなことをやってみたいんだよなあ。

周啓　それ面白いかもしれないね。

TaiTan　めっちゃ面白そうじゃない？　だって「日本ハム」だぜ。「ハムなんだぜ？」って思わない？

周啓　なんなんだよ。

TaiTan　すごいと思うんだよね、「日本ハム」と聞いただけで、何かやってくれそうだなと思わせるイメージがあるのって完全に球団のお陰だと思うんだけどさ、もとをたどればハム屋さんという。そこに不思議を感じるというか、どこからそうなったのか、そして誰の力でそうなったんだろうっていう。

周啓　それはたしかに気になるね。でも会見中の新庄の「選手兼監督として契約して頂いたんで」みたいなくだり。あれも面白かったんだけど、隣にいる球団の人が「いやいや、監督だけです」とか言ってる様がもう面白かったもんね。もっと変な感じになってもおかしくないのに、新庄のコントに付き合っている感、受け容れている感がすさまじくてね。

TaiTan　面白いんだよ。日本ハムエピソードでいうと、大谷翔平がなぜ日本ハムに入ったのかという話がすごい好きで。だって大谷翔平は、もともとプロ野球を経由せずに大リーグに行きたかったわけじゃない。

周啓　そもそもね。

TaiTan　結果的に見たら、「そっちの道を見てみたかったな」というくらい、世界で史上一位くらいの選手ですけれども。そんな大谷翔平がなぜ日本ハムに入ったのかを深掘りしている記事かなんかを読んだことがあって。それによると、「大谷翔平がなぜ日本ハムに入った方がいいのか」というデータとかをめっちゃプレゼンしたんだって。

周啓　すごいね。

TaiTan　だから突飛なアイデアと、それを裏付けるデータというかさ。その両面がすごいんだなと思うんだよね。

周啓　たしかになあ。誰が仕切ってるんだろうね。それに、そもそも新庄にオファーしたのは球団なわけだもんね。すごいよなあ。

新庄のメディア戦略／晴れを証明しそう

TaiTan　それもすごいんだけどさ、新庄も新庄で……。

周啓　トライアウト？

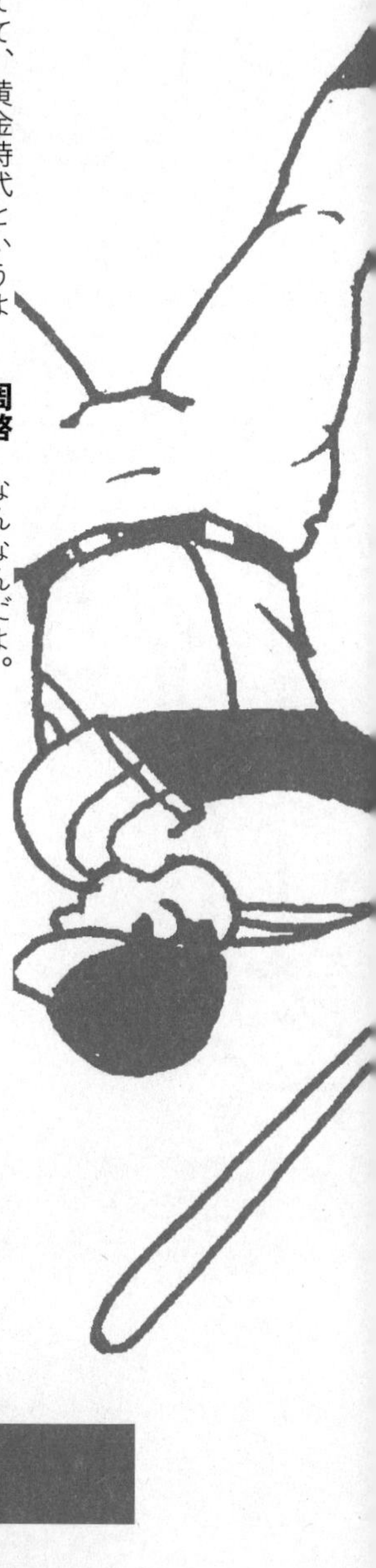

TaiTan　そう。あれも布石だったと自分で言ってたね。だから新庄って、メディアの使い方上手すぎない？

周啓　そうだね。追わざるを得ない振る舞いをするっていうね。

TaiTan　いきなり「新庄復活！」だったら、こっちとしては驚く準備ができてないというか。

周啓　十何年外国にいたもんね。そういうイメージでいるから、「え、なんで？」という感覚になってしまうというか。

TaiTan　ジャブをちゃんと打っておくというかさ。そのジャブも死角から入ってくるジャブで、「あ、なんか新庄劇場が始まりそうだな」という序幕の感じがするんだよね。

周啓　お洒落だよね。スポーツ紙とかに「監督就任か」とか「球界復帰ほのめかす」とかそういうことじゃなくて、もうトライアウトを受けちゃうっていうさ。そしたらメディアも大きく取り扱わざるを得ない。面白いからね。

TaiTan　だから音楽とかやる人も、見習った方がいいと思ったね。「リリースします！」とかじゃなくて。そのほのめかし自体もニュースになるようなほのめかしをしておいて、そのさらに奥に大玉が控えているっていうか。

周啓　なるほど。それは君の本領じゃないですか。

TaiTan　それはわからんけど、こういうので驚かされたいって思ったね。新庄劇場。

周啓　自分のYouTubeチャンネル撮ってたなあ、お台場の歩道で（笑）。なんだったんだろうな。新庄って話も面白いもんね。独特の節がある。

TaiTan　面白い。阪神の糸井と対談している動画とかね。

周啓　「もう引退しろ」ってやつだろ（笑）。

TaiTan　そう、「引退してみたら？」みたいなことを平気で言う感じね（笑）。「そしたら

069

070

ケガって治るんだよ」みたいな。あれは松岡修造とかともちょっと違う。ここで本題に入っていくんだけど、新庄がなんでこんなに俺の胸に来てるかっていうと、あのある種のいかがわしさ。あれを久々に見たなという気がするんだよね。ほんとのトリックスターっていうかさ。面白いなあと思う。

周啓　だから、水晶玉見えたもんな。

TaiTan　新庄と三回くらいLINEしたら、四回目くらいで水晶玉の案内が来そうだなと思うんだよね（笑）。「ていうかさ、最近こういうのあって」って。

周啓　わかるよ。松岡修造はそういうことしないもんね。

TaiTan　そうそう。根性でどうにかする、「明日晴れると思えば晴れる!」みたいなさ。でも新庄はほんとにこう、ロジックで晴れを証明しそう（笑）。

周啓　（笑）。

TaiTan　あのキラッとした歯でさ、晴れを証明されそうなんだよね。

周啓　まずなんで天気を証明してんだよ。松岡修造と新庄選手は。

TaiTan　そこになんか、「狂わされたい」って気持ちが……（笑）。俺、新庄の陰謀論だったら信じそうだもん。そういう話になるんだよなあ。

周啓　（笑）。そうね。糸井も半分信じてたかもしれないもんね。

TaiTan　「膝、治るかもしれない」みたいな。あれは現代の祈祷師っていうか、それこそ古代とかの、病気を治す人。

周啓　そうそう。だから、卑弥呼《ひみこ》だよ。預言者なんじゃなくて、頼りたい、頼るに足る人間みたいなものを世の中が欲している。プロ野球でいうと、みんな勝ちを目指して、来年なんて、俺らの世代の名選手たちばっかりになるじゃない。でもどう考えても新庄が一番何かをやりそうっていう期待値っていうか。

勝ちじゃなくて、面白い体験を野球を通して見せてくれそう、っていうその一点のみだもんね。自分で「勝たない」とか言ってるし。

TaiTan 「優勝なんて目指すわけないじゃないですか」っていう、あの感じは素晴らしくいいよね。これが政治だったらポピュリズムだなんだとかって話になって、経済人だったら詐欺師だなんだと言われるんだけど、プロ野球じゃんという話だからいいんだよね。

周啓 実際あるもんね。勝ち負けは重要なんだけど、「五回の裏にあいつが打ったホームランだけで今日は満足だ」みたいな日があるわけじゃんね。

TaiTan そうそう。ほんとだよね。別にどっかのエースの投球に心震わされるとかじゃなくて、「選手が楽しそう」っていうそれだけでさ、球場に来た野球に興味がない少年が「え、おもろくね?」という、それこそ芸人を見たときみたいな感動を覚えるかもしれないじゃん。

周啓 それはほんとにそうだね。俺は通い詰めたことがなくて、二回くらいしか球場で見たことがないから気づいてなかったけど、毎日とか毎週行ってるお客さんはさ、「あ、毎日やってんだ」って思って見てるわけじゃん。だから愛着が湧きやすい方がいいよね。プロの力を見せるなら一試合でいいけど、毎日見るならその人が成長するところとか。

TaiTan ああ、そうだね。それって要はYouTuberと同じだと思うんだけど、新庄も「SNSは絶対やった方がいい」と言ってたし、そういうことをどんどんやっていくんだろうね。だから日本ハムのYouTubeチャンネルが、今一番登録すべきものだと思うね。

周啓 キャンプから面白そうだもんね。

TaiTan 今、日本ハムの球団で働きたいもんね。

周啓 たしかに、やりがいありそうだね。

TaiTan Dos Monos、なんかやりたいなと思ったんだよね、新庄と。すげえ今心惹かれてる、新庄に。

周啓 なんなんだよ(笑)。

立浪と新庄の対決/鈴木忠平『嫌われた監督 落合博満は中日をどう変えたのか』

TaiTan この話にはもう一個軸があって、かたやで新しい監督がもう一人生まれたと。中日の立浪氏。

周啓 ずっと頭にありましたよ、今。

TaiTan 本人も「今はそういう時代じゃないとはわかってますが」という留保つきで言っていたけど、「身だしなみから、ちゃんとやります」と。

周啓 茶髪禁止だもんね。

TaiTan いわゆるPL学園節というかさ。そういう方向に舵を切ったじゃない。それと新庄の対立が起きたら、めっちゃ面白いなと思うんだよね。

周啓 時代錯誤なくらい厳しい、中日って落合のときからまあまあそうだったわけじゃん。

TaiTan 死ぬほど練習させるみたいなね。

周啓 イズムとしては。

TaiTan 強竜系ね。強竜打線。

周啓 だからそういう路線でセ・リーグで一位になって、かたやエンタメで突き進んだ日ハムが優勝して……。

TaiTan いいねえ。つまり中日は今年五位かなんかでしょう。そこから死ぬほどの練習を重ねて、チームとして野球のスキルも統制もすごいみたいな感じで一位に上がる集団。かたや新庄のやり方は、もちろん練習もめっちゃさせると思うんだけど、モチベーションとかの話だと思うんだよね。

周啓 それめっちゃ重要なんだよな。プロ野球って。

TaiTan 絶対そうじゃん。選手のモチベーションドライバーとしての監督という意味でもそうだし、「ファンから応援される」というモチベーションも絶対にあるわけじゃん。

周啓 絶対あると思う。

TaiTan そういう、人間のポテンシャルをトータルでめっちゃ引き出す球団。この両者

072

がぶつかる日本シリーズね。しかも今年日ハムも五位か四位かで、めっちゃ弱かったはず。ここからぐぐぐっと上がっていくのを期待したいね。

周啓　技術vs人の闘いというか。

TaiTan　そうそう。

周啓　それは本当に面白いと思う。俺は中日が勝っても面白いと思うしね。「今の時代じゃない」というやり方を突き通した結果が勝ちに結実したときに人がどう思うのかというのは気になるしね。俺は普通に感動すると思うし。この時代にわざわざそんなに厳しくやって、わざわざっていうか、そりゃ強くなるんだけど。

TaiTan　中日は中日でめちゃくちゃ面白いんだよな。今話題になってる本で、落合博満のルポがあってさ。『嫌われた監督』（文藝春秋）という。めっちゃ売れてるんだけど、面白いよこれ。

周啓　うわ、買っときゃよかった。ジュンク堂に置いてあった。

TaiTan　要は、中日落合政権の黄金時代。絶対に負けないみたいなあの時代に一体何が起きてたのかっていうのを、それぞれの時代のキープレイヤーに聞いていくんだけど。

周啓　それはもう、完全に立浪が監督になるのに合わせてだろうしな。

TaiTan　中日復権の象徴になると思うんだよね、立浪監督は。だし、落合政権のなかでも重要な位置を占めてただろうし。でもその本の中の、和田の項目がめちゃくちゃ面白いんだよね。

周啓　お前。オープンスタンスがよ。

TaiTan　オープンスタンスのよ（笑）。松井稼頭央がいなかったら、もっとも理想的なバッターだったという。俺にとっては。

周啓　あ、そうなの？（笑）　和田はいいよね。

TaiTan　あのいぶし銀感でホームランも三十本くらい打つし、打てばなんでもやるし、

みたいな。

周啓　十年ちょいしかやってないんだよね。プロ入りが遅いから。

TaiTan　あ、そうだ。社会人野球からだもんね。

周啓　そう。それで三百何本ホームランを打って、二千本もヒットを打って。すごいぞ、これは。和田ね、大好きなの。

TaiTan　和田の項目めっちゃ好きだと思うよ。ちょろっと中身を言うと、「お前には競争させねえからな」っていう一言で、和田がめっちゃ苦しんでいくって話なのよ。

周啓　何それ……。

TaiTan　要は鳴り物入りで西武から中日に入ってきて、和田氏的には、中日はローカルな球団だから、若い選手が出てくるのが球団にとっていいことだという風土も理解していると。だから、自分がよそ者として入ってきていきなりレギュラーに定着するみたいに見られてはいけないという意識が強かった。クレバーな人だからね。メディアとかにも、事あるごとに「僕はゼロからレギュラー争いに参加させてもらいます」と言っていたんだけど、初めての練習のときに落合が来て、「和田、お前は競争させないからな」と言うんだよね。つまりその裏側をひもといていくと、「全部お前の責任だからな」という話になってくる。成績に関しても体調管理に関しても、全部お前の責任。チームのことなんて何も考えなくていい、っていう。

周啓　なるほどね。

TaiTan　すごいよね、このディレクション。だから和田が初めてチームプレイをやろうとしたときに、初めて落合に呼び出されて、「お前は自分のためだけにやれ」と。「もしチームのために何かやってほしいと思ったときは俺が指示するから、お前の判断で絶対やるな」と。すごくない？　そこまで全幅の信頼を置きながら、全ての責任を和田に委ねていたという。

周啓　すごいね。それも一個のモチベーションの上げ方だよね。黙るっていうことで。

TaiTan　そう、追い込んでいくっていうか。

周啓　でも、全員に言ってるわけじゃないわけじゃん。

TaiTan　全員それぞれに、何らかのディレクションをするんだよね。

周啓　これもこれで、人がわかってないとできないことではあるのか。野球ってそういう面白さもあるよね。野球バカみたいになっちゃう面もあるけれども、わかりやすく人が出るよね。新庄がどうやって人を引き出すのかってのも気になるしね。

TaiTan　今からルポライターっていうか広報担当っていうか、番記者的な人を入れておいてほしいもんね。

周啓　そうね。いや、もう入れてるだろ。

TaiTan　もう殺到してるか。球団全体というか、選手一人ひとりについていてほしいくらい。トータルの、「二〇二二年の日本ハム」っていう映画を見たい。

周啓　いいね。

TaiTan　『霧島』的なさ。

周啓　『新庄、トライアウト受けるってよ』？（笑）ヤバいだろ。

TaiTan　映画化してほしいわ、群像劇でさ。とある人から見た新庄、また別のある人から見た新庄、という感じで、新庄という存在を、百十何人くらいの球団選手およびスタッフの目線から浮き彫りにしていくドキュメンタリー。

周啓　そういうことね。『霧島』構造で。

TaiTan　「不在の中心」型コンテンツ。これ、最下位でもいいってすごくない？

周啓　そうだね。ほんと、ずるいよ（笑）。

TaiTan　ほんとね。期待値でこんだけ上げてね。

周啓　でも期待値が人生において重要じゃん。結果って点でしか出ないからさ。

TaiTan　期待値というか、俺は期待値コントロールが重要だと思ってて。新庄の場合は「優勝してくれそう」っていうよりか、「何かやってくれそう」という点にしか期待値を設定してないのがおもろいなと思う。

周啓　期待値コントロールというのは、高さじゃなくて「どの分野に期待値を置かせるか」っていうことね。

TaiTan　おもろいんだよな、新庄。

周啓　いや、楽しみですな。

TaiTan　張本がよ（笑）。張本は「楽しみですな」なんて言わないか。

周啓　それこそ新庄がおちょくってたよね、サンデーモーニングの取材で。張本は日ハムOBだから、「張本さん、もうちょっと応援してください」って（笑）。それを振られて、スタジオの張本が「もちろん応援したいけれど、結果が伴わなければ」みたいな。

TaiTan　でもそういう「結果が伴わないと」系の言説の外側にいるのが面白いんだよな。

周啓　でもマジで中日、日ハムの双璧への期待値が高いな。多分中日は今、「結果を出さないと」っていう気負いが半端ないじゃない。中日のコーチ陣の会見を見たんだけど、すごかったよ。森野とか、ノリとかがいて。全員気まずそうで（笑）。

TaiTan　なんかさ、やっぱりこう、「組」って感じがするんだよね。

周啓　（笑）。カメラのこっち側、俺側に誰が立ってるんだろうってくらい、緊張の面持ちで。それもそれでいいんじゃないかという気がしたんだけどね。

TaiTan　いやめっちゃ楽しみだな。今年のプロ野球なんて、ヤクルトとオリックスの、前年度最下位同士だからね。何が起こるかまったくわからないというのがいいよなあ。

周啓　そうね。だからプロ野球の球団それぞれ、いろんな人に期待値を持たれてるだろうね。「今年最下位でも、来年はあるかも」とどの球団も思っている状態だから。

TaiTan　来年はめちゃくちゃ面白いんだよ。オリックスがとうとう全盛の時代を迎えるかもしれないというのもあるし、あれだけ最強だったソフトバンクがこのまま終わるわけにはいかないだろうという面白さもあるし、俺目線で言えばDNAは、三浦大輔御大は最下位だったけど、来年の首脳陣は九八年の、日本一になった年の石井琢朗とか鈴木とかが全員大集結。だから、『少林サッカー』みたいになってるわけよね。

周啓　小屋でタバコ吸ってるみたいな奴もいるわけね。

TaiTan　野球界から遠く離れた生活をしているような奴にも山を登って会いに行って、「今お前の力が必要だ」って言って。「じゃあお前のためなら一肌脱ぐよ」みたいな、そういうさ。いいじゃないそういうの。

周啓　いいじゃない。やっぱ、こういう楽しみ方をするのが正解だろうな。スポーツニュースで結果を見てるだけじゃもったいないな。

TaiTan　いや、ほんとにそうよ。ホームランだけが美しいわけじゃなくて、物語だね。野球に関しては。というような話で、本当は新庄の話から、「平成の老害論」という話に繋げていきたかったんだけど、繋がっていかなかったね。

周啓　なに、それ。バーチャル張本のことじゃないよな。

TaiTan　違えよ（笑）。だとしたら繋がっていたけど、そこは全然違う話。

周啓　まさかとは思ったけど。

TaiTan　まあどっかで喋れたらという感じで、今日はこんなもんで。ありがとうございました。

85b

大怪作 フォビアと魚卵ビジネス

魚卵論／「利き○○」の気まずさ

TaiTan　えー、TaiTanです。

周啓　玉置周啓です。

TaiTan　『奇奇怪怪明解事典』でございますけれども。『フォビア』ね。

周啓　キャビア……（笑）。

TaiTan　絶対言うと思ったわ（笑）。もうね、読まれてんのよ。しかも今回に限っては、事前に今日話すことを君に送っているわけだから、ネタを仕込む時間が大いにあったと。その結果が「キャビア」であるところまで読んでたね、俺は。

周啓　やっぱり。二週目のキャビアだから。思いつきでなんて言わないよ。

TaiTan　お前は魚卵ばっかだな、ほんと。何が好きだ、魚卵は。

周啓　やっぱりイクラかな。

TaiTan　まあ食える魚卵ってイクラしかないからね、この世に（笑）。

周啓　他は全部無理して食ってるやつだからね。

TaiTan　ししゃもの腹の中のプチプチとかは、付属品だから。

周啓　お前。付属品だとしても魚卵だろ。

TaiTan　あれはししゃもを食うという行為のなかに含まれているサブコンテンツ、サブテキスト、副音声みたいなものだから。

周啓　ししゃもは、美味しいんだけども。今日はししゃも論ということで。

TaiTan　ししゃもって食わなくね？

周啓　食べないね。あれは誰が食べてんだろうね。多分平成生まれは誰も食べてない（笑）。いや、親世代は食べるけど。

TaiTan　ししゃも？　ししゃもも出てきたら萎えるだろ。

076

周啓　萎えない人だっているんだよ（笑）。

TaiTan　ししゃもって位置づけ的に何？　酒のたしなみ？

周啓　慣習だろ、あれは。慣性の法則でみんな食べてる。

TaiTan　まあそういうもんか。サンマを食うような感覚で、ある時期にまあししゃもを食っとくか、という感覚か。

周啓　スパーでししゃもを見ても、「おおっ、ししゃも！」ってならないもん。

TaiTan　こんなこと言ってるけど、俺の親はそれこそ慣性の法則で、ししゃもが自動的に食卓に並ぶ家だったよ。

周啓　手塚の世界観じゃん。ししゃもマシンがあるんだね。

TaiTan　星新一のディストピア的な世界観で。でもししゃもって、主食ではないじゃない。定食になるくらいからが主食じゃない。

周啓　だから、ししゃもがサブだよね。

TaiTan　だとしたらししゃもって、いつ食うの？　居酒屋行って、「定食と、あとししゃも下さい」って言うの？

周啓　ししゃもを外で食べる奴なんていない（笑）。

TaiTan　ししゃもは、食うとしたら人の金じゃなきゃ頼まない。「今日、おごってもらえそうだな」っていう雰囲気のときは、「普段食ったことないから頼んでみようかな」って思うことはあっても、自分の金でししゃも食ってる奴なんてこの世に一人もいないんだから。

周啓　お前、あんまり言いすぎるなよ。俺も実家では食べるよ。

TaiTan　それ、人の金だからだろ。

周啓　そうだね（笑）。お前、親に「人の金」とか言わないだろ。久々に故郷に帰ってご飯を頂いて、「やっぱ人の金で食う飯は美味いな」って言わないだろ。

TaiTan　翌朝お母さんに、「昨日はごちそうさまでした。またの機会がありましたらよろしくお願いします」って、取引先の人に送るかのようなメールを送るんだよお前は。

周啓　送らねえだろうがよ。

TaiTan　だからお前は無礼なんだよ。おごってもらったらメールを一報する。それは新庄でも教えることなんだよ。

周啓　まあししゃもごときでお礼のメールを送るのはありえないだろ。

TaiTan　その限界知りたいね。何をおごってもらったら、翌日メールを送るべきなのか。だって缶ジュースをおごってもらってさ……(笑)。

周啓　「昨日はBOSSを頂きまして」とか(笑)。

TaiTan　「とても刺激的な時間でした」とかは送らないんだから。だとしたらどっかに限界のラインがあるわけよ。ししゃもをおごってもらったら、言うのか？　言わないだろ？

周啓　いや、「ししゃもをおごってもらったな」って日はないんだよ。思い出として。ししゃもは記憶のかなたにあって、諸々をおごってもらった日だろそれは。なんでその先輩はししゃもしかおごってくれないんだよ。

TaiTan　でもそういうこともありますから。気を付けくださいよ。

周啓　怖いな、その先輩。「またししゃも行く？」とか誘われたくないもんね。

TaiTan　ししゃもバーね。なんだそれは。

周啓　古今のししゃもをね。

TaiTan　ペルー産とか、ロシア産がね。利きししゃもをするわけよ、その先輩は。「俺当てられるよ」とか言って。気まずいぞ、それ待ってる間。で、だいたいそういう奴は外すわけよ。「あ、そっかちょっと塩気が……なるほどね。最近塩多いんすね」とか店員さんと通なトークを始めるわけよ。

周啓　「利きなんとか」ってなんなの、マジで？(笑)。

TaiTan　ね。めっちゃ気まずくない？　目隠しとかして。どうでもよくね？　と思うんだよ。

周啓　あれは良くないよね。利きビールとかももったいないと思っちゃうんだよね。左端のを飲んでるうちに真ん中と右のが空気抜けていくでしょう。だから、利く必要あんのかなと思うんだよね。

TaiTan　なんなんだろうね。本当にソムリエとしてやってますよという人の、プロの凄みを検証するとかならばわかるんだけど、そこらへんのただのししゃも食いが何をそんなに通ぶってんだよという話になるわけよね。

サラダチキンの種類増えすぎ／乾きもので美味いものあるか論

周啓　これ、まだししゃもの話してるのヤバくない？

TaiTan　ししゃもの話だよ今日は。

周啓　魚卵論。プリン体含んでる説ね。

TaiTan　いいね。「説」というか、立証済みだからね。

周啓　でも魚卵ビジネスって熱いんじゃない？　たらことかも隆盛しているわけでしょう。ししゃも、意外と来るかもしれないよ。結局慣習にしちゃえばさ。俺も慣習としてなかったらたらこは食べてないもん。

TaiTan　要はプロテインブームみたいにね。ロッキーが卵黄を食ってただろう。あれみたいなもんで、ししゃもを生で腹かっさばいて、魚卵を押し出してチュッチュッチュッチュッチュッて……。

周啓　料理チャンネルがよ。

TaiTan　料理チャンネルでこんな擬音使わないだろ。でも魚卵を生で食うみたいなブー

078

ムが来てもおかしくはないわな。こんだけみんな、サラダチキンとか……あれ食ってる奴、どうかと思うんだが。

周啓 サラダチキンは美味しいじゃん。

TaiTan 美味いよ。めっちゃ美味いんけど、あんなに憑りつかれたように食わなくて良くないかと思うんだよね。

周啓 でもすごかったよね、隆盛が。今サラダチキンって、タバコくらい種類あるもんね(笑)。

TaiTan サラダチキンなんて、総菜コーナーのパックをひっかけるフック二つ分のスペースを占めていただけなのに、今は十七色の、クレパスみたいになってるわけよ(笑)。

周啓 (笑)。世界堂がよ。

TaiTan 「サラダチキンのクレパスで遊ぼう」じゃないんだよ。

周啓 お前が勝手に言ってるだけだけど。いちゃもんと言えばこのことだね。

TaiTan なんなのあれ?

周啓 ししゃもん。

TaiTan ししゃモンは、ししゃもの原産国がやってるゆるキャラね(笑)。

周啓 おい。NHKのEテレでアニメ化してバズらせるなよ。

TaiTan もう無理なんだよ。「モン」でバズるのは。くまモンですべて終わった。

周啓 くまモンともやしもんと、あと一枠残ってるから。

TaiTan もやしもんは国民的までいってないだろ。

周啓 でも、あれでカビ料理とか来てるんじゃないの? やっぱりししゃも復興の素地を作らないとさ。新庄がトライアウトを受けたように。「ししゃも、やたら最近映画で見ね?」みたいな。

TaiTan ししゃものPRとか、俺やってみたいなあ。

周啓 いいじゃん。だからあれだろ、画面で広告打てばいいんだろ。

TaiTan 俺の技、一個しかないじゃん。「ストリートファイター3」を初めてやった、昇竜拳しか打ってこない奴。上下運動だから、タイミングを見計らって前から殴ったら死ぬ奴(笑)。

周啓 人は訓練しないと、同じ作業しかできないからね。あまりはしゃぐなよ、お前。でもそういうのは面白いな。ししゃもをぬるっと、映画やらなんやらに。ミュージックビデオとかいいんじゃない?(笑) 米津玄師のミュージックビデオに、ししゃもが出るみたいな。

TaiTan 米津玄師のミュージックビデオにししゃもをインサートするには、ししゃも観光協会からの七億円の入金が必要だと思うよ(笑)。

周啓 そうか、ダメだ。ししゃもの単価に比べると高すぎる。

TaiTan 赤字になるわけよ、出演料で(笑)。

周啓 なんなんだよ。でもそういうのは大事だと思うよ。伝統がうんぬんというならば、旬のものを頂くとかは。「大事ですよ」というPRじゃなくて、刷り込んでいくのが今の時代は効果的なんだろうというのはね。

TaiTan その上で、「おさかな天国」的な歌を一発使うというのはね。ここで俺は提案したい。MONO NO AWAREだ。

周啓 「ししゃも地獄」?

TaiTan ししゃも早口言葉歌。

周啓 お前ふざけんなよ。俺の歌の手法、早口言葉しかないと思ってる?

TaiTan SOUL'd OUTじゃないのね?

周啓 誰が「ウェカピポ」なんだよ。

TaiTan (笑)。「ウェカピポ」の人と喋ってるわけじゃないのね?

周啓 違うよ。百四十回も配信一緒にやってたら気づいてほしいもんだけれど。

TaiTan 「TaiTanです」の後に「Diggy-MO'です」って言ってなかった?

周啓 言ってねえだろうがよ(笑)。耳いかれてんのかお前。

TaiTan そうだと思ってる人、多いと思うよ。

周啓 そうだとしたら釈明しておきたい、ちゃんと。俺は昇竜拳だけでバンドやってるわけじゃないんだよ。

TaiTan でもししゃもの歌とかいいじゃない。

周啓 そういうフォーカスはいいよね。手触

りのある……でも先に手触りを作らないと。ししゃもに手触りを感じる十代、二十代はいるのか？

TaiTan そこは宇多田ヒカル氏がパクチーの歌を作ったようにさ。

周啓 なるほどね。

TaiTan そういうことですよ。「最近ししゃも、なんかよくね？」っていう空気を作るには、モデルの撮影現場の楽屋に、ちょっとおしゃれなししゃもを、ししゃものアヒージョとかを置いておけばいいんだよ。

周啓 お前……（笑）。モデルが撮影中にアヒージョ食ってるの見たことあんのかよ。だいたい冷ましものが置いてあるんだよ。

TaiTan アッツアツの、しかもにんにくブリンブリンのアヒージョを食って、「何々さん、現場入ります」って来たら「なんかこいつ、臭くね？」ってなってる人なんて、いないんだから。

周啓 いないんだよ。アヒージョなんか持ってきた日には、次の日にはクビになってるんだから。

TaiTan まあ良くてオイルサーディンみたいな、そのへんだったらまだあるかもね。乾きもので美味しいものって、一つもないじゃない？

周啓 ふざけんなよお前。あるだろうがよ。

TaiTan 何がだよ。

周啓 だから、えいひれとか。

TaiTan えいひれと、貝ひもだけだろ。そういうものじゃないと無理なんだよ、乾きものは。あと貝柱くらい。

周啓 そうかもしれない。熱海に行って乾きもの買わないもんな。

TaiTan でもだいたい旅先で大量に買い込んで後悔するだろ。買っちゃうんだけどね、見た目がかっこいいから。

周啓 スルメとか、振り回したら昇竜拳とか目じゃないもんね。

TaiTan あれはほんとに、銃刀法……（笑）。

周啓 （笑）。

TaiTan あれで電車に乗っていたら、声をかけられる可能性がある。

周啓 「あなた、バッグから突き出ているこの刀剣はなんですか」と。

TaiTan あんまりリュックに入り切らないサイズのスルメを購入するなよ。業者じゃないんだから。

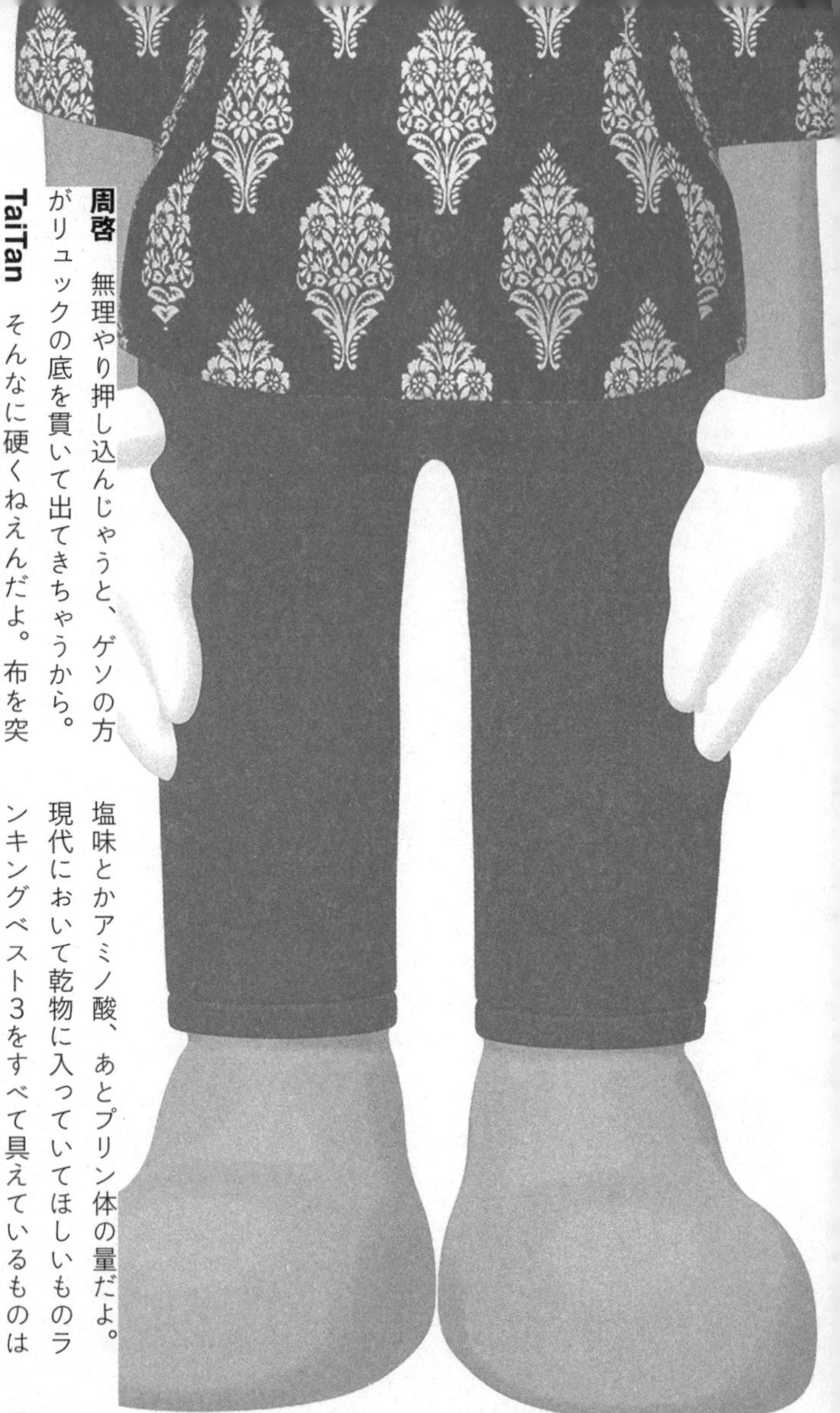

周啓　無理やり押し込んじゃうと、ゲソの方がリュックの底を貫いて出てきちゃうから。

TaiTan　そんなに硬くねえんだよ。布を突き破るような強度は持ってないけれど。

周啓　硬さで勝負してるんじゃないのね？

TaiTan　基本的には味の密度ね。どんだけ味が、醤油味かっていう……（笑）。

周啓　お前（笑）。バカ舌がよ。

TaiTan　醤油とみりんの味がどれだけするかっていうメディアでしかないわけだから。

周啓　そんな五世紀前の感覚で作ってるわけないだろうが。

TaiTan　ししゃもがよ、マジで。罪な男だよな。

周啓　ししゃもは罪な男。でも考えてみると、塩味とかアミノ酸、あとプリン体の量だよ。現代において乾物に入っていてほしいものランキングベスト3をすべて具えているものはししゃもかもしれないね。魚であり、卵であり。

TaiTan　ここまで来て、ようやく君は気づき始めてると思うんだけど、ここまで聞いてしまったら、もうみんなししゃもの口になっているわけよ。これが俺の、ししゃも大拡散戦略の初手ですよ。

周啓　二手で映像広告だな。

TaiTan　だから、俺の武器は昇竜拳一本じゃないわけよ。ししゃもについて、「誰かが高い熱量で喋ってる」という事実を作ること。君だってもう、喋りながらししゃもを食べたくなっているはずだね。あの魚卵をもう一度、舌の上で転がしたい、と思っているはずさ。

周啓　それは事実としてそういうことにしておくけれども。

TaiTan　そういうふうになっているわけですよね。やっぱり「誰かが熱心に語っている」ということが何よりの効果になりますよと。

周啓　だから本質的だよね。何か気に入らないものを掘ってみるというのは。

TaiTan　（笑）。ここまで話してくると、俺ですら自分に騙されてるわけよ。ししゃも食ってみたいなって思ってるもんね。

周啓　だって既に、俺らが金を貰ってる可能性があるんじゃないかってくらい言ったよね、今日。

TaiTan　今年日本全国で流通した「ししゃも」という単語の総数よりも言ったと思う。

周啓　「今夜はししゃも」だよって言わないもんね。無言でそこに出てくる。

TaiTan　言わない。無言で、あるんだよそこに。「そこにあったから」はししゃものPRソングとして発注を受けて……（笑）。

周啓　俺はししゃもだけで音楽をやってるんじゃないんだよ。でもさすがに、味を思い出そうとしてきたね。実家でどうやって食べてたか。

TaiTan　しかもししゃものいいところは、食い残すところが一つもないっていうね。

周啓　あれ、けっこう気持ちいいよね。俺小骨が苦手で、うなぎとかも好まないんだけれども、ししゃもは頭からカプッといけちゃうっていうね。

R18の『世にも奇妙な物語』としての『フォビア』／笑いとホラー

周啓　現代におけるししゃも論ね。本題に入ってないのがまずくないか？（笑）

TaiTan　二十分ししゃもで話したなあ。ここから本題に入っていくのはだいぶ恥ずかしいわけですが、まあ、『フォビア』（小学館）っつうな。

周啓　なんでこうなったんだっけね？（笑）

TaiTan　お前が「キャビア」って言って魚卵ってししゃもになったんだろ。まあ『フォビア』っていう漫画がめちゃくちゃ面白いですよって話なんですよ。ほんとに話したかったことはね。まああと五、六分で終わらせますけれども。

周啓　（笑）。貸してくれて読んだけど、面白かった。

TaiTan　これは何かっつうと、いろんな恐怖症を扱った、いわゆるホラー漫画の短編集。十八禁の、世にも奇妙な物語みたいな感じですよね。

周啓　たしかに18禁な感じがあったな。

TaiTan　まあグロいじゃん、普通に。読んでもらえればわかるんだけど、隙間恐怖症ね。

周啓　面白かった。たしか伊藤潤二の話をしたときに、「家が怖い」と、隙間が多いのは実は家なんだ、というのがあったけども。あれがホラーというか、心霊的な意味の隙間だけじゃなくて、そこから派生していくというのがね。

TaiTan　多分試し読みとかネットでもできるはずなんで、パソコンのキーボードを打っているところから、キーボードの隙間から何かに見られているんじゃないかっていう気がする、という女性の話。あとは閉所恐怖症というのもあったりね。そういう、「恐怖症」というのを軸に展開されるっていう。めっちゃ面白いですよ。

周啓　最初の描写でも、ファミレスで隣の席の人のバッグが開いていて、閉めちゃうっていう。

TaiTan　あれ、なんかのコントであったけどな。「勝手にカバンとか閉めてくる奴」みたいな。

周啓　あったかもしれないね。最初は面白おかしいけれども。

TaiTan　だんだん怖いんだよね。何がいいってね、さっきホラー漫画っていう言い方をしたけど、笑えるんだよね。俺の中では、「笑いとホラー」というのはめちゃくちゃ大好きなテーマであったりしますから、ツボにグイグイくるわけでございますよと。なんでこんなことになっているんだろうっていうのが気になって調べてみたんだけど、原作が原克玄さん、作画がゴトウユキコさん。このゴトウユキコさんは『夫のちんぽが入らない』の漫画版を描いている人で、そこも俺と親和性が高いなと思ったんだけど、多分原作の原克玄さんが今回のキーパーソンだなと思ったの。

周啓　へえ。

TaiTan　調べていくと、この原さんは自分もギャグ漫画家なんだって。で、この方の『ハラストレーション』（小学館）という作品も、『フォビア』きっかけで読んでみたのね。これがめちゃくちゃ面白いんだよね。

周啓　それはフラストレーションとかけてるわけでしょう。

TaiTan　原克玄のフラストレーション、みたいなことで。

周啓　珍しいよね、自分の名前を冠する漫画なんて。

TaiTan　こないだ周啓君に一コマ送ったけどさ、おっぱいと結婚する男。

周啓　ああ。あれ良かったね。

TaiTan　おっぱいしか結婚してないから、その女性は、彼氏がいるっていう。彼氏とその女性はセックスをするんだけど、おっぱいは結婚しているから、触らせない（笑）。何を言っているかわからないと思うんだけど、要はそういう世界観の漫画を描いてる人。

周啓　「今日だいぶ揺れてるね。大丈夫？」って聞いてたもんね、おっぱいに（笑）。

TaiTan　そう。セックスをしている横でも、そいつはおっぱいをずっと触ってて、「揺れてる、揺れてる！」とかって実況をしているっていう（笑）。

周啓　あれ怖かったな。俺が小さいころに、ドエロじゃないけど大人の世界、みたいな『三こすり半劇場』という四コマ漫画があってさ。あのギャグ感に近いものを感じて。狂気的なんだけど、絵のタッチがほんわかすぎて、ちょっと怖いくらいで笑っちゃう。

TaiTan　笑っちゃうよね。絵のタッチとかもすごいいいんだよなあ、『ハラストレーション』。その作者が原作を書いているから、怖くて笑える。という要素がめちゃくちゃ詰まっている『フォビア』。漫画を描いてる人はキレッキレの方だから、ちゃんと怖いんだよ。それぞれの短編の最後のページでけっこう衝撃的な絵が飛び込んでくるんだけど、「怖っ」って、「気持ち悪っ！」てなる。

周啓　友人でもいたよ、『フォビア』の話をしたときに、「あ、ゴトウユキコさんだ」みたいな。他の作品でも、絵でね。

TaiTan　刺しに来ている感じがする。パンチがあるっていうか。

周啓　そうね。これは長く続いてほしいというか、揃えたい感じあるよね。

TaiTan　そう。これは発明感がある。恐怖症っていうのは切り口が無限にあるからね。それこそ佐伯ポインティ氏がやってる猥談みたいな。フォーマットとしてすごくいい。『フォビア』っていうタイトルも完璧なんだよな。

周啓　魚卵っぽくて。

TaiTan　お前、もう一度やるのか？（笑）というようなもんで、『フォビア』の話を深掘りしようと思ったんだけど。「俺らは何の恐怖症ですか？」みたいな。

周啓　そんなのまた、一時間くらい話せちゃう話だもんね。

TaiTan　ご開陳しようと思ったんだけど、もう俺の体力がないので。まあ、ししゃもが怖いっつう話だったと。

周啓　それはまずいんじゃないの（笑）。せめて「魚卵は集合恐怖症の人は食べられない」とかいう話にしようよ。

TaiTan　まだね。花の実とかをみてツブツブしていたり、ブルーベリーとかイチゴの種

とかも気持ち悪いって人いるじゃん。虫の複眼なんて見たら死んじゃうとか、壁のざらざら感とかでもやっちゃう人もいるわけで。

周啓　あと音楽室の天井ね。

TaiTan　鼻の角栓がニュッと出てくる映像とか出してるウェブ広告は死んだ方がいいと思っているけれど。

周啓　それはたしかに。

TaiTan　あれが一番怖い。あれ何？

周啓　それこそ、さっきのししゃもを売ろうというのと同じ考え方なんじゃないの？　ムダ毛処理の広告と似てるけど。ドンと強烈な広告を出すことによって、「知らなかった」と。「鼻ってこんな中に入ってんだ、出したいな」っていう、恐怖症を新たに作る仕事なんじゃないかっていうきらいはありますよ。

TaiTan　あるよね。人間の顔面を顕微鏡で見ると、めちゃくちゃ虫がいるみたいな話もありますからね。

周啓　うおお、お前。なんかそれ、すごいやだ今の。

TaiTan　だろ？　こういうのから潔癖症は始まっていくからね。俺が一番好きなエピソードは、におい恐怖症。あれは良かったね。

周啓　あれは全人類が共感する可能性があるよね。

TaiTan　キーフレーズになっているのが、「あれ、昨日カレー食べた？」。これ天才。天才フレーズ。素晴らしい。……というようなもんで、終わろっかな。

周啓　え？　嘘でしょ。

TaiTan　まあ『フォビア』は新刊が出るたびに取り上げたいなっていうくらい、かなり推せる漫画でしたね。マジでクソ、クソおもろい、クソオモロー。

周啓　…………え？

平成の胡散臭さ文化論

084

幻のチャコペン論／平成の胡散臭さ文化論

TaiTan えー、TaiTanです。

周啓 玉置周啓です。

TaiTan 『奇奇怪怪明解事典』でございますけれども。細木数子ね。

周啓 数の子？

TaiTan 魚卵の話が二週にわたることは、不可能なんだよ。数の子ってなんだっけ？ 正月に出てくる、黄色い着色料まみれの……。

周啓 お前。元旦だけは、いじっちゃダメなんだよ。

TaiTan あんまりな。お節は子供の頃、全部グミが入ってると思って手をつけないんだから。

周啓 全部手をつけて、最終的には黒豆しか手をつけなくなるんだよな。

TaiTan 逆だろ。黒豆なんか食わないだろ。エビだろ。子供が食うのは。

周啓 黒豆が一番おいしいだろ。エビは子供には臭すぎるだろ。

TaiTan 黒豆の方が臭いだろ。カバンのなかに入ってたら嫌なのはどっちだよ。

周啓 どっちも嫌だわ（笑）。入っているのはマツイ棒だけでいいんだよ。

TaiTan マツイ棒があればどこでも掃除できるからね（笑）。どっちが嫌だ？ 黒豆と

86b

エビ。

周啓　いや、マジでエビだわ。カバンは革製？

TaiTan　革か、プラスチックでもいいけれど。

周啓　プラスチックのカバンって何なんだよお前。

TaiTan　裁縫道具のあれだろうが。

周啓　あれはカバン扱いにならないだろ。あれにエンピツとか入れて持って行ってる奴は、アナーキストなんだよ。

TaiTan　あれにチャコペンを入れて……。

周啓　「チャコペン」とか、響きだけいい思い出話をされても困る。

TaiTan　お前、チャコペンメーカーの方が聞いていたら（笑）。

周啓　ねえんだよ、そんなメーカーは。

TaiTan　あんだよ。じゃあなんでチャコペンがこの世にあんだよ。でもチャコペンで事業として成立するのは、無理なのね？

周啓　あんな布に本気で書いても跡がつかないペンは、努力が足りないんだから（笑）。

TaiTan　お前、チャコペンメーカーのご子息が聞いてたらどう思うんだよ。

周啓　それは「仰る通り」ってところだろうが（笑）。

TaiTan　チャコペンで財をなすことは不可能だからね。

周啓　でも、チャコペンタワーとか建ってるんじゃないの？　チャコペンって何でできてるんだろうな。本当に布に跡がつかないからな。

TaiTan　あんなに、「布に書けるペン」として世に出てきたのに、布に書けませんって（笑）。名前のみが存在してることになってるわけ。どういうことなの？　って思ったけどね。

周啓　最終的に消えるってところが一番強い持ち味なのかな。応援はしたいけれども、それがコンプレックスだったね。「なんでこんなに書けないんだろう」と思ってね。

TaiTan　そう。俺が持ってるのが廉価版だからかと思ったけど、みんな「おかしいな」って顔をしていたから。

周啓　なんか、家庭科の時間が不穏になってたもんね。

TaiTan　チャコペンへの憧れってあったじゃん。ようやく使えるぞと。でも持った瞬間に地獄に落とされる。細木数子がよ。

周啓　おい。

TaiTan　「地獄に落ちるわよ」はチャコペン側からのメッセージだったわけよ。

周啓　すごいね。本題に戻すAIと喋ってるような感じになってきた。会議室に一台欲しいよね。でも「ズバリ言うわよ」って、他の何にも代えがたいフレーズだね。

TaiTan　だろ？　「ズバリ言うわよ」はすごい。

周啓　細木数子しか出てない時期があったからな。

TaiTan　そうなんだよ。視聴率女王の名をほしいままにしていましたけれどもね。この番組も、若い人が聞いてますから、細木数子って言っても正直わからないと思うんだよね。

周啓　まあまだ胎児だっただろうな、その頃は。でもベートーヴェンの代わりに聞かせてたところもあるんじゃない？

TaiTan　お前よ。どういう教育方針なんだ、その家庭は。

周啓　「お母さんお母さん、『ズバリ言うわよ』始まったよ」って（笑）。

TaiTan　あんまり胎教で聞かせないんだよ、六星占術は。

周啓　まあせめて、言語がわかるようになってからだね。俺はもう、高校のときとかがっつり信者というか、影響を受けてたからね。実際当たってたしね。あれほんとに当たるのよ。

TaiTan　ヤバいねお前。墓石とか買ったろ、その流れで。

周啓　（笑）。まあ、なんか悪いことがあったら家に帰って本を開いて「やっぱり大殺界だったんだ」みたいな時期があったからね。それくらい、当時一般に染みわたっていた価値観だったんじゃないの。

TaiTan でもあの当時流行ってたよね。『オーラの泉』とか。未確認飛行生物物体的な番組、UMAとかそういう系はなくなってたんだけど、いかがわしさの方向性が、どっちかっていうと占いとか「オーラを見ます」とかそっちへ流れていったのが、俺らのティーンの時代だと思うんだよ。そういうのをテレビで堂々とやってたのって、すげえ時代だなと、めっちゃ思うんだよね。

周啓 何だったんだろうね、たしかに。やっぱり時代が不安だったのかわからないけれども、とにかく多かったもんね。その後ゲッターズ飯田さんとかが次々と。

TaiTan まあ深くは語らんけど、細木数子氏の今回のニュースを受けて、「そういえばあの人はなんだったんだろう?」というのがふつふつと湧き上がってきて、いろいろ本とか読んでたのよ。『細木数子 魔女の履歴書』(講談社)っていうさ。

周啓 『女帝 小池百合子』みたいな。

TaiTan そうそう。『女帝』の細木数子版みたいなことなんだけど。それを読んで、実はテレビに映っていた細木数子氏は表層に過ぎなくて、まずなんでテレビに出られるようになったのかという話と、なぜあそこまでの財をなしたのかという話。だって京都に、テレビ関係者が細木数子にアポ取って行くときに、住所を教えてくれないんだって。

周啓 え?

TaiTan 「タクシーの運転手に『細木の家に』と一言伝えれば、必ずわかります」と。実際その通りで、どんなタクシーに乗ってもたどり着けるくらいの巨大な家に住んでいたらしいのよ。

周啓 へえ。すごいね。

TaiTan そういう話と、あのテレビに出てた姿の裏にある顔って何だったんだろう、というところが出てきて、ドキュメンタリー深掘り好きマンとしてはめちゃくちゃ面白かったね。真実はどうなのかわかりませんが、「ああそうだったんだ」と。こういう人生を生きてきた人がテレビに出てたのは、すごいことだなと思って。

周啓 読んでいないけど、なんかちょっとわかったような気がする。

TaiTan まあここまで俺が言葉を濁しているのは、要はそういうところに触れていくからなんですが。まあ、その話というよりかは、「いかがわしさ」みたいなものを面白がっていた時代がたしかにあって。かつては未確認飛行物体とか、水曜スペシャル的な「ジャングルに行こう」とか、徳川幕府の埋蔵金とかさ。そういうのだったのが、徐々に占いとかそういう方に欲望の方向性が向いていって。今そういうのってそんなに流行ってないじゃない? だとすればだよ。「今のいかがわしさ」って、どこに芽生えてるんだろうと思ったの。

周啓 なるほど。

情報商材屋とUMA/楽しんでる様を見せるしかない

TaiTan 俺、人って絶対に、本能的にいかがわしいものに惹かれてしまう運命にあると思うんだよ。

周啓 それはわかるな、肌感で。

TaiTan とすれば、「今、人は何を『いかがわしい』と思いながらも面白がってしまっているのか」ということを知っておくことがすごく大事だと思うんだよ。

周啓 ああ、なるほどね。

TaiTan やっぱり情報商材屋っていうか……いや、普通にひろゆきなのか。ひろゆき氏単品というよりも、読後感のいいことばっかり言ってる情報商材系の人、みたいなあの感じ。それって一周目で「なんかちょっと怪しいな」って思うんだけど、気持ちよさも同時

86b

に感じてしまうというのが人間の本能な気がする。

周啓　いかがわしさって話術と密接に繋がってると思うんだけど。それこそUMAの時代から一緒じゃん。あのスティーブン・セキルバーグだっけ。

TaiTan　スティーブン・セキルバーグは、『水10』でゴリとかがパロディするキャラクターね（笑）。

周啓　そうだね（笑）。違くて、ハローバイバイの関か。あの人の語りもどんどんこう、わかりやすくいかがわしくなっていったじゃない。

TaiTan　あれは超メタに入っていったよね。

周啓　つまり、あれを語るにふさわしい話術みたいなものがある。矢追さんとか、会談で言えば稲川淳二とか。細木数子も、「六星占術を極めた人だから、すべてわかってるんだ」と思わせる喋り方をしていたわけじゃん。

TaiTan　そうだね。必ず話術とともにあるよなあ。だから今のいかがわしさに、怪しいと思いながらも人が熱狂してしまうのは、多分経済とかの領域だね。そういうもので商売する人はずっといると思うんだけど、エクストリームな形で、しかも低年齢の領域まで落ちていってるのは経済の領域だと思うね。

周啓　なるほどね。低年齢の領域までいける理由の一つに、今のいかがわしさを象徴する話術があって、それは理路整然としている、さくっとわかりやすいことを言える、みたいなことに繋がると思うんだけど。それが新しいよね。

TaiTan　細木数子氏のルポとか読むと、「いかにロジックが成立してなかったか」みたいなことがよく指摘されるのね。なんだけど、占いとかってそもそもロジックじゃないからさ。言い切る強さとか、ハッタリ力みたいなところじゃない。それに対して今の経済系の論客みたいなのは、ロジックの強固さみたいなものは確かにあるんだけど、だからこそ怪しいっていうか。人がそれをありがたがってしまいすぎる感じ。「ロジックが正しいから、つまりそれは自分が信じていいものなんだ」というさ。

周啓　だから、いかがわしさに対して夢を見続けてきたと考えると……UFOとか、謎の第三者的なものへの夢ね。あとは占いみたいな、目に見えない「人類の運命」みたいな「流れ」への夢。で、現代は、ロジックという「説明すれば、式で誰でもわかるもの」への夢っていうか。

TaiTan　めっちゃあると思うわ。今、ロジックで喋れてしまうことの快楽と、かたやトンデモ理論、陰謀論的なことが、すごく二極的に流行ってる。でもこれって実は……。

周啓　いや、一緒だよね。

TaiTan　そう。とんでもないことを言ってるんだけど、ロジックの繋がりだけでは正しいからそこに熱狂してしまう。それを信じるよすがにしてしまうという。だから今は、陰謀論の時代だね。

周啓　陰謀論は俺だって興味あるしね。ダメだと思いつつも見ちゃうもん。

TaiTan　これはメディアの変化で、今はYouTubeでいくらでも流れてくるから、低年齢層でも触れられるっていうさ。面白いな。「面白い」って言っちゃうと良くないんだけど。

周啓　まあ渦中にいるからね、俺らだって。

TaiTan　と考えると、水曜スペシャルの時代に戻ったということなのかなあ。陰謀論的な……でも陰謀論とも違うよな、なんか。

周啓　水曜スペシャルってのは、あれだろ？ゴリとかが出てくるやつ。

TaiTan　それは『水10』。水曜スペシャルは川口浩探検隊とか。「地球にはまだ何かあるかもしれない」っていうね。エイリアンとかじゃなくて。

周啓　地下を掘る系ね。

TaiTan　そうそう。「密林を分け入った先に、巨大ナマズがいた！」みたいな。バカバカしいんだけど、なんか「いるんだとしたらちょっと見てみたい、見つけるプロセスは見てみたい」っていうさ。

周啓　陰謀論にハマってしまう人がいる大きな理由の一つに、ロジックがしっかりしているのもあるけど、「興奮する」というのがあるじゃん。魅力的じゃん、なんか。

TaiTan　そう思わせるエサが張り巡らされているということだよね。だから、快楽が単純なんだよ。よく言われるのが、批評文と小説とかの違い。批評文の方が、快楽のテンポ感が早いんだよね。

周啓　自分でそんなに咀嚼しなくていいということだよね。

TaiTan　そうそう。もうその場で「そうなんだ、そうなんだ、そうなんだ」、「たしかに、たしかに、たしかに」という感じでさ。小説とかは、長いこと読んで初めて「何かが残ったらいいね」みたいな話じゃん。

周啓　ああ。さっきの話にも通ずるね。批評的なものの方が流行っているわけでしょう、文体としてね。情報商材もそうだけど、ルール説明みたいなことが書かれている本が今めちゃくちゃ読まれているなか、小説とかの、あの……『ハリー・ポッター』とかをやっぱり、読んだ方がいいんじゃないかな。

TaiTan　だから俺らからまず『ハリー・ポッター』を……わかりました。この配信、二〇二一年十二月もそろそろ終わりますけれども、どっかで『ハリー・ポッター』の総ざらい回をやろう。

周啓　いいね。

TaiTan　読むのは正直無理なんで、人物の相関図を頭に入れた上で、映画を見ます。七・四倍速で。

周啓　お前（笑）。時間を無駄と思ってんじゃねえぞ。

TaiTan　でも俺、『ハリー・ポッター』はちゃんと見たいんだよね。

周啓　俺も思ってるよ。ぶっ通しで見たい。

TaiTan　ぶっ通しで見たいよね。年内無理だったとしても近々やります。「『ハリー・ポッター』とは何だったのか論」。

周啓　なんかこう、ゆっくり読んで自分で考えなきゃいけないみたいなものがもうちょい広がるといいのかもしれないね。今はトリセツ、ルールブック過多だからね。

TaiTan だから、詩とか短歌とかの価値が見直されるべきだね。という話でしたね。細木数子からの、「リリックスの価値をもう一度見直そう論」でした。

周啓 面白い着地だったんじゃないですか。

TaiTan お前よ（笑）。あんまり、面白いとか面白くないとかだけで判断するなよ。なんとなく持ち帰ってくれればいいんだよ。いちいち感想を言うな。

周啓 けっこう良かったよ。

TaiTan だから、あんまり評価を与えるなよ。みんなが評価者になってるんだよ、今ね。オメーみてえなもんが評価してんじゃねえよと思うよな、ほんとな。

周啓 評価の時間も、それこそ無駄だよね。

TaiTan 無駄なんだよ。Twitterとか見てても、コンテンツに対して「よくできてた」とかそういう感想は。

周啓 それってこの前の、「勝手に敗北宣言」に繋がってくるんだと思うよ。「評価する」って、一段上にいる感が出てくるもんね。……これはでも、どうしたらいいんだろう。小説を流行らせるのってけっこう難しいよ、この状況下で。それこそ環境問題とかもそうだけど、もちろん良し悪しは抜きにして、なんかわかりやすくテーマを設定されやすい時代でさ。そういういろんな問題みたいなのが沢山あって、その解決のプロセスを情報として得る、みたいな。そんな中で、「誰と誰がお喋りをしました」みたいな一連の長い文章を読んで、それに対して何を思うかみたいなことを考える時間が無駄だと思ってる人は意外と多いと思う。「こっちの方が楽しいんだよ」っていう方向性になっていくように、したらいいんじゃないですか。君が。

TaiTan 今のは意外と正しくて、「楽しんでる様を見せるしかないんだ」っていうさ。こないだししゃもの話をしただろ？ あれでししゃもを食いたくなった人だっていると思うんだよね。

周啓 いたはず。

TaiTan だから「『楽しそうに喋ってる』ということが何より説得力がある」ということだけは信じられるなということは思ったりするね。

周啓 たしかに。あの回に集約されてますよ、ポッドキャストが無駄だっていうことが（笑）。

TaiTan （笑）。ししゃもね……。ちなみに、あの回で「ししゃも　YES or NO」というアンケートをとったんですよ。

周啓 まず、とんでもない質問だね。

TaiTan 上から読んでいきますよ。まずakiさん。「Yes!　キャンプでししゃも」。キャンプでししゃもを、食うなよ。くせえんだから。

周啓 なんだよお前。くせえんだったら、煙がくさいわけで。

TaiTan キャンプは、マシュマロなんだよ。

周啓 ああ、そういうことね。火を炊かないで、電子レンジを持って行った方がいいね。どっかの民家に車をつけて、外についてるコンセントにプラグを挿して（笑）。

TaiTan 次、モアイさん。「No，けど親はよく食べてます」。親がよ。

周啓 お前。この世の半分以上が親なんだから。

TaiTan あんまり子供の前でししゃもを食べてはいけないわけよ。教育上良くない。XVIDEOSを見るよりも子供の前でやってはいけない行為だから（笑）。

周啓 ほんと、すごいことを言うね。

TaiTan 次、mutualさん。「NO　身として食べるにも卵を食べるにも中途半端すぎる。身を食べるなら鯖を、卵を食べるならたらこを食べる」。

周啓 なんか怖いね、この人（笑）。

TaiTan この人は怖い（笑）。ししゃもに対してそこまで真摯に向き合わなくていいんじゃないかとは思う。鯖缶さんという人もいますね。「No　ししゃもくさい」。

周啓 なんでだよ。鯖缶も大概くさいだろ。

TaiTan 鯖缶を自認している人間が……（笑）。鯖缶メーカーの人だな、これ。ししゃもに売り上げを取られそうになって、競合をつぶそうとしてAmazonレビューでクソミソ書いている、やべえ業者（笑）。

周啓 競合NGの。

090 8-b

TaiTan 次、うなき、ー、さん。「スーパーのししゃもは、カペリンとかいう魚らしいので本物のししゃもはもっと美味しいのかなとか思いました」。マジレスを、するなよ。

周啓 ちょっと面白いな。カペリンいいね。

TaiTan サーモンも、実はサーモンじゃないみたいな話だよね。どぜうさん。「YES 小学校の給食で出たししゃもはなぜかみんなメスだった」。怖いんだよね、なんか。

周啓 食い物を、メスとかオスとかで区分するなよ（笑）。

TaiTan 小学校のとき、そういう目線で見ないわけよ。魚のメスとかオスとか。食ったら同じなんだから。なんか怖いな。こういうのが陰謀論なんだよな。ししゃもも陰謀論の蓋を開けてしまった感じがする。

周啓 なんかわかんないけど、ししゃもの目が今、すげえでっかいサイズで脳裡に浮かんでたもんな。

TaiTan 夢に出てきそうだよね。怖くない？ 布団をめくったらいてほしくないものランキング第一位、ししゃもだからね。

周啓 お前。布製のものに食べ物を入れがちだけどやめろよ。カバンにエビとか黒豆入れて布団にししゃもを入れてるけど。そういうサブストーリーみたいなのを組み込むのはやめてくれ。

TaiTan でも、YESとNO半々ですね。「yes 理由は美味しいから」。こういうのを求めてる。「メスだった」とかは怖いので、やめていただきたいですね。まあししゃもメーカーの人とチャコペンメーカーの人とは一度、お話をしてみたいですね。

周啓 折り合いをつけなきゃいけないからね。

TaiTan そうだね（笑）。というところでございまして、ありがとうございました。

87a

論破はなぜ流行るのか

便利だが不便なもの／ブルシットジョブとルンバ

TaiTan　TaiTanです。

周啓　玉置周啓です。

TaiTan　えー、『奇奇怪怪明解事典』でございますけれども。論破ね。

周啓　ルンバね。

TaiTan　ルンバは……いらねえ（笑）。

周啓　（笑）。

TaiTan　いや、いらんなぁ（笑）。引っ越したんでございますけれどもね。前の家から今の家に、捨てるか捨てないかめっちゃ迷って持ってきたけど、もう既にいらないもんね。

周啓　なんでよ。活躍しそうなフィールドじゃない、この家は。

TaiTan　まあまあ、リビングを、家にいないときに掃除してくれるという触れ込みですが。使わんよ、ルンバは。

周啓　マジか。それ、ずっと気になってたんだよね。「ルンバって、使わないんじゃないか」ってことは。使うのは自由なんだけど。

TaiTan　そうだろ？（笑）

周啓　なんなんだろうね。そういうのあるじゃん。「いいんだけど、いらないんじゃないの？」ということって。

TaiTan　俺がこの配信でもおすすめした、

092

水で歯を洗うジェットウォッシャーみたいなやつ。その半年後くらいにドルツの、もうちょっといい電動歯ブラシを買っちゃったんで、マジでいま使ってないわけですよ。「別にいいんだけど、いらねえ」っていう（笑）。

周啓　（笑）。

TaiTan　「その一手間がいらない」って感じなんだよね。

周啓　そこだよね。その「一手間」の部分。便利なんだけど実は手間がかかるものっていうかさ。奇跡的なくらい具体例が出てこないんだけど。

TaiTan　でも、ロボット掃除機はその代表例だよ。ほっとくと机の角っことかにドゥンドゥン当たってて気になるから、「こらこら」ってやって軌道修正してあげなきゃいけない。だとするならばだ、「お前の役割は何だ」って思うわけだよね。なんか俺、ルンバに対するときに、中世のいじめっ子の魔女みたいな気持ちになる。「ルンバ、あなたの仕事は何？　ルンバ。ルンバ！」って（笑）。

周啓　（笑）。奥からね。

TaiTan　奥から、些細なことでいちいち注意しにくる暇な奴いるだろ？　あれになる。人間の醜い心を引き出す。

周啓　こんなに気丈な名前なのに。

TaiTan　そうだよね。ルンルンルンルンリビングを駆け抜けてほしいわけよ、仔馬のごとく。それなのに、机の角っこで路頭に迷っているから。

周啓　それはちょっと思ってたわ。

TaiTan　ルンバはむずいね。チャコペンまではファンタジーなんだけど、ルンバは現在すでに発売されている具体的な商品名なので、ちょっとなかなか……。

周啓　わかるよ。「日本茶って別に飲まないよね」ならわかるけど、「綾鷹っていらなくね？」となると話が変わってくるもんね。

TaiTan　そうなんだよね。ルンバというか、ルンバのあの……。

周啓　言いたいことは、気を利かせて「もっと効率的になるように、こうしといたよ」みたいなことのせいで今までより時間がかかるパターンを何回か見てきた気がするな、ということね。

TaiTan　これ、実は現代的なテーマでね。

二〇二〇年のもっともホットなトピックだと思うのが、ブルシットジョブ。それが何かっていうと、便利なはずなのに、クソみたいな仕事をさせられている、「効率化をするはずの職種なのに、実際やってることはめっちゃクソ」というさ。そこに矛盾が生じちゃっている感じ。ルンバはそれの象徴として、我が家で、見るたびに心が痛む。

周啓　お前（笑）。一番いい言い方でそれなのはまずいだろ。

TaiTan　いや、ルンバは絶対もっと良くなるはずだと俺は思っていて。言いっぱなしなのは悪いから言うと、小型化した方がいいと思うんだよね。あれデカすぎない？

周啓　そうかも。デカければデカいほど、ものに当たる確率が上がるってことね。

TaiTan　思春期のティーンじゃないんだから、ものに当たるなよ、あんまり（笑）。

周啓　どこをどう拾ってんだよ（笑）。

TaiTan　もうキーボードクラッシャーみたいになってるわけよ。あっちこっち当たって。

周啓　それ無駄づくりの藤原麻里菜さんが作ってたね。ぶつかるとキレて、「お前どこ中だコラ！」って言うルンバ。あれかわいかったね。たしかに小型化はいいかもしれない。そもそもルンバの発祥は国外でしょ。家が広い国で作られてるんじゃないの。

TaiTan　ありえるね。

周啓　六畳間だったら、十センチくらいしか稼働できないと思うよ（笑）。

TaiTan　ルンバの幅で、部屋の幅だから（笑）。日本って長屋だからさ。

周啓　一畳が横に六枚並んでいる……（笑）。

TaiTan　そういう家に俺が住んでる可能性があるから（笑）。だとしたら、ルンバを置いたらもうその一畳ぶんは捨てることになるわけ。

周啓　ジャンプしなきゃいけなくなるわけね。味噌汁持ってたら飛び越えられないんだよ。

TaiTan　六畳一間でルンバを購入している奴はさすがに……（笑）。

周啓　いや、俺は意外といると思うよ。憧れじゃん。ウォーターサーバーみたいな、「生活の質が上がりました」みたいなものの代表として。でも小さくはなった方がいいかもね。

TaiTan　マイクロフォン、携帯がそうなっていったように。どんどん小型化していくんじゃないかとは思いますけどね。

周啓　「セルフォン」ね。君は今マイクロフォンと言ったけども。

TaiTan　言った？　じゃあお詫びして訂正するよ。でもルンバがいらないということだけは、お詫びしない。使用している生活者の実感として。

周啓　外側削ればいいんじゃないの？　ヤスリとかで。

TaiTan　チェーンソーとかでいくんじゃなくて、ちょっとずつダメージを与えていくと

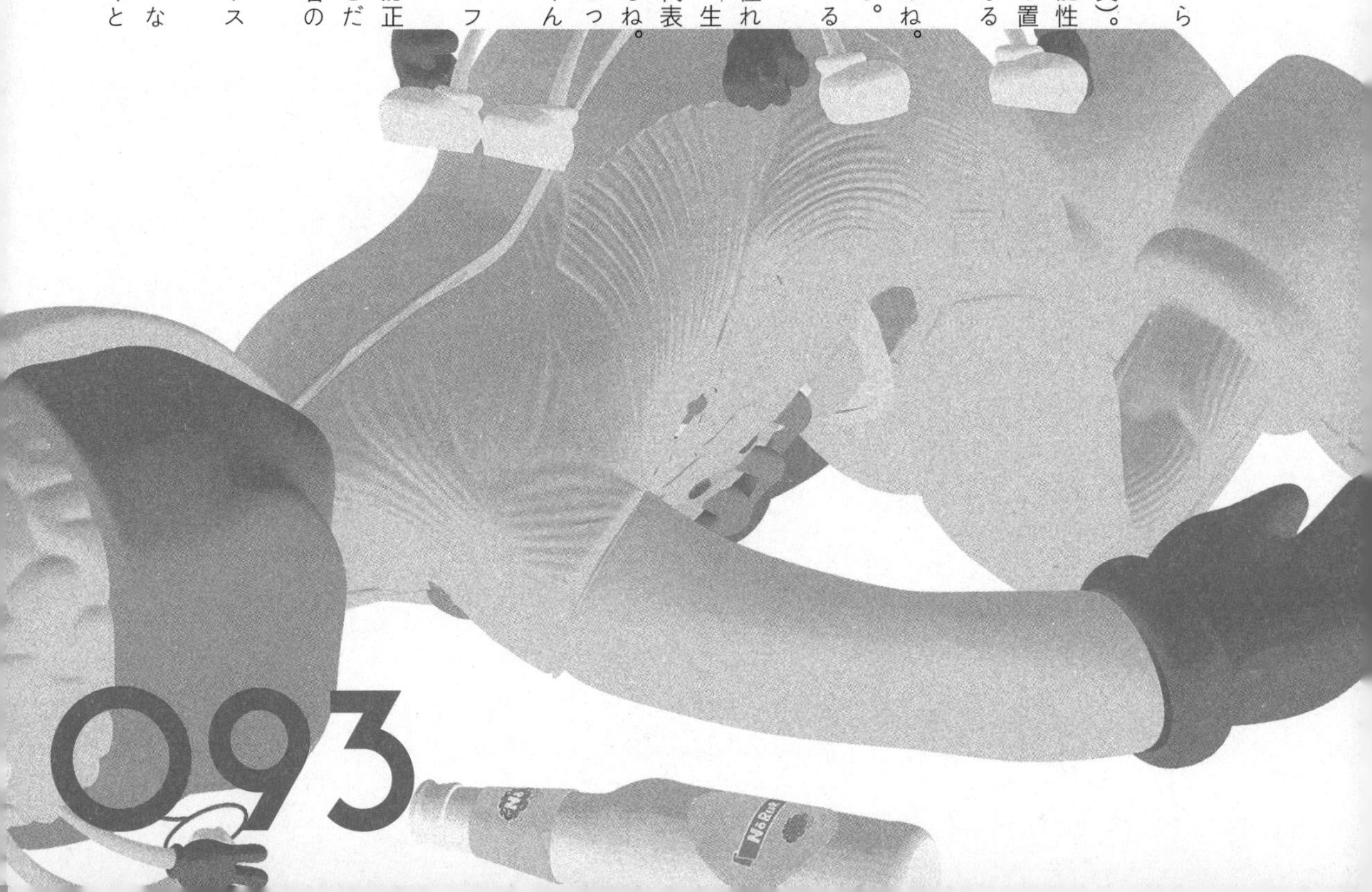

（笑）。でも今のところ、俺の手には余ってる感じなんだけれども。

周啓　じゃあ、ほしい方いたら。

TaiTan　いいかもしれないね。ヤフオクとかで、アカウントを公開して。

周啓　「タイラデン氏専用」って付記して。

TaiTan　メルカリのやつね。

周啓　俺メルカリやったことないんだよなぁ。それこそ手間がさ。メルカリっていちいち古本屋的なところに持っていく必要がないってことでしょう。ネット上で金銭の決済もできるし、発送するだけでいいから会わなくて済むし、ということだよね。でもそのための、クレジットを登録しなきゃいけない、梱包しなきゃいけないとか……それが、できないんだよね。

TaiTan　そういう人も多いだろうね。でもメルカリは圧倒的に便利だけどね。一回やったらいいよ。めちゃくちゃラクよ、メルカリは。

周啓　たしかに、やらずに言うのも申し訳ないね。

TaiTan　それこそ本なんか、バーコードリーダーでピッと読んだらすぐ出品できるからね。

周啓　それすごいな。

TaiTan　登録うんぬんというのは当然そうなんだけどね。そんなのはあらゆるアプリでやるわけで。

周啓　じゃあちょっと一回やってみるわ。やった上で、もうちょっと小さくした方がいいのかどうかというのをちゃんと伝えるよ。

TaiTan　（笑）。そうね、ルンバよろしく改善点があるのかどうかというところですが。

なぜ「論破」が流行るのか？／フリースタイルがよく分らん

TaiTan　「論破」ね、今日のテーマは。どう、論破？　よくする？　君は。論破。

周啓　論破は……最近してないね（笑）。

TaiTan　最近してないんじゃなくて、できないんだよ（笑）。

周啓　お前、ほんとによ。そういう面はあるけれども。でもあんまりないだろ、日常生活ではまずないよね。

TaiTan　俺の隣には、荘子itがいるんだから。論破はおはようからおやすみまで……（笑）。花王のキャッチコピーのごとく論破されてるから。

周啓　（笑）。喧嘩王、略して嘩王でしょ。ヤバいね。口へんがついただけで。

TaiTan　完膚なきまでにコテンパンなんで。君は平和な環境にいますよ。「論破なんてないだろ」っていうのは（笑）。

周啓　俺がちょっと、世間を知らなすぎたな。成順とか豊は、自分の意志というか、「こういう主張ですから」というのをちゃんと言う

タイプだから、意外と「ぐぬぬ」となることもありますよ。

TaiTan そういうとき、周啓君はどうするの。

周啓 「そうか」って返すよ。

TaiTan もう四十歳くらいになって、何かを諦めた教師の台詞なんだよ。

周啓 別に誰でもあるだろ、「そうか」は(笑)。どういうシチュエーションなんだよ。

TaiTan もう思春期の子供に向き合うのは無理なんだ、と。十五年くらい勤め上げて思った人(笑)。

周啓 そいつは辞めた方がいいだろ(笑)。「先生、僕は弁護士になりたいんですけど、どうしたらいいですか?」

TaiTan 「ほーん……そうか」。

周啓 (笑)。「じゃあ俺、行くわ」って。それは放棄しすぎだけれども。でも論破って何なのって思うけどね、基本的に。

TaiTan でもたしかによく聞くようになったというかね。それはひろゆき氏の登場、というか再登場によってまた流行ってるなと。

周啓 スタートは何だったんだろうね。

TaiTan 2ちゃんぽかったけどね。

周啓 そうかそうか。あの2ちゃんの語り口って特殊だったよね。「ブフォw」とか「草」とかいうことじゃなくて、全員「実はめちゃくちゃ詳しいオヤジ」みたいな感じじゃなかった?

TaiTan そんな牧歌的な印象もないけどね(笑)。

周啓 罵倒みたいなとげとげしい言葉も多用されてたけど、どのスレッドを見ても「これって、こういうことじゃん?」と。それに対してリプライで「そういうことちゃうやろ。これは何々だし、こういうことで」みたいな。

TaiTan それは、けっこういいスレを見ている可能性があるね。俺の印象だと、「はいニワカ乙」とか、そういうムラ的な印象がある。何か言うたびに、ほころびを指摘されるっていう。

周啓 そうか。でも俺も同じようなことを言いたかったんだけどね。結局「お前より俺は知ってるよ」みたいな感じで会話が進んでいく感じ。牧歌的なスレですらそういう世界観という感じがあったな。

TaiTan なるほどね。で、なんで論破の話をしたかというとさ。ライターのおぐらりゅうじさんという方がいて、奇奇怪怪をよく聞いてくださってると。その方がイントロ出版という編集チームを作って、『SIDE - B』という同人誌を作ったんですよ。そこに僕も参加させてもらったんだけど、そのなかに武田砂鉄さんと前田隆弘さんの、「なぜ『論破』が流行るのか?」というテーマの対談があって。すげえ面白かったんだよね。

周啓 実はまだ、あんまり言語化されていなかった分野というか。

TaiTan そう。「ひろゆき現象」とか、情報商材屋ビジネスの罠とか、即効性の高い言葉に気をつけろ系のことはやたらと語られている印象はあるけど、「論破」という切り口は、「たしかに何なんだ?」というね。

周啓　そもそも論破って何なんだ、という感じがあるしね。

TaiTan　この話をする前に、俺、フリースタイルとかも正直よく分からない文化だなって気持ちがちょっとあるわけですよ。

周啓　フリースタイルっていうのは、ディスりあうやつで合ってる?

TaiTan　周啓君もよく言うじゃない?「ラッパーの罵り合いの言ったった感、気まずいな」みたいな。よく言ってるじゃない?

周啓　言ってねえよ(笑)。二回も言われたら危なそうだなと思って訂正しましたけど、でもちょっとわかるよね。スポーツと思えば面白いけど。

TaiTan　ああいうものって、なんで「気持ちいい」ってなっちゃってるの? と思ってさ。

周啓　それこそスポーツなんじゃないの? 競技としての。

TaiTan　「いかに相手が言われたら嫌なことをおしゃれな言い回しで言うか」みたいな。

周啓　そうなんだよな。それはすごく、思った時期があったなあ。みんな「誰が何を言われたら傷つくか」を知ってて喋っている感がすごいな、というか。

TaiTan　それは俺らが大学生くらいのときに流行ったコミュニケーションで、それこそ毒舌ブームみたいな。有吉氏とか小藪氏とかさ、ちょっとダークサイド系の、嫌なことを言うみたいな。あの語りのしぐさは、この世代にすごく内面化されてるよね。

周啓　しかも毒舌は基本笑いで語られてて、ただの口悪い奴は嫌われるからさ。「口悪いながらもちゃんと的を射ている気がするから気持ちいい」みたいな良さがあったけど、そこからまたちょっと変わってきているというか。そこがちょっと寂しいよね。論破は笑いになってないというか。

TaiTan　今周啓君が言った、芸になっているからいいとか、フリースタイルダンジョン系の、ある種の競技性があるからいいというところまでは理解できるんだけど、今流行ってる論破って、そもそも対話すら成立していないということがこの対談のキーワードになってて。「え、それってそもそもおかしくないですか?」みたいな、あの論法。相手が喋れば喋るほどほころびは当然出るわけで、そこを指摘していった方が勝っちゃうっていう、あのゲーム。

周啓　いや、みにきーよな。

TaiTan　やみにきーって、何?

周啓　醜《みに》きーよな、と思って。

TaiTan　みにきーは、ママの味なんだよ。

周啓　そうなんだよ。飴玉ほど甘い話ではなくてですね。

TaiTan　(笑)。ヤバいな。ツマンナーだな、ポッドキャスターではなくて。

周啓　ツマンナーだったね(笑)。

TaiTan　つまんないことを言うのを生業としている人(笑)。

周啓　それでどうにか、経済を回していこうとしている……(笑)。

TaiTan　レンタルなんもしない人の、駄作版。

周啓　レンタルつまんないことしか言わない人(笑)。

TaiTan　レンタルつまんない人ね(笑)。

周啓　せめて「ことしか言わない」はつけさせてほしいね。「つまんない人」は……(笑)。

TaiTan　救いがないね。「つまんないことしか言わない人」はそこに主体性が発生するけど、「つまんない人」は、客観的評価だから、

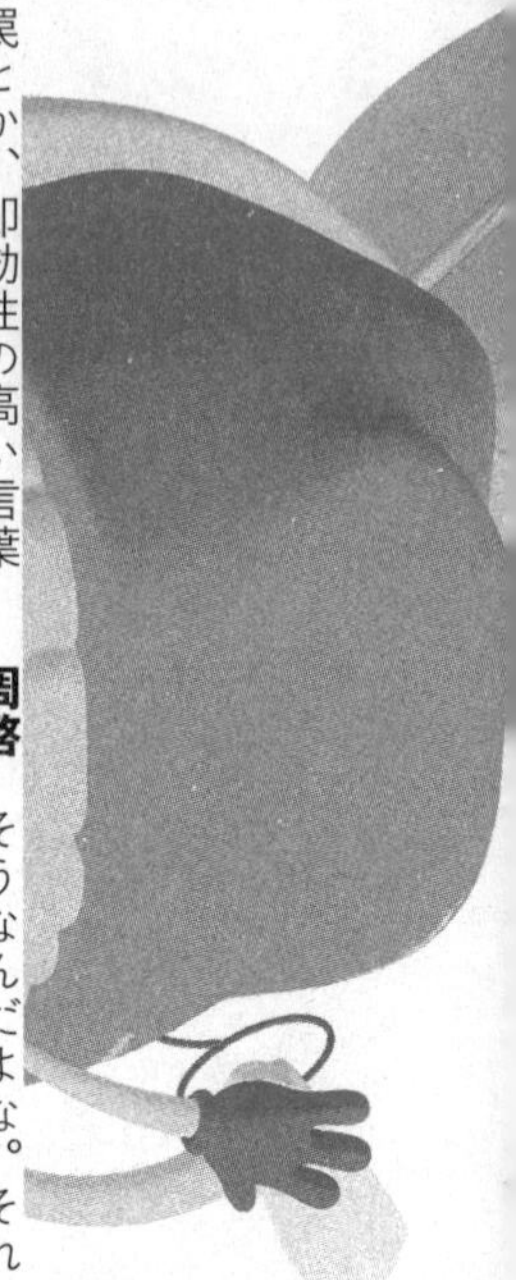

つらみがありますね。

周啓　「笑わせようとしてるのはわかってるけど、笑われる側だからね」みたいなトゲを感じましたけれども。……論破の話だっけ。

TaiTan　「それっておかしくないですか?」っていう、あの感じ。相手の戦意を喪失させるっていうさ。

周啓　そうね。いっつも思うのは、論点が最初から乖離していて、それをくっつける気がないまま終わるみたいな。

TaiTan　それもこの対談で指摘されててね。つまり、思ってることがそもそもないんだと。勝ったか負けたかの着地点以外に、今の論破を弄《もてあそ》んでる連中は興味がなくて、言いたいことも主張も、思想も何もない。とにかく相手が白旗を上げる瞬間だけを見たいっていう。

周啓　なるほどね。

TaiTan　いわゆるフリースタイル的な文脈とは絶対にかけ離れたものだし、罵倒的なものとも距離があるコミュニケーションだよね。

周啓　そうだね。あれはなかなか……でも、気持ちいいのか。それこそ微弱なというか、簡単に手に入る快楽なのかな。

TaiTan　そうそう。インスタントに賢い感じになるっていう、すごく不毛なコミュニケーションだよね。

周啓　小学校のときに、先生の言い間違いとかをいじっているあの下らなさに近いというか。でも本人たちは楽しい、みたいなさ。揚げ足取りね。それはあったかもしれないな。

TaiTan　それはほつれの指摘であって、有効な意見ではないという言い方がされていたけど。

周啓　なんでそもそも、ゴールを求めてないんだろうね。そういうこともありえるのか。

TaiTan　それはやっぱり、ソーシャル上の対談企画とかいうものが見世物化しすぎてて。内容なんてみんな記憶してくれないから、「どっちの方が優位に立っていたか」という、その全体感しか印象に残らない時代だから、「じゃあそこにしかカロリーを割かなくていいや」っていう戦い方になっていくっていうさ。

周啓　なんか、なくならなさそうだな。ずっと続きそうだね。

TaiTan　論破ブームが?　言うても、俺はいつか終わると思ってるんだけどね。人間そんなに捨てたもんじゃないという気持ちは、ちょっとあるよ(笑)。

周啓　たしかにね……(笑)。

ひろゆきと紀伊國屋／論破2・0

TaiTan　今日も俺、この対談を読んだ後に、「たしかにひろゆきのこの影響力って何なんだろう?　と思ってさ。新宿の紀伊国屋とか行っても、もうめちゃくちゃひろゆきなわけ。

周啓　あ、そう。「売れてます本」コーナーが。

TaiTan　「売れてます本」コーナーとか、「ひろゆき推薦!」とか。もうひろゆき包囲網だなと。でも面白いなと思ったのが、この対談のなかでも指摘されてるんだけど、ひろゆきって世の中に対する見通しっていうか、解像度が高いから、たしかに面白いことは言ってるんだよね。でもその伝え方とか話題の放り込み方とかが、あまりにも相手を侮蔑してる感じというか。だから見ている側としては、「うわあ」と思っちゃう。でも一部の人たちにとっては、圧倒的にのどごしがいい。そういうのをトータルで考えると、ひろゆき自体は消えていかないだろうなと思ったね。

周啓　今の聞いてて思ったのはさ、モバゲーに「おたけび」っていうTwitterみたいな機能があったのよ。それはテレビを見て感想をつぶやきあうみたいな、それこそ今のツイートリストとかスレッドみたいなものがもうできていて。そこに社会問題についての適当な意見がブワーッと並ぶなかで、賢い人がリプライを飛ばしてたわけよ。「そうじゃない」と説得しにいくみたいな。でも一年くらい経つと、その人が「もういっか」ってなるんだよね。賢い人が、「もう話通じないから」って相手にしなくなる。ここからが言いたかったことで、まあどの立場から言ってるんだってことになるんだけど、賢い人と、そういうのどうでもいい人が、ネット上で二分化していったんじゃないか。もともとかもしれないけど。

TaiTan　それは繋がっていくね。この対談でもそういう話に及んでて、よく「フィルターバブル」みたいな文脈で、今のSNSに夢中な若者に「今みんなはフィルターバブルに絡めとられてて、外の世界の情報が入ってこなくなってるのよ。あなたの目の前に広がってるのはあなたのSNSの世界であってそれが世界の全部だと思っちゃうんだけど、全然違うのよ」ということが道徳的に語られるんだけど、それって本当に有効なのか？　という懐疑論があって。

周啓　なるほどね。

TaiTan　要は何かというと、SNSに夢中になってるそいつにとっては、世界はその中に一個しかなくていいと思ってるわけだから、その外側の世界を示唆されたところでどうでもいいわけよ。今の周啓君の話でいうと、「ちょっと冷静になって考えてみろよ」とか言ってくる奴なんて、ほんとに外野ですらないっていうか。

周啓　そうだよね。しかもネットだと、自分の実生活に対しては何ら影響がないから。

TaiTan　そうそう。自分はそのコミュニティのなかで、よろしく居心地よくやっている、

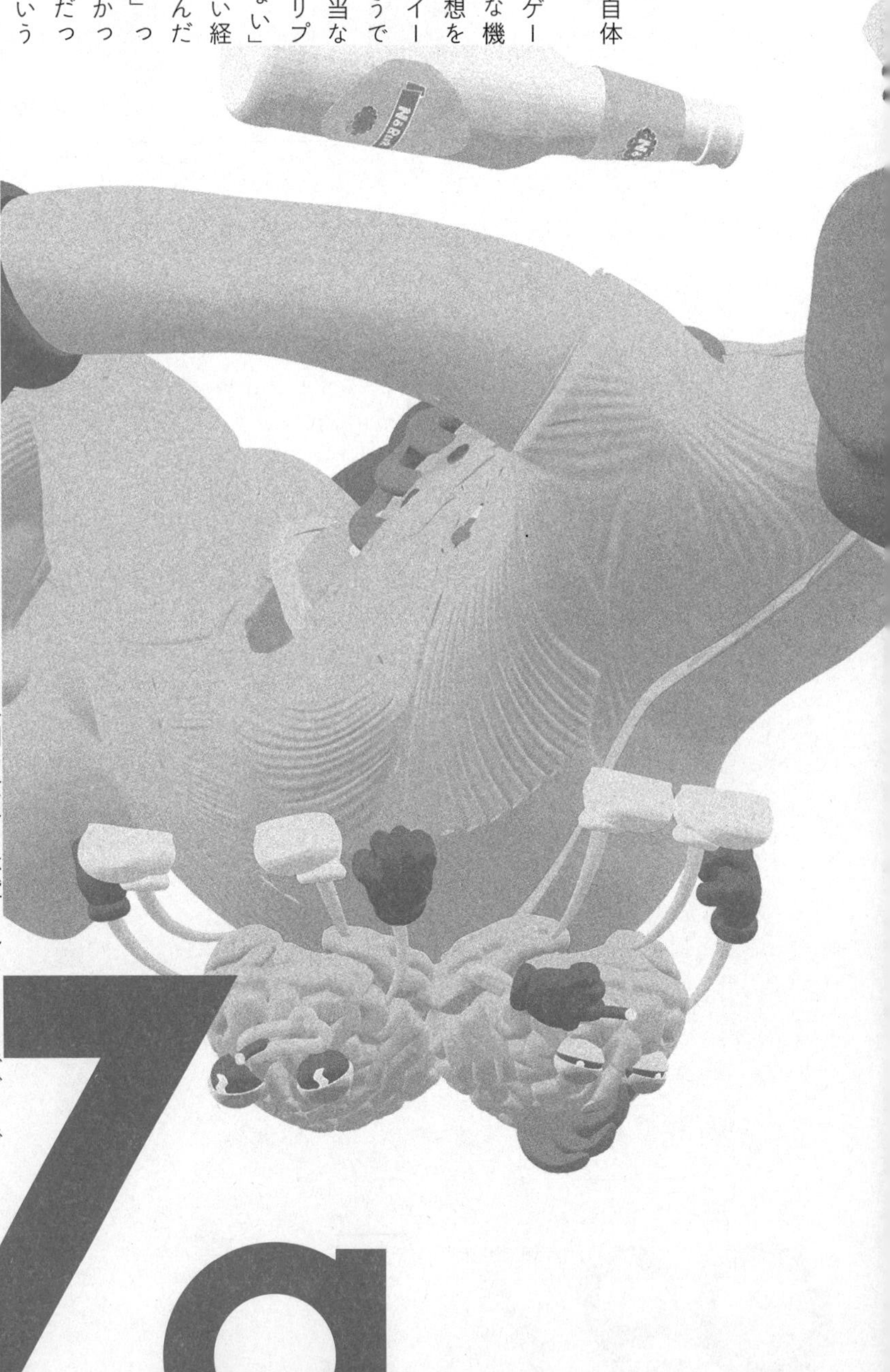

ということも圧倒的にリアルじゃない？　そこにしか自分の世界が、居場所がないわけじゃん。だから、外から「フィルターバブルなんだよ」とか言われても、その外側の世界を認めてない以上は、その言葉はどうにも有効に働かない。

周啓　たしかになあ。その上で、ちょっと気になるわけじゃん。いかにも賢そうな奴に、いかにもな正論でフィルターバブルとかいろんな世界線とか説かれたときに、「自分はそっち側にはいけないけど、腹立つな」って思うじゃん、多分。なんつうの、置いて行かれたくない感覚っていうかさ。

TaiTan　そこも、その世界での没入度によるんじゃない。ほんとにズブズブに、それこそトランプとかが当然そうだと思うんだけど、もうそれ以外の世界はないものとしてしまっているという話なんで。そこに「外側がうらやましい」とかいう心は働かないんじゃないの。

周啓　それならまあまだ単純っちゃ単純だからいいけど、思ったのは、そういう自分の世界線を守るための行為が論破なんじゃないかなと。外界との接続を切るための。

TaiTan　それもあると思うんだけど、それはまだ主義主張があるから、健全っちゃ健全だと思うんだよね。

周啓　ああ、そうか。もっとわけわかんないものなのか。わけわかんないっていうか、無思想の……。

TaiTan　だから、今流行ってる、最先端の論破。論破2・0は……（笑）。

周啓　（笑）。

TaiTan　それはもう、通り魔みたいなもんなんだよ。勝ったか負けたか以外は別に興味がなくて、内容うんぬんのせめぎ合いが何もないんだよね。というのが、今の興味深い現象だと思うんだよね。

周啓　そうか。それもう、全然わかんないな。ちなみにその対談は、結論は出るの？

TaiTan　結論というか、なぜ論破が流行ってるのかということをあらゆる角度から分析していくっていう。それこそ論破の歴史とかを振り返っていく。面白いよこれ。

周啓　論破2・0は……（笑）。

TaiTan　心を削りにいく、みたいなね。

周啓　そうか、じゃあさっきのとは全然違うね。

TaiTan　さっきの話に戻すと、ひろゆきは解像度が高いから、たしかに「最適」なことは言っているんだよ。でもそのフォロワー、真似してる奴は、結局脳みそが追い付いてないから、語り口はそうなっていても……。

周啓　ああ、それもでかいね。またモバゲーの記憶になるんだけどさ。

TaiTan　お前、モバゲーしか引き出しがないな。

周啓　まだやってるから（笑）。

TaiTan　ガラケーで、充電してやってるもんね（笑）。

周啓　充電器を抜くと五秒で電源が切れるから、繋ぎっぱでやってるんだけど。まあモバゲーで流行ってた十年くらい前の小説は、とにかく主人公が無表情でクール、という潮流があったんだよな。「かっこいいっていうのはそういうこと」みたいな。それの真似をしてる奴がいたな、と思ってさ。でもそいつは賢いわけでも、身体能力があるわけでもないから、なんか余裕ぶってるんだけれども、虚弱なのが丸見えというか……。

TaiTan　そういう奴いるよな。下らねえわ。でもそういう奴って、視界から消えていくじゃん。もう周りにいないじゃん、そんなの。

周啓　だからそういう意味では、論破ブームもちゃんと終了するのかもなと思えてきた。

TaiTan　ひろゆきという中心だけは残り続けて、その周辺は焼き払われていくだろう、というところでね。

周啓　論破が振る舞いとして広がっているっていうね。

TaiTan　「んー、なんだろう」みたいなあのしぐさ。

周啓　言ってる奴本当にいるのかよ。それだけは真似できないだろ。

TaiTan　いやいや、いるんだよこれは。絶対どこかにいるんだよ。で、今回はちょっと触れられなかったけど、この対談の着地点というのが、「対話というものが成立しなくなる世界観」というところに突入していくわけよ。だから「いずれ対話という行為自体がノスタルジーの対象になるんじゃないか」みたいな指摘があって。

周啓　面白いね。「対話がまともにできていた時代」という。

TaiTan　そうそう。ということを考えていくと、俺らがやってることってさ、まあいうたらば対話じゃん。ポッドキャストで人が人と喋ってるだけが面白いんじゃないか、という。それに対してある程度の、リスナー諸氏の皆々様がいる。俺なんとなく思ったのが、もしかしたら、俺らはノスタルジー消費されているんじゃないかっていう可能性すら浮き上がってくるわけ。

周啓　なるほどね。ホラーじゃん。

TaiTan　『オトナ帝国の逆襲』的な。あとヴェイパーウェイブとかシティポップとかと同レイヤーにある遊ばれ方なんじゃないかっていう……（笑）。

周啓　あるわけねえだろうが（笑）。

TaiTan　そういうところまで話が及んだんだよね、俺のなかでは。ノスタルジーの対象なんだよ、俺らは（笑）。こんな時代に。

周啓　でも録っといた方がいいね、それは。化石になる可能性があるわけだから。

TaiTan　そうね。ノスタルジーを煮詰めて煮詰めてね。まあそんな感じで、そういうコンテンツが載っていたりね。私もおぐらさんと対談させてもらって。それは正直、原稿読ませてもらったけど面白かったな、我ながら。けっこうマジで読んでほしい。なんで俺がこんな番組やってんのかってことを初めて本音で語ったと思う。

周啓　あら。それすごいね。

TaiTan　同人誌であんまり流通しないから、本音の部分も語ってもいいやと思ってね。校正でも、俺にしては珍しくけっこうそのまま残した。だからあんまり、これを聞いてる人にも写真を撮って流通させたりってことはあんまりやってほしくない。というくらい、俺がラジオとか音声コンテンツとかに思っていること、何をダサいと思っているかというところまで含めて引き出してもらったというか。聞いてくれてる人には、すげえ読んでほしいかもな。

周啓　どこで買えるの。

TaiTan　文学フリマというところで売って、すげえ売れたらしいんですけど。通信販売もすると言っていたので、続報を待てと。ということで、こんなもんですかね。『SIDE - B』、手に入れたよという方は僕のやつもぜひ読んでいただけたらと思います。

「王墓」とDos Monos／ドキュメンタルとバーリトゥード

TaiTan　TaiTanです。
周啓　玉置周啓です。
TaiTan　『奇奇怪怪明解事典』でございますけれども。『ドキュメンタル』ね。
周啓　かもめんたる。
TaiTan　……良かったんだけどね。
周啓　（笑）。見たかったなぁ。
TaiTan　準々決勝、GYAO!のやつも見ましたけどね。我々がこの配信で触れたのは、三回戦のネタね。「あとでケアしとくんで」ってやつ。
周啓　そう。準々決勝のも良かったよね。墓場の。
TaiTan　墓場だっけ？　DVDじゃない？　かもめんたる、面白かったけどね。ダメだったか。
周啓　えーと……『ドキュメンタル』。
TaiTan　ドキュメンタルだっつう話でさ。もう情報出しされてると思うんだけど。Dos Monosっていうグループの一員なんですよ、私は。

87b

周啓　あ、そうらしいね。

TaiTan　この番組を聞いてくれてる人のなかには、私の素性を知らない人間もいるらしいんだよ。

周啓　ありえるね。

TaiTan　お前も他人事じゃないぞ。お前、「玉置周啓」だと思われてる可能性あるからね。玉置周啓という名前の、タレントだと思われてる可能性があるから。

周啓　お前、俺の名前を出して、死んだか死んでないかゲームとかやるなよ？（笑）

TaiTan　君のWikipediaに君の没年を書き込むのは、絶対俺にやらせてほしい。

周啓　ターミネーターがよ（笑）。

TaiTan　（笑）。意外とさ、ポッドキャストから入る人もやっぱりいるんでね。ラッパーやってますよ、とかバンドで歌ってますよとかいうのを知らない人がいるので。僕はDos Monosの活動では、『蓋』とアルバムも最近出しましたけど、それ以来のリリースということで。それと『ドキュメンタル』がなんの関係があるのかというと、ありがたいというか光栄すぎるんだけど、『ドキュメンタル』のオープニング曲になったんですよね。なったというか、オープニング曲を作らせてもらったんだけど。

周啓　へえ。書き下ろしというか。すごいね。

TaiTan　そんな感じでね。新曲が出るんで、良かったら聞いて頂きたいなと思うんだけど。はっきりと言うんだけど、俺はDos Monos史上一番いい曲だと思ってるね。

周啓　君は常に、毎回言ってるね。それは素晴らしいことじゃないですか。

TaiTan　言ってるね（笑）。でも絶対に代表曲になる。すげえ好きな曲ですね。「王墓」というタイトルになったんで。

周啓　めっちゃいいタイトルだね。

TaiTan　めっちゃ良くない？　このタイトルを決めるのに、解散寸前までいったんだよ。裏話をするとね。

周啓　ふざけんなよお前。もう、ビンゴでタイトル決めろよ。そんなことで解散するんだったら。

TaiTan　これはDos Monosで話すこともあるかもしれないのでそっちにとっておきますけど。しかも今回ね、チャンピオンシップなんですよ。過去の優勝者を集めて、結局誰が一番面白いのかっていう。

周啓　すごい。それ面白そうだね。

TaiTan　超熱い展開のね。だって俺、『ドキュメンタル』は、日本のコンテンツで一番かっこいい、一番崇高なものだと思うのよ。芸人さんが能力総動員でやってる感じが。空気の操作とかではなくて、人生全部で戦うのが見られるのが『ドキュメンタル』だと思うんだよね。M-1よりももうちょっと総合格闘技感があるのが『ドキュメンタル』。バーリトゥード感があるんだよな。見てて興奮してくるっていうか。

周啓　奇跡的な形で笑えるっていうのがいいよな。ちょっとインプロっぽいっていうかさ。

TaiTan　でもほんとに、ジャズだね。芸人によるフリーセッションみたいな。合わせに行かなきゃいけないんだけど、同時に乱しにもいかなきゃいけないっていう。ただの一ファンだったからめちゃくちゃ上がったんだけ

ど、気合入れて作りましたよ、「王墓」。

「崇高なコンテンツ」とは何か／ペペロンチーノ玉置

TaiTan　まあそんなもんだけどさ、「かっこいいコンテンツ」ってあるよね。『ドキュメンタル』よりかっこいいコンテンツって、ある？

周啓　『ドキュメンタル』よりかっこいいコンテンツ。

TaiTan　というか、「崇高なコンテンツ」だね。

周啓　もうこれ、言いようでさ……（笑）。『ドキュメンタル』はたしかに、パッケージングも含めて崇高感はめちゃくちゃあるよね。

TaiTan　マジ感、ガチ感というかさ。

周啓　お金的な面でも「百万円ずつ持ってきました」とかいってさ。それぞれ別のところから持ってきた札束感がちゃんとあったりして。あと『ドキュメンタル』に関しては、つまんない時間も実は長いじゃない。

TaiTan　あれはマジガチだから。ほんとにジャズと一緒だよね。いわゆる一番ハイになる瞬間のしじまっていうかさ。みんなが企んでる時間とかは。

周啓　あの「待ってる時間」は、普通のテレビ番組では基本排除されるじゃん。それがずっと流れてる。ほんとに十五分くらい何も起こらないっていうか、起こってるけど全然面白くないっていうときがあるのは、いいなと思う。

TaiTan　なんだっけあの、宮本武蔵の、がんりゅう島？

周啓　うん。

TaiTan　げんりゅう島？

周啓　うん。

TaiTan　どっちだよ。どっちにも「うん」って言ってるけど。

周啓　ごんりゅう島だろ。

TaiTan　「こ」って言ってない？

周啓　（笑）。建立島は、何かを建てた島だな。

TaiTan　こんにゅう島は、虫が入ってしまった……（笑）。

周啓　混入島はヤバすぎる（笑）。俺は「りゅう」と言ったんです。

TaiTan　まぁ僕も読み方がわからないけれども、あの宮本武蔵が戦ったと言われるやつ。

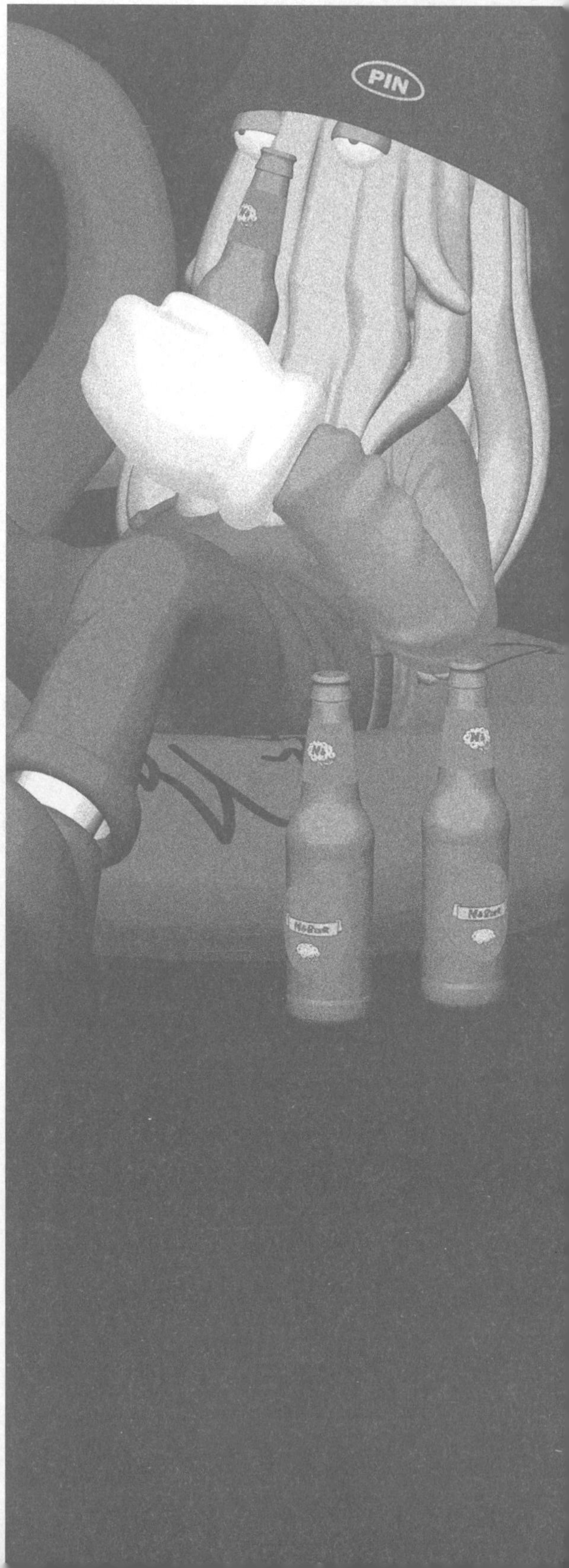

「何も起きていないけど、何かが起きている」という達人の試合を見られるのはおもろいよね。

周啓　そうだな。摺り足をずっと見てる感じだよね。そこがやっぱリアルなのかな。

TaiTan　まあそうなんじゃない。何かが起きる一瞬手前の緊張感。あれってほんといいよな。でも、あらゆるコンテンツがそうだよな。何かが起きる一瞬手前が一番面白いよね。

周啓　わかるわあ。前戯っちゅうかね……。

TaiTan　（笑）。お前は、チョコボール向井の観点で喋んな。

周啓　全部、流れか体位で説明する人（笑）。

TaiTan　ポッドキャストから入る人は、玉置周啓が普段何をやっている人かわからないから、男優をやっている人なのかなと思われてもしょうがないわけよね。

周啓　（笑）。お前が口に出さなければそうはならないんだから。誘導するなよ。

TaiTan　でもそう思われるかもしれないくらいの発言よ、今のは。「前戯ちゅうかね……」の語り口が、往年のポルノスターが過去を振り返るときの語りだったから。

周啓　そうだよね。なぜわざわざコートを広げて見せに行く必要があったのかわからないけれども。

TaiTan　あんまり本名で男優をやるなよ。ペペロンチーノ玉置とかにしとけ。

周啓　つまらなすぎるだろ。パスタの一種をアレンジするなよ。

TaiTan　はい。「するなよ」って言うなら、しません。

周啓　話がわかる奴で良かったけれども（笑）。でもなんか、流れがいいんだよね。それこそ微弱な快楽みたいな。

TaiTan　「微弱な快楽」は今日三回目だな。

周啓　これで今年の年末までいけると思ってるから。

TaiTan　ユーキャン新語・流行語大賞ね。無理なんだよ、今年はコロナとオリンピック関係で埋まっているんだから。

周啓　埋まってるのね？　じゃあ諦めるけれども。

その上で言わせてもらいますけれど、そういうテレビ的なものに飽きてる人も多いんじゃないですかってことね。一回暇な映像をずっと見て、それから信じられないくらいヤバい映像を見たい、みたいな。『ドキュメンタル』ってそれがいいなと思いますけどね。流し見で見てるんだけど、「何か来るんじゃないか」と、その期待値だけで見られる。あれが心地いいんだよな。

TaiTan 俺思うのが、動物園に慣れ切った子供がナショナルジオグラフィックを見たときに、「あ、動物ってこんなにヤベえんだ」っていう、真の姿に震えるじゃない。

周啓 君は、たとえ大賞だね。

TaiTan ユーキャンの（笑）。

周啓 ユーキャンはそういうのも始めるんだ（笑）。

TaiTan そうだよ。上田晋也審査委員長に選ばれるんだから、俺は。

周啓 「ワッハ！」って？

TaiTan なんだよ「ワッハ！」って。

周啓 上田晋也の笑い方だろうがよ（笑）。

TaiTan だから、いかにテレビに映る芸人さんが擬態していたかがわかるのが、やっぱり好きなんですよね。

周啓 いいたとえだね。サバンナね。

TaiTan そう。「サバンナに放たれたらシマウマとか食ってんだ」っていうさ。

周啓 小籔の足の裏に顔をつけたハリウッドザコシショウのこととか、一生忘れないしね。他のすべてを忘れたとしても。

TaiTan ね。

周啓 そういう、「そんなことが起きるんだ」ということの連続という意味では、すごいかっこいいよね。ガチ感か。他には「ゴッドタン」くらいしか思いつかなかったけれども、それでも、それでいったら『ドキュメンタル』ってことになるだろうし。

TaiTan なんかないの？ 音楽とかでさ。「これ、ヤバいな」っていう。「この演奏マジヤバくね？」っていうさ。

周啓 えっ、演奏？ ………ないな（笑）。

TaiTan ないな。ないんだよ、結局。音楽とかよりか、芸事とかそっちになるんだよなあ。

周啓 あ、ZAZEN BOYSを見たときにそういう感じはあったけどね。バンドで力を合わせて演奏している感じなんだけど、殺し合ってる感もちょっと感じるというか。それこそがんりゅう島？ げんりゅう島？ どっち？

TaiTan （笑）。こんにゅう島です。

周啓 混入島じゃないんだよ（笑）。まあその、混入島で戦ってた伊勢崎？ だっけ。伊勢崎と谷口の闘いみたいな……。

TaiTan 誰だよ。二中のクラスの代表同士が威信を賭けての野良試合じゃないんだから。「お前放課後、混入島来いよ」「なんだお前コノヤロー」って。

周啓 なんで一人、たけしなんだよ。

TaiTan 「それが後のたけしである」っていう、大河ドラマの導入じゃねえかよ。

周啓 もうそれ禁句にしろ、NHKでは。だいたいなるのであるから。でもね、なんだっけ。ZAZENはちょっと思ったな、お笑いの方がわかりやすいけどね。でもそのとき、さっきの動物園的なことを思ってね。それまで「なんか売れればいいな」ぐらいのコミュニティでやってきてたし、それこそシーンとしてはパンクではないから、「ライブってこんな感じでやるんだ」と。あと友達でいったら、NOT WONKのリハはヤバい、とかね。ほんとのバンドの魅力ってそうなのかも、とかさ。

TaiTan わかった。わかっちゃった。

周啓 げんりゅう島だった？ がんりゅう島だった？

TaiTan ずっと調べてたら、がんりゅう島だった。

周啓　ふざけんなよ（笑）。

TaiTan　そういうところも含めてわかった。芸人はなんでいいんだろうかと思ったら、トゥーフェイスだからなんだよ。よそ行きの顔ってものが、かなり求められるじゃない。バンドって別に、全部マジじゃん。だからそこにギャップが発生しないんだろうけど。

周啓　たしかに、ギャップはあんまり発生しない。

TaiTan　「ZAZEN BOYSのライブはそりゃヤバいだろ」って話になっちゃう。「そりゃシマウマも食うよね」みたいなさ。芸人さんのヤバさはもう一個奥にあるというか、「本当の顔」感が面白いんだよな。

周啓　職業がそもそも持ってる二面性みたいなものは面白いね。コミュニケーションが上手くないと上には行けないんだけれど、それが上手いだけでは面白くないっていう。そこだよね。

TaiTan　そういうものって、俺めちゃくちゃ好きなんだよね。「この人たちの能力を全部解放したらどうなっちゃうんだろう？」という、『刃牙《バキ》』的なものが。知の格闘技とかめっちゃ好きだもん。

周啓　そうね。しかもテレビで見たいね。

TaiTan　テレビじゃ無理だろ。

周啓　無理か。じゃあネットフリックスで。

TaiTan　「知の格闘技」みたいなものが何を尺度にするのかが難しいけど。別にクイズの回答をたくさんできる奴が知性があるわけじゃないから。それこそ、危険だけど、だれが一番相手を説得できるか、つまり相手を騙せるかという。それは知の悪用かもしれんが、そんなのそこらへんの弁護士だろうが詐欺師だろうが、金融マンだろうがコンサル屋でもやってるわけで。

周啓　でもウケるだろうなあ、そんなのは。

TaiTan　芸人とか、自営業の人とか、頭がいい奴って無限にいるわけじゃん。その人たちを共通ルールで戦わせるみたいなの、やってほしいなと思うんだよね。

周啓　伊沢さんが最終的に行くべきところはそこだね。そのゲームを企画するという。「この人たちが戦うには、このルールだ」というのを考えられる人がマジでゲームを企画しないと、なんか変な感じになっちゃいそう。

TaiTan　そうね。あんまりイービルな方向に行きすぎず、とはいえただのボードゲームとかではない。俺、人狼ゲームとかめちゃくちゃ嫌いなんだけど。「人狼強い奴が賢い」みたいなさ。ああいうままごと感ではなくて、もうちょっとこう、世の中の深層に触れるような何かが試されるゲーム。

周啓　それこそ重すぎない社会問題とかを扱うのがいいかもしれないしね。

TaiTan　難しいけど、そうなってくるとビジネスコンペみたいになってくるのかな。結局カズレーザー氏とかも、アイデアがすごいじゃん。その専門家じゃないんだけど、「これってこういうことなんじゃないの？」というそれって運動神経みたいなもんでさ。問題の構造が分かっちゃう系の人を集めて、何かやってほしいな。そういうのが見たい。クイズとかじゃなくて。

周啓　それこそ論破を助長する可能性があるから、受け取り方の問題になってくるから、みんなで作る方向にもっていければいいよね。三人ずつのチームとかで、一番おもろい答えを出したところが勝ち、とかさ。

TaiTan　そういうのも熱いね。

周啓　まあ、今度『ドキュメンタル』に出るっていうことで。

TaiTan　出ないんだよ。でも本当に嬉しいですね。主題歌書き下ろしは初だということで、光栄でございますな。Dos Monos の新曲が『ドキュメンタル』で流れるということで。皆さんよかったら、めっちゃ聞いてください。

野球の話YES or NO／エビか黒豆、カバンに入れられて嫌なのはどっち？

TaiTan　Q&Aっつうのがありましてな。過去の回で質問を投げかけていて、皆さん答えてくれていて、それを拾っていこうかなと思いますけれども。

周啓　おおっ。

TaiTan　一つ申し訳ないことがあって。これ今、十二月の二日じゃないですか。でもこれ、録ってるのが十一月二十四日なんですよ。

周啓　ラグがね。

TaiTan　そうそう。だから投げかけておいて全然反応しねえじゃんと思われてしまうのが心苦しいんですが、ちゃんと見てますよということで。野球ね。

周啓　出た。

TaiTan　野球の話が、YESなのかNOなのか。俺ら的には、もう封印すべきなんじゃないか。なぜなら再生回数がめちゃくちゃ落ちるから。で、聞いてみたところですね、九十九パーセントが「YES」だと。

周啓　一が気になるわ。

TaiTan　（笑）。NOの意見が無かったとは言わないけれど。野球好きの好事家たちから、「野球の話をして頂きたい」という声も集まってきましたので。野球の話、していいってよ。

周啓　一に触れろよ！　大丈夫か。まあ、触れてもしょうがないか。

TaiTan　でもこれはある程度の、誘導尋問性が高いっていうか。

周啓　ほんとだよな（笑）。

TaiTan　ここに「しないでください」というのはなかなかどうして言えないもんで。これは言わせてる感もあるので、本当に「勘弁してくれよ」と思ってる人は、これの七倍くらいいると思う（笑）。

周啓　そうだね（笑）。

TaiTan　だから野球の話は、結論しない方がいいんじゃないかと思う。

周啓　だってQ&Aに答えてくれる人って、ある程度コミットしようとしてくれている人、野球の話なんてしていても聞いてくれている人でしょう。

TaiTan　だから俺のなかでは、データとにらめっこしているリアリストのわたくしめと、こういう声が集まって、「めっちゃありがたいな」と。「野球に興味なかったけど、二人の話で興味が湧きました」とか、「野球は全然興味ないけど、野球の話してる二人は面白い」とか言ってくれる人もたくさんいて。こういうのを受けると、ロマンチストの俺としては、やっぱり人肌の声になびいてしまうという向きもあるわけですわな。

周啓 そういうことはあってもいいかもね。毎回いっぱい聞かれなくてもいいじゃない、と。たまには張本だけで一回とかでもいいわけだもんね。

TaiTan そういう「部分的にYES」みたいな声もあって、「月二回までならYES」という（笑）。

周啓 回数制の（笑）。

TaiTan あんまり、リミットをかけてこないで頂きたい。

周啓 別れる間際のカップルじゃん。

TaiTan お前さ、下ネタを、言うなよ。ペペロンチーノがよ。

周啓 下ネタじゃねえよ。それはシンプルパスタじゃん。シンプルパスタにするなよ、人を。

TaiTan もう何言ってんのかわかんなくなってますけども。あとは「野球興味ない人間でも新庄回は面白かったし、張本出張回は大好きです」と。張本は、出張してきてないけどな。俺らが勝手に召喚してるだけだけどね。

周啓 「喝！」だなそりゃ、おい。

TaiTan お、さすが。

周啓 頂きました。帰っていい？

TaiTan まあなんなら、番組を分けてもいいかなと思ってたりもするよ。

周啓 ええっ。

TaiTan 野球の専門番組。サブとして。

周啓 それはやばい。

TaiTan たまーに更新される、思う存分野球を喋る番組。『奇奇怪球明解事典』。

周啓 （笑）。いいですね、そういうのも。

TaiTan 次、これは大論争を巻き起こしましたね。「エビか黒豆、カバンに入れられて嫌なのはどっち？」っていうね。

周啓 ふざけんなよ（笑）。この状態でそれを語っている時点で、人前で喋る資格がないんだから。どっちの方が多かったんだよ。

TaiTan 半々でした。

周啓 （笑）。

TaiTan 以上です。つまりみんなどっちでもいいと思ってることですよ。なんかある？ 今回のに関して、Q&A。

周啓 それこそ、崇高だと思う作品とか聞いてみたらいいんじゃないの？

TaiTan 真面目がよ、お前。

周啓 聞きたいじゃん、そんなの。意外と出ないもん。俺は考えずに生きてるから、一切思いつかなかったもんね。

TaiTan 俺は『ドキュメンタル』。あとは今やってる、日本シリーズ。かっこいいよ。

周啓 それは、思う。そう、思う（笑）。やっぱりプロ野球選手たちが高校球児に戻る瞬間を見てる気がしてね。

TaiTan しかもオリックス、ヤクルト。めっちゃ力が均衡してて面白いよというね。皆さんはどんなコンテンツが崇高だと思いますかということで、こんなもんですか。ありがとうございました。

周啓 ありがとうございました。

「プロ野球經營全史」と渡邉恒雄傳說

この曲ってこの曲のパクリじゃね警察／「似てる」を指摘したい欲望の謎

TaiTan　えー、TaiTanです。

周啓　玉置周啓です。

TaiTan　えー、『奇奇怪怪明解事典』でございますけれども。ナベツネ。

周啓　ソナチネ。

TaiTan　『ソナチネ』は本当に、かっこいいからね。今のティーンとかは、見てるんでしょうかね。

周啓　どうなんでしょう、あれはいいビデオだったけどね。

TaiTan　お前、ポルノみたいに言うなよ。

周啓　(笑)。あ、そっち？　たけしの方か。

TaiTan　たけしの方だろうがよ。

周啓　なんだよ。Tempalayの「ソナチネ」のミュージックビデオの話かと思った。

TaiTan　でも今の若者にとっては、ソナチ

88b

109

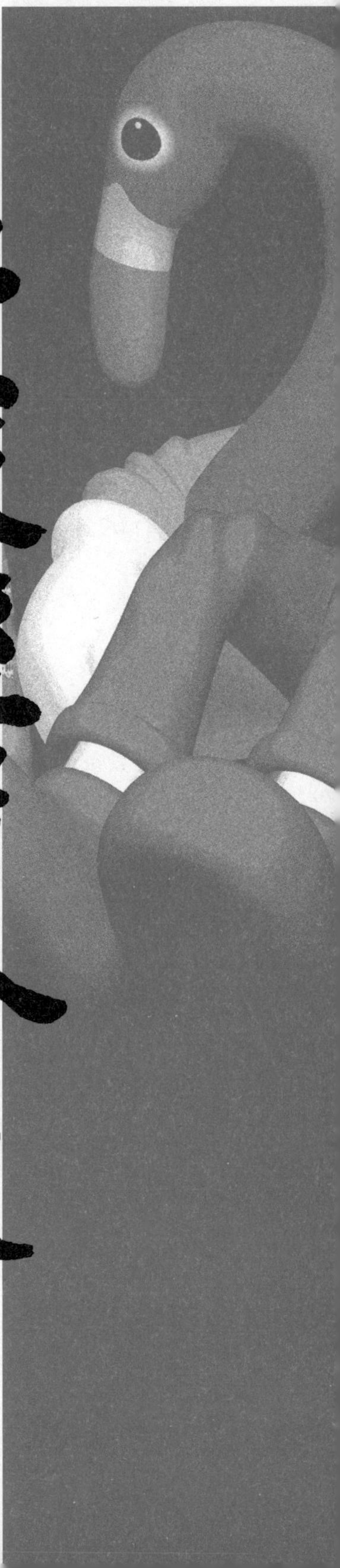

ネといえばTempalayの曲なんじゃないか。

周啓　ありえますよ、それは。ビートルズを聴いて「この曲何々に似てね?」って言っちゃう現象だよね、それは。

TaiTan　そうだね。「オアシスに似てね?」とか言い出す奴ね。あとは、えーと……それくらいか。

周啓　お前は、仕事でプレゼンをやりすぎて三つ以上挙げないと気が済まなくなっちゃってるのか?

TaiTan　これ以上相似の関係を見出すのは無理だね。オアシスと、ビートルズ。うーん……。

周啓　あとオアシズかな。

TaiTan　大久保さんね。

周啓　あの二人とAマッソの構図が似てる、とか言い出したらね。

TaiTan　ちょっとハイソな。でも相似の関係を探すというのは面白くてね。昔、菊地成孔御大がやっていたラジオで、「ロレックス」という企画をやっていてね。俺の記憶が定かだったらば、「何々と何々は、実は同じである」というのを、アハ体験的に菊地さんが言い当てていく。要は、「伊集院光とマツコ・デラックスの声は同じである」とか、「あの人とあの人の顔は、髪型とかは全然違うけど輪郭は同めちゃくちゃ似てる」とかね。

周啓　それはたしかに面白いね。

TaiTan　「ロレックス」という名前の由来は、ロレックスはめちゃくちゃ贋作が流通してて、「似てるけどちょっと違う」みたいな意味でさ。おしゃれな企画やってんなと。

周啓　名前がいいもんね。でもわかるよ、人って相似の関係を見つけるのが根源的な欲求かもしれないもんね。だって生きる術でもあるわけでしょう。「あの実とこの実は似てるから、あれが食べられるということはこれも食べられるだろう」みたいなことをやって発達してきてる可能性があるじゃないですか。そう考えると、ものすごく原初的な欲求を満たす企画かもしれないね。

TaiTan　面白いよね。それ俺も気になったことがあって。「この曲ってこの曲のパクリじゃね警察」っているじゃない。

周啓　今どきどんな曲のYouTubeを見ても一個くらいそういうコメントがあるからね。そういう時代ですよ。

TaiTan　あれってさ、欲望なんだろうなと思うんだよね。「俺、これの引用元知ってる」みたいな。

周啓　欲望だろうね。いやあ、これは……(笑)。

TaiTan　何笑ってんだお前。心当たりがあるのか?　コメントをしているという。

周啓　「していた」ね(笑)。去年まで。

TaiTan　コロナを機に、改心したんだね。世界が大変な時に。

周啓　ちゃんとYouTubeプレミアムも入ったし(笑)。

TaiTan　今までは他人のミュージックビデオに「これは何々の曲のパクリです」とかってコメントをしていたけれど、コロナが来て世界が大変になったからやめたんだね(笑)。

周啓　やっぱり人の人生を変えちゃうよね、そういうことは。

TaiTan　流行り病はそういう意味でも影響力があるね。

周啓　でもわかるよ、いろいろ言い方があるんだよ。「この曲好きな人は、この曲も聞いてみてください!」みたいな。俺はそれ、許せるんだよね。まあ許すとか裁くとかいう立場じゃないんだけど。去年までやっていた身

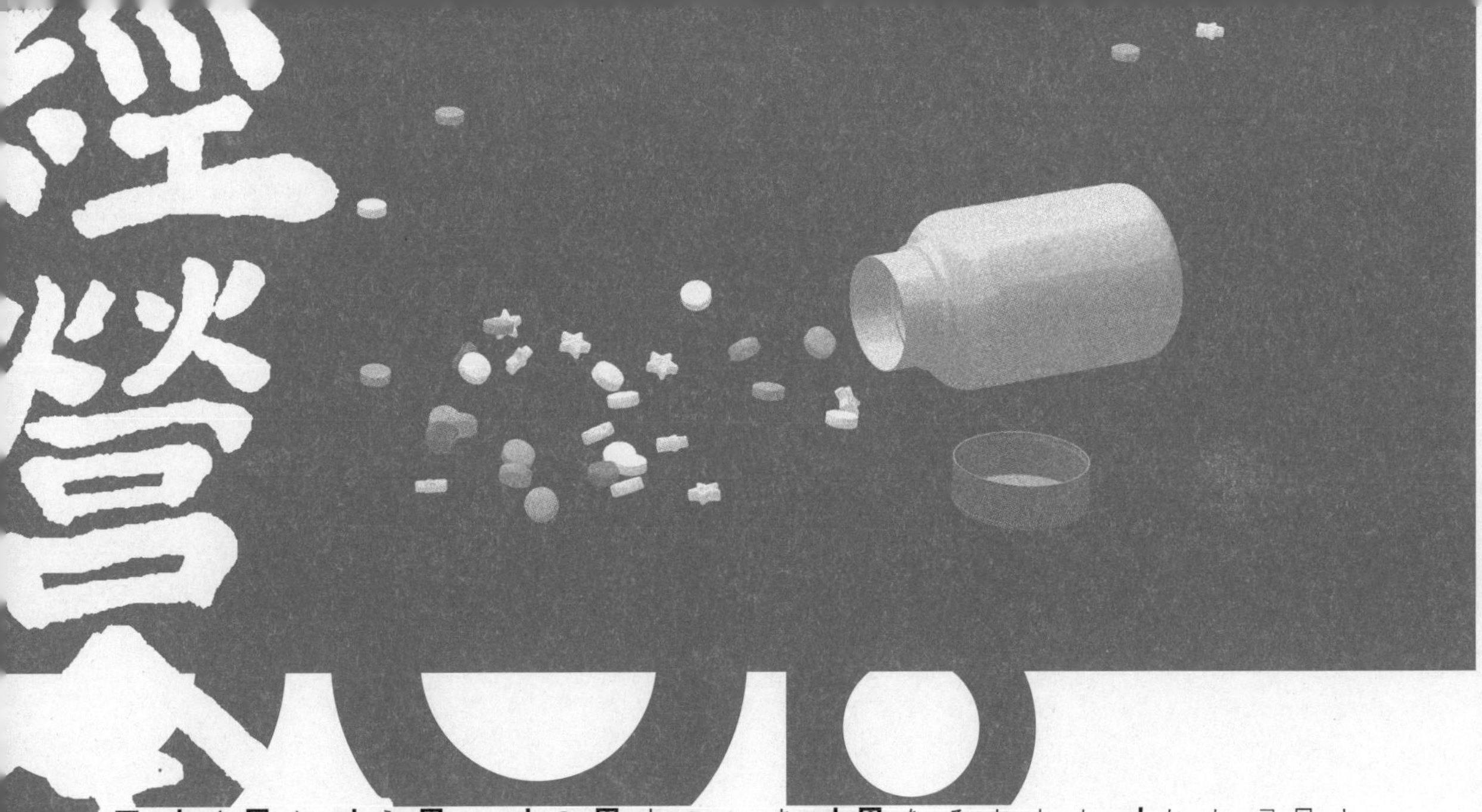

としては一応どんなプレイでやってんのか、見させてもらうわけよ。でもやっぱりね、「何々に似てる」の言い逃げについては、だからどうした性が高いよね。身にならないとね、と思っちゃったね。

TaiTan　あれってほんとに何だろうね。それこそ動画とかで、検証しているやつがあるわけよ。「Aという曲があの曲のパクリなんじゃないかと巷で話題です」みたいな。で、その曲と、その曲に似ているとされている曲を流して、「ここところが似てますね」と。

周啓　そこまでやってる人がいるんだ。

TaiTan　やってるのよ。すごいなと思うね。あれってでも、「なんでも鑑定団」がやっていることともいえるわけじゃない。「ここところが一致していますね」みたいな。やっぱ人の、何かしらの欲望なんだろうなと思うね。

周啓　何にもならないけどやっちゃうというのは、そういうことなんだろうな。

TaiTan　何にもならないじゃん。不思議じゃない？

周啓　でもある意味、研究にもなりうるというかさ。

TaiTan　間違い探しとかも人の欲望に根差している感をちょっと感じるんだよね。

周啓　どっち？　菅田将暉の？　それともサイゼの？

TaiTan　お前さ。人の欲望に根差している可能性はあるけれども。なぜなら米津玄師の曲は、全部いいから。

周啓　（笑）。

TaiTan　じゃなくて、サイゼリヤの方な。あとはコンビニの印刷機で出てくる、マジで何が間違ってるのかわからないやつ。

周啓　コピーの待ち時間に出てくる。

TaiTan　あれはドットが粗すぎて、何が間違ってんのか以前の話なんだよ。

周啓　あれは間違い探しを作っているチームが、最終的にどういうモニターで再現されるのかわからないまま作っているから。

TaiTan　かなり大きなモニターでやっているから成立しているけど、最終的に出てくる画面がスマホより小さい。あれは無理だよ。何も間違ってないんだから。両方とも正しい。

周啓　でもそれは、曲を比べることにも言えると思いますよ。両方いいんだからいいじゃないですかと。それでも掘りたくなっちゃうんだよね、人は。

TaiTan　不思議なもんだね。というところも含めて、ナベツネね。

周啓　どう含んだらあの顔が出てくるのかわからないんだけれども。

『プロ野球経営全史』が面白過ぎる／野球は変数を楽しむスポーツ

TaiTan　突然のナベツネなんですけれども。

というのも、その話をする前にね、二〇二一年十二月、今年読んだ本の中でもベスト5に入るくらい面白い本に出会いまして。それは何かっつうと、『プロ野球経営全史』（日本実業出版社）という本。この本めっちゃ面白くて。もう読んで字のごとく、プロ野球の経営という面で歴史を振り返ると。つまり、長嶋も王もイチローも出てこないプロ野球の解説本、という。

周啓　君、ほんと好きだね。ジブリの作品を見ないでプロデューサーの鈴木敏夫の本を買ったりして。そっちが興味範囲なんだろうね。

TaiTan　そういうものがやっぱり好きなんですよね。「裏側で何が起きていたのか」ということに僕のフェチがすごく刺激される。それこそ戦争の前、野球が輸入されてきたところから、プロ野球というものが成立して、戦争で一時中止したとか、リーグ制になりましたとかいうことを、あらゆる球団の歴史を振り返りながら書き下ろしていく。これ多分、この世にまだ他にないくらい精緻な内容でまとめられていて。君もそういうの好きじゃない？

周啓　好き。それ面白そうだね。

TaiTan　これね、マジで読んだ方がいいですよ。

周啓　僕最近、「上原浩治の雑談魂」を見てさ。あれに審判が出たの。山崎さんという、パ・リーグでずっとやっていた人。退場を十七回くらい宣告している、日本球界で一番退場させている審判。

TaiTan　すごいね。癇癪持ちだってことだね。

周啓　お前、感情でやってるんじゃないんだよ審判は。人んちで野球やってんじゃねえんだから。

TaiTan　（笑）。違うのね？「帰れよ、お前！」とかやってんじゃないのね？

周啓　中学校で終われ、そのコミュニケーションは。でもその回を見ると、当時の審判は今みたいにビデオ判定とかがないから、一回言ったことを覆してると信頼性が落ちていっちゃう。だから「ミスった」と思っても、強情に「これはホームランです」とか「ストライクです」とか言い続けないといけないと。そこに「どう考えても違うだろ」って監督とかが来て、もみ合いになって退場、という流れがあったわけよね。そのせいで十七回も退場宣告しなきゃいけなくなったと。だから今年とかは、プロ野球で退場がなかったらしい。

TaiTan　マジで？　えっ、じゃあ入来祐作はいなかったの、今年は？

周啓　お前、入来はキレ芸でやってる選手じゃないんだよ。

TaiTan　誰が知ってんだよ、入来を（笑）。

お前よく拾えたな。今のは新庄でも取れない玉だから。お前、入来祐作知ってんじゃねえよ。

周啓 知ってるだろうが。

TaiTan 知ってんな!

周啓 知ってるんだよ。どういう弾圧?(笑)

TaiTan いや、入来とアリアスの対戦を思い出したんだよね、今。入来の投げた球がすっぽ抜けちゃって、デッドボールを食らったアリアスがブチ切れるっていう。

周啓 みのもんたが実況してたときのだよね。珍プレー好プレーで。もう今、珍プレー好プレーもほとんどないんじゃないの。だってサンデーモーニングも珍プレー好プレーのところが少なくなってきてるもん。

TaiTan そもそもスタジオが珍プレーだからね。

周啓 お前ふざけんなよ(笑)。

TaiTan 引退するなよ。お前、最近このポッドキャスト、「呪いのポッドキャスト」って言われてるんだから。言及した対象が、なんか不幸になるっていう。デスブログ並みの……(笑)

周啓 ししゃもに始まってね。別にサンデーモーニング引退は不幸じゃないだろ(笑)。

TaiTan あれ降板させられたんじゃないの?

周啓 違えだろお前。なんでだよ。「喝!」を言いすぎたのか。

TaiTan BPOとかの審査が入ったんじゃないのね?

周啓 それでアウトならテレビはほとんどダメだろ。「喝!」ってでかい声で言ってるだけなんだから。

TaiTan まあ、お疲れ様でした。

周啓 なんだお前。現役がよ。なんだっけ、今日は「サンデーモーニングとは何だったのか」だっけ?

TaiTan それを社会学的に振り返る番組ではなくて、『プロ野球経営全史』ね。

周啓 そうだった。入来で止まるなよ。審判の人と話す上原の動画が面白かったって話だよ。要は、それまでプロ野球選手のOBがゲストだったんだけど、審判が来るとなると話が変わるんだよね。審判も、さっき「感情ではない」と言ったけれども、やっぱり挨拶とかしてこない選手となると、別に直接的な贔屓とかはしないけど、思いもよらない咄嗟の判断にヨレが出たりするって話でさ。それを聞くと、「やっぱり選手が集まってやってるわけじゃなくて、裏のスタッフとか審判がいてプロ野球があるんだな」というところまで考えが及ぶじゃない。そこまでを楽しめるなって思ったから、その本を読んでも面白いだろうなって思ったんだよね。

TaiTan いいね。だからプロ野球ってのは、つまり変数を楽しむスポーツなんですな。

周啓 なるほどね。……どういうこと?

TaiTan (笑)。

周啓 俺のダサ講釈を聞いたあとにいきなり「変数」とか聞かされたら、聞いてる人が困るよ。いろんな要素がってこと?

TaiTan そういうことですな。いろんな判断のミス、人間のいろんな……だから、投げて打つだけのスポーツじゃないですから。あらゆる組み合わせのなかで点が入ったり、思わぬ失点をしたりするというのが面白い。かつ、その球団というのも、監督の持ち物ではなくオーナーの持ち物であるということも面白いんだよね。

周啓 契約的にはそうなっていると。

TaiTan なんだけど、その「球団史」というところにメスを入れた本って、いまだかつてなかったはずだよね。それぞれの球団ごとにはあるけど、全部をまとめたというのは。

周啓　球団ごとにpRとして作るみたいなのはあるけど、ということね。

読売新聞と正力松太郎、あるいはプロ野球の起源／生涯ベスト映画『マネーボール』

TaiTan　そうそう。めちゃくちゃ入念に調べられてて、本当におすすめ。なんでジャイアンツが強いのかとかいうことも、歴史を読めばわかる。

周啓　なるほどね。有名な話だよね。もともとはジャイアンツを売るために……という話も前したかもね。

TaiTan　話したね。そもそも読売新聞社長の正力松太郎さんが読売新聞を売るために作ったのが読売ジャイアンツで、ジャイアンツをもっと売るために作ったのがプロ野球のリーグ、という。

周啓　つまり他の球団は敵キャラだったんだね。

TaiTan　そうそう、盛り上げるために。これも面白くて、最初の方は鉄道会社と新聞社しかないんだよね、球団を持ってるのは。

周啓　今も名残として読めるもんね、そこまでは。

TaiTan　その次に球団を持ち始めるのが、映画会社なんだよ。大映とか、東映とか。

周啓　ああ、ダイエーってそういうことなのか。

TaiTan　松竹も球団を持ってたんだよ。なんなら松竹の球団が、今の横浜DeNAベイスターズの一番源流なんだよ。

周啓　へえ、大洋ホエールズよりも前ってことか。

TaiTan　いろいろ合併して大洋ホエールズになるんだよね。だからそこらへんの時代というのは、映画会社が球団を持てるくらいめちゃくちゃ金持ってたんだよ。その後食品が、ヤクルトと日本ハムが入ってきて。その後何が起きるかというと、ＩＴの会社が入ってくる。つまり、プロ野球の歴史を深掘りしていくということは、日本の産業史を振り返ることにニアリーイコールなんだよ。天才的に面白い。

周啓　なるほど、それは面白いね。じゃあ今あれか、24とかも、今後あり得るわけでしょう。

TaiTan　24か。次買われてしまう可能性があるのはどこだろうね、十二球団で。でも「なんでロッテが、球団とか持ってるんだろう」って思ったことない？

周啓　思ったことない。君と違って、市販のお菓子を差別したことがないから。

TaiTan　違う違う（笑）。要は、球団を持つメリットがよくわからないなと思う瞬間があるって話。ヤクルトもそうだけど。でもそこにも、ちゃんとした理由と歴史があるんだよ。

周啓　へえ。確かに気になってきたな。お酒の会社は、そういえばサッカーチームを持つことが多いもんね。そういう住み分けがあるのかな、とかさ。

周啓　えっ。

TaiTan　そうかもしれないね。ヤクルトでいうと、一回手塚プロダクションが球団を持っていたことがあるんだよね。

TaiTan　もうその時点で面白いじゃん。「アトムズ」っていう瞬間があったんだよ。

周啓　だって、鉄腕でしょ？　ピッチャーの集団じゃん。

TaiTan　（笑）。バッターに腕はいらないからね。

周啓　腕はいるんだよ（笑）。お前はパワプロ君をやりすぎて、腕がなくても打てると思っているかもしれないけれど。

TaiTan　そうですか。でもほんとにね、この面白さはなかなか俺の拙い説明じゃ伝わりきらないと思うんだけど、ピカイチで面白い。あまりにも細かすぎるんで読む人を選ぶとはいえ、野球あるいは日本の歴史、あるいは経営史みたいなものに興味がある人は、絶対に読んだ方がいい。

周啓　今年の年末、これ読もうかな。

TaiTan　これ持って実家帰れよ、正月。

周啓　今コロナで大変だから、実家には帰れないんだよ。

TaiTan　そうだね……君は顔を表に出して活動しているからね。

周啓　お前ほんと、優しさを発揮しなきゃいけないときに生命力が弱まるよな（笑）。

TaiTan　なんと言ったらいいか分からない綾波レイになってしまうと。

周啓　まあエヴァ見てないからわからないけれども。

TaiTan　でもこの本は、「こういう力学で動いてるんだな」というのがわかるんだよね。これ読んだ後、速攻『マネーボール』をもう一回見直して。

周啓　おっ。ブラッド・ピット。

TaiTan　ブラッド・ピットがさ。最弱だった往年のアスレチックスをいかに蘇生させていくかっていう。あれ、生涯でもベスト級に面白い映画なんだよね。

周啓　あとあれだろ、『ウルフ・オブ・ウォールストリート』だろ。

TaiTan　なんで俺は、ブラッド・ピットが頑張る映画ばっかり見てんだよ。

周啓　ブラッド・ピットじゃねえし（笑）。あっちはなんとかディカプリオが……。

TaiTan　なんとかディカプリオは、該当者一名しかいないんだよ（笑）。レオナルド以外でディカプリオの奴はいないんだから。

周啓　逆はたくさんいるんだけどね（笑）。そうか、『マネーボール』は見たことないわ。

面白そうだね。

TaiTan いや見てほしいなあ。『プロ野球経営全史』とあわせて見ると最強に面白いよ。もう喋りたすぎて興奮してるもん。いかにアスレチックスという最弱の球団を強くするか。お金はない、戦力もない。そこからどうやって逆転していくか。いやあ、痺れるね。

周啓 もう今、スタンドにいるよね。だから、楽天の野村監督がやったやつのお金版というかね。選手を育てるという方向性ではなくて、ということだろ？

TaiTan これは野村野球、そして日本ハムの野球哲学にも通じるんだよね。育てるということプラス、他の球団で腐ってしまってる奴。

周啓 出た。なるほど、そういうことね。

TaiTan そいつを、「こういう使い方をしてやったら能力を発揮するだろう」という新尺度をつくるわけですよ。

周啓 それが大波乱を起こすんじゃないの、常に。今年のヤクルトも、戦力的には打率も防御率もそんなに高くないんだよね。

TaiTan そう。打率も防御率も、十傑に入っている人は一人もいない。

周啓 という状態で勝った理由を古田が解説していて、自分たちが優勝した時も、外で「いらない」って言われてチームに入ってきた選手たちの能力が高かったと。

TaiTan そういうのめっちゃ好きなんだよね。

周啓 ピッチャーに対しては古田が、野手に対しては野村監督がいろいろけしかけて、「こいつはここさえ上がれば全然余裕で勝てるピッチャーになる」という目で育てようとしていたという話でさ。スター選手が何人もいることじゃなくて、底上げっていうかね。

TaiTan つまりそこも変数なんですよ。こいつとこいつの組み合わせだったら勝てるとか、こいつはこういうシチュエーションがったら、確率的にヒットを打つとかね。もともと統計学を学んでた人間がいて、そいつも球団組織の中でそんなに輝いてなかったんだけど、ブラピが見抜くんだよ。「こいつの才能は活かせる」っていって。

周啓 あ、ブラピが勉強してたわけじゃないのね。

TaiTan そう、ブラピのブレーン。それでブラピは、アスレチックスを二十連勝とかする常勝集団に成長させていくわけよ。

周啓 俺、もう今夜見ようかな。『マネーボール』に関しては。

TaiTan まあもう終わりますけど、野球の話はみんな嫌いだからね。

周啓 （笑）。情緒がおかしすぎるな。

TaiTan 『マネーボール』、『プロ野球経営全史』、そしてナベツネのドキュメンタリー。今日ナベツネを入り口にしましたけど、特にナベツネの話はしませんよ。でもナベツネのドキュメンタリー、これはなんかの方法で見

てください。この三つを見れば、今年の年末フィナーレを迎えられますよ。

周啓　みんなその三つを持って、実家に帰ってほしいよね。

TaiTan　県境を越えない人に限っては、ですが。

周啓　なんでお前が人の移動をさばいてんだよ（笑）。あんまり車に石投げんなよ。

TaiTan　県外ナンバーの車に卵や石を投げつけるような人間じゃないんで、僕は。

周啓　さっきの逆だよね。「似てない」を見つける作業だから。

TaiTan　「はい違う」って。でも語りたくて仕方ないね、『マネーボール』に関しては。こういうことがやりたいんだよなあ、っていう、すべてのフェチを刺激される。まあね、野球の話をしてもいいよと皆さんが言うもんですから、フル回転で喋りましたが。今何分くらい録った？

周啓　今、三十五分とかだよ。

TaiTan　じゃあもうやめよう。これ以上喋っても無駄だから。

周啓　なんだよお前。『マネーボール』を見た結果出来上がるのがお前のような人間なら、なくなった方がいいんだよ。

TaiTan　そうだね（笑）。「統計的に、これ以上喋っても意味がないからやめようぜ」とか言う人間は、情緒がないから。

周啓　そんな奴はアスレチックスとかいう球団をなくすだろ（笑）。

TaiTan　「レッドソックスだけあればいいじゃん」ってなるわけよ（笑）。

周啓　でも早慶戦とかさ、虎と巨人のあれ……ダービー？

TaiTan　なんだお前。喋んなよ、無駄なんだから。

周啓　（笑）。

TaiTan　伝統の一戦ね。なんで伝統の一戦といわれているのかも、書いてあります。『プロ野球経営全史』に。

周啓　書いてあるんだって。すごいね。じゃあ俺が喋んなくてもいいわけだ。じゃあ終わりますか。

TaiTan　「面白かった」ということで。ありがとうございました。

周啓　ありがとうございました。

89

コブクロの思い出／供述の歌

TaiTan えー、TaiTanです。

周啓 玉置周啓です。

TaiTan えー、『奇奇怪怪明解事典』でございますけれども。ナルシストね。

周啓 成海璃子ね。

TaiTan 『ルビーの島』みたいなドラマがありましたね。コブクロが主題歌の。わかる？

周啓 わかるよ。空撮から始まるドラマね。

TaiTan あれめっちゃいい歌なんだよね。『琥珀色の島』だっけな。

周啓 「瑠璃色の地球」？

TaiTan ああ、なんか「瑠璃色」みたいな……。

周啓 今、いろいろまぜこぜになってる可能性大だけどね。

TaiTan ちょっとSpotifyで調べますね、Spotify独占配信のということで。今コブクロの『ALL COVERS BEST』という……。

周啓 何それ。カバーなの？

TaiTan ALL COVERSじゃダメか。それはコブクロ氏がカバーした曲だから、違うね。

周啓 「なりたいな、なりたいな」っていう曲が入ってるわけだろ。

TaiTan 違うんだよ。あ、「ここにしか咲かない花」だ。これが主題歌のドラマに出てた気がしますね、成海璃子氏は。しかも成海璃

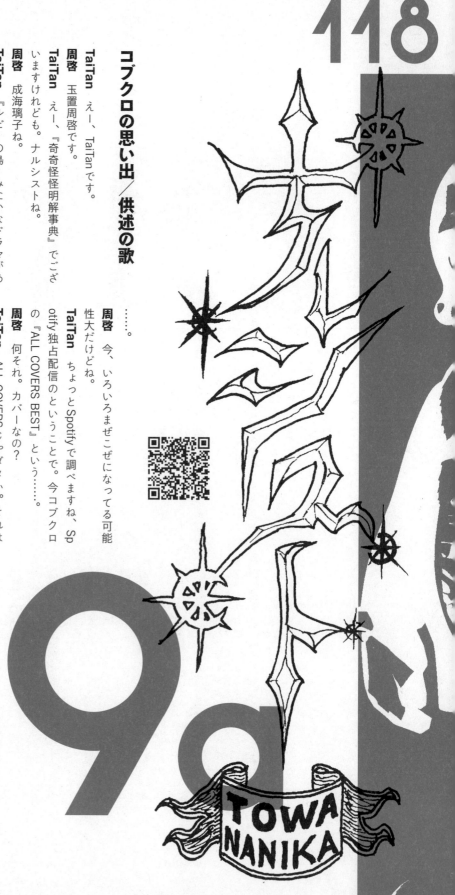

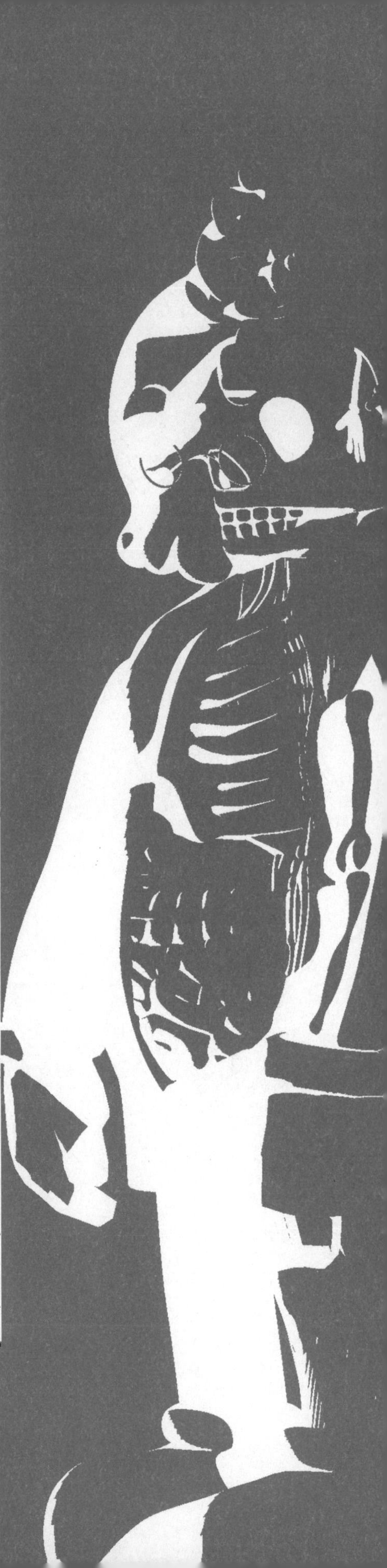

子氏は、あぶらだことか好きなんだよね。

周啓 へえ。面白いね。

TaiTan かつての日本のプログレバンドとか、そういうの好きなんだよね。

周啓 すごいね。詳しいな、ほんで。

TaiTan 僕は中学高校と、男子校生でしたからね。成海璃子氏が『Rolling Stone』かなんかのインタビューに出てきてね、村八分とかあぶらだことか、ZAZENやらなんやらっていうそういう系がめちゃくちゃ好きだっていう話を読んで、色めきたった記憶がありますよ。

周啓 そういうの、沸くよね。「そこなんだ」っていう瞬間。

TaiTan だから俺、他のアイドルの人とかも、もうちょっと戦略的にやったらいいのになって思ったりしてたけどね。「そこ好きなんだ」ってなるようなさ。「あぶらだこが好き」って言われた瞬間に、ちょっと「なんだこいつ」ってなるっていうか。

周啓 そうね、たしかに。

TaiTan コブクロはでも、思い出深いですね……。コブクロは。

周啓 何がだよ。

TaiTan 具体的なエピソードは、ないんだよ。俺みたいなナード人生を送ってきた奴には。

周啓 あれよ。まあ陣内・紀香くらいだな。

TaiTan そうね。あれは何?「希望の轍」だ。違う?

周啓 「永遠にともに」ね。

TaiTan トゥエニートゥエニーみたいなやつね。

周啓 サビの発音が良すぎて、「トゥエニートゥエニー」って聞こえるってこと?(笑)

TaiTan ハリウッドザコシショウが「永遠にともに」をやったら、「トゥエニートゥエ

ニー」って聞こえるんだろ。結婚式でそれは気まずいね。

周啓　想像が容易だな（笑）。でもそれを歌ってたという記憶がある。あとは「さんまのスーパーからくりテレビ」の替え歌選手権にちょっとお金がないおじちゃんみたいな人が出ていて、タイトルも面白かったのに忘れちゃったんだけど、「〽キット　カット　隠してたはずなのに」っていう歌詞だったんだよな。

TaiTan　おい、万引きの歌をやるなよ。キットカットを学ランの内ポケットに隠した話をMステでやらない方がいい。万引き少年が「君、ちょっと」って言われてスーパーの楽屋に連れていかれたときの心情だろ。

周啓　「楽屋」って言うなよ、取調室のことを。出演させるMステもおかしいし、まず局を変えんな。俺は今TBSの話をしたいんだよ。その替え歌が印象に残ってるという点では、『さんまのスーパーからくりテレビ』は面白かったな。ご長寿クイズとか。

TaiTan　あれは発明だよね。真面目にやってるはずなんだが、それが面白いっていう。あとは、幼稚園児にインタビューしたりね。

周啓　箱でね。

TaiTan　「好きなタレントはいますか？」「さんま！」みたいなさ。そういう無礼さ、トンチキさが許されるみたいなところへの目のつけどころがすごかった。コブクロでいうとね……。

周啓　なんだよ。まだ話すのかよ。

TaiTan　「君という名の翼」という曲があってね。これは『レガッタ』というね。

周啓　出た。速水もこみちの。

TaiTan　速水もこみちが出ている、ボートの速さを競う競技のドラマがあって。その主題歌で。「〽あきれる程真っ直ぐに　あきれる程真っ直ぐに……タララ〜タララ〜」っていう歌があって。

周啓　……歌うなよ、じゃあ。

TaiTan　「あきれる程真っ直ぐに」だけは、絶対言ってた。

周啓　取り調べじゃないんだから、「それだけは絶対言ってた」とかはどうでもいいんだよ。でもいい曲だよね。思い出したわ。

TaiTan　これ疾走感のある曲で、いいなと思ってたんだけども。どう？　もう大丈夫ですか。もうないね？　人生でのコブクロの思い出は、今の七分間くらいで全部棚卸しできた？

周啓　棚卸しできたね（笑）。なんかもったいなかったな。もっと溜め込んでから来たかったわ。卒業式で「三月九日」は歌ったけどね。

TaiTan　レミオロメンの。流れる季節がっつう話で。

周啓　そうそう「流れる季節」とは、絶対言ってた。

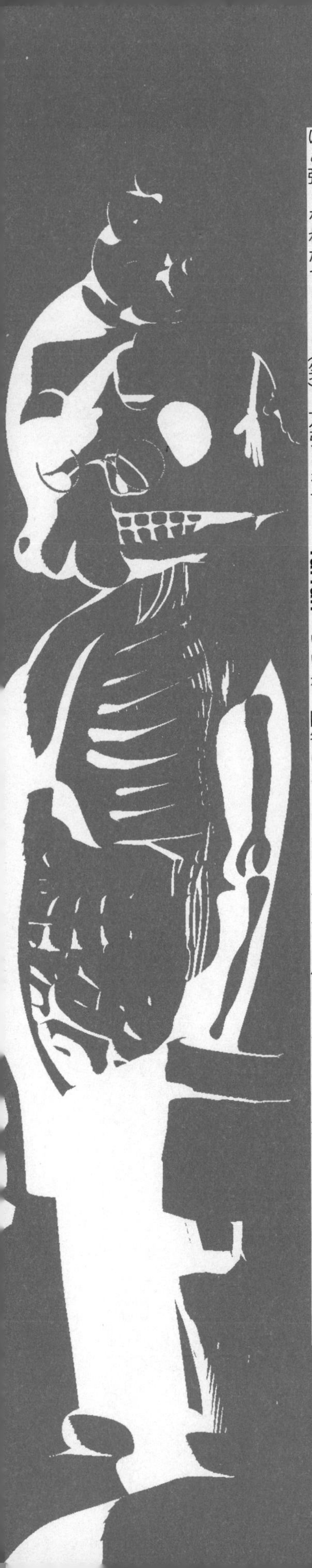

TaiTan 「〽三月九日〜」、だろ、おそらくは。歌い出しは時系列の説明からだろ、供述の歌だから。

周啓 なんで「キットカットを内ポケットに入れてました」っていう供述が日付から始まるんだよ。

TaiTan あれは生徒が万引きをして、その事後処理に追われている教師が、校長とかに経緯報告書を出すための、「三月九日何時何分事件発覚、その後事情聴取」とかそういう時系列をまとめた曲じゃないのね？

周啓 なんでそれを卒業式で歌うんだよ。後味が悪いだろ。

TaiTan 堀北真希氏がミュージックビデオに出ていて、「かわいいな、かわいいな」なんて言ってたら、気づいたら罪を告白していたという、そういう歌じゃないのね？

周啓 そういう歌じゃないんでね。「棚の後ろにいることで」ね。

TaiTan Gメンの死角にいることで、どれほど強くなれたでしょう（笑）。万引きをするという覚悟を強めるという歌じゃないのね？

ナルシスト論／自分で言ったこと以外面白くない問題

TaiTan ということも含めて、ナルシストですよ。

周啓 なんでだよ。

TaiTan 二つ質問があって。ナルシスト、どう？ 自分、そう？

周啓 （笑）。会話下手かお前。「聞きたいこと二つあって」とか平場で言ってくる奴、ほんと気持ち悪いよな。会議じゃないんだから。

TaiTan 終わりを明示してからじゃないと、相手の時間を奪うことになるから（笑）。どう？

周啓 ナルシストは、あんまり……でも好きだな、俺ナルシストを見るのは好き。で、自分がナルシストかはね……難しいな。一周目ではそうじゃない。二周目ではそう。

TaiTan いいね。回答になってるよ。ナルシストはいいよね。僕もそうですよ。一周目では「そうじゃない」という振る舞いをするが、どうせそう、というね。

周啓 なるほどね。でもなんでいきなりナルシスト？

TaiTan これはね、深い話があるんですよ。奇しくもさっき、誇張しすぎた「永遠にともに」をやっていたハリウッドザコシショウ先生が、ドっちゃんがオープニングをやっているでおなじみの『ドキュメンタル』に出たんだよね。チャンピオン大会だということで、最強のミスタードキュメンタルとして。別にハリウッドザコシショウ先生がどうだという話ではないんだけど、まあみんなチャンピオンだから、あんまり笑わないんですよ。ディフェンスがめちゃくちゃ強い。

周啓 はいはい。

TaiTan 俺はずっと見てて、「面白い人って、自分が言ったことにしか笑わないんじゃないか」みたいなことを思ったんだよね。これは俺にも思い当たる節があって、俺って自分が

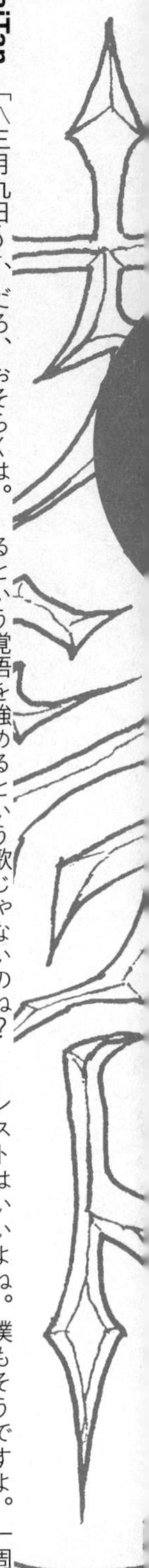

言ったことでばっか笑ってるだろ。

周啓　ほんとだよな。一人で「トゥエニートゥエニー」で……。

TaiTan　（笑）。

周啓　あ、また笑ってる。

TaiTan　面白かったよねぇあれ。「永遠にともに」が突然「トゥエニートゥエニー」に語形変化しちゃうのは、おかしいからね。それでケラケラ笑ってしまうんだけれども。ハリウッドザコシショウ先生も結果的には笑っちゃうんだけど、自分のボケでハプニングが起きちゃって、それに自ウケしちゃうという感じの笑いなんだよね。

周啓　なるほど。

TaiTan　笑わされるとかじゃない。それがすごく、「わかるな」という感じでね。

周啓　最近、佐久間のぶよきさんの……。

TaiTan　大山のぶ代の話をしてる？　初代ドラえもんの話をしたいの？

周啓　アーケードゲームチャンピオンの話をしたいんじゃなくて……これは『トリビアの泉』でやってたよね。大山のぶ代は「アルカノイド」を全クリできるんだよね。

TaiTan　そういうのあるよね。加山雄三は「バイオハザード」がめっちゃ上手いとか。

周啓　（笑）。

TaiTan　実はシニア×ゲームというのは、トリビアの宝庫なんですよね。

周啓　なるほどね。そこに意外性があるんだろうな。「おばあちゃんがゲームをやるわけないだろう」という意識を逆手に取ったトリック的なものですけれども。あの、さらば青春の光の森田が百回ボケて東ブクロが百回ツッコミを入れるまで何分かかるのかという企画で、やっぱり普段ツッコミの東ブクロさんがボケると、森田は反応できないんだよね。自分はずっとボケを考えてるから。これはよくあるよなと思ってね。俺なんて受動的な人間だから、君がなんか言ったら間髪入れずに声を発すればいいだけの人生を送ってるけど、君は僕がなんか言ったとき、ほとんど反応してないもんね。君は、そういう人間だよね。

TaiTan　そうだね。捕球を怠る、ミスターペタジーニだと。

周啓　お前、ペタジーニの名を出すなよ。

TaiTan　ファールフライ捕らないんだから。諦めちゃうのよ、「いいよ俺は」って（笑）。

周啓　（笑）。ボール持ち替えて、またピッチャーが投げた方が早いしね。

TaiTan　ファールフライは一回流そう、というね。

周啓　そういうことに繋がるっちゅうかね。それにしか興味ないんじゃないの？　結局。俺もあるしね、そこがナルシズムに繋がってくるってことでしょう。

TaiTan　そう、自己中なものね。

周啓　そういうのはあるよね。

TaiTan　ありますよ。自分のこと以外、ほ

んとは興味ないっていうね。

周啓　特に『ドキュメンタル』なんてそれでいい場だから、そうなっていくだろうね。

TaiTan　でも『ドキュメンタル』エピソード10は、今までとは違った風合いで面白かったですね。

周啓　どこがどう違ったんだよ。

TaiTan　誰も笑わないんだけれども、最後の三、四十分とか、わけわかんないことになっていくんだよね。

周啓　もう、意外性もクソもない……。

TaiTan　そう。誰が何やってもどうにもならない。でもみんな、笑いを企てようとしてる。

周啓　見てる側は、タイタンはそれを見て笑うの？

TaiTan　これは賛否両論あると思うけど、俺はもう、お笑いとかじゃなくてアートとかの領域だと思う。感心する、「すごっ」みたいな。

周啓　インスタレーションみたいな。

TaiTan　みたいなさ。Chim↑Pomとかそういう話になってくる。そういう「自分が言ったこと以外で笑えない」とか以外でも、例えば君は鏡の前に立って、「いいじゃない、俺」とか言うの？

周啓　言うね。俺はそれ、全ての星の動きがわかるみたいな占い師の人に言われたことがある。「君は鏡の前に全裸で立って、裸体をチェックするタイプだね」って。「あ、当たってます」って言って。わかる人にはわかるんだなって思ったね。

TaiTan　君は裸体の何をチェックしてるわけ？

周啓　右乳首と左乳首のバランスだね。

TaiTan　ああ、高低差とかを、チューニングしてるわけだ。

周啓　そうそう、「ちょっと骨格がズレてきてるのかな」とか。

TaiTan　君は裸体を商売にしているわけじゃないから、裸が人様の目に触れるタイミングはほとんどない。だけど自分の美意識として。

周啓　なんか見ちゃうんだよね。朝とかそれで着替えが遅れたりするときあるから。

TaiTan　それこそ中世の寓話に出てくる……そういう奴いなかったっけ？　自分の顔面が美しすぎて、これが他人の目に触れるのが嫌すぎて自分で自分の顔刺しちゃう、みたいな。自分のものにしたすぎて。面白くない？

周啓　いやそこまでじゃないけど、面白いね。

TaiTan　やってんの？　自分の乳首の構成比が美しすぎて、洗濯ばさみで痛めつけてるんじゃないの君は？「痛ってえ」とか言いながら。

周啓　ヤバすぎるだろ。でも「痛ってえ」って言ってるのいいな。やってみようかな（笑）。なんかバナナマンのやつであったな。洗濯ばさみをつけても痛くない場所はどこだ、みたいなの。知ってる？　金玉って痛くないんだよ。

TaiTan　嫌なこと言うね、お前は。

周啓　まあでもね、美しくて見とれてるっていうより、「そうなんだな」って思うんだよ。

TaiTan　めっちゃわかるわ。そっちの感覚なら。なんか自分の体を見て、「面白っ」って思うことはあるよね。

周啓　まあタイタンはたしかに体の形が面白いから、笑っちゃうかもしれないけど。

TaiTan　俺が中学のとき、中肉中背すぎて「梨のようだ」と言われていた過去を、掘り返すなよ。

周啓　（笑）。ヤバいね。バケモノじゃん。

TaiTan　体育の時間に、「三年四組のカーテンに梨のシルエットが映ってる」と校庭から報告があったんだから。

周啓　妖怪ね（笑）。でもなんか、あるじゃない。好き嫌いじゃなくて、「そうなんだ」と思うんだよね。

自分の体でまだ触ったことがない場所／不快イ話

TaiTan　その話とは違うかもしれないんだけど、いつも思うのは、お風呂に入って、「俺のこの体に、俺自身がまだ触ってない部位はあるんだろうか？」ということなんだよね。

周啓　ああ、なるほどね。

TaiTan　土踏まずとか、「意外と指で触ってないとこあるんじゃないか？」と思う瞬間ない？

周啓　たしかに、今言われてハッとさせられました。

TaiTan　この視点を得たが最後、これを聞いている人も気になって仕方がなくなりますよ。「自分の体なのに、触ってない部分があるかもしれない」ということの怖さね。

周啓　眼球とかかな。

TaiTan　うわ、怖っ。目をこする時以外触らないだろ。

周啓　いや、直に指を触れたことなくない？

TaiTan　そりゃそうだろ。

周啓　触ったことない場所、一個見っけ。……帰っていい？（笑）

TaiTan　そういうのもあるけどさ。外皮。

周啓　なるほどね。そうなると、それが一個でもある人は、そこだけ全然体が洗えてないってことになってくるな。だから、汚いとこ探せばいいんじゃない？

TaiTan　そう。水とかでは流せてても、擦れてはいないみたいなさ。時々へその中を覗き込むと、君なんかは特にそうなんだけど、腐敗してるときがあるじゃない？

周啓　ナメんなよお前、マジで。

TaiTan　「ピータンかな」というくらいの色をしてるときがあるじゃない？

周啓　切る前のね（笑）。

TaiTan　腐敗が進んで半透明になってるじゃない、君のへそって。へその緒もちょっと残ってるからね。

周啓　一流の医者じゃなかったから。ちぎったらしい、手で（笑）。

TaiTan　チュロスみてえに（笑）。

周啓　でもたしかに、思い出すな。最初にへそが汚いって気づいたの、いつ？

TaiTan　びっくりするよね、あれね。

周啓　びっくりした。風呂で一時間くらいかけて、全部引っかきだしたもん。

TaiTan　世が世なら破傷風だね、それは。

周啓　あんまり俺を病気にするなよ。勝手にカルテを渡されても困るんだれども。でもあいうのって、驚きじゃない？

TaiTan　驚きだよね。眼球のところでは明らかにトーンが下がって申し訳なかったけれども（笑）、俺が話したかったのはそういうこと。へその中とか、「ヤバくね、これ？」って。

周啓　灯台下暗しというかね。あとあれも怖かったよね。おしっこした後の……。

TaiTan　誰が。

周啓　……お前が（笑）。

TaiTan　じゃあ俺で想像すればいいのね？　全くの他人がおしっこしてるとこを想像しなくていいのね？

周啓　そうそう、主観で。ＦＰＳで想像してくれればいいんだけども、おしっこしてるでしょ？　的に向かって。

TaiTan　誰に。

周啓　なんで人なんだよ。陶器なんだよ、だいたい。陶器か、君の場合は駐車場ね。

TaiTan　じゃあ俺が誰かに、じゃなくて小便器に、でいいのね？

周啓　そうだろうが。ルール知らねえのか、小便の。

TaiTan　この質問をしてくる奴は、日頃そういうことをしている可能性があるよね。だから怖いんだよ、質問って。

周啓　質問っていうか、シンプルにお前が怖い。妻もいるんだから、あんまり言うなよそういうことを。でね、した後に、フルフルってして、パンツとズボンを履くだろ？　待って、履いてるっけ？

TaiTan　履いてるよ。そりゃ当たり前だろ。

周啓　何なんだよお前の当たり前。それで、日に何回かトイレに行くじゃん。家帰って、洗濯かごにパンツを入れるとき……。

TaiTan　誰の。

周啓　自分のだろうがよ。なんでお前は、どっかで他人のパンツを拾ってきてんだよ。

TaiTan　お前は、状況説明が足りないんだよさっきからずっと。

周啓　お前の理解力が乏しすぎるんだよ。

TaiTan　じゃあ俺ので想像するのね？　隣人のじゃないのね？

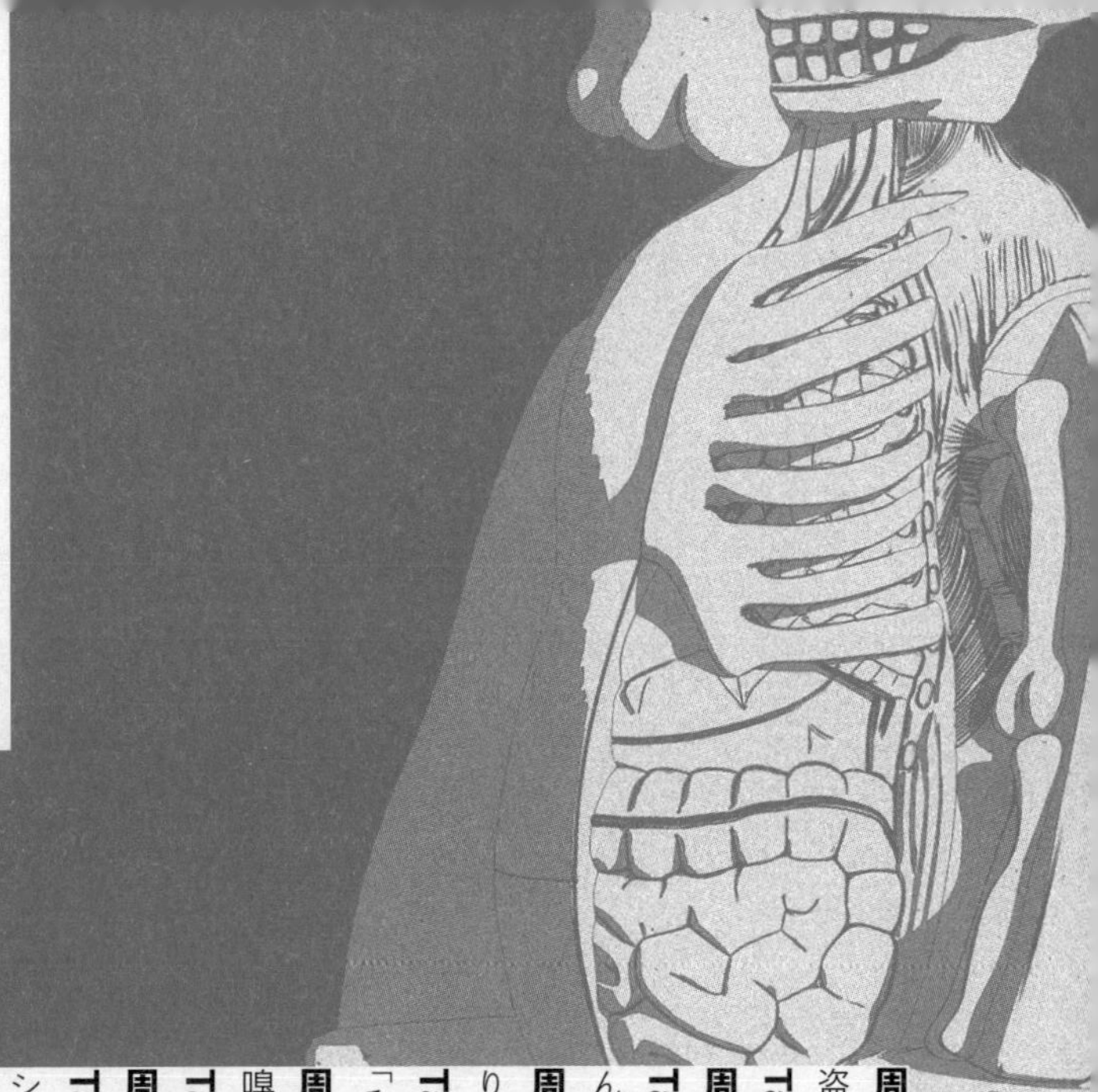

周啓　なんで隣人のパンツを持ってんだよ。盗ってくんな。

TaiTan　万引きしてきたんじゃないのね？

周啓　キットカット第二弾じゃないんだよ。

TaiTan　流れる季節の真ん中でパンツを盗んできたわけじゃないのね、俺は？

周啓　（笑）。「あなたにとって私もそうでありたい」じゃないんだよ。

TaiTan　欲望がわかんないわ、そんな奴の「そうでありたい」は（笑）。で、なんですか。

周啓　まあ帰ってさ、ちょっと嗅いでみよ。嗅いでみたことある？　パンツを。

TaiTan　そりゃないよ。

周啓　俺あるんだよ、中一のとき。

TaiTan　ほんとですか。それはウンパン？ションパン？

周啓　ションパン（笑）。……アルセーヌ・ションパン。

TaiTan　中世の、恐怖政治を行ったと言われる。

周啓　当時はまだ、人に小便をかけてた時代だから（笑）。

TaiTan　「なんだお前、どけよ！」っつって。

周啓　括約筋どうなってんだよ。「どけよ！」で出るもんじゃないだろ。まあ汚い話、臭《しゅう》がするわけよ。それ以来、立ち小便をしたときでも絶対個室に行ってトイレットペーパーで拭くのよ。汚いから。

TaiTan　立ちション？　立ちションしてるとか、言っていいの？

周啓　それは立ち小便器への立ちションだよ。なんでお前、想像が全体的に大地なの？

TaiTan　お前が立ちションとか言うから、そこらへんのフェンスに向かってやってんのかなと思うだろ。あれじゃないのね？

周啓　それじゃないんだよ。そのときも俺は、へそと同じくらい衝撃を受けた。「ええっ、汚いんだ……」みたいな。だから今だに、拭く癖がある。

TaiTan　いい話だわ。

周啓　いい話なわけねえだろ。お前がさんざん腰折って、最後ちょっと汚い話で終わるっていう。

TaiTan　「不快イ」だね。

周啓　不快だけどイイ話ね（笑）。

TaiTan　スカパー！　とかでやってそうな、パロディ番組ね。今日も良かったな。土曜の二十二時にぴったしだね。

周啓　もうちょっとナルシストの話は掘り下げたかったけれども。

TaiTan　まあいつかどっかのタイミングで。『ドキュメンタル』見てください。面白いですよ。「王墓」。「王墓」でございます。

周啓　宣伝活動がよ。

126

The Wと「見せつけたい論」／必殺技「転倒」

TaiTan　えー、TaiTanです。

周啓　玉置周啓です。

TaiTan　『奇奇怪怪明解事典』でございますけれども。カリスマね。

周啓　サワガニ？

TaiTan　サワガニとは絶対言ってないし、「サワガニ」ってなんのことを言っているのか実は誰も言えない説というのはあるよね。サワガニって何？

周啓　サワガニは、川の方にいる黒いやつだろ。

TaiTan　え？　黒いの？

周啓　カニは基本的に黒いんだよ。茹でると赤くなるだけで。たまには海に行ってほんとのカニとか見てみろよ。

TaiTan　でも築地市場で売ってるカニは赤いだろ。あれは茹でられたもんじゃないだろ。

周啓　そうだね。残念でした。

TaiTan　なんだお前。カニの話からThe Wの話に繋げたいのか？

周啓　あれ面白かったね。

TaiTan　はからずも繋がっていくという。

Aマッソ、面白かったけどね。

周啓　Aマッソ面白かった。なんかどぎつい絵画を見てるみたいな……これはたとえが卑近すぎるか。でも重厚な絵画を見てるくらいの圧縮度だったよね。一本目の、中身の圧縮度が。

TaiTan　密度がね。だらしなくない、というのはいいよね。コントとか見ててだるいときって、だらしなさがこぼれる瞬間じゃん。こっちに何かゆだねすぎているときって、だるいじゃん。

周啓　そうだね。笑い待ちみたいなね。

TaiTan　コントはコント世界内で完結していてほしいんだけどっていう。それがなかった。

周啓　だし、映像はすごいね。信じられないところまでいける力があるんだなと思って、笑っちゃったね。最後の一言の投票が行われている瞬間とか。

TaiTan　俺、ヨネダ2000は普通にM-1決勝行くと思ったんだけどね。

周啓　そうか、まだ行ってないのか。

TaiTan　準決勝までは行ってたと思う。なんか不意打ちされちゃうんだよね。明らかにつまらなそうなのに、いつのまにかリズムにやられちゃってる。

周啓　あと茶々という人は君が好きそうだったよ。見た？

TaiTan　マジで？　見てないわ。

周啓　なんか、目の前で何かをねだる子供にそれを実現する自分を見せつけていくという一人コントなんだけど。

TaiTan　何それ。

周啓　つまり、「お菓子食べたい」とかお母さんにねだって、「家まで我慢」って言われてる子供が電車の中にいて、その向かいの席で茶々という人がお菓子を出してさも美味そうに食う、とか。それがずっと続くだけなんだけど。

TaiTan　それを一人でやるの？　すごいね。

周啓　そっちはまあ、音でね。親子の方は。

TaiTan　あ、かみしもを切るわけじゃないの？　落語じゃないのね、The Wで。

周啓　それで面白かったらすごいけれども。でも「何かをねだっている人の目の前でそれを実現している自分を見せつけたい」というドロッとした描写は良かったね。

TaiTan　「見せつけたい論」というのは人の普遍的な感情であって、「面白い会話しているよ論」は醜いよね。わかる？　要はクラスで、ちょっとでかい声で話している奴ら。「こっちを意識してるな」っていう。あれ、なんでわかるんだろうね。

周啓　それね。わかるよ。言葉でチラ見されている気がするということだよね。音量で。

TaiTan　そうそう。この声がどこまで届くかというのは、発話者には絶対わかるじゃん。

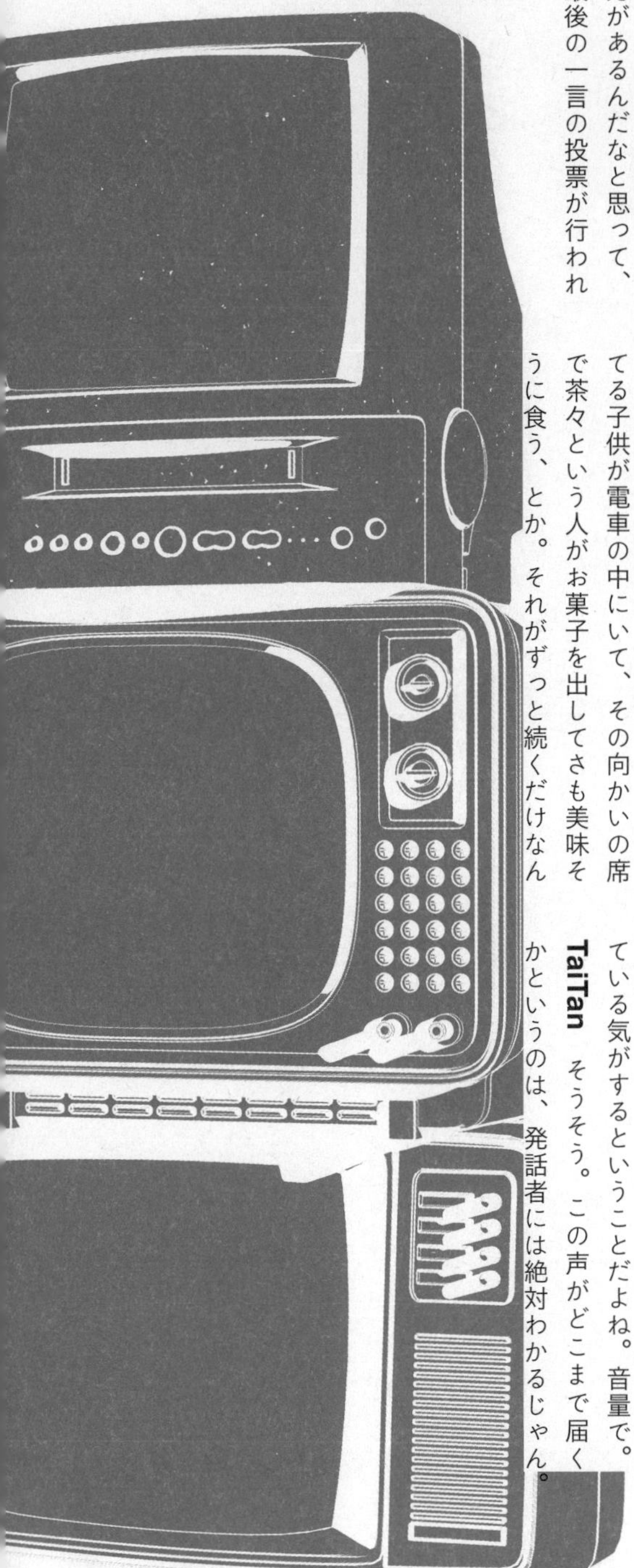

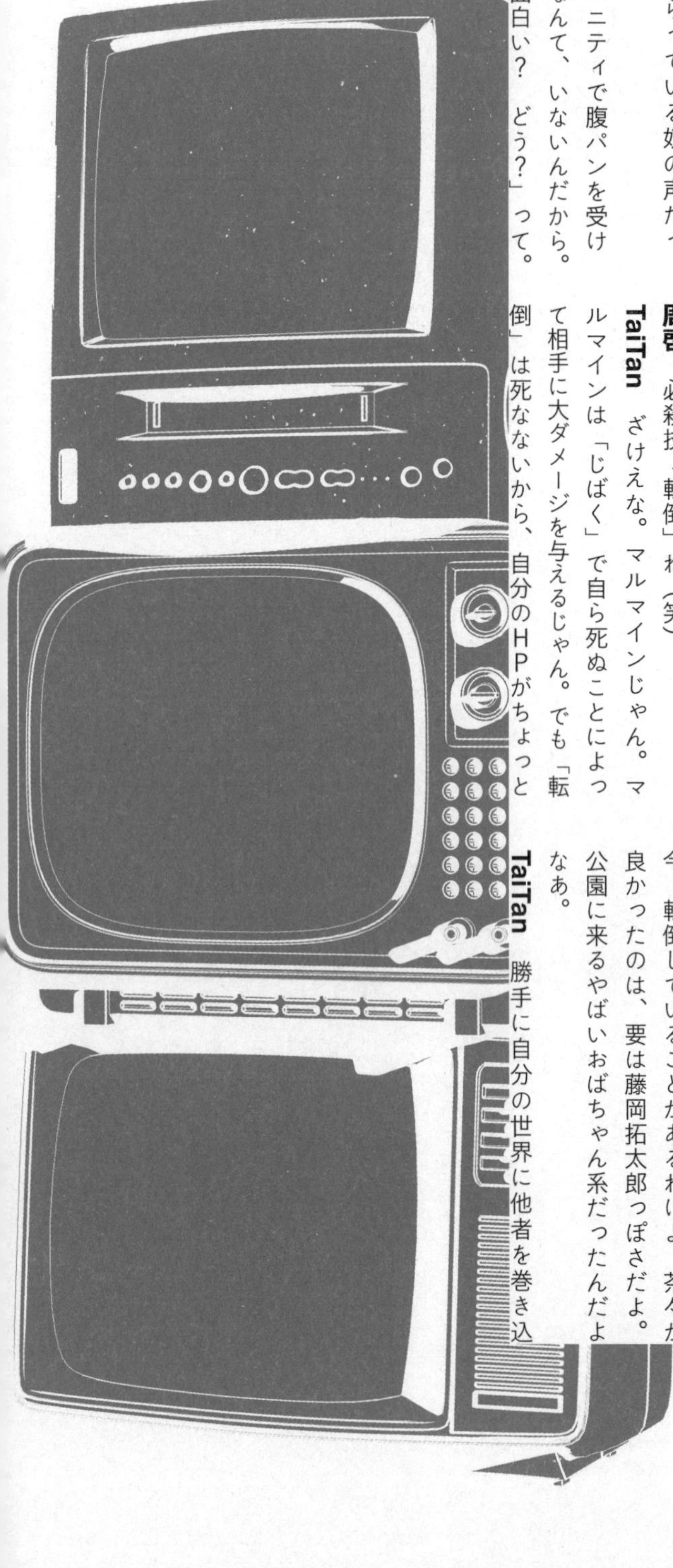

駅とか電車の中とかカフェでの、「そのボリュームで喋っているということは、こっちに届けているな」という会話。あれで笑ったためしが一回もないんだけど。

周啓　構造がもう負け確だからね。

TaiTan　なのに人はやっちゃうじゃない。

周啓　そうね。あれ何なんだろうな。俺も普通に、女性に対してとかあったからね。

TaiTan　俺も大学の頃なんてそんなんばっかだったな。部室のたまり場とかでさ。「エウッ！」とか言ってさ。

周啓　（笑）。それだけで他者から笑いを取れると思っているんだったら、ちょっとカンガルーすぎる。

TaiTan　腹パンを食らっている奴の声だったからね。

周啓　知らないコミュニティで腹パンを受けてる奴がいて笑う奴なんて、いないんだから。

TaiTan　「ねえ、僕面白い？　どう？」って。悲しいモンスターだよな（笑）。入学金払って……。

周啓　腹パンされに行ってるのは、いねえだろそんな奴。

TaiTan　それは俺だったんだよ、ほとんどね。

周啓　俺も小学生までさかのぼると、なんもないところであえて転んで目立とうとしてることとかあったからね。

TaiTan　すごいね。人は見てるの？

周啓　見てるね。また効果絶大だからやるんだよ。幼児が、欲しいものがあったら泣けばどうにかなると思うように、転べば見てくれると。

TaiTan　必殺技みたいな。

周啓　必殺技「転倒」ね（笑）。

TaiTan　ざけえな。マルマインじゃん。マルマインは「じばく」で自ら死ぬことによって相手に大ダメージを与えるじゃん。でも「転倒」は死なないから、自分のＨＰがちょっと減るだけの攻撃ね。で、向こうのＭＰが下がる。気まずすぎて（笑）。ポケモンが初めて「気まずい」という感情を覚える瞬間ね。

周啓　「ＭＰががくっと下がった」みたいな。

TaiTan　君はあの、ジェラードンじゃなくて、なんだっけ。ジェラードンみたいな奴いない？

周啓　今が一番きまずいよ。当てろよちゃんと。

TaiTan　ラティオス。

周啓　全然違えじゃねえかよ。本物のカンガルーね。

TaiTan　ラティオスとかのＭＰを下げるということで。

周啓　でもそういうのがあるんだよ。誰しも今、転倒していることがあるわけよ。茶々が良かったのは、要は藤岡拓太郎っぽさだよ。公園に来るやばいおばちゃん系だったんだよなあ。

TaiTan　勝手に自分の世界に他者を巻き込

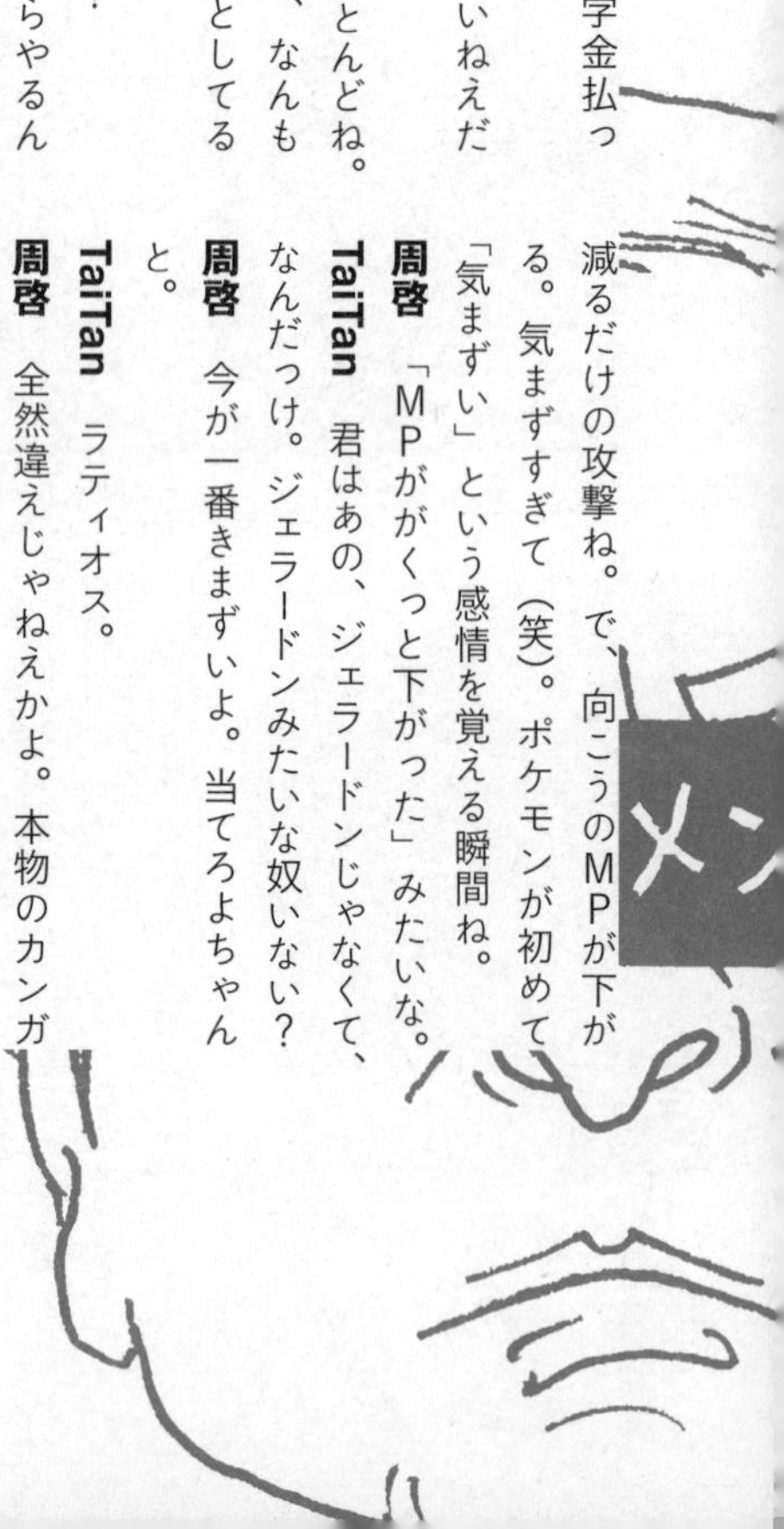

んで、勝ってる奴ね。

周啓　そう。あれは久々に、一人でやってる人では面白かったな。

TaiTan　いいね。後で見ますよ、茶々。でも「転倒」は面白いね。そういう過去はみんなあるだろうね。何かによって耳目を集めるっていう。それのエクストリーム版が迷惑系YouTuberでしょう。スーパーで刺身食っちゃう人。あれになってもおかしくなかったわけよ、周啓君は。

周啓　転ぶくらいでは誰も振り向いてくれなくなって、「転倒少年」みたいに扱われ始めたら。

TaiTan　そう。君がスキマスイッチよろしく、「転倒少年」で東京オリコンチャートトップ72に入る可能性があったわけよ。

周啓　普通にすごい。「あのころの僕らは転倒少年だった」って回顧録で72まで行ってるんだったら。

TaiTan　すごいよね。転倒していた過去を開示してトップチャートに入るというのは、なかなかのメロディメーカーですよ。

周啓　だとしたら刺身を食わずに済んだんだろうね。

『カルロス・ゴーン　最後のフライト』／『WeWork　470億ドル起業を崩落させた男』

周啓　なんだっけ、サワガニか。

TaiTan　最初は、カリスマって言ったんだよね。お前、最近精度が粗すぎないか？

周啓　（笑）。

TaiTan　慣れすぎててスルーしてたけど、もう違う言葉を言ってるからね。

周啓　でもこれ面白くない？　「カリスマ」って聞いて、最初に「サワガニ」が浮かんでるんだよ。似た言葉をというわけでも、四文字でとか思ってるわけでもないのに出てくるんだから。人間は無限の可能性を秘めてるよね。

TaiTan　そうだね。で、カリスマって、どう？

周啓　なんだよお前。粗いのどっちなんだよ。

TaiTan　カリスマ、いる？

周啓　いないね。

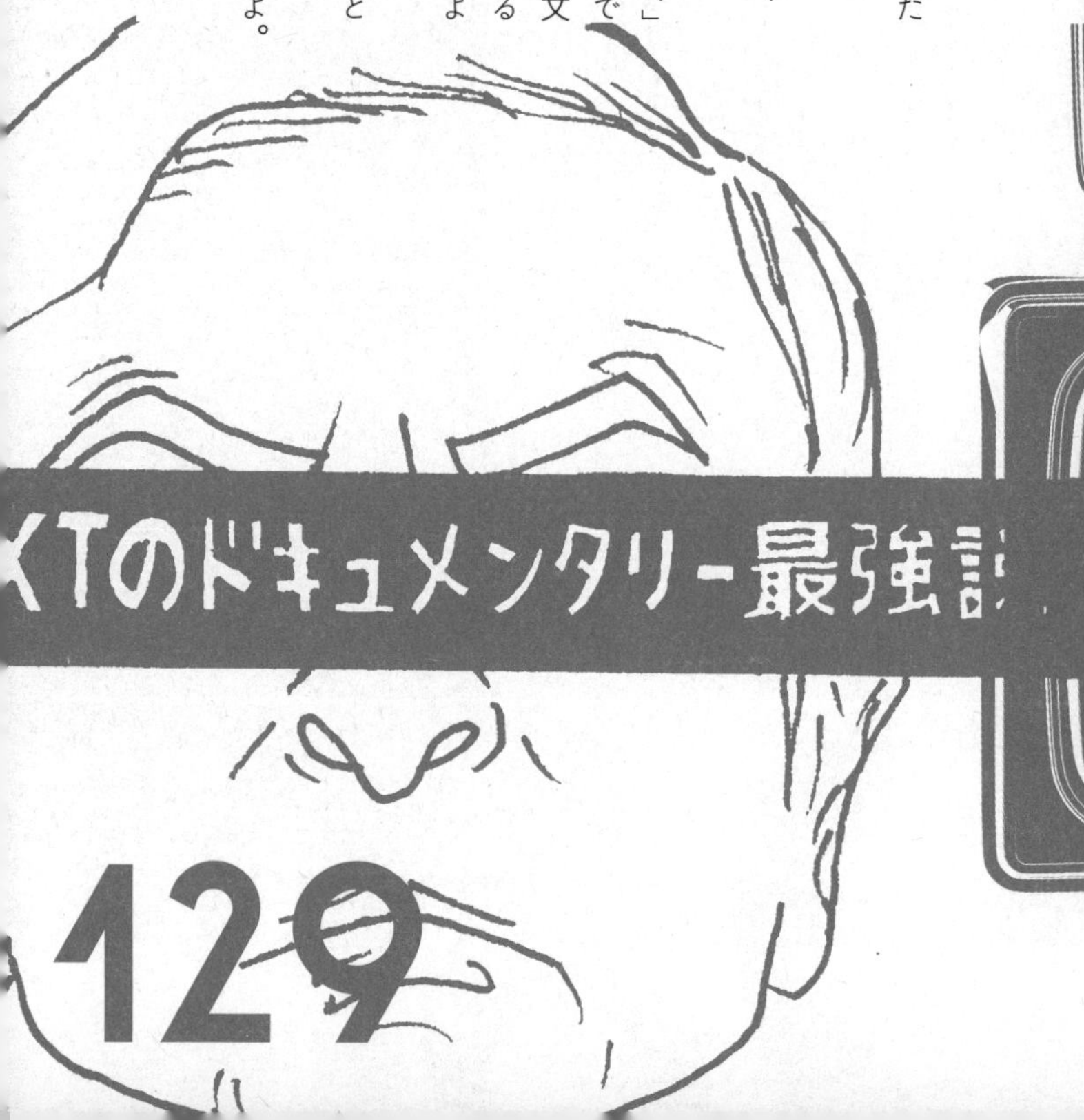

TaiTan　いるだろ、一人くらい。今じゃなくても、かつてでも。

周啓　でも、空気を支配している奴はいたね。そういうことじゃない？　でもカリスマって難しいよな。

TaiTan　実体以上の空気が発生している、という定義かもしれないけどね。

周啓　じゃあやっぱ、室伏とかかな。

TaiTan　あれは実体モンスターだろ。肩書き「実体」だろ、あそこまでエクストリームな実績を積むと。

周啓　たしかにね。「実体」って辞書で引くと最初に室伏が出てくる可能性がある。画面越しでも説得力あったもんな。だから、力系なんじゃないの？　カリスマっていうとね。さっきの空気を支配するじゃないけど、「そいつが機嫌悪くなったらもう終わる」みたいな。

TaiTan　そうなんですよ。なんでこんな話を出したかっていうとね、U-NEXTに最近ハマっててね。ドキュメンタリーがすごく面白いんですよ。

周啓　そういう印象があるよね。

TaiTan　U-NEXT独占配信というのがあって。ネトフリにもプライムにもないと。今週二本くらい、バカクソ面白いのに出会ってね。これが二本とも、カリスマというものの正体を明らかにしていくようなものだったんだよね。

周啓　なるほど。

TaiTan　一本がね、『カルロス・ゴーン 最後のフライト』っていう。

周啓　いいタイトルだね。

TaiTan　カルロス・ゴーンは誰かっつったら、日産の元社長ね。

周啓　あ、パイロットじゃないんだ。

TaiTan　最後のフライトの思い出ムービーじゃないんだよ（笑）。

周啓　（笑）。仲間が「ヘイカルロス、今日が最後のフライトだろ」とか言って、コックピットからカルロスが、後ろ姿で……。

TaiTan　親指を立てる（笑）。『ターミネーター』の、溶けて死んでいくシーンばりの。

周啓　縁起でもねえな。飛行機とそれを繋げるなよ。

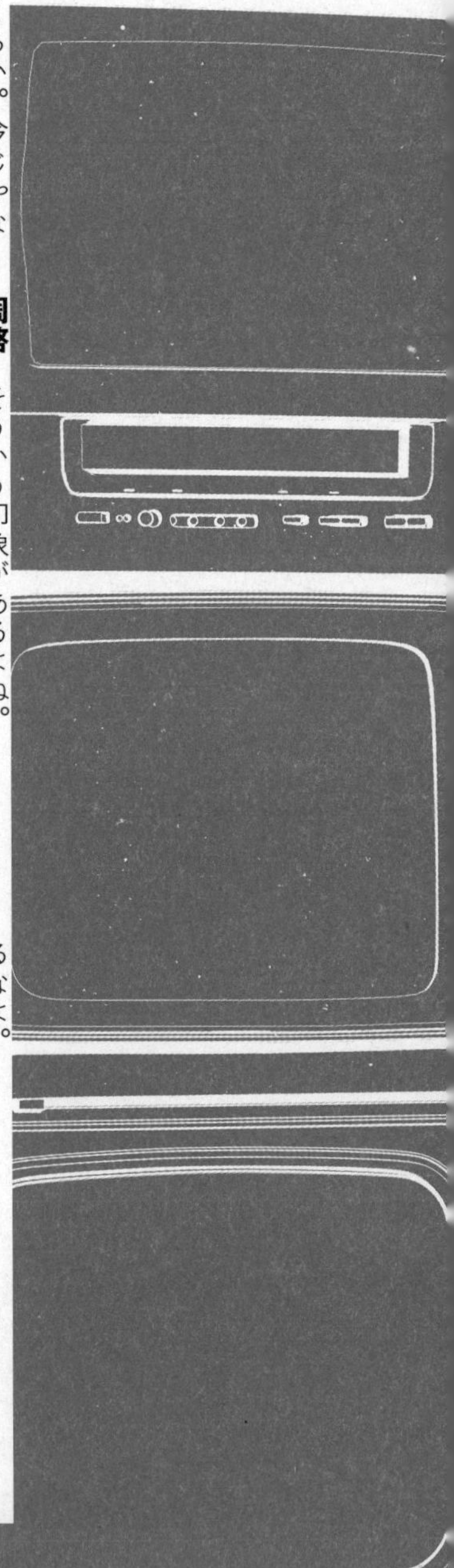

TaiTan　でもそういうシーンが描かれてもおかしくない、最後のフライト。日産元社長の国外逃亡劇。

周啓　たしかに、してたね。逃亡してたわ。

TaiTan　捕まって、レバノンまで国外逃亡したんだけど。その逃亡の仕方が、楽器のケースに入って逃げたっつうんだよね。十三億くらいもらってた、日産の社長が。

周啓　相当高かったんだろうね、その楽器ケースも。

TaiTan　そういう、どういう工作を立てて向こうへ逃げたかということも、なんと本人が語るんだよね。

周啓　すごいね。本人というのは。

TaiTan　こういうのってだいたいさ、「実はあのとき」っていって十年後とか、死んだ後とかに出るじゃん。

周啓　早いよね。

TaiTan　めっちゃ早いよなと思って。このドキュメンタリーを作ったのは本当にすごい。しかも本人を出演させて。しかも、言うたら

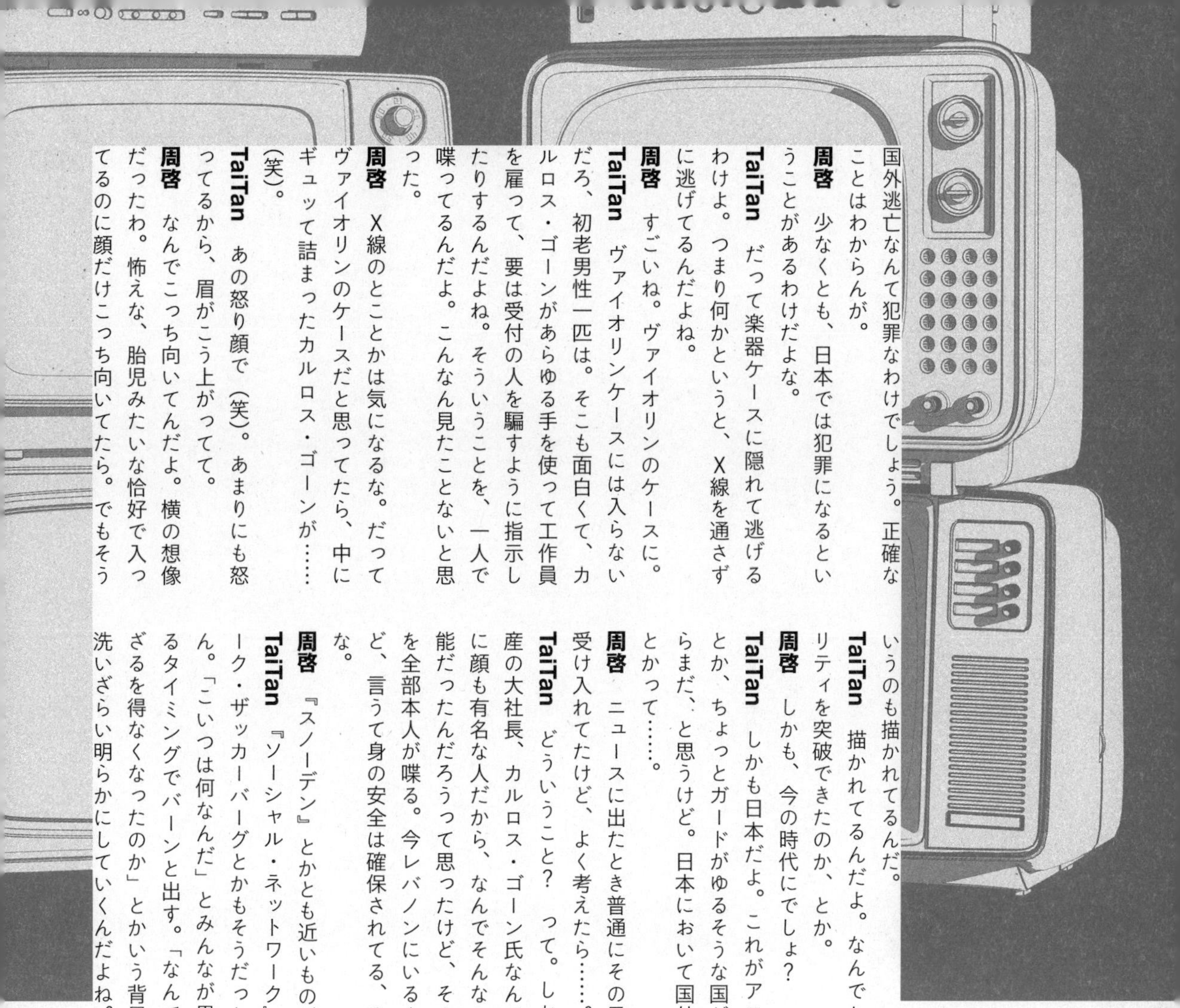

国外逃亡なんて犯罪なわけでしょう。正確なことはわからんが。

周啓　少なくとも、日本では犯罪になるということがあるわけだよな。

TaiTan　だって楽器ケースに隠れて逃げるわけよ。つまり何かというと、X線を通さずに逃げてるんだよね。

周啓　すごいね。ヴァイオリンのケースに。

TaiTan　ヴァイオリンケースには入らないだろ、初老男性一匹は。そこも面白くて、カルロス・ゴーンがあらゆる手を使って工作員を雇って、要は受付の人を騙すように指示したりするんだよね。そういうことを、一人で喋ってるんだよ。こんなん見たことないと思った。

周啓　X線のとことかは気になるな。だってヴァイオリンのケースだと思ってたら、中にギュッて詰まったカルロス・ゴーンが……（笑）。

TaiTan　あの怒り顔で（笑）。あまりにも怒ってるから、眉がこう上がってて。

周啓　なんでこっち向いてんだよ。横の想像だったわ。怖えな、胎児みたいな恰好で入ってるのに顔だけこっち向いてたら。でもそういうのも描かれてるんだ。

TaiTan　描かれてるんだよ。なんでセキュリティを突破できたのか、とか。

周啓　しかも、今の時代にでしょ？

TaiTan　しかも日本だよ。これがアフリカとか、ちょっとガードがゆるそうな国だったらまだ、と思うけど。日本において国外逃亡とかって……。

周啓　ニュースに出たとき普通にその言葉を受け入れてたけど、よく考えたら……。

TaiTan　どういうこと？　って。しかも日産の大社長、カルロス・ゴーン氏なんて普通に顔も有名な人だから、なんでそんなこと可能だったんだろうって思ったけど、その裏側を全部本人が喋る。今レバノンにいるんだけど、言うて身の安全は確保されてる、みたいな。

周啓　『スノーデン』とかとも近いものがある。

TaiTan　『ソーシャル・ネットワーク』のマーク・ザッカーバーグとかもそうだったじゃん。「こいつは何なんだ」とみんなが思ってるタイミングでバーンと出す。「なんで逃げざるを得なくなったのか」とかいう背景まで、洗いざらい明らかにしていくんだよね。

周啓　そこまでいくと面白いね。ただの逃亡劇とかじゃなくて、バックグラウンドまで掘っていくんだ。

TaiTan　そう。ブラジルで育った彼が、なんで超ドメスティックな日本の、しかも日産なんていうトップオブトップの社長になれたのか。異例中の異例でそこまでのし上がったのに、裏切られてしまったのか……カルロス・ゴーン史観だと、「自分は裏切られた」というふうに主張していて。それがなんでなのかということも明らかにしていく。

周啓　カルロス・ゴーンが自分の悪かったところを言うの？

TaiTan　いや、そんな反省の弁を述べる謝罪ポルノムービーじゃないから。

周啓　それは別の角度から掘っていくのか。

TaiTan　元部下とか、元同僚とかね。これはキーワードなんだけど、「彼は優秀だったけど、親しい仲にはなれなかった」という。要は心を開かない、冷徹だったという証言。でも圧倒的な、それこそカリスマだったんだというね。

周啓　たしかに、カリスマというとそういうイメージがあるもんね。他を寄せ付けない感

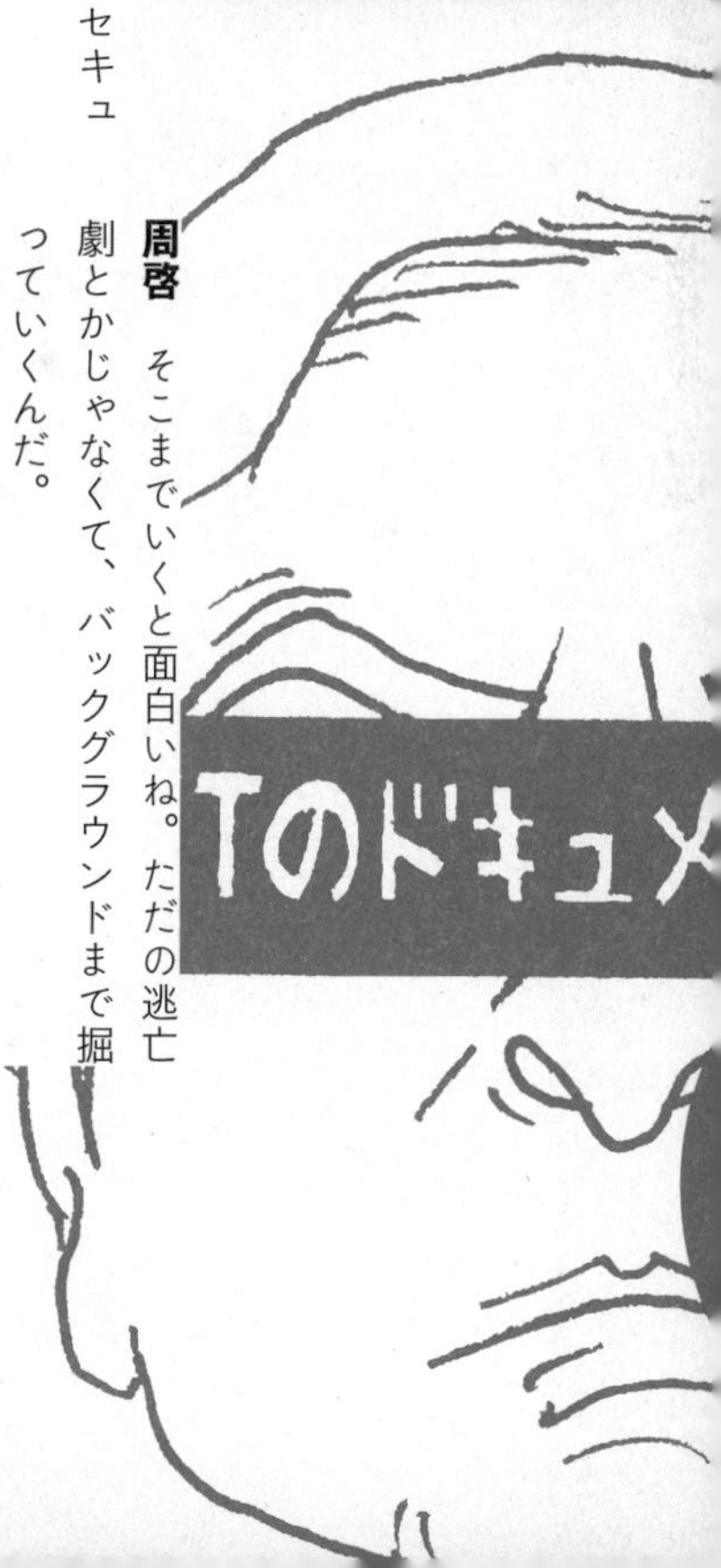

じ。

TaiTan　そう、孤高。そういうタイプもいるでしょ？

周啓　孤高がよ。あんまり身の周りにはいなかったけど、たしかにいるわ。

TaiTan　というのも一つのカリスマ像だなと思ったし、なんの偶然か、時を同じくしてもう一本、U-NEXTで面白いのがあって。『WeWork』という、会社の創設者のドキュメンタリーもやっていて。それは、その人間がいかにWeWorkという企業の市場価値を高め続けて、かつその価値を暴落させてしまったかの顛末を追っていく、というドキュメンタリーなんだけどね。これもすごいね。こういうカリスマもいるよなっていうタイプのカリスマ。ゴーンとはまったく真逆の、熱狂をひたすら作り続けていくっていう。

周啓　ああ、あんたはまた好きそうだね、そっちのカリスマが。

TaiTan　そうなんだよ。危なっかしい人。最初は社員を巻き込んでいって、業界とか投資家とかも巻き込んでいって、ウーバーとかAirbnbとかと並ぶくらいの、アメリカの若い企業のなかでのトップオブトップまで行って、カンファレンスでもアイドル的人気、みたいな。そこまで行ったのに、副題の「470億ドル企業を崩落させた男」になってしまう。結局実体が伴ってなかったから陥落してしまうんだけど、なんでそんなことになっちゃうの、ということになっていくと。すごいよ。

周啓　でも栗城史多《くりきのぶかず》さんのことがよぎるけど、またちょっと違うの？　似てるところもある？

TaiTan　あるよ。「ビジョンの共有」とかって話とか、やたらフェスとかを開いて社員を呼んで、「僕たちはWeになるんだ」、「繋がろう」ということをひたすら言っていて、ほんとに稀代の営業マンだったんだって。その人に会ってしまったらYESとしか言いようがなくなってしまう力。それだけでガーッとのし上がっていくんだけど、実体がないので没落してしまう。

周啓　面白いなあ。

TaiTan　この二つはぜひ、年末に見てほしいですね。やることないでしょ君。どう？　年末は何するの。

周啓　カリスマじゃない奴は、年末は仕事に追われてるんだよ。

TaiTan　（笑）。パーティー三昧じゃないのね？

周啓　カリスマは十二月十五日から一月十五日までの一ヶ月間毎日夜パーティーが入ってるけど。島でね。

TaiTan　危なっかしい奴はみんな、なぜか島でフェスを開きたがるっていうのはあるね。

周啓　どんだけ広い空間をプライベートで持ってるかの究極形は、やっぱり島なんだろうね。

TaiTan　だと思うんだよね。孤島っていうかさ。「俺たちのもん！」みたいな欲望を掻き立てられるんだろうね。

周啓　俺は部屋にいかに閉じこもるかが今後の勝負になってくるという状態なんでね。

TaiTan　カルロス・ゴーンタイプ、孤高ね。八畳間の孤高。

周啓　（笑）。嬉しくないな。ただ友達いない奴だもんなそれは。

TaiTan　ゴーンの場合は、十三億の所得がある状態で、豪邸で孤高を貫いていたけど。

周啓　城だからね。犬小屋では……（笑）。

TaiTan　犬小屋の孤高は、人が来ないだけだろって説もなくはないからね。

周啓　でも、カルロス・ゴーンの方はかなり気になるな。

TaiTan　これは超重要作だと思うよ。で、君は絶対好きよ。ぶっちゃけて言わせてもらうと。

実母の副業／FYREフェスとの相似性

TaiTan　というわけで、カリスマという話題から入りましたけど、これを掘り下げていくとめんどくさいんでやめますけれど。

周啓　まあ辞書で引いたら出てくるしな。

TaiTan　でもいろんなカリスマがいて面白いなとおもいつつ、意外と普遍的だよなと思うんだよね。この『WeWork』とかを見ると。完全にFYREフェスっていうね、ネットフリックスドキュメンタリーの。あれと全く一緒だなと思ったね。期待を高め続けて。

周啓　なんなんだろうね。それこそホラーとかにも繋がってくる感じがするけどね。

TaiTan　緊張と緩和。

周啓　あと想像力ね。人の想像力がそうさせているという感じ。

TaiTan　だから面白いんだよね。未来というものを人質にすることによって……そこを約束されちゃったら抗えないというか。

周啓　そうね。カルロス・ゴーンもそんな感じがしてくる。さっきのFYREというのはあれだろ、インフルエンサーとか使って「こんな豪華なフェスをやります」ってめっちゃ煽ったけど、実際はむちゃくちゃで終わったフェスの。

TaiTan　そうそう。蓋を開けてみたら、料理とかもお弁当に入ってるようなあの骨付きチキンくらいしか出てこなかったという。入ってたでしょ、君のお母さんもよく入れてたよな。

周啓　お前。俺はFYREに参加してないから。

TaiTan　FYREフェスのフードコーナーにお前のお母さんいなかった？　骨付き肉チンして……（笑）。

周啓　なんで東京の小せえ島から、冷凍食品携えてアメリカの小せえ島に行くんだよ。

TaiTan　直行便出てるんじゃないの？　八丈島からFYREフェスの島まで（笑）。

周啓　姉妹都市がよ。そんなヤバいフェスを受け入れる島とは姉妹都市協定を結んでないんだよ。

TaiTan　違うのね？

周啓　止めるし。母親が冷凍食品一発で勝負に出ようとしてたら。

TaiTan　「今度アメリカのインフルエンサーに会うんだ」とか言ってたら、「大丈夫それ？」ってなるよね。「ちょっとメール見せて」ってなるよね。

周啓　メールをよこすなよ、八丈島に。近めの大陸から呼べばいいのになんで太平洋を挟むんだよ。

TaiTan　旅費が百万くらいかかるんだから。

周啓　だからお母さんはあんなに楽しみそうにしてたのか。行き帰りの飛行機が楽しいから。「最後のフライト with チキチキボーン」ね。

TaiTan　そう、「チキチキボーン」だ（笑）。

周啓　それこそクリスマスに見るべき映画ナンバー1かもしれない。

TaiTan　じゃあそういう話だったね、今日は。

チキチキボーン系の発注メールに気を付けようね、ということでいい？

周啓　いいんじゃない？（笑）

TaiTan　聞いてる人にも身に覚えがあるはずだよね。スパムに気を付けてほしい。

周啓　ややこしいけど、「チキンボーンのスパム」は。気を付けた方がいい。くそ、話したかったな。カルロス・ゴーンと、ＦＹＲＥフェスにも重要な共通点があるっていう、大事なテーマが隠されてて。

TaiTan　何よ。

周啓　やっぱりね……「想像力を掻き立てる」ってことなんだっていう。

TaiTan　待って待った挙句、それさっき言ってたよ。

周啓　（笑）。枝豆一粒出てきたろ。北京ダックの銀の蓋開けたら、枝豆が。

TaiTan　銅鑼叩いたりして演出はすごいんだけど、パッてやったら枝豆。むしろそっちの方が、写真撮りたくなると思う。インスタの、ストーリーじゃなくてフィードの方に上げると思う。

周啓　一枚目が蓋の絵でね（笑）。

TaiTan　紙芝居式にね。

周啓　まあ今度また深く話すことがあればでいいけど、人と話さないカリスマの作り方っていうのはあるんだなと思うよ。高校のときの怖い先生ってさ、卒業間際にコミュニケーションとったらどんどん可愛くなってくるというのがあったじゃない。やっぱり一年生の時の喋れない先生って、勝手にこっちのなかでかっこいい存在になっていくんだよね。そういう意味では、熱狂を作るのはどっちかっていうと受け手なんじゃないかっていう話もありますよ。

TaiTan　ほんとにそうよ。謎と熱狂ですよ。気を付けた方がいいよ、そういうのには。

周啓　謎と熱狂と、チキチキボーンのスパムメールにだけは気を付けてほしい、という話でしたね。

TaiTan　じゃあちょっと、Ｑ＆Ａでも拾っていきましょうかね。二〇二三年のチャート74位を予想しましょうという。

周啓　お前ほんとに、下らない質問するなよ（笑）。

TaiTan　これは多分、全員不正解ですね。

周啓　（笑）。まず問いが不正解だからね。でも果敢に攻め込んできた人たちには感謝したいね。

TaiTan　唯一、ヒルクライムだけは面白いなと思ったけどね。

周啓　「春夏秋冬III」ね。

TaiTan　あれは毎年出せるじゃんね。まあそんなもんで、毎度おなじみではございますけれども、JAPAN PODCAST AWARDSというね。何を隠そう前年度、私たちがSpotifyネクストクリエイター賞というのを頂きましたが、今年もやっているということで。皆さんよかったら、今年も投票をして頂けたら。今年は大賞、いきたいですね。

周啓　獲れるわけねえだろ。でも参加賞だけでも獲りたいなっていうのはあります。

TaiTan　一年間一回も休むことなく配信してきましたから。努力賞だけでも。

周啓　冬の半袖半ズボンね（笑）。

TaiTan　それによってクラスで認知されていた我々ですから。

周啓　賞に目がない二人なのでね。

TaiTan　強欲な壺だから。もっともっとほしい。

周啓　……かりゆし58？

TaiTan　（笑）。よく出てきたね。かりゆし58って、ほんとに七十四位とかの……。

周啓　かりゆし58は一位とってたよ（笑）。もっとこう、男の熱情系の、「もっともっとほしい」……。

TaiTan　ああ、それはブルーハーツじゃない？「〽愛をもっと〜」。

周啓　…………閉店な、今日。カラオケで、まだ他の部屋で音が鳴ってるけど店員さんが入ってきて「閉店です」って言われてる状態。

TaiTan　呼び鈴がなるとかじゃなくて、店員が入ってきて強制終了する（笑）。そこまで言うならやめます。ありがとうございました。

周啓　ありがとうございました。

第九拾巻後編 M-1とエヴァ

お笑いカルチャーとBTS／ファンが一番のプロデューサー

TaiTan　えー、TaiTanです。

周啓　玉置周啓です。

TaiTan　『奇奇怪怪明解事典』でございますけれども。M-1とエヴァね。

周啓　エレファントカシマシね。

TaiTan　あの歌はいいね。

周啓　どの歌だよ。

TaiTan　お前、見ろよ。M-1の煽りの映像めっちゃ良くない？「孤独な太陽」。

周啓　あ、そういうことね。奇跡だね。それエレファントカシマシ？

TaiTan　宮本浩次だね。なんだっけな「今日の俺は、スーパーヒーロー」みたいな。あの歌めっちゃ好きなんだよな。

周啓　好きではねえだろ、それは。

TaiTan　ほとんど毎日聞いてるもんね。

周啓　嘘つけよ。だとしたら三行まではいけるだろ。一行の途中で散ってしまうようなレベルではなかなかね。

TaiTan　なんだっけ、なんで君に、宮本先生がメンバーにクソキレてる動画を送りつけたんだっけ？

周啓　知らねえよ（笑）。それはあの、『Get Back』の流れじゃないか？

TaiTan　『Get Back』の話は、しないんだよ。

周啓　あ、そう（笑）。

TaiTan　ちなみに、どっかの回で二〇二一年のベストコンテンツみたいなことをやろうと思ってるんだけど、正直『Get Back』は一位です。でも、話さないです。

周啓　話したってしょうがねえしな。

TaiTan　話したところで、ということなんで。でも一位です。

周啓　それを見た流れでメンバーにキレる宮本先生の動画を送ってくる時点で、いかれてるけどな。楽しみ方が。

TaiTan　（笑）。あと俺、もう一個キレる系の動画を送った気がするんだよね。

周啓　それでくくって覚えてる時点で確信犯じゃねえかよお前。

TaiTan　なんか送ったよね。

周啓　ああ、……長渕だね。

TaiTan　（笑）。あの、スタッフに怒るやつね。

周啓　そっちはまだ、見てて理解できる回路だったけどね。

TaiTan　宮本さんのやつは、「お前納豆売りかよコノヤロー」みたいなこと言ってたからね。

周啓　語彙がね（笑）。プロ意識とそこは表裏一体という面もあります。

TaiTan　でもM-1のあの曲はいいよ。めっちゃかっこいい。見た方がいい。

周啓　あ、ほんと。特に錦鯉の優勝と掛け合わせてそれを語ってる人もけっこういた気がする。「あの歌の途中に入る錦鯉の映像がほんとにかっこいい」みたいな。

TaiTan　あ、そう。前回錦鯉の話は全くしなかったけどさ、錦鯉優勝は物語として美しすぎるよね。

周啓　そうね。去年も決勝行ってたよね。

TaiTan　だから大穴みたいな言われ方してるけど、順当と言えば順当な勝ち上がり方なんだよね。まあだんだんと、M-1といえばという話に近づいていくんだけど、錦鯉が優勝した後に、俺も「感動したな」と思っていろんな人の反応を見てたのね。で、当然錦鯉の物語を踏まえて感動した、という人もたくさんいたんだけど、顕著だったのが、「これで錦鯉はここと、ここと、ここのCM決まるな」みたいなことを言っている人がめちゃくちゃいたんだよ。

周啓　ほうほう。何だそれは。

TaiTan　具体的に言うと、「お仏壇の長谷川は絶対に決まるな」とか。

周啓　（笑）。長谷川さんだからね。

TaiTan　「錦鯉がこのストーリーで売れたということは、あのスポンサーは絶対に反応する」とかね。俺、見てる人、お笑いファンのリテラシーの高さというか、裏で何が起きているかということへの理解度がすごいなと思ったんだよね。

周啓　もうそこのメカニズムを込みで応援していると言っても過言ではないしね。

TaiTan　そうそう。ちょっと前だったら視聴率とかで一喜一憂するファンもいたと思うんだけど、実際視聴率なんて業界内での話だから、視聴者にとっては関係ないじゃん。で

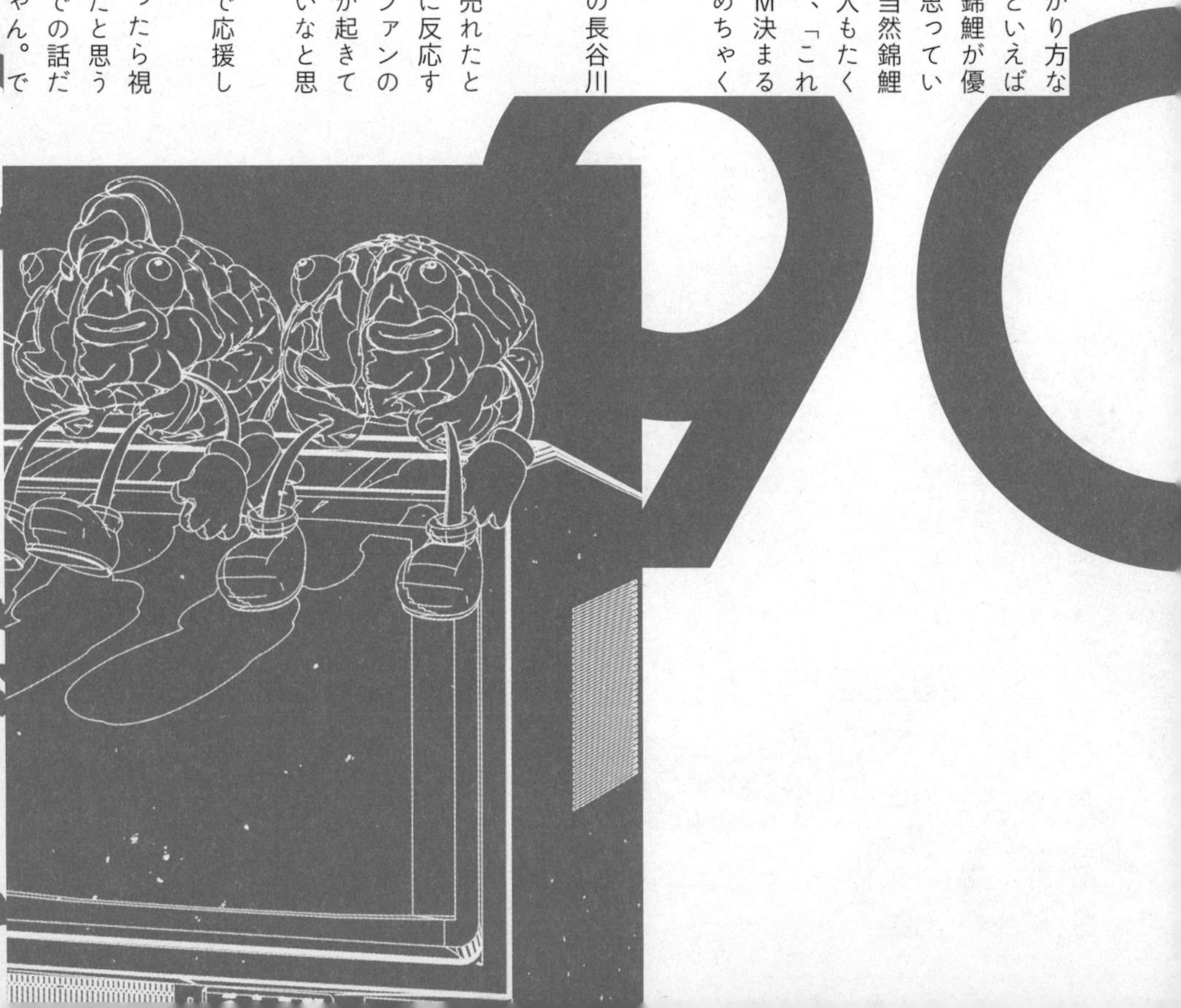

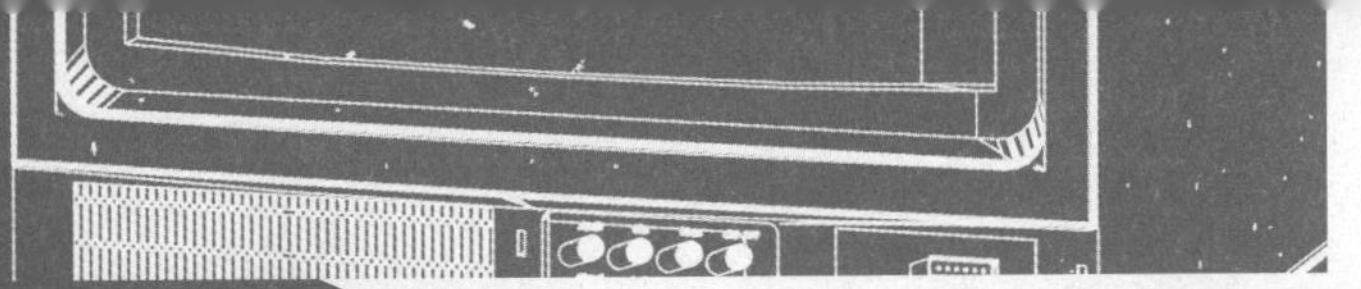

もそこを踏まえて、一緒に番組の隆盛を楽しんでるというのがあったと思う。でもタレントを、スポンサー契約の今後とかまで踏み込んで応援しているみたいなことが、すごく面白いなと思ったんだよね。

周啓　たしかになあ。ここ一年くらいで、まあもっと前かもしれないけれども、育ってきている感じはあったよね。他の芸人さんでも「あ、また別のスポンサーが決まってる!」みたいなのは聞くし。そこを喜ぶんだっていう。

TaiTan　しかも決まって喜ぶとかならいざ知らず、推測して、コンサルみたいなことをしてるコメントとかもめちゃくちゃいっぱい出てくるのよね。これ何かの現象に似てるなと思ったんだけど、BTSとかの現象に似てるなと。ファンが一番のプロデューサーっていう感じ。

周啓　前話したとき、そんなことを言ってたね。

TaiTan　BTSに限らずだけど、ファンダムというものができてるアイドルとかはそうなりがちだと思うんだけど、お笑いはもう完全にその領域に入ってるなと思ったね。ファン個々人がもうそのタレントの売れ方とかをコンサルしてる状況。

周啓　それがエンタメになる時代というのもすごいよね。ネタを受け取るだけじゃなくて、なんか想像のなかで「ここと合うだろうな」と考えてる時間が楽しい、みたいなさ。

TaiTan　そう。で、それに呼応するように企業も乗っかるじゃん。例えば今回だったら、伊藤沙莉氏と岩井勇気氏のCMがリアルタイムでバンバン挿入されたわけよ。君はYouTubeで見てるから分からないだろうけど。

周啓　え、M-1の話？　テレビで見たわお前。念のため伝えておくけど。審査員が笑顔になる瞬間が見たいからテレビで見ました。

TaiTan　ああ、ほんとですか。でもそういうCMがバーンと出るとさ、これはすごく複雑な文脈じゃん。オズワルドの伊藤氏の妹である伊藤沙莉氏と、M-1に出るか出ないかの当落線上にいた岩井勇気氏が夫婦であるという役のCMが出ることによって、ファンがどういうリアクションをするかということをすごくわかっている感じがする。明らかに共犯関係にあるっていうかね。

周啓　ある程度喜ぶ消費者が見えているから、企業もそれを作るわけだしね。

TaiTan　そうそう。明らかに芸人文化みたいなものの、一大ムーブメントが起きてるなと。というようなことを思ったりしたんです。というのが前提にあって。じゃあ「M-1とエヴァ」って何なんだという話になってくる。

周啓　何なんだよ。

フィクションの敗北説／面白い恋愛リアリティショーとは

TaiTan　焦るなよ。俺もどういうふうに組み立てていこうかって考えながら喋ってるわけだから。まあエヴァっつうのがありましたな。僕は今年から見始めた新参も新参なんで、何も言わないですけど、『シン・エヴァ』が公開されたときに紹介した『モノノメ』(PLANETS)という雑誌で、宇野常寛さんが『シン・エヴァ』を酷評していたんですね。何が良くないかというと、要は「フィクションの敗北」だということを言っているんだよね。要は『シン・エヴァ』を褒めている人たちも、「庵野お疲れ」とか「庵野の物語がこういう形で終わって良かった」としか言ってない、ということを指摘している。つまり監督の半

生とともに歩んだファンたちが、彼が自分の物語をああいう形で終えたことに対して「お疲れ様、よくやったよ」ということばっか言ってて、かつ、公開に合わせて放送された庵野秀明のドキュメンタリーを見て、みんな「泣いた」とか言ってるのが、「フィクション、物語の敗北」じゃないか、みたいなことを言っていたんだよね。

周啓　なるほどね。エヴァより庵野の方が注目されているような。

TaiTan　そう。エヴァという作品の強度というよりかは、エヴァをめぐる庵野秀明の半生にみんなが乗っかって、消費しているに過ぎない。大意としては、そういうことを言ってたんだよね。で、M-1にもちょっとそのきらいを感じるというか。

周啓　なるほど。

TaiTan　別に批判とかじゃなくて。それこそ錦鯉が優勝したタイミングでも、ネタうんぬんということに関する言及がほとんどなくて、「最年長！　おじさん！」とかそういう話で。あとはハライチに関しても、明らかに「ハライチの文脈」をめちゃくちゃ理解している感じ。

周啓　それはほんとに思った。ここに来て全然ネタの内容が違うことに感動している人とかを見て、「そういう感動の仕方もあるのか」って。

TaiTan　そう。だから「俺とかには感知できない文脈が発生してるんだな」というのが面白いと思うんだよね。最初の一言の「待たせたな」に熱狂するファンがいたり、ラストイヤーなのに新ネタに挑むのがすごい、とかっていう声の方が俺には入ってきてて。ほんとにエヴァみたいな現象が起きてんなって。

周啓　漫才を作品と見立てたときに、漫才よりも、それをやっている人のキャラクター込みの物語が。

TaiTan　その周辺に発生している物語全体をみんなが共有しているのが、すごいなっていう。

周啓　それはそうだね。僕が一個思ったのは、M-1の権威がちょっと摩耗しているのかなと思ったんだよね。これは全然別のことかもしれないけど。なんか、超緊張する大会というよりは、ショーっぽい感じになっている気がしたね。だから良くないとかではなくて、M-1の権威感、手の付けられない感じよりも、ファンコミュニティの中にいた人がM-1という大会に出るという。そっちの方が大きくなってきた感じ。

TaiTan　わかる。俺は二〇〇三くらいからM-1をずっと見てるけど、めっちゃその傾向は強まってると思うね。一個の物語を紡いでいくっていうかさ。それによって局所的な熱狂が発生しているのがすごいなと思いつつ、真空ジェシカとかは淡々と面白いというか、真空ジェシカの文脈を何も知らずにパッと見てもめちゃくちゃ面白い。それもすごい完成度だなと思ったから、余計にグッときたという部分もあってね。そういうことを思った、というのが「M-1とエヴァ」現象。

周啓　俺もそのど真ん中にいるのかもしれない。ランジャタイとかは特にそうなのかも。「M-1でもふざけている人」に喜びを感じちゃうのも、ちょっとそういうきらいがあるのかもなと思う。そういう楽しみ方はよくわかるね。

TaiTan　しかも、エヴァみたいなものは作品として独立させて評価すべきものではない気もするしね。芸人みたいなことで。

周啓　漫才もそうだね。そこにあわいがある

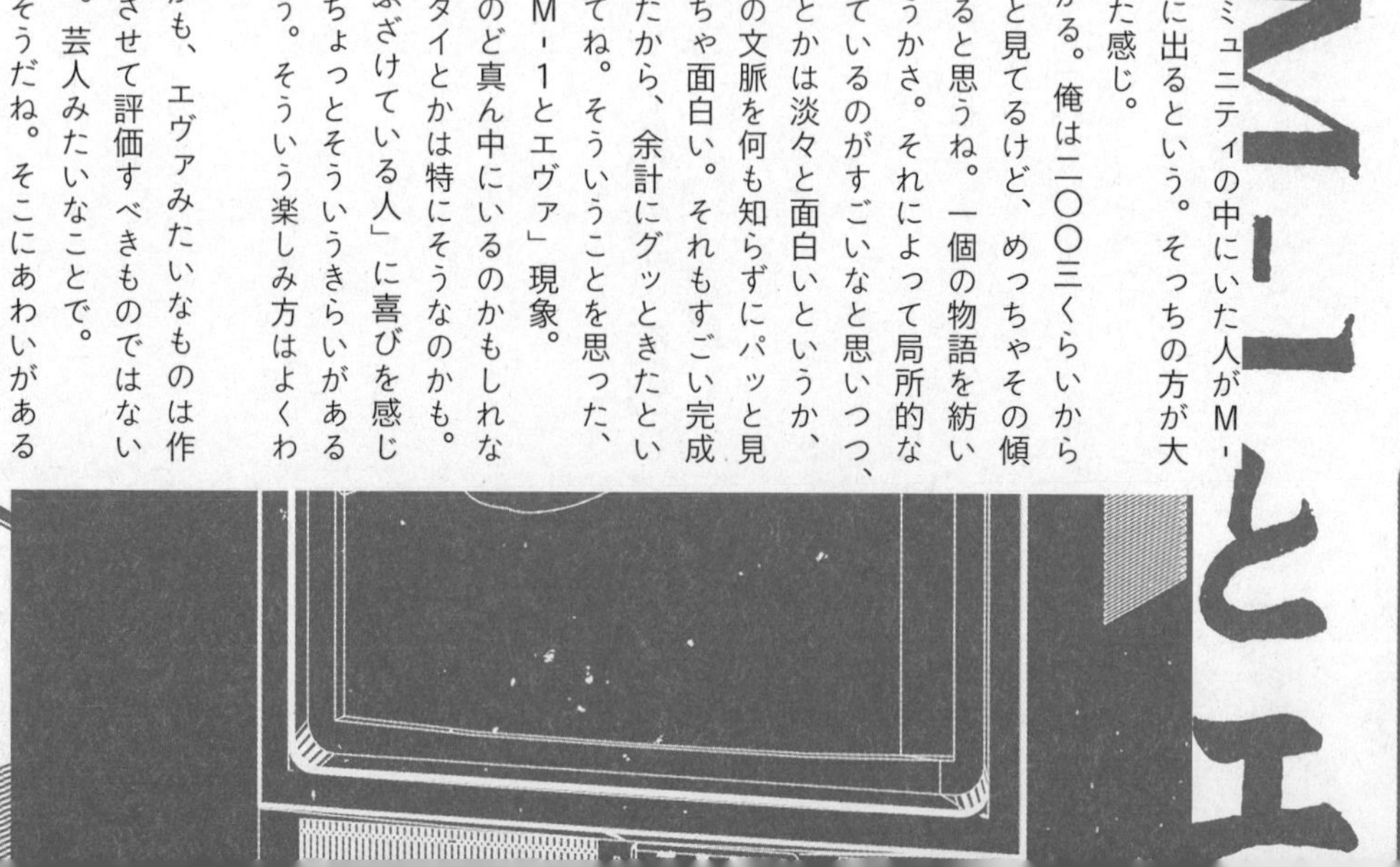

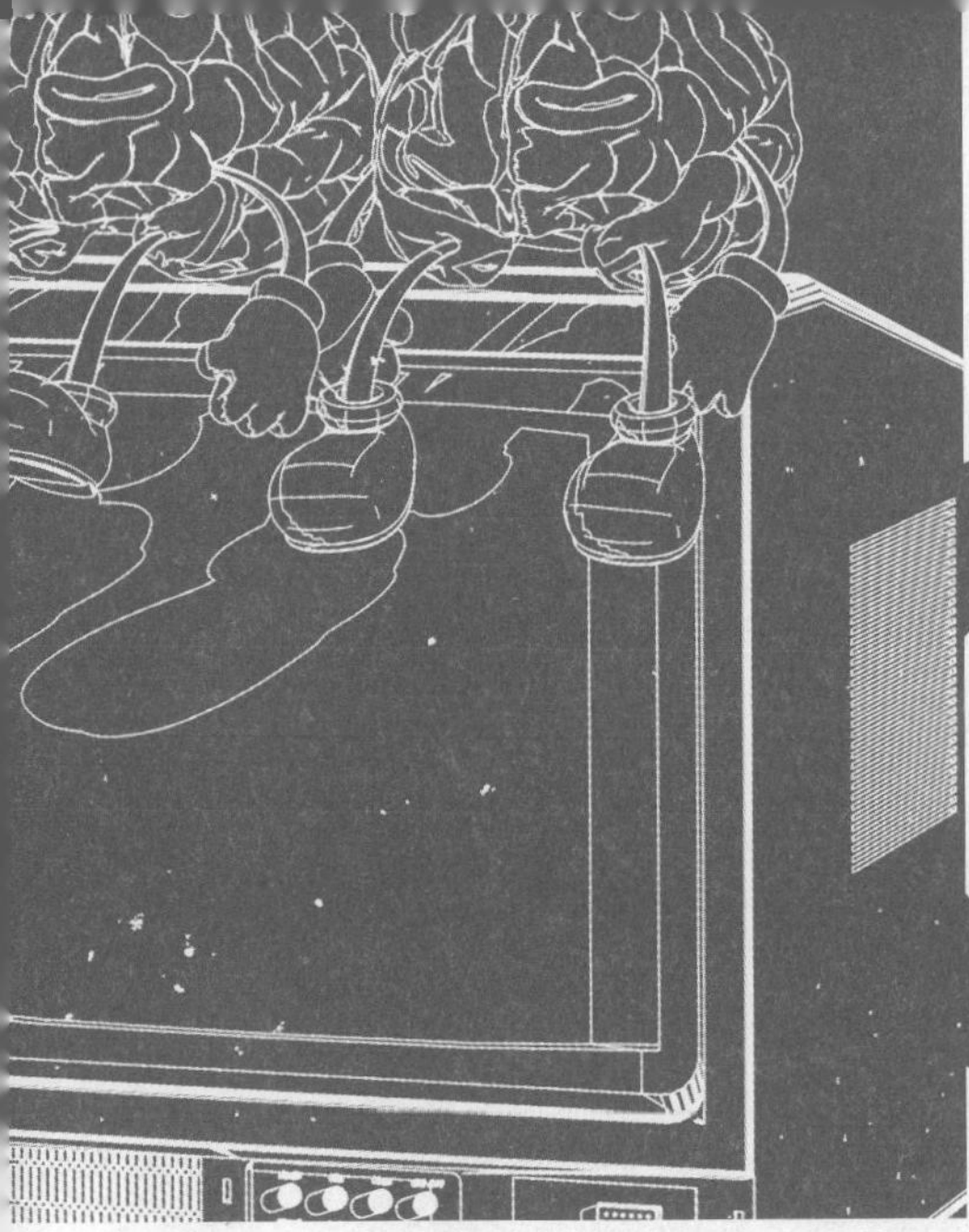

90

んだよね。

TaiTan　人生をお見せする、みたいなものじゃん。だからそれでどうこう俺が思うとかではないんだけど、めちゃくちゃ似てるなと思った。周啓君はどうなの？　いわゆるフェイクドキュメンタリーじゃないけど、リアリティショー型のものに熱狂したことあるの？

周啓　えー……どうだろうな。

TaiTan　構造が似てると思うんだよね。「その画面内で起きているものよりも、その周辺で発生している文脈の方が面白い」というもの。なんか、そういうイメージ全くないんだよな、周啓って。

周啓　M-1もほんとはそうだったしね。ランジャタイが唯一の例外というだけで。俺はネタが好きなだけだから。あのストーリーというか。だから、ないね（笑）。どれだけ頑張ったとかは……これ、中田英寿が言ってたから。「頑張るとかは当たり前なので、そういうのは言いません」って。イチローか、これは。

TaiTan　多分、どっちもだと思う。イチロー語録と中田ヒデ語録は、ほとんど同じだから（笑）。

周啓　表紙が違うだけで（笑）。

TaiTan　でもほんとに今、そういう時代だと思うね。リアリティショーの時代っていうか。超共犯関係時代。

周啓　そっちの方がテンション上がるというのもわかるし。それをどうにかしたいわけではないんだけど。

TaiTan　どうとも思わない。ただ思うのは、ハライチとかのネタを見て、まったく違う風に解釈してる人がいるんだ、ということが面白いんだよね。

周啓　それでいうと、俺は大会単位で見てるから。だからこそ、誰々がこういうストーリーでここまで来てて、みたいなことを楽しむというのはほとんどなくて。ネタが一個一個面白いかどうかと、選ばれた審査員の人たちがそれに何点をつけてどういう感想を言うのかが毎回楽しみ。そこは超えないですね。でも最近、『バチェラー』とかめちゃくちゃ面白いって聞くよ。

TaiTan　こんなこと言ってるけど、俺も文脈消費しまくってる人間だからM-1のそういう見方もめちゃくちゃわかるわけですよ。でも俺は『バチェラー』もテラハもNiziUも、BE:FIRSTも全然知らんと。なのに、世の中は大熱狂している。それでずっと置いてけぼりになってたんだけど、最近ようやく「こういう感情だったんだろうな」と、追いついたっつうかね。

周啓　M-1の現象を通して、ということね。

TaiTan　そうそう。でも俺、わかんないんだよね。恋愛リアリティショーって、めちゃくちゃ流行ってるじゃん。

周啓　洋・邦問わずね。

TaiTan　マジでなにあれ？　どういう話？　どういう快楽？　知りたいんですけど。

周啓　最近、なんか……。

TaiTan　知りてえ。めっちゃ知りてえわ。

周啓　じゃあ、一回言えばよくない？

TaiTan　お前が教えてくれないから、俺はずっと知りたいんだよ。

周啓　なんでお前は〇・二秒しか待てねえんだよ。アマゾンプライムのレビューかなんかで、モテない人が同じくモテてない、いわゆる非リア充的な人たちに向けて、「バチェラーを毛嫌いするな」と言っているのを見たんだよ。「ここには自分たちが見ることができなかった女性の輝いている姿や、『好きな人の前ではこんな表情をするんだ』というのが出てくるんだから」という推し方をしててね。その「見たことがないものを見られる」というのは価値じゃん。俺はそれには賛同したっていうか、「そういう楽しみ方もあるんだ」と。別にドロドロしたものを見たいというよりは……。

TaiTan　「そこにリアルが映っているよ」ということなのかね。

周啓　まあ、いわゆるドラマとかに比べるってことなんだろうけどね。現実に近い、本当に起きてることのように感じるからというのはあるんだろうなと思ったね。

TaiTan　さっき並列してしまったのが間違いだったなと思うんだけど、多分NiziUとかBE:FIRSTは、ずっと見てたらハマってると思うんだよね。でも恋愛リアリティショーって何が楽しいのか全くわからないんだよな。「そこにリアルがある」と言われても、「ほんとか？」と思っちゃうんだよね。咄嗟の行動に人間の業がこぼれる、とかっていうことはあると思うんだけど、「でも、カメラあるしな」って思っちゃう。どう楽しむ？

周啓　でも、前に比べたらカメラがあることって全然当たり前になってるからさ。「カメラがあるから現実じゃなくなってる」という時代じゃないんじゃないかと思うけどね。撮られてるのが当たり前っていうか。

TaiTan　なるほど。それはいいかもしれないね。

周啓　という意味では、大きな論点になる可能性もある「リアリティショーにおけるカメラの存在」みたいな、それによってリアルとフィクションの境目がわからなくなる、みたいな論は退けられるんじゃないかなという気もするんだけどね。まず俺、見てないけど(笑)。

TaiTan　俺も見たらハマるのかもしれないから「よくわかんないんだよ」と言うのもおこがましいんだよな。

周啓　そうだよ。君みたいな奴に言ってるんだから、さっきのレビュアーさんは。見てみろって。勇気出せよ。

TaiTan　でも全く見てないことはないんだ

けどね。つまみ食いはしてるけど。

周啓　そうなんかい。それでハマってないならハマらないな。これ、シンプルに求めてるものじゃないというだけじゃない？

TaiTan　そもそも恋愛みたいなものが意味わかんないなというのはある。

周啓　『バチェラー』見てる人は絶対ナベツネのドキュメンタリーには興味ないよ（笑）。

TaiTan　だから千五百回再生数が落ちるというけれど、その千五百人は多分『バチェラー』が好きなんだろうね。

周啓　別にナベツネvs『バチェラー』にする必要はないんだけれど。

TaiTan　ベン図を描いたときに、絶対に中央にいない人々だね。

周啓　でも俺は、恋愛リアリティショーは普通にハマると思う。見てないだけで。

TaiTan　俺はここで、もうちょっとポジティブに考えたい気持ちがあるんだよね。「なんの恋愛リアリティショーだったら俺は見るだろうか」ということを考えたらいいんじゃないかという説。

周啓　いいじゃん。ネットフリックスの、股間に錠前がぶら下がってるアメリカの恋愛リアリティショーとかいいんじゃないの。

TaiTan　絶対つまんないわ。

周啓　ことを致してしまったら退場になるっていう。そういうの方が好きそう。人間が欲に負ける瞬間みたいな……。

TaiTan　いやいや、全然わかってない。

周啓　いやいやいや、わかってる。

TaiTan　例えば、テラハだったらイケてる若者の人が出ると。で、『バチェラー』は、一人のミリオネアかなんかを……。

周啓　みのもんたを取り合う。

TaiTan　ファイナルアンサーだっつう話で。君がさっき言った南京錠の、セックスしたら負けみたいなルールが乗っていてある種のサバイバル感があるものも、設定だけでは「おっ」とは思わない。となったときに、何だろうな。

周啓　恋愛に興味あるのか？　そもそも。

TaiTan　恋愛という尺度を設けたとしても、もう一個の軸が発生すれば、グッとくる瞬間は絶対にあると思う。

周啓　ただ付き合う付き合わないの軸でやってる番組だと胸は動かないが、そこに何か別の……わかった、あれだ。カレーじゃないか。

TaiTan　俺はカレー好きでやっているから（笑）。

周啓　お前（笑）。もう「やっている」しか聞こえねえよ、今となっては。でもそれはどうなの？　一緒にスパイスを買いに行く、みたいな。

TaiTan　一番つまんねえだろ。

周啓　（笑）。あいがけね。

TaiTan　そういうことやりそうだな、つまんねえ企画者が。「あいがけ成立」とかいって。でも、なんだろう。もっとドロッとした感じが出るといいんだよなあ。

周啓　俺も恋愛リアリティショーだったらなんでもいいわけじゃなくて、テラハとかも恋愛がいいっていうよりも、人の生活が見えるというところに感動があったね。『バチェラー』とか南京錠には、それがないわけよ。

TaiTan　わかった。さすが、君は補助線王だね。

周啓　だせえな。チョークの塊みてえな名前をくれやがって。

TaiTan　俺、昔ちょっと好きだった番組があってね。男女が同じ部屋で一日過ごすっていうだけの番組。で、その関係の変化を見るっていう。

周啓　あ、なんか見たことあるような気がする。

TaiTan　「初めまして」からどこまでいくのか。多少のルールは決まってて、「どこまで人って仲良くなれるのか」みたいな。

周啓　それ面白いじゃない。

TaiTan　そういうのだったら、見たいと思うんだよね。

周啓　なるほどね。

TaiTan　…………………はい。だから何だよ。

周啓　なんだよお前（笑）。でもそれめっちゃいいじゃん。テラハはちょっと違ったけど……。

TaiTan　テラハは別に、そもそも「恋愛リアリティショー」とはうたってないんだよね。恋愛しなくてもいいんだよ。

周啓　『バチェラー』はそもそも、一人に全員が群がる形式っていうのが、俺はちょっと引っかかるというか。

TaiTan　それに関しては俺がリテラシー低くて、「リアリティショーである」という言葉のまやかしに目がくらんでるだけであって、あれは多分フィクションとして見ていいんだと思うんだよね。「こういう落とし方もある」という、いろんな技を持った人がそれを見せあう。その目線の設定が、俺はアマチュアなんだよ。それはテラハとかに関してもそうだと思う。

周啓　なるほどね。

TaiTan　ということで、私が悪かったと。

周啓　いやいや（笑）。すごい終わり方だね。

TaiTan　で、いい？

周啓　いいよ（笑）。それがいいと思ってた。

TaiTan　でも、そういうのがあったら教えてほしいですな。

周啓　さっきの、部屋に入ってどうなっていくかみたいな。

TaiTan　恋愛に限らず、「このリアリティショーめちゃおもろですよ」というものがありましたら、それを募集したいなと。

Q&A「年末見るべきもの」／最大の発表

TaiTan　というようなもんで、Q&Aですよ。これは君も関係ありますよ。

周啓　あるなよ。

TaiTan　前回「年末見るべきもの」という

90b

第カ拓巻後編VI-Iとエヴァ

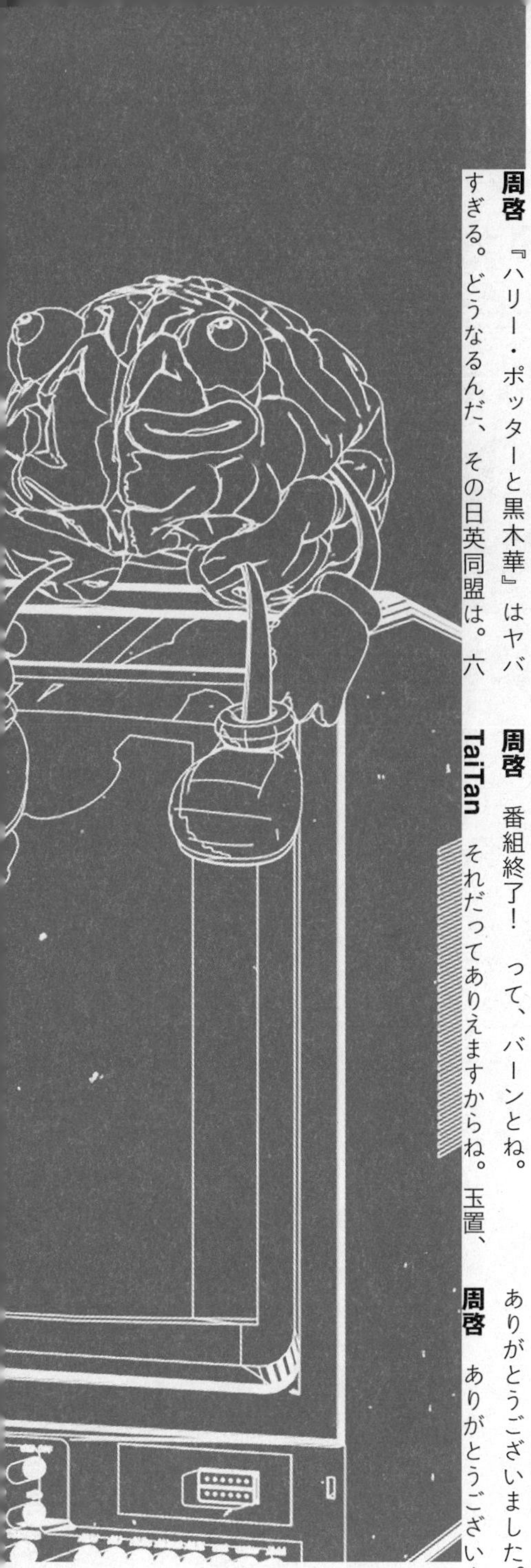

テーマで募集したんですね。これは最初に答えてくれた人がすごいですね。「ポッター」。『ハリー・ポッター』ですと。akiさん。とうとう見ようかな、『ハリー・ポッター』。どう、君は。

周啓　やるよ。『秘密の部屋』だけでいいのね。

TaiTan　『秘密の部屋』？　そんなのあった？

周啓　二ね。『ハリー・ポッターと秘密の部屋』。

TaiTan　『賢者の石』、『秘密の部屋』、『アズカバンの囚人』……四は何？

周啓　『炎のゴブレット』だろうが。

TaiTan　『不死鳥の騎士団』。

周啓　ハリー・ポッターと、黒き……『黒木華』。

TaiTan　（笑）。サブタイトルが固有名詞になることあるんだ。

周啓　『ハリー・ポッターと黒木華』はヤバすぎる。どうなるんだ、その日英同盟は。六個目が思い出せない。

TaiTan　多分、『ダレン・シャン』です。

周啓　お前。ボロ儲けじゃねえかよ。俺らが中学校のときの二大小説ね。

TaiTan　あとは、M-1アナザーストーリーは当然見ますよ。プロ野球戦力外通告も当然見ます。というような感じでございますね。これで『奇奇怪怪』の年内の放送は、あと一回となりましてね。

周啓　クリスマスじゃん。

TaiTan　そうなんですよ。ここからすごい大事なことを言います。クリスマスの十二月二十五日夜十時、長々とやってきましたけど二〇二一年最後の配信だと。

周啓　長かったね。ありがとうほんと。

TaiTan　そんな年内最後の配信で、最大の発表をね、しようかななんて思っておりますんでね。

周啓　番組終了！　って、バーンとね。

TaiTan　それだってありえますからね。玉置、降板。

周啓　（笑）。「喝だ、喝！」ってね。

TaiTan　あるかもしれないし。何が起きても不思議ではない。でも番組史上、最大の。

周啓　この調子だとタイタンが降板ですね。

TaiTan　これはリアルタイムでぜひ、聞いてもらいたいですな。

周啓　俺が降板する瞬間を。

TaiTan　戦力外通告を。

周啓　（笑）。言われる前に辞めてえ。二十二時ね。

TaiTan　クリスマスもあと二時間でクリスマスも終わりますよという時間に、バーンと言いますから。

周啓　俺が放送禁止用語を言いまくって。

TaiTan　最後にドローンを被せて終わろうかなということも含めてね。まあよかったらリアルタイムで聞いてくださいということで。ありがとうございました。

周啓　ありがとうございました。

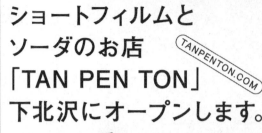

146

昭和の傑物について／「M」からの恋文

TaiTan　えー、TaiTanです。

周啓　玉置周啓です。

TaiTan　えー、『奇奇怪怪明解事典』でございますけれども。敏夫ね。

周啓　お尻？

TaiTan　それは、みのもんたね。

周啓　逆引き辞典かよ。なんで「お尻」でみのもんたが出てくんだよ。

TaiTan　こないだ、久しぶりにみのもんたの映像を見たね。テレビかYouTubeかで。痩せてたね。

周啓　切ないな。

TaiTan　それこそ『奇奇怪怪』書籍化LINEに送ったよね。みのもんたの、『愛の貧乏脱出大作戦』ていうさ。

周啓　えっ。

TaiTan　お前、見ろよ。送ったリンクは全部見てほしいわけよ。あの、人生ドン底みたいな飲食店の店主たちが、お店復活のためにいろんなところに修行に行くのをサポートするっていう番組ね。そのときのみのもんた氏が、弁舌がすごいから、応募者たちに怒ったりするわけよね。「その態度はなんだね！」って、あのライオンヘアーでブチ切れてて。全盛期のみのもんたはすごいな、と。それを見たりしたもんだから、今の姿を見ると時の

昭和のカリスマと敏腕P

勢いを感じるなと思いましたけれども。

周啓　だって、昼の帯番組で電話してたよね。毎回違う主婦と。

TaiTan　ああ、そうだね。主婦的なる人と。何だったんだろうね、あれ。『思いッきりテレビ』っていうね。

周啓　『ためしてガッテン』、『思いッきりテレビ』ね。

TaiTan　あと『おはようニッポン』。口に出したい番組名はその三つだからね。今の二、三十代、いわゆるミレニアル世代は、みのもんた氏をめちゃくちゃ見てきたんじゃないですか。

周啓　見ない日はなかったよ。『ケンミンSHOW』とか。

TaiTan　俺、その『愛の貧乏脱出作戦』のアーカイブを見ていて、「この人って何なん

92b

だろう」って思って。芸人でもないし……。

周啓　アナウンサーじゃない？

TaiTan　そうそう。今、司会者といえば芸人がやってるけどさ。みのもんた氏って出自なんなん？　と思って調べたら、アナウンサー、しかもラジオのアナウンサーだったんだよね。そっからここまで上りつめる人って、すごくない？

周啓　それはすごい。安住紳一郎さんでもまだ到達していないところにね。

TaiTan　アナウンサー発でメディアを牛耳ってしまった人はいないよね。しかもあの人は、水道メーターかなんかの会社の社長でもあるんだよね。

周啓　えっ、マジ？

TaiTan　あの人の経歴を見ると、めちゃくちゃ面白いぞ。いろいろやってて、その会社のHPに行くと、本名の「御法川法男」としての代表取締役社長あいさつのページがあるんだよね。

周啓　へえ。もう芸名ではなくってことだ。御法川法男ね、懐かしい。ランジャタイが尊敬していると言われているV6がやっていた……。

TaiTan　「学校へ行こう！」ね。

周啓　それも出てたね。「御法川4」という謎のリズムゲームがあったもんね。そう考えると、相当出てたな。珍プレー好プレーも出てたし。

TaiTan　珍プレー好プレーは、みのもんた氏のナレーションによって番組が息を吹き返したとすら言われてるもんね。

周啓　お前、みのもんたに詳しいな（笑）。なんで一個多くの情報を全部知ってるんだよ。

TaiTan　俺めちゃくちゃ詳しくない？　去年末から今年にかけて、ずっと「昭和の傑物」を調べることにハマってるんだよね。その一つがナベツネだったし、今は田中角栄と、新潮社の伝説的な編集者の斎藤十一さん。とにかく面白いんだよね。

周啓　いいね。やってたプロジェクトが面白いの？

TaiTan　というか、生き方だね。あと成し遂げたことが。「昭和の傑物図鑑」を作ってるんだよね。

周啓　「平成の怪物図鑑」は？

TaiTan　平成の怪物は、松坂と斎藤佑樹しかいないから。

周啓　あ、そうか。じゃあ二つで終わっちゃうんだ。結婚式の招待状みたいな……（笑）。

TaiTan　見開き一ページで終わる。「図鑑」をうたうにはちょっと心もとないから。でもおもろいんだよね。昭和を生き抜いた、バケモノじみたエネルギーというか。次か次の回くらいで、田名角栄と浅草キッドの話をしたいと思ってるんだよね。

周啓　面白そう。楽しみだわ。

TaiTan　そんなもんでね。みのもんたの話はおいおいするとして。

周啓　あと、動物の……。

TaiTan　『どうぶつ奇想天外！』もあるね。すごくない？　ヒット曲がマジで十番組くらいある。

周啓　しかも名前がかっこいいよね。『どうぶつ奇想天外！』は。

TaiTan　あれもナレーションはみの氏？　違うか。

周啓　スタジオに立ってた気がする。

TaiTan　立ってたよね。俺、『どうぶつ奇想天外！』に出てたTBSの久保田アナがめっちゃ好きだったね。

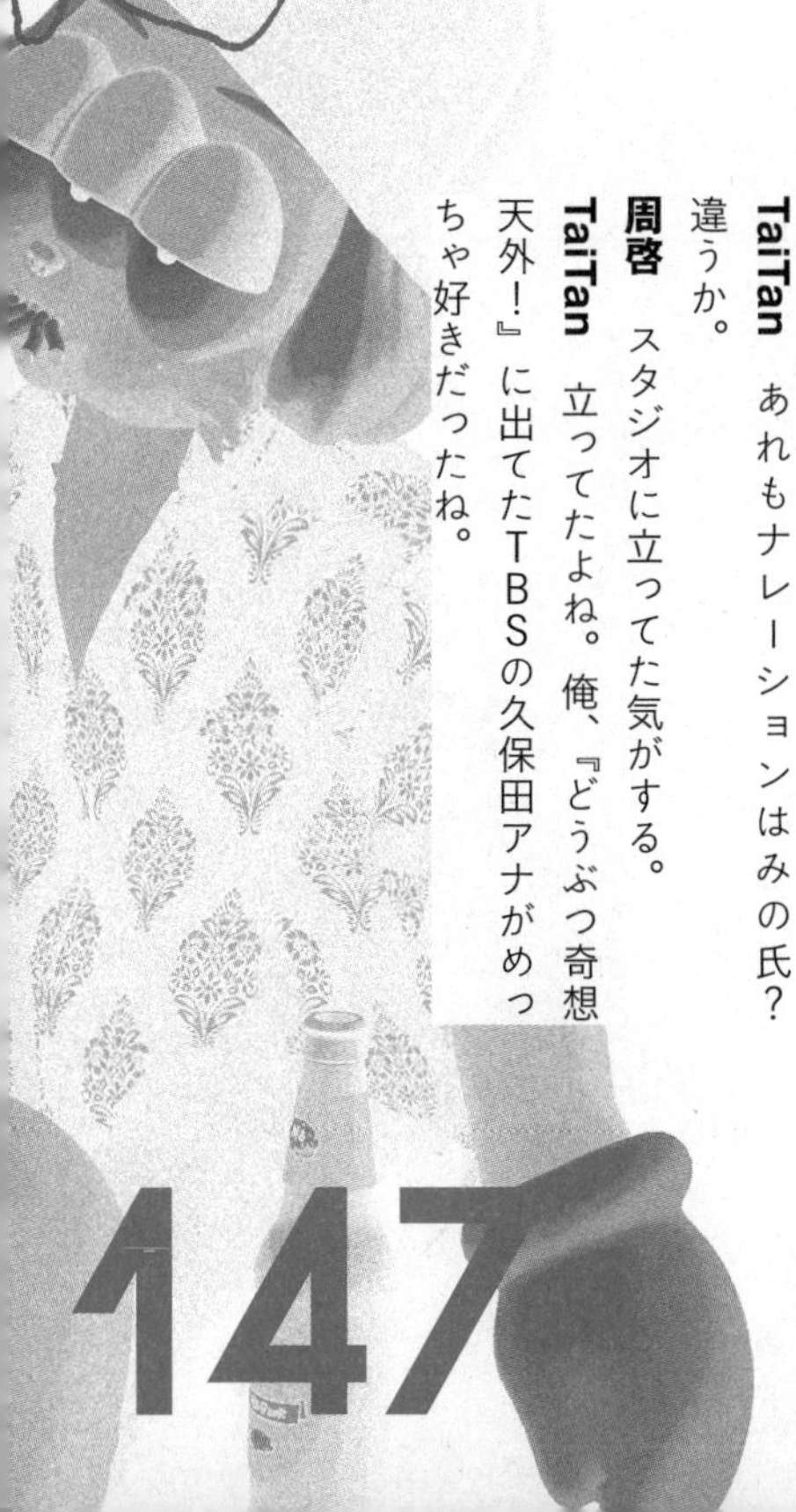

周啓　へえ。告っちゃえばいいじゃん。

TaiTan　TBSにメールして、渡り廊下に呼び出そうかと。で、恥ずかしいからイニシャルで「M」って書いて。

周啓　なんで「みの」からの連絡という体なんだよ。

TaiTan　（笑）。「みのさんから来ちゃったら行かざるをえないな……」と思わせる。

周啓　「だったら来るだろう」じゃないんだよ、卑怯者がよ。まずなんで局内で「M」で通ってるんだよ。

TaiTan　「M」で通るイニシャルは、浜崎あゆみのMしかないからね。

周啓　浜崎あゆみのMは何なんだ。はまさきの「ま」か。

TaiTan　違うんだよ。浜崎あゆみさんに「M」という曲があるんだよね。その「M」は当時付き合っていた方の名前だったと。

周啓　「みの」じゃん。

TaiTan　みのに対して「マリア」とか言わないわけよ。

周啓　（笑）。言わないの？

TaiTan　「ファイナルアンサー」しか言わないんだから。そのMが誰だったんだというのを明かしたのが、こないだやってた……。

周啓　ああ、ドラマの。

「仕事ハッケン伝」の中田敦彦氏／鈴木敏夫氏の手腕

TaiTan　まあMの話はおいおいするとして。今日はね、敏夫なんだよ。

周啓　世界の。

TaiTan　世界のっつう話でさ。まあ敏夫単品というよりも、こないだ『千と千尋の神隠し』が金曜ロードショーでやってたでしょう。見た？　どう？

周啓　なんだよお前。テンポだけで聞いてくんなよ。見てないよ。

TaiTan　寝てたからね、君はね。

周啓　面白かった？　というか君、見たんだ。

TaiTan　俺は去年見てるから。コロナの初期で、ジブリが映画館でやりますというタイミングで。

周啓　そうかそうか。どうだった、一緒だった？　映画館で見たのと。

TaiTan　ちょっとずつカットされてただろ。そこに気づいた。というくらいには『千と千尋』は印象に残る映画だったんだけれども。俺がすげえなと思ったのはね、ジブリの公式Twitterが、『千と千尋』に関する質問に回答する、というのをやってて。

周啓　制作秘話から、都市伝説めいたものまでね。

TaiTan　あれはすごいなと思ったね。

周啓　ちょくちょくやってたけどね。原画を公開、とか監督の当時考えてたこと、とかさ。でも、ネットで盛り上がってた都市伝説的なものまでひっくるめて全部答えちゃうのは初めてだったんじゃないかなと思った。

TaiTan　魔法を解きにかかるっていうね。鈴木敏夫氏の手腕なのかわからないけど、やることが常に想像を一歩超えてくるっていうか、踏み込んでくるっていうか。

周啓　たしか来年公開の映画の作画が『千と千尋』と一緒でね。かっこいいよね、金曜ロ

ードショーを広告に使うと考えたら。

TaiTan　そこの布石になってる説もあるっていうね。上手いよなあ。それこそメディアの覇者ですよね。全部使うっていうか。それを裏付けるような感じで、「仕事ハッケン伝」というNHKのお仕事密着ドキュメントバラエティみたいな番組が一部で話題になってたんだよね。これがジブリの何に関係するかというと、オリエンタルラジオの中田のあっちゃんね。当時まだ三十歳くらいの中田敦彦氏が、『風立ちぬ』公開に合わせて、ジブリの宣伝部に一週間くらいインターンするという内容なんだよね。これがめちゃくちゃ面白くて。これも鈴木敏夫氏がディレクションしていくわけよね。「こういうふうに宣伝したいんだ」とかって答えは言わないんだけど、導いていくっていうか。その様が、「うわあ、手練《てだれ》だなあ」と思う。

周啓　それこそプロデューサーっぽいよね。俺は生きてきたなかで、やることを自分で決めることも多い道でしたのでね。ああいうのを見ると、ヒントを出してやんわりと自分が思っていた正解に導くという職業って、ほんとすごいんだなって。

TaiTan　思った?

周啓　おもったんだ。

TaiTan　ひらがなでね。

周啓　ひらがなで。

TaiTan　でもほんとそうだね。「相手から引き出せなかったら自分の負けだ」っていうことをずっと言うんだよね。その中田氏と鈴木氏の攻防も面白い。結局、やることは宣伝のコピーを書くという仕事なんだけど、中田氏はそれまでのジブリのコピーを分析して、採用されているパターンをあぶり出していって、「じゃあ今回の作品に当てはめると、こういうことじゃないですか」というのを持っていくんだけど、そういうことをすると敏夫氏は「ああ、だめだめ」ってなっちゃうんだよね。

周啓　見抜かれてるんだ。

TaiTan　そう。それを受けて、自分の武器として、「コンテを見たときに一視聴者として感じたことをそのまま言葉にしていこう」というのを中田氏はどんどんやっていく。この攻防戦も痺れますよね。

周啓　中田氏も大したもんだよね。俺はリアルタイムで見てたんだけど、最後はたしか百個くらいバーっと出して、カフェで番組スタッフか誰かに見てもらって。

TaiTan　すごいよね、あれ。それこそ『もののけ姫』公開のときに鈴木敏夫氏が書いた「天才・宮崎駿がうんぬん」というコピーを何かしら引用したい、という鈴木氏からのヒントを受けて、中田氏は「天才」の言い換えをやっていくんだけど、どれも「天才」に勝てないということに気づくんだよね。これは結局言い換えに過ぎないと。で、最後にたどり着く言葉が、「人間・宮崎駿」。

周啓　かっこいいよね。

TaiTan　すごいよね。もう広告コピーとかのプロじゃん、と思って。「天才」と同レベルの強度を持ちながら、全く違う概念でもある言葉は「人間」だっていう。

周啓　人の名前の枕に付いたときにね。

TaiTan　その原点に立ち返っていく、というところにものの一時間か二時間でピョンとたどり着けるというのは、ものすごい慧眼だなと思った。

周啓　でも最終的に「生きねば。」という……。

TaiTan　ジブリは新聞広告で、いろんなパターンを出すんだよね。

周啓　じゃあそれ、使われたのか。

TaiTan　実際出たんだよ、新聞広告に。すごくない？「人間・宮崎駿、七十二歳の覚悟。」みたいな。で、敏夫氏も、「君めちゃくちゃ才能あるね」みたいなことを言うっていう。

周啓　へえ、すごいね。やっぱ……すげえんだな。

TaiTan　何なんだよ、ひらがなでよ（笑）。

周啓　なんか、ジブリを熱っぽく語ることに恐怖感を感じてる部分があるね。

TaiTan　まあ、今のはジブリの周辺だけど。

周啓　君と違ってジブリ育ちのぶん、「ジブリのここがすごい」みたいな話が出てきてもしょうがないなと思って。

TaiTan　でももう、あれじゃない？　次MONO NO AWAREのアルバムが出るとき、中田の敦彦氏にお願いしたら？

周啓　んでだよおまえ！

TaiTan　ひらがながよ。今のはマジでひらがなだった。「んでだよおまえ」だから。

周啓　そうだね。「んでだよ（改行）おまえ」だったね。でも音楽の宣伝って、コピーとかで変わったりするのかね。

TaiTan　それこそ、少し長いプロジェクトをドキュメント形式にしたら、その一行のコピーにも価値が発生するというか。

周啓　なるほどね。ただ取ってつけた言葉じゃないというね。

TaiTan　一行ペロッとおしゃれな言葉が載ってても人は素通りしちゃうけど、そこにたどり着くまでの道程を見せられていたら、それは展示物に変わるというかさ。

周啓　集約された一文としてね。

TaiTan　だから君、中田のあっちゃん氏に書いてもらった方がいいよ。

周啓　んでだよおまえ！

TaiTan　（笑）。お前そんなんで、中田のあっちゃん氏とZOOM会議できると思ってんのか？

周啓　でも面白くない？　打ち合わせで、納得してる感じで喋ってるのに、「じゃあやりますか」ってなったら「んでだよおまえ！」って（笑）。

TaiTan　そのチョケ方は、三十歳の人間がやる行動ではない。二十二歳くらいの、ロックンローラーに憧れてる愚か者。驚くよね、発注者側が「なんだお前！」「出てこいやお前！」って（笑）。

周啓　言ってねえよ、「出てこいや」とは。出てきてんだから。

TaiTan　言ってないの？　RIZINのリングで拳を突き上げてたのは、お前じゃない

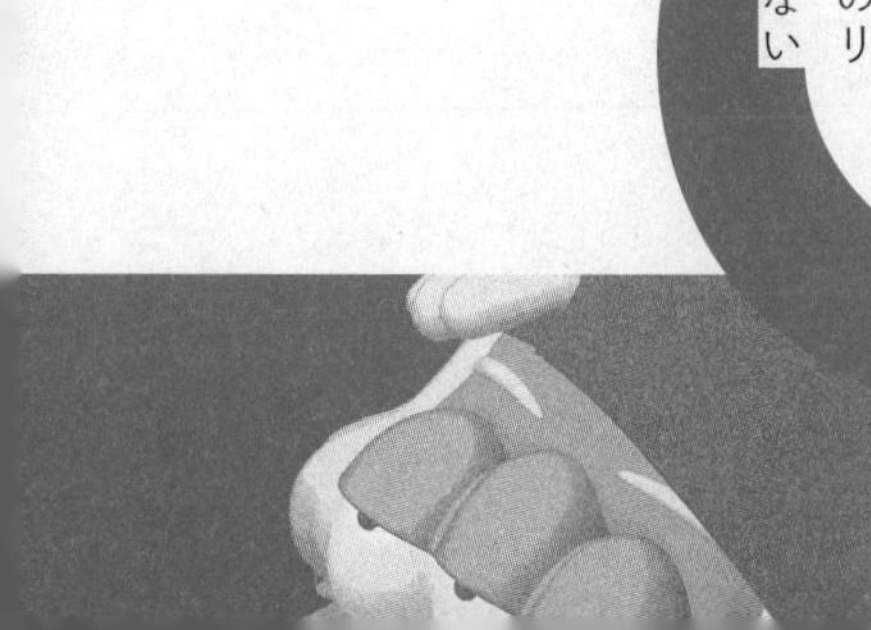

の？
周啓　俺じゃねえよ。もっと屈強だったろ。
TaiTan　ごぼうではなかったのね？　ごぼうだったら君の可能性が出てくるけど。
周啓　俺は、たまたま喋れるごぼうだから。
TaiTan　君は図鑑に載ったとき、「根菜」に分類されているからね。
周啓　戸籍謄本に書いてあったからね。「息子」って書かなきゃいけないところに「根菜」って書いてあったから。
TaiTan　根菜マンね。いいじゃない。
周啓　俺、好きな曲あったな、なんか。
TaiTan　「なぞの野菜星人」ね。
周啓　あ、それそれ。あれ大好き。
TaiTan　あれは神だよね。マジでやりてえ。
周啓　何？
TaiTan　何をかわからないけど、やりてえ。
周啓　（笑）。猿かよ。上野動物園の檻の向こうで、山の上に立って拳突き上げてたのは君じゃないのね？
TaiTan　ギリギリね。まぁでも私は根菜の歌とかをやりたいですよ。いいよね根菜は。体にいいし、人気がないから買い占めることもできる。
周啓　本当のことを言うなよ。君もありあまる財力で根菜を買い占めて、Twitterでリツイートしてくれた人にレンコンをプレゼントしなよ。
TaiTan　迷惑ポッドキャスターね。

小学校の落研／Q&A「二〇二二年の注目人物」

TaiTan　……どうしたらいいんだろうね。
周啓　落とし前だよね？
TaiTan　落とし前はどうしたらつけられるんでしょうか。教えてください、みのさんと。『思いッきりテレビ』ってそういうことでしょ？　みのさんに聞くしかねえって話で。
周啓　そうだよ。まあ今年も、思いッきりやっていきましょうよってことでね。
TaiTan　（笑）。落ちたね。
周啓　落ちた？（笑）小学校の落研ね。
TaiTan　「お、今落ちたね！　上手いね！」とか言って。うぜえな、その子供。グーで鼻を殴りたいね。
周啓　お前、恐ろしいことを言うな。
TaiTan　自分の子供が「おっ、今なんどきで？」とか言い出したら、「黙れ!!」っつって。
周啓　お前、ゆたぼんのことをあんまり悪く言うなよ。
TaiTan　まぁ年末年始に見たものをいろいろと喋ってきましたけども。まぁ最後にね、プロ野球戦力外通告は面白かったですよ。
周啓　もう今、誰も聞いてないよ。君のその一言で。
TaiTan　「プロ野球」と聞いた瞬間にみんな離れていくね。残念ながら。
周啓　それは俺、見れなかったんだよな。牧田ね。クイックが速い人ね。
TaiTan　クイックが速いというよりも、アンダースローの方が特徴的だけども。まぁ一回年末年始に見たものは、こんなもんで。最後に前回のQ&Aで募集したものを拾って終わろうかなと。「二〇二二年の注目人物は誰ですか？」ってね。誰？　ちなみに。
周啓　注目人物？　この流れで申し訳ないけど、新庄と斎藤佑樹。あと、鈴木福くん。
TaiTan　鈴木福くんは実際いいよ。鈴木福くんのYouTubeをやっているスタッフの人とこないだ話したんだけど。やっぱり面白いっていうよね。
周啓　しかも野球好きだしね。
TaiTan　野球好きでやっている。
周啓　お前のカレーだけだわ、そういうのは。
TaiTan　そうなの？　みんな「好き」で終

わってるのね。「好きでやっている」のではなくて。回答でいうと、725さんの「レンコン太郎」。

周啓　眠かったんだろうね。覚えてる言葉を打つっていう。

TaiTan　後悔が残るだろうな。あとね、myuuzikkuさん。「ダイアン」ですね。ダイアンはラジオを始めたんだよね、TBSで。

周啓　あ、そうなんだ。ラジオ面白そうだね。声がいいよね、二人とも。

TaiTan　早坂さんは「小原綾斗氏」。かなりピンポイントで来ましたけれども。

周啓　有名な人だ。

TaiTan　有名でやっている人だね。

周啓　やれないんだよ、それは。

TaiTan　Tomさんは「シーズン終了後の新庄」。Tomがよ。まあ新庄は今年目が離せませんよ。というようなもんでございますかな。どう？　注目人物。でも君が言っているなかでいいなと思うのは、斎藤佑樹氏。佑樹氏なんて、今ヤバいほどCMのオファーが来ているという噂を聞きますから。

周啓　高校のときに受けたノックより多いらしいから。

TaiTan　もうハンカチでぬぐい切れないよね、そうなった暁には。でものべつくまなくやっていると、自分の希少性が減じてしまうじゃない。だから、何を選択するのかというのがめちゃくちゃ気になりますね。イチローとかすごいよね。草野球のチームに行くっていうさ。

周啓　ねえ。ユンケル。

TaiTan　常にすごい選択肢をとるっていうね。まあ一旦そんなもんですかな、今日は。最後にお知らせとして、僕らの書籍がもうそろそろ、あと一ヶ月後くらいですか。国書刊行会から出版されますので。Amazonやら書店やらで予約頂けたらありがたいです。国書刊行会史上初、Amazon書籍売れ筋ランキング全体一位ということで。「おそらく初」と石原さんは言ってたね。

周啓　調べるの大変だから。

TaiTan　まあよろしくお願いします、というのと、Spotifyで聞いている方はフォローいただけたら。今年は打倒去年のPOPLIFE。去年の、ということでね。

周啓　いいんだよ。過去と闘っていかなきゃいけないこともあるんだよ。

TaiTan　ということで、はそんな感じですかね。

周啓　あとあれだね、「のべつくまなく」って聞くとさ、三毛別羆事件が「ガオーッ」って、脳裡によぎるよね。

TaiTan　それ根菜？　根菜の話してる？

周啓　熊の話してる。

TaiTan　じゃあ興味ねえわ。

周啓　なんでだよ。

楽屋ポルノ問題 94

人なのかネタなのか論争／押し売られたい欲

TaiTan　えー、TaiTanです。

周啓　はい、玉置周啓です。

TaiTan　なんだ気持ちわりいなお前！　オーディション会場がよ。

周啓　ロケ地からスタジオに戻ってきたときのアナウンサーだろうがよ。

TaiTan　「中継の、何々ちゃーん」のキモさなんだよ。「はいはーい」とか言うな。

周啓　なんだよお前。じゃあもう一回やれよ。

TaiTan　やらねえよ！　このままいくんだよ。

周啓　なんでだよ。じゃあ何がテーマなのかもう一回言ってからにしろよ。

TaiTan　楽屋ポルノね。

周啓　天気予報？

TaiTan　石原良純って、何？

周啓　人だろうがよ（笑）。

TaiTan　俺びっくりしたのがさ、大晦日のゴールデン帯の番組って、各局力を入れるわけでございますわな。格闘技やる、お笑いをやる、みたいなさ。

周啓　紅白もあって。

TaiTan　でもテレ朝かなんかで、石原良純の番組をやってたんだよね。なんか今、めちゃくちゃ人気なんですか？

周啓　石原良純を特集するってこと？

TaiTan　特集っていうか、石原良純氏と、高嶋ちさ子氏と、もう一人石原良純氏的な人。

周啓　土田晃之？

TaiTan　いや、もう一人二世タレントみたいな……。

周啓　ミッツ・マングローブだ。

TaiTan　それは徳光氏のね。あれだ、長嶋一茂氏。

周啓　なんかその三人の番組、見たことあるな。もともとあるんじゃない？

TaiTan　そう。しかもポテトチップスの食べ比べとかをやってるんだよね。そんなの見る人いるんだ、と思って。見る人がいるから大晦日にやってるんだろうけどね。だからい

よいよこう、「ネタより人」なんだろうなと思ったよね。よくあるじゃん、M-1とかでもさ。ネタなのか人なのか論争で、「今年は人だった」とか。

周啓　それがテレビ番組にも。

TaiTan　そうそう。YouTubeなんか特に人じゃない。やっぱ人全盛の時代だね。

周啓　でも石原良純も長嶋一茂も、安定感があるよね。

TaiTan　肯定派ってこと？　じゃあファンクラブあったら入る？

周啓　入るわけねえだろうが。

TaiTan　失礼だなお前。謝れよ。

周啓　まず質問がおかしいんだよ。じゃあ君は高嶋ちさ子さんのファンクラブあったら入るのか？

TaiTan　入るわけねえだろお前。

周啓　失礼だろうがよ。

TaiTan　失礼だよ俺は。

周啓　あ、そのパターンもありなんだ。

TaiTan　俺は失礼でやってるからいいけれども。君はね。

周啓　お前、「失礼でやってる」って。詐欺師だよそれは。いくら失礼なこと言ってもいいんだから。「やってる」ことになるわけだからね。カレーまでだよ、それをやっていいのは。

TaiTan　それはお前、カレーに失礼だろ。

周啓　失礼ポルノじゃん、この話。

TaiTan　失礼ポルノだよ。どんだけ失礼なことをやっても許されるのはなぜかといったら、「裏では謝ってる」とか「裏ではいい人」とかそういう話にどんどん回収されちゃうでおなじみの、楽屋ポルノね。

周啓　逆再生かと思ったわ。

TaiTan　強引にテープが巻かれている感じがありましたけれども。

周啓　タイムマシン乗ったときってこんな感じなんだろうなと思った。

TaiTan　初めてタイムマシンに乗った一般人の感想ね。「なんかもうちょっと、時計がぐにゃっとしてダリ的なニュアンスなのかと思ったら、意外と『TENET』くらいのノリなんだな」と思うんだろうね。

周啓　「目が覚めたら着いてたんで、なんてことなかったです」って。

TaiTan　前澤さんだって宇宙行ってさ、「意外と」みたいなテンションだったもんね。お金配っても、「意外と、ああ……」とか思ってそうだもんな。

周啓　それ、石原さんな。

TaiTan　石原がよ。

周啓　じゃないんだよお前（笑）。セットで言ってると「がよ」が下の名前かと思う人も出てくるかもしれないんだから、あんまり言わない方がいい。

TaiTan　飛ぶ方の「蛾」に、妖怪の「妖」（笑）。

周啓　仏像彫る人ね、それは。だとしたら「石原」が弱く感じてくるな。石原の原が六波羅探題の「波羅」で、石は「いし」と読むけど字は「巖」にすると。

TaiTan　いいね、かっこいいよ。というよ

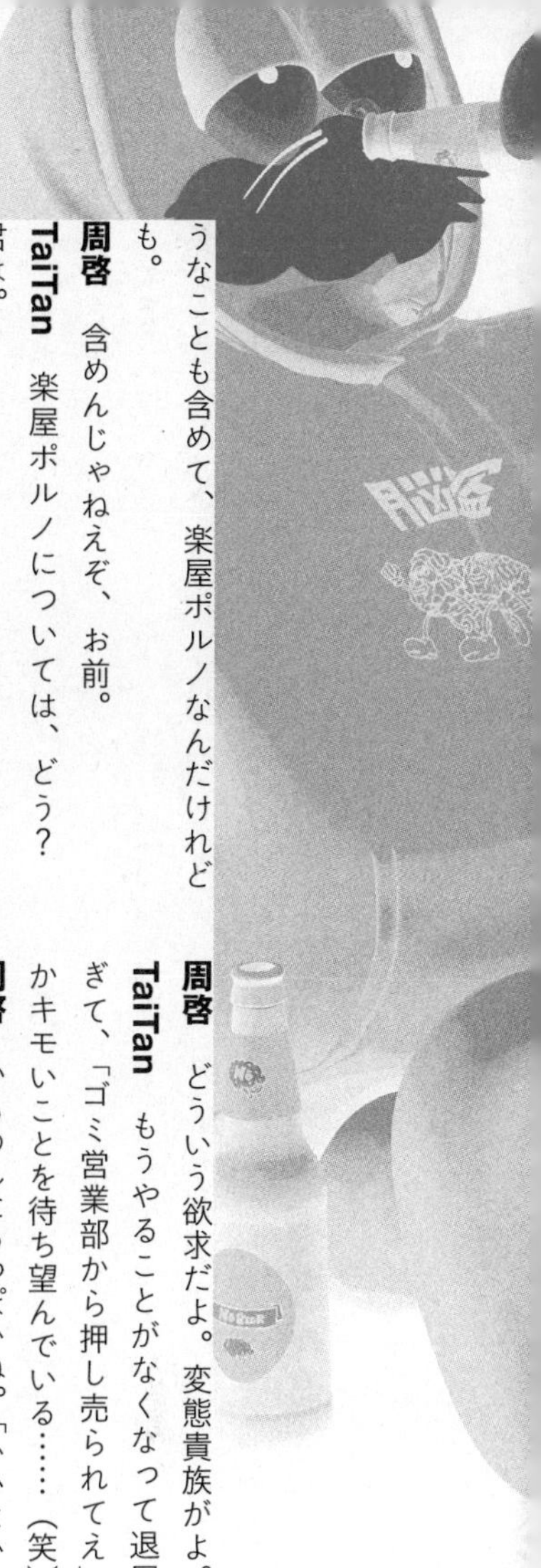

うなことも含めて、楽屋ポルノなんだけれども。

周啓　含めんじゃねえぞ、お前。

TaiTan　楽屋ポルノについては、どう？君は。

周啓　まず何なのかを説明してもらわないと。

TaiTan　こんな優秀な営業マンもいないからね。扉を開けたらいきなり、何かわからないものを手に持って「どう？」って。

周啓　『VISUALBUM』だろそんなのは。

TaiTan　あ、そう？　それは困っちゃう？

周啓　でも買っちゃう可能性がある。勘で「面白そうだから」って。そっちの方がいいんじゃない？　長々説明するより、意味のわかんないものを持って「どう？」つって買ってもらう。

TaiTan　怖いね（笑）。なんか持って「どう？」と聞いてくる男。でも今日び、訪問販売なんてやってるのかな？　越中富山の薬売りよろしくの。

周啓　やってるんじゃないの。全然いるでしょ。

TaiTan　『全裸監督』の村西とおるの、英語教材の訪問販売みたいなさ。俺体験してみたいんだけど、押し売り。押し売られてえ。そのために町に出たいわ。

周啓　どういう欲求だよ。変態貴族がよ。

TaiTan　もうやることがなくなって退屈すぎて、「ゴミ営業部から押し売られてえ」とかキモいことを待ち望んでいる……（笑）。

周啓　かもめんたるっぽいね。「いいよいいよ、お前が持ってるやつ全部買うよ」って。

TaiTan　「お前がこれをいいと思ってんだな？　じゃあ買うよ。説明とかいい、いい！」つって。なんか、押し売ろうとしてくる奴としゃべってみたい。

周啓　それは事件に飢えてるってことだよね。それにお金を払うつもりで買ったらいいんじゃない？「押し売られてえ」とか言ってる奴がいざ押し売られて「俺は払わねえ」とかいって追い返したら失礼だよ。押し売りに対して。

Balenciaga詐欺事件／NYヤンキースのキャップの正当な金額

TaiTan　でも俺一回ね、押し売りとは違うんだけれど、Balenciagaの靴みたいなのあるでしょう。

周啓　えっ、高いやつ？

TaiTan　本当だったら十五万くらいするや

94

つね。あれがインスタの広告で、「今ならなんとイチキュッパ!」と。

周啓　一九八円?

TaiTan　一万九千八百円だったんだけども、「めっちゃ安いじゃん」と思って秒で決済したら、ボンドで柄がくっつけられた靴が届いて。

周啓　(笑)。

TaiTan　これは上手いな、やられたなと思った。

周啓　それは押し売りっていうか、詐欺じゃん。いくつのときの話よ。この前?

TaiTan　そうね、ただの詐欺に引っかかった(笑)。でも俺の人類の……。

周啓　俺の人類?　お前の人類じゃないからな、言っとくけど。

TaiTan　あ、違うの?　俺って、創造主じゃないの?　創造され主ね。

周啓　なんで「主」を愛用してんの?(笑)

TaiTan　俺が主体だから、常に。

周啓　英語圏か。自己を強く持ちすぎんな。

TaiTan　俺が例えば、四十五歳くらいで死ぬとして。

周啓　(笑)。

TaiTan　何笑ってんだお前!　俺の没年で笑うなよ。

周啓　お前、俺の願望をあんまり自分で言うなよ。

TaiTan　「四十五歳で死なないかな」じゃないんだよ(笑)。そういうのは瞬発的な願望であって、未来に対して思う欲望ではあんまりないわけよ。

周啓　俺は慢性的に思ってるから。本来はひと時だけのものでね。

TaiTan　あと、四十五って十五年後とかに来るんだよ。

周啓　意外と近いっていうね(笑)。

TaiTan　やだねえ。

周啓　でも君は、若いうちに駆け抜けて駆け抜けて、刺激を堪能したまま四十五で死なないかなって、公園とかで思ってるよ(笑)。

TaiTan　ふざけんなよお前。俺の両親がこれ聞いてどういう気持ちになんだよ。「こいつ、ポッドキャストの相方に死ねって思われてるのか」となると思うと申し訳ないよ。

周啓　なんで俺も今笑ってるのかまったくわかんないけど(笑)、いやいや冗談よ。

TaiTan　冗談だとしてね、でもこう……なんの話だっけ?　なんで俺って、四十五で死ぬ設定を自らに課してるんだっけ?(笑)

周啓　(笑)。わかんないけど、俺もびっくりしちゃって。なんで自分の寿命を……。

TaiTan　俺がBalenciagaの偽物を掴まされたのはいつなんだという話で、君が「こないだ?」というボケをかましてきたんだけど、俺が四十五歳になると考えたときにはね……いや、もういいや、この話。

周啓　なんの話?(笑)ジジイかお前。

TaiTan　この話は複雑に絡まりすぎて、あのー………ミスチルの歌詞みたいになってる。

周啓　何だお前。全然たとえられてないな(笑)。

TaiTan　つまんねえ。つまんねんだよ。

周啓　いいな。君がすごく苦しんでることだけが伝わってきて、最高の気分だわ。

TaiTan　「もっと苦しめ、ポッター」のときのマルフォイの気持ちね(笑)。「傍線Bの作者の気持ちを答えなさい」で。

周啓　「多分マルフォイと同じだったと思う」

って。

TaiTan それに正解したのね？　じゃあいいよそれで。花丸満点だということなんだが。俺がBalenciagaを掴まされたのは、十九歳くらいのとき、大学二年生くらいのときだね。Balenciaga欲しいなと思ってた時に、イチキュッパだったら買ってやるよバカヤローと思って。

周啓 大学生でBalenciaga欲しいはけっこうすごいな。しかも大学生の一万九千いくらは相当な額だよ。

TaiTan 相当な額ですよ。そしたら、柄がボンドでくっつけてある白いスニーカーが届いたんだから。「詐欺ってすごいな」ってそのとき目覚めた。

周啓 「俺もやってみようかな」って？　俺、詐欺に引っかかったことはあんまりないな。原宿で黒人の人にニューヨークのキャップを掴まされた話したっけ？

TaiTan あ、ニューヨークのキャップもあるの？　ミサンガじゃないの？

周啓 それはイタリアのローマ広場ね。

TaiTan 引っかかりすぎだろお前。ネズミだからなお前は。……カモか、ネズミじゃなくて。

周啓 言い間違えたな、今。

TaiTan 今日俺、黒星多くね？（笑）珍しく君が優勢に立ってるな。

周啓 でもこういうのがあった方が嬉しい。新陳代謝としてね。俺、竹下通りで黒人に腕を掴まれて「ニューヨーク」って書いてあるだけの黒いキャップを買わされそうになった話してないか。

TaiTan してないね。それ頂いていい？

周啓 前に、いろいろ内定をもらったけど結局デパートの社長と仲良くなってそこに入った友達の話をしたじゃん？　高校のときからムードメーカーで、そいつが機嫌悪くなったらすべてが悪くなる、みたいな。

TaiTan お前の学校の中ではな。全国に出たらそんな奴ざらにいるから。「ムードメーカー」とかで威張んな。

周啓 なんだお前よ。なんで俺は友達を自分のことのように自慢して、お前に優位に立たれなくちゃいけないんだよ。

TaiTan 今負けを取り戻そうと思って、お前の話に出た登場人物を全員いためつけてやろうと思ってるんだから。ムードメーカー？　全国出てみろお前！　ムードメーカー選手権の……（笑）。

周啓 審査員としてね（笑）。

TaiTan じゃあ、張り切ってどうぞ。

周啓 何なんだよお前。高三のときに初めて原宿に行ってさ、野球部だったからほぼジャージみたいな恰好なんだよな。その友達のケンタと二人で竹下通りを下っていくわけ。そしたら目の前に、スキンヘッドの黒人さんが「ヘイ！　ベースボールボーイ！」って声を

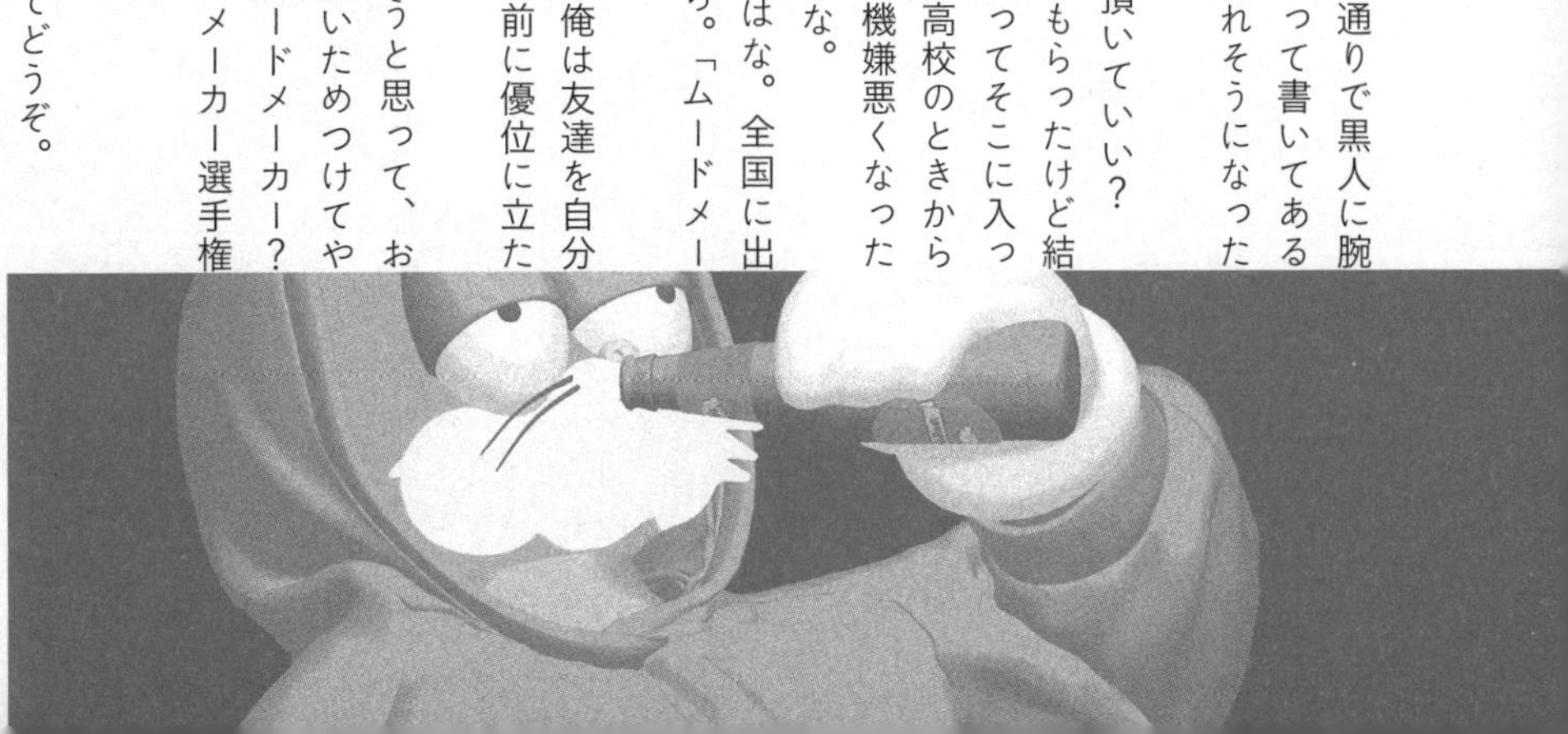

かけてきて。俺は島で十八年生きてきてるから、そのハイタッチに応えたら、その手を思いっ切り掴まれて、そのまま地下の店まで連れていかれたんだよね。そこで「このキャップ買いなよ、ベースボールボーイ」と指さされたのがニューヨーク・ヤンキースのキャップですよ。

TaiTan いいじゃない。

周啓 二万九千八百円ですよ。

TaiTan いいじゃない、いいじゃない、

周啓 買えるわけねえだろ。高三だぞ。

TaiTan なんでだよ、買えよ。ニューヨーク・ヤンキースだろ？ 買うんだよ。それの何が詐欺なんだよ。正当な額だろ？

周啓 ただの野球ファンね。

TaiTan 野球の価値が舐められていることにめちゃくちゃキレている、スタンドのキモオヤジね（笑）。

周啓 こういう奴のせいで、話の腰が折れるんだよ。そんなとこで食いついてこなくても新庄とかが野球のプロップスを上げてくれるから、君は黙っていても大丈夫。

TaiTan お前が声をあげることによってむしろ野球の価値が下がっていることに気づくべきだった、そいつは。

周啓 高えだろうが、グローブ買える額の帽子なんて。だとしたらグローブを買うだろ。なんなら竹下通りでグローブを売ってほしかった。でもキャップはご免だということで、俺は必死に友達から電話が来ているというふりをして、「いったん上にあがらせてもらいます」っていって竹下通りを脱出したんだよ。昔は竹下通りを出て、明治通りを挟んだ向かいにキンジローっていう古着屋があったのわかる？

TaiTan ああ、ああ、あれね。

周啓 知らねえ奴な。クチャクチャ咀嚼音だけが聞こえてきたけど（笑）。まあそれでキンジロー……いや、ハンジローだ。本当に知らねえじゃねえかお前。

TaiTan キンジローで「あれね」って言っちゃった手前、相手が言い間違えていたことが発覚した後は押し黙るしかないやつね。

周啓 もう食うしかないんだよな（笑）。

TaiTan 食うしかないんだよ、気まずい空気を。金魚よろしく、水面に浮かんでくるなよ。

周啓 もう金魚の話になっちゃってるから。俺はそのハンジローで全部上から下まで着替えたんだよ。坊主頭だとすぐばれるから、九千円のハットとか買って、オールコーディネートで三万円よ。なんならヤンキースの帽子買えた。帽子、ベスト、ジャケットもスラックスも革靴も全部履き替えて、今まで着てたものをハンジローの袋に入れて竹下通りを戻るわけよ。表参道の方から上ればいいのに、高校生だから原宿駅に向かう道が竹下通りしかないと思ってたんだよね。で、ケンタは意

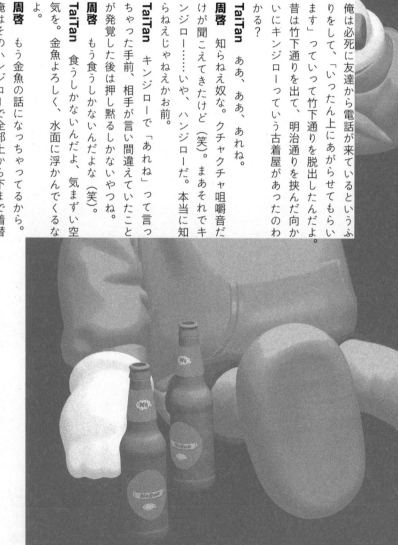

地悪い奴だから「お前一人で行け」とかいって前歩かされて。坊主がマイケル・ジャクソンのコスプレしてるみたいな状態で通りを上がっていったら、さっきの奴がいてさ。サングラスもしてるから気づかれてないと思ったんだけど、すれ違いざまに耳元で「ヘイ、ベースボールボーイ」って囁かれたんだよ。

TaiTan 怖いな。やっぱ君、いい話持ってるね。

周啓 めちゃめちゃ怖いだろうが。俺そのまま連れてかれてさ。コスプレ状態で。

TaiTan また？ 怖っ。

周啓 うん。「ニューヨーク・ヤンキースのは買えません」って言ったら、「じゃあこれ買いなさい」って言われて、キューピッドが六匹胸のあたりにいる、紫色のほつれまくったTシャツを五千円で買いましたっていう話で。

TaiTan （笑）。

周啓 結局三万五千円使ってるんだよね。

TaiTan すごいね。とんだ上京物語だね。

周啓 何が一番ショックだったって、その店を出てったらケンタが爆笑してるわけ。人の不幸が大好きだから。で、一緒に島に帰ってさ。一週間後に祭で焼きそば食ってたら、友達の父親とかがわざわざ話しかけてきて、「周啓、竹下通りでTシャツ買ったらしいね（笑）」って言われたりして。ヤバくない？ この情報網。

TaiTan 嫌な奴がいるんだよな。そんな奴ばっかだよ。

周啓 お前みたいな奴ばっかなんだよ、島は（笑）。だから今だに、うちに人が泊まりにくるときはそのキューピッドの紫色のTシャツをパジャマとして人に着てもらってる、という。

TaiTan というようなね。「詐欺にあいましたよ」のコーナーでございましたけども。

周啓 これ、何の話だったんだっけ？（笑）

TaiTan やっぱり周啓君は、いいエピソードに事欠かないね。喋ってるとき、嬉しそうだったもんね。

周啓 「面白いでっしゃろ？」っていう感じで。今日は君に形勢逆転されたくないから、そのままいかないと、と。

楽屋ポルノ 94

TaiTan　今日はもうコテンパンにやられてしまったと。もう本題に入るのは、極めて難しい。

周啓　本題は何だったっけ？

TaiTan　楽屋ポルノね。

周啓　（笑）。

TaiTan　本題が君の上京物語に置き換わってしまったけれども。僕がこないだの年末に、RIZINという格闘技の大会の映像を作っている佐藤大輔さんと、『水曜日のダウンタウン』ディレクターの藤井健太郎さんと鼎談する機会がありましてね。

周啓　あれ面白かったね。

TaiTan　まあいろんな話をしたんだけどさ。二〇二一年のコンテンツが何やらとか、「ドキュメンタル」の話とか、『水曜日のダウンタウン』の面白かったものを藤井さんご本人から聞くとかね。でも一個、「楽屋ポルノ問題」というのに触れた瞬間があって。要は「みんな裏側を言いすぎる問題」について、今日はその話をしようと思っていたんだけれども、君が詐欺にあうもんだから。しないよ、もう。いつかまたどっかでお話しできたらなと。

周啓　せっかくだから、その記事を読んでもらえればと。

TaiTan　そうそう。現代ビジネスの方で、記事が出てますので。かなり面白いと思いますので、読んでいただけたら。

周啓　言っとくけど、最初に詐欺できたのはお前だからね。

TaiTan　俺が入り口をミスってしまったと。そういうところも含めて、謝りたいなという気持ちがあります。

周啓　謝れよ、じゃあ。

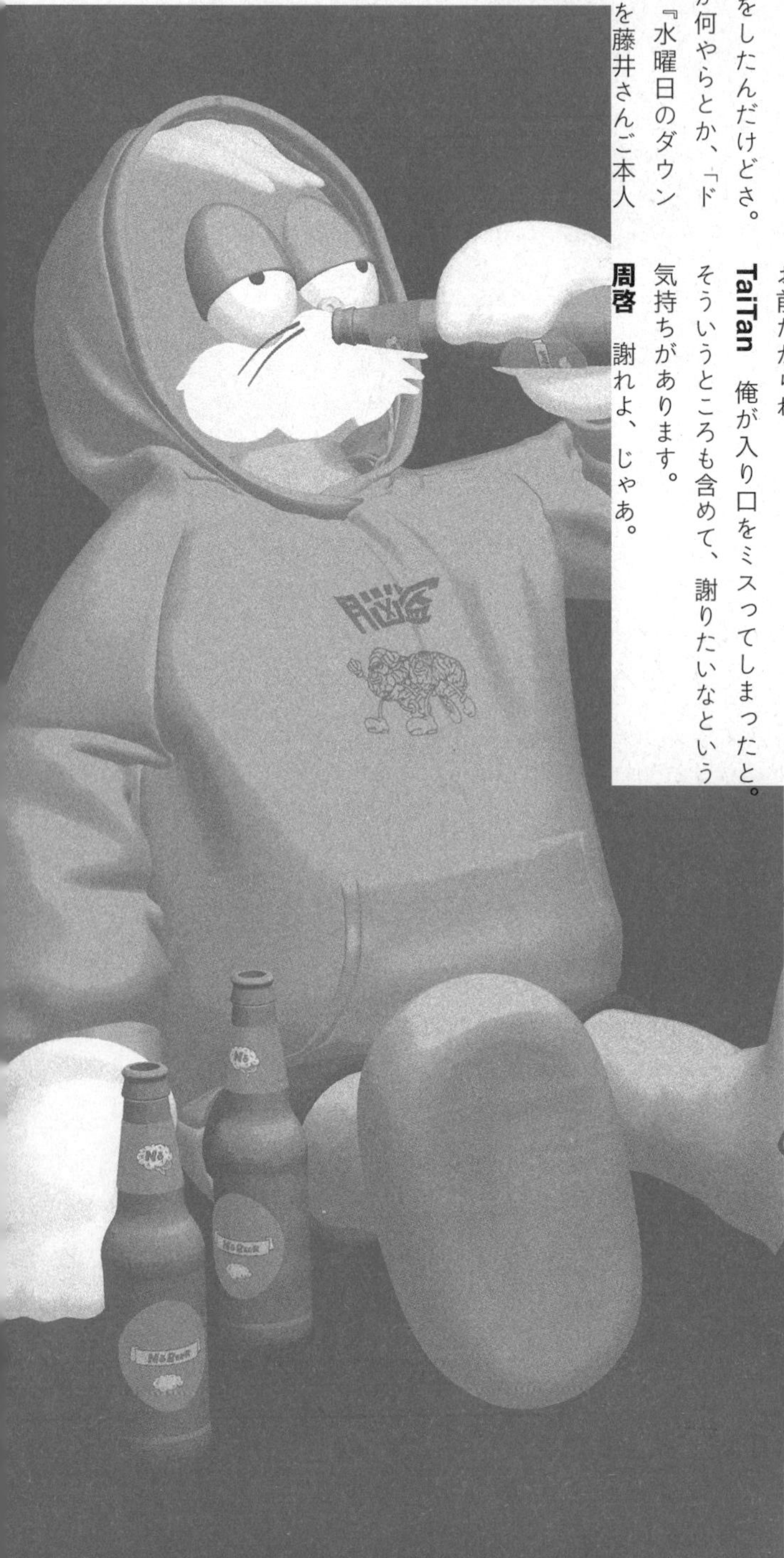

Don’t Make Any Noise
dos monos

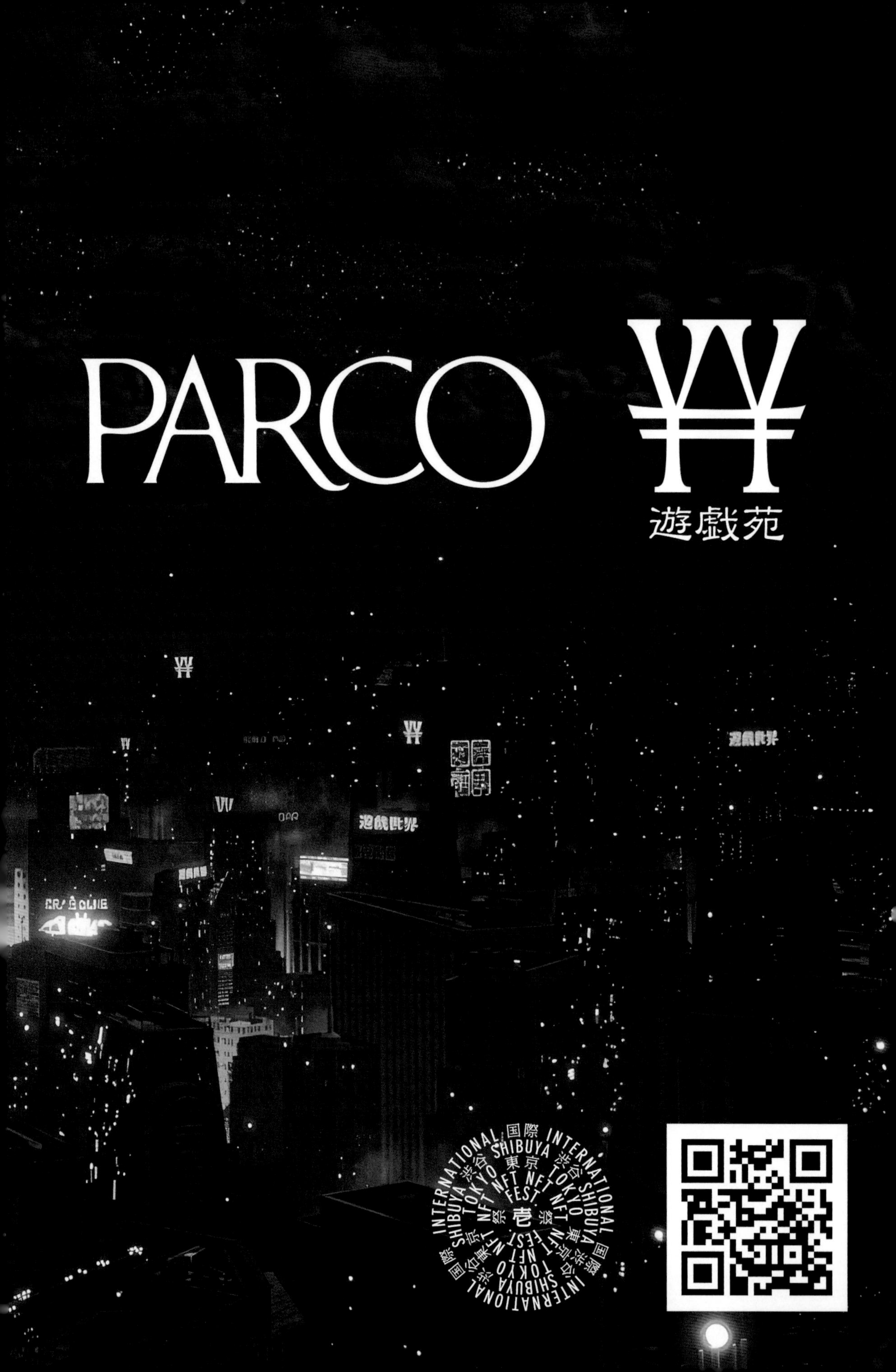
PARCO ¥
遊戯苑
INTERNATIONAL 国際 SHIBUYA 渋谷 東京 TOKYO NFT FEST 祭 壱

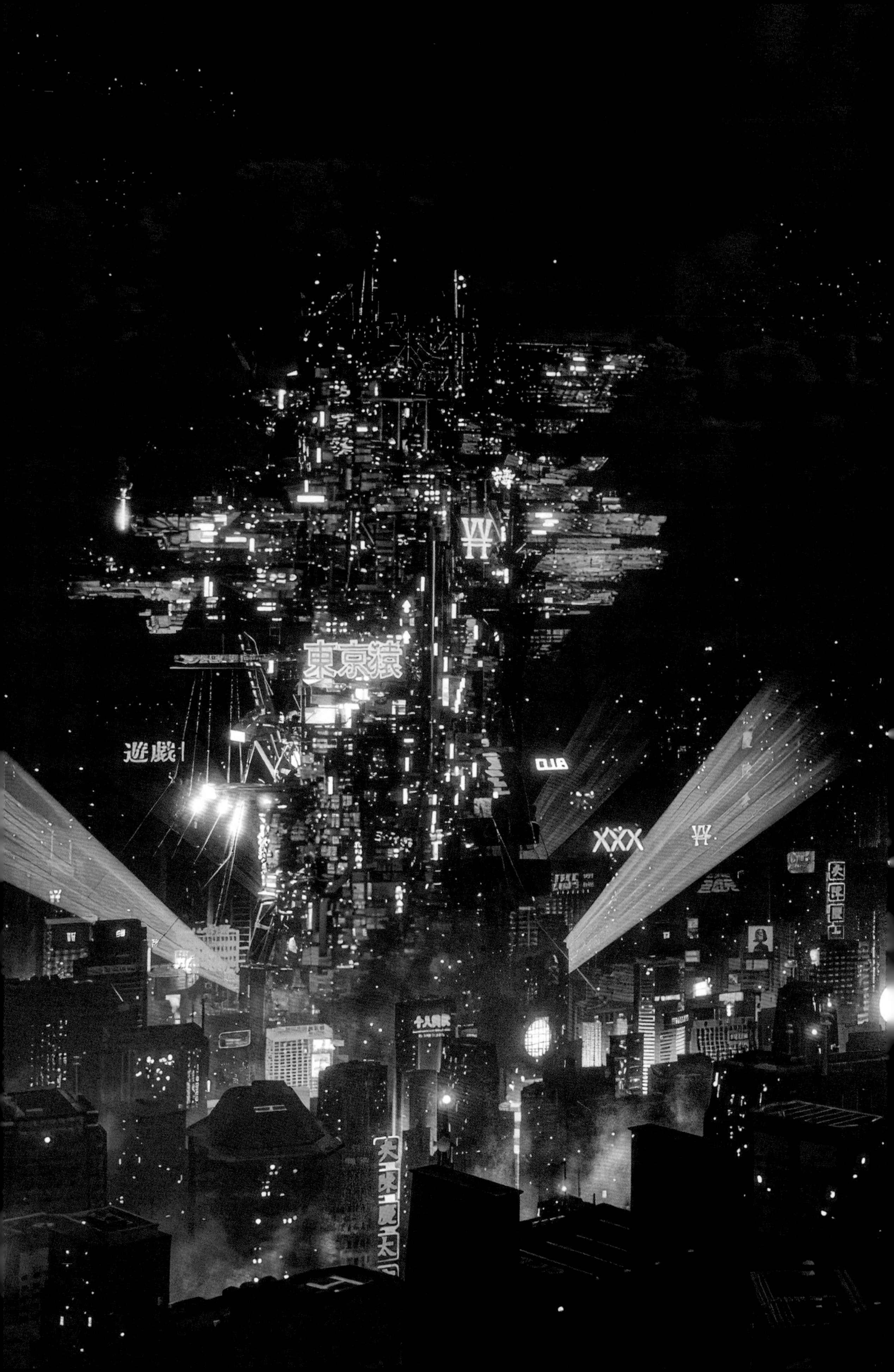
東京猿
遊戯
XXX

PIN PIN

品品 2023年 冬

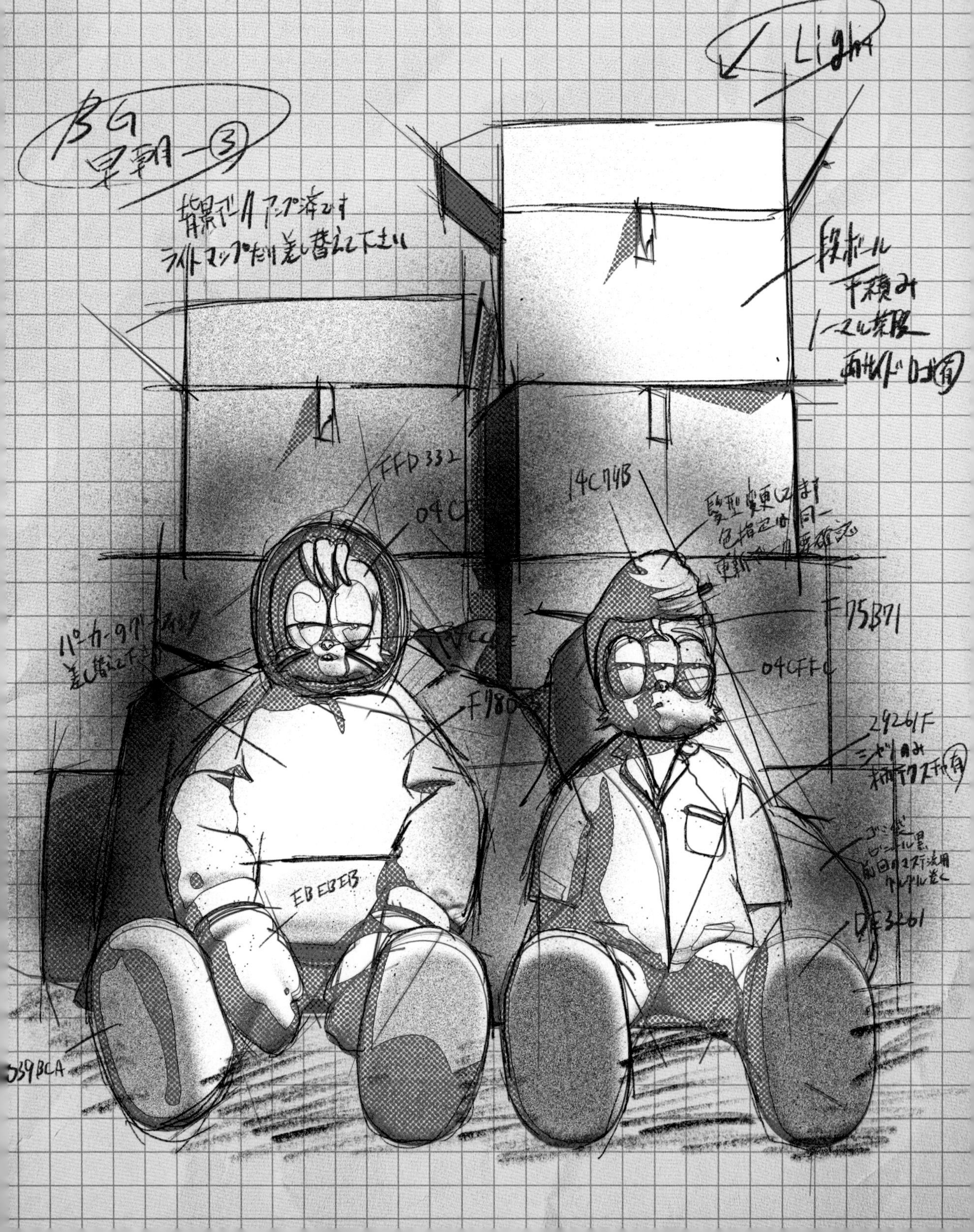

リンパマッサージと男の美願望／能力と環境について歌うラッパー

TaiTan えー、TaiTanです。

周啓 玉置周啓です。

TaiTan えー、『奇奇怪怪明解事典』でございますけれども。深夜ラジオね。

周啓 リンパマッサージね。

TaiTan 俺、すごく思うことがあってね。最近、メンズエステ的なものがあるでしょう。「男だってキレイになっていいじゃないか」みたいな。あれ正直ね……激しく同意なんだよね。

周啓 あ、同意の方ね。「正直ね……」とか言うから。文体むずっ。

TaiTan （笑）。「キレイになりたい」という欲望って、今まで浮上したことがなかったんですが、最近思うことが増えてきましたね。

どう？ 君は。キレイになりたい？ 今から。頑張れる？ どう？

周啓 絶対お前の店には行かない。最初の問診でそんなに切り込まれたら、さすがに二回目はないけども。

TaiTan なんか、高圧的なね（笑）。「どう？ どうなりたい？ 顔？ ボディ？」

周啓 まずそっちが提示しろよというところはあるけれども。でもたしかに、リンパマッサージはしてもらいたい。整体はちょくちょく行くけどね。

TaiTan 整体か。根本的なやつね。

周啓 聞いたんだけど、みんな健康のために走ったりするじゃない？ でも何もやらないで二十何年生きてると、やっぱりどっか骨格が偏ってるんだって。その状態で走っちゃうと、偏ってる側に負担がかかって、どんどん骨格が歪んでいくと。だから走ったりする生活を始める前に、一度整体に行って骨格のバランスを取り戻した方がいいらしいよ。それを聞いて、いったん整体に行ったりしてるけどね。

TaiTan なるほど。それはけっこうガチだね。

周啓 俺、右乳首が左乳首より低いからさ。

そういうのが気になる。そういう話でしょ？「キレイになりたい」というのは。

TaiTan 両乳首の座標を、整えたいという。

周啓 まあ乳首のみならずね。

TaiTan だって、整体の上手い人にかかると、ちょっと身長が伸びたりするじゃん。骨一個分の歪みがなおるだけで。

周啓 祐天寺で知らない人に骨格を直された話したっけ？

TaiTan 怖いな。お前そんなんばっかだな。ミサンガ売られたり、野球帽売られたり。絡みたくなる何かがあるんだろうね。

周啓 普通にコーヒーを飲んでただけなのに、夫婦の整体師みたいな人が、道の向こうから来て。

TaiTan 何それ。両サイから挟まれたってこと？

周啓 だとしたら、罠だな。エステの罠だ。

TaiTan （笑）。怖いねそれ。前から「俺に向かって来てるな」と思ったら、後ろからも尾けられてたっていう。

周啓 前後から肩を掴まれて（笑）。3Dプリンタみたいに、いろんな方向からね。いや、いきなり触られたわけじゃないんだけど、路上で「右肩が下がってるね」って言われて、その場でできる施術みたいなのをやってもらって。それ以来ちょっと興味あるんだよね。

TaiTan それ、報酬は？

周啓 払ってないね。

TaiTan 何でだよお前。それほとんど万引きしてるのと変わんねえぞ。大丈夫かこれ配信して。MONO NO AWAREのWikipediaに、書くなよ？

周啓 誘導するなよ。

TaiTan 「マッサージの料金、未払い」。

周啓 もう罪状じゃねえか。まだ罪になってないんだから。お前だって基本的にお金払わないで電車とか乗ってるんだからさ。

TaiTan 何でだよお前。

周啓 キセルしてないの？

TaiTan 俺が電鉄会社の株主優待券を持っていたらそれでもいいけれど、俺は持ってない。なぜなら、所得の低い家で育ったから。

周啓 何でだよ。

TaiTan 「何でだよ」って何なんだよ（笑）。能力じゃない。環境が悪い。

周啓 （笑）。何を訴えるラップなんだそれは。

TaiTan 他責思考のラッパーね。「〜俺が悪いんじゃない　環境が悪い」。

周啓 だいたい逆なんだよ、トレンドは（笑）。「自分でどうにかしなきゃ」というさ。

TaiTan 施術自体は、勝手にやられたんだね。

周啓 そんな傍若無人な感じじゃなかったけどね。こっちももちろん、「え、いいんですか」みたいなことで。

TaiTan そこで取引関係は成立していたと。

周啓 そうなんだよ。向こうも「お金はいいです」って言ってたから。向かって来てるときからずっと言ってたから。

TaiTan （笑）。「いい、いい！　お金いい！　お金いい！」って言いながら、グッとやられて。

周啓 サラウンドシステムで、前後から言われてね（笑）。

TaiTan 「初回無料」の字が一番でかく書いてある広告は、絶対ヤバい奴だから。触っちゃいけないんだよ。

周啓 でもすげえ嬉しかったんだよ。やっぱそうなんだ、歪んでるんだと思って。自分の体は自分じゃ全然わからないから。

TaiTan でもマッサージ屋で「ここ凝ってますねえ」とか言われると、気持ちいいよね。「最近忙しくてね」とか言ってね。

周啓 肩にメダルがかかってるような気分になるんだよね。

95a 深夜ラジオとポッドキャスト

TaiTan　常套句なんだろうけどさ。多分全員に言ってると思うよ。「こんな硬い人、初めて見ました」みたいなさ。

周啓　言われたら誇らしく思っちゃうもんな、絶対。まあそれも含めてのサービスということもあってね。心もほぐしてもらって。

『SCHOOL OF LOCK!』と堀北と玉置／ラジオとポッドキャストの違い

TaiTan　まあそんなことで、疲れている人に寄り添ってくれるものといったら、深夜ラジオでございますけれども。なんで深夜ラジオの話かというと、こないだあるポッドキャストに出たんですよね。

周啓　カレーの？

TaiTan　カレーのは、「やった」。

周啓　「出た」んじゃなくて（笑）。

TaiTan　カレーは、「やって」いるので。何のポッドキャストかというと、オールナイトニッポンのチーフディレクターをやっていた石井玄さんと、僕と同居人をやっていた小御門優一郎君がやっている番組が、期間限定でやってまして。それが面白かったんですよね。TBSラジオの……。

周啓　あれも書いてたよね。

TaiTan　「オトビヨリ」というウェブメディアに書いた「感電痕」ね。あれはいい文章ですよ。でも一個反省点があって。伊集院光氏との出会いを、「ラジオの帝王との出会い」みたいなストーリーテリングで書いたんだけど、後々人づてに聞いたところだと、「ラジオの帝王」って言われるのが一番嫌いなんだって。

周啓　（笑）。まあそんなん言われても、タイタンにとってのラジオの帝王はそれでも伊集院さんだったということだもんな。

TaiTan　そうそう。私はラジオをよく聞いてきた人生だったんですが、周啓君にとってラジオはどうなんですか。ラジオリスナーだった過去というのは持ってるんですか。

周啓　ラジオは、中高聞いてたよ。

TaiTan　あんまりイメージがないよね。

周啓　言ってもいないしね。東京FMの『SCHOOL OF LOCK!』を聞いてたね。

TaiTan　君は堀北真希が好きでやってたからね。

周啓　「やってた」とか中学時代ですでに言ってたとしたら、自意識の帝王なわけで。俺はそう呼ばれるのが一番嫌いなんだよ。

TaiTan　「自意識の帝王」は、誰も言われたくないから(笑)。でも『SCHOOL OF LOCK!』はそのときすごかったからね。あれでしょ?「ガールズロックス」ね。

周啓　そうそう。あのとき、堀北真希、新垣結衣、貫地谷しほり……。

TaiTan　ああ、いたいたいた。

周啓　あと、鈴木……。

TaiTan　ああ、そうそうそう。

周啓　お前、聞いてないだろ。

TaiTan　あの、前田のあっちゃんが出てたときは聞いてたかもしんないね。

周啓　けっこう後だな、それ。高校二、三年のときだろ。ほんとに熱心に聞いてたのは中学校のころだね。しかも俺に新垣結衣を教えてくれた友達は、『SCHOOL OF LOCK!』の番組内で好きな女の子に告白して、成就したんだよ。

TaiTan　すごいね。それ、今は?

周啓　お前。いろいろあるんだよ、人生。

TaiTan　(笑)。最終的には別れたんだ。じゃあ全然いい話じゃないわ。

周啓　結果論者がよ。

TaiTan　別れたんだったら、「いい話だね」みたいなありきたりなことは、言わないです。完璧主義者だから、俺は。

周啓　何なんだよお前、どうせ死ぬくせに(笑)。消えてなくなるんだから、一個一個の情緒を感じなきゃ、やっていられないわけだよ。まあそういうのもあって、ラジオで思い出深いのは、そういうところだね。

TaiTan　どうなの? そうやってラジオを聞いてきて、今自分がポッドキャストをやっているというのは。俺がその石井さんのポッドキャストで出た話で面白いなと思ったのは、「ラジオとポッドキャストの違い」みたいなところ。周啓君はどう思うんですか、そこらへんは。

周啓　むずいですけど……「ラジオとポッドキャストの違い」だ?

TaiTan　(笑)。大問6にぶち当たったときの受験生ね。「わかんなかったら飛ばしてもいい」って先生が言ってたやつ。

周啓　でもラジオは基本、「知ってる人の声を聞きたい」みたいな……。

TaiTan　あ、全然違って。そのときね……。

周啓　正解があるんだったら、それから言えよ。

TaiTan　小論文で「あ、全然違って」って言われたくないよね(笑)。自分の考えを言う場なんだから。

周啓　あと修正の仕方次第で伸び率が変わるから、お前は先生に向いてない。

TaiTan　(笑)。子供のポテンシャルをはなから潰す型の教師であるということがわかったんだけれども。でもそのとき石井さんと喋っていたのは、サービストークだと思うけど、この番組を聞いて下さったことがあると。で、「ラジオを意識してないのがいいね」と言って下さったんですよね。俺の解釈でいうと、アマチュアリズム。

周啓　なるほどね。そういうことか。

TaiTan　ラジオというのはスタッフの数も多いし、構成作家さんもいて、演者は当然プロフェッショナルだし、というさ。チームの、トータルの団体芸だと。対してポッドキャストはあくまでもミニマムな人数でやるし、尺とかも特にないから、ラジオの真似をしても勝てっこない。だったらば俺らが軸足を置くべきなのは、音楽で言ったらインディーロック的な、アマチュアリズムの牙城を築いた方がいいんじゃないか、みたいなことを喋っていて。そのポイントを「だからいい」と言ってくれて、それは嬉しかったですな。

周啓　じゃあほぼ正解だったってことだよな。

TaiTan　ん？　どっちが？

周啓　俺が。

TaiTan　お前は0点だよ。なんて言ったんださっき。

周啓　だから、「ラジオは有名な人の声を聞きたい」。かすってんだろ！

TaiTan　部分点。努力は認めよう。

周啓　良かった。なんで交渉しないと点がもらえないんだよ。優しくしろよ、そうじゃないと伸びないんだから。でも去年、MONO NO AWAREで『SCHOOL OF LOCK!』に出たんだよね。

TaiTan　いつ？

周啓　去年の、緊急事態宣言が……。

TaiTan　わざわざ言う必要なくない？（笑）

周啓　お前が聞いてきたんだろうが、言外で。毎回聞いてくるから、こっちも気を遣ってあらかじめ述べようかなと思うだろ。

TaiTan　で？

周啓　緊急事態宣言中だったかもしれない（笑）。

TaiTan　感染症対策をばっちりした上で。

周啓　当たり前だろ、ラジオ局なんだから。でもずっとファンとして聞いてたわけよね、小さい頃に。大人になって出てみたらさ、CMの合間に動きまわるスタッフの人の数とか台本が刻一刻と切り変わっていくとこを見ていて、「聞いている側がヒヤッとしないコンテンツを作るというのはこういうことなんだな」と思ったんだよね。

TaiTan　見学者Bがよ。「アメトーーク！」の観覧席で帽子かぶってたの、お前だなあれ。

周啓　それはマジで何の話？（笑）なんで俺は野球帽かぶって『SCHOOL OF LOCK!』に出てんだよ。

TaiTan　あれお前じゃないのね？　見学してるテレビっ子は。まあそんなもんで、「ラジオとポッドキャストの違い」とかを喋ったり。その番組は「あの夜」というタイトルでね。「ラジオの思い出を語る」みたいなノリだったんだけど。小御門君が、「お前このラジオ聞いた方がいいよ」っていって、自分の家に泊まりにきた人の寝床にこっそりスピー

カーを置いていった話とかしてたね。

周啓　でもわかる。「勧める」という良さがあったよね。俺だって『SCHOOL OF LOCK!』は勧められて聞き始めたし。その後の後にやってる、『やまだひさしのラジアンリミテッド』を、教えてくれたそいつに逆に勧めたりしてね。そのコミュニケーションがあった。

TaiTan　俺は小御門君に一個不満があってね。俺との関係性を証明する大学時代のエピソードを話してたんだけど、その語り口が全然はねてなくて。「いや聞いて下さいよ、こいつ今TaiTanって名乗ってますけど、当時飯塚って名前で……あっこれあんま言っちゃいけないやつだった？（笑）」みたいな。「気持ちわりいなコイツ」とか思って。

周啓　いいねえ（笑）。

TaiTan　「こいつ出会いがしらに、……とか言ってきたんすよ（笑）」とか言って一人だけ肩揺らしてて。俺がめちゃくちゃつまんない奴認定されてしまってね。そこだけ不満が残る収録だったんだけれども。

周啓　小御門君は、勉強しなおした方がいい（笑）。

TaiTan　今のは俺じゃなくて周啓君ですけれども。

周啓　でも小御門君がすごいのは確定してるからね。

TaiTan　今度ニッポン放送の社屋を使って『あの夜を覚えてる』という演劇の生配信をやるということでね。

周啓　その脚本が小御門君で……。

TaiTan　演出が佐久間宣行さん、だった気がするね。

周啓　すごい布陣だね。

TaiTan　すごいよね。十年来の友達として、ぜひ頑張って頂きたいというか、めちゃくちゃ楽しみにしてますよというようなことも含めて、ポッドキャストの方も聞いて頂ければと思いますが。もう時間ですね。

周啓　大丈夫？　この本は。

TaiTan　この本ね。なんの関係もないんだけど、最近読んだ『TBSラジオ公式読本』（リトル・モア）。

周啓　めちゃくちゃ面白そう。なんか上品だし。

TaiTan　上品だよね。それこそ編集でおぐらりゅうじさんが入ってるって言ってた。この本のすごくいいところは、ラジオを紹介するときって芸人の話がメインになりがちなんだけど、そこを意図的に排除してる、優先していない感じ。どこかで紹介できたらいいなと思います、というようなもんで。ありがとうございました。

周啓　ありがとうございました。

95

95b 便乗商法論

存在証明とレゾンデートル／知識マウント相撲

TaiTan　えー、TaiTanです。

周啓　玉置周啓です。

TaiTan　えー『奇奇怪怪明解事典』でございますけれども。便乗商法ね。

周啓　存在証明ね。

TaiTan　レゾン・デートルっていうね。あのさ、ほんと驚くんだけどさ……。

周啓　お前、存在証明って言ってから矢継ぎ早に話すな。

TaiTan　レゾン・デートルだろうがい。

周啓　何だよそれ。

TaiTan　お前、「存在証明」を知っていて、「レゾン・デートル」を知らないのか？

周啓　センチメートル？

TaiTan　存在証明のことを、レゾン・デートルっていうんだよ。

周啓　かっこよ。哲学用語？

TaiTan　的なやつで。これもし間違ってたら、僕に誹謗中傷のリプを送ってください。

周啓　（笑）。今回は受け付けます。

TaiTan　フォローしている人以外からの返信も、受け付けます。「誹謗中傷はこちらまで」って拡散していただいて、僕のFacebookのアカウントに、コメントください。

周啓　お前、地獄を突き詰めるなよ。Twitterでいいよ。

TaiTan　でも多分そうだよ。ちょっと調べますね。Spotifyで調べます。Spotify独占配信なので。

周啓　なんでだよ。その名前のアーティストが出てきちゃうだろうが。ネガティブキャンペーンになるだろ。

TaiTan　ほら。「レゾン・デートル……存在価値、自身が生きる理由」。ほら。

周啓　中三がよ。「ほら」じゃないんだよ。もうポッターじゃん、そのイントネーションは。

TaiTan　中間試験の後「答え合わせしようぜ」っていって、マルフォイの方が合ってたんだろうね。

周啓　『ハリー・ポッターと中間試験』ね。

TaiTan （笑）。『秘密の部屋』と『アズカバンの囚人』の間に一回企画されたけど、「ちょっとこれ、J・K・ローリング先生、ちょっとワンチャン、スベるかもしれないですね」って。

周啓 もう四コマ漫画のボリューム感だもんな。

TaiTan いくら売れたとはいえ、そこまでの博打はできなかったよと。どう？　中間試験は。

周啓 お前（笑）。行くとしたら便乗商法か存在証明だろ。あらためて中間試験を聞かなくていいよ。

TaiTan 中間試験中のみんな！

周啓 （笑）。

TaiTan 今中間試験をやっている学校は、だいぶプログラムが狂ってるね。校長はお飾りだから、だいたい教頭が実務をやるんだよ。教頭が判断をミスってると。

周啓 それは確かだね。

TaiTan まあほんとにね、センター試験がありますね、今はね。

周啓 なんだお前。いきなりおもんなラジオが。

TaiTan シーズナルな話を、するなよ。この世の、喋り手とされている人たち。桜とか、海開きとか……。

周啓 それはいいだろ。

TaiTan あとは、あの〜〜〜……それだけだったね。日本における、シーズナルにふさわしい話は。

周啓 秋を頑張れよお前。いもひがりとかあるだろうが。

TaiTan なんで浜辺に芋が埋まってんだよ。

周啓 なんだっけ？　紅葉狩りか。

TaiTan 「紅葉狩り」も変な言葉だけどな。狩るものじゃないだろ。

周啓 なんなんだろうな、確かに。それ知ってえわ。

TaiTan 知ろよ！

周啓 「知ろよ」？（笑）ロ音便にするなよお前。

TaiTan まあレゾン・デートルって話で。なんでその話題を出したかっていうと、小御門君が好きな単語がそれなんだよ。ダセえな！

周啓 擁護できない、これは（笑）。レゾン・デートルよりは、アウフヘーベンの方がかっこいい。

TaiTan そうでしょ？　中三でハマる単語としていろいろあるけど、レゾン・デートルは頂けない。あいつ自分の脚本とかに、「それが私のレゾン・デートルだからさ」とかめちゃくちゃ入れ込んでた。

周啓 でもそれは、過去の話だよね？

TaiTan そう。そこから脱皮して、あいつは今、岸田賞ノミネートまでいった。「レゾン・デートル」から、「ノミネート・ライター」までいった。ダセえななんか。

周啓　ノミネート・ライターよりはレゾン・デートルの方がかっこいい（笑）。でも、一番ハマってた横文字は何？

TaiTan　リインカーネーションだろうがよお前。

周啓　何それ？

TaiTan　リインカーネーションをお前、知ろよ。

周啓　何それ。下ネタ？

TaiTan　（笑）。なんか、下半身の部位のどこかを言ってるようなね。リインカーネーションは、「生まれ変わり」ってことだよ。

周啓　かっこいいね。切り場所もわからないし、すごいなその言葉。

TaiTan　輪廻転生みたいな話ですよ。この世は有限な分子で構成されていると。その有限な分子同士が無限の時間のなかで再構築を繰り返すならば、いつか私はもう一度生まれ変わるだろう、という。

周啓　なるほど。

TaiTan　そしてもう一度、あなたと出会いなおすだろう、という。

周啓　……最後の一文だけ、全然意味がわからなかった。

TaiTan　（笑）。そういう話があんだよ。これは演劇の大名作、『朝日のような夕日をつれて』というね。

周啓　うわっ、ヤベえ。参りました。

TaiTan　演劇の話をされたら、お前は土俵を降りるしかないんだよ。「はっけよい、のこった」で「ちょっとごめんなさい」つって（笑）。

周啓　ダッシュで降りた。今のはなんか、かっこよかったな。

TaiTan　それ想像したらめちゃくちゃ面白いな。はっけよいしたら、力士がダッシュで……（笑）。

周啓　力士はダッシュしないんだよ。あれは体のぶつかり合いなんだから、演劇を知ってるか知らないかで勝負は決まらないわけよ。

TaiTan　あれはフィジカルのゲームなのね？　知識でマウントを取り合ってんじゃないの？　力士がまわしを取りながら、耳元で「お前演劇知ってんのかよ」って……（笑）。力士に耳元で喋っていてほしくなくない？「お前あれ知らないで俺と組めると思ってんのか」。

周啓　「うるせえな、関係ねえだろ！」

TaiTan　「じゃあお前あれ知ってんのかよ」。

周啓　で、「押し出し〜！」じゃないんだよ。あと多分、相撲はいじらない方がいい（笑）。あんま「ゲーム」とか言うな。国技なんだよ、あれは。

TaiTan　「相撲」と書いてルビ「フィジカル・ゲーム」じゃないの？

周啓　横文字がよ。誰が得すんだよ。

『オリンピックvs便乗商法』／あの公式マークへの疑義

TaiTan　で、便乗商法だっつうね。

95b 便乗商法

周啓　（笑）。

TaiTan　どう、君は。便乗商法は、好き？

周啓　何これ、処刑？　俺の一言で何か決まる可能性ある？

TaiTan　あるよ。

周啓　まあ、嫌いだね。

TaiTan　そんな君が嫌いな便乗商法の話をしようと思うんだけども。こないだね、君とインスタライブをしたことを覚えている方もおられると思うんですが、最後の方に僕が、「今度この本を紹介しようと思います」と言った、『オリンピックvs便乗商法』（作品社）という本。これが最近読んだ本だと面白くてね。要は何かというと、オリンピックって、名前を使うだけでけっこう怒られると。

周啓　「オリンピック」という単語をね。

TaiTan　あるいは「頑張れニッポン」とか、「世紀の祭典」とか、そういう周辺の単語すらも使ってはいけないっていう。

周啓　え、そうなの？　あ、そういう空気ってこと？

TaiTan　そう、そういう空気ってあるじゃない。で、実際にIOCやJOCとかそういう団体が、めちゃくちゃ規制をかけてるんだと。なんでそんなことをしてるのかというと、スポンサーとの契約でめちゃくちゃ多額の金を払ってもらってるから、その価値を担保するために、他の会社や団体、なんなら個人まで、「オリンピック」という単語を使わせないように、規制を張っている、という状況がある。なんならもう、SNSとかで「オリンピック」という単語が使われるのすら、本当は嫌がっているという。

周啓　ええっ。全然意味がわかんない。

TaiTan　わかんないでしょ。実際に、地元の小さな個人店とかが五輪の期間に「日本人選手がんばれキャンペーン」みたいな感じで割引とかやってると、「今すぐそのキャンペーンやめてください」と言われるくらいの規制網が張られている。なんだけど、この本の何が面白いかっていうと、「それって本当に法的根拠があるんだっけ？」というところに切り込んでいくと。はい面白い。どう？

周啓　「面白い」くらいは俺に言わせてほしかった。知的財産権に切り込んでいくってことね。

TaiTan　そう。副題も「まやかしの知的財産に忖度する社会への警鐘」と書いてあって。めちゃくちゃ面白かったね。要は「法と内規」という問題に関わってくるんだけど、法律で規制されているのか、ある団体の中のルールとして守らなきゃいけないことなのかというのは全然違うと。で、なぜかオリンピックの場合は、法的には何ら問題はないんだけど、なぜかJOCやらIOCが決めた「これはやらないでくださいね」という内規、というか呼びかけだね。これがほとんど法律みたいに世の中を支配してしまってると。「でも本当は、委縮する必要なくないか？」ということを説いてるんだよね。

周啓　でもさっきの「頑張れニッポン」とかは、下手したらワールドカップと取り合いになるだろ。

TaiTan　そうなんだよ。「オリンピックを想起させるような単語とかも使わないでください」という呼びかけはしてるんだよね。実際そういう実例も出てくるんだけど、そんな個人店にまで連絡したら、恐怖政治じゃん。オリンピックに対してポジティブになれなくない？　と思ってさ。一団体の単なるお願いに過ぎないんだけど、そんなことまでやっていったら、みんな「オリンピックなんてどうでもいいや」となっちゃうんじゃないか……ということまで書いてある。

周啓　ちょっとバカっぽいかもだけど、納得できないよね、シンプルに。税金が使われてオリンピックの準備とかされてるのに、国民がオリンピックに絡んだような発言をするとなんか言われるというのは変な話だね。

TaiTan　一番面白かったのは、あるスケート選手かなんかが、五輪公式スポンサーではないレッドブルを想起させる赤と青二色のヘルメットをかぶってたんだって。それで入場したんだけど、オリンピックの組織委員会の人が、「あれはレッドブルを想起させる」っていって、その選手のヘルメットをガムテープでぐるぐる巻きにしちゃうんだよ。すごくない？　そのくらい徹底して排除されていく。

周啓　じゃあ白と緑の二色で入っていったら、「ファミリーマートを想起させるから」っていってガムテープでぐるぐる巻きにされるってことだ。

TaiTan　そんな感じでさ。五輪のマークとかも、オリンピックっぽい丸の配置とか……。

周啓　あのお団子っちうか……。

TaiTan　お前おい、殺されるぞ。

周啓　そんな厳しいの？

TaiTan　「お団子」って言ったのか。もちもちで美味しいねじゃないんだよ。

周啓　美味しくないの？

TaiTan　お団子は美味しいけれど、五輪のマークはお団子じゃないから。でもそれを匂わせるようなマークとかを使ってると、「おいおいこれ。わかるだろ？」と。

周啓　ええっ。

TaiTan　君もだから、他人事じゃないわけですよ。君の、MONO NO AWARE のロゴは？　五輪マークですか。

周啓　桃だろうが。

TaiTan　いくつの？

周啓　一個だよ。

TaiTan　じゃあ平気だ。

周啓　突っかかってくんなよ。一と五は全然違うだろ。

TaiTan　いや危ないなと思って。丸みを帯びてるマークだったから、「これ周啓、大丈夫かな？」と思って不安で。

周啓　だとしたら、読む力あり、活かす力な

95 便乗商法論

し（笑）。

TaiTan そうだね（笑）。あれは引っかかってるんじゃないかと思ったけど、一個ね。お尻が。

周啓 クソジジイじゃん。桃をお尻とか言ってくんな。あとオリンピックの話題のときに、ロゴをパクリとかいっていじるなよ。違う文脈もまたあるんだから。

TaiTan たしかにそうだね（笑）。で、なんでそんな規制網が張られてるかというと、オリンピックをなんとか利用したい企業と、それを規制したいＪＯＣの、ものすごい争いの歴史があると。

周啓 あ、そこまでいくと面白いね。さっきまでのは悪意なき、みたいなところだったけど、ガツガツいく企業対ＪＯＣ、という構造は面白い。

TaiTan まさにそう。アンブッシュマーケティングといって、かすかにそうだと匂わせているが、向こうから指摘された時には言い逃れできる、というようなマーケティングを、八〇、九〇年代まではいろんな企業がやっていたということも書いてある。でもそもそも、ＪＯＣとかＩＯＣがやってることって法的根拠があるんだっけ？　みたいなことを問うと。

周啓 それは面白そうだな。そうなると、個人商店とかＳＮＳとかをいちいちチェックされるのも、そういう歴史があるからということになっていくんだね。なるほどね、そうか……。

TaiTan ……………………（笑）。

周啓 （笑）。

TaiTan 君が何かを言おうとしていたのを感じてたんだけど。もういいですか。

周啓 そうね、ちょっと、むずいな。

TaiTan まあそういう話の延長で、要は忖度というものが発生する力学を最終的には説いていくという。

周啓 ああ、そっちに行くのね。どっちが勝

つかとかそういうことではなく。

TaiTan　イタチごっこなんだけどね。「まあ、これはもう触らないでおきましょう」みたいな空気がなぜか醸成されていくという。こういうのを一発読んでおくと、自主規制とか自粛の根拠って何なんだっけ？　みたいなことを考え直すきっかけになっていくだろうと。

周啓　いやあ、勉強になりました。

TaiTan　今日はいたく真面目に、読んで面白かった本を紹介してしまいましたけども。表紙が面白そうだもんね。

周啓　これそもそも、東京オリンピックのロゴをアンブッシュマーケティングしてるよね。

TaiTan　君やっぱ、よく気付くね。君も検討したことがあるんだろうね。「なんか使えねえかな」って。

周啓　ふざけんなよお前。でも装丁からしてすごい。

TaiTan　どう？　告知は。たまには君から言ったらどうなの、「書籍が出ます」なんて情報を。

周啓　そうだね、いつも任せきりで悪いから。えー、書籍が出ます。『奇奇怪怪』の、文字起こしした書籍版が……。

TaiTan　お前、ダセえ言い方すんな。学生の編集部バイトじゃないんだから、「文字起こし」とか言うな。ちゃんと「書き起こして編集したものを書籍にまとめた」って言いなおせよ。

周啓　なるほどね。『奇奇怪怪』の、書籍版が出ます。国書刊行会の予約数歴代一位を獲ったという噂もありまして、そういう意味でも期待をされている、書籍……あ、もうマジ無理だわ。つらすぎる。

TaiTan　つらすぎるね。ということで、書籍版『奇奇怪怪明解事典』があと十日くらいで出ますよというタイミングまで来ました。皆さんのお陰で予約数も伸びまして、ありがたい限りです。ぜひ買って頂けたら、僕らの活力にもなりますよと。あとはSpotifyで聞いている方、フォローを頂けたらありがたいなという感じでございますね。ということで、今週はこんなもんでございますわ。

周啓　また来週。

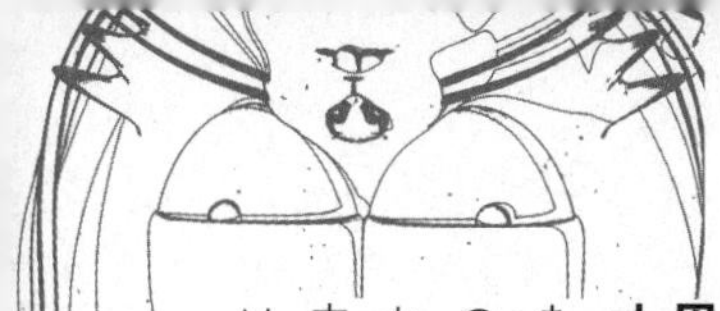

伝説の編集者と河童献金

謝辞／伝説の編集者・神吉晴夫とカッパ・ブックス

TaiTan　えー、TaiTanです。

周啓　玉置周啓です。

TaiTan　『奇奇怪怪明解事典』でございますけれども。石原ね。

周啓　がよ。

TaiTan　石原がよお前。どうなってんだよ。

周啓　何がだよ。

TaiTan　書籍が発売されるっつうんだから。大変なことですよ。その編集者たる、自称・石原さんなんですけれども。この場を借りて、御礼申し上げたいなと。

周啓　いや、まさに。ありがとうございます。

TaiTan　書籍に、あとがきっつうのがありましてね。あれは単なる『奇奇怪怪明解事典』の書き起こし読本だと思ったら大間違いですからね。まえがきもあとがきもいろいろと工夫が凝らされていて、かつ語り下ろしのエピソードも入ってるっつうんだから。これは買わない手はないと。そんな『奇奇怪怪明解事典』の書籍版が、二月の十……日に出ると。

周啓　お前。「みんなの好きな数字を入れてください」じゃないんだよ。

TaiTan　任意の整数じゃないのこれ？　発売日って。まあ二月の十六日ですね。この日で決定しましたと。まあ何が言いたいかっていうと、よくあるだろ？　本の最後の方にさ、担当編集の石原なんやらさんに御礼を、そして家族のミキ、四人の子供……。

周啓　待て待て。ミキと四人の子供を分けるなよ。いろいろあるのか？

TaiTan　複雑なんだからでおなじみの、感謝を述べる段があるだろ。あれ、俺らもやればよかったね。

周啓　そういえばそうだね。

TaiTan　そうだろお前、失礼なんだよお前は！　自分の力だけで書籍化にこぎつけたと、町中に言いふらしてるんじゃないだろうな。

周啓　（笑）。鬼ころしじゃん、マジで。

TaiTan　急に百の温度で絡んでくる奴ね。急にボルテージ上がるとかじゃなくて。

周啓　そう。「俺に言ってたんだ」と思ったんだから、今。

TaiTan　Covid-19以降、そういうのが多くなったよということなんですが、どうなの君は。感謝の辞を、述べて下さいよっていうね。

周啓　まずね、……感謝を、述べたいなと。

TaiTan　なんだよお前。本心で喋ればいいんだよ、ここは。

周啓　本心で喋ってるよ。何て言ったらいいんだろうな。

TaiTan　なんだお前、腹に一物抱えて。編集の石原氏と、ちょっと関係悪いのか？

周啓　いや関係は悪くない。でも毎回絡んじゃうところがあるから、そこは申し訳ないなと思いつつ。でも石原さんはすごいよね、本を作る力が。まず俺は装丁の川名潤さんを不勉強で存じ上げなかったんだけれども、後々調べて「こんなにすごい人なんだ」と知ったし、ミーティングもして、最終的にとてつもない、感動するくらいの装丁になったじゃな

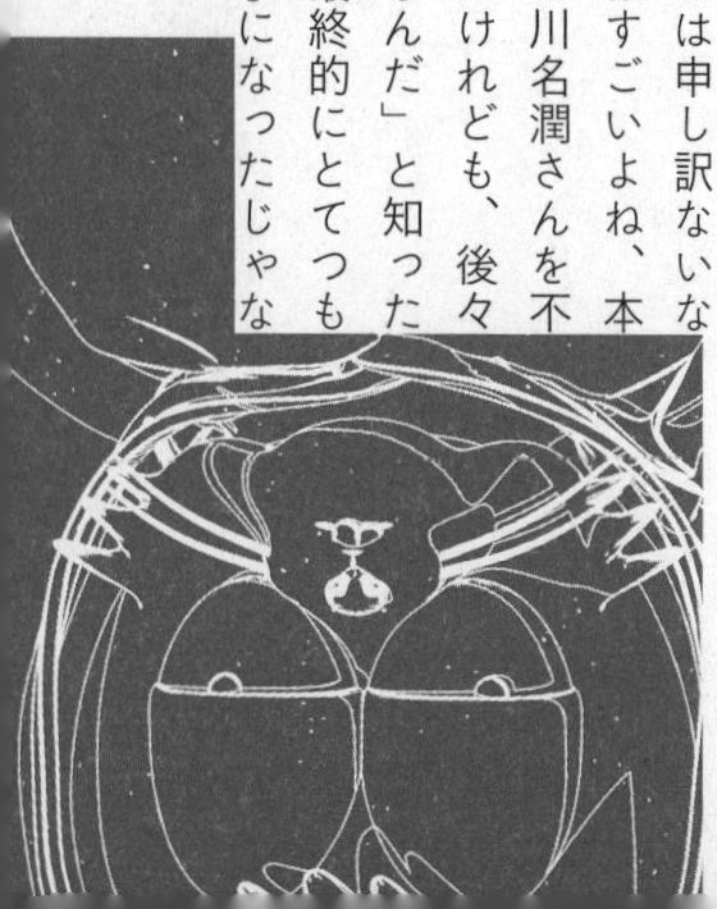

い。こういう経験をさせて頂くってことは、僕みたいなもんからしたら人生に何度あるのかってことなので、ありがとうございますと石原さんに伝えたいですね。これは本気で言ってますよ。

TaiTan　（笑）。あの、仲直りしてください、ちゃんと。今、聞いてくれてる皆々様が「関係悪いのかな」って不安がってるから。

周啓　なんで喧嘩してる体なんだよ。さっきの言葉が全部嫌味になっちゃうじゃん、そんなこと言われたら。ヤバすぎるだろ、嫌味で「こんな経験させて頂いて」とか言ってたら（笑）。でもそう思わない？　君も。

TaiTan　思うんだよ。あのー……。

周啓　君は石原さんとどう和解するの？

TaiTan　なんで俺らは二人とも……（笑）。

周啓　ありえるのか？　共著で二人とも担当編集の人と仲悪いパターン（笑）。

TaiTan　いや、マジで冗談ですからね。石原さんは、「並走してくれる」というのはまさにこういうことなんだなと。つかず離れずっつうかね。俺らが面白がっているエピソードを、彼も面白がってくれる。かつ、「こういう角度からも面白いですね」みたいなことを言ってくれる。ほんとに『奇奇怪怪明解事典』の書籍に石原あり、という感じなんでございますけれども。石原さんの話はまたどこかで、下の名前のことも含めてお話しできればいいなと思っているんですが。今回本を作るという経験を通して思ったのは、編集者ってやっぱすげえなってことだったんだよね。それもあって、最近「編集者本」みたいなものをよく読んでて。

周啓　編集者本？

TaiTan　そう。「伝説の編集者」みたいなね。俺はやっぱりプロデューサーみたいな人間が好きっつうかね。その繋がりで編集者の人を調べててさ。俺が仲良くさせてもらってる方に、「革命的な編集者って、歴史上どういう人がいるんですか？」と聞いたときに、「それは神吉晴夫《かんきはるお》だよ」って教えてくれて。

周啓　神吉晴夫？

TaiTan　この人は光文社の編集者で、カッパ・ブックスっていう……。

周啓　カッパ・ブックス？

TaiTan　うん。お前優しいな、なんか（笑）。知らない単語が出てきたら、いちいちリスナーと同じ目線で「カッパ・ブックス？」って……お前Eテレか？　Eテレだと思ってんだろ。

周啓　そんな間抜けじゃないだろ。いちいち固有名詞に対して……（笑）。

96b

TaiTan　相槌がかわいいんだよ、さっきから。まあその人はカッパ・ブックスというレーベルを立ち上げて、戦後最大の出版プロデューサーと言われている方なんだけど。この人を描いた『カッパ・ブックスの時代』（河出書房新社）という本を読んで、これがピカイチ面白かった。

周啓　へえ。

無名であることの強さ／河童協会からの献金

TaiTan　めちゃくちゃシンプルに言うと、この人は「名もなき素人に本を書かせた最初の人間」なの。

周啓　ああ、なるほど。それ面白いね。しかも五〇年代にスタートしてるわけでしょ、このシリーズは。その時代だと、文壇がもっと強くて。

TaiTan　まさに。本を作るというのは「先生に書いていただく」ことで、「原稿に赤入れるなんてもってのほか」という世界観のところで、素人というか、「お前らが知らないだけで、こいつめっちゃ面白いよ」というのを初めてやった人。それをやるためのレーベルとして、カッパ・ブックスを立ち上げたわけ。「にんにく健康法」とか、「英語で喋れる方法」とか、よくあるじゃん。

周啓　ああ、いいねなんか。あるね。

TaiTan　ちなみに、これの系譜の中に、KKベストセラーズもあるんだよ。そういうことまで書いてあって、めっちゃ面白かった。

周啓　繋がってくるね。

TaiTan　そう。誰が書いてるのかよくわからないけど、タイトルだけで「なんかちょっと気になるんですけど」って思わせるような本の元祖を作った人。「素人に書かせてみる」ということこそが、編集者の腕力の見せどころだろう、みたいな。

周啓　たしかにそうだよね。これは自分らを内輪褒めしたいわけではないんだけど、石原さんから声がかかったとき、嬉しいと同時に「こっから本が出るまでいくんだ」みたいな感動がなかった？　こんなのさ、ただ喋ってただけなのに……。

TaiTan　だから、石原さんですよ。石原さんのことを思いながら、俺はその本を読んでた。というようなことも含めてね、「それこそが編集者の矜持である」みたいなのは、すげえいいよね。

周啓　今の時代、編集者はどこまでいけるのかっていうのも気になるよね。要はそういう面白い人、にんにく健康法を広めたい人が、YouTubeチャンネルとかやってバズっちゃえば広がるわけじゃない。編集者はそれが広がる前に目をつけて、本というものを作るわけでしょう。

TaiTan　そう。大物の、既に名のある人に書いてもらって面白いのは当たり前。むしろそれは、世の中的にはつまらない。だったらいきなりわけわかんない奴がめちゃくちゃ大ベストセラーを出す方が面白い。ちなみにその時代のいわゆるベストセラーランキングはほとんどカッパ・ブックスの本で占められていて。歴史を変えちゃったんだよ。

周啓　へえ。たしかに当時の本屋を想像すると、今ほどのバリエーションもなかったのかもしれないしね。

TaiTan　そう。この人も「昭和の豪傑」系の人だからとにかく成果主義で、もしかすると俺の知らない部分であんま触れない方がいいよという側面もあるかもしれないんだけれども、この『カッパ・ブックスの時代』を読む限りではめっちゃ面白かったな、という感じでございましたな。

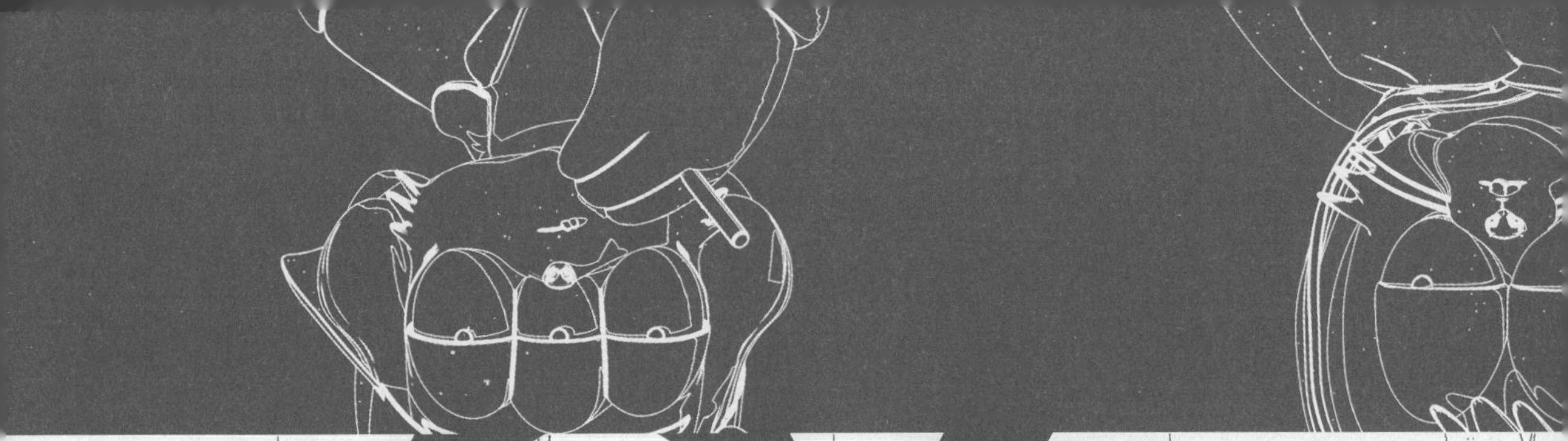

96b

周啓　でも功績の方に目を当てるのもいいじゃないですか。

TaiTan　ね。だから、無名っていいよな。無名ってめっちゃ強くない?

周啓　「ディズニーランドつまらない論」みたいなことを前話したじゃない。全部のスポットに行ってしまったらもうディズニーランドに魅力を感じられなくなっちゃった、みたいなさ。行ったら楽しいんだけどね。それはなんでかというと、「行ったことない場所がディズニーランドにまだある」という可能性に興奮するという話でさ。それでいうと、「まだ知らんけどめちゃくちゃ面白いことを書く人がこの世にいるかもしれん」という、そこに興奮するよね。

TaiTan　常にそうなんだなと思うのが、プラットフォームって「無名の誰かがフックアップされていく仕組み」というかさ。それはPixivとかYouTubeもそうだけど、なんならこのSpotifyだってもしかしたら、ポッドキャストという領域においては、俺らなんてごぼうを甘辛く煮た人間だったじゃない。

周啓　おいしいやつね。

TaiTan　おいしいんだよって話でさ。noteとかもことほど左様に、「この人誰なの?」という人がホームランを打っちゃったり。それが面白いなと思ったね。

周啓　いい話だね、それ。noteね……。

TaiTan　なんだお前。「続きは課金してください」でおなじみの、君のエッセイじゃないんだから。濁すなよ。

周啓　ふざけんなよ。誰が途中から課金制にするんだよ。

TaiTan　「四枚の画像を含む」で課金させるなよお前。

周啓　「あ」「り」「が」「と」の四文字を、画像でアップロードしてるから（笑）。捕まった方がいい。

TaiTan　ねえ。ほとんど詐欺なんだけれども。でも『カッパ・ブックスの時代』もそうなんだけど、年始に山岡朝子さんという編集者のドキュメンタリーを見てね。雑誌不況と言われてる時代に、何十万部も売れている『ハルメク』という雑誌を作っている人で、低迷していた出版社にその人がやって来て、その雑誌一発で回復させちゃったというさ。そのドキュメンタリーもＮＨＫのオンデマンドかなんかで、課金してでも見た方がいいですよ。

周啓　マジか。

TaiTan　感動するんだよね。なんかの権威に頼るとか、名前に頼るとかじゃない。知恵とアイデアで勝てるんだ、という。めっちゃ好きだわ、こういう話。

周啓　いいね。河童も「権威に抗う象徴」みたいな意味があるもんね。

TaiTan　あ、そうなの?　河童?

周啓　多分、多分。たしか。

TaiTan　なるほど。……すごい、確証を持

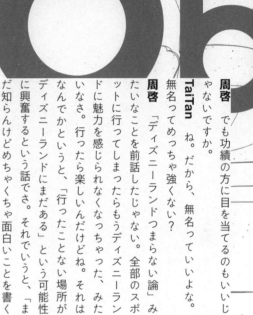

ってないじゃん（笑）。「いや多分多分。おそらく、メイビー」。メイビーまで行ったらもう、最後なんだから。

周啓　メイビーはたしか、めっちゃ薄い希望だからね。

TaiTan　君はそうあってほしいんだね、河童に（笑）。なんで君が河童に希望を持ってるのか、言った方がいいね。説明責任がある。金もらってんのか？　河童協会から、献金もらった？

周啓　恥ずかしすぎるな、そういう疑獄みたいなので疑われて、掘っていったら河童と俺に闇の関係があったっていうのは。

TaiTan　君の口座の出納帳を見たら、河童協会から、五万円（笑）。

周啓　お前。そしたらもっと売れなきゃだな、俺は。

TaiTan　ニュートラルな配信を心がけてるんだから、河童の肩を持つなよ。

周啓　なんなんだよ（笑）。もはやいいだろ、河童だったら。

TaiTan　誰かが不利益を被るかもしれないだろ、河童の肩を持つことによって。

周啓　でも沼のほとりとかにいるのを文春にすっぱ抜かれるのはご免だよね。

TaiTan　そうだろお前。肩を持つなよ。金ももらうな。

周啓　もらってないんだよ。あと河童協会ってなんだ。あったとしても、そういう協会じゃないだろ。

TaiTan　『ムー』とかそっち系の、研究をしてる方だろうね（笑）。

周啓　「河童に希望を持たせてあげてください」みたいな感じで、金を渡すような協会じゃないんだよ、河童協会があるとしたら。もっとこう、突き詰めようというね。

TaiTan　お前、また肩を持ってないか？「突き詰めようとしてる団体なんだよ」って、あぶくを吐くなよ。コロナが流行ってる今、河童の肩を持つあまりに、唾を飛ばすなよ。

周啓　それは死にかけてるね。泡を吹いてるってことは。

TaiTan　皿が干からびてしまっているでおなじみの、君だという。

周啓　もう河童じゃん。だとしたら肩持ってもいいだろ。

TaiTan　血縁関係があるでおなじみだったらね。

周啓　そういうものだよ。だから今回は、メイビーくらいで。河童メイビーね。新しいビーズのブランド。

TaiTan　週末だけ下北沢で出してるビーズ屋さんじゃないんだから。MONO NO AWAREのボーカルなんだろ？

周啓　ふざけんなお前。混ぜ込んでくんな。

TaiTan　なんでビーズ屋さんだと自認してんだよ。グッズがそうなんだっけ？

周啓　自認はしてないだろ。MONO NO AWAREという名前で活動していて、物販に「河童メイビー」というビーズのグッズが売ってたら、意味わかんないだろ。

TaiTan　「めっちゃ肩持つやん！」って、町中の噂だろうね。

周啓　なんで関西を中心に活動してんだよ。別にいいけど。

TaiTan　それぞれの訛りで、河童の肩を持っていることを指摘して頂けたら、我々としては本望でございますよと。

エゴサの鬼／初めての公開収録

TaiTan　告知ですけれどもね。まず書籍版『奇奇怪怪明解事典』がそろそろ出ますよと。皆さん買って頂けたら、嬉しいですよ。僕らも河童協会から、献金を受けずに済むと。僕もカレー協会からの……。

周啓　お前。

TaiTan　ばらすなよ、お前。俺が東インド会社から……。

周啓　君は、自供していた。いつの時代の会社から献金受け取ってんだよ。

TaiTan　タイムマシンで未来へ送金させてんだよ、スパイス商人に。スパイスで戦争するなよお前。

周啓　ドスの新グッズ、「スパイススパイ」という、ビーズのグッズ。

TaiTan　なんで俺たちはビーズで落とすんだよ。まあそういう過去からの送金も、受け取らずに済みますから。

周啓　お前かっこいいな、全体的に。過去の会社からタイムマシンで送金してもらって、カレーを保存しようとしてるんだろ。俺は河童が大好きな人たちから五万円もらって、「河童はいます」って言う活動をしていることになってるよね？

TaiTan　（笑）。STAP細胞よろしくだよ、お前は。割烹着着てるんじゃないだろうな。割烹着を着て、フジロックに出るなよ。

周啓　そしたら苗場食堂だな、ステージは。

TaiTan　（笑）。なんでお前は、「フランクフルトおいしいね」の側に回ってんだよ。割烹着を着るなよ、もう。

周啓　なんで苦しんでんだよ。

TaiTan　友達が割烹着着てたら、気まずいだろ。

周啓　そうだね。小学生か職業だな、割烹着は。

TaiTan　布マスクをつけてるでおなじみのね。まあ献金は受け取らないので、ぜひ書籍の方、買ってください。これは石原何某先生のお願いでもありますから。買って頂けたら、恥を忍んで言いますが、「買いましたよ」というツイートやら、ポストして頂けたら大変嬉しいなと。石原さんが、全部にいいねするって息巻いてましたから。

周啓　いいねマシーンとして。

TaiTan　エゴサの鬼としてフル稼働。あとは二月の十四日、初めての公開収録をスペシャのYouTubeで配信しますから、ぜひご覧ください。なんとゲストに小原綾斗大先生が来ていただけるということで。彼が何の献金を受け取ってるかは、当日聞きましょう。

周啓　お前、やめろよあんまり。献金とか言ってると、めんどくさいことになりそうなんだから。

TaiTan　立場がある人だからね（笑）。俺らみたいな、ごぼうを甘辛く煮たような奴に……。

周啓　何なんだよそのたとえは。ちょっとおいしめにたとえんな。

TaiTan　という感じですかね。君から言うことは？

周啓　特にないです。

TaiTan　「河童は、います」。

周啓　なんでここにいるのにアテレコされなきゃいけないんだよ。いっこく堂じゃないんだから。

TaiTan　あれ、声が、遅れて聞こえてくるでおなじみの。

周啓　だせえな。「腹話術」でいいだろ。台詞で覚えてる奴初めて見たわ。

TaiTan　お前よ。いっこく堂とか出されたらトークがまた始まっちゃうから、やめてくれ。

周啓　そうだな（笑）。

TaiTan　とにかく書籍を、いろんな書店で買って頂けたら、大変ありがたいです。という感じで、ありがとうございました。

周啓　ありがとうございました。

96

藤岡拓太郎さんと話した／玉置家の最寄りの床屋

TaiTan　えー、TaiTanです。

周啓　玉置周啓です。

TaiTan　えー、『奇奇怪怪明解事典』でございますけれども。拓太郎ね。

周啓　ハム太郎ね。

TaiTan　藤岡拓太郎というギャグ漫画家がおりまして。その方と鼎談したんだよねお前ね！

周啓　いきなりでっけえ声出すな。駅かお前は。

TaiTan　不幸な最寄りだな。

周啓　なんで知らない奴に、いきなり「なんだよねお前ね！」とか言われなきゃいけないんだよ。

TaiTan　いきなり大きな声で話しかけてくる風景って、まだあるの？　それ平成十二年とかの話じゃなくて？「守りたいこの風景」みたいな話？

周啓　あるよ。でも喋ってみると、いい人なんだけどね。

TaiTan　お前、交流すんな。『玉置周啓のウルルン滞在記　～駅で大きな声を出す人に会ってみた～』じゃないんだよ。

周啓　「出会った」ね。YouTube版じゃないんだよ。

TaiTan　近場で済まそうとすんな、お前の『ウルルン滞在記』を。

周啓　最寄り駅で「次いつ来られるかわからないけど」って泣くのはナシだもんね。

TaiTan　『ウルルン滞在記』でいいのは、一緒にご飯を食べるシーンだろ。なんで一緒にキヲスクで飯食ってんだよ。それで泣けないだろ、最後の別れのときに。「じゃあ僕、乗り換えあるんで」って帰っていく（笑）。

周啓　そういうのいいね。なんか肩ぶつかっちゃったときとかに、「肩幅のでかい奴に出会った」って言うだけで。

TaiTan　下條アトムのナレーションが頭によぎれば、そのシチュエーションがよぎれば、許せるんじゃないかと。

周啓　で、拓太郎に出会ったんだよな。

TaiTan　そうだね。拓太郎大先生とお話する機会がありまして。あれは楽しかったね。

藤岡拓太郎氏と語る　笑いの原体験

ワハッ　ウフフ

近年で一番楽しい仕事だった。ランキングを、つけろよお前。楽しかった順に。

周啓　なんでだよ。めちゃくちゃキモくない？　そういうやつ。「俺が今年一番楽しかった仕事は〜」って。

TaiTan　年末のFacebookね。

周啓　お前。なんてこと言うんだよ。

TaiTan　あれはなかなかつらいもんがありますけど。

周啓　何がつらいのか私に伝わってないってことは、誰にも伝わってないと思いますが（笑）。でも、もともと好きだったからね。そのパターンが久々だった。そもそもあんまり音楽で、「憧れの人と対談」みたいなことが、あんまり他のバンドより多くない人間なのよ。そういう意味では、読んでいた漫画家さんと、出会った。

TaiTan　『ウルルン滞在記』だよね。

周啓　実際ウルルンしてたね。感無量だよ。

TaiTan　これは『BRUTUS』ウェブの方に記事がアップされてますから、これを聞いている方は絶対読んでください。「笑いの原体験を探る」とか、「笑いは海を越えるのか」とかいうことを、こういう温度感で喋れる人がいて良かったなとマジで思ったもんね。

周啓　そうだよね。炊飯器が爆発するような突拍子もない漫画を描いているのに、喋るとこういった空気なんだな、っていうさ。

TaiTan　思ったわ。「笑うって何なんだろう」みたいなことを話すとさ、みんな恥ずかしがってチョケるじゃん。まあそれは俺なんだけどさ。

周啓　あ、そう？

TaiTan　でもそれを、知的好奇心のままに喋れるというのは幸福なことなんだなと思ったね。カットされてる箇所とかにも、面白いところたくさんあるんだからお前！

周啓　……また来た？（笑）ついてくんなよ。乗り換えするって言ってるんだから、君は君の目的地に向かうべきだな。

TaiTan　一回別れた奴ともう一回会うと気まずいよね。

周啓　めっちゃ気まずい。もう話すことないから。でもたくさんカットされてたな。

TaiTan　八丈島の、君の最寄りの床屋に三人で行くっていう約束をしたんだから。そこらへんは記事に残しておかないと証拠がなくなっちゃうから。

周啓　一応、残ってはいたよ。ただお前が、具体的な……。

TaiTan　なんだっけ、君のとこの床屋。

周啓　それはマジで言えない。営業妨害になっちゃうもん。角刈りとスポーツ刈りの二択しかない床屋なんて、あっちゃいけないんだ

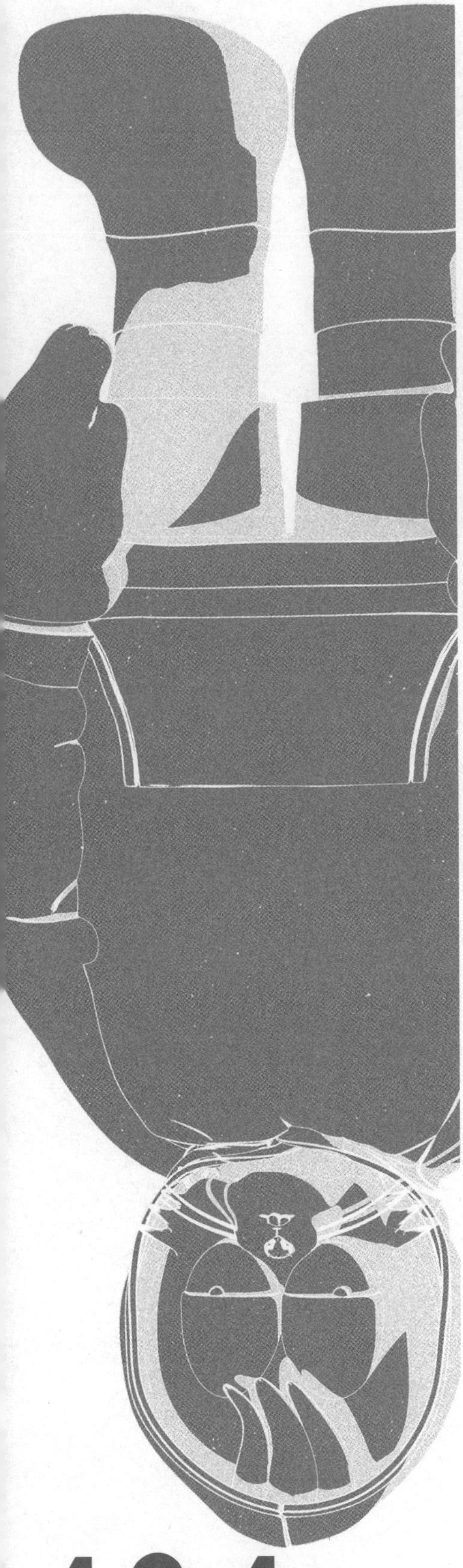

99a

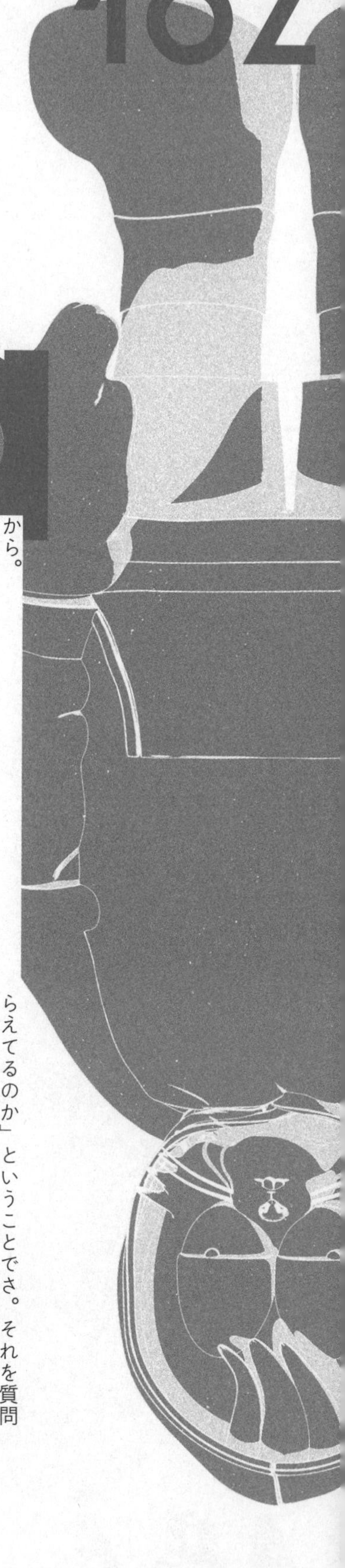

から。

TaiTan そっか（笑）。

周啓 それは当時の僕にとって、実質そうだったというだけだけどね。「かっこよくしてください」って言うとスポーツ刈りになって、「違うやつ」っていうと角刈りになる、という世界観だっただけで。

TaiTan すごいね。腕に覚えがあるんだろうね。そんなようなもんで、「笑いの原体験はなんですか？」という話をして。『VISUAL BUM』のこととか、天竺鼠の将棋のコントが一番美しいです、とかいう話で、そこらへんの感覚がめっちゃ一緒だわとかいって。嬉しかったですね。

パラレルワールドのドキュメンタリー／バカ売れ本・書籍版『奇奇怪怪明解事典』

TaiTan 俺、今回の対談で拓太郎さんに聞きたかったことがあって。要は「あの作風は、空想の出来事なのか、日常の延長線上でこしらえてるのか」ということでさ。それを質問したら、「どこかの世界に自分がワープして、ドキュメンタリーカメラを回してさっさと帰ってくる感覚」って言ってたでしょう。その感覚は、とてもあの画風を表現してるなと思ったよね。サッと別の世界にワープして、その世界では当たり前になっているが俺らからしたら「何だこれ」というものを撮ってくる。

周啓 ドラえもんの、穴っぽこから恐竜の時代を覗いてるみたいなね。

TaiTan 拓太郎大先生の場合は、恐竜の時代というよりかは、ヤベえ奴しかいないタウンに行っちゃう。だからちょっと、タッチみたいなものが乾いてるんだろうね。

周啓 それが面白いよね。パッと見て、あんまり笑かそうとしている感じがしない。青みがかった紙面に見えるというか。

TaiTan 「それは切り取っただけだから」みたいな、その感じがあるのがいいよね。

周啓 あんまり「人為的なギャグをかまそう」というペラい人の手が入った形跡みたいなものが見えないのが面白いよね。

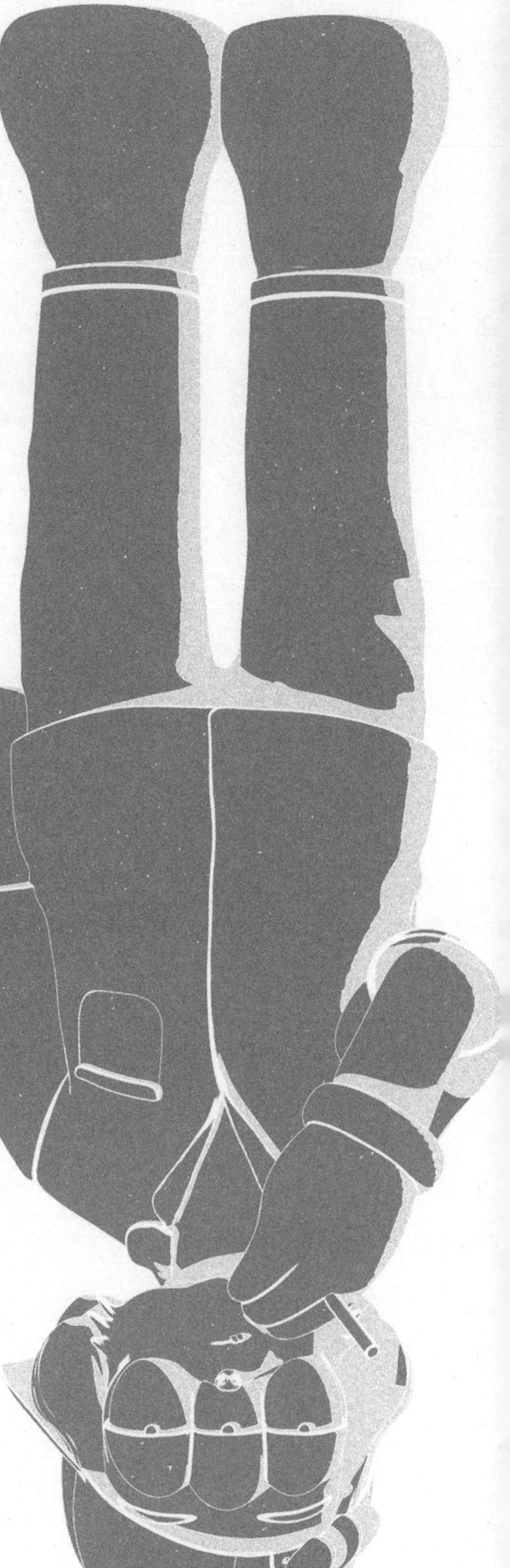

TaiTan だね。改めて、もっとも敬愛する作家だなと思いましたね。考えてることとか、何を面白いと思うかの領域がかなり近い人はなかなかいないから。そういう人と会うと嬉しいですよ。でも記事への反応とかを見てると、「喋ってほしいと思ってた」みたいな声があったり、過去に「今後やってほしいこと」みたいなテーマでアンケートを取ったときにも、「拓太郎さんと鼎談してほしい」というのはぽつらぽつらあったんですよね。だからついに、念願叶ったと。お母さんに言った？「とうとう藤岡拓太郎と鼎談したよ」って。

周啓 たしかに。まだ言ってない。

TaiTan 言えよ。なんだお前。親不孝だろうが。

周啓 怒る気がないなら怒ってくるなよ。声に出ちゃってんだって。

TaiTan 消化試合なのが、目に見えてた？

周啓 でもリンクを送りますよ。母親は、『たぷの里』（ナナロク社）を子供に読み聞かせしたりする経験を持っていたから、一応「何か藤岡さんに言いたいことある？」って連絡をしたときに、「二歳児から四十八歳まで対象年齢です」みたいなメッセージが来たよ。これはいいメッセージだなと。俺の母親くらいの年代の人も、楽しんでるんじゃん？と思って。

TaiTan 「じゃん？」っつってね。俺も嬉しいもんね、君のお母さんが喜んでるっていうのは。

周啓 なんでだよ。あんまり取り込むなよ、俺の母親の感情……に対する感情を。

TaiTan 仲間が喜んでると、嬉しいからね。

周啓 なんで仲間なんだよ（笑）。

TaiTan ファミリーだろうがお前。麦わらの（笑）。麦わらの、一味だろ？

周啓 なんで母親を巻き込むの？　近場で良くない？　同世代とか。

TaiTan 麦わら海賊団の、エントリナンバー5とかじゃないの？　君のお母さんって。

周啓 違うだろうが。

TaiTan ゾロ、ルフィ、ウソップ、ナミ……ナミって君のお母さんじゃないの？

周啓 何を言ってんの、ほんとに？　どっかの町で誰かと出会って、そいつの母親に目をつけて「仲間になんねえか？」って言わないだろ。どういう情緒なんだよそれは。

TaiTan ナミのモデルって君のお母さんだと思ってたから。

周啓 （笑）。なんか、気持ち悪い話だな。嫌な話だわ。

TaiTan ちょうど髪もオレンジ色だしさ。

周啓 オレンジ色じゃねえよ。俺の知り合いで髪染めてるのお前だけだわ。

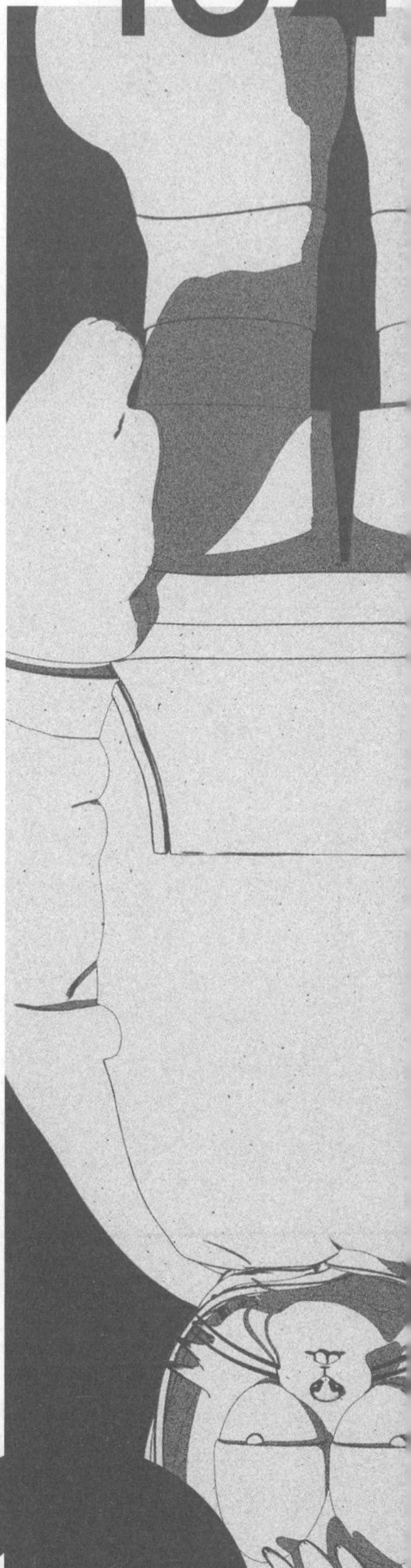

TaiTan　（笑）。なぜなら君の最寄りの床屋は、スポーツ刈りか角刈りの二択だったからね。

周啓　だから初めて原宿とか行ったとき、びっくりしたもんね。みんな染めてるから。

TaiTan　そんなもんでね。玉置君のお母さんも僕のママも大好き、藤岡拓太郎先生との鼎談が公開されておりますので。ぜひ皆さん、見ていただければありがたいです。今日はそんな感じですね。

周啓　ありがとうございます。

TaiTan　告知としてはね、書籍版が、お前もう、すごいぞ。正直に言うと、最初はそんなに多くの書店で取り扱って頂く予定はなかったんですよね。ごぼうを甘辛く煮たような本は取り扱えませんよと。手がベタベタするから。それが今となっては、書店さんの方からけっこう連絡を頂く、というのが増えてるらしいですよ。大きなところだと、僕もよく行ってますけど、代官山蔦屋書店とか。あとは沖縄の書店さんが入荷してくれたりとか。

周啓　あ、それ見た。

TaiTan　あと中央大学とかね。

周啓　多摩キャンパスだろ、多分。

TaiTan　あれはコープ？　生協？　だから学生証を出すと、十パーセント引きかなんかになるんだよ。

周啓　あっ、そーなんだ！

TaiTan　そーなんだよ。『週刊そーなんだ！』じゃん。

周啓　科学に強い（笑）。

TaiTan　学研から出てる、『週刊そーなんだ！』とともに書籍版も並んでるはずだから。

周啓　大学に置くなよ。小学生が読む本なんだよ。

TaiTan　中央大学に入って、『週刊そーなんだ！』で「そーなんだ！」って言ってる奴は、サークルにも入れないでしょうね。

周啓　あと、ゾロリ読んで爆笑ね。

TaiTan　（笑）。奇跡の保育園児だろうね。でもそういう感じなんで、本当に書店の皆さんありがとうございます。もしかしたらこれを聞いている人が書店にリクエストしてくれてそうなったのかもしれないので、本当に皆さんもありがとうございます。売れてるらしいぞ。バカ売れがお前！

周啓　ええ。

TaiTan　なんでね、この週末、土曜日、日曜日と、時間があり余ってると思うんで、書店の方に行って頂けるとありがたいなと。

周啓　あんま人の暇さを規定すんなよ。

TaiTan　あ、そうなの？　予定あんの？　これ聞いてる人って。

周啓　まあどうせ当たってるだろうけど。

TaiTan　（笑）。昼からお風呂とか入るんでしょ。

周啓　お前。それは別によくね？

TaiTan　いいことだよね。風呂の中では手持無沙汰でしょうから、書店で『奇奇怪怪明解事典』を買って頂けるといいかなと。Spotifyで聞いている方は、フォローして頂けるとありがたいなという感じです。というわけで、ありがとうございました。

周啓　ありがとうございました。

2ちゃんねるとまとめサイト文化

まとめサイトの思い出／小泉今日子さんの「2ちゃん見てました」発言

TaiTan　えー、TaiTanです。

周啓　玉置周啓です。

TaiTan　えー、『奇奇怪怪明解事典』でございますけれども。2ちゃんねるね。

周啓　ガッツ石松。

TaiTan　ＯＫ牧場の。君、2ちゃんねるは、好き？

周啓　あんまり好きか嫌いかで考えたことないけど。でもすごく見てたよ、中学校の頃。

TaiTan　どんな？

周啓　俺が見てたのは多分まとめサイトの方で、ワロタニッキと哲学ニュース。

TaiTan　あと、カラパイアとか。

周啓　お前、大好きだなカラパイア。それしか見てないだろお前は。

TaiTan　カラパイアとかって、出していい名前なのかすらわかんないけど、見てたね。

周啓　じゃあ掘るのはやめとこう（笑）。

TaiTan　あともちろん、プロ野球まとめの……。

周啓　ベースボールマガジン？

TaiTan ベースボールマガジンを2ちゃんだと思ってんの？（笑）あれは一般投稿によって成立してるものじゃないと思うんだよね。何だっけ、ニュー速じゃなくて、なんかあったよね。

周啓 何、プロ野球専門のやつもあったんだ。

TaiTan あったんだよ。それこそ、語尾の「ンゴ」とかはそこからなんだよ。あれはドミンゴっていうベイスターズにいたピッチャーがいるんだよね。こいつがなんでそんなネタキャラになったかっつうと、ピッチャーのくせに、塁に出るとやたら盗塁したがるっていう。

周啓 （笑）。

TaiTan で、だいたいアウトになる（笑）。そういう謎の国人選手がいたんだよ。「こいつ何なの」みたいになって、「ンゴｗｗｗ」みたいな……（笑）。

周啓 それめっちゃ面白いね。二〇〇〇年代前半だよね。

TaiTan 二〇〇五とか、六とか。

周啓 二〇〇四年のパワプロが俺の基本的なデータベースになってるから、ドミンゴっていたなと思って。

TaiTan 二〇〇四とかだと、渡米前の川上憲伸とか阪神に入る前の金本とかがブイブイ言わせてて、小笠原が三割三十本百打点を七年連続とかでやっていたという。奇跡の時代ですよ。

周啓 すごい時代ですよ。……なんJだ。

TaiTan あ、なんJ！　コングラッチュレーションです。

周啓 そんな？

TaiTan 『ＳＡＷ』の最後の答えみたいなね。最後の問題の答えがまさかの「なんJ」だったデスゲーム（笑）。なんJだ。なんJは、死ぬほど見てたね。

周啓 たしかによく聞いたわ、なんJ民ね。

TaiTan そう。俺は元なんJ民だから。「Dos Monos exなんJ民」ってプロフィールに書こうかなって持ってるくらい。

周啓 帰属意識強すぎだろ。だとしたらあの「セックスガラパゴス」だっけ？

TaiTan 「マザーミルク飯塚」ね。俺のミクシィのハンドルネーム。

周啓 （笑）。

TaiTan プロフィール欄は、「エロ・グロ・ナンセンス好きです。よろしく」。友達数、四ね（笑）。

周啓 全部企業アカウントだろ？

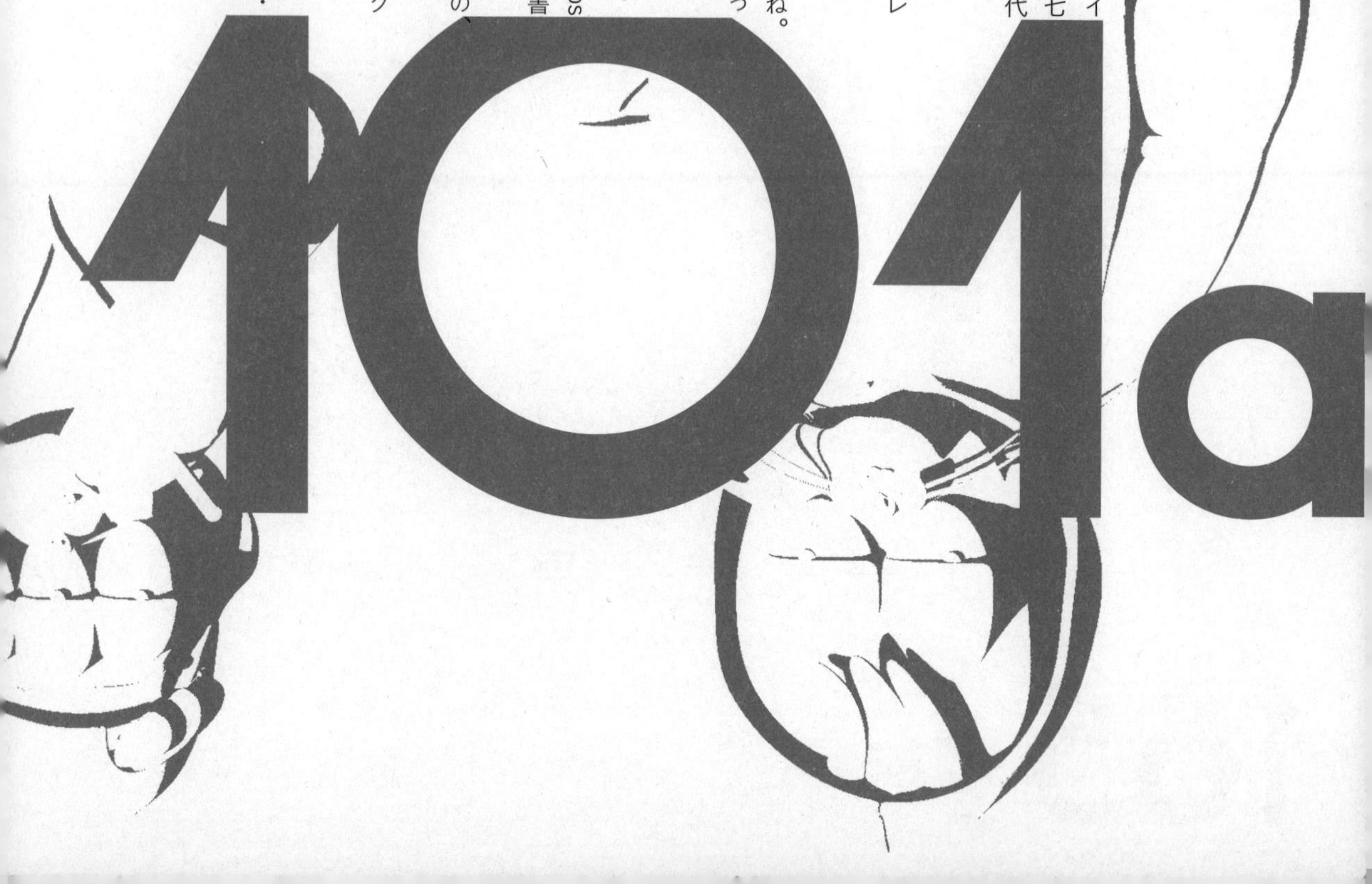

2ちゃんねると

TaiTan　あんまいじってくんなよ。まだアカウントあんのかな。つらいな。

周啓　ミクシィはログインしなくても、プロフィールまで見られるからね。お前もう、突き止められてるよ。

TaiTan　ヤバいね。

周啓　しかももう、ログインできないだろ。パスワードとか忘れてるから。前も言ったけど、俺もモバゲーに書いた小説が残ってるから。アカウント名は言ってないけどね。

TaiTan　まあもういいですよ、僕のは。

周啓　でもこういうの面白いよね。鍵を失くしちゃった宝箱っていうか……。

TaiTan　宝箱って思ってんの？（笑）

周啓　味のね。味の宝箱が、まだネットに残って、存在はしているというのはけっこうすごいことだよね。

TaiTan　でも過去に触れてきたネット文化として、2ちゃんねるっていうのは外せないと。

周啓　けっこうど真ん中でしょうね、俺らの世代だと。

TaiTan　なんでこんな話をしてるかというと、小泉今日子さんの番組『ホントのコイズミさん』に出たんですわな。その後編が今週の月曜日から配信されているんですが、その配信エピソードのなかで、「小泉さんはエゴサとかめっちゃするって聞いたんですけど」みたいな話を俺が振ったんだよね。それは本当にけっこう聞きたかった話なんだけど。そしたら小泉さんは「全然しますよ」と。かっこよくて、なんなら2ちゃんねる時代からずっと見てますよ、ということを、あっけらかんと普通に言うのよ。

周啓　そうだね。かましてる感じでもなくてね。

TaiTan　そう。「だって芸の肥やしになるでしょ」みたいなことでね。本当にすごい人だなと。こんなこと収録で言うし、かつカットとかしないんだ、と思って。で、それがバズフィードの記事で大々的に取り上げられてて。

周啓　ああ、そうね。

TaiTan　朝起きてびっくりしたんだから。ネットニュースを見たら、エンタメのトップ記事で、その発言が転載されてて。

周啓　感動したよね。俺らのことも紹介してくれて。『ホントのコイズミさん』に『奇奇怪怪明解事典』のタイタンほかが出演した回で……」ということで、僕は名前が載ってなかったけれども。

TaiTan　（笑）。こういうこともあるんだな、と思って。でも「2ちゃんを見てた」というだけでネットニュースになるなんて、どんなインフルエンス力なんだと。mixi時代のマザーミルク飯塚にそのインフルエンス力を分けてほしい。「オラにインフルエンス力を分けてくれ！」の悟空ね。

周啓　気持ちわりいな。なんでメディアから

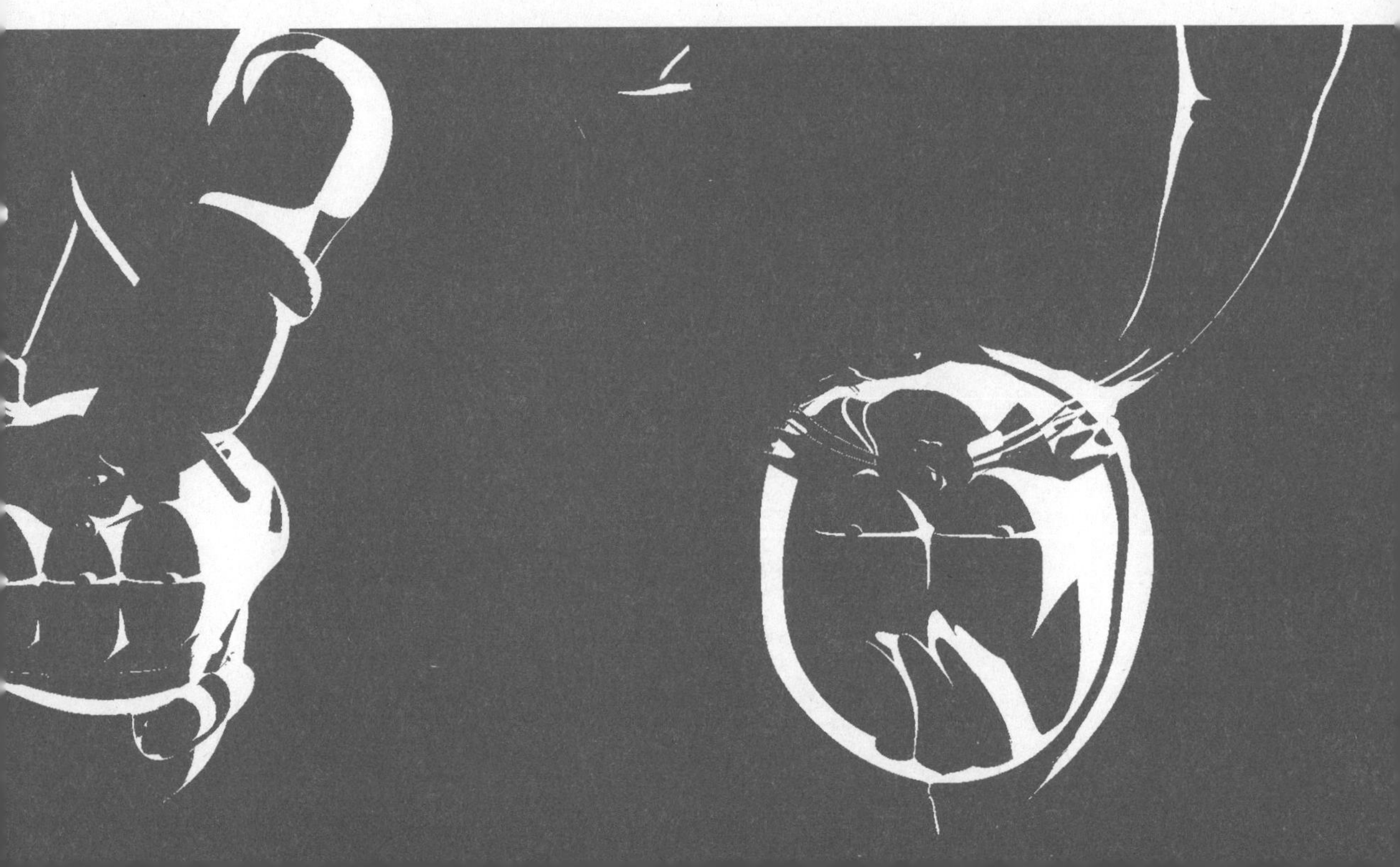

世界を変えようとしてんだよ。暴力で解決するんだろ、ドラゴンボールは（笑）。

TaiTan 物語の主軸がインフルエンス力に移った『ドラゴンボール』ね。影響玉をくれと。やってほしいよ、十五の俺にと思ったね。

周啓 それくらい注目されているんだなということがよくわかりましたよね。

けつのあなカラーボーイとあの頃の書き手たち／2ちゃんの語り口

TaiTan 君は2ちゃんだと、何を見てたの？

周啓 思い出したんだけど、「げんふうけい」という名前の小説書きみたいな人がいたんだよね。

TaiTan あー……マジでうっすらだけど、わかるかも。

周啓 最初は、今でいうTwitterのリプライのやりとりみたいな、お笑い系のくだらないやつを見ていたんだけど、その人を見つけてからはね。当時としては不思議な物語を書く人で、「中学校の図書室に置いてある本ではこの感じには触れられないな」という文章ばっかだったから、読み続けていた記憶がある。どういう話だったかな。

TaiTan それはでも、2ちゃんじゃなくない？ 要は2ちゃんだと、アニメキャラの強さ議論スレとか、「電車男」みたいな、わりと創作ものっぽいやつとか。

周啓 そっちの板かもしれない。でもやっぱり、2ちゃんねるの中でやってたっぽいね。その人は今、三秋縋という名前で作家になってるような気がするが。

TaiTan なるほどね。でもそういうのはあるんだろうね。それこそ乗代雄介さんとかもブログでずっと書いてて、それが『ミック・エイヴォリーのアンダーパンツ』になるわけだし。2ちゃんとかと全く関係ないんだけどさ、ブログの同人サイトみたいな、乗代さんとかこだまさんとか、爪切男さんとか、ぼく脳君も関わっていた気がするけど、「けつのあなカラーボーイ」という。

周啓 じゃあ、小野ほりでいさんとかも？

TaiTan そのラインだった気がする。そのあたりには中三か高一で触れてたね。

周啓 「けつのあなカラーボーイ」は俺、高二か高三のときにTwitterで知ったくらいだからね。

TaiTan 懐かしいな。「アルファツイッタラー」みたいな言葉がまだあった頃の、あの感じね。

周啓 でも最近友達から送られてきた動画でさ、「The Backrooms (Found Footage)」って見たことある？

TaiTan バックストリートボーイズ？

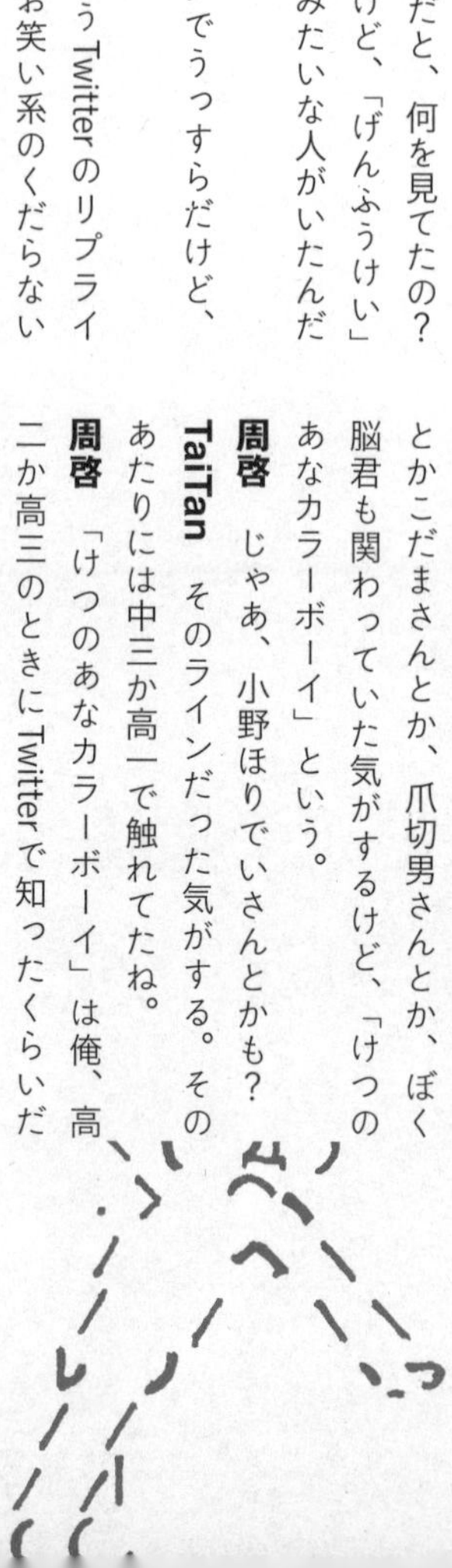

2ちゃんねると
まとめサイト文

周啓　ふざけんなお前。今更バックストリートボーイズのミュージックビデオを送ってくんな。

TaiTan　それを「最近見つけたから」って言って（笑）。すごいね君の友達は。

周啓　だとしたらどこかに監禁されていたんだと思うんだけれども。あれだよ、「きさらぎ駅」って2ちゃんとかにあったんだよ。

TaiTan　それはあの、アニメの同好会の人が、失踪したアイドルを追うみたいな話？

周啓　いや、気が付いたら変な駅にいて、そこから出られないみたいな話だったと思う。その話が世界に広まって、アメリカかどこかの人がそれを映像化しようって作った動画がこれだという話でさ。目が覚めたら駐車場にいて、そこからいろんなところに行くんだけど、どこまで行っても駐車場とか屋内から出られない、みたいな。

TaiTan　じゃあ原案2ちゃんなんだ。

周啓　いや、海外版の2ちゃんだったかな。噂レベルだから、ソースとして確かかわからない。

TaiTan　君、2ちゃんねらーしぐさになってきてるじゃん。「ソースはよ」って。

周啓　「知らんけど」って（笑）。

TaiTan　二百回もやってきて、「ソース」とか初めて言ってるよ。2ちゃんの話になるとやっぱり2ちゃんの口になるというか。

周啓　これ面白いよね。当時2ちゃんをめっちゃやっていた人がリアルでどういう言葉遣いをしてたのとか、気になるよね。

TaiTan　俺が最近仲良くしている編集者の千代田君とか、2ちゃん文化を正当に通過してきてるから、今でもリアルで喋ると「それは何々なんだが」とかけっこう言ってる。

周啓　めっちゃいいじゃん（笑）。

TaiTan　あとはTwitterの感じとか、全然臆面もなく出してるしさ。

周啓　俺は自意識が働いちゃって、封じ込めていった感じもあったからね。むしろ千代田さんみたいなキャリアでそれをバッツリ出せるのはめっちゃかっこいいな。言語として成立させてる感じで。

TaiTan　たしかにね。俺らもちょっとずつカスタマイズしていくか。

周啓　「ブフォｗ」とか使えよ。

TaiTan　（笑）。「大草原不可避」とか。今言ってる奴いるのかな？　でもスラングがここまで一般化したのはすごくない？「草」とか「ｗ」とかさ。

周啓　「ｗ」は2ちゃんにそんなに親しんでない人も使ってるでしょう。

TaiTan　もうほとんど、「（笑）」以上の市民権を得ているよね。

周啓　そう考えると、ネットが文字文化を変えたっていうのはすごいね。ということで。

Chim↑Pom展行ってきた／0いいね男

TaiTan　その文脈なのか全くわかりませんけれど、最近アングラ的なる香り高きものに触れてね。2ちゃんとは全然関係ないんだけど、Chim↑Pom展に行ったんですよね。今となってはスーパースター、それこそ森美術館のてっぺんで個展ができるなんてそれはもうもう、という話なんだけど。すごく良くて、めずらしく一時間半くらいいてさ。俺は美術館に行って、写真撮ったら帰るから（笑）。

周啓　図書館で、借りたりコピーするのがめんどくさいから、十ページくらいを写真撮っ

て帰る奴ね。

TaiTan　俺、インスタのストーリーに上げるために美術館行ってるから。

周啓　気持ちわりいな。落ちろよ。

TaiTan　森ビルの最上階から？（笑）写真を撮るのに夢中で。一番嫌な死に方だよね。「インスタに上げよう」とか思ってたら死んでるのは。

周啓　実際気を付けた方がいい穴はたくさんあったよね。

TaiTan　ただ順路に沿って回遊させるだけじゃないのも面白かったしね。でもあらためて見ると、Chim↑Pomってすげえなと思ったけどね。一〜五くらいのエリアに分かれてて、釘づけになったのは第一の、それこそまだ渋谷のネズミとかを捕まえてた時代のやつ。あのエリアは、いいよなと思ったね。

周啓　俺も見ながら、「蓋」との共通性もあるじゃんと思ったり。「公共とは何か」とか。シンプルに「道」っていうテーマは面白いと思ったな。カラスとドライブしたり。

TaiTan　そうね。ああいうのは「アングラカルチャー」とは十把一絡げには言えないけど、何者でもなかった人たちがああいうのをやってた時代というのはグッとくるよね。ああいう企てというか。

周啓　だし、いわゆる公共とかメジャーなものがアングラに閉じ込めてきた何かをわざわざ掘り起こしてきて作品化してメジャーにいったというのもすごいよね。音楽とかを考えてもけっこうすごいことじゃない？　そういう意味でも敬意を覚えた。何より、全部めっちゃ笑えるんだよな。めっちゃ楽しそうなんだよ。

TaiTan　周啓君も昨日行ったということで。

周啓　そうそう。あの電話を、エロで発電するみたいなやつ。わかる？

TaiTan　俺それ見てないわ。写真撮り忘れてるわ。

周啓　なんで写真撮ったやつしか覚えてねえんだよ（笑）。受け止めろよ、展示全体を。

TaiTan　そうか。俺記録のフォトグラファーとして行ったわけじゃないの？

周啓　なんか、「ここに電話」っていうエロっぽい釣り広告みたいなのに電話番号を載せて、そこにスケベ根性で誰かが電話をかけると、どこかに設置された着信の電力を使ってライトが光る、みたいな。

TaiTan　面白いね。

周啓　会場に電話番号があったから、俺も思わずかけちゃったよ。

TaiTan　じゃあ今も光ってるんだ。

周啓　なんでまだ俺は電話をかけてんだよ（笑）。でもこの企画面白いなと思って後ろを振り返ったら、女性の展示警備員さんにじっと見つめられてた。まあそれも込みで面白かった。その気まずさが。

TaiTan それも込みで、面白かったと。俺、周啓君が見逃しちゃったユージーン・スタジオについてもめっちゃ喋りたかったんだけど。

周啓 じゃあ喋ればいいじゃない。

TaiTan ふざけんな。やっぱり君の熱量とともに喋りたかったんだよ。

周啓 あ、そうなの。マジかよ。

TaiTan ユージーン・スタジオはね、これ……(笑)。

周啓 何がおかしいんだよ。

TaiTan いやこれね、オープンしてしばらくは、大絶賛の嵐。それこそインフルエンサーとかタレントとか、悟空の力を分け与えられし者たちが。ストーリーで「もう一回行こうか!」とか言ってさ。

周啓 風呂かよ。

TaiTan マジで町の銭湯かよと思うくらい、話題が着火しまくってて。俺も行く機会があったから行ってさ。でも正直、肩透かし感がすごかった。熱狂がすごかったけど、俺の趣味には全然合わん。むしろちょっと、わかんないんですけど、みたいな。

周啓 むしろマイね。

TaiTan むしろマイ? 誰?

周啓 マイナス。こりゃめでてーなでしょ。

TaiTan それ何? スラング? お前発の、流行らそうとしたけど0いいねだったフレーズ?

周啓 「お前発の、0いいねブランド」ね。

TaiTan 嫌なこと言うね(笑)。まあユージーン・スタジオについては、ほっといたんだよね。ほっとくというか、君と喋るでもなく。

周啓 わざわざマイナスなことをネット上でつぶやくわけでもなくってことだろ。

TaiTan でもその後、君に一報を入れたでしょ。「ちょっと見に行ってよ」と。なんでかっていうと、しばらくしてからもう大批判みたいになってたわけよ。

周啓 それおもろいね。それこそChim↑Pomとかもそういう例があったじゃない。

TaiTan あの、広島のやつね。あれも面白いよね。あのプロジェクトが一過性の何かで終わったとみんなが思っていたけど、その後十年くらい続いていたという。

周啓 だし、「対話を重ねた結果」みたいな言い方もされていたしね。

TaiTan でも今回のユージーンについては、完全に反転したから、めっちゃおもろいなと思って。だから行ってほしかったの。

周啓 ええ。行けたら行くわ。

TaiTan もう無理なんだよ(笑)。「美術手帖」を見るしかないんだよ。ちなみにその後、インスタで「Chim↑Pomの展示、面白かったね」みたいなことを言ってたら、知らない人から「見てました」って連絡が来て。

周啓 展示警備員から?

TaiTan なんで俺のインスタまで特定してんだよ。でもやっぱ見られてんだな、怖いなとか思って。

周啓 有名人なんじゃん。有名なんJ民ね(笑)。

TaiTan 元カリスマなんJ民でおなじみのタイタンマンと、0いいねの玉置でお送りしました、ということで。ありがとうございました。

周啓 ありがとうございました。

2ちゃんねる まとめサイト文

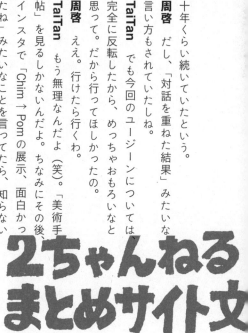

平成令和ノ自己啓発書史ヲ考ヘル

103b

『心を整える。』がなぜ売れたのか／即効性と遅効性

TaiTan　えー、TaiTanです。

周啓　玉置周啓です。

TaiTan　えー、『奇奇怪怪明解事典』でございますけれども。自己啓発書ね。

周啓　NICO Touches the Wallsね。

TaiTan　ドラムがよお前。

周啓　「ドラムがよ」って何だよ（笑）。そんな特徴的じゃなくない？

TaiTan　NICOはドラムが特徴だろ。ドラムの方が、ビジュアル的には一番インパクトがあったんだよ。見出しがそれだったんだから。それでナタリーに取り上げられてたんだから。

周啓　（笑）。どんだけのブルーオーシャンだったんだよ。

TaiTan　俺、覚えてるもん。それこそ俺んちって、貧乏だった時期があるじゃん。その貧乏を認めたくないがために契約していたCSのチャンネルでね。

周啓　CSはそういうものだからな。

TaiTan　そこに初めてNICO Touches the Wallsが出てきたとき、「すごいドラムだな」と思って。

周啓　ふざけんなよ。それは普通、演奏に対して言うんだよ。

TaiTan　もちろん演奏も良かったけど、ビジュアルがすごい特徴的だったよ。

周啓　NICO Touches the WallsはウォーホルのバナナみたいなジャケットでCDを出してたことがあるんだよ。てっきりヴェルヴェット・アンダーグラウンドのニコとかかってんのかなと思って、Wikipediaで調べたのよ。そしたら、「架空のニコという存在が、壁の向こうに手を差し出そうとしているしぐさから来ています」みたいな、正確には忘れたけどそんな感じで、関係なかったんだよな。

TaiTan　という話で、クラス中の話題だったわけだ。

周啓　俺の記憶では、ナタリーの最初の記事はそれだったよ。

TaiTan　じゃあ俺は、『CINRA』で見たのかな。

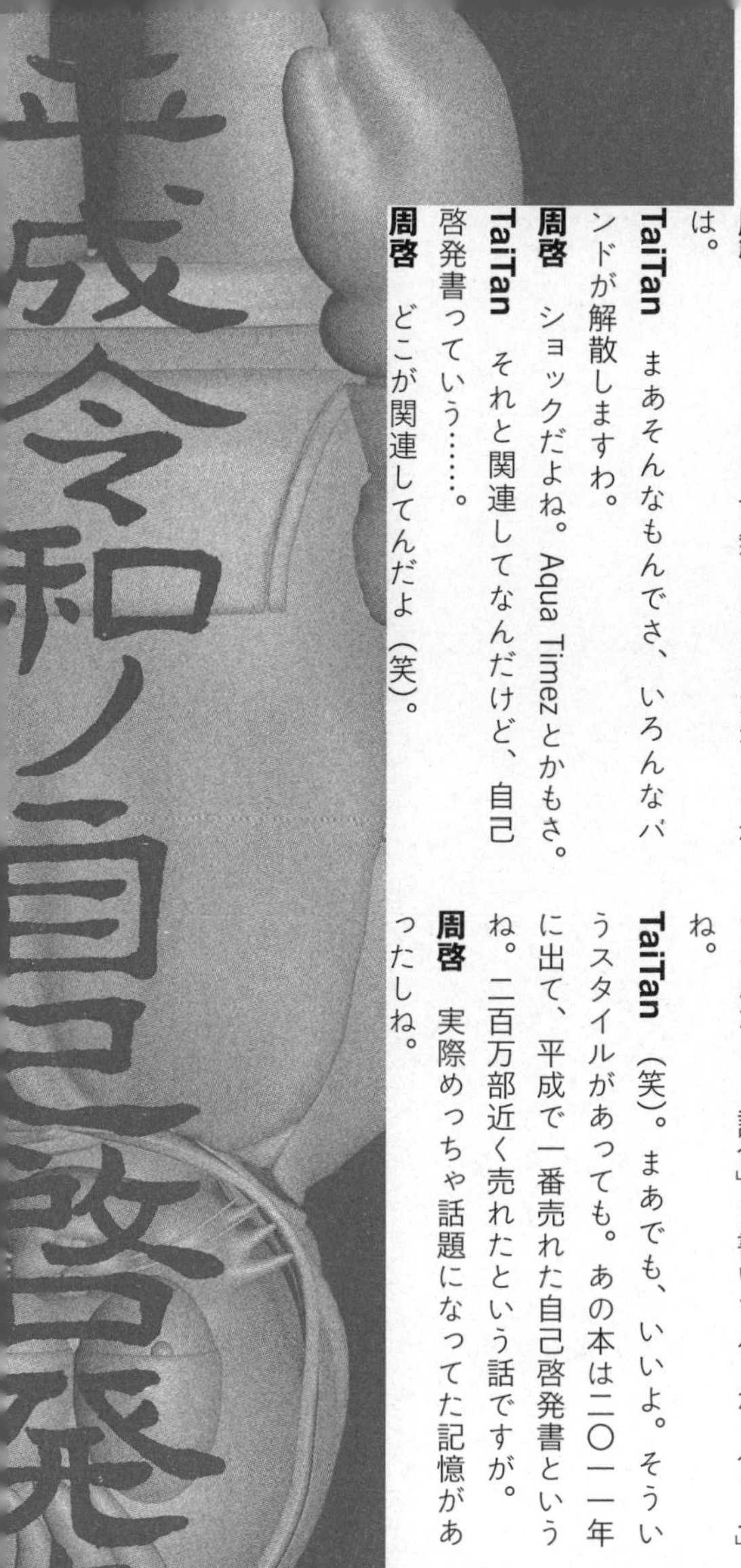

周啓　なんでメディアごとに違う売り方してんだよ（笑）。手が込んでていいけどね。

TaiTan　各媒体ごとにプレスリリースの文言を微妙に変えて（笑）。NICO Touches the Wallsって、解散した？

周啓　いや解散はしてないだろ。

TaiTan　いや、解散した気がするよ。学校で話題になった記憶があるもん。あ、二〇一九に活動終了だ。

周啓　けっこう最近……お前学校行ってねえだろ、二〇一九は。

TaiTan　行ってんだよ。顔出してたんだよ、部室に。

周啓　気持ちわりいな。一番嫌われる先輩ね。

TaiTan　顔出した挙句に、話題が「NICO解散したってよ！」って。

周啓　もうほとんど首無しニックだね、それは。

TaiTan　まあそんなもんでさ、いろんなバンドが解散しますわ。

周啓　ショックだよね。Aqua Timezとかもさ。

TaiTan　それと関連してなんだけど、自己啓発書っていう……。

周啓　どこが関連してんだよ（笑）。

TaiTan　何の話かというと、こないだ『BRUTUS』で新しい連載が始まりますよという話をしたと思うんですわな。その第一回が、四月一日号から掲載ということで。何をやっているかというと、「百貨戯典」という連載が始まりますよと。これは予算百円以内で、ブックオフとかでたたき売られている過去の本を、今この時代に読み返してみようという。これがいずれはCDとかDVDとかになるかもしれませんが、第一回は長谷部誠氏の『心を整える。』（幻冬舎）という大ベストセラーを読んで、それについて喋るという企画をやったんでございますわな。どうだった？

周啓　でも、思い出に残るゲームだったよね。

TaiTan　ゲーム？

周啓　俺は、取材のことを「ゲーム」と呼んでるんだよ。「試合」と書いてルビが「ゲーム」ね。

TaiTan　（笑）。まあでも、いいよ。そういうスタイルがあっても。あの本は二〇一一年に出て、平成で一番売れた自己啓発書というね。二百万部近く売れたという話ですが。

周啓　実際めっちゃ話題になってた記憶があったしね。

TaiTan　でも我々は読んでこなかったので、今改めて読んでみたらどういう感想を抱くのか、ということを連載の方では喋ってるんですが、その結果たどり着いた結論というか、「こういう観点で読むと面白がれるんじゃないか」というポイントが見つかってね。それが何かというと、「平成と令和における自己啓発書の違い」。

周啓　なるほど。

TaiTan　このポイントに集約されるなと思ったので、今日は連載の延長線上というか、補論ですね。連載のスペースはけっこう小さいので、紙幅の関係上、省かれるところも多いですから。でも、いいテーマだと思うんだよね。

周啓　その時の社会情勢がまんま反映されるっていうかね。

TaiTan　その通り。正直、『心を整える。』を今読んでも、正直なんもねえっす。

周啓　まあその、そのね。

TaiTan　なんだお前、フォロー下手がよ。誰だよ、こいつをアシスタントにつけたの。

周啓　来週からいない奴ね（笑）。

TaiTan　裏でMCに「お前事務所どこ？」

って言われるぞ。まあ読めばわかるんですけど、極めて正しいことしか書いてないんですよ。「遅刻をするな」とか、「ピッチにいる仲間とのコミュニケーションを大事にしろ」とか、心がけみたいな話しか書いてない。だから今読んでも、「さいですか」と。これが百五十万部売れるというのは、事実として面白い。でだ、それだけ読んでも正直持ち帰るものはないんだが、補助線として、今世の中で爆売れしている自己啓発書を横に置いてみると。こないだ書店に行ってさ、自己啓発書の棚を見たんだよね。もう、全然トンマナが違うわけ。

周啓　ラインナップの。

TaiTan　そうそう。要は、具体性と即効性を約束してるものが多い。「秒で何々する」とか、「何々したら何々になる」とか。それに対しての、平成代表『心を整える。』。これは心がけの話に終始している。この差が面白い。だから自己啓発書というのは、それ単品だけ読んでも面白がれないけど、タテの時間軸で見たときに初めて面白いんだということに気づいたんだよね。「百貨戯典」、ありがとうございます。

周啓　そうだよな。たしかに平成の時代だと、まだ豊かな空気のみっていう感じでね。要は、「暇だったんだろうな」みたいな話にもなっていったよね。だから心がけとか、心のよりどころ、精神系に傾いていったというか。

TaiTan　だから、平成はやっぱり、言うてものどかな時代だったと思うんだよね。それに対して、今の時代はもうちょっと切迫してるっていうか、即効性を求められている。でも百五十万部売れるとかっていうのは、もう現象だと思うわけ。作家一人とか、編集者一人の力でどうこうなるレベルじゃないって俺は思うのね。どっちかっていうと、その当時の国民との共犯関係がないと難しい。だから一個の本が売れたというか、一個の現象が巻き起こったという感じ。

周啓　そうだよね。

TaiTan　それこそあの本は、二〇一一年の震災直後とかに出ているんだよね。震災を経ての空気もあいまって、バカ売れしていったという。

周啓　やっぱ世相を反映するんだな。

TaiTan　まったくのどかな社会状況ではないのに、求められたのは平穏、「常に心を乱さないで生きていく」みたいな。今もコロナで社会情勢的には逼迫してるわけじゃない？　でも今はもう「生き延びなきゃ」みたいな、具体的な何かをみんなが求めてるっていう。

周啓　たしかにな。

TaiTan　二〇一一と二〇二一というディケ

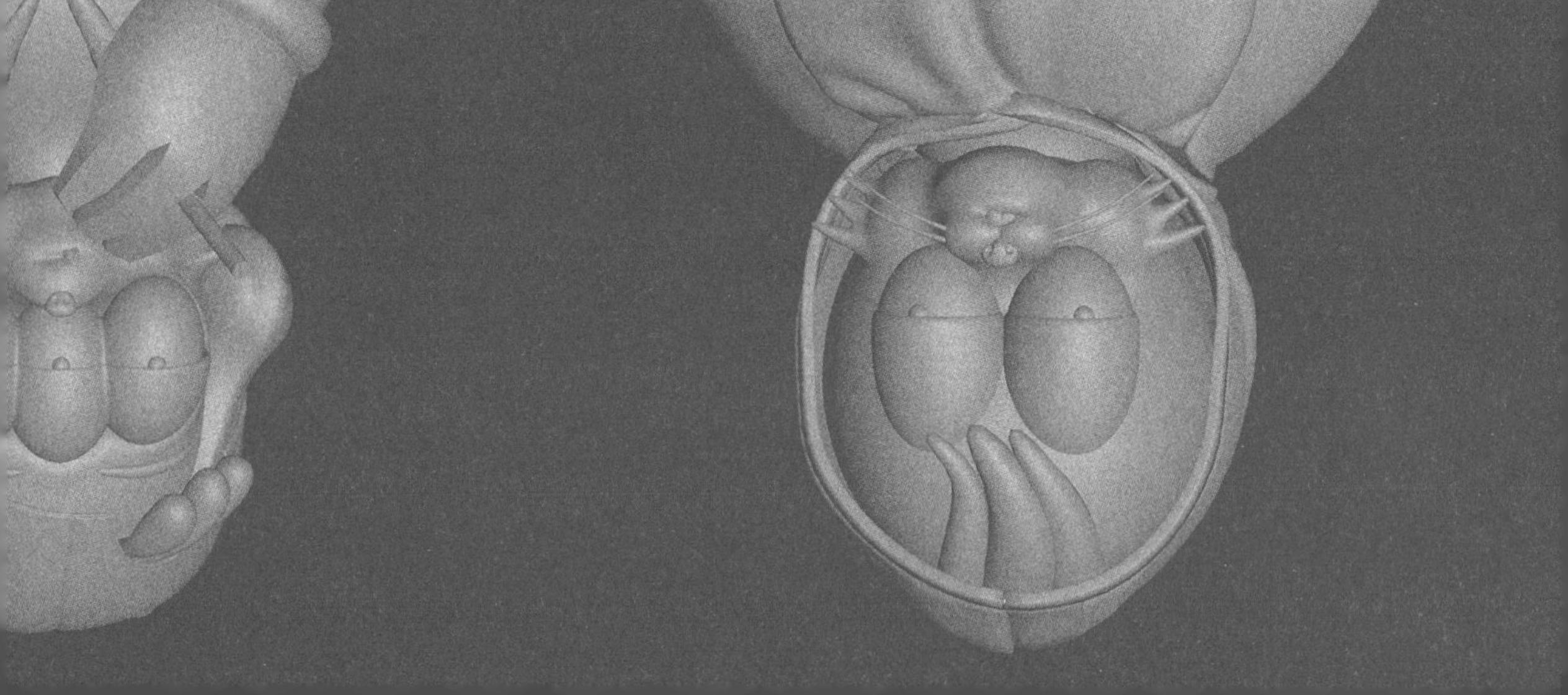

イドで考えたときに、めちゃくちゃ大きな天災がやってきて、でも人々のリアクションは全然違う、という。

周啓　これ、なんなんだろうね。復興が終わったのかという問題もあるから言い方はむずいんだけど、地震一発の衝撃と、二年もの間ずっと苦しい生活が続くという経験とは、また痛みの種類が違うのかな、とも思ったよね。ジリ貧の時代で即効性を求めたくなるのにも、痛みの長さが関係してるのかなと。三・一一のときは、「一発逆転して生き延びなきゃ」みたいなこともなかったような気がするからさ。

TaiTan　だから俺は、十年単位で、その時代における自己啓発書の代表選手を並べて読んでいったら意外と面白い発見があるかもと思うね。

周啓　三浦知良とかね。

TaiTan　どこの誰だよ。

周啓　お前……フォワードの。

TaiTan　（笑）。ああ、キングカズのことね。

周啓　書いてそうじゃない？　一冊くらい。

TaiTan　でも『心を整える。』の帯には、「サッカー選手として初めての自己啓発書」と書いてあったよ。

周啓　あ、そうなんだ。

TaiTan　だから今となってはそっちの、ビジネス書の棚とかに置かれる本を出してもそんなに違和感ないんだけど、当時としては現役のアスリートが啓発書を出すというのは画期的だったんだろうね。でも、イチローとかも出してそうだよな。「自分から語る」というのが……。

周啓　たしかに、そこな気がするね。

TaiTan　「イチローの生き方」みたいな、第三者のルポはあったんだろうけど。

周啓　そもそもスポーツ選手が自己啓発本みたいなのを書き始めたのはいつからなんだろうと思うよね。

TaiTan　これけっこう面白くない？　いつのまにかスポーツ選手って、かなり社会的な存在に……いや。昔からなのか。でもかなり、そういうビジネスって発達したよね。

周啓　「有名な、実績のある人に自己啓発本を書いてもらう」というシステムでしょう。それは思う。もう出てるかもだけど、芸人さんが書く自己啓発本とかも出てくるだろ、きっと。

平成令和ノ自己啓発書史考ヘル

TaiTan 君やっぱ、時代の半歩先を読むんじゃん。
周啓 一歩ぐらいいきたいけど。
TaiTan いや、すげえわ。芸人は絶対書き始めるよね。もう既にありそうだな、「コミュニケーション術」みたいな本。
周啓 ……鼻がよ。
TaiTan 「鼻がよ」って言った？（笑）
周啓 いやいや、鼻からマイクにプープー息が入るから、気持ちわりいなと思って。
TaiTan なんだお前。
周啓 でも、何かしら社会的な地位を得はじめたカルチャーというか職業のジャンルの人が、「僕はこうやってここまできた」みたいな自分語りをするコンテンツは続いていくのかもしれないよね。
TaiTan そう。その時代におけるもっともリスペクトされる存在が「僕はこうしてやったよ」というのを語るのが系譜としてあるような気がしてて。そこに今、経営者とかアスリートもありつつ、新しい潮流として芸人が流れ込むのはありそうだよな。書きそうな人、誰だろうな。でも、おもろいわ。「次に自己啓発書でバリー・ボンズ級の爆裂ホームランを飛ばすのは誰なんだ」と。今はひろゆきだというのはわかるんですよ。次は誰なんだろうね。もう何を言っても、受け入れる側の準備が整っている人。
周啓 それこそイチローじゃない？ 逆に。
TaiTan あるかもしれないね。
周啓 まだ書いてないから。そういう段階じゃないから。
TaiTan 俺、その線もありつつ最近注目してるのは、シニア市場。加藤一二三とかあのラインって、急にフックアップされるじゃん。世の中を超越した存在っぽくなり始めた瞬間に、発言が価値を帯び始めるっていうか。だから次流行るんじゃないかって思ってるのが、シニアのYouTubeチャンネル。
周啓 その、ご飯食べたり、生活の。
TaiTan いや離乳食食ってもしょうがないだろ。
周啓 「離乳食」とは言ってないだろ（笑）。そんな『ベンジャミン・バトン』みたいなことが起きるとは思えないけど。それでいうと、兵庫の明石市長とか人気だよね。「バツバツ改革します」みたいな。
TaiTan それ知らなかった。ある気がしますね。「自己啓発書」と言うときな臭くなるけど、時代という一個の背骨を置くと、面白がれる。これみんなに予想してもらうか。次の自己啓発書のベストセラーは、どういうジ

103b

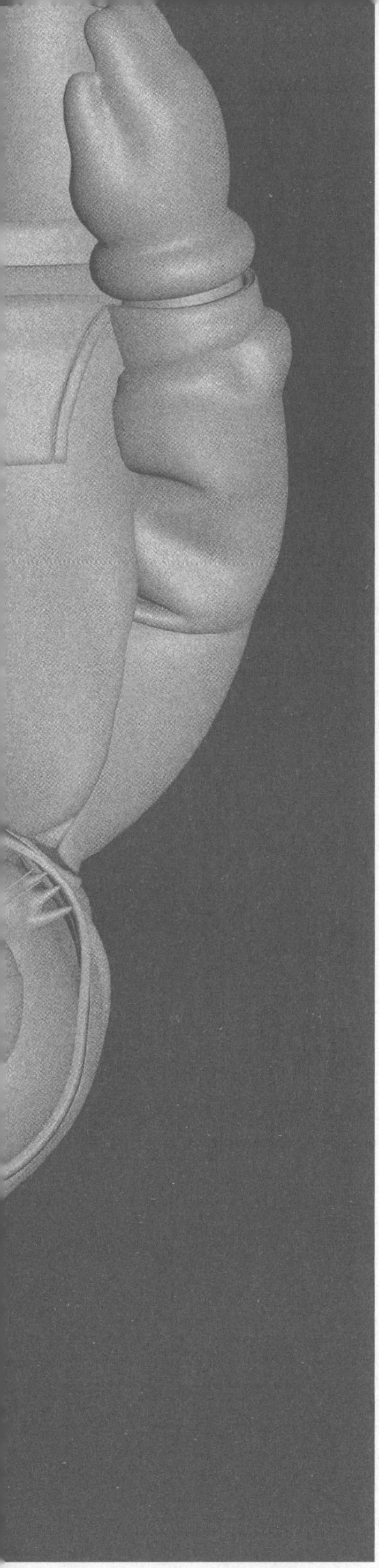

ヤンルから生まれるか。「百貨戯典」はこういう企画です。という感じでございます。

ゲームチェンジャーとしてのSDGs／一人のカリスマよりも匿名の運動

TaiTan　前回のQ&Aで、募集したテーマがあるんですよ。「今のゲームチェンジャーは誰なのか」という。「俺らは北野武とか松本人志的な衝撃を受けたことがないんではないか」という仮説をもとに、いるとしたら誰ですかという話をしたと思うんだけど。星野源とか新庄とか千鳥とかカニエ・ウェストとか、いろいろ書いてくれているんだけど、一個「俺が言いたかったのはこういうこと」というのを書いてくれてる人がいて。

周啓　あら。

TaiTan　「SDGs」と書いてくれてるんだよね。俺の解釈だと、これは「エコ」とかそういうものの系譜だから「ずっとある何か」という感じなんだけど。思ったのは、今は具体的な一人のカリスマとかっていうよりかは、「#metoo」とかだと思う。

周啓　「運動」ね。

TaiTan　それもウーマンリブとかの歴史があるのはわかるんだけど、「たくさんの匿名の誰か」みたいなものの方が、今は世の中を反転させてる気がする。みたいなことを、この回答を見て思ったね。

周啓　それ面白いね。

TaiTan　ゲームチェンジャーというのは具体的な個人というより、名もなき誰かの一連の運動や連帯なんだというのが今っぽい気がする。

周啓　カリスマみたいな人がわかりやすく出なくなったのも、インターネットの影響が大きいんだろうな。

TaiTan　それはある種正しいと思ってて、アメリカのニューヨークタイムズかなんかで、その年のパーソンオブザイヤー、一番話題になった人が発表されんだよ。そのいつかの年が、「YOU」だったんだよ。

周啓　えっ、あの？

TaiTan　違う。概念としての「お前」。それはTwitterができたくらいのタイミングだったかな。だから、よく言われる話なんだけど、そういう時代なんだろうね。一人のカリスマよりも匿名の運動の方が、具体的な効力を持つ。まあそういうことでございましたな。何か言い足りないことある？

周啓　この前綾斗とたまたま会って、そういう個人のゲームチェンジャーはいないという前提で話したらさ、綾斗は「いや俺、藤井隆が新喜劇に出てきたとき衝撃を受けたけどね」って言ってたわ。だから個人単位では、けっこうあるんじゃない。もっと言いたいことがありそうだから、今度話したら？

TaiTan　じゃあいつかまた、ゲストに呼びますか。

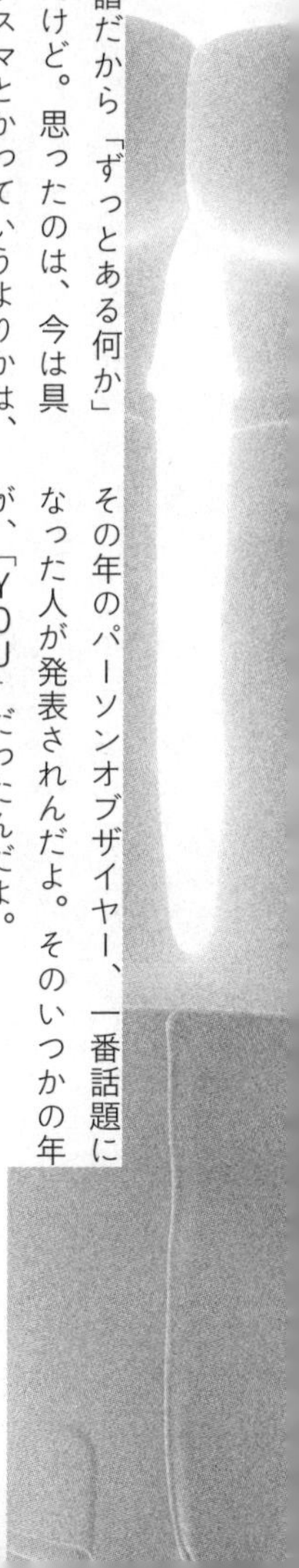

198 日米の反応の差／評価軸の点検問題

TaiTan　えー、TaiTanです。

周啓　玉置周啓です。

TaiTan　えー、『奇奇怪怪明解事典』でございますけれども。ウィル・スミスね。

周啓　朝青龍？

TaiTan　暴力がよ。

周啓　お前（笑）。戻しちゃってんじゃないの。

TaiTan　一緒だろ。いや、これはちょっと触れざるをえないと思ってまして、久しぶりに火中の栗を拾いに行こうかなと。ウィルね。

周啓　友達かお前。

TaiTan　どう？　以前の配信で、「あいつ最近仕事増えてきて羨ましい」とか言ってたけど。

周啓　それ、お前が言ったことにしてるだけで、俺はウィル・スミスの仕事量で心が動くほど売れてないから。

TaiTan　比較対象には、ならないのね？　足引っ張ったりしてんじゃないだろうなお前。お前じゃないのか、あれ？

周啓　何を言ってんの？

TaiTan　ウィル・スミスの仕事量に嫉妬して、ネットにウィル・スミスに否定的な意見を書いてるんじゃないだろうな。キャリアの足を引っ張るなよ。

周啓　バランス的にお前の方がいかれてることになるけど、大丈夫？（笑）

TaiTan　（笑）。そうだね。冷静な耳を持ってる人なら、今喋ってるこのハイトーンの奴、おかしいんじゃないかと。何を根拠に相手を責め立ててんのかと。

周啓　今の状況で「ウィルの足を引っ張るな」とかは、過剰な応援のような受け取られ方をする言葉だから、気を付けた方がいいと思うんだけれども。

TaiTan　まあわかんないよ。文脈がわからんから、正直なんも言わない方がいいと思うんだけどね。「日本とアメリカの反応の違い」みたいなことが、話題になってるじゃない。

周啓　あ、そうなの？

TaiTan　日本だと、「妻のために立ち上がったウィル・スミスはかっこいい」みたいな感じなんだけれども、アメリカではもうウィル・スミスはアカデミーから永久追放なんじゃないか、というくらい、とにかく非難囂々《ごうごう》。

周啓　あ、そういうことか。暴力を振るってしまったからね。

TaiTan　でもこれ、めちゃくちゃ複雑な文脈だと思うわけですよ。アカデミー賞の歴史もあるし、人種の話もあるし、日本よりアメリカの方が思想的に成熟している部分も確実

にある。要は、「妻のために夫が立ち上がるとかいうの、意味が分からない」みたいな議論があるわけよ。「そういう価値観こそが、もっとも過去の話にしなければいけなかったものなんじゃないの？」と。

周啓　そういう話がアメリカでは持ち上がっていると。

TaiTan　そうそう。だから俺、残念に思っちゃったというか。自分がけっこうウォッチしているアカウントの人とかが、反射神経的に「ウィルかっこいい！」みたいになってしまうのが。残念っていうか、不思議だなと思ったりしてね。これに限らずだけど、反応が一色に染まるときというのは、変だよね。最近も思ったんだけど、タモリが報道ステーションに出てさ。

周啓　タモリステーションみたいなやつ？

TaiTan　そう。で、一言も喋らなかったんだよね。

周啓　最後の一言以外は。

TaiTan　で、みんな絶賛するじゃん。「これこそが人間のあるべき姿だ」みたいな……（笑）。

周啓　（笑）。それは、めっちゃ言い過ぎだろ。

TaiTan　そう、言い過ぎだと思うんだよね。日本っていうとあれだけど、みんなタモリが何をやっても賞賛する準備ができちゃってる。

周啓　そういう環境を整えたタモリがすごい

とも言えるしね。

TaiTan　君はどうなの、ウィル・スミスのあれは？

周啓　なんか、怒りを表明したという点についてはすごいなと思ったよね。

TaiTan　そうそう、今日はその話をしたいんだよね。「その場で怒れる論」。

周啓　そうだよね。俺もそんな気がした。

TaiTan　俺が最初に「文脈が複雑だからね」と言ったものの一つにはそれがあってさ。そこを評価できるかできないかという、もうちょっと細かい点検が必要じゃない。

周啓　あの行動に対して是か非かではなくね。

TaiTan　俺も周啓君と同じで、その場で怒るってめっちゃすげえよなと思うんだよね。それを、「暴力はたしかにいけないけど」みたいな二元論になっていくのが、めっちゃだるいっていうか。

周啓　そう。全員そういう感想で終わるものと思ってたからさ、違うんだと思って。

TaiTan　本題に入るとさ、その場で怒るってできないよね、人間。君、最近なんか、怒ったエピソードある？

周啓　これ何、「暴力さんいらっしゃい」？

TaiTan　（笑）。日曜の昼に、藤井隆MCでやらないんだよ。なんで白とピンクを基調としたきれいなスタジオで、前科者が懺悔するんだよ。

周啓　すげえ今の時代っぽいけどね（笑）。それすらショーになってしまうっていうか。俺はあんまりないかな。癇癪起こすみたいなことは普通にあるけど。

TaiTan　人間に、怒ったことある？

周啓　なんだろうね……もっと重たいじゃない。内容を聞くと、怒る理由はよくわかる、というのはたしかにある。別に立ち上がるまでいかなくても、身内を侮辱されたらさ。

TaiTan　正直に告白すると、俺にはあの文脈がわかんないんだよね。いかほどに成立してないものなのか、というのは。英語のネイティブじゃないし、向こうの文脈は全然わからないから。だし、会場は笑ってたじゃん。観客にセンスがないのか、本当にギリギリのところでアウトなことを言ってるんだけど、ショーを成立させるためにやってることなのか。

周啓　そうね。俺もあれの正しさについては全くわからない。

TaiTan　抽象化して言うと、「身内を公然とコケにされた」という。

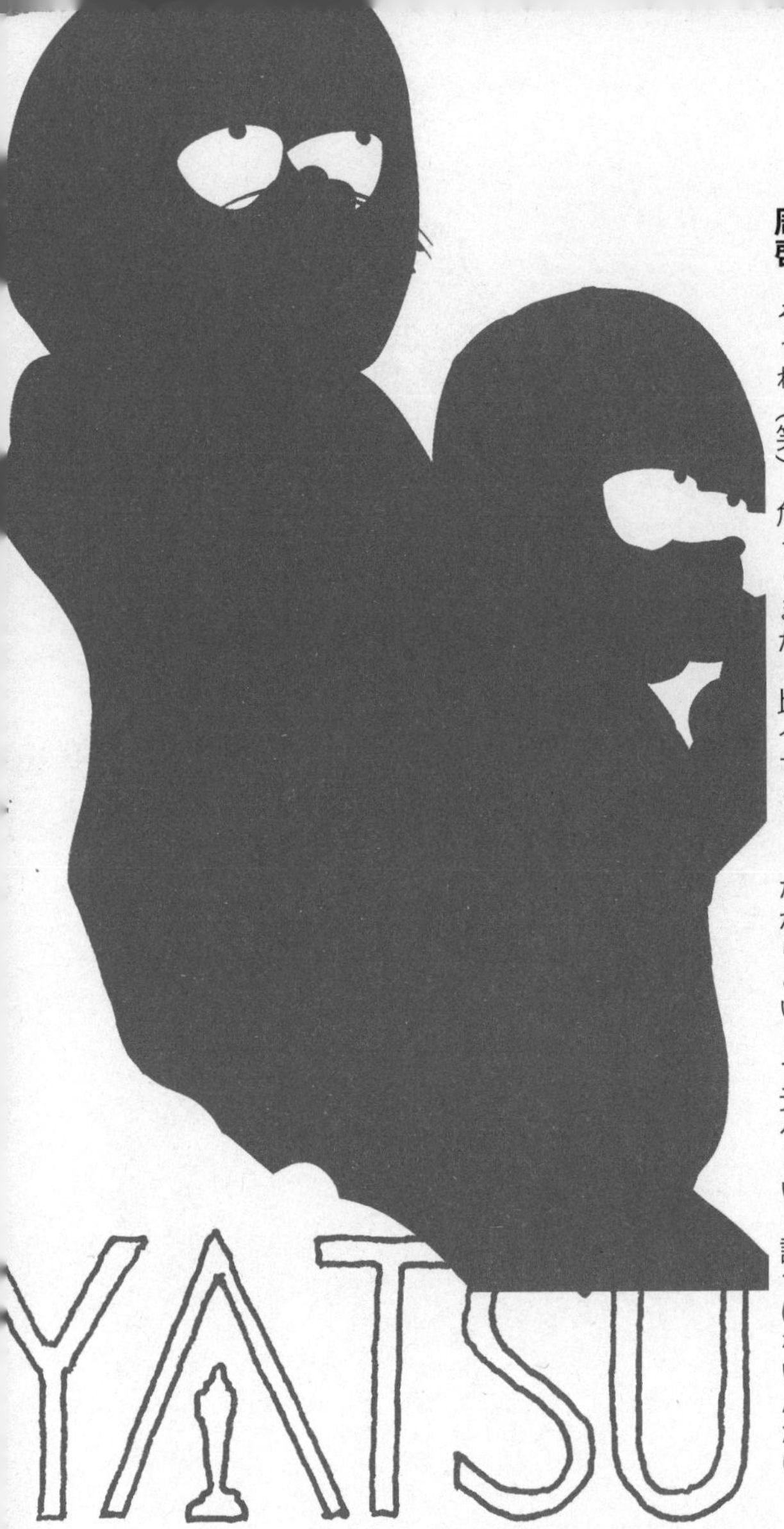

周啓　そうそう。もちろん、俺は普段ショーに出てるわけじゃないから……。

TaiTan　まあそうだね君はね。

周啓　なんだお前。オメーもだろ。オメーの方がよ。

TaiTan　テーラードとか着たことないもんね。襟付きのものは持っていないでおなじみの。

周啓　丸首Tとジーパンしか持ってないから、ベストジーニスト賞には出たいけど、アカデミー賞には……（笑）。

TaiTan　君はトップスを持ってないからね。

周啓　なんで俺は、基本上裸で生活してんの？　野田クリスタルかよ。

TaiTan　違うよ。仕事量が違うんだから。

周啓　そうね（笑）。危うくまた、比べちゃうところだった。俺は小学校の頃、好きだった女の子が東方神起を好きだったのに嫉妬してたような人間だから。まあいいんですけど、要はショーじゃないから、基本侮辱は侮辱じゃん。でも今は、お笑いが内面化されすぎてて、普段の生活でもショーみたいにふるまうのが当たり前になってきてる感じがする。

TaiTan　いい話じゃないですか。

周啓　となると、あんな光景、実は日本でもいくらでもあるんじゃないかと思ったよね。なんなら俺もあるし、自分もあの、コメディアンのクリス・ロック側になったことがあるなと思った。

TaiTan　それは誰しもが心に持ってるよね。だからといって云々という話ではないんだけど。

周啓　さっきの怒れるかという話に戻ると、俺もそういうときに怒れないんだよね。

TaiTan　そうね。怒る……。要は、「これは冗談だしな」みたいなことが完全に内面化されてて……だからもう、何かを失ってんだろうな。俺らみたいなもんは。これのせいな気もするんだけどな。「全部冗談」で。

周啓　そうね（笑）。でも、ものによるじゃんと思うけどね。「俺たちは毒舌だ」とかいって人を侮辱しまくって「全部冗談でした」とか自己弁護してるんだったらダサいけど、できるだけ避けてるわけでしょう。

TaiTan　怒るってでも、めちゃくちゃ具体的な技術が必要だよね。

周啓　そう、技術だと思う。感情なんて常にこみ上げてるんだもん。それは「怒り」かもしれないけど、「怒る」という動詞にそれを転化するには、やっぱある程度のテクニックが必要なんだよね。

TaiTan　とか、「その最後の一言を言わせない技術」というのもあると思うんだよね。でもああいう場だとむずいよね、マイクが向こうにしかないから。そういうのも文化の違いを感じるし、しかもシチュエーションが明らかに非日常のアカデミー賞だしな、とか。なかなか自分に置き換えて考えるのは難しいけど。

『ドライブ・マイ・カー』と中年男性ケア系の話／本音大好き社会と男根っぽさ

TaiTan　その「怒る」という話に繋がっていくかもしれないんだけど、それこそアカデミー賞の『ドライブ・マイ・カー』。俺も見て面白いなと思ったし、いろんな論考がアカデミー賞に合わせて出ていて、けっこう興味深く読んだんだけど。「男性におけるケアの問題」、要は「傷ついた男性のケアの問題について、男性学的に見てこうである」という論旨の記事が二つ上がっていて。

周啓　なるほど。

TaiTan　これは俺の意見というか、記事に書いてあることなんだけど、今のミドルクラス以上の男性は、我慢をし過ぎてきたという歴史的な背景があると。「男は稼がなきゃいけないし、誰かよりも優位に立っていなきゃいけない」的なことが無意識的に内面化されている。それに対してのケアが今必要なんだが、じゃあそれが何かといったら自分の心と向き合うための時間が必要なんじゃないですか？　みたいなことが書いてあって。その一個の切り口として、「本音と本心」というテーマが設けられてて。つまり「ケア」みたいな話になったときに、「自分が本当に思っていることを吐露しなきゃいけない」みたいなことが先行しすぎると、よくある「男の悩みを湿っぽく語る」みたいな、おセンチな……。

周啓　バーの後ろ姿ね。

TaiTan　そういうナルシシズムを増長させる。それこそがもっとも男根しぐさっぽい。だからそういうものじゃなくて、「本心」に向き合うべきだ、と。「自分が思ってもいないことは何か」みたいなことを、具体的に点検していく時間が必要なんだと、まあそういうようなことが書いてあるんだよ。

周啓　なるほど。

TaiTan　で、その本心の方は置いておいて、俺は「本音」ってものの危うさを思うんだよね。それがなんでさっきの君の話に繋がるかというと、本音って、ほとんどショーになっちゃってると思ってて。居酒屋とかでもあるじゃん。「本音で喋ろうや」みたいな。

周啓　「腹を割って話そう」みたいなね。

TaiTan　そうそう。それによってその場はすっきりするようなコミュニケーションが成立しているように見えて、それこそがもっともホモソっぽい、「よく言った！」みたいな感じになりがちな、あのキモさ。

周啓　あれもコミュニケーションだから、言った内容は関係なくてさ。いつかの性豪自慢問題にも繋がるけど、要は「信頼を置いてるから、僕はこれだけ勇気を出したんだ」ということを確認し合う作業というかね。そういう意味でも男根っぽい。

TaiTan　「俺の酒が飲めねえのか問題」にも

繋がってくるような、そういう気持ち悪さがあるよね。だから、あれなんだよな。「本音に気をつけろ」ということを、いつかめっちゃ具体的に語りたいんだよな。本音というものをありがたがり過ぎることのキモさ。

周啓　いや、難しいですよ。本音をありがたがる世界線に近づけば近づくほど、冗談の居心地が悪くなっていくわけですからね。

TaiTan　本音というのはそれこそしぐさっていうか、さっき言ったけど最寄りのショーだから。「何々だと思ってんすよ！」みたいな態度が、実はその場の空気を乱さないための擬態であるみたいなことなんて、人間にはいくらでも可能なんだから。だからほんとに思ってることと、口から出ることは全然違うんだよ。

周啓　結局何も変わらないってことだよね。それまでのマナーが「空気を読む」って方向性だっただけで、「本音を言う」みたいな方にそのマナーの方向性が行っても、やってることは「マナーを守る」ということだけだから。

TaiTan　だから、面白いよね。こういうときに社会を感じるんだよね。社会というか、「いろんなことの過渡期にあるんだな」というのをめっちゃ思う。

周啓　たしかに、こういうのがセンセーショナルな話題として世界中を駆け巡るわけだからね。

TaiTan　しかしウィル・スミスは、これによってまた市場価値を……一回下がるだろうけど、またネタにされて爆上がりしていくと考えると、その拳でマイク・タイソンよりも金を稼いだんじゃないでしょうか。

周啓　なんか、嫌な評論だな（笑）。いや、いいですよ。人を殴って金を稼ぐというのはね。

TaiTan　なんだお前。「いいですよ」？（笑）でも今、いろんなアドバイザーとかエージェンシーの人が、ウィル・スミスの次の一手を考えてると思うんだよね。それこそ殴られちゃった方の人と共犯関係を結んでいく可能性だってあるしさ。

周啓　翌日にはグッズが出てたもんね。

TaiTan　ミニフィギュアみたいなね（笑）。

「あるもの」としての暴力／ウィル・スミスの次の一手は何か

周啓　ごめん、終わり際にあれなんだけど、このニュースにまつわる違和感がもう一個あって。この事件のあと、ウィル・スミスが泣いて謝罪したじゃない。それに対して「謝らなくていい」という声があったよね。これはさっきTaiTanが言っていた、一部の日本人のしぐさだと思うんだけど。プラス、「ウィル・スミスが謝るならクリス・ロックも謝るべきだ」みたいな声もあって。その「喧嘩両成敗、

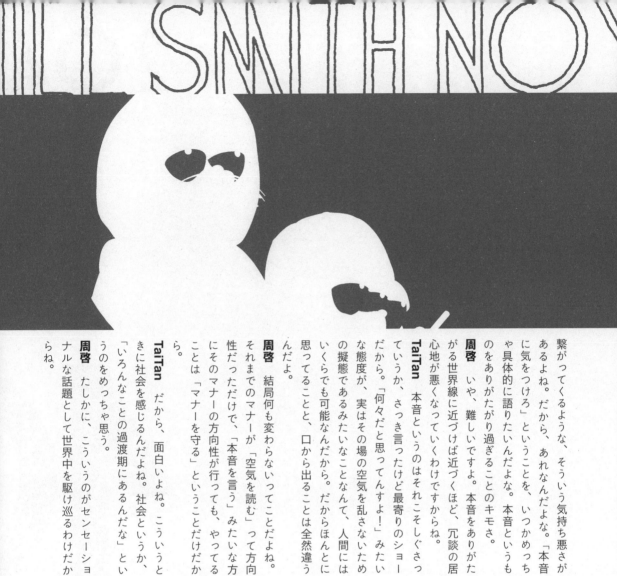

チャンチャン」感にすごい違和感を覚えたというか。これはもうアカデミー賞とかアメリカの歴史とか関係なくね。でもそれが一番平和的なのかな。

TaiTan　これはめちゃくちゃむずくて、だからこそ考え甲斐があるんだけど、「喧嘩両成敗」とか、「暴力振るったらダメだろ」とか、そういう単一な話題じゃないと思うんだよな。

周啓　なるほどね。

TaiTan　俺は、「暴力はダメ」という前提に立った上で、別に暴力はあると思うんだよね。その可能性は常にあるっていうか。だから、「暴力はダメだ」なんて言葉は、それこそステートメントに書く以上の効力は持たない。

周啓　禁止はできても防げはしないというね。

TaiTan　シティズンシップとして言わざるをえないだけである、というもの。いや、暴力を振るうのは損なことだから、やってもしようがない。それくらいのものだっていうか……わかるかな？

周啓　まあおそらく、こんだけそこそこ平和で生きてるんだとしたら、みんなできるだけストッパーをかけようと努力はしてるよね。その上での、だからさ。

TaiTan　実際暴力が振るわれてしまった事件が起きた後では「何があっても暴力は許されない」と言わざるを得ないんだけど。でも暴力は、可能性としては常にある。社会通念、みんなの共通理解としての「暴力は良くない」なんて、そんなもんだっていうか。それは常に破られる瞬間がある。

周啓　俺もあれが起きたとき、やっぱりというか、「あ、こういうこと起きるんだ」みたいな、なんていうんだろうな……。

TaiTan　こんなセンシティブな、それっぽい話題に触れるというのは最近無かったんだけど、この話は俺の中でめちゃくちゃ興味深い。今朝、はるぞうとこの話で一時間くらい話したもんね。心になんか、くさくさしたものが残り続けてる。

周啓　そうだよね。一人で考えて腑に落ちるもんじゃない気がする。どうやっても思って

いるレイヤーにたどり着けないまま結論付けられてしまうような。

TaiTan そのコントラストとしての、「妻を守ってかっこいい」。これも俺から見えてる一つの世界に過ぎないんだけど、その発言こそが、めちゃくちゃ軽んじてない？ というのが、俺の中にある。むずいわ。むずい。皆さんはどう思いましたか？

周啓 世界ふしぎ発見。

TaiTan なんで草野筋肉マンが、「次週はウィル・スミス問題です」とかやるんだよ。ヒトシ君人形とかあげんな、こんな話題に対して。

周啓 草野さん、どう思うんだろうね。聞きたいね。

TaiTan タモさんにも聞きたい。言葉を選ばざるをえないが、「こんなことってあんだな」と思う。

周啓 腑に落ちる「私こう思います」という文章はまだ見つかってなくて。だいたい「暴力なんてよくあるんだよ」みたいな。「それは暴力的すぎるだろ」という結論とか、あとは理念を大切にしすぎてて、叶いもしない理想論で終わってたりね。

TaiTan ほんとに、めっちゃいろんなものが重なってるからね。アカデミー賞であり、黒人同士であるというのもあるし、黒人の髪の毛という文脈も絶対にあるしね。あと一番大事だなと思うのは、いわゆる家父長制、「男のナルシシズム的なものの気持ち悪さを過去のものにしよう」というムーブメントが映画業界に限らずあるなかで、ジェントルマンとしてのイメージが蓄積されている人が、一番そこから遠い行動をしたということ。それで時計の針がもとに戻っちゃった感もある。

周啓 いや、むずっ。

TaiTan 今日は取れないね、数字（笑）。こういうのは聞きたくないんだろ。

周啓 誰に話しかけてんだよ。

TaiTan 『ドライブ・マイ・カー』の作品論が聞きたいんだろ。喋れません。今回はほんと、歯切れが悪くてすみません。でもそうならざるを得ないよね。

周啓 俺はクリス・ロックが誤ったとしても、さっき言った本音ビジネスと同じで、既に「お涙の仲直り」のショーになってる状態だから……別に解決したいって、俺が思うことじゃないけど（笑）。

TaiTan ウィル・スミスのキャリアについて、誰よりも興味があるからね（笑）。

周啓 足を引っ張るというよりは、袖を引っ張りたい。俺が、ウィルを大きくしたい。

TaiTan もうエージェントになりたいんだね。次の一手に注目したいと思います。

本音論

本田圭佑とビッグマウス／本音と本心問題

TaiTan　えー、TaiTanです。

周啓　玉置周啓です。

TaiTan　えー、『奇奇怪怪明解事典』でございますけれども。「本音論」ね。

周啓　本田さんね。

TaiTan　ビッグマウスがよお前。

周啓　懐かしいな（笑）。

TaiTan　本田圭佑は、NowVoiceというのをやってるんだよね。あれ、どんくらいみんなダウンロードするんだろうね。あれって、音声コンテンツは何なんだ？　いや一応、音声コンテンツの申し子だろ？　俺は。

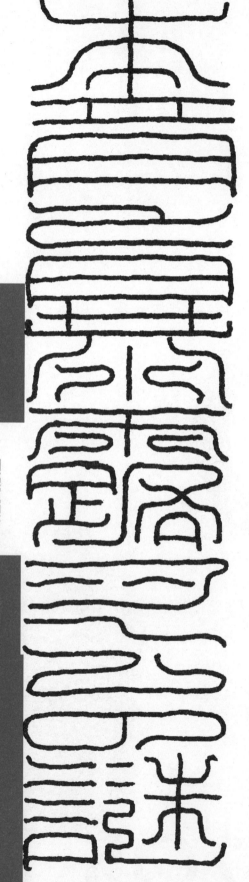

周啓　（笑）。

TaiTan　笑ってんじゃねえだろうなお前。冷笑すんなよ。

周啓　それは冷笑するだろ。自分で「申し子」って言ってるんだから。誰が言っても格好がつかないんだよ。でも、アスリートってもともとファン層がめちゃくちゃ厚いじゃない。しかも「本田は何を言うか」を渇望してるだろ。長谷部誠が何を言うのかが気になって『心を整える。』が売れたように。

TaiTan　あれ、本田が何か言ってるの？　勝手なイメージなんだけど、いろんなアスリートがボイスメッセージを残すみたいな感じなんでしょ？

周啓　これはスポーツの優劣ではなく、知名度的には、その業界におけるプチ本田みたいな人がたくさんいるわけでしょう。だからけっこうダウンロードされるんじゃないの。

TaiTan　なるほどね。だから人によっては、ロードオブメジャーの曲を聞くより、鼓舞される可能性があるというわけだな。ちょっと聞いてみようかな。まあそんなもんでさ、本田御大もビッグマウスだという話で、「本音が気持ちいい」みたいなことがよく言われますけれども、今日はその話をしようと思うんですわな。というのも、前の前のウィル・スミスの回。ちなみにこのウィル・スミスの回は、近年まれに見る再生数の多さでして。

周啓　あら。

TaiTan　みんな意外と、こういう話が好きなんだね。

周啓　丁度いいんじゃない、モヤるポイントとして。

TaiTan　そう。だから意外とみんな、本当はモヤってるんだなと思ってね。こういうのは往々にして何かを言ってる奴が目立つだけで、物言わぬ誰かはモヤっとしてるんだなというのを改めて思いましたね。まあその話のなかに、「本心と本音」という話が出てきたんですけど。その話をする前に、こないだ『TV Bros.』で『奇奇怪怪明解事典』を取り上げてもらったんだよね。リード文的には、「『本当のことを言わない国』で光り輝くインディペンデントメディアガイド」。

周啓　おおっ、なるほど。

TaiTan　選ばれてんだよ。光り輝いてんだって。で、音声コンテンツの申し子である俺と……。

周啓　だから自称すな。

TaiTan　あともう一人でやってると。

周啓　ふざけんな。なんで「TaiTanほか」なんだよ。

TaiTan　それはAmazonだけね。

周啓　データがコンピューターのみで扱われていたらそうなってもおかしくないが。

TaiTan　人の手が入ってるときに「ほか」とか書いてるライターがいたら、人格を疑っ

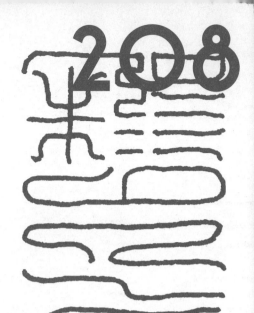

208

た方がいい（笑）。いやほんとにありがたいことに、他には大島新監督のネツゲンというプロダクションとかと一緒に取り上げていただいてるんですが。「本音と本心」というテーマを扱うにはいい機運なんじゃないかと思って、喋っていこうかなと思いますけれども。

本音をありがたがりすぎる謎／暴露コンテンツの隆盛

TaiTan　前回なんの話をしたかというと、本音と本心というのは違うんだ、ということ。わかりやすく言うと、本音というのは、よく居酒屋とかで、夜も更けてきた頃、先輩とかに「お前も本音を言えよ、思ってることあんだろ！」みたいな感じのコミュニケーションのなかで、強要されるような形で言わされる何か。それを過剰にありがたがってしまう文化というのがあると思うんですけど。それってほんとに卑しいというか、どうでもいいよな、と言う気持ちがある、みたいなことを話しました。どうですか、玉置君は。

周啓　いや、僕は本音信者でしたよ。大学くらいまではね。やっぱ不安になるというかね、ただ「仲良くなりたいから、本音を言い合おうよ」だけじゃないときもあるんだよな。俺が一人で喋りすぎた後とか、人によっては返す刀で言葉を発する奴もいれば、黙る人もいるでしょう。そういうとき、気まずいんだよ。「こっちが言ってばっかで」みたいな感じでさ。そうなると、「お前も本音言えよ」みたいな言い方をしちゃうこととかはあったね。

TaiTan　別に俺は被害者面だけをしようとしてるわけじゃなくて、そういうことをやってきた過去も思い浮かぶんだよね。そこで得られる回答なんてどうでもいいという気持ちもあるのに、なんでそれを言っちゃうんだろうな、と思う。これはもうちょっと違うシチュエーションでもよくあると思うんだけどさ、喧嘩してるカップルとかの、「思ってることあるなら言いなよ」みたいな一言。これは超普遍的なパワーワードだと思うんだけど。

周啓　ああ、ある。

TaiTan　「それを言われちゃ、なんかもう、言えないんだよな」という感じ。「言ったところで、全体を捉えることは不可能なんだよな」という。自分がなぜこうなってるのかということは、過去の関係性のなかに断片的にしかない、ということってあるじゃんね。なんでみんな、本音とかを聞きたがるんだろうね。こういうときに、言葉の無力さを思うよね。

周啓　やっぱ、不安が先立っているんだろうね。何かしら、安心する言葉を求めてるだけというか。

TaiTan　まあそうだね。

周啓　「腹を割って話そう」と言って、なんか傷つくような言葉を言われてせいせいする人はいないと思うんだよな。なんか希望の光を求めてる感があるっていうかさ。だから、問われた時点で、彼／彼女が求めている「本音らしきもの」をこちらが提供するみたいな構図に、どうしてもなっちゃう、というのはあるよね。

TaiTan　そうなんだよね。前回の話で言ったのは、あれはもうショーで、「本音らしきもの」を提供しているに過ぎないというね。演劇です、みたいな。本音を言っている奴を演じなきゃいけないだるさというのは、もうちょっと議論されてもいいのにな、と思うよね。

周啓　ほんとだよ。だから、ちょっと今テンションが上がらないのは、「『本音が大切だよね』なんてバカらしすぎるだろ」っていう共通理解が多分ここにあるんだけど、思っているより全然、世の中では「本音を求めましょう」という世界観が浸透し続けているんじゃないかという気がしてさ。けっこう口すっぱく……いや啓蒙のためにこれをやってるんじゃないかもだけど、「みんな一度考えてみたらどうですか？」ってちゃんと表明しないといけないことなのかなと思うけどね。

TaiTan　そうなんだよね。「こんなことを今更言うのも野暮ったいですが」という枕詞はつけてますよ、正直ね。

もうちょっと今っぽいテーマに持っていくと、「本音で語る○○」みたいなトークイベントとか、テレビ番組とかの、なんかヤダみ。

210

本音で金を取ろうとしている雰囲気の、ヤダみなんだよ。

周啓　（笑）。そうね。

TaiTan　でも、俺らが一回遅れてるのかもしれないと思う瞬間もあるんだよね。要は、プロレスなんだということは、視聴者側というか受け手のリテラシーが成熟していて理解されていて、こんな「本音なんて、ないんだけどな」みたいな鼻たれ小僧みたいなことを言ってんのは、俺らだけなんだよ。

周啓　決定した？（笑）途中から文脈がねじれていたけど。

TaiTan　決定したんだよ。喋ってる間に、俺は負けてた。社会に。

周啓　（笑）。

TaiTan　だってさ、プロレスを見て、「これは『本当らしいもの』であって、本当ではなくないか？」とか言ってる奴がいたら、そいつはコールド負けじゃん。

周啓　そうだね（笑）。土俵に上がれてないんだよね。

TaiTan　大縄跳びに入れてない感じがする。

周啓　……………めっちゃいいたとえじゃん（笑）。

TaiTan　（笑）。今のが「本音」なんですよ。「めっちゃいいたとえじゃん」という言葉の裏に、明らかに「土俵に上がれてない」の方がマシなたとえだな、という意識が。だから言ってることと、思ってることは違うんだよ。

周啓　これは図に乗ってるわけじゃないということは、聞いている人には常にわかっていてほしいんだけど、いちいちの発言というのはハイコンテクストだよね。「本音」というのは、それをわかりやすくするというか……。「今のは冗談じゃないよね？」とかいう前置きがないと喋れない話題とかもあるんじゃないかな。いろんなケースがあるから、絞らないと本音の良し悪しってむずそうだなと思う。『奇奇怪怪』の感想でさ、「実際自分も、先輩とかに『腹割って話そう』みたいに強要されたのが本当に嫌だった経験がある」と言っていた人もいたから、プロレスのたとえで回収できるところとそうじゃないところがあって、この感想の場合は後者だなと。それはない方がいいだろうなとは思うよね。

TaiTan　だから、さっき俺が言った本音ビジネスみたいなものが隆盛していくと、それは絶対に市井の生活に落ちていくじゃん。すべてのノリとかがそうであるように。そうなると、そこらへんの感度が鈍ってるポンポコピーが「本音で喋ろうよ」とか言い始めるわけでしょう。そういうムードになっていくのが、俺は嫌だなと思うね。

周啓　社会との引き分けの語りだな、今のは

（笑）。なんか、プロレス的に楽しめる人ならいいけどね。いじりのセンスと一緒で、例えば飲み過ぎて綾斗とかに「本音言えよ」とかふっかけるのは全然ある。そういうのはあっていい気がするけど、でも「別に語りたくねえよ」という人もいるからさ。そういう人に対して強要されることがなければ一番いいと思うね。

TaiTan　これはどう着地していくかはわからないんだけど、それこそ「テレビブロス」のなかのインタビューに載っていたんだけど、「今、人は『真実』よりも『真実味』を優先する」という指摘があってね。そういうムードとも相性がいいんだろうね。その信じたい何かと関係性が結ばれていれば、本当に相手が思ってることなんてどうでもよくて、「あ、こう思っているんだな」ということで一応の安心関係を結んでおく、みたいなことの方が優先される時代なのかなと思いますね。

周啓　それこそ毛づくろいとか、「コミュニケーションのためのコミュニケーション」みたいな側面があるのかもしれないね。『真実味』というのはわかる。暴露もめっちゃ流行っているし。流行ってるというか、前からかもだけど。いや、本当に前から？　なんかすごいスパンじゃない？　ここ最近、月一ででかいネタがぶちまけられてるみたいな感じじゃない。

TaiTan　すごく興味深い流れだよね。今のガーシーやらなんやらというのも、週刊文春とかがやっていたようなことが民主化されていく流れで、おそらく今後も増えていくんだろうなと思う。それは法人から発されてるものではないから、そこまでのファクトチェックとか審査のステップを踏まなくてもワーワー喋れる。で、それを信じたい人が信じていく。

周啓　そうね。

TaiTan　だから、「いろんな世界が発生していく」というような感じになっていくんじゃないかな。真実味、その人が信じたいものが全てであるという。

周啓 あの、友達がいないんじゃないか。友達っていうか……。

TaiTan それはお前だろ。鏡に向かって言えお前は。朝起きて、「友達がいないんじゃないか」ってテメーでテメーに問え。

周啓 お前。どんなモーニングルーティンなんだよ。

TaiTan それでYouTube始めろ。「二十八歳バンドマンのモーニングルーティン」で。『タクシードライバー』の名シーンがあっただろ。モヒカンにして、鏡に向かって「お前、俺に言ってんのか？」って練習する。

周啓 じゃあお前がやれよ。モヒカンなんだから。

TaiTan じゃあ俺はそれでモーニングルーティンをやるから。

周啓 何なの、「モーニングルーティン」って？（笑）

TaiTan （笑）。あんなのが本当なわけねえんだよ。だから、YouTube的なんだよな。断片がすべて、本当らしく見える。

現代の虚像と実像／ハラスメントと『透明人間』問題

TaiTan これめっちゃ面白い話でさ。一回脱線していい？ お前に友達がいない話は、後でオフラインで聞いてやるから。

周啓 それになんの価値があるんだよ。

TaiTan 「現代における虚像とは、実像とは何か」という話で。要は、とある現代アーティストが、「僕はSNSをやらないんです」と言ってたんだよね。その理由が、これはまた聞きだから本人が言った通りじゃないんだけど、「アーティストはすべてを見せる必要はないんだ」と、ある程度のミステリアスさとか、わからなさを担保されていた方がいいんじゃないか、というわけで。でも俺はそれに対して、果たして本当にそうか？ と思う瞬間がある。今日び、それこそ新庄剛志みたいに、あらゆるメディアを通していろんな側面を切り出してくる奴の方がわけがわからないと思うんだよね。

周啓 わかるよ。線を結びにくい人ってことだよね。

TaiTan 本当にそう。「見えない奴」より、「見え過ぎてる奴」の方が怖いっていうか、ゾクゾクするっていうか。これもいつか話したいんだよね。「現代の虚像」について。

周啓 だから謎めき系は、流行らないよな。みんな突き止めたいし、突き止める能力が平均的にあるから、成立しえない。

TaiTan そうだね。だから、「正体を隠す」というコミュニケーションは……いやこれ、

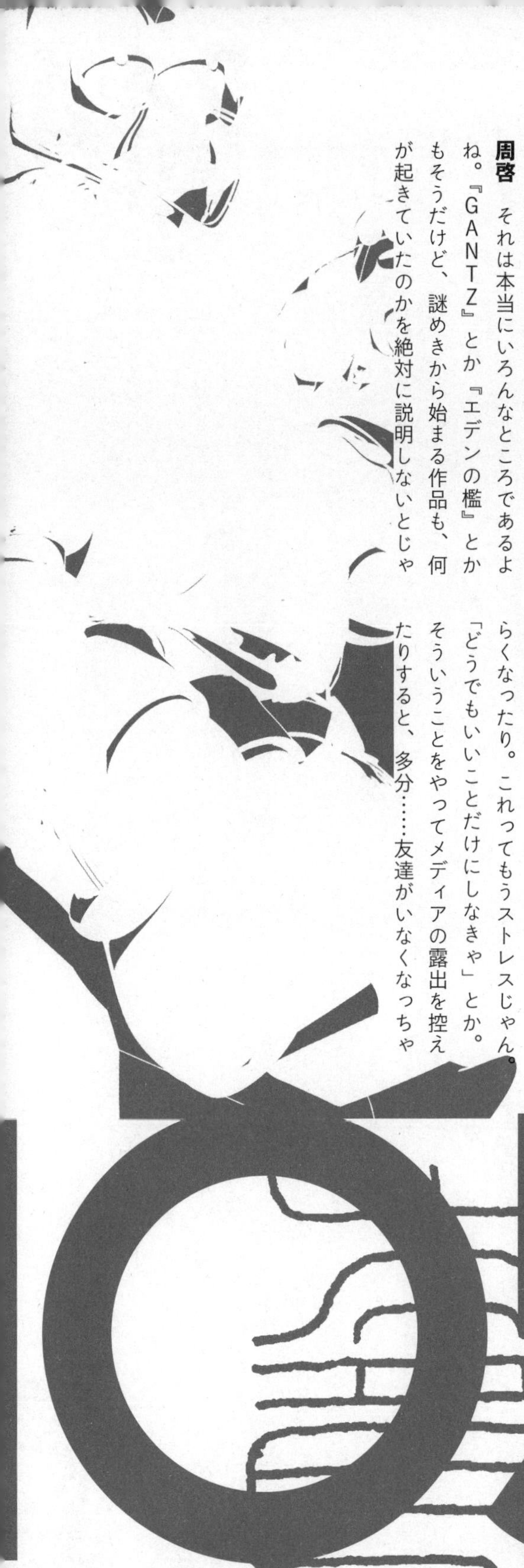

めっちゃ繋がってくるな。こないだ『透明人間』という二〇二〇年くらいの映画を見てさ。コンセプトもめっちゃ面白くて、要は「現代において透明人間を描くということは、ハラスメントを描くことなんだ」ということ。つまり見えない暴力、見えない圧みたいなものを、あの古典的名作を通して描く。中身も素晴らしいからぜひ見て頂きたいんだけど。途中まではめっちゃ怖いの。見えないからね。でも正体が少しづつ明らかになった瞬間から、どうでもよくなっちゃう瞬間もあるんだよね。

周啓　ふっと興が醒めるというか。

TaiTan　そうそう。だから、「見えない」ということの両刃の剣性というか、「見えないから怖い」ものは、見えた瞬間に「どうでもいいや」となってしまう。

周啓　それは本当にいろんなところであるよね。『GANTZ』とか『エデンの檻』とかもそうだけど、謎めきから始まる作品も、何が起きていたのかを絶対に説明しないとじゃん。作品の強度とは別かもしれないけど、ずっとここまで引っ張ってきた原動力が可視化されてしまうショックはある。謎で引っ張れるのは魅力なんだけど、でも引っ張れるスパンが年々短くなってきてるんじゃないのかな。

TaiTan　まぁそうだね。その現代アーティストの発言もわかりつつ、もしかしたら今のメディア環境を考えると、もうちょっと世の中の感度は別のところに張られてる感じはするっていうかね。

周啓　まあやる側がそれでストレスなければそれでいいと思うんだけどね。

TaiTan　そうね。その彼がメディア戦略じゃなくて、メンタル戦略としてやってるなら、別にね。

周啓　俺もたまにあるからね。ツイートしづらくなったり。これってもうストレスじゃん。「どうでもいいことだけにしなきゃ」とか。そういうことをやってメディアの露出を控えたりすると、多分……友達がいなくなっちゃ

214

う。

TaiTan　後で聞いてやるから。

周啓　ありがとう。

TaiTan　でも、『透明人間』の話もしたいんだよな。

周啓　それは昔のやつじゃなくて？

TaiTan　違うんだよ。友達がいないからお前の情報は古いんだよ。持てよ、友達を。

周啓　お前。英語圏がよ。

TaiTan　は？　倒置法だからってこと？

周啓　いや、「持つ」って。普段は「友達を持つ」って言わないだろ。

TaiTan　そうだね。「持てよ」って言われたときは、カバンとかの話だから（笑）。「友達」っていう概念そのものに対しては、あんまり命令形で言わないんだよ。

周啓　でも確かに、なんか『透明人間』が本音に繋がってくる感じはわかるな。

TaiTan　この『透明人間』は、俺は『パラサイト』くらい評価されるべきだと思う。それくらい、今の世の中の膿みみたいなものを、ちゃんとエンタメ作品に昇華している。透明人間になる奴も、とにかくネオリベみたいな奴なんだよ。

周啓　なるほどね。

TaiTan　見てくれ。「今、透明人間をなぜこのアプローチで描くのか」というのが本当に面白い。「見えない力」っつうか。本音もそうだよね。見えない力で強要してくる。抗っていきたいですね。

周啓　そうだよ。本音が逆転するとかも平気であるからね。だから価値がないというのは確かだと思う。「その場においての本音」が重要視されるだけで、ほんとうは何を考えてるのかなんて一週間後にはわからないからね。

TaiTan　それは大事だと思うね。この「インディペンデントメディア」でも、「ポッドキャストだから自由に喋れる」みたいな切り口で紹介していただいて。でも俺らが言っている言葉そのものの意味と情報に本当のことが宿っているかといったら実はわからんというかね。

周啓　そうね。

TaiTan　どっちかと言うと俺らの声色とかどもりとか、そこが面白いんだというさ。それは書籍の序文でも書いたけどね。そこに何かを感じてほしい。「あ、嘘ついてんだな」とか、そういうことを感じてほしいわけ。

周啓　そうだよな。だから、本音を聞いちゃうというのはコミュニケーションにおいては

チートというか、「今こいつ、本音っぽく言ったけど絶対嘘じゃん」とかいう楽しみが会話の中にあるっちゃあるんだけど、それをすっ飛ばすという意味では面白くないなと思っちゃうよね。

TaiTan　こうやって喋ってると、三つくらいはまた深掘りできるテーマが見えてくるね。実像・虚像問題、見えない力問題とか。あと「本心」ということについても喋ってもいいかなと思ってるけど、まあそんな感じですな。

周啓　いや、あのー………。どうですか。

TaiTan　もう今、嘘をついてるね。嘘をつく間だもんな。

周啓　友達がいないから、間もくそもねえんだよ。でもこれは根深いから、俺ら程度では進めづらい問題だよな、本音問題は。「友達を作れ」とかめっちゃ暴力的だしな。

TaiTan　（笑）。

周啓　でも、コミュニケーションのあわいが削れてきている時代なんだろうなとは思う。すべてにおいて、ゴールまでが早い。まごつく時間みたいなものがすっとばされてることから来てるんじゃないかという気もするね、本音強要問題は。

105

推しがわからん

平成初期生まれから見たお笑いの変遷／「推し」がわからん論

05b

215

TaiTan　えー、TaiTanです。

周啓　玉置周啓です。

TaiTan　えー、『奇奇怪怪明解事典』でございますけれども。大前さんね。

周啓　大沢親分ね。

TaiTan　シニアがよお前。あんまりシニアチャンネルの話をするなよ。

周啓　年齢で括んな。

TaiTan　しかしだ、上原浩治政権は見やすいね、サンデーモーニング。

周啓　えっ、今そうなの？

TaiTan　知らなかったの？　張本が引退して、上原浩治が後継者になったんだよ。

周啓　なんか、いいね。

TaiTan　めっちゃ見やすいよ。それが良いか悪いかは別として、張本のあの感じは伝統芸能みたいになってたから。

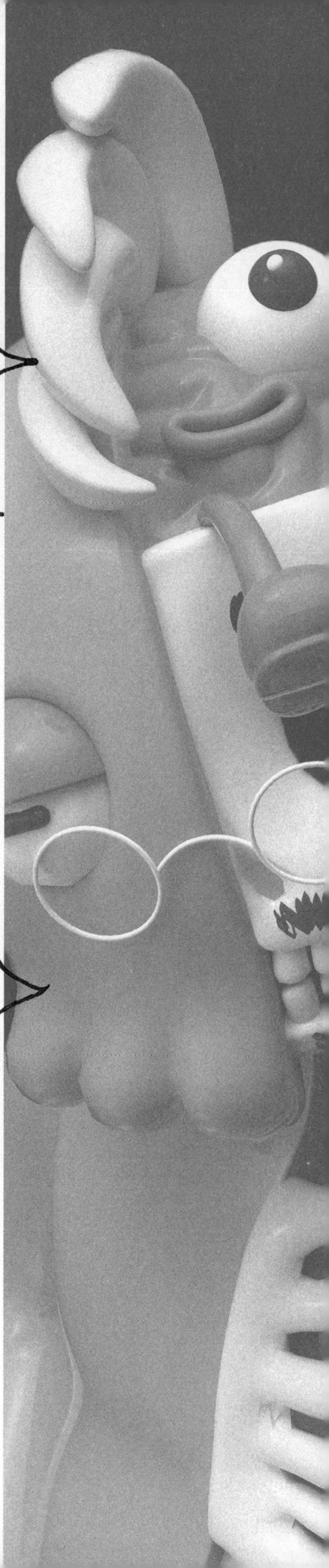

'05b

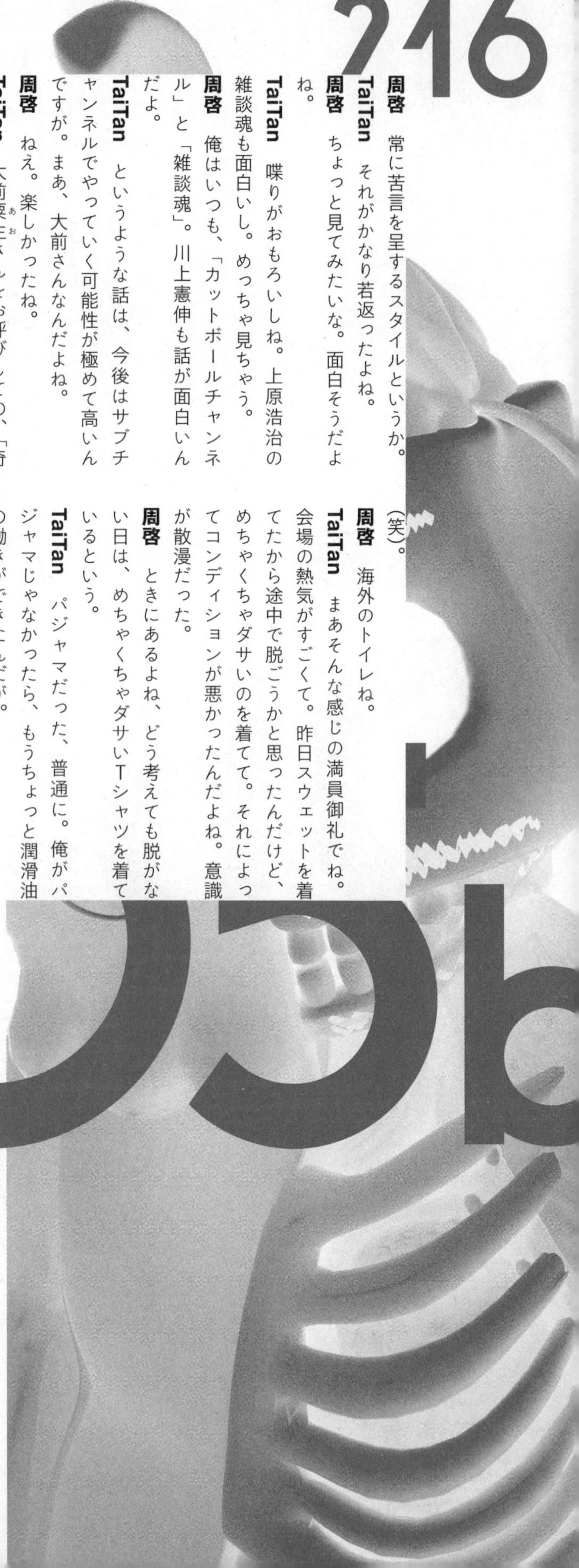

周啓　常に苦言を呈するスタイルというか。

TaiTan　それがかなり若返ったよね。

周啓　ちょっと見てみたいな。面白そうだよね。

TaiTan　喋りがおもろいしね。上原浩治の雑談魂も面白いし。めっちゃ見ちゃう。

周啓　俺はいつも、「カットボールチャンネル」と「雑談魂」。川上憲伸も話が面白いんだよ。

TaiTan　というような話は、今後はサブチャンネルでやっていく可能性が極めて高いんですが。まあ、大前さんなんだよね。

周啓　ねえ。楽しかったね。

TaiTan　大前粟生《あお》さんをお呼びしての、「奇奇怪怪明解事典　鼎巻壱」というのをやりましたけれど。満員御礼。俺がこの世で一番好きな言葉は、「満員御礼」、「満漢全席」、「金満球団」。

周啓　気持ち悪いなお前（笑）。金の曼荼羅を作るなよ。

TaiTan　俺が学校を作るとしたら、標語はそれだよ。朝礼で、「金満球団！」とか全校生徒に言わせる。

周啓　校長先生が、校門でチケット代取るんだろ。

TaiTan　そうだよ。エントリーフィーを（笑）。

周啓　海外のトイレね。

TaiTan　まぁそんな感じの満員御礼でね。会場の熱気がすごくて。昨日スウェットを着てたから途中で脱ごうかと思ったんだけど、めちゃくちゃダサいのを着てて。それによってコンディションが悪かったんだよね。意識が散漫だった。

周啓　ときにあるよね、どう考えても脱がない日は、めちゃくちゃダサいTシャツを着ているという。

TaiTan　パジャマだった、普通に。俺がパジャマじゃなかったら、もうちょっと潤滑油の働きができたんだが。

周啓　お前、パジャマで来るなよ。俺もジャケット脱いだし。

TaiTan　大前さんも途中で脱いでたしね。今日びないくらいの熱気で、青山ブックセンターの方も「こんなに人が来るのは珍しいですよ」と言ってくれて。東京の青山で、かつ配信とかもなく、かつチケットも即完売だったので、行きたかったけど来られなかったという方もおられると思うので、どんな話をしたかというのをダイジェストでおさらいしていこうかなと思うんですわな。

周啓　はい。

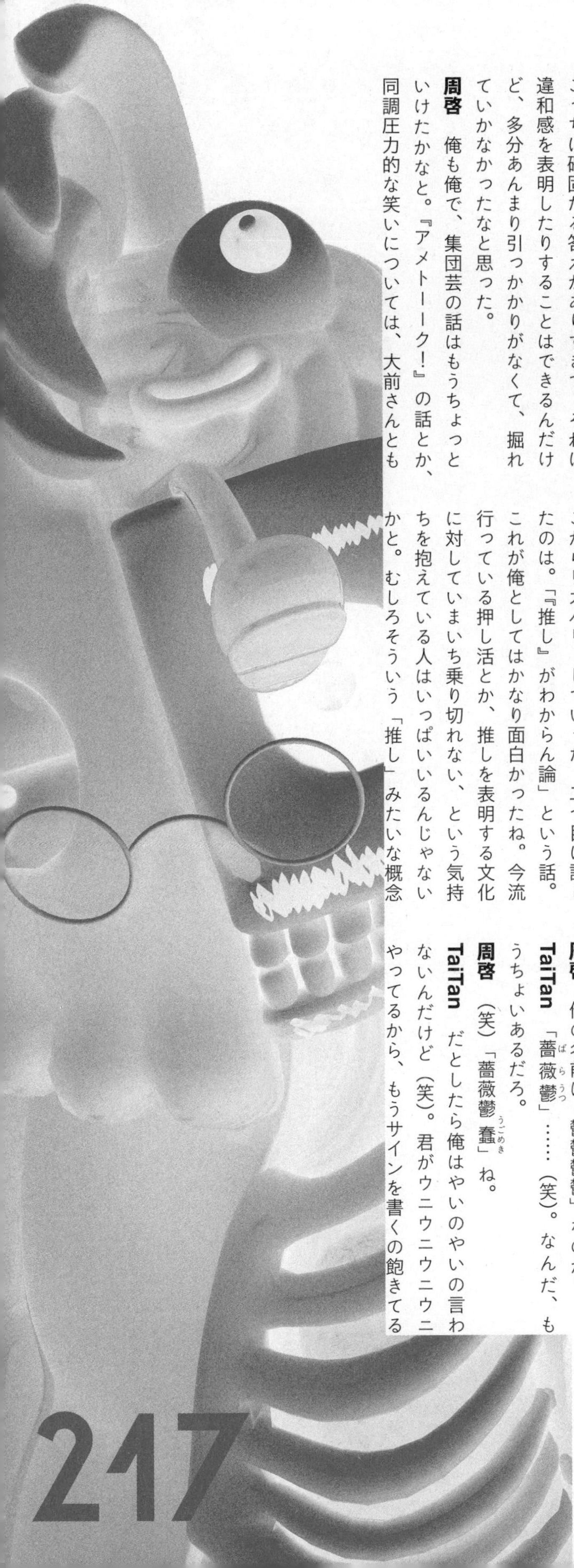

TaiTan　主に三つありまして、まずはタイトルにもあるように、大前さんの『おもろい以外いらんねん』（河出書房新社）という作品をもとに、我々の時代におけるお笑いの変遷みたいなことを喋りました。これは正直、全然盛り上がらなかった。

周啓　たしかに（笑）。三者三様だったしね。

TaiTan　これは俺のなかで反省があって、大前さんがなんて言ったらいいのかわからないような質問をしすぎてしまったなと。要は「平成中期にティーンを過ごして、『誰も傷つけない笑い』の時代に入っていく」みたいな、こっちに確固たる答えがありすぎて。それに違和感を表明したりすることはできるんだけど、多分あんまり引っかかりがなくて、掘れていかなかったなと思った。

周啓　俺も俺で、集団芸の話はもうちょっといけたかなと。『アメトーーク！』の話とか、同調圧力的な笑いについては、大前さんともっと話せたかもと思ったな。

TaiTan　そうだね。大前さんが島田紳助を中心とした史観で当時のお笑いを見ていた、というのが、俺には意外と盲点で。その話もできたな。俺が『アメトーーク！』について思うのは、「中心なき集団芸」なんだということなんだよね。島田紳助の番組ではピラミッドが圧倒的にあって、下々にやらせるみたいな形。どっちも語りじろがあったな……というのはあったね。

周啓　失敗だった、ということで（笑）。

TaiTan　黒星スタートだったんだけど、そこからリカバリーしていった。二つ目に話したのは、「『推し』がわからん論」という話。これが俺としてはかなり面白かったね。今流行っている押し活とか、推しを表明する文化に対していまいち乗り切れない、という気持ちを抱えている人はいっぱいいるんじゃないかと。むしろそういう「推し」みたいな概念が広まれば広まるほど、「好きなものがないなんて」的な新しい同調圧力が発生していく。その面白さ。

周啓　「笑い」から大前さんの新作の、恋愛の話になっていって、最終的に「推し」と「好き」にまつわる違和感に繋がる。あれは鮮やかでした。

TaiTan　その後のサイン会でも、この話題について反応してくれた人がいてね。君がふざけたサイン書いてさ。あれでリスナーが離れたぞ。せっかく買ってくれた人の本に、百七十二角くらいで自分のサインを書いてて。

周啓　俺の名前は「鬱鬱鬱鬱」なのか？

TaiTan　「薔薇鬱《ばらうつ》」……（笑）。なんだ、もうちょいあるだろ。

周啓　（笑）「薔薇鬱蠢《うごめき》」ね。

TaiTan　だとしたら俺はやいのやいの言わないんだけど（笑）。君がウニウニウニウニやってるから、もうサインを書くの飽きてるんだろうね。失礼な奴だよ。

周啓　お前、俺が書いたサインの下に意味わかんない線を書き足したりしてたろ。数学じゃないんだからいらないんだよ、補助線は。

TaiTan　Q.E.D.とかって話じゃないんだけどさ。そのサイン会で、「推しがわからないのめちゃくちゃわかります」と言ってくれた人とか、一週間に二、三回くらいしか受信しないでおなじみの『奇奇怪怪』のGmailとかに送ってきてくれた人もいたしね。この話は需要があるなと思ったので、今日はその話をしようかなと思いますね。で、三つ目が何かっつうと、「書き言葉と話し言葉のどっちを信用するか」という話。この話もかなり盛り上がった。

周啓　たしかに。

TaiTan　大前さんは書き言葉のプロフェッショナルとしてやっていて、我々は話し言葉を、この番組においては面白がっている。その立脚点が違って面白かった。

周啓　そうだね。前TaiTanが「ポッドキャストは音声だから引用されづらい」と言っていたけど、大前さんからすれば、小説もいわば一本の長い文章だから、引用されづらさがあると。

TaiTan　大前さんが小説という表現形式を信頼する一要素として、全体としてしか評価できない、という点がある。ポッドキャストについて俺がよく言う、部分を切り抜けない、「あれ面白かった」といったときに検索へのハードルが高い、そういうところに言葉を置いておきたい、というのは共通してたりね。これは次回喋ります。書き言葉と話し言葉については。

TaiTanの嘘／推しを支えるシステムへの関与

TaiTan　今日は「推しがわからん」という話を延長戦的にしようかなと思うんですけど。この番組でもどっかの回で、推しというものについて扱ったエピソードがありますよと。たしか『推し、燃ゆ』（河出書房新社）だったね。何を言っていたかというと、「俺は横浜DeNAベイスターズを推してるんだ」と言ってたんだよね。あれは、嘘です。

周啓　もう、誰に対して謝ったらいいのかわからないよ（笑）。

TaiTan　あれは、ノリで言ってた。

周啓　でもそういうことがあるんだよな。お話してるときって。

TaiTan　だって、横浜DeNAベイスターズは俺の背骨ではないよ。

周啓　『推し、燃ゆ』のなかにそういう表現があったんだよね。

TaiTan　ことほど左様に、俺も推しという概念がわからない。周啓君も堀北真希とか言ってたよね。

周啓　言ってた。あれはマジで嘘じゃない。だって写真集とか買ってたし。

TaiTan　それは、「好き」なんだよ。好きレベル。

周啓　何これ、騙されてる？

TaiTan　感情に、社会の通念に騙されてる。

周啓　そうなの？　じゃあ推すってなんだよ。「好き」だったらテレビを毎回見るとかでもいいわけじゃん。

TaiTan　違うんだよ。「推し」っていうのはね、…………わかんないんだよ（笑）。

周啓　（笑）。ふざけんなよお前。弱小教師じゃん。

TaiTan　高圧的からのね。でも正直、わかんないな。「推し」って何？

周啓　そこからだったよね、まず。

TaiTan　よく言われるのがさ、今の「推し」

というのは、例えばあるアイドルを応援するときに、その人を好きであるのみならず、「彼らの生命維持活動にも関与したい」という感情がある。具体的に何をするかというと、彼らはそのアイドルが出演している広告の商品とかを集団で買ったりする。つまりファンの向いている方向が、応援の対象であるアイドルだけじゃなくて、それを下支えしているシステムそのものに関与しようとする方にも向いているというか。

周啓　保護者の眼差しも持っているということね。

TaiTan　そうそう。「この人を広告に使ってくれるとこんなに売れるんですよ」ということを証明しようとする。もっとエクストリームな例でいうと、自分たちで広告枠を買って、応援広告を載せるのを誕生日プレゼントにするみたいな文化が、けっこう一般化している。そういうニュアンスだと捉えてる。

周啓　そういうものに象徴される部分が、「推し」と「好き」の隔たりにはあるのかもしれないと。

TaiTan　対象への愛でというよりかは、対象を維持させるシステムへの関与というか。そういう差があると考えたときに、玉置周啓君が堀北真希に対して、テレビ局やクライアントに関与しようとしていた形跡が残ってないんだよ。

周啓　キモ刑事？（笑）何を突き止めようとしてんだよ。だとすれば、僕は推していなかったんでしょうね。

TaiTan　君も、俺の横浜DeNAベイスターズ同様、嘘をついてたわけだよな。

周啓　嘘？（笑）お前、俺が何かを好きだった感情に対して、嘘って言ってるんだからね？

TaiTan　今、君の記憶を剥がそうとしてる。

周啓　（笑）。怖えな。

TaiTan　そういう星新一のドラマはありそうだよね。君の記憶のかさぶたを剥がそうとしてる。

周啓　いや、さっきの方がシンプルで良かったな。

TaiTan 「かさぶた」はいらなかったね（笑）。俺は野田洋次郎じゃないのだから。

周啓 反省の仕方がキモすぎる。でもそういう意味では、たしかにそこまでしようと思った対象はいなかったかもしれないというのは事実だよね。システムが可視化されすぎてるからそうなるんだろうな。当時「堀北真希がどうやったら生きていけるか」なんて考えなかったもん。

TaiTan そうなんだよ。ファンは堀北真希をもっと見たいわけじゃん。だとするならば、堀北真希は売れている、堀北真希を露出させると何かが動くということを証明しなければならないわけじゃない？ だから商品をめっちゃ買ったりだとか、SNSでめっちゃツイートしてあげるだとかそういうことをやると、必然的に堀北真希がいろんなところで見られるようになる。

周啓 なるほど。きわめてネット的なんだな。

TaiTan まあソーシャル以降の、システムを熟知したホワイトハッカーみたいなね。怖いな、マジで。

周啓 何が。

TaiTan こういうこと言ってるとさ、すぐに叩かれるじゃん。

周啓 いやいや（笑）、悪くは言ってないから。

TaiTan まあ俺の理解として、という話ね。

周啓 でもある意味、良き時代になったというかね。昔だったら盲目的に愛して、それ以上の愛の表明手段がなかったわけでしょう。「好きだ！」って言うとか「好きじゃない？」って確認し合うとか、それ以上のことがなかったのに、具体的にアーティストを支えているんだとか、このアニメキャラを支えているんだ、という行動ができる時代になったという意味では、すごいよね。

TaiTan しかもそれが、坂道グループ的なるあの、運営の要請によってそれをするというよりかは、自分たちの意志によってやっているという体になっている。当然今となっては、運営側もそういう消費者行動みたいなものを理解した上で情報を出してくるんだろうけど。

周啓 それはそうなるよな。

TaiTan それが面白いよね。トップダウンではなくボトムアップで、熱源がわらわらわらっと広がっていく感じ。そこの構成員になれたことはなくて。なってみたいという気持ちはある。

タケノコと玉置／ANTCICA DA行った

TaiTan なれる可能性がある要素としては何？ 今周啓君の人生を取り巻くいろんな諸要素があるじゃない。あのほら、君、最近……まあいいや。

周啓 お前、収録のときしか俺と喋ってない

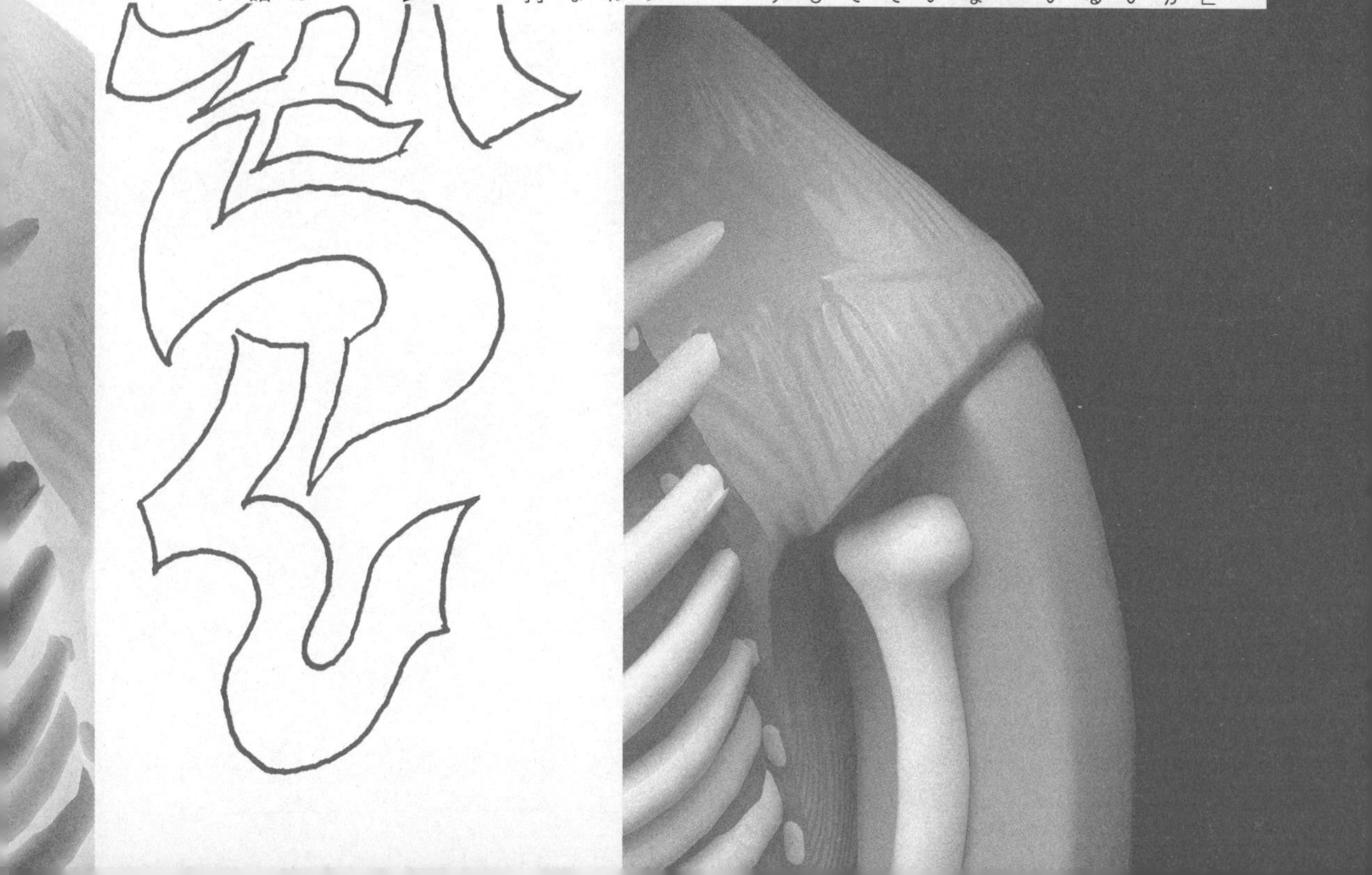

のか？（笑）

TaiTan　君の人生を取り巻く諸要素、知らなかったわ（笑）。君って普段、何してんの？こないだタケノコを煮てたけど。

周啓　だから俺が推してるのは、タケノコなのかもしれない（笑）。

TaiTan　あのタケノコを煮ているストーリーの動画は、親しい友達限定の公開じゃなかったっけ？　あれは見られてやましいものじゃないもんね？

周啓　だるいなその確認。フォロワー全員が見られるやつだよ。タケノコを煮るのに全部で十時間かかってるんだから、そりゃちょっとは共有したくなるよ。「僕はこれくらいのことをやっています」ってことを。……で、タケノコは別に推しではないな。「タケノコが今後も活動を続けていけるように貢献しよう」とか思ったことないから。

TaiTan　でも人によっては、そういう食料に向く人もいるわけだよね。俺こないだ、日本橋にあるANTCICADAっていうさ……。

周啓　あ、虫の。

TaiTan　あ、知ってる？　あれ、美味いよ。こないだも言ったし、去年のクリスマスもはるぞうと行った。その店のオーナーさんは、若い人なんだけど。

周啓　九歳くらい？

TaiTan　あんまり、手でむんずと掴んだバッタを「食ってみ！」とかやらないんだよ。もう少し成熟した方なんだけど、その方は「これも食べれるのにな」というものに対する愛がすごくてね。

周啓　それ面白いな。「これも食べれるのにな」っていう言葉は、なんかいいな。

TaiTan　ナマズとかも出てくるんだけど、殺処分されちゃう害獣とかも「それこうやって調理すれば食べられますよ」っていうのを集めていて。コオロギとか、あれも飲ませてくれるんだよ、タガメ。

周啓　飲ます？

TaiTan　個体じゃないぞ。拷問になるから、それは（笑）。タガメのエキスかなんかって、メロンみたいな味がするんだよね。そういう、「こうやって調理するとこんなに美味しくなるんですよ」というのを説明してくれて。ぜひ行ってください。

周啓　めっちゃ楽しそう。そういう意味では、食料に広い意味での愛着が湧いて、無農薬野菜を買おうとか、できるだけファーマーズマーケットで買おうとか、そういう流れに近いかもだしね。そういう意味ではよくわかるし、自分もそこに片足突っ込んでる気もするが。

TaiTan　とはいえ、タケノコ推しの人として『アウト×デラックス』に出るのは難しいだろ。

周啓　なんでマツコ・デラックスと共演するのが夢なの、俺は？

TaiTan　あのタケノコのストーリーは、マツコの関係者が見てるかもと思って上げたってこと？

周啓　マネージャーかお前。

TaiTan　こういう詰め方してくる奴、嫌だね（笑）。「こないだのストーリーなんだけどさ、あれ誰に向けてどういう目的で上げたかだけ確認していい？」

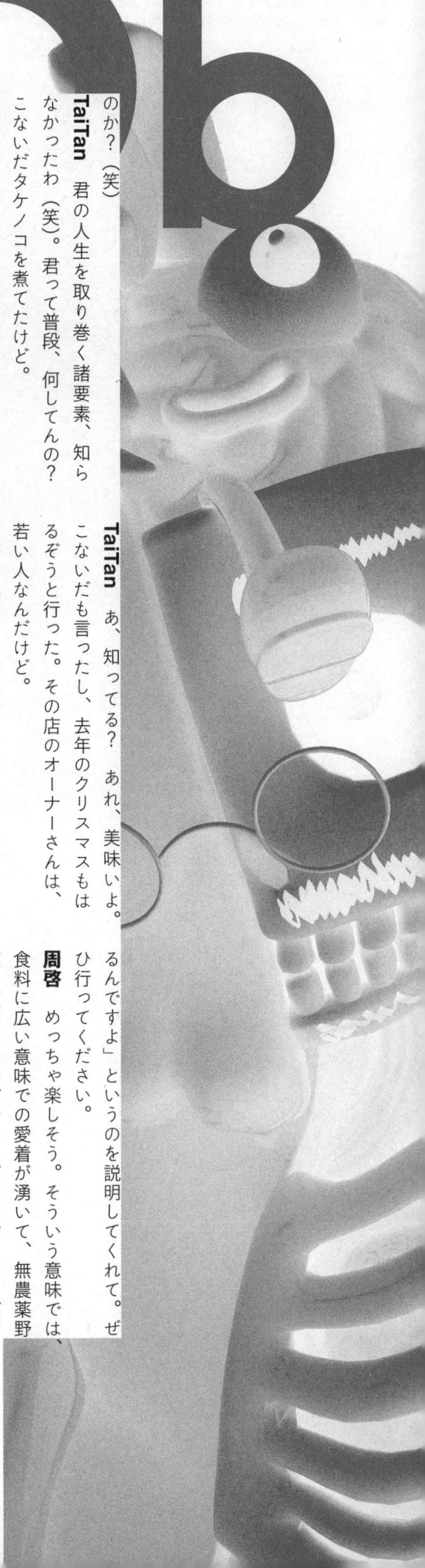

周啓　嫌だね（笑）。もう問いかけ側の結論が出ちゃってるんだよ。「あー、なるほど、なるほど」って。

TaiTan　「だとしたら、ちょっとやり方が間違ってるかもしれなくって」。

周啓　蹴るけどね、そんな奴がマネージャーだったら（笑）。

TaiTan　鼻をね。靴ひもを結んでる隙とかに。

周啓　まあ戻ると、「推す」ってことは他者に対して今はないかもね。強いて言うなら自分なのかもしれない。タケノコももしかしたら、自分の生命をどうにか維持しつつ生きていくための行動の一環かもしれないね。

TaiTan　まあことほど左様に、「推し」がない人間同士の会話は背骨がないものになるんだよね。

周啓　なんだお前（笑）。あの日言いたかったのは、要は「推す」ということが「推し活」みたいな言葉になって流通していると、まるで社会からそれを要請されているような気分になってしまうということだよね。「俺推すものないんだけど、推した方がいいの？」みたいな。

TaiTan　そう。まるで自分の欠落をみんなから責め立てられているような気分になる人もいるかもしれない。

周啓　それが俺のなかでは、トークショーの最初の方で話した「お笑いの同調圧力」と繫がったんだよね。要は同じノリじゃないと笑えない、不安を感じるというさ。

TaiTan　だから昨日のトークショーは、極めてスムーズな話題の推移だったわ。何かに対して、何かを思わなきゃいけないという圧力がかかるときの生理的な拒否反応について話した一夜でした。おもろかったな。満足度高かっただろうな。

周啓　お前、あんまり言うなよ。満員御礼とか、金福万来だっけ？

TaiTan　誰だよ（笑）。『どっちの料理ショー』は、終わったんだよ。

周啓　そうだな（笑）。大前さんの論旨の背骨になってたのも、そういうところだったと思うし。固定化される関係性や感情への違和感というか。

TaiTan　ほんとにそうだね。偉そうなことは言えないけど、大前さんの作家性というのは、未確定な感情とか関係性への目くばせというか、肯定の心があるような方だと思っていたので。それをなし崩し的に、ダンプカー的にガガガガガ、と押しやってくる「推しでございまーす！」とか「今の笑いはこうでございまーす！」みたいなドンチャンへの抵抗意識というようなところを喋った一時間半でした。次の配信回では、三つ目の「書き言葉と話し言葉」について延長戦をしようかなと思ってます。

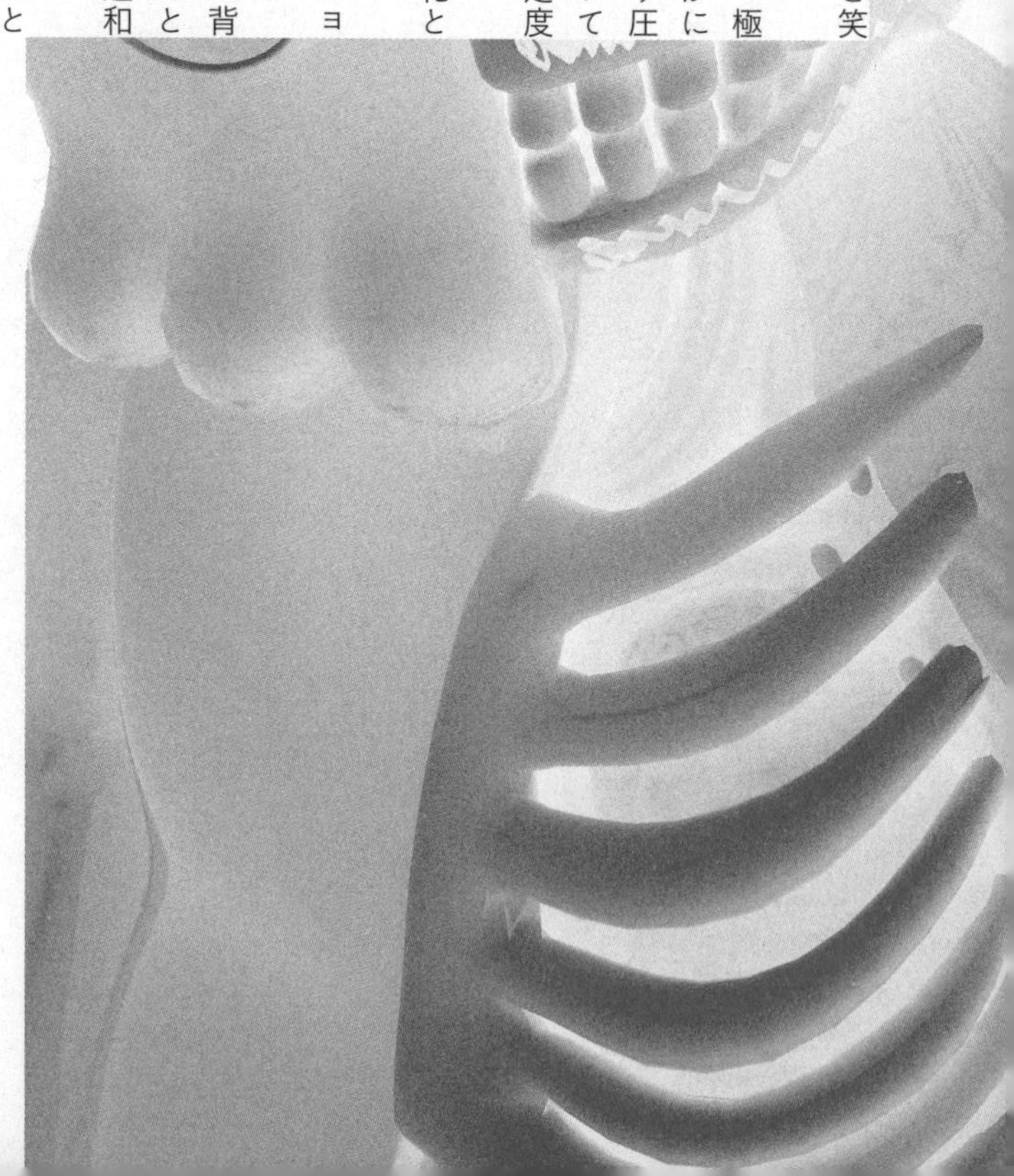

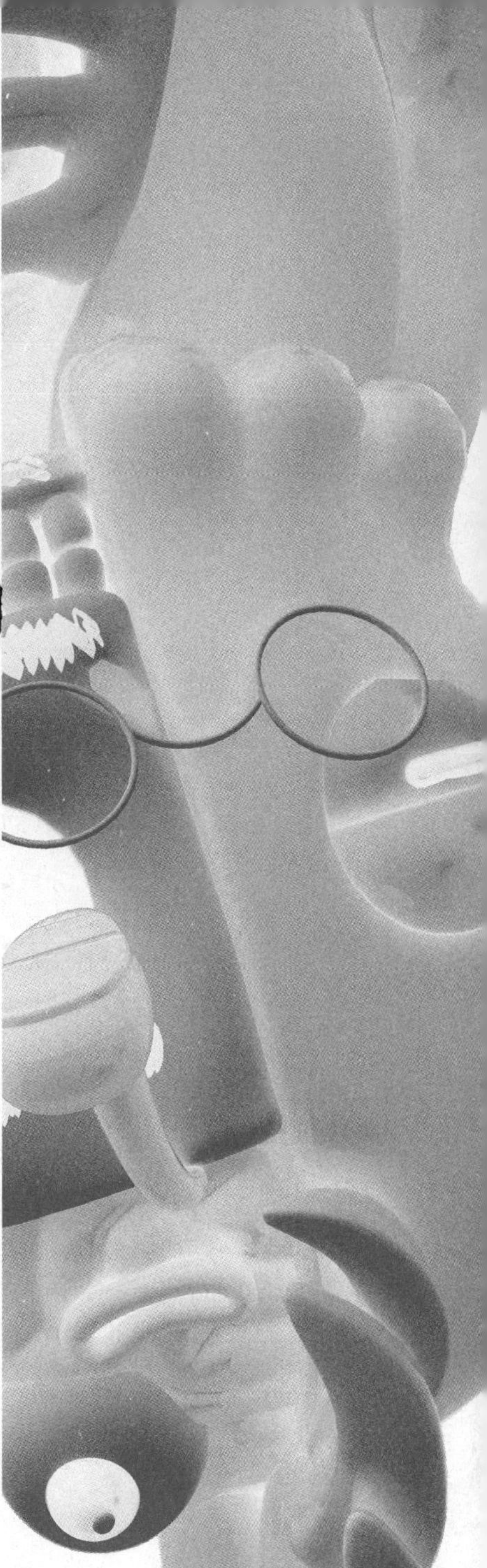

Podcast & Post truth

'106

世界一気まずい作品／話し言葉と書き言葉、どっちを信用するのか

TaiTan　えー、TaiTanです。

周啓　玉置周啓です。

TaiTan　えー、『奇奇怪怪明解事典』でございますけれども。ポストトゥルースね。

周啓　ポール・マッカートニーね。

TaiTan　不憫がよお前。

周啓　「不憫がよ」？（笑）

TaiTan　悲しい目をするなよ、お前。『Get Back』、見たあれ？

周啓　悲しい目は、全員してたね（笑）。

TaiTan　空気全体が沈んでたな。あの映画のポールの目が、切なくなるんだよな。誰に感情移入するかによって、全然感想が違うよね。

周啓　俺はジョージ・ハリスンが……。

TaiTan　かわいそうだったなあ。

周啓　下まつ毛が、涙でずっと濡れてたもんな。

TaiTan　まあ『Get Back』という、去年めちゃくちゃ話題になったビートルズのドキュ

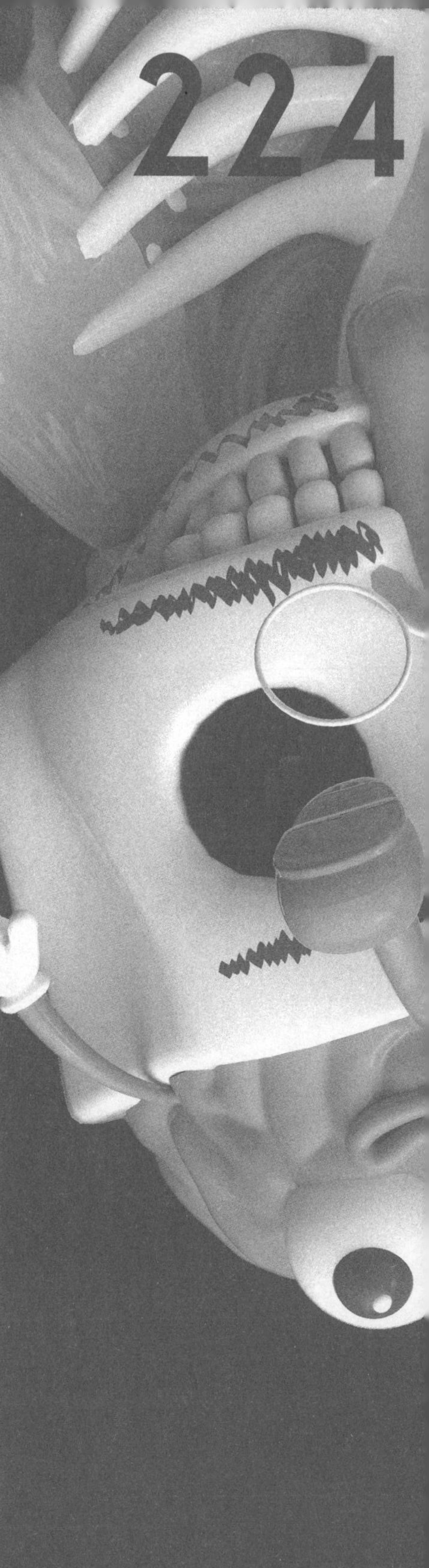

メンタリー。俺はあえてこの配信で取り上げなかったんですよね、気まずすぎて。でも生涯で一番夢中になって見た音楽ドキュメンタリーといっても過言ではないくらいの映画。取り上げはしなかったが、こないだとある取材を受けて、そこでは軽く話したりしてますので、その情報が出たらまた言おうかな。あれは気まずいよ。気まずいって最高だなと思ったもんね。

周啓　そうね。気まずいゆえの興奮ね。

TaiTan　「あのビートルズでもこんな気まずくなるんだ」っていうさ。まあその取材では、「カメラはすべての真実を映してしまうので、残酷なもんですよね」みたいな話をしましたけども、ポストトゥルースという話でさ。何かというと、前回に続いて、青山ブックセンターでの大前粟生さんとのトークイベントの延長戦、というようなことをやろうかなと思ってるんですが。「話し言葉と書き言葉、どっちを信用するのか」みたいな話が、そのトークイベントで出たんだよね。めちゃくちゃざっくり言うと、大前さんは小説とかの、書かれる言葉に信頼がある。僕はラッパーとかもやってたり、こういう番組もやってたりするので、話し言葉、発音される言葉に魅力を感じますと。まあ二項対立になるようなものではまったくなく、あるときは書き言葉の方がグッとくることもあり、ラジオから聞こえてくる「こいつ誰なんだよ」と思うような人の声の確かさに耳を奪われるということもある。

周啓　うんうん。

TaiTan　だから意外とこの話は、議論としては「まあ、どっちもあるよね」みたいな話になっちゃうんだが、一個面白い点があるとすれば、いわゆるポストトゥルース的な話が、五年前くらいからずっと言われていると。トランプ誕生とかの文脈でいうならば、人が信じたいものだけを信じ続けた結果バケモノが生まれちゃう、みたいなね。そういう「情報の揺らぎ」みたいなことがよく言われますよと。というなかで、新聞の言葉とかのテキストの権威性も揺らいでいる、ということがある。だったらポッドキャストとかの、話者の肉体ごと伝わっていくようなメディアに触れていくのが面白いんじゃないですかと思ったりしたと。意外とそれだけの話だったりするんだけどね。

周啓　なるほどね。ありがとうございました。

TaiTan　ありがとうございました。いや前回さ、息巻いて「面白かったポイントが三つあるんですよ！」とか言ってね。「三つめは、次回に持ち越し！」って。YouTube大学やってんのかと思ったもんね。

周啓　声色が完全にそれだったね（笑）。

TaiTan　びっくりしたね。テメーでテメーに。

周啓　なんなの、お前のそのスクラッチ構文？

TaiTan 降りてきちゃうんだよね、名もなきそいつが（笑）。

周啓 スクラッチマンが。「どうだ、言葉が繰り返されるだろう」が決め台詞の。

TaiTan イタコ状態で喋らされてしまう。まあ、そういうこともあるんだけどさ。

周啓 どういうことがあるんだよ。

TaiTan つまりだよ、話し言葉にはそういう作用があンだよ！

周啓 なんだお前。甲高え「あン」をお見舞いしやがって。チーズじゃん、アンパンマンの。

TaiTan お前、そんなツッコミをするためだけに俺んちに来てんの？ だとしたら、キャリアを見直した方がいい。DUDAとかに登録した方がいい。つまり、話し言葉で伝達される情報というのは、ことほど左様にテキスト以上のものを伝達することが可能なんだと。もう今の数分間を見て取ったって、いかに俺がこの話題に対して臆病になってるかということがわかりますよね。

周啓 （笑）。

TaiTan その情報だけが伝わるじゃん。「あっ」って思ったでしょ？「いろいろ言葉を重ねたけれども、本題に入っていかない方のTaiTanだ」って思ったでしょ。「本題に入っていってあんまり話がハネなかったら落ち込むから、ちょっとコミカルな話題に避けようとしているときの、あのTaiTanだ」って、多くの人が思ったと思うんだよね。

周啓 マジでお前、自意識の怪物だな。まぁでも、そう言われたらそうだよね。君がよく言う言葉でいうと、「情感」ですか。

TaiTan そう。つまり情報よりも俺の肉体、内的混乱のみが伝わってると思うんだよね。みたいなことを、トークイベントでは喋ったんですけれども。まあこれは、もうちょっと具体的に喋れるようになったら、もう一回取り上げようかなと。でもほんとのこと言ったら、面白く喋れる気もしている。ポストトゥルース以降の世界において、テキストの権威性が揺らいでいると。そこで、それよりも情報の練度は劣るが、情報の量、「この人はこれだけのことを伝えるために、これだけ揺らいでいるんだ」ということ、その全体が伝わるという点で、音声は信頼に足るというかね。

周啓 それはたしかに、質より量だね。

TaiTan 「これはこうしなきゃいけないんですよ！」と言うときの、そいつの迷いとかね。

周啓 たしかにね。それこそ陰謀論的な見方をしたときに、文章だったら何が正しくて何が間違ってるかなんてわからないもんね。どんな文章も論理的に書けば、嘘だろうが本当

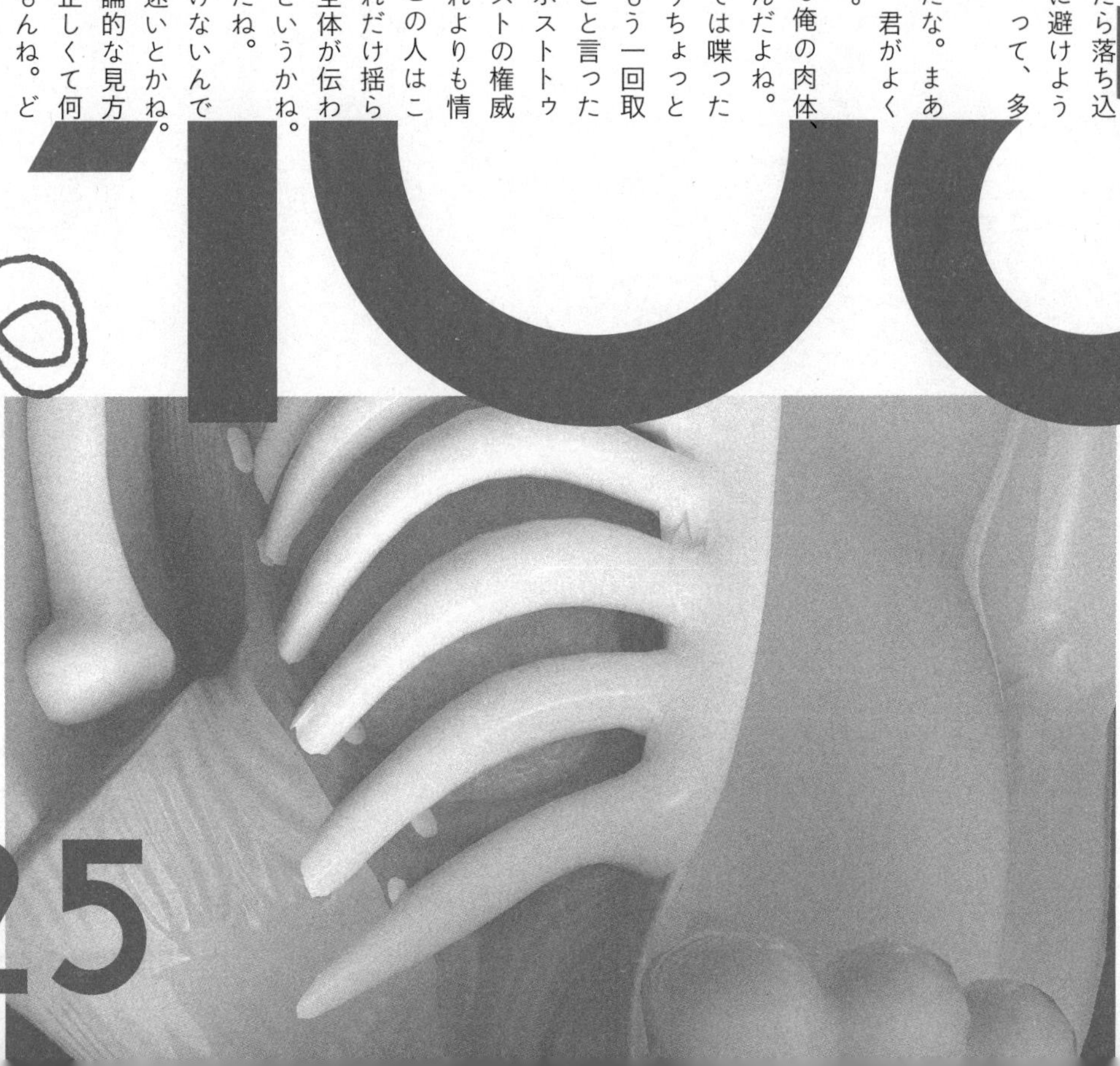

に思えてしまう。

TaiTan　そう。論理って、頷けてしまうぶん、吸収率が高すぎてなんか嫌なんだよね。これは話し言葉だって同じだろと言われるかもしれないけど、俺は話し言葉の方が正誤のジャッジがちゃんと働く気がする。「あ、こいつは今、嘘をついてるな」とか「ちょっと強引に話を持っていったな」とか。そういう違和感の蓄積が自分にあればあるほど、その情報に対して距離が取れるというか。そんなことを喋ったんだよ。どう、面白い？

周啓　俺はいたんだよ、その場に。殴るぞマジで。

TaiTan　鼻？（笑）

周啓　なんでお前は、基本的に急所が鼻なんだよ。でもたしかに、よくわかるな。情報の量感だよね。それこそ一文字一文字にこもってる迷いとか、本気度みたいなもの。文章ではレトリックで表現しなきゃいけないそういう部分が、音声では声色とかで聞こえるっていうね。

なぜZOOM会議はだるいのか／メディアと情報論

TaiTan　ZOOM会議とかで、資料をそのまま読み上げてるだけみたいなときってめちゃくちゃだるいじゃない。「あなたと会話をしたいんだ」と。資料を読み上げるリーダーになってほしくないんだよね。

周啓　後で読むしね。俺小学校のときに、移動教室で静岡に行ったんだよ。

TaiTan　それは、「中」？

周啓　「前」だろ。

TaiTan　そんな確定情報みたいに言ってるけどお前、確認しないと。

周啓　「小学校の移動教室」って言ってんだろ。俺の首が据わってから五年後の話。

TaiTan　じゃあ緊急事態宣言前に、静岡に行ったのね？

周啓　そうだよ。なんなの、その以前以降？

TaiTan　危険だから。俺、炎上するの嫌なんだよ。「移動教室」だって、緊急事態宣言中か後かで大きく変わるぞ。「移動教室」とか言うな。不安になるから。俺とポッドキャストやるっていうのは、そういうことだよ。

周啓　気持ちわりいな。セルフ言葉狩りね。まあ要は、緊急事態宣言前に、静岡の久能山東照宮に行きましたよ、という発表で、台本を打ち込んだものをパワーポイントの画面に貼りつけてたんだよ。つまり発表中に僕が喋ってた言葉は、画面に表示されてたわけ。まさにさっき言ってたやつじゃん。そのとき小学校の先生が、「君ね、パワーポイントというのは、喋ってる言葉だけでは伝わらない視覚的な情報を映像で補足してあげるものなんだよ」と教えてくれたわけ。だから、書いてある言葉をただ言ってるだけの時間って無駄

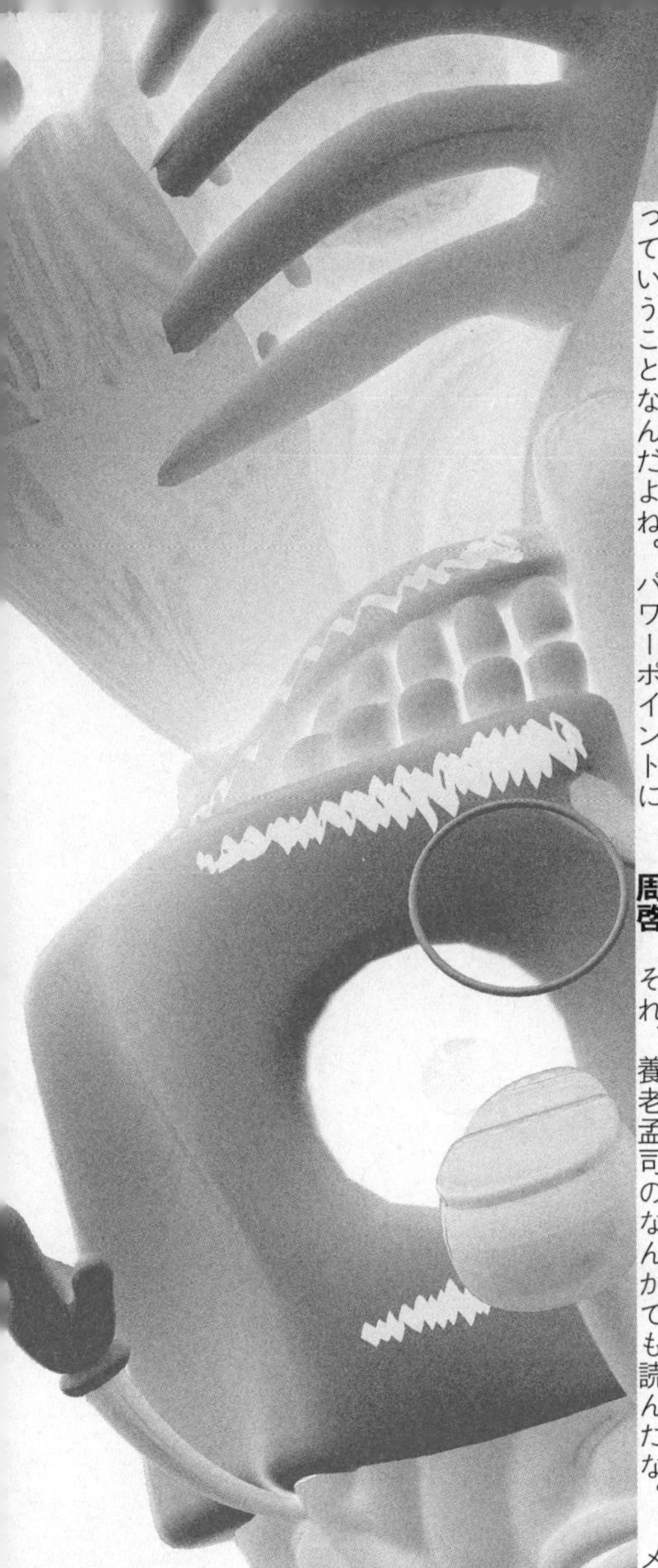

だよねって話（笑）。

TaiTan　そこで初めて気づいたわけね。情報をテキストとしてお出ししている以上は、それを補完するものを自分が喋らなきゃいけないんだと。テキストの理解を促進する情報を喋ればそれを提示している意味が発生するけど、それを読み上げるだけだとしたら、別にあなたはいらないと。

周啓　パワーポイントセミナーじゃねえかよ。

TaiTan　アビバだったね。

周啓　でもこれはけっこう曲とかにも活きてて、例えば悲しいことを歌うときに、過剰に悲しい音楽を乗せると説明過多だな、とか。そういうのって演劇とかにも方法論としてあるんだろ？

TaiTan　そうそう。でもこれは面白い話で、「メディアと情報は常にセットになっている」っていうことなんだよね。パワーポイントに表示されている文章があって、同じ空間のなかにそれを読み上げている君の肉体がありますと。パワーポイントというメディアに載っている文字はそこで完結しているんだが、玉置周啓の肉体というメディアを通過して発声された文字というのは、同じ情報を伝えるにしても必ず違うものになるはずなんだよね。君って広告枠だからさ、君という媒体を通過した情報は、変容せざるをえないんだよ。

周啓　人間を「枠」として見るなよ。

TaiTan　つまりその先生は「情報というのは必ず一対一の関係にしかなれない」ということを教えたかったんじゃないの。着地点としては同じところを目指していたとしても、絶対に同じ伝わり方をしない。君を通すんだったら、もうちょっと温度のある言葉を使用しなきゃいけない、とかね。

周啓　それ、養老孟司のなんかでも読んだな。情報は不変だとみんな思ってるけど、変わるんですみたいな。それも似たことな気がしてきたな。要は、媒介物を通らないと情報は届かないから、その過程でその媒介物によってみんなが不変だと思っている事実、真実に何かしらの変化が起きる。

TaiTan　例えばある文章が新聞に載ると確からしく思えるが、わけわかんないｂｏｔとかに載ったとしたら、その情報は価値がなくなるというか、人間の脳味噌まで通過できない、みたいな話ですよ。情報とメディア。こういう話を理解しようと思ったら、大学に行った方がいい。

周啓　それを小六に教えようとしていたんだったら、ある意味弱小教師だったんだけれども（笑）。

TaiTan　自分が叶えられなかった夢を、テメーでテメーでテメーでテメーでテメーで…

6a

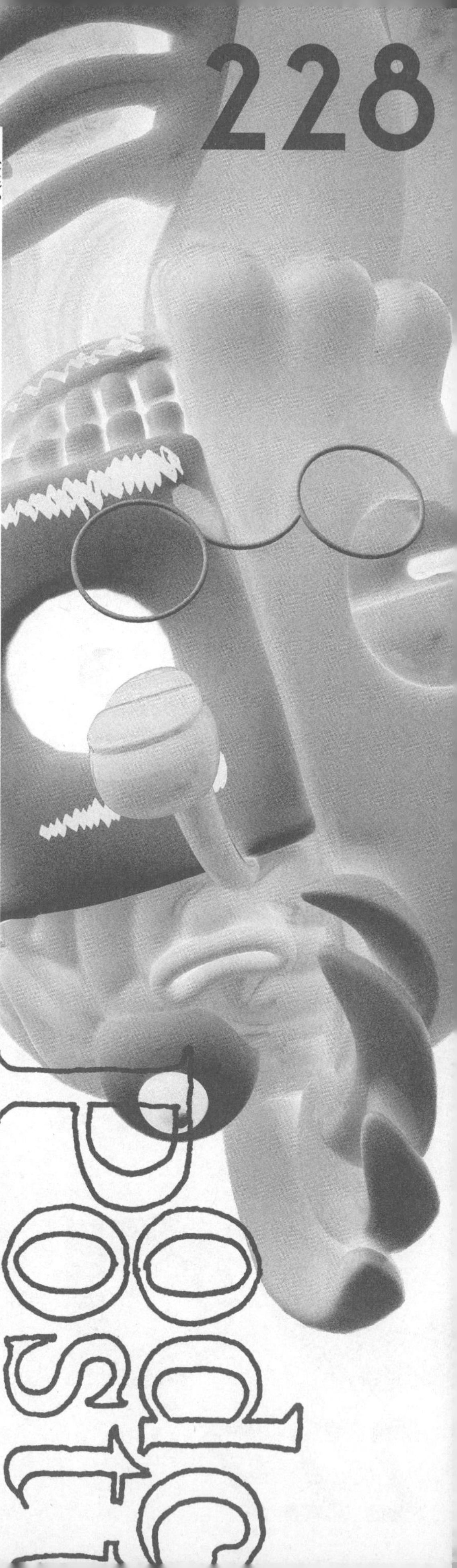

…（笑）。

周啓　もうそこまでいったら、故障なんだよ。スクラッチとかじゃなくて。

TaiTan　そうだね（笑）。自分が叶えられなかった夢を、子供に、テメーでテメーに重ねてる教師だったんだろうね。パワポの授業くらいで偉ぶんな。

周啓　（笑）。でも助かったんだよ。唯一くらいに覚えてる授業の内容でね。

TaiTan　意外といい話になったな。そのトークイベントの最後に、「TaiTanさんはどういうことを意識して情報を伝えてるんですか」的なることを質問されて、そんな回答をした記憶がありますね。意外とそういうことが気になってる人いるんだなと思って。俺の興味範囲だね、「なぜ情報は伝わるのか」というのは。またどっかで話しますよ。

周啓　いいじゃない。これはたしかに、グーッと煮詰まる話だね。

TaiTan　「ＺＯＯＭのつまんねえ話はなぜ耳に入ってこないのか」みたいなところからそういう話に着地できたらめちゃくちゃいいな。「なぜあなたの情報は上滑りするのか？」という。

周啓　なるほど。

TaiTan　もしかしたら対面だったらその人の声も届くかもしれんが、ＺＯＯＭというメディアを通すと、その声が届かなくなる。つまりメディアが変わると、何もかもが変わるっていう。

周啓　人も変わるしね。それはたしかに面白い。けっこう、複合的な問題そうだね。そこから飛び火して、「音楽は人なのか曲なのか」とかそういうのも面白そう。

TaiTan　楽曲がというより、その人間ごと届いている場合もあるもんね。

周啓　音楽に限らず、役者さんとか小説家も。

TaiTan　おもろっ。またトークテーマが生まれちゃったんだからだったんじゃん。

周啓　よかったんだったんじゃん？

TaiTan　まあかなりおもろい話に転がっていく可能性もあるんでね。今後また話しますよ。君にも届いてると思うけど、『編集とは何か。』（星海社）という本があって。これはまさにそういう話が書いてある本だと思う。

周啓　あ、そうなんだ。

TaiTan　「エディトリアルとは何か」ということをいろんな人が喋るという。まあそんな

感じですかな。こないだ、「なんで人間は横並びで話した方が面白い会話が生まれるのか」という話をしたけど。ちょうど大前粟生さんとのトークイベントの帰りも、君と表参道から一時間くらい歩いたけど、あれは面白かったね。まさに俺は、その話を実践したなと思ったね。目を合わせずに喋ることの方が、どんどん出てくるという。

周啓　二人という時間も含めてね。ちょっと不思議な体験だった。クソ疲れたけどね。

TaiTan　さすがに、参宮橋にたどり着いてしまったときは冷や汗をかいた。そういう話もしたいよね。「なぜ人は歩くと会話ができるのか」とか。

周啓　これ、あれなんじゃないか。車の中鼎談とか、街ブラ鼎談とかやったら、また違うものができるんじゃないか。

TaiTan　新企画、外に出ようキャンペーン。でもビデオポッドキャストができるということが発覚したからね。「百貨戯典」とかも、俺らがブックオフに行って「これ買おうかな」とか言ってる会話を収録するだけでも、準ポッドキャストになるんじゃないか。

周啓　たしかにね。

TaiTan　誰かビデオ回してくれないかな。まあそういうこととかも、トライアルでやっていこうかな。というような感じで、次に繋がるようなトークイベントでしたね。改めて、トークイベントに来てくれた方、大前粟生さん、ありがとうございました。

大塚愛「PEACH」／倍速病と音声コンテンツ

TaiTan えー、TaiTanです。

周啓 玉置周啓です。

TaiTan えー、『奇奇怪怪明解事典』でございますけれども。倍速病ね。

周啓 Vaundyね。

TaiTan 「踊り子」ねお前。いい曲だよな。

周啓 あれはいいよね。抑制の効いた感じで……。

TaiTan なんだお前！

周啓 ……なんだよ。

TaiTan 特に思い浮かばなかった（笑）。

周啓 とりあえず喧嘩売った？

TaiTan 「どこかぶん殴れるところないかな」って頭のてっぺんからつま先まで舐めるようにみたけど、隙がなかったわ。

周啓 だってほぼ何も言ってないんだもん（笑）。でも、あんないい感じの曲がJ-POPで売れてるのは久々じゃない？ しばらく元気いい曲が多くなかった？

TaiTan 「〜PEACH!! ひっくり返る愛のマーク」とかね。

周啓 ……大塚愛？

TaiTan お前よく知ってんな。

倍速病

周啓 知ってるだろ。

TaiTan 知んな！

周啓 シンナー？（笑）

TaiTan 大塚愛のこととかを、知るな。

周啓 知るだろ。「黒毛和牛680円」か「860円」だろうが。『ブラック・ジャック』のエンディングね。

TaiTan お前、詳しいな。

周啓 俺は大塚愛のあまり知られてない曲に詳しいんだよ。

TaiTan 「PEACH」知ってるのはびっくりしたわ。

周啓 あれは相当有名じゃない？

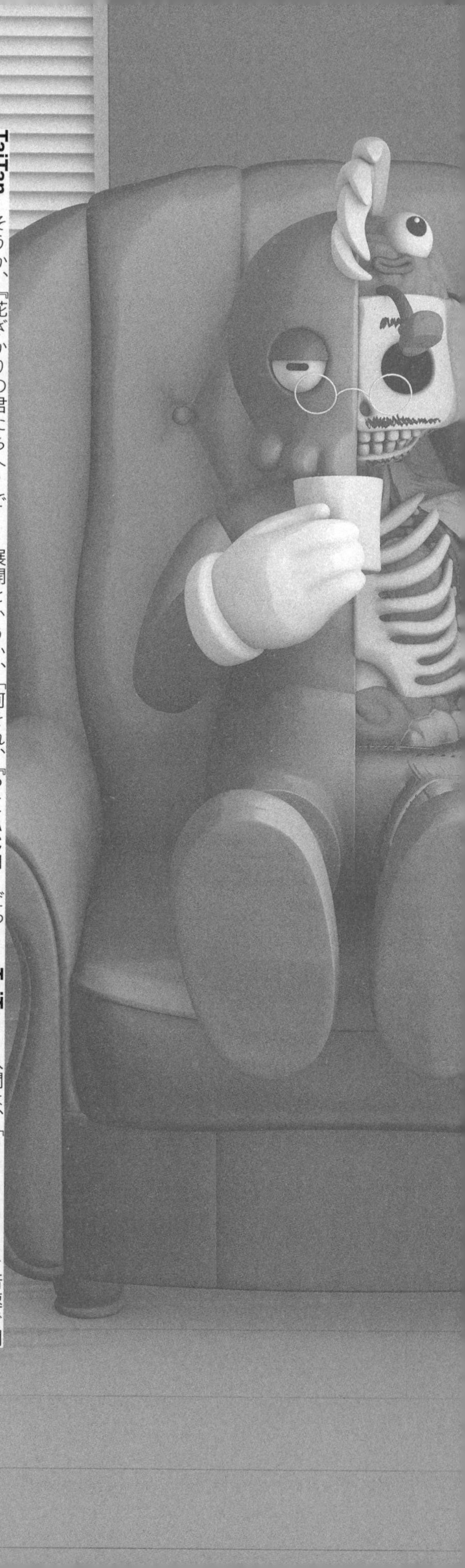

TaiTan　そうか、『花ざかりの君たちへ』でも流れてたか。

周啓　俺は言わずと知れた堀北真希ファンだからね。あの曲めっちゃ面白いよな。

TaiTan　なんで「PEACH」が出てきたかというと、シティポップの次の文脈として、ハイパーポップというのが今流行っててさ。こないだ没君とその話をしてて、「大塚愛とかも今ハイパーポップの文脈で聞くとおもろいよ」って言われて聞いてみたら、いい曲が多いんだよね。で、「PEACH」を聞いてたら、二番のサビが……（笑）。これ聞いてみてください。笑っちゃいますね、何がとは言いませんが。

周啓　俺そこは記憶にないんだけど、「PEACH」ってとんでもなくプログレッシブな展開というか、「何それ、『PEACH』だったの？」みたいなAメロが続いて、いきなり「PEACH!!」でとてつもねえポップなサビがやってくるんだよね。

TaiTan　そうそう。「PEACH」はめっちゃ不思議な曲だよ。歌詞も謎なんだよね。「PEACH!!　ひっくり返る愛のマーク」でしょ。着想がよくわかんない。シュルレアリスム、自動筆記みたいな筆回しで、特に二番のサビから、歌詞のはめ方がヤバいことになってる（笑）。

周啓　何それ。聞いてないのにめっちゃおもろいな（笑）。

TaiTan　まあそんな「PEACH」もさ、とんでもないことになってるわけよ。

周啓　何がだよ。

TaiTan　人間は、「PEACH」を倍速で聞くっつうんだから。大変だぞ。

周啓　「PEACH」を倍速で聞いたら、メタルを超えるぞ。

TaiTan　今、若者は音楽でさえも倍速で聞き始めてるというニュースが話題沸騰なんだよ。

周啓　見た。YouTube、ネットフリックスとかの動画倍速は時代だという話をしたけど、ついに音声も、音楽も。たまんないよね。

TaiTan　どれくらいマジで言ってるのかなというのは、正直思うわさな。この倍速で見る／見ないみたいな話しになると、「倍速で見るなんてけしからん」という立場をとった方が有利だし格好もつくんだけど、それはあんまり面白くないじゃない。だからやいのや

倍速

いの言いたくないんだけど、音楽倍速は正直かなりわからない世界線に入ってきたなというのは思うな。

周啓　そうだよね。そのメロディと音色に適したBPMがある、というインナーな考え方もあるが……意見として印象的だったのは、スカートの澤部さんが、Twitterで半公開のアカウントを持っててさ。そっちでそのニュースに対してコメントしていたのが、「確かにこだわって曲を作っている身としては倍速で聞くということに衝撃を受けてるんだが、倍速で音楽を聞くことに違和感を覚えている人たちでも、DJのピッチとかの操作が原曲とどれだけ違うのかを気にする人は少ないんじゃないだろうか」みたいなことを言っていて。そう考えると、境目はどこなんだろうと思って。原曲神話みたいなものは、どこまで通用するんだろうと。

TaiTan　そうだね。俺は今、この話題に紐づけて「映像は一・一倍速で見てもあんまり変わらないけど、音楽はめっちゃ変わるよね」という話をしようと思ったんだけど、クラブイベントのDJとかで聞くと、違和感なく入ってきちゃう。むしろそっちの方が面白い、と思う瞬間はめっちゃある。

周啓　DJはミックスの加減で、一つの流れとして新しい曲を生み出す作業に近いけど、曲単体で聞くときの一・一倍速は話が違うというのはあるかもしれないよね。流れで聞くと、やっぱり麻痺するから。

TaiTan　でも倍速とかって、どこで聞くの？　YouTubeとかか。

周啓　あ、Spotifyって操作できるのはポッドキャストだけなんだ。

TaiTan　三・五倍速まである。

周啓　それは、貴乃花のポッドキャストを聞くとき用の？

TaiTan　（笑）。「遅すぎて何喋ってるのかわかんねえわ」っていうときの機能だよね。

なぜ人は音楽を倍速で聞くのか／「全部が俺に必要なわけじゃない」というスタンス

TaiTan　音楽を二倍速で聞くって、実際何がしたいの？

周啓　最近音楽を作ってて思うんだけど、音色とかギターメロにこだわって作っても、結果歌しか聞かれてないってこともあるなと思ってさ。歌メロと歌詞だけ聞ければいいという人にとっては、実は速さって関係ないのかもなと思って。

TaiTan　歌のメロだけなんとなく摂取できればいいってことか。

周啓　だって「〽なつがれーるきっせつーのまっんなーかでー」でも、ギリ聞けるじゃん。

TaiTan　（笑）。まあ、聞けるけど。

周啓　「六月十八日」にはなっちゃうけど。

TaiTan　生き急いでるよね。でも、だとすれば音楽ってなんだ？　もうこうなると、俺は老の害になってくるのか。

周啓　いや、そんなことはないと思うけど。確実にそのテンポ感と音の空気感でしか伝わらない情景みたいなものを見たい人たちにとっては大事だと思うんだけど、人によっては「歌詞の意味と、メロディを知っているか否か」が大事。

TaiTan　そうか。カラオケでついていけなくなるのが嫌だ、とかフェスでなんとなく曲を知っておきたい、その予習として二倍速で聞いて、「とりあえずメロディだけでも」という。すごいね。

周啓　そうなんじゃないかという勝手な予想だけど、ありえるなと思う。スピードリスニングだよね。

TaiTan　でもこれを否定するのはありきたりすぎる。「なぜなのか」を考えるのが面白いんだよ。こないだ『映画を早送りで見る人たち』（光文社）という本をめっちゃ速読してさ、わかったような気になったんだけど。

周啓　なんなんだよ。悲劇の連鎖じゃん。

TaiTan　そうだね（笑）。でも俺、下手したら流行語大賞の社会部門とかに「倍速」が入りそうだなと思う。もうコンテンツを見るに際しての既定フォーマットになっているというかね。だってYouTubeとかにそのボタンがあるんだもん。

周啓　選択肢として既にある、ということだもんね。

TaiTan　だから現象としては、「映像って本になったんだな」ということだと思うんだよね。今、字幕がついてないと誰も見てくれないという話もあって、例えばYouTubeの動画とかを二倍速で見ているんだけど、自分で時間軸を調整できないと見ていられないんだと。

周啓　読書のスピードが調整できるのと同じく、ということだよね。

TaiTan　そう。時間のコントロール権がこちらにあるというのがデフォルトになったから、「本なんだな」と思って。

周啓　たしかに。今、基本字幕があるもんな。俺も「ゆっくり解説」というよくある動画を一・五倍速で見てる。

TaiTan　「情報摂取でいいんだ」って開き直った瞬間、七・五倍速で見るからね。

周啓　君は、Wi-Fiルーターの説明動画をマジでそれで見てた（笑）。

TaiTan　だるいじゃん、「はい、続いてはこちらです」とかいうやつ。俺が知りたいのはそこだけなんだ、というところがだいたいわかればいい。

周啓　俺がとろいのかって勘違いするくらい速かったけどね。

TaiTan　俺だけ『ＴＥＮＥＴ』のゾーンに入ってたね（笑）。

周啓　でも音楽にも、適性があるんじゃない？　ポップスとかだったらまだ、逆に発見があるかもしれないし。「あ、平井堅は二倍速がめっちゃ気持ちいいんじゃん」とかさ。

TaiTan　一青窈問題ね。一青窈を〇・八倍速で聞くと、平井堅の声になるんだよ。

周啓　ああ、なるほど。ピッチが変わってということね。だから、二倍速で聞いたら丁度よく聞こえる変な曲作るとかも面白そうだと思うけどね。

TaiTan　ホルモンかゴールデンボンバーか岡崎体育が絶対やるだろうなと思うのは、〇・一倍速、〇・二倍速どれで聞いても成立する曲。それで一人あたり十回再生されるから、必然的に再生回数も十倍になる、みたいなことをやってきそう。

周啓　マネタイズまで考えてるんじゃん。すごいね。

TaiTan　だからほんと、音楽はどんどん変わっていくんだなと思うんですけどね。今回の配信では四月二十八日の、石井玄さんというニッポン放送のプロデューサーの方を呼んでのトークイベントの前哨戦をやりたいなと思っているので、「倍速×音声コンテンツ」という話を基本的にしたいわけですわな。

周啓　なるほどな。

TaiTan　今は音楽の話をしましたが、ラジオね。要は人の喋り。俺らの『奇奇怪怪明解事典』もそうだけど、これって等速で聞かれてるのかな？　どう思う？

周啓　どうなんでしょうね。それこそ、前教えてくれた『ビジネスウォーズ』は一・二五か一・五で聞いてた。

TaiTan　そっちの方が気持ちいいと思うよ。

周啓　ああいうのはね。『奇奇怪怪』も何回か速くして聞いたことあるんだけど、間が変わると、一気に面白くなくなる。

TaiTan　だからか。俺は配信前の確認用に、これを二・五倍速で聞いてて。不安になるんだよね、「こいつら、せかせかしてんな」と思って。

周啓　せかせかさせてんだよ、お前が（笑）。でもそうだと思うな。それこそYouTubeでお笑い系のYouTuberの動画を倍速で見てると、「この人こんなに面白くない感じだったっけ？」って思うという（笑）。

TaiTan　迷惑なもんだよね（笑）。でもそういう前提でやっていかなきゃいけないという世界線だからね、視聴者にコンテンツの最終編集権があるという。そういう話を石井さんに聞きたいんだよね。

周啓　そうだね。

TaiTan　これも映画とかの話と同じで、「倍速で聞くなんてけしからん」という意見はもういいじゃん。

周啓　伝統とか原理主義的なことはね。

TaiTan　じゃあ「倍速で聞かれても失われないものはあるのか」とか、逆に「こういうものは倍速で聞かれた方がいい」とか、そういう仮説を石井さんと喋りたい。倍速文化というものを、音声コンテンツの申し子である方がどう捉えているのか。

周啓　たしかにね。どうなるんだろうな。

TaiTan　気になるよね。めっちゃおもろい

236

407b

話になると思うんだよね、倍速文化。すごい時代だね。

周啓　予想としては、合う人と合わない人に分かれてくるような気がするね。当たり前だけど。

TaiTan　さっき本の話を出したけど、本だって俺は全部読んでないもん。

周啓　それはわかる。俺も一緒だわ。作者が必死に、一生懸命書いたのに。

TaiTan　でも、ものに触れるときのスタンスとしてあるんだよね。「全部が俺に必要なわけじゃない」という。むしろ「ちゃんと読まなきゃいけない」ということの方が、そのコンテンツから人を遠ざけてしまう気がするんだよね。だるくない？　そんなの。

周啓　そうね。「読まなきゃ」ってときってね。

TaiTan　それが小説とかだったら違うんだろうけど。

周啓　小説は逆に、読者のスピードを作者がコントロールしている感があるもんね。「ここは間があるシーンだから描写で埋めて、次の台詞まで間を持たせよう」とかね。

TaiTan　乗代雄介さんの、芥川賞候補になった『旅する練習』（講談社）とか、情景がすごいんだよ。「全部書く」みたいな。

周啓　ウェブの記事を読んだけど、実際に公園に出かけていって、視界に入るものをすべて描写するみたいなことをやっているんだよね。

TaiTan　沼地を歩いているような気持ちになる。しかもそれが不快かといえばそんなことはない。

周啓　ゆっくりJPEGをダウンロードしている感じだよね。

TaiTan お前やっぱ、Wi-Fi弱いね。ＪＰＥＧをゆっくりダウンロードする時代は、一九九八年なんだよ。

周啓 古すぎだろ。めっちゃ恥ずいんだけど。

TaiTan 「ＪＰＥＧを落とすときの速度じゃないか」は一九九八年ジョークだろ。

周啓 なんで俺はタイムスリップしてきて、呑気にポッドキャストやってんだよ。

TaiTan タイムスリップする技術を持っていながら、やることがポッドキャストしかないっていうのは、世界の悲劇だね。

周啓 アインシュタインも泣いてるだろうな。

TaiTan でもあれも、ざっくり言うと倍速みたいな話だからね。タイムスリップって。

周啓 （笑）。ざっくりすぎるだろ。

TaiTan 違うのね？ でも、情報系とお喋り系と、音声コンテンツの分類ってあとなんかある？ 大きく二分されるよね。

周啓 そうね。間が大切なものと、別にメッセージさえ受け取れればってものとね。

TaiTan 新聞の代替物としての音声コンテンツだったら四倍速で聞いたところで新聞を流し読みしてるのと変わらないわけだから。でも俺らの番組だって、絶対二倍速とかで聞かれてると思うよ。これ、今日アンケート取ろう。『奇奇怪怪明解事典』は、何倍速で聞いてますか？

周啓 どうすんだよ、八倍速の人がいたら。

TaiTan 「テメテメテメテメテメテメテメテメ……」。

周啓 なんでお前の代名詞になってんだよ、それ（笑）。「テメテメテメテメ……」は、ちっちゃいヤンキーじゃん。

TaiTan そうだね（笑）。まあ四月二十八日のトークイベント、面白い話になると思っていますので、チェックを頂けたらと思います。ニッポン放送の、音声コンテンツとラジオのプロフェッショナルと、今日話したような話から、音声コンテンツの鮮度の保ち方、番組の継続のさせ方みたいな、切実な話を聞いていこうかなと思ってます。俺自身が一番楽しみにしてますので。

令和のマナー論

勝手に踊ればいい論／トリプルファイヤーの良さ

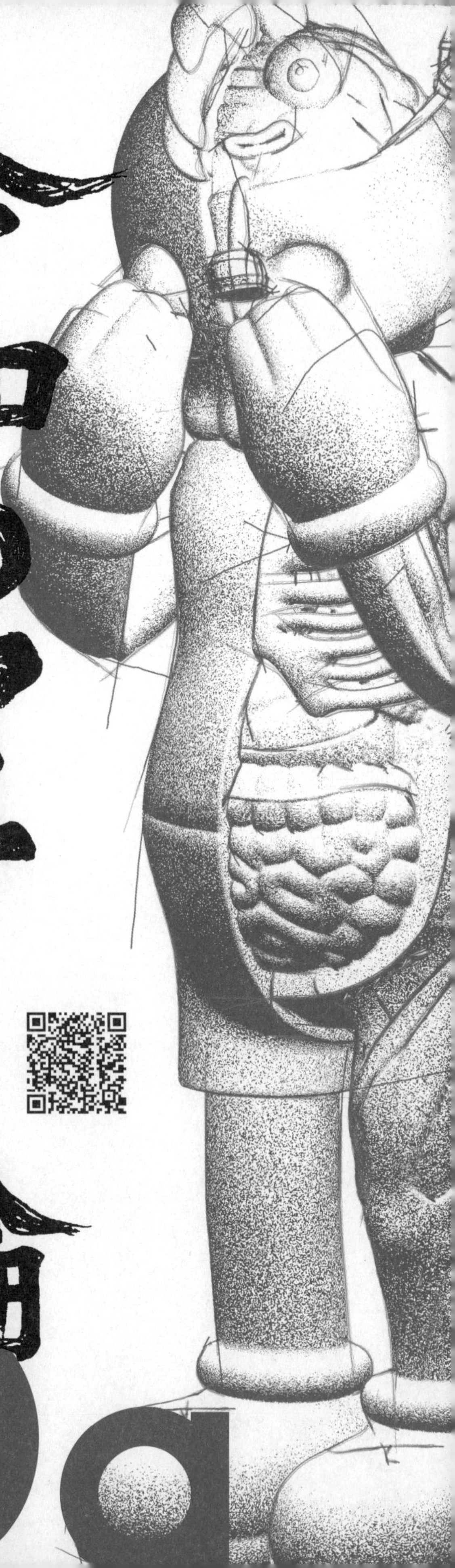

TaiTan えー、TaiTanです。

周啓 玉置周啓です。

TaiTan 『奇奇怪怪明解事典』でございますけれども。『マメパオ』ね。

周啓 『マネーの虎』ね。

TaiTan なんでんかんでんだよね。

周啓 なんだよそれ。知らないんだよ。

TaiTan 虎たちね。『マネーの虎』における。

周啓 なんなの？ 虎って。

TaiTan お前、『マネーの虎』見てないの？

周啓 マジで見てないんだよ。あの、礼儀作法に厳しい妙齢の人が出てくるやつ？

TaiTan それはこないだ炎上してた、マナー講師みたいな人ね。

周啓 炎上してたんだ。マナー講師で一番有名な人だよね。

TaiTan べらんめえ口調で、「今ほらここ、お辞儀角度足りん！」って。

周啓 ラップじゃん、お前の（笑）。

TaiTan 俺はマナーを強要するためにマイクを握ってるわけではないんだよ。他に言いたいことがあるんだよ。

周啓 かっこいい。Dos Monosのマナー担当じゃないのね？

TaiTan 客に対して、「ほら今Say Ho! 言うたやん！ Ho! 言わなあかんとちゃうの？」って（笑）。よくフェスとかでやる人いるけ

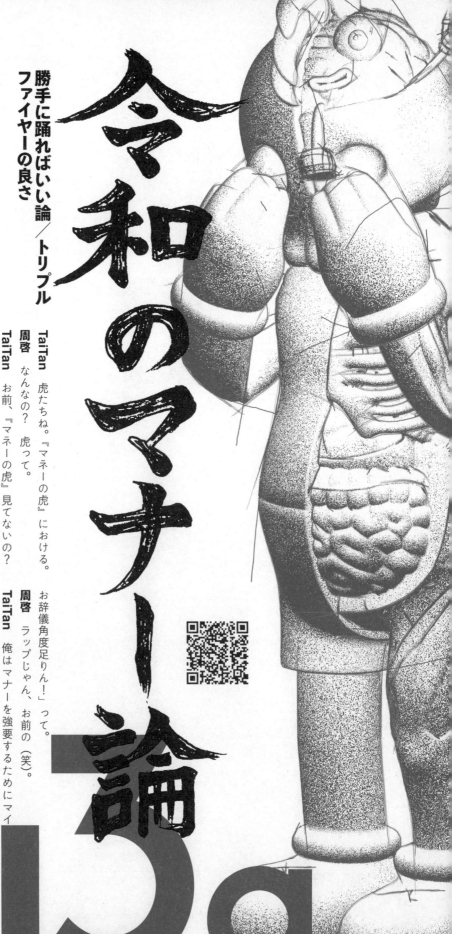

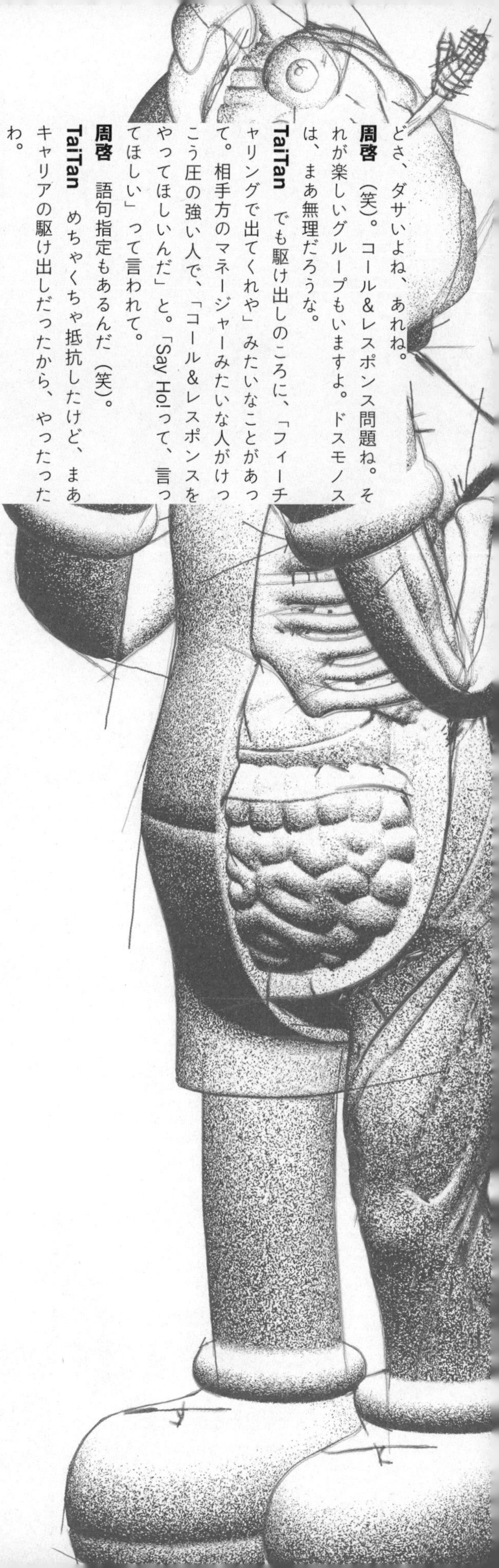

どさ、ダサいよね、あれね。

周啓　（笑）。コール＆レスポンス問題ね。それが楽しいグループもいますよ。ドスモノスは、まあ無理だろうな。

TaiTan　でも駆け出しのころに、「フィーチャリングで出てくれや」みたいなことがあって。相手方のマネージャーみたいな人がけっこう圧の強い人で、「コール＆レスポンスをやってほしいんだ」と。「Say Ho!って、言ってほしい」って言われて。

周啓　語句指定もあるんだ（笑）。

TaiTan　めちゃくちゃ抵抗したけど、まあキャリアの駆け出しだったから、やったったわ。

周啓　一番きついやつだわ。

TaiTan　ドンズベりね。ふて腐れながらやったら。

周啓　（笑）。駆け出しのSay Ho! ほどキツいものはないのよ。それはわかってあげないと。Who are youって返ってきただろ。

TaiTan　「帰れ!」って返ってきたね（笑）。でも、あれってほんとは誰も求めてないんじゃないかと思うことはよくあるよね。

周啓　それはマジであると思うな。やらなくなったらなったで誰も困らないんじゃないかなと。

TaiTan　それぞれ勝手に踊ってりゃいいじゃんと思うんだよね。FFKTにはそれがあったね。

周啓　そういう精神がね。そういうフェスは、ありがてえよ。

TaiTan　どう?　この間の波止場大サーカスでは、お客さんに求めてた?

周啓　求めてないよ。俺は笑顔で踊ってくれたらなんだって良かったんだよ。そういうもんだね。でもけっこうそういう人が増えてきたんじゃないかな。それこそ綾斗もずっと、「好きにやっとってもらったらええんで」みたいなMCをしていた時期があったしね。変な盛り上がり方しなくていいよと。お客さんの動きをこっちが決めること自体アウトなんだけど、僕らにはそういう反発心があったかもしれないね。

TaiTan　でもあれが楽しいという感覚も、あるっちゃあるんだよね。

周啓　そうなんだよ。だから誰も強く言えないんだよな。俺も手を上げてもらえたら嬉しいしね。でも「手を上げろ!」とは言えないし。そこを巧妙に茶化したのが、トリプルファイヤーの「カモン」だよね。

TaiTan　どんな?

周啓　「カモン!」って言うだけ（笑）。

TaiTan　求めてないけど、とりあえず言うんだ。

周啓　ずっと下向きながら、「カモン!」って吉田君が言って、サビが「手え上げろ～」とか、「体揺らせ～」って言うだけ。俺、フジロックにトリプルファイヤーが出たときにそれを見てたんだけど、皮肉っぽい意味でこ

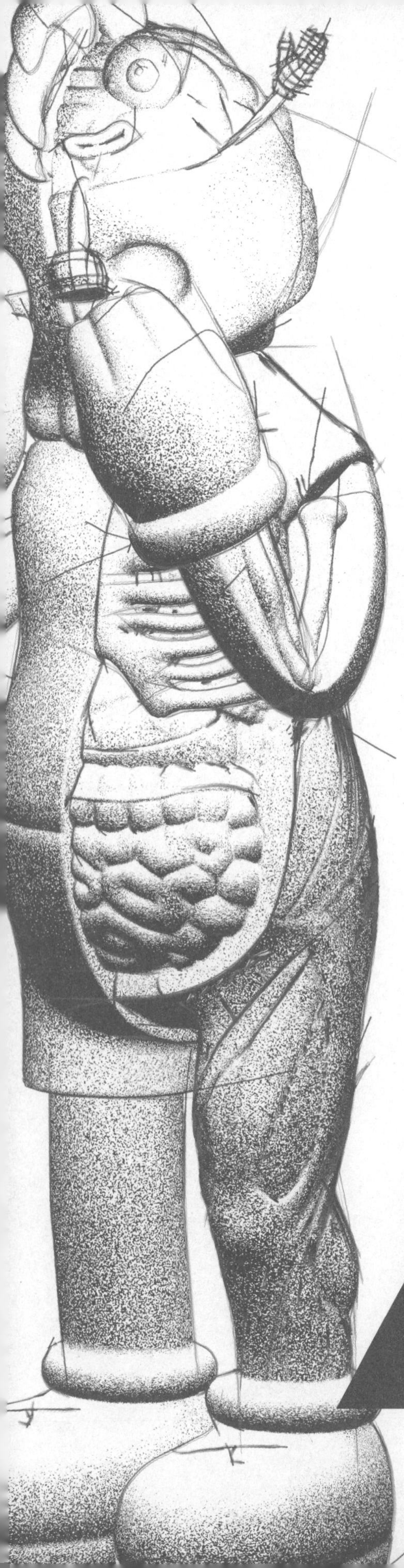

の言葉が歌われてるんだが、お客さんは演奏が普通に良くて楽しいから、手を上げたり体揺らしてたりするわけ。曲へのレスポンスとして。その状態が面白かったね。これで客が一緒になって手を上げてる人たちをバカにしているようなステージングだったら寒いけど、手を上げたり体揺らしたりをバカにしたような歌詞に呼応したように、本気でお客さんが体を揺らしてるっていうのが、一番目指していた幸福なライブなんじゃないかなと思って、感動したんだよね。

TaiTan いいね。それは素晴らしいじゃない。

許せないマナーとは／SUICAの押し方問題

TaiTan というようなもんで、人に何かのふるまいを求める「マナー講師」的なものにはなりたくないね。

周啓 マナーってなんなの？ マナー講師っていう職業は、その人が出てくるまで存在しなかった、みたいな記事を見たことがあるけど。

TaiTan 勝手に自分で、「これはこうせなあかんねん」と言うとりまんがななんだけど、「お前が思ってるだけなんじゃないの？」というさ。

周啓 そうそう。そのリスクを自認した上でやってるのか……でもまあ、テレビって強いからな。

TaiTan ちなみにさ、人といて、「こいつのふるまい、嫌だな」って思ったときある？

周啓 それは富士そばに君と行ったとき、僕の料理がまだ出てきてないのに君が先に一人で食い始めたときだよね。

TaiTan お前、マナー講師の素質ありじゃん。

周啓 （笑）。言ったでしょ、そのとき。「アカン、アカン、アカンよ！」って。

TaiTan 「アカンねん、二人揃って手ぇ合わせて、頂きますやん」。

周啓 お前、やめた方がいい。西に寄せるのは。

TaiTan 西じゃなくて、その方へのオマージュだよ。でもあの人に対しても思うところがあるっていうかさ。まあテレビが悪いだろと思うんだけどね。もとからああいうキャラなのかもしれないけど、あんなの求められてるからやってんじゃないの？ と。自分の役割に食われちゃうっていうさ。

周啓 その可能性はあるよね。マナーはほん

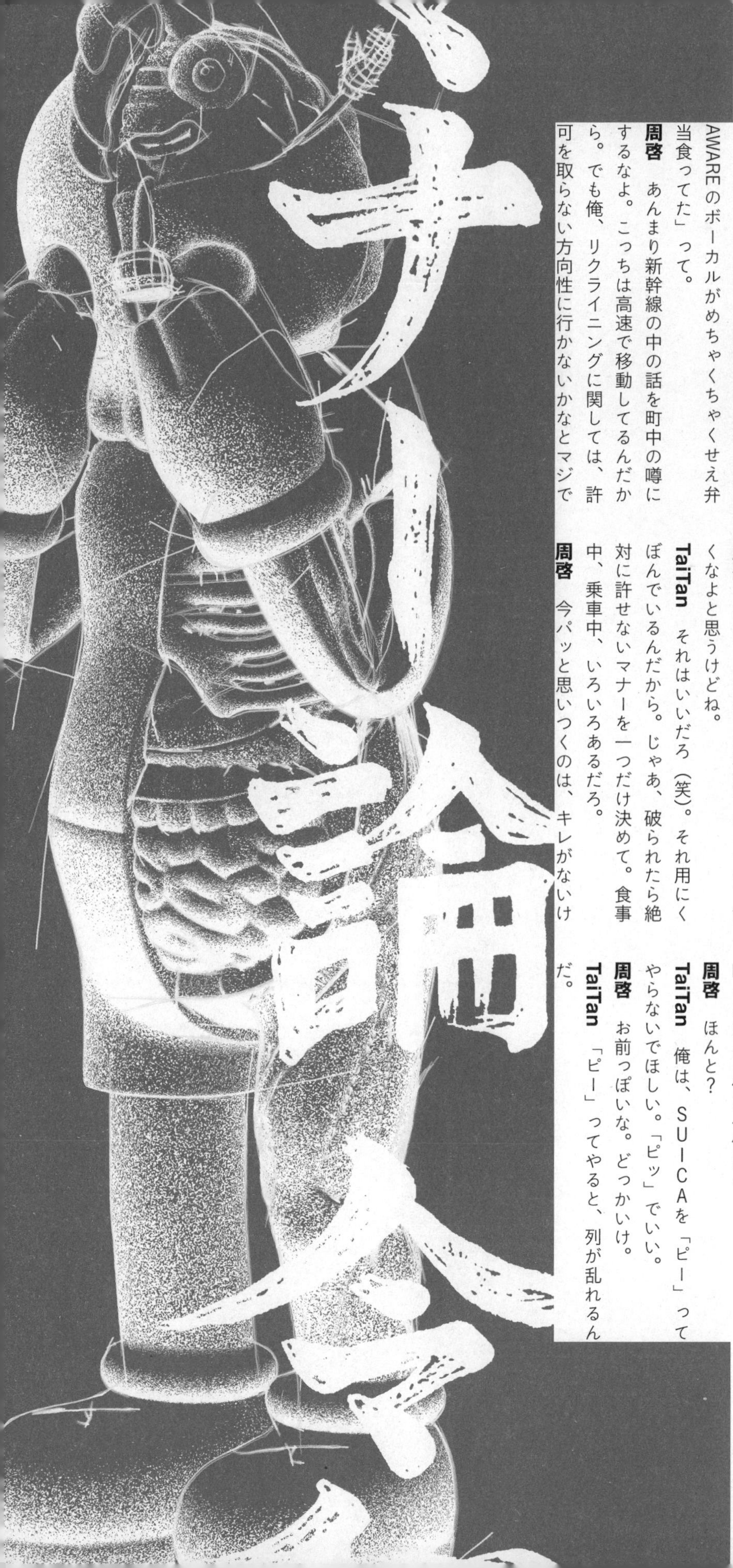

とにむずいなと思う。

TaiTan　君は新幹線で前の席の人が無言でリクライニングしてきたら、肩をトントンするもんね。

周啓　ふざけんなよ。俺がマナーねえじゃん。

TaiTan　お前はくっせえシウマイとか食ってるくせにね。町中の噂だぞ。「MONO NO AWAREのボーカルがめちゃくちゃくせえ弁当食ってた」って。

周啓　あんまり新幹線の中の話を町中の噂にするなよ。こっちは高速で移動してるんだから。でも俺、リクライニングに関しては、許可を取らない方向性に行かないかなとマジで思うわ。

TaiTan　別にあれで「は?」って思わなくね。思う可能性があるとしたら、後ろの席でビールとかをテーブルに立てられていて倒しちゃったりしたら後ろの席の人が困るからっていう話か。

周啓　テーブルを出した状態でね。でも、置くなよと思うけどね。

TaiTan　それはいいだろ（笑）。それ用にくぼんでいるんだから。じゃあ、破られたら絶対に許せないマナーを一つだけ決めて。食事中、乗車中、いろいろあるだろ。

周啓　今パッと思いつくのは、キレがないけどコンビニの店員さんに対して態度が悪いのはなくなったらいいのになと思うね。あとは……。

TaiTan　もうちょい切れ味があるやつ。君ならではのやつ。みんなが本当は思っているけど、誰もまだ言葉に出来ていないことを、喋るんだよ。俺は一個ある。

周啓　ほんと?

TaiTan　俺は、SUICAを「ピー」ってやらないでほしい。「ピッ」でいい。

周啓　お前っぽいな。どっかいけ。

TaiTan　「ピー」ってやると、列が乱れるんだ。

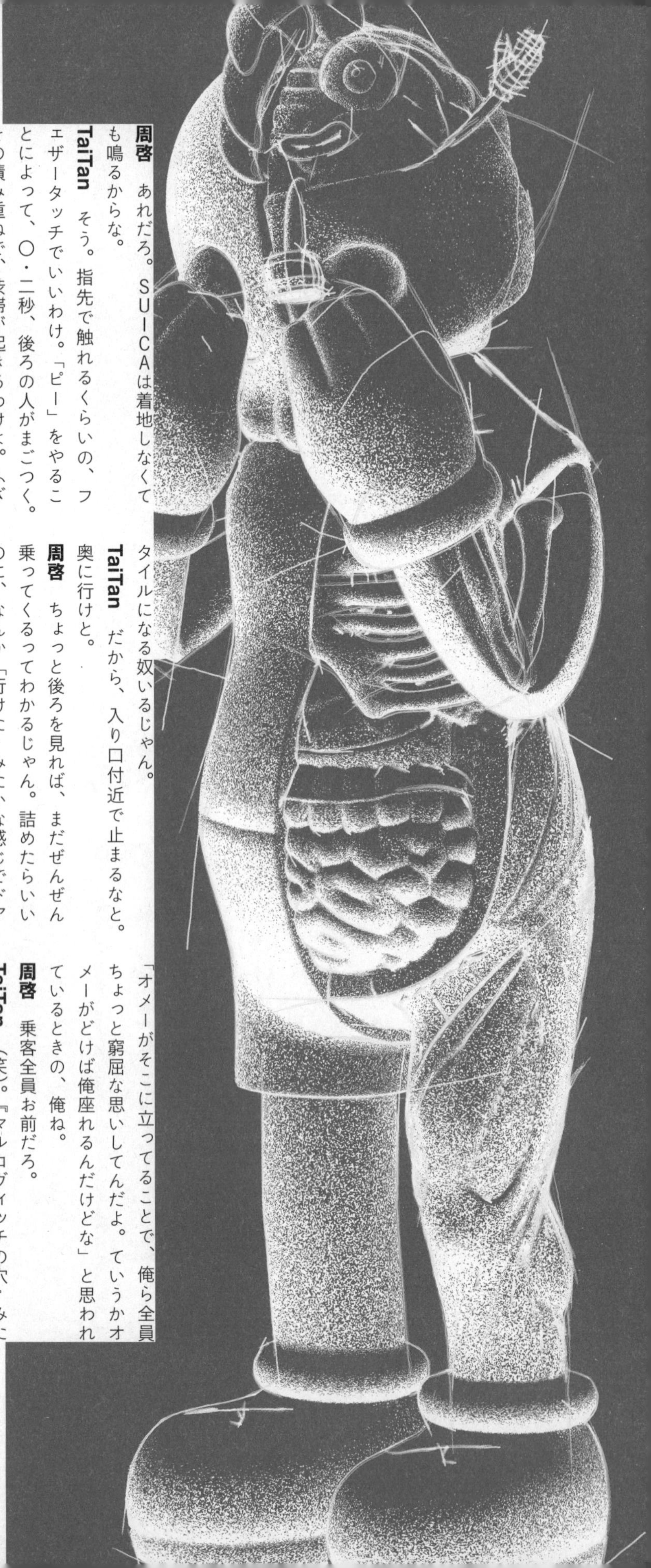

周啓　あれだろ。SUICAは着地しなくても鳴るからな。

TaiTan　そう。指先で触れるくらいの、フェザータッチでいいわけ。「ピー」をやることによって、〇・二秒、後ろの人がまごつく。その積み重ねで、渋滞が起きるわけよ。ふざけんなと思ってるね。

周啓　言い過ぎだろ（笑）。俺は電車系で言ったら、駆け込み乗車をするわりに、乗ったら減速する人いるじゃん。あれはなくなってほしいね。

TaiTan　他にある？　なんか。

周啓　キレあるだろこれは！（笑）同じだろ、お前の言ってることと。満員電車で、自分が乗れたら「もう俺は乗れたから」っていうスタイルになる奴いるじゃん。

TaiTan　だから、入り口付近で止まるなと。奥に行けと。

周啓　ちょっと後ろを見れば、まだぜんぜん乗ってくるってわかるじゃん。詰めたらいいのに、なんか「行けた」みたいな感じでドア付近に立ってる人には、イラっとするかもね。

TaiTan　電車でいうと、俺はあれがなくなってほしいんだよね。多くの人が思ってると思うんだけど、座る気がなくて立っていて、前の席の人が降りていったときの、周りからの「お前、座れや」っていう視線。俺がそのまま席に座れば、「立っているエリア」が広くなる。だけど俺は座らないんだよ。なぜなら座りたくないから。でも周りの人からは、「オメーがそこに立ってることで、俺ら全員ちょっと窮屈な思いしてんだよ。ていうかオメーがどけば俺座れるんだけどな」と思われているときの、俺ね。

周啓　乗客全員お前だろ。

TaiTan　（笑）。『マルコヴィッチの穴』みたいな。全員モヒカンで。

周啓　じゃないと、お前の脚本通りに全員キレるのもおかしいわけで。

TaiTan　俺の被害妄想？

周啓　でも思われてると思うよ。俺なら避けるけどね、「じゃあ誰か座って」って。

TaiTan　避けることもできないときってあるじゃん。ほどよい満員電車というか。

周啓　そうね。お前、迷惑な奴だな。おとなしく座れよ（笑）。

TaiTan 座らないんだよ。座りたくないんだ俺は。俺の自由は俺だけしか守れないんだよ！

周啓 なんでお前はそう、顔を赤黒くして激高しているんだ（笑）。「ピッ」とかに対しては言っていくくせに自分は座らないんだよ。

TaiTan たしかに相当迷惑だよな。でもどうにかなってほしいんだよな。

周啓 そういうのしないと、お前みたいな奴のせいでまた新しくルールができる可能性があるぞ。ガラス張りの掲示スペースに、「満員電車で席が空いたときは、一番近くの奴が座ること」って。

TaiTan そうかもしんないよな。公共空間はすごいや。

周啓 公共空間は、それぞれの細かな毛づくろいで成り立つべきだよ。

玉置のバックハグ論／『ぞうのマメパオ』の話は次回に持ち越し

TaiTan これ、実は『マメパオ』の話を次回に持ち越してもいいくらい録ってるんじゃないか。

周啓 ここまで来ちゃったらね。

TaiTan ちゃんと喋りたいから、『マメパオ』の話は次回に持ち越そう。「マナー論」はでも、本当にいいよな。

周啓 「守れよ」とかじゃなくてさ、なんかみんなにいいことがあったらいいよね。つまり、今日僕は君が会議をしてる間にコンビニにコピーしに行ったんだけどさ、昼時だからめっちゃコピー機に人が並んでたわけよ。

TaiTan そうなの？ 昼時ってコピー機に人が並ぶの？

周啓 実はそうなんだよ。食事時だから、会社員とか大学生とかが集まってて。で、俺の目の前がおじいさんだったの。おじいさんって、コピーが早い人あんまりいないでしょ。ご多分に漏れず、その人もじっくりコピー機の使い方を見ながらゆっくりゆっくりやっていくわけよ。「めちゃくちゃ遅えな！」と思ったんだけど、それに対してキレるのはおか

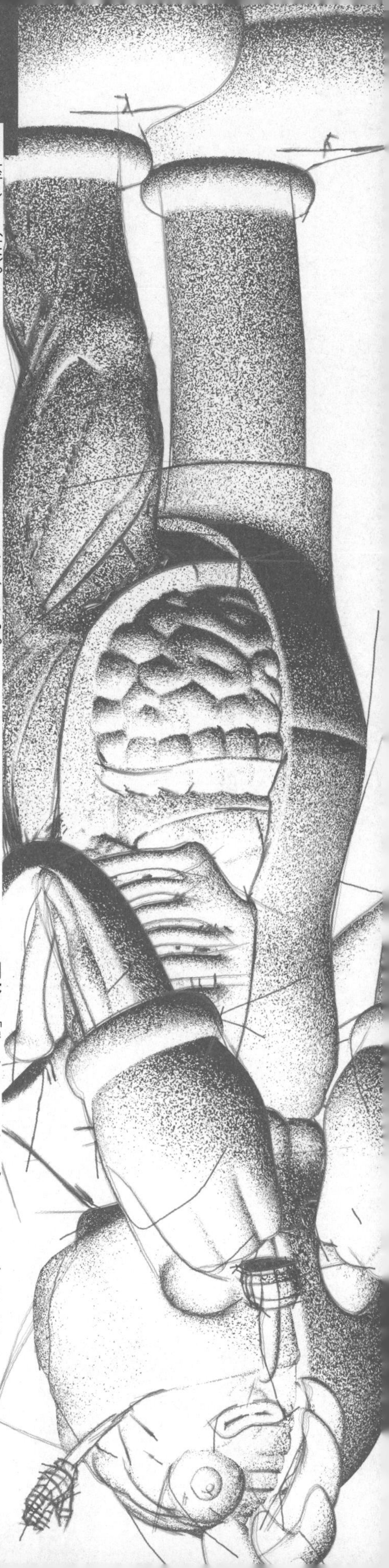

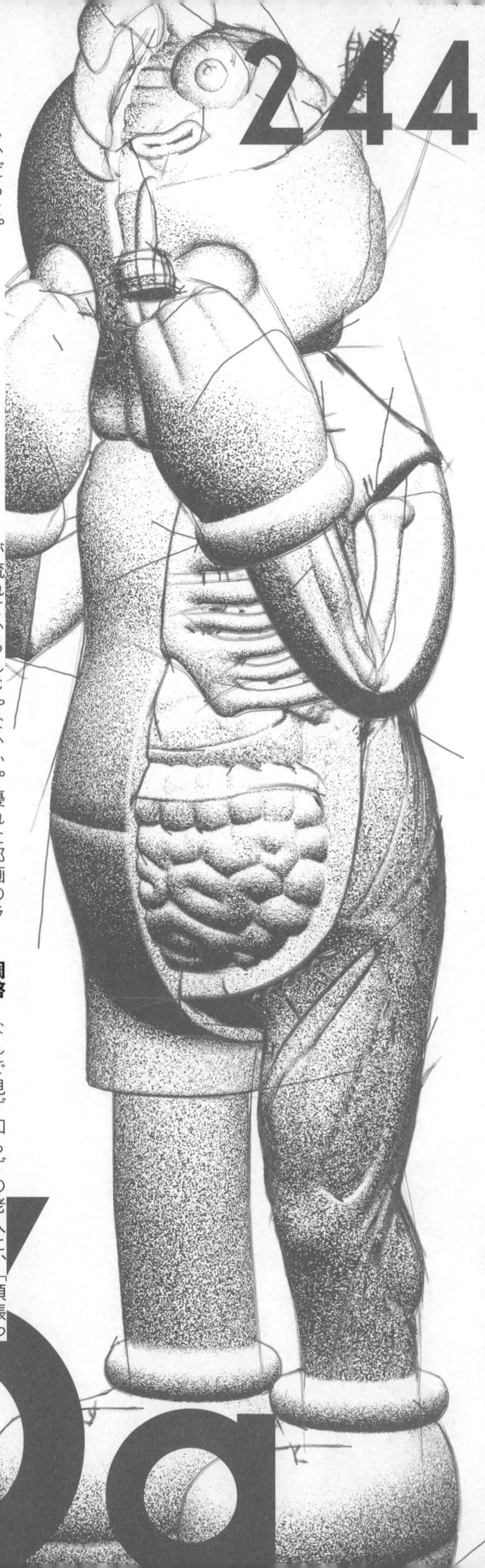

しいだろと。

TaiTan そりゃそうだよな。模範となるべきなんだから、お前は。

周啓 一応酸いも甘いも知ってきた人間としてここでキレるのはおかしいんだけど、かといってここにまったく疑問を感じないのもおかしい、というモヤモヤを胸に抱えながら並んでたんだけどね。そのおじいさんがコピーを終えて、俺がその後にコピーに入るだろ。そしたらそのおじいさんが、自分がコピーしたその紙を店員さんに見せながら、「一人でできた」って言ったのよ。その瞬間に、僕のさっきまでのモヤモヤが完全に解消されたんだよね。

TaiTan 今、みんなの頭の中に「威風堂々」が流れているんじゃないか。優れた邦画のラストシーンを見ているようだったよ、今の話は。

周啓 そうだよね。もうおじいさんも、誇らしげな顔でホクホクしてるし……。

TaiTan ハグした？　バックハグ。顎クイ（笑）。

周啓 「ちゃんとできたね」でバックハグするわけねえだろ、知らないおじいさんに。俺はなんなんだよ。

TaiTan 顎クイはしたでしょ？（笑）「こっち見なよ」って。

周啓 親指と人差し指で（笑）。ふざけんなよ。

TaiTan 接吻するときの二・五次元俳優みたいなことはしなかったの？　しろよ。

周啓 なんで見ず知らずの老人に、「頑張ったね」で接吻すんだよ。なんでおじいさんは、まばたきをしないんだよ（笑）。

TaiTan （笑）。まっすぐこちらを見て、「ん？」つって。

周啓 「あたし、できた」じゃないんだよ。

TaiTan 「セブンイレブンでおじいさんにバックハグした話」ね。

周啓 ヤバいだろ、自分が何か小さいことを達成したときにバックハグしてくる奴は（笑）。

TaiTan いいね。お前、慈悲の心に満ち満ちているんだったんだな。

周啓 お前が想像力に満ち満ちてるんだよ。

TaiTan だっておじいちゃんは、その喜びを店員さんには伝えてるわけだから。

周啓　その状況がすごいだろ、まず。君は刺激中毒すぎて気づいてないかもだけど、ありえない行動だぞ。店員さんも「すごいよ、おじいちゃん。みんな本当はやればできるのに、『一人ではできない』って言ってすぐ呼び出すんだから。一人でやれたのはすごいね」って返事をするんだから。

TaiTan　三河屋じゃん、もう。令和では見ない風景なんだよ。

周啓　で、その老人には俺がずっとバックハグしてる。

TaiTan　「絵」だな、なんか（笑）。

周啓　（笑）。そうだな。「老人を食らうサトゥルヌス」ね。

TaiTan　それファンアートとかで見てみたいですね。

周啓　誰ファンなんだよ、それは（笑）。でもマナーの話って、イライラと結びつくから話題になるんだろ。こういう話があると、そういうのが解消されていいですよ。

TaiTan　たしかに。ほっこりエピソードを喋っていこう、これからは。「思わずバックハグしたくなっちゃった」、これは企画になるわ。

周啓　またゲスい言い方するな。

TaiTan　でもバックハグしたくなる瞬間、あるよね。それでいうと、次回取り上げる『マメパオ』なんて全ページバックハグしたくなる。

周啓　したくなるね。というか、した。だから拓太郎さんがやってるのはすごい行動だと思いますよ。ああいう感覚を増やしていくことね。それはこの間のB&Bのイベントで上出遼平さんと話した、「音声で聞くと、犯罪まがいのことをしている見知らぬ人たちにさえ謎に好意が湧いてくる」という、その「好意」に近いというか。それこそマナーみたいな形で、人に「もっとこう考えた方が社会が良くなるよ」とか言うよりも、そもそも行為が湧いてくる何かをこの世に作り出していく方が有意義なんじゃないか……という観点でいうと、上出さんの「好意」に思ったことと『マメパオ』から感じたものは近い。「うわ、この感情を呼び起こしてくれてありがとう！」

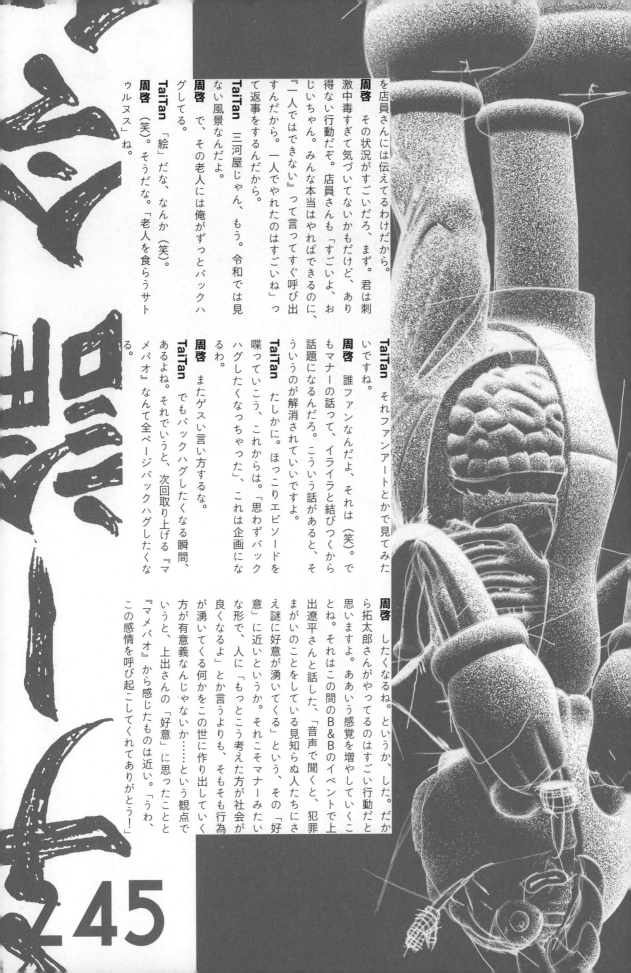

246

だよね。その象徴がバックハグですよ。

TaiTan　いいな。これも定期的にやっていきましょう。投稿文は「バックハグ見つけました」から始めて投稿してください。

周啓　深夜ラジオ化してるな（笑）。でもいいじゃんね、そういうの。

TaiTan　俺は飲食店の前に立ってる看板のメニューを見ながら悩んでいる人に、毎回バックハグしたい。気持ち悪いだろ？

周啓　気持ち悪いな（笑）。「何にする？」って聞きながらバックハグしてんだろ。「こっち見て。ねえこっち見て」って言いながら。

TaiTan　キモいよなあ。でも愛おしくてたまらなくなるね。

周啓　その感じはわかるよ。だから、「ピッ」てできた人にもバックハグすればいいじゃん。改札の向こうで。

TaiTan　あの、ゴールテープを切ったランナーを抱きかかえる奴いるじゃん。ゴールテープの奥にいる奴。あれになるわ、マナー講師じゃなくて。

周啓　（笑）。受け止めてあげる人だ。改札の向こうでゴールテープ持って待ってたらいいじゃん。

TaiTan　世の中がもう少し平和になるかな。「お前邪魔だから死ねよ」とか言われたらお前のせいだからな。

周啓　それは、駅にお前しかいなかった場合だな。俺も車内でゴールテープを持って待ってようかな。「ここまで！　ゴールテープの五〇メートル先を目指して入ってきて！」っていいながら。そしたらドア付近に人が溜まることもなくなるんじゃないかな。

TaiTan　いいな、そういう世界になれば。そんなもんですかな。『マメパオ』は次回やります。次回というか、来週は『マメパオ』の話もしたいんだけど、『ハケンアニメ！』という映画があって。クソ面白かったぞ。

周啓　良かったよね。

TaiTan　号泣したって言ってたもんね。あと「ボケと希望」という、マキタスポーツさんと千葉雅也さんの対談の話と、脊髄反射王の話もやりますから。すみません、今日はマナー講師の炎上についての話でした。

周啓　そうね（笑）。

まちゃまちゃとにしおかすみこ／家族の笑い

TaiTan えー、TaiTanです。
周啓 玉置周啓です。
TaiTan えー、『奇奇怪怪明解事典』でございますけれども。『マメパオ』ね。
周啓 まちゃまちゃね。
TaiTan オレンジ緑がよ、お前。
周啓 それ以外に情報がないんだな（笑）。
TaiTan 視覚情報としては、オレンジ緑だよね。まちゃまちゃが活躍したのはどれくらいの年代ですか。
周啓 二〇〇四、五年くらいか。
TaiTan 我々が小学校高学年くらいですか。オレンジレンジが最初のアルバムを出した頃。まちゃまちゃがどういう芸風だったか、言える？

メパオと
さの正体

周啓 キレ芸に近い。大声をあげていた記憶があるけどね。
TaiTan ああいうキャラって今いなくない？「何々の奴！ はい注目！」みたいな。
周啓 すごっ。よく覚えてるな。竹刀だ。
TaiTan それは、やっくんな。全部一緒だなそのあたりの人は（笑）。にしおかすみことかも、「何々したのは、どこのどいつだい？」
周啓 「アタシだよっ」（笑）。でもよく考えたら、ピンの人がめちゃくちゃいたということになるのかね。だいたひかるもそうだしね。
TaiTan なるほど。しかも「あるあるネタ×キャラ芸人」みたいな人がすごくいたんだな。今そういう枠って、誰がいるの？ 今のあるあるネタの筆頭株って。ジャルジャルの「何々な奴」は、ファンタジーじゃん。もう二周目に入ってる感じ。
周啓 もはやあるあるが面白いってことがもうないんじゃない？ あるあるネタがあまり

にも普通になっちゃって。

TaiTan　まあ今日はあるあるネタ文化の終焉の話はしませんよと。『ぞうのマメパオ』（ナナロク社）なんだよね、とうとう。一ヶ月前くらいに出て、「いつかやります」と言ったまま今日になってしまいましたが。

周啓　かわいいよね。

TaiTan　豆等《まめら》ー諸氏の皆々様は読んでいるだろうという前提にで話しますけれども、稀代の大作家、藤岡拓太郎さんの新刊。

周啓　あのギャグ漫画の感じから絵本に行く衝撃もさることながら、実際に読んでみたらちゃんと絵本という。それもすごいよね。

TaiTan　しかも藤岡さんが、何かのインタビューで「かわいすぎて笑ってしまうもの」を書きたかったと言っていて、その看板に偽りなしなのがすごい。笑っちゃうんだもん、

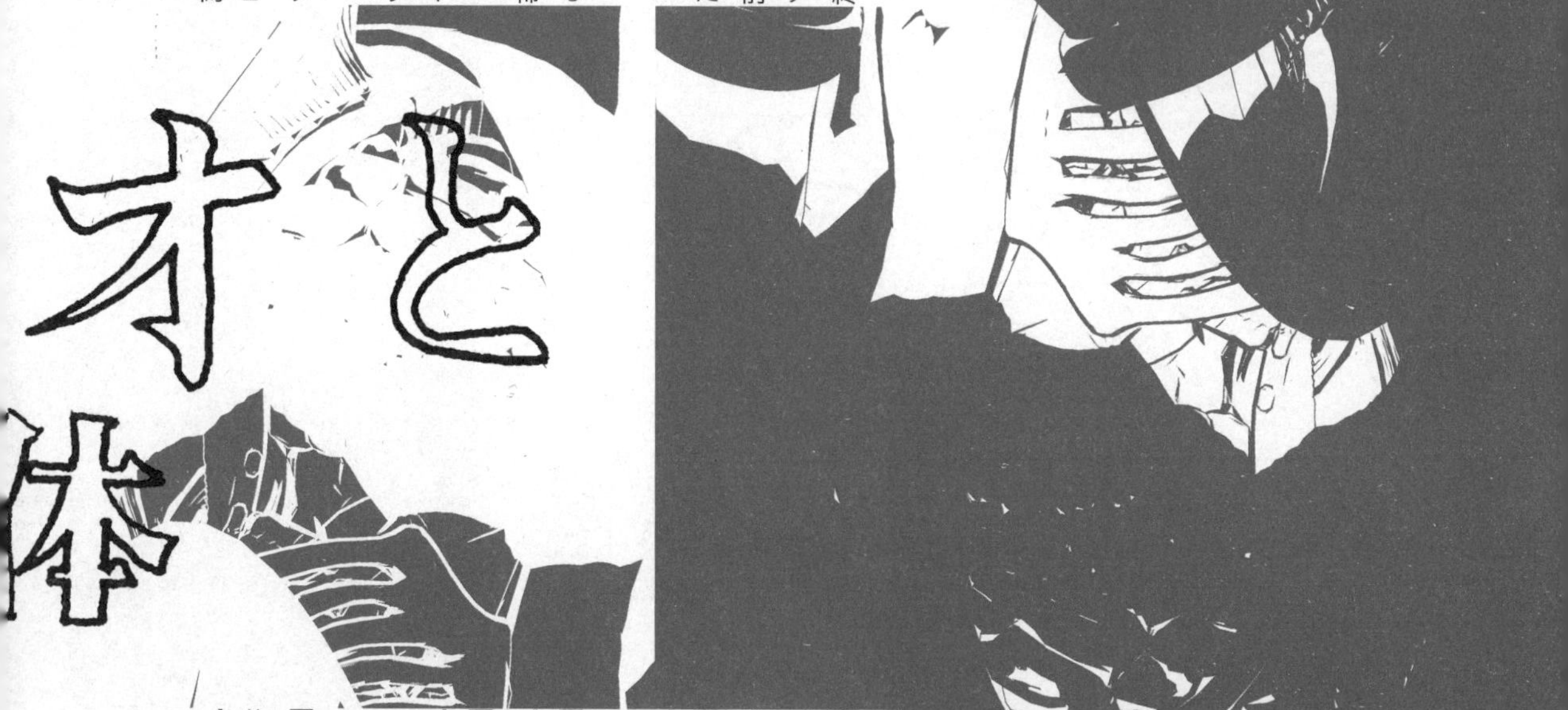

可愛すぎて。

周啓　ほんとそうだわ。

TaiTan　バックハグしたくなっちゃうんだよね。

周啓　俺はもう、した。

TaiTan　Amazonから届いたときに、段ボールをバックハグしてたもんな。

周啓　なんなら配達員ごとした。

TaiTan　配送トラックごとしてたよね。

周啓　（笑）。

TaiTan　高速道路ごと……（笑）。愛おしさの範囲が拡張しすぎて、流通システムをハグしてるのはヤバいね。

周啓　そうだね。高速道路を抱きしめたのは俺が最初で最後だろうけども。

TaiTan　高速道路に寝そべっている男性がいると通報があって、事情聴取したら「違う

143.

んだ」と。「僕は高速道路をバックハグしていたにすぎない」などと供述ね。

周啓　「高速道路も喜んでいた」と（笑）。それほどに愛してしまうくらいの作品だったわけですよ。

TaiTan　思わず高速道路を抱きしめたくなるような作品、それでいいのね？　Amazonレビューに書いとけよ。

周啓　使えねえだろ、こんなの（笑）。一から説明しなきゃいけないんだから。ガチな話、面白いものって何回も見れないじゃん。「ありゃりゃとぅーりゃー」とかは別だけど、ネタ動画とか何回も見られないじゃん。

TaiTan　わかるよ。

周啓　最初はあんなに面白かったのに、二回目三回目と落ちていく、みたいなその感じが『マメパオ』にはないよね。それは、「かわいいから笑ってしまう」というところに原動力があるからだと思うんだよな。

前に『カナルタ』という映画を見て、「家族の笑い」を感じたという話をしたけど、そのなかで、アマゾンの奥地で生きているシュアール族という人たちの酋長の男を、他のおっちゃんたちがいじるシーンがあって。「お前は、父親の魂を食っちまったんだ！」みたいなことを言って、一族が大爆笑するのよね。その内容自体はギャグセンとして先鋭的とは思えないし全然ツボではないんだけど、ずっとそれで笑ってるんだよ。俺はそれを見て、

ぐうのマメパ
愛おしさの正

小さい頃の正月に、いとことか叔母さんとか近所のおっさんが集まって飯食ってる時の笑いを思い出してね。なんていうの、ギャグセンが高いから笑ってるというより、そこの現象をみんなが抱きしめられるから笑ってるみたいな、その感じ。それを俺は「家族の笑い」というふうに考えたんだけど、『マメパオ』ではそれをダイレクトに感じたんですよね。主人公の女の子にものすごい愛着が湧くから、味方になれちゃう。その「味方になれちゃう」ということを物理的に表現するアウトプットが「笑う」という行為になるという感じがして。君は、そういう感覚ある？　極悪人だけど（笑）。

TaiTan　（笑）。だから、周啓君はこの女の子に、ほとんどマイファミリーの成長を見るかのような感覚を覚えたということですな。箸が転がるだけで面白い季節というのはありますけれども、何やったって笑ってしまうというような。

周啓　でもそれは、書き手の能力だと思うんだよな。「何やったって」とはいっても、もちろんなんでもいいわけじゃないからさ。それだけの愛着を湧かせる行動を絵一本で見せられるのがすごいなと思ったんだよね。

TaiTan　こないだ大前さんと話していて『マメパオ』の話になってさ。『マメパオ』は藤本タツキ先生の『ルックバック』に似ている、という。それは何かというと、読者が読むリ

ズムのコントロールがすごい。読むという行為そのものが気持ちいい。書かれた情報の面白さが快楽に直結するというよりか、読むことそのものが面白いというところまで達している、みたいな話でさ。そういうところにも、愛おしくてたまらなくなってしまう感覚は関係しているんじゃないかと思うよね。読み進めていくうちに没入してしまって、他人事とは思えなくなっていくわけだよね。

周啓　そうね。最近上出遼平さんと話しててもそれは思った。上出さんのポッドキャストには、聞いている人にそこで喋っている人への好意を持たせる効果がある、ということとも似てるなと。そこで起きている笑いって、いわゆる松本人志的な「ヤベえ、新しい笑い出てきちゃったよ」みたいなものじゃなくて、「なにこの人、めっちゃ面白い人じゃん」みたいな、そういう抱擁したくなるような……「家族の笑い」という言葉しか俺は思いつかないんだけど。

例えば僕と君の会話は、「家族の笑い」じゃないわけよ。いろんな、自分が好きなテレビとか、見てきたお笑いとかが混ぜこぜになった笑いなんだけど。お前大変だぞ、最近。

TaiTan　何がだよ。

周啓　久々に会った島の友達とかに、「なんだお前、死ねよコラ！」とかって……。

TaiTan　そんなこと言われてるのお前？

周啓　俺が言っちゃってんだよ、お前のせいで。

TaiTan　それは俺のせいじゃなくて、お前の人格の薄暗い部分が露呈しただけであって。

周啓　君が引き出したんだろうが（笑）。いや責任転嫁をするつもりはないけれどもね、そういうことが起きてるわけよ。

TaiTan　びっくりするだろうね、島民の皆々様は。久しぶりに帰ってきたかと思ったら、「死ねよ」はねえだろうと。

周啓　そうだろ。そういうことがあって、それと同じタイミングで『カナルタ』とか上出さんとかとの出会いがあって、もちろん『マメパオ』もその一つなんだけど、「あ、意外と普段は『家族の笑い』的な感じで俺はいいのかも」と思ったり。そういうのと繋がったんだよね。細かくは聞かないけど、はるぞうと会話する時には君にもそういうところがあるんじゃないか、とか。

TaiTan　そりゃあるだろうね。

周啓　そういうのを大切にしようと思わせてくれる作品だなと思ったんですよ。

TaiTan　素晴らしいね。一家に一冊『マメパオ』があれば、何か不和があったときに「まあ一緒に『マメパオ』でも読みましょうや」と。

周啓　そうだね。テレビ、『マメパオ』、洗濯機ですよ。

TaiTan　現代の三種の神器は。これを読めば、

113b

嫌なことをいうとかそういうことをしたくなくなる、そういう本です。

周啓　そうですね。君には効果がまったくなかったけど。だって今日君は、俺に高速道路を抱きしめさせてたんだから（笑）。

TaiTan　（笑）。そんなことありえないのを承知で、「お前な、お前な」とか言ってるわけだから。まあそんなもんで、『マメパオ』は読まざるをえないんじゃないですか。

周啓　母親も好きなんだよな、藤岡拓太郎さん。『たぷの里』（ナナロク社）が好きで、朗読してると言ってたから。

TaiTan　家で？　怖っ。

周啓　怖くはないんだよ。だからこれを贈ってあげようと思って。

TaiTan　そうだね。で、母さんも高速道路をバックハグして。

周啓　親子で。もう、虫じゃん。

TaiTan　上りと下りで（笑）。

脊髄反射王／「レットイットビー」の面白さ

TaiTan　『マメパオ』の話はここらへんで終わるとして、脊髄反射王の話をしようと思ってるんですわな。前回、「ありやりやとぅーりゃー」というディフェンディングチャンピオンに勝てる動画はあるのかという話で、募集をかけたんですね。そしたら第一回を超える応募数。すごいんだから。クソ動画がわらわらと送られてくるんだよ。地獄だぞ。

周啓　お前が集めたんだろうが。

TaiTan　全部見ました、私。今回も三つ、「ありやりやとぅーりゃー」に挑む決勝の動画を三つ選びました。まずは、これはいろんな人から送られてきたので大ネタだと思うん

252

443b

ですが、「事故るキャンピングカー」。二個目は、「杉内」ね。「ちょっと心配ですが、ブルペンには杉内がいます」というね。

周啓　それか（笑）。ちょっとタイプが違う笑い。

TaiTan　最後は、なんと小御門君推薦の「空飛ぶ妖精」という動画。これもすごく良かったですね。

周啓　あれは？「志村けんさんの声で啼くヤギ」。

TaiTan　周啓君はそれでめっちゃ笑ってたね。Sueさんの。まあその三つを選出したんですが、結果から言うと……「ありゃりゃりゃとぅーりゃー」かな、今回も。

周啓　そうだよね。強すぎた。

TaiTan　すごくいいんですよ、どの切り口も。でもすごくびっくりしたのがさ、Twitterのリアクションで、「タイタンが求めているものが頭ではわかっているのに、なぜか上手いものを出せなくて悔しい」と言っている人がいてね。そこまで本気になる企画じゃないんだよ、これは。

周啓　（笑）。君は愛されてるね。

TaiTan　皆さん渾身のネタだったと思うんですけれども、「ありゃりゃりゃとぅーりゃー」を倒すに至るものはなかったかな。

周啓　そうね。すべてが揃っちゃってるんだよな。オールA。

TaiTan　『奇奇怪怪明解事典』リスナー諸氏の知恵を結集して、二百くらい動画が集まってるわけですが、それでも倒せないというのは、いつか倒せる日が来るのかという感じですが。一番エントリー数が多かったのは、「謎の遊具」という動画ね。わかるんだけど、笑えるまでいかないんだよな。

周啓　「謎の遊具」は、チャリで田んぼに突っ込んじゃう動画とかと同じで無言だから面白いというところがあると思うんだけど、でも無言だと爆笑というより「フッフッフッフ……」みたいな笑い方になっちゃうというかね。声がめっちゃ出てた方が面白いんじゃないかと思ってね。そういう意味で、「レットイットビー」を推したんだけどね。

TaiTan　そうそう、その話だ。あの「レットイットビー」だけは唯一対抗できうるなという気がしたね。……なんか、なれ合いみたいでキモいな。お互いが出したものをずっと褒めてるみたいな（笑）。

周啓　まあ、お互いが作ったものではないからね（笑）。

TaiTan　でも「レットイットビー」はちょっと近い。「来るぞ来るぞ」で来て、いざ来てもずっと笑えるっていうか。

周啓　本人が真剣なのがいいんだよな。見下

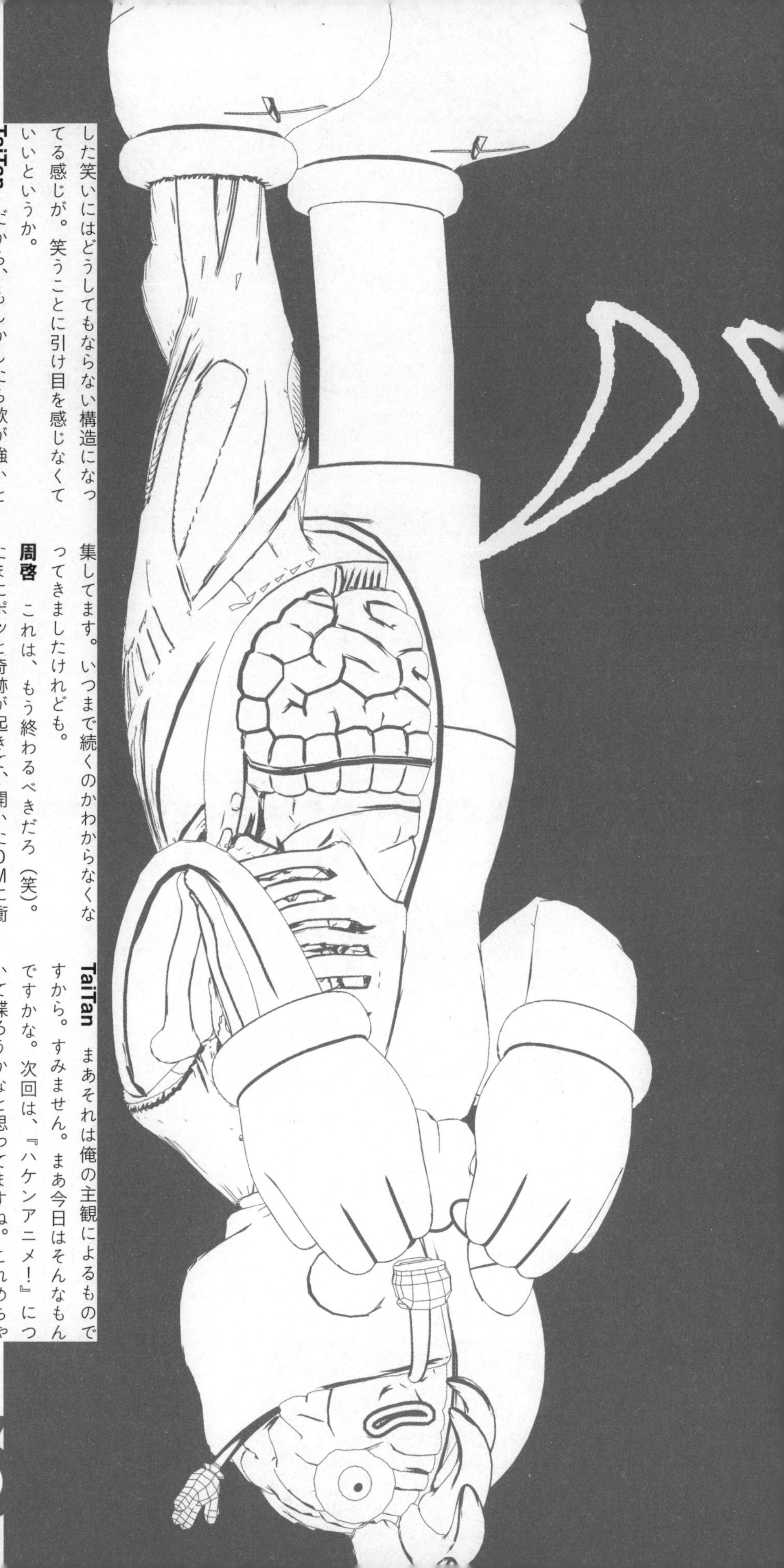

した笑いにはどうしてもならない構造になってる感じが。笑うことに引け目を感じなくていいというか。

TaiTan　だから、もしかしたら歌が強いという説はあるのかもしれない。「来るぞ！」で来て、メロディラインとかはきれいなんだけど、違和感だけは消せない、みたいな。まあそんな感じで、脊髄反射王ボリュームⅡは幕切れですかな。ボリュームⅢも引き続き募集してます。いつまで続くのかわからなくなってきましたけれども。

周啓　これは、もう終わるべきだろ（笑）。たまにポッと奇跡が起きて、開いたDMに衝撃のリンクが、という方が面白そう。

TaiTan　そうだね。おそらく皆々様のモチベーションは、もう保たれないだろ。こんだけ探してきやってるのに……（笑）。

周啓　どの立場からなんだよと。

TaiTan　まあそれは俺の主観によるものですから。すみません。まあ今日はそんなもんですかな。次回は、『ハケンアニメ！』について喋ろうかなと思ってますね。これめちゃくちゃ面白いのに、周りで見てる人がそんなにいなかったりもするので、話せればと思った次第です。ということで、ありがとうございました。

周啓　ありがとうございました。

波田陽区の最高月収／FUJI ROCKで「そんなの関係ねえ」

TaiTan えー、TaiTanです。

周啓 玉置周啓です。

TaiTan 『奇奇怪怪明解事典』でございますけれども。『ハケンアニメ！』ね。

周啓 波田陽区ね。

TaiTan 最高月収がよ、お前。

周啓 なんなんだよ（笑）。

TaiTan よくある「かつて一世を風靡した芸人の最高月収発表！」みたいな番組で見たんだけど、二千何百万とか言っててさ。それ系で一番びっくりした。

周啓 全然残念じゃない。

TaiTan スタジオのパネラーの方も同じこと言ってたから。君はいけるよ、コメンテーター。

周啓 行けねえんだよ行かねえんだよ行きたくねえんだよ！

TaiTan 逆『ROOKIES』だということで。

ハケンアニメ！
GA SAIKOUDATTA

周啓 （笑）。「甲子園行きたくねえんだよ！」」。

TaiTan 「お前だけが行きたくねえんじゃねえんだよ！」って（笑）。負け方を研究している、そういうドラマがあってもいいのにね。

周啓 それ面白そう。『謝罪の王様』とかそういう系の。

TaiTan でもギターを弾いた人間史上、もっとも月収が高いんじゃないか。

周啓 そう考えると、シンガーソングライターで一番稼いだ可能性があるね。

TaiTan 往年のボブ・ディランとかそういう話になってこない？

周啓 なるわけねえだろ。なんで『エンタの神様』で、「往年のボブ・ディラン、波田陽区〜！」で出てくるんだよ。

TaiTan ボブ・ディランはノーベル文学賞を獲ってるからね。そこまではいかないだろうと。でもああいうのって、どうやって思いつくんだろうね。「言うじゃな〜い？」って。歌ネタってじつはすごくない？ 歌ネタを面白がってる同級生がいたら、嘲笑の対象だったじゃん。

周啓　まあそいつは、学校に来れなくなってたな。

TaiTan　（笑）。そうだよね。歌ネタでケラケラしてるような奴は、なかなかリスペクトされなかったんだけれども。ところがどっこい今考えると、歌ネタを思いつくって相当すごくない？　と思うよね。

周啓　一生そのシグネイチャーが残るもんね。今だに思い出せてるのもすごいし。

TaiTan　波田陽区といえば「て、言うじゃな〜い？」と。

周啓　はなわとかも、ネタは覚えてないけど、メロディだけは覚えてるもんね。

TaiTan　俺、波田陽区が初めて「エンタの神様」に出たときに、姉貴と一緒に見ててさ。その時小学生だったから、姉貴と俺の関係は冷え切ってたんだけど、くまのプーさんのネタの「ノーパンですから！　残念!!」で姉貴が爆笑して、それに俺がウケて、二人で爆笑したんだよね。

周啓　めちゃくちゃいい。そういうこともこの前の回で言いたかったな。笑いにつられてこっちも笑っちゃうって、すごく家族的でいいよ。家族の繋がりを取り戻した形で言ったら、小島よしおが『おもしろ荘』に出て、「そんなの関係ねぇ」をやったときね。あれもリズムだから、半分は歌ものじゃないですか。あの時はびっくりして、畳がひっくり返りましたよね。

TaiTan　かつて王貞治は、畳の上で素振りをやることで畳が剥がれたという伝説があるけれども、君は小島よしおのあの運動で、畳を破壊したと。それ今度、フジロックでやってよ。

周啓　ふざけんなよお前。俺は芸人として呼ばれるわけじゃないんだよ。

TaiTan　アトミックカフェの、箸休めで行くわけじゃないのね？

周啓　本当に死ぬじゃん、そんなことしたら。今後の日本社会について語る場に俺が半裸で行って、「そんなの関係ねぇ」とかいって土を削ってたら、いろんな意味で終わりなんだよ。

TaiTan　おしまいだよな。津田大介氏とかが喋ってるのを遮って、「そんなの関係ねぇ」って……（笑）。やめちまえ。やめろ、全体的に。

周啓　何なんだよ。暴力がよ。

TaiTan　もうやめようぜ、波田陽区とか。盛り上がりすぎるから（笑）。

周啓　そうだね。ほんとにおしまいなんだよ、こんなことでへらへらしてたら。

能力総動員型バトル映画／歴史に残らないクリエイティブ

TaiTan　まあ当時のお笑いを届けてくれていた方々には感謝なんですけれども、本題に入っていきたいなと。『ハケンアニメ！』なんだよね、お前は。

周啓　俺は『ハケンアニメ！』ではないんだけれど、いい映画だよね。

TaiTan　今から『ハケンアニメ！』がすごく良かったという話をするんだけれども、フエアネスとして最初に言っておくと、この映画については招待券を頂いて見に行ったんですが、だからこういう話ぶりになっているわけではないということだけは肝に銘じて下さい。本当に嘘偽りない感想なんですけれども、『ハケンアニメ！』は良かったですね。

周啓　良かったねえ。

TaiTan　仕事をする人間、何かプロジェクトに関わってる人間は全員見た方がいいんじゃないかと思うくらい良かったなと思うんだけど。何が良かったかというと、まず一つ、「能力総動員型バトル映画」としての、二項対立のすごくわかりやすい構造というものがありつつ、俺は二つ目の、「裏方礼賛映画」というところにすごくグッときちゃうもんがありましたね。

周啓　そうね。裏方の、とある誰かにスポットを当てたわけでもないという。

TaiTan　ほんとにそうなんだよね。後で詳しく言うけれども、「誰かの覚醒によって何かが生まれる」みたいな、そういうものではなくて、「全体としての運動」なんだと。その力学をすごい筆致で掴まえていて、リアリティがあった。最後の三つ目については時間が足りなくなるので、次回に持ち越しです。「物語の推進力を生むのが、恋愛ではない」ということ。

周啓　なるほど。

TaiTan　誰かが付き合うとか、誰かに「好き」って言ってもらいたいから頑張る、そういうものを物語の推進力としては多分意図的に排除しているのが、めちゃくちゃいい。すごく見やすいなと思った。この三つですな。最初の「能力総動員型バトル映画」というところから入っていくと、カルト的な人気を誇るアニメ監督と新人監督が、同じシーズンの同じ枠、夕方の一番人気の時間帯で視聴率を争う。で、そのシーズンにおける視聴率トップのアニメが「覇権アニメ」と呼ばれているんだけれども。すごくわかりやすいですよね。

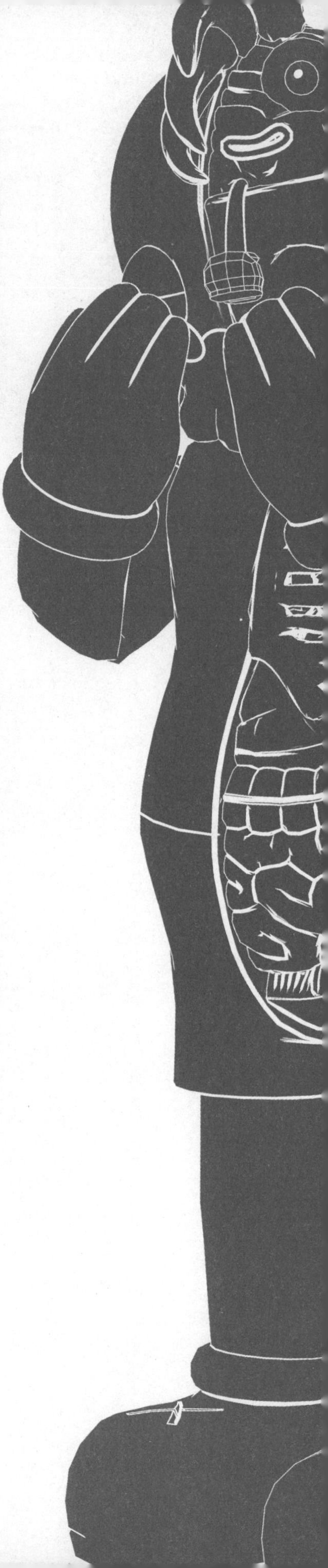

なので、ぼーっと見ているだけでも「どっちが勝つんだろうな」という意味で面白い。

周啓　たしかに。

TaiTan　さっき軽く言ったんだけど、「どっちが面白くなっていくか」ということを描いていくときに、監督が覚醒するから、物語が面白くなるとか、チームが躍動していくとか、そういう嘘はつかない。それがいいなと思ったんだよね。

周啓　なるほど。

TaiTan　具体的な技術の向上というよりは、チームのコミュニケーションが円滑になっていく、とか、そういうリアリティ路線で描いていく。周啓君も身に覚えがあるんじゃない？

周啓　けっこうあるね。俺はバンドの曲を作るというゼロイチの作業が多いから、自分が大きな責任を果たして物事が動いていくみたいな感覚があったんだけれども、「事実として『人々に届く』というのがどういうことなのか」がちゃんと描かれている、そこに感動があった。

TaiTan　そう。具体的には監督がいて、プロデューサーがいて、宣伝物まわりのグラフィックデザイナーがいて、アニメの背景画の人がいて、カラーデザイナーがいて……みたいなさ。そういう人がいっぱいいるなかで、作品というのは良くなっていくんだと。重点的に描かれるのは監督とプロデューサーのやりとりで、今周啓君が言ったように、ゼロイチをやるのは監督なんだけど、それをどうやって流通させていくのかがプロデューサーの手腕。プロデューサーっていうのは、何をやっているのか意外とわからない。だけど、そこら辺をかなり具体的に、原作があるとはいえ、多分監督の実体験とかも含めた熱量で描かれてるなと、そこがすごく良かったですね。

周啓　ドライなんだよな、プロデューサーは。

TaiTan　そう。吉岡里帆さん扮する新人監督の方のプロデューサーは数字しか見ていない。「それは数字を取れるんですか？」と。とか、僕がすごく良かったなと思ったのは、カップ麺ね。

周啓　カップ麺だよ。

TaiTan　お前、カップ麺出されたらどう思うよ。

周啓　自分の楽曲が、謎カップ麺の……。

TaiTan　「ゾッコン麺」のね。

周啓　ゾッコン麺なんか、売れないんだよ。

TaiTan　売れろよ！　マネージャーが決めてきた仕事なんだよ。文句を言うな。

周啓　だとしたら「売れてくれよ」くらいだろ。

TaiTan　MONO NO AWAREの楽曲をモチーフとして、昆布をメインとした、酸っぱい麺、「ゾッコン麺」。ないの？

周啓　もう煮だし過ぎて酸味が出ちゃってんじゃん。昆布の嫌なとこが。

TaiTan　そりゃ当然、恋愛をモチーフにした麺ですから、甘酸っぱさが必要なわけですよ。

周啓　それは昆布の酸っぱさじゃないんだよ。イチゴとかオレンジとかの酸っぱさだろ。誰が恋愛の甘酸っぱさで昆布の酸っぱさを筆頭

に出してくんだよ。

TaiTan　でも今後もし、そういうことがあった場合、君は怒ると思うんだよ。「俺の知らないところでテメー、楽曲のオーラを汚さないでくれ」と。

周啓　そうね。

TaiTan　でもそれを決めてきた、柄本佑さん扮するプロデューサーの背景がちゃんと描かれる。これはいいですよ。

周啓　あそこは確かに、リアルに一番グッと来たな。それぞれの利害が、理想のもとにきれいに一致するわけではないということがよく描かれていたよね。

TaiTan　それに対してさ、……ちなみに今日はめちゃくちゃネタバレしていくスタイルのポッドキャストなので。もし嫌な方は見てから戻ってきてくれればいいのかなと。まあそれに対して、最初はすごく猛反対していた吉岡さんが、最終的にはそれを受け入れていくというのもまた。

周啓　いいよね。俺もそのプロデューサーの意見を聞いて、その内容次第では、スウィーティーラーメンだろうがおとなしく受け入れます。

TaiTan　楽曲がこれで世の中に広まるというんだから、一回お前を信じてみよう、と。そこの関係の変化とかが、リアルだよね。かたや、もう一人のレジェンド監督の方では、とにかく現場の人々が振り回されるわけですよね。だからプロデューサーは、その人たちに対してめちゃくちゃ時間をかけてコミュニケーションをとっていく。冷徹とは真逆の、属性に寄ったコミュニケーションによって現場の士気を上げていく。そういうプロデューサーもいいじゃないですかと。

周啓　それもまた違う強さだよね。

TaiTan　何よりグッと来たのは、夜を徹して作業してくれている現場の人に、プロデューサーが飯を作ってくれるんだよね。

周啓　スタジオの、アニメーターの方たちに。

TaiTan　君もいつかあるんじゃない？　スタジオにこもって楽曲を作ってるときにプロデューサーの人がおにぎりを握ってくれるんだけど、「でも予算の関係で、中身は昆布です」と。

周啓　なんで昆布にこだわってんだよ。

TaiTan　「甘い昆布です」と。

周啓　なんで甘いんだよしかも。

TaiTan　でもそうなったら、「甘い昆布ってなんだよ」と思いつつ、嬉しいじゃない。

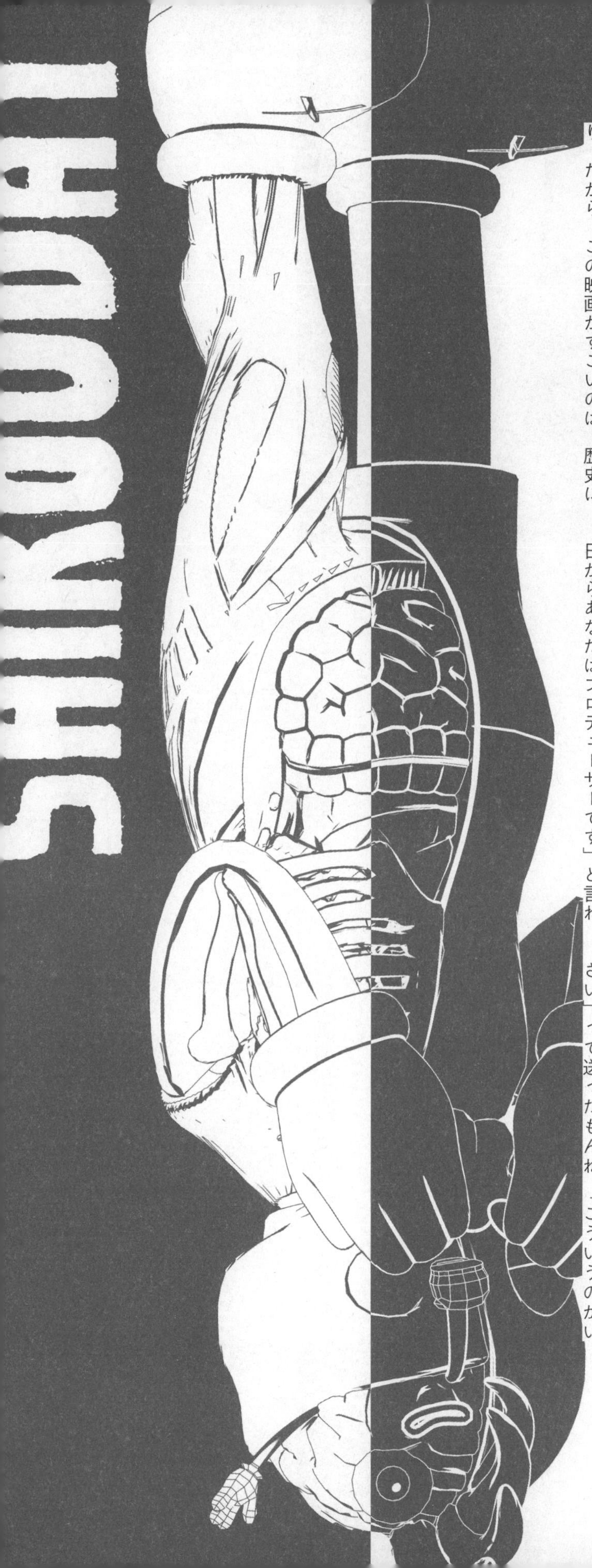

周啓　深夜の甘いものは脳にいいしね。鈍腕プロデューサーだけどね、そいつは。

TaiTan　優しいんだけど、ちょっと抜けてるなという。そこも含めてじゃない。そういう、「プロデューサーってめちゃくちゃ尊いな」というところを描いていくというね。俺もドスとか、自分のプロジェクトに関してもいろいろやってますけど、プロデューサーというのはほんとにすごいんですよ。現場がワーワー好きなことを言うのを取りまとめたり、クライアントがバーバー言うのを取りまとめたり。だから、この映画がすごいのは、歴史に残らないクリエイティブの形跡というか、派手なアウトプットの裏側に、おにぎりを作ったりカップ麺とのタイアップに承認のハンコを押す、そういう判断があるんだよ、というのを描いたことだと思う。そこに一番感動したな。

周啓　しかもそのおにぎりとかっていうのは、書面とかに残らないというか、プロデューサーの仕事としてカテゴライズされてないんだよな。

TaiTan　めちゃくちゃいいこと言うね。「今日からあなたはプロデューサーです」と言われたときに、よもや自分がおにぎりをつくる仕事を請け負ったとは思わない。でも、「おにぎりを作る仕事なんだ」と思う人もいるんだよね。

周啓　しかもそれは、誰かが求めていたからやるわけで。そういう、ただの役割分担から外れた何かで人が動いている、活力になっているという、そこがリアルだったね。

TaiTan　だから俺も、この『ハケンアニメ!』を見終わった後に、自分が関わってるチームの人々に「『ハケンアニメ!』見て下さい」って送ったもんね。「こういうのがい

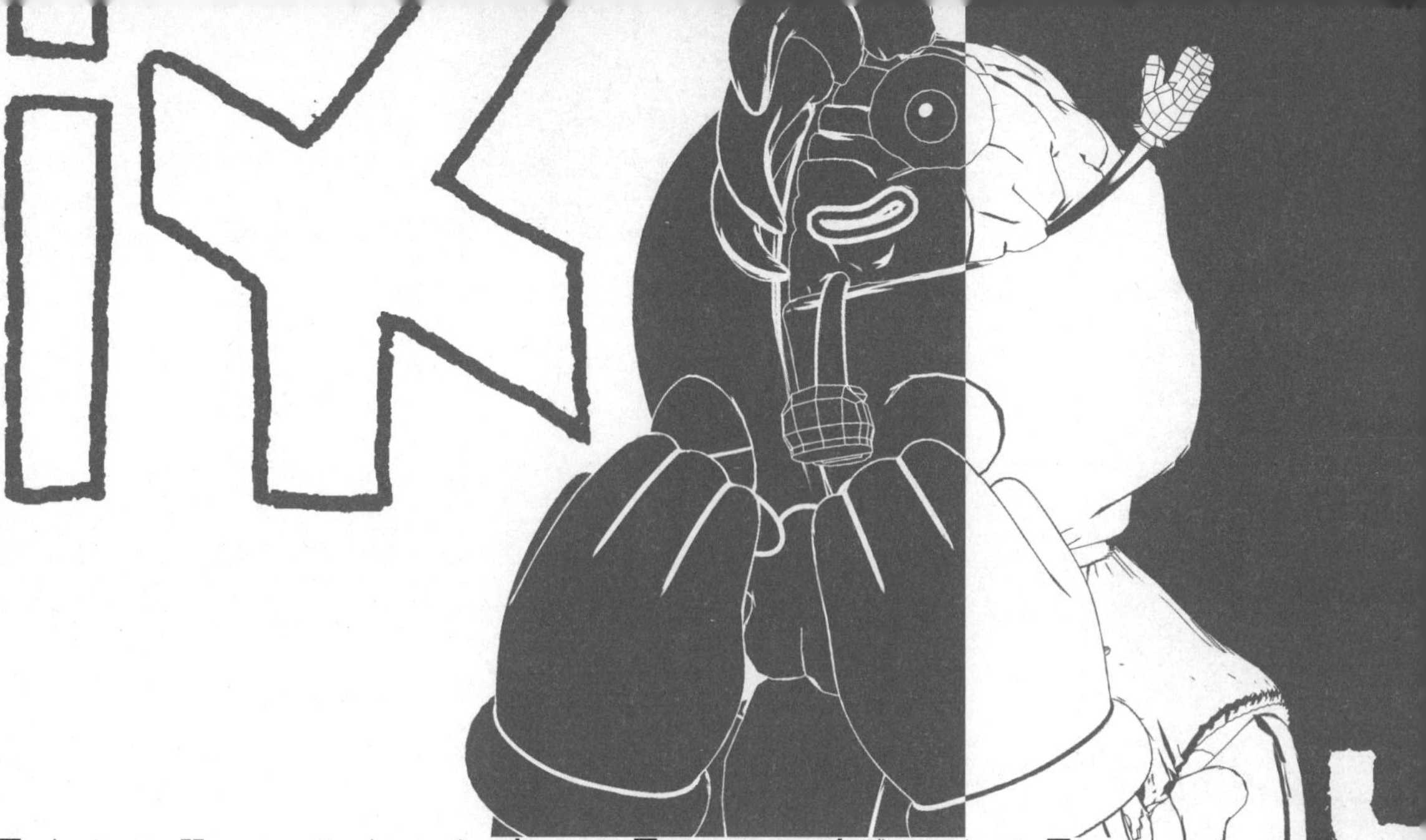

いと思います」と。

周啓　そうだよなあ。これをみんなで見た後のチームはどうなるんだろう、とか気になるよね。全員がそれぞれどう動いているか知っている状態で動くチームは強そうもんね。野球だってそうだし。

TaiTan　「あいつはサボってるんじゃないのか」とかそういう話じゃないんだと。そいつはそいつの領分で、決められた仕事じゃないところまで知恵をめぐらせてるんだと。

周啓　そういうことがあるってちゃんとわかるというか、そういうことをしっかり描いているのって、あんまりないよな。

TaiTan　歴史に残らない部分だから、描こうにも描けない。ドラムやベースにおけるゴーストノートみたいなもんなんだよ。それがあるから、ドラムは美しく聞こえるんだと。そういうものに興奮できる人は絶対見た方がいいし、『ハケンアニメ!』のポスタービジュアルもアニメーション要素が強いから「私関係ないか」って思うかもしれないんだけど、この作品に関係ない人ってあんまりいないんじゃないかなって思う。特に仕事をしている人は。

周啓　基本的にチームだもんな。

TaiTan　自分が今後関わる人には、見ておいてほしいなと思うね。

周啓　マジでそういう映画だったな。

一見優男が最寄りのヘイター／逆光のシーン

TaiTan　この映画が描くポジティブな面を今までは語ってきたんだけど、チームで動くことにおける薄暗い面にもちゃんと光をあてていてさ。

周啓　というと？

TaiTan　一言で言うと、「優しくしてくれる奴が、最寄りのヘイターだ問題」というね。要は、プロジェクトでがりがり監督をやっていく中で、「嫌な態度を取られたりするな」みたいなときにそっと後ろから近づいてきて、「今の気にする必要ないから」みたいなことを言ってくる、一見優メン、一見優男《やさお》。

周啓　一見優男だ。

TaiTan　そういう奴らというのはプロジェクトの具体的な進行に関して何の知恵も愛も持ってないというのは、本当によくあるなと思うんだよ、実体験として。もうちょっと自分の、なんか、お前のお前のお前の！　なんだよ。わかるだろ？

周啓 わかんねえよ。誰が今のでわかんだよ。

TaiTan わかれよ！ 優しくするな。

周啓 それは違うだろ、全然（笑）。いいインプットで、間違ったアウトプットを出しちゃってるんじゃん。

TaiTan いや、「お前のクリエイティブを反映させろよ」と思うんだよね。優しくしてるような、自分の評価を落とさないためのアクションをしてる暇があったら。この映画でも描かれるんだけど、往々にしてそういう奴は、プロジェクトに対して「あれ上手くいかないっすよ」とか「あいつは終わりですね」とか裏で言ってる。最寄りのヘイターなんだよ。

周啓 そうね。責任が発生してないから、そういう優しい言葉を迂闊にかけられるんだな、とかね。だて、「マジでやってるな」という人に言われる優しい言葉は沁みるもん。という意味では、その「危うい優しさ」というのはわかるね。

TaiTan 今この状況においてとりあえず優しい言葉を言うって、プロジェクトに対して第三者なんじゃん、って思うよね。「第三者だったんだからだったんじゃん」という、あの台詞はすごく象徴的だと思うね。

周啓 ねえよそんな台詞（笑）。

TaiTan ないの？ あれよ。

周啓 シネコンの邦画で「そうだったんだからだったんじゃん」なんて台詞があるわけのわからない脚本、ありえないんだよ。

TaiTan じゃあいいよ別に。

周啓 お前どういう立場なんだよ。昆布ラーメンとか……（笑）。

TaiTan （笑）。まぁそんな感じでね、推したくなる映画だったなと思いましたね。周啓君はウルウルしちゃったと言ってたよね。

周啓 ウルウルしたよ。俺はアニメファンってほどじゃないからあれだけど、アニメのシーンがクライマックスに重なってくるところとか、グッと来たな。二次元のパワーがあるなと思った。

TaiTan 一個目に話した、バトル映画としてのカタルシスもある。当然、いわゆる商業シーンでかかってる映画だから、俺みたいなピーピー君からすると「あれ、この展開ちょっと乗れないんですけど」となる瞬間もなくなはい。でもそういう演出も、最後まで見るとちゃんと意図があることがわかる。無駄な演出があんまりないのが良かったね。長澤まさみがケツをパンパン叩くみたいな……。

周啓 引き合いに出すなお前（笑）。

TaiTan そういうノイズがないのもいいなと思った。

周啓 たしかに。ポンポンといったようなことは……ややこしいか。

TaiTan そうだね（笑）。パンパンはないけど、ポンポンはあった？ じゃあお前はプンプンしてないのね？

周啓 きたねえな。

TaiTan プリプリは？

周啓 なんなんだよお前。クレヨンしんちゃんでも見てろ。

TaiTan お前は途中でウンコに行くな。

周啓 行ってねえよ（笑）。

TaiTan ないのね？ じゃあいいよ。

周啓 だし、映画の良し悪しにかかわらず行

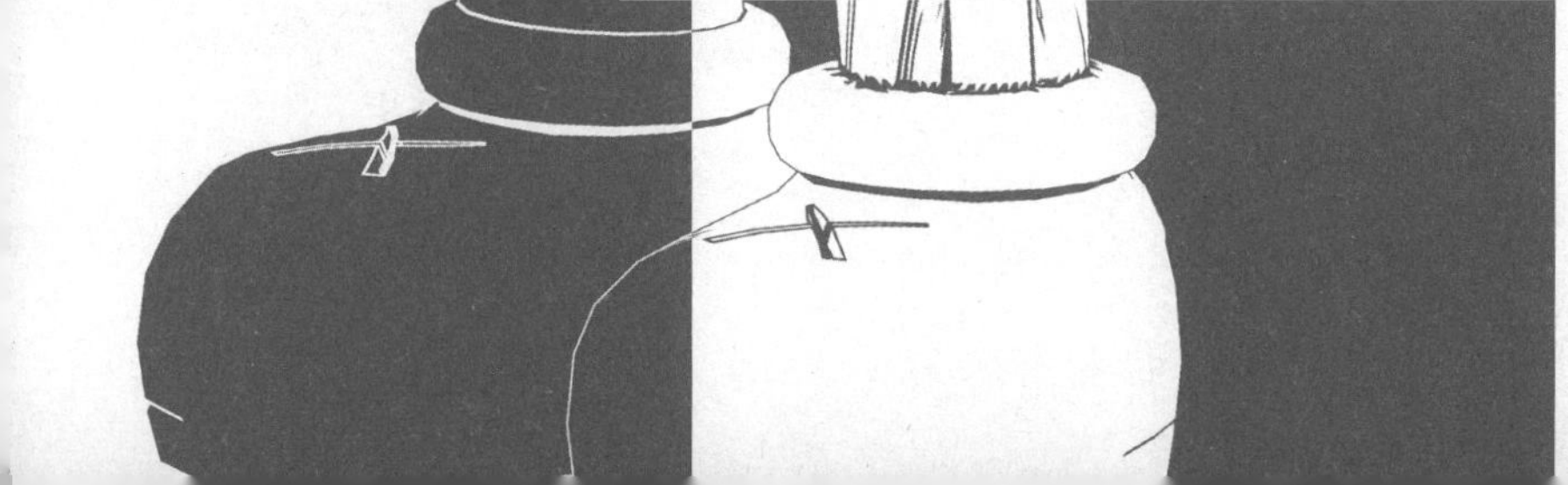

きたいときに人は行くんだよ。

TaiTan　そうか。なんなんだよこれ。でもそんな感じで、『ハケンアニメ!』、ぜひ見たらいいんじゃないかと思いますけどね。『シン・ウルトラマン』もいいよ、『トップガン』もいいよ、『犬王』もいいよ、『ストレンジャー・シングス』もいいよ。でも『ハケンアニメ!』だってめちゃくちゃ面白いですよ。今年もいろんな映画を見たけど、すごく推したい映画でしたね。

周啓　あの感じのポスターとか予告編なのに、見てみたら「こんな感じだったんかい」っていう驚きがあったね。

TaiTan　ラストシーンもすげえいいから。あそこで一番グッときたね。「そうだよな!」と。

周啓　俺も俺も。あの逆光のシーンだよね。違ったっけ？　あの佑さんが……。

TaiTan　いや、順光か逆光かは覚えてないんだが、最後の子供のシーン。つまり自分が手掛けたものは、絶対に継承されているっていうね。

周啓　あそこね。そこは、順光だ。

TaiTan　お前、照明技師なの？

周啓　（笑）。照明技師でも、映画は光の向きでは見ないだろ。

TaiTan　今日話せなかった三つ目のポイント「恋愛要素を物語の推進力にしない」ということについては、次の回にまとめて喋ろうかなと思います。ということで、ありがとうございました。

周啓　ありがとうございました。

恋愛に興味ある前提なのなんなん問題

恋愛を物語の推進力にしない／架空のモテテクニック

TaiTan　えー、TaiTanです。

周啓　玉置周啓です。

TaiTan　『奇奇怪怪明解事典』でございますけれども。恋愛ね。

周啓　レッド吉田ね。

TaiTan　違うんだけれどもね。前回に続いて、やたら二人が激賞した映画でおなじみの『ハケンアニメ！』の話をしようかなと。前回の切り口としては、「能力総動員映画が好きだ」とか「スタッフそれぞれに光を当てるのが面白い」とか、「一番優しそうにしてくる奴が最寄りのヘイターだ」というリアリティ、みたいな話をしましたけれども。俺がこの映画いいな、と思ったもう一個の切り口として、「恋愛要素を意図的に排除している」というところがあって。要は、恋愛みたいなものが物語の推進力にならない。これがカラッとしてて、いいなと思ったね。

周啓　そうね。だから、ラブパワーみたいなものが……。

TaiTan　何、「ラブパワー」って。ダサッ。お前の法人じゃん。

周啓　（笑）。

TaiTan　お前の個人事務所じゃん。節税対策で個人事務所を構えるアーティストは多いけれども、お前は「LOVE POWER inc.」？

周啓　それはもう、税務署に通らないんだよ。ダサすぎて（笑）。はがすタイプのハガキが送られて来るんだろ。「今回は受け付けられ

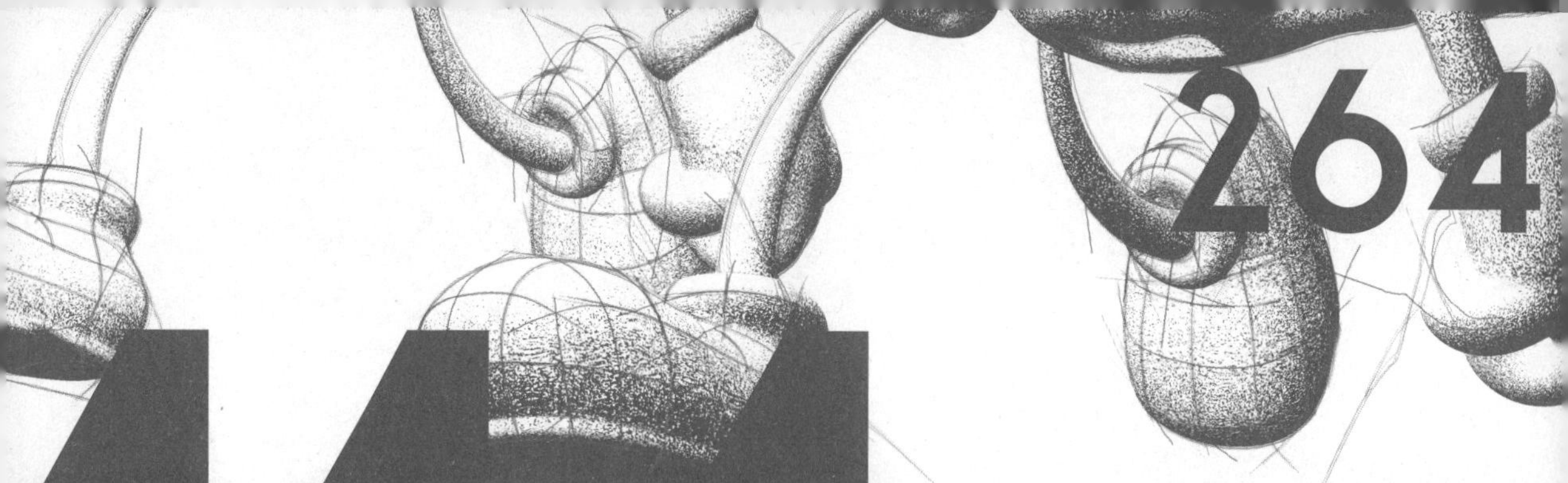

264

114a

なんなん問

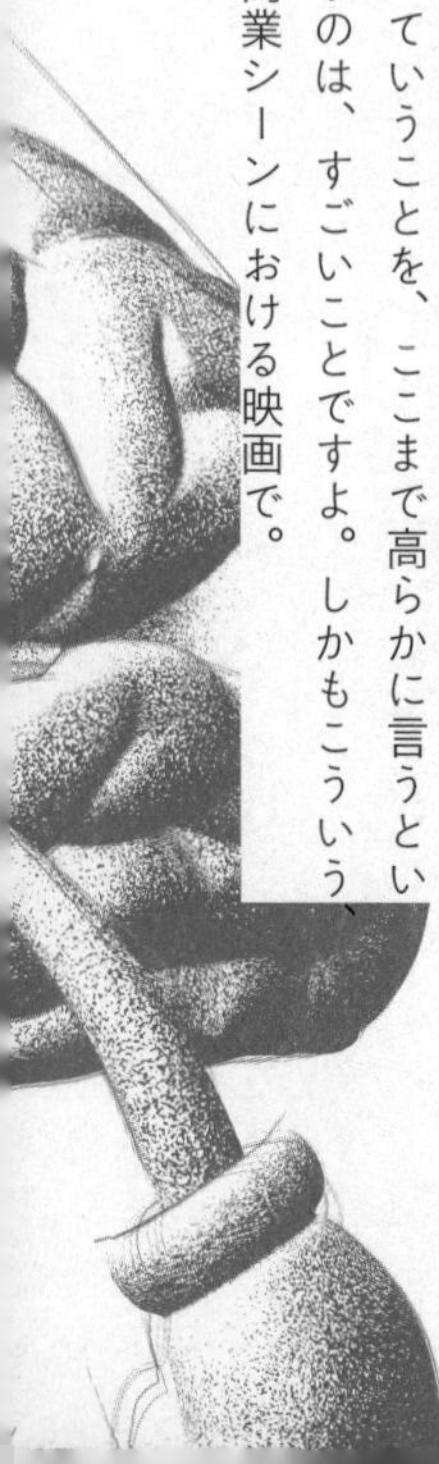

ませんでした、なぜならダサいので」って。

いや、パワプロくんのサクセスストーリーでそういうのがあったんだよ。マネージャーかなんかと恋愛関係に発展すると、その彼女の応援のお陰で能力値が上がりやすくなる、という。

TaiTan あったね、サクセス。めっちゃデートとかやってた。それで俺は学んだんだから。

周啓 何を?

TaiTan 当時みんな、『ELO』という雑誌から、「女性の頭は二度三度ポンポンするのがいい」とか、「男性はデートのときにバラを持って行った方がいい」とか、架空のモテテクニックを学んでたんだよ。

周啓 架空すぎるだろ（笑）。

TaiTan でも俺はそういうのに与《くみ》しなかったね。俺はパワプロくんのサクセスストーリーでのデートコースで、「ほうほう」って言いながら学んでたよ。

周啓 気持ちわりいな（笑）。それも架空なんだよ。誰がラジコンしに一緒に河川敷に行ったりするんだよ。

TaiTan （笑）。でも、あれで意外と上がったりするんだよね、ラブパワーが。で、ラブパワーがなんなんだよ。

周啓 あれもなかなかの、いわゆるホモソ感というかさ。「男は女の応援で頑張れる」みたいな……別にパワプロにとやかく言いたいわけじゃないけど、映画もそういうの多いよね。それがきっかけですべてが変わる、とか。愛の力ってもっと多様なはずなのに、だいたい恋愛に落ち着いてしまう、というのはたしかによくわかるね。

TaiTan そう。『ハケンアニメ!』は、「人間のなかにはひたすら『いいものを作る』ということのみにエネルギーを注ぐ人だっているんだ」、ということへのリスペクト、その誇り高さがあったのがいいなと思った。

周啓 だし、恋愛要素が全くないわけじゃないしね。オチの方ではあったじゃないですか。

TaiTan そうね。あれはけっこう、「なんで急に入れたんだろう」と思わない俺はいなかったよ（笑）。

周啓 俺も「ん?」ってなったけど、あれがきっかけにはならないというところに、一種の美意識を感じたというか。

TaiTan そう。「人が頑張る理由って、別に誰かにモテるとかそういう話じゃないんだよ」っていうことを、ここまで高らかに言うというのは、すごいことですよ。しかもこういう、商業シーンにおける映画で。

周啓　そうだよね。だって恋愛要素を入れた方がヒットのためには盤石で、しかも吉岡里帆さんは人気なわけで……というところで、それが入らないのはすごかった。

「モテ」がわからん／QBハウス玉置

TaiTan　今日はその流れで、「恋愛って別に興味なくね？」って話をしたいんだよね。

周啓　なるほどね。

TaiTan　石井玄《ひかる》さんとの鼎談イベントのとき、会場から「ルサンチマンに流れてしまうコンテンツと、そうならないコンテンツって何が違うんでしょうか」という質問が出て、そのとき俺が答えたのは「モテるとかモテないとかそういうことに接続しないのが大事なんじゃないか」ということだったんだけど、それに近いんだよね。コンテンツを作る側が、モテるとかそういう欲望の話をみんなが聞きたいと勝手に思っている節がある。でもほんとはそうじゃないんじゃないか？　と思うんですよね。君はどう？　モテたくてモテたくて仕方がない？

周啓　まあ俺はそうだね。別によくある、モテたくて音楽を始めたとは違うんだけど。

TaiTan　まあそりゃそうだよな。だとしたら、やり方が他にあるわけだから。

周啓　そうだね（笑）。なんなんだよお前。

TaiTan　（笑）。今モテる音楽ってなんだと思う？　これはなんのディスでもなく、「ああ、モテそうだな」って思う音楽はなんですか。

周啓　これはほんとにディスではなく、Vaundyでしょう。あと藤井風。なんか、一人というのはデカいと思う。一人の方が神格化されやすいし、一手に注目が集まるからね。そういうときってちゃんとマジックが起こるじゃん。そういう意味では、そのお二方ですね。それでいうと僕はバンドなんで、しかもこんなんやってる時点でモテるわけもないし。週一で「ダセえな！」とか言ってるんだから（笑）。

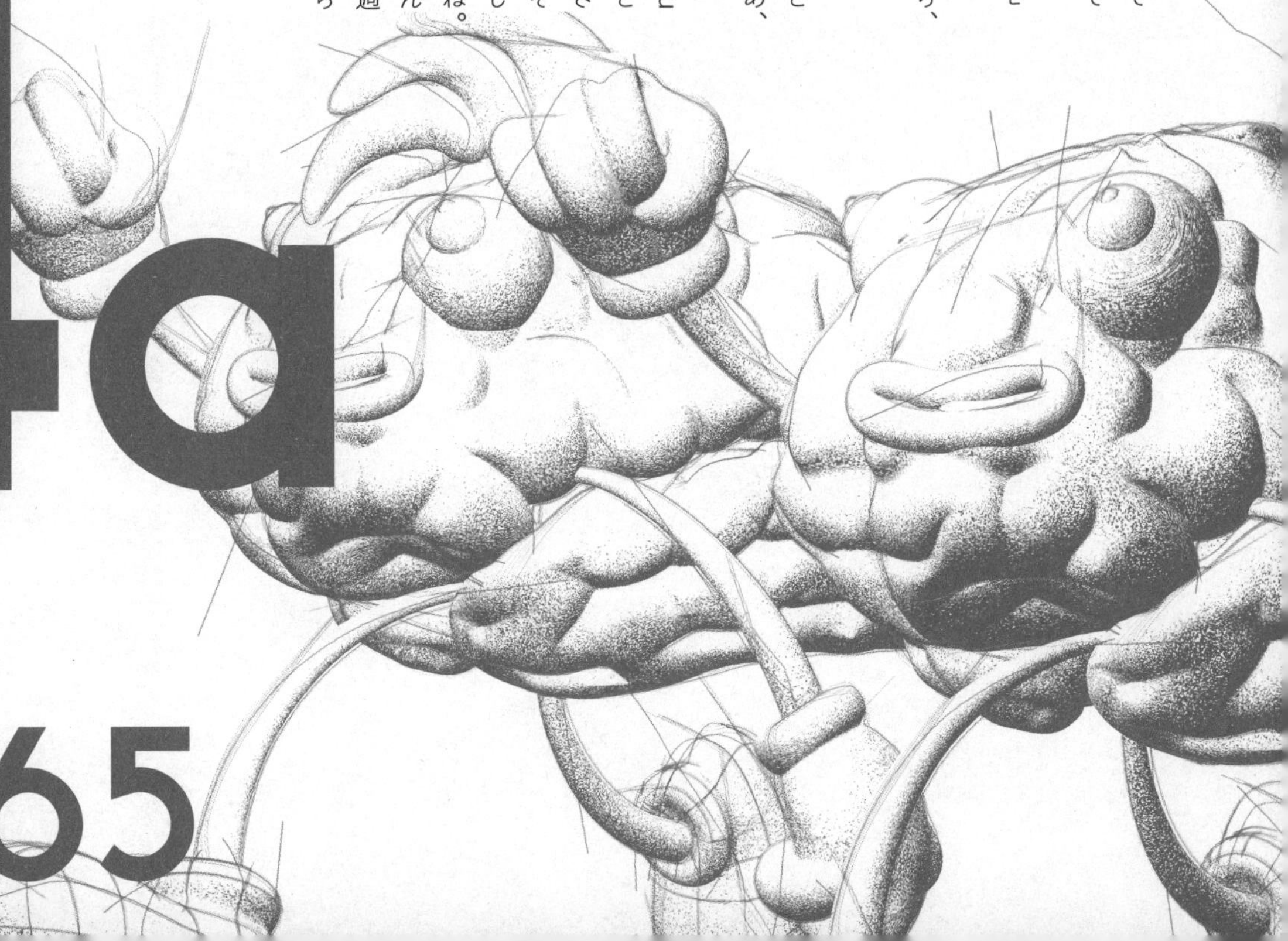

TaiTan　そうだね（笑）。

周啓　でも、思わない？　いわゆる「モテる」にある、一対一ではない、「脚光を浴びる」的な恋愛観って、なんか「像」を作ってそれを人に見てもらう、というスタイルにならない？　結局学校で一番モテる奴も、「本当はそうじゃないのに、そうだと思われているかっこいい奴」みたいなさ。

TaiTan　わかりますよ。「モテ」というのは一人で作り上げられるものではなく、集団の外堀が埋まって初めて現象として現れる。周りがそう扱うから、その対象の人物はそうなんだろう、というイメージが持てるんだよね。

周啓　そうそう、イメージ。「モテ」は想像力で出来上がるものっていうかね。そういうもののパワーもわかるから俺も興味はあるけれども、だからといって自分が見るものとか聞くものがそういうものかといったら、それは違うというお話ね。君は、一切そういう欲望はないわけ？

TaiTan　俺はね……ああ、ないね。

周啓　過去も？

TaiTan　じゃあ、本当にフェアに喋るね。

周啓　もちろんだよお前。当たり前だろバカ野郎。

TaiTan　性欲とかはあるじゃん？　でもそれが、広くあまねき人間からのモテという欲望に繋がることはない。どうでもいいんだもん。俺の好きな人間にモテたい。

周啓　いいこと言うね。

TaiTan　普通そうだろと思うんだけどね。いや、わかんない。「広くあまねく」の人もいるじゃない。かつては学園のハンサムボーイこと玉置周啓だったわけじゃない。

周啓　学園一のひげもじゃね。

TaiTan　のちに「ラブパワー」という法人を設立でおなじみの。

周啓　（笑）。だとしたら、俺はツーブロックだな。

TaiTan　バーバーカットで。ＱＢハウス玉置だもんな。

周啓　何を背負ったらその芸名になるんだよ。「株式会社ラブパワー取締役、ＱＢハウス玉置です」って名刺を渡すんだろ。どういうことだよ。

まあでも、どっちにしろ想像力、幻影って感じなんだよね。男女問わず、誰かにかっこいいかわいいで群がるその感じも想像力の賜物だし、いろんな人にモテてる人って、「いろんな人にモテたい」って絶対思わないじゃん。その感覚すらない気がするから、結局「モテたい」って幻影なんだろうなという気がするな。こっちの話にいかない方がいいか。

TaiTan　いや、いいですよ。「モテがわからん論」だな、これは。当然モテたいですよ、男女問わず、俺が好きな人には。

周啓　普通の恋愛にもそういう要素はあるんだけど、「モテる」ってもっとフィクション

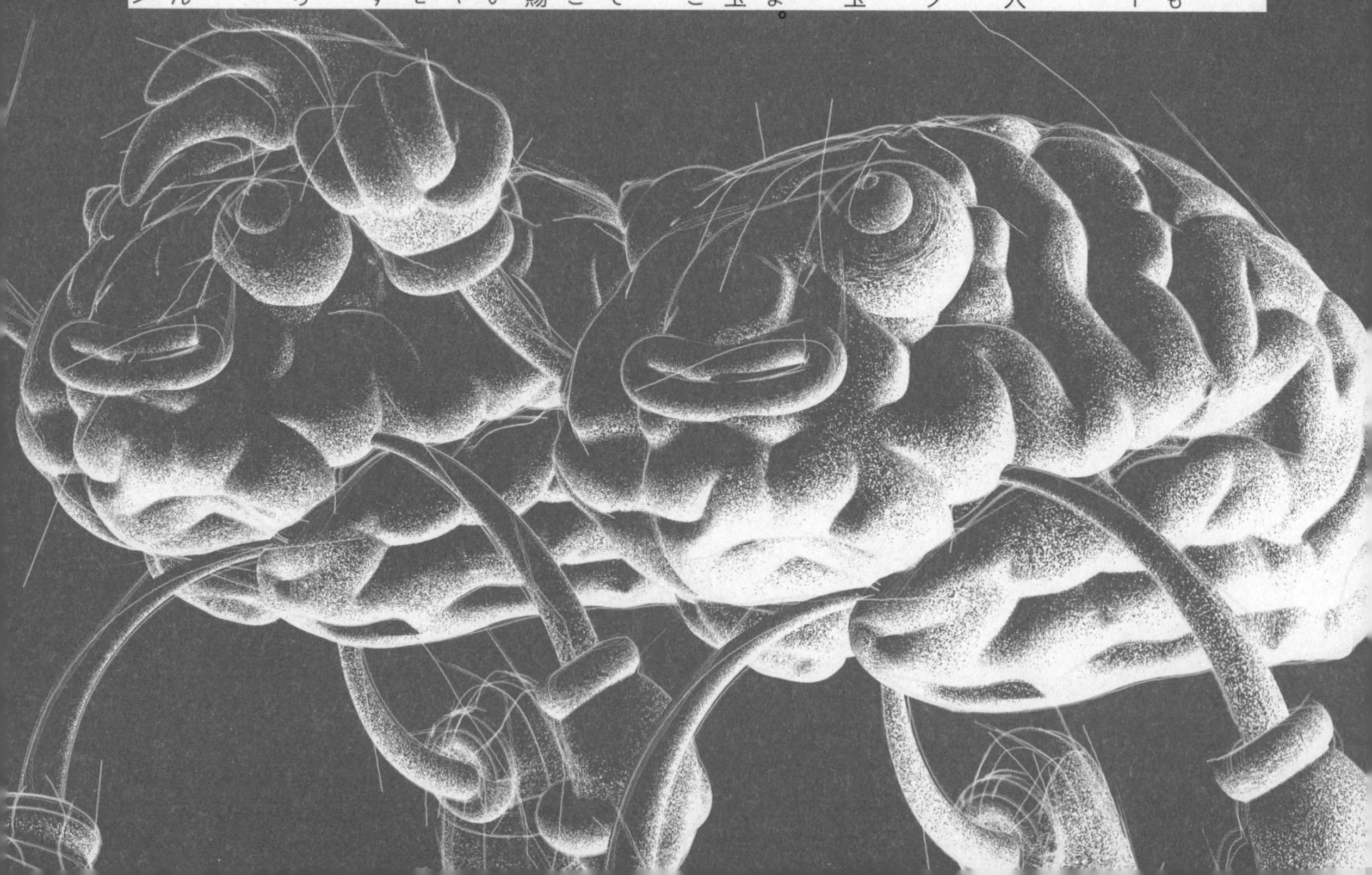

に近いもののような気がするんだよな。

今のクリーミーポップムービー／『花束みたいな恋をした』の良さ

TaiTan 作品の話に戻っていくとさ、いわゆる恋愛映画みたいな、スウィーティーな、クリーミーポップな……。

周啓 すごい、よく出てくるねお前。気持ちわりいな。

TaiTan キモい単語を作らせたら俺が世界一なんだよ。そういうクリーミーポップムービーを、いつか勉強として見てみようかなと思ってるんだよね。

周啓 たしかに具体の何かがないと、それこそルサンチマンチックになってしまうもんね。「モテは違う」とか言ってるだけだと。

TaiTan 仮想敵を作って何かを守っているのも違うなと思って。実はそういう恋愛映画も、すごくいいものを描いてる可能性もあるから。

周啓 『恋空』？

TaiTan 古いなお前な。八丈島の情報はそこで遮断されてるもんな。新垣結衣の出世作なんだけれども。

周啓 今だったらなんなんだろう、『恋空』的なものは。

TaiTan そのあるあるしか出てこないくらい縁遠いな。えー……『転生したら白百合女子学園のモテモテ数学教師になっちゃった』。

周啓 気持ち悪っ（笑）。ラノベですらないよそれは。

TaiTan みたいなやつじゃないの？（笑）違うのね、今のトレンドって。でもそういう先生と女学生のすれ違いの恋、みたいなの多そうじゃない？

周啓 『GTO』とかね。

TaiTan 古いなお前。

周啓 俺、ほんと何も知らないんだな（笑）。悔しくなってきたわ。

TaiTan あれだよ、最近のメガヒット恋愛映画……『余命がなくなっちゃった』みたいなやつ。

周啓 ふざけんなよお前。なんで全部オットボケな……。

TaiTan あったじゃん、余命わずかな女性と、余命に余裕がある男性の物語（笑）。

周啓 数値化すんな。

TaiTan 物語の紹介として、「余命わずかな女性と、余命に余裕ありの男性の恋愛ストーリー」ってCMのナレーションで言ってたもん（笑）。

周啓 「ところタケシには、余命に余裕があった」のあと、長い伸ばし棒ね。

TaiTan 余韻を残すダッシュね（笑）。でもほんとにそういうレベルだと思うんだよな。恋愛クリーミーポップ映画って。

周啓 あれは違ったんだよね。『花束みたいな恋をした』は。

TaiTan あれはなんで良かったんだろうな。『花束』はもうちょっと、人間の業なんだよな。そこに踏み込んでるのが良かった。ダサいなあ、というところを肯定する視点というかね。なんか、一周目でモテを肯定するのが嫌なんだよな。人間があたかもそれにしか興味がないかのような視点というか。どういう製作チームでやってんの？ と思うんだよ。

周啓 どうだろう、けっこう大人な感じでやってる気がするけどね。要は、若い人には絶対ウケるじゃん。そもそも社会がそういう感じだから。俺だって中学生くらいまでは「モテないとしょうがないじゃん」みたいな感覚だったよ。人数が少なすぎてそういう環境じゃなかったから、ルサンチマンには陥らずに

済んだけどさ。マンモス校とか通ってたら、男も女も余命に余裕がある人たちがたくさんいる中で暮らしてたら、もっと俺は「モテたい人」になってたんじゃないかと思うし。君は本当にないの？　中学校くらいまでは、モテへの欲望が内面化されていたとか。

TaiTan　全然あるでしょ。だからこそ、初めてギャツビーのジェルワックスを買って前髪だけにつけて後ろ髪に付け忘れて学校に行って、「B26の校舎に怪獣が現れたぞ」ってなったんだから。

周啓　お前、戦闘機みたいな校舎に通ってたんだな。

TaiTan　だから「自分もモテてみたいな」みたいなことを思ったことはあるけれど、それが結実しなかったものだから、そこに自分の欲望を重ねるのは人生の無駄だなと思ったんじゃないかね。

周啓　けっこう年齢も関係してるんじゃないかと思ったけどね。お互いもう二十九の歳でしょ。そりゃ恋愛しかねえみたいなのは違うでしょ、という感覚にはなるわなと。

TaiTan　まあクソダセえからな、今そんなこと言ってる奴がいたら。「ざまあ見ろ」ってことだけど。……これをルサンチマンというんだよな。

周啓　そうだな（笑）。

恋愛映画、恋愛小説に向き合う／『ハケンアニメ！』の誇り高さ

TaiTan　恋愛映画、募集しようかな。昨日俺は、『トップガン』という……。

周啓　恋愛映画？

TaiTan　恋愛映画とは俺は認識してないんだよ。でも恋愛の要素はある。ランデヴーだね。まあ普通にきれいなハリウッド映画ですよ。でも俺が今言ってるのは、ティーンエイジャーのラブコメみたいなやつ。おもろくなくていい、ヒットしてるものを知りたい。ヒット観測をやりたい。俺とお前の弱点ってさ、世の中を知らないことだよね。

興味あ

周啓　（笑）。ほんとに。恋愛映画に関しては、疎すぎたな。

TaiTan　そういうのをちゃんと見てみよう、というのをやりたいんだよな。ちゃんと人を動員しているものに触れてみる。

周啓　いいと思います。賛成だと思います。

TaiTan　だから楽曲とかも、Saucy Dogとかを聞くんだよお前は。

周啓　聞いたことあるよ。

TaiTan　聞けよ。

周啓　聞いたことあるっつってんだろ。カットするつもりなのか？（笑）

TaiTan　まあそういうことで、恋愛の話は勉強したいなと思いますね。

周啓　でもモロにいろいろ繋がってくるね。売れるもの、恋愛の歌は。

TaiTan　やっぱあれか、関係人口が多いことプラス、中毒症状をもたらす、アディクティブな要素が強いのか。だし、憧れの対象でもあるという前提にも立つならば、いろんな人が恋愛を描いた曲やら映像やらは……。いや今、TikTokを見ていて萌え萌えジャンケンみたいな曲が流れてくると、しんどくてたまらん。

周啓　そりゃそうだろ。二十九歳男性なんだから。

TaiTan　フィルムの画質の写真で、恋人との日々みたいなのが流れてくるんだよ。おいおいおいおいと。すごいなと。

周啓　それはいいだろ別に（笑）。「俺は違うな」とはなるかもしれないけど。でもそういうものだろ。図書室に言ったら、『翼の折れた天使たち』（双葉社）という小説をみんな借りてたしね。それは『恋空』と似たような構図の。なんでなんだろうな。

TaiTan　一回恋愛とまともに向き合ってみる、というのをやってみたいな。恋愛小説とか、書いてみたいわ。

周啓　けっこう飛び級だな、それ。読んでもいないのに。

TaiTan　でも俺が恋愛小説書いてみたら、ちょっと良さそうじゃない？　もっとも遠いところにいる俺が。

周啓　まあ、余命いくつかの話になるんだろうな。

TaiTan　登場人物が出てくるたびに、余命と所得がカッコで添えられている小説書くわ。

周啓　デスノートじゃん。で、新垣結衣が引くんだろ。出てきた男子二人に、「どっちが寿命長いの？」って。

TaiTan　「先に死ぬなら付き合う理由がないじゃない」って。

周啓　誰が読むんだよ。ルサンチマン抱えてる奴でも読まないだろ。

TaiTan　最悪の小説だな。そういうのは書かないですけれども、恋愛の話には逆説的に興味が出てきましたね。

周啓　でも本題の話はよくわかったよ。恋愛の話が出てきちゃうと、食えるものも食えなくなる瞬間がときにあるんだよな。

TaiTan　ほんとにそうだね。これで終わりにしますけど、『ハケンアニメ！』の、作品という意味のワークスと、仕事という意味でのワーク、それに向き合うその熱量だけで、二時間語りうるものはあるわけで。そこをめちゃくちゃいいなと思う人が、少なくとも俺らみたいな連中がいて、ちゃんと握手できるんだから、いろんな作品でそういう誇り高さを見たいなと思うね。

人間が壊れない愚痴論

14b

出会って2秒で冷笑／太鼓の達人気まずい論

TaiTan　えー、TaiTanです。

周啓　玉置周啓です。

TaiTan　『奇奇怪怪明解事典』でございますけれども。「愚痴論」ね。

周啓　グッチ裕三ね。

TaiTan　憧れがよお前。

周啓　（笑）。

TaiTan　何笑ってんだ。冒頭で冷笑すんなよ。SODから出すなよ。『出会って2秒で冷笑』って。

周啓　AVとして成立しないだろ、「冷笑」は。

TaiTan　「冷笑もの」という新ジャンルだよお前は。

周啓　営業妨害なんだよ。リアル憧れだったけどね、グッチ裕三は。

TaiTan　これは前回も、ユーミンとか佐野元春とか小田和正を久々に聞くと、良すぎて腰砕けるんですけど、という話をしましたけど、それでいうと『ハッチポッチステーション』の曲は良すぎる。あんなシンプルな曲であんなにときめくって、すごくない？

周啓　え、あれグッチ裕三作曲なの？

TaiTan　ちょっと調べよう。Spotifyで調べます。月額こんなに安くてこんなにたくさんの音楽が聞けるでおなじみの。僕はホーム画面の一番指が押しやすい場所にSpotifyのアイコンを置いてますでおなじみの。

周啓　お前、先生に評価されようとして壊れちゃった優等生じゃん。

TaiTan　独り言がもう媚びてる、褒められたさすぎて（笑）。

周啓　怖えよ（笑）。でもグッチ裕三の可能性もあるわけか。「ビールトス」とか、良かったもんな。

TaiTan　えー……、作詞、グッチ裕三。

周啓　おおっ。いいね。

TaiTan　作曲、人良のび太さんでした。

周啓　誰だよ！（笑）

TaiTan　失礼な。お前、やめるのか、音楽シーンを。人良のび太さんに盾突いていいことあんのか。

周啓　いやいや、ある程度俺のなかでカードを用意するだろ、「グッチーズ」とかかなって。「人良のび太」だった時には……（笑）。グッチ裕三さんのバンドのメンバーなんだね。

TaiTan　「〜なんでもありの　楽しい駅　楽しい仲間（テーブルを連打する音）　めったに電車は来ないけど（テーブルを連打する音）」

周啓　「太鼓の達人」かお前。そんな激しいリフ入らないんだよ。

TaiTan　難易度「鬼」のハッチポッチステーションね。「太鼓の達人」やってる奴、気まずいよな。後ろから膝カックンしたくなるもんね。「誰も見てねえよ！」って。

周啓　お前ほんと悪い奴だな。見てる人もいるんだよ。

TaiTan　誰も見てないんだから。誰も見てないのに誰か見てるような太鼓を叩くな。家でやれ。機械ごと買い取れ。その金がないなら頑張って働け。って言いたい。

周啓　太鼓の達人のみに興味がある堀江さんね。でもわからないでもない。俺もそっと、ブルーシートで囲みたくはなる（笑）。殴るとかは嫌だけど。

TaiTan　見てはいけないものとして

周啓　一生懸命やってるのはいいんだけどさ、たまにこっち見て叩いてる奴いるじゃん。

TaiTan　いねえよ（笑）。そんな「こっち見んなよ」のお手本みたいな奴、いないんだよ。

周啓　毎回このたとえで悪いんだけど、ほんと藤岡拓太郎の漫画世界なんだよ。なんでこっち見ながら、画面を背にして叩いてんの？と。

TaiTan　それお前が「楽しいですか？」って話しかけてるからじゃないの？

周啓　太鼓の達人やってる人に「楽しいです

か?」って話しかける奴はいないんだよ。振り向くなよそいつも。

TaiTan 「もう一回遊べるドン!」じゃないんだよ。

周啓 それはいいじゃん。でもときに、ブルーシートで覆いたくはなるよね。

TaiTan これも実は、バックハグ論なんだよ。俺もこう言いながら、後ろからハグしてあげたいのかもしれない。「大丈夫だよ」って。

周啓 でもそいつはその間、叩き続けてるんだよ(笑)。

TaiTan そういう人に私はなりたい。

周啓 バックハグ図鑑ナンバー2は、「太鼓の達人」を熱心に叩いている人。

TaiTan そういうこと言ってると、必死にライブしてる途中にバックハグされる可能性が出てくるからな。マーティに。

周啓 「OK、OK。もういい、いい。いい!」

TaiTan 「いい」はもう、禁止なんだよ(笑)。バックハグじゃないんだよそれは。

愚痴論 '14

気まずくない人の誘い方／人間関係が壊れない怒り方

TaiTan そういうこともあるんだけれどもね。愚痴なんだよ。愚痴というか、気まずくない人の誘い方みたいな話をしようかなと。

周啓 何じゃそりゃ。

TaiTan まあ前回、吉岡里帆さんの番組に出て、『ハケンアニメ!』ぜひ見てくださいという話になって、もちろん見に行きますわな。で、当然面白くあってほしいわけですよね。感想とかをお伝えしなければ失礼なわけですから。そして実際面白くて、すごく安心するということがある。でも世の中そう上手くいくことばかりではないと。「人を誘う」ということは、非常に大変な営みでもあるということは、君も心当たりがあるんじゃない?

周啓 まあ、そうね。

TaiTan 人を誘って、あるいは誘われて、「なんだよこの会」ってなること。

周啓 ハハッ。

TaiTan ……お前、ほんと良くないぞ。冷笑だったろ今のは。

周啓 冷笑だったんじゃないんだったんだよ。思い出し笑いだろうが。いや、俺人を誘わないなと思って。理由ははっきりしてて、俺主催の会になっちゃうのが嫌だから。俺はあんまり人に「この会なんなの?」って思うことはないんだけど、人が思う可能性はあるじゃん。その可能性を排除したいから、僕は基本的に人をお酒に誘ったりはしないという。だから、根本の「気まずくなるの嫌だな」っていうのはわかりますよ。

TaiTan なるほどね。それと愚痴っていう話にも関わってくるんだけど、……この話は最終的にポジティブな話になるから、最後まで聞いて下さい。この間久しぶりの人と、「飯でも行こうや」と誘われて、行ってきたんだよね。馴染みのカレー屋で、最初は楽しく近況をお話してたんですよ。でも途中から、誘ってくれた側がお酒も入ってきて、会社の愚

痴みたいなことを四、五十分喋ってたんだよ。

周啓　おお。長っ。

TaiTan　想像してごらんよ。知らねえ会社の知らねえ上司の話とか、その業界の、類型的な人々の愚痴とかね。「こういう人が多いんだよな。ほんとダメだと思うわ」みたいなね。別に聞いてやらんこともないけど、ぶっちゃけめっちゃつまんなかったんだよね。

周啓　そうか（笑）。

TaiTan　俺はカラータイマーよろしく、つまんない話は二分くらいで飽きちゃうから、ずっとぶーたれてたんだよね。そしたらいきなりその人が声を荒げて、「おいお前！　露骨すぎるぞ」って。

周啓　（笑）。ぶーたれ方が。目の前に、「興味ないです」っていうメモをぶら下げてた状態だからね。

TaiTan　正直俺には非がないと思ってて。ほんとにリアクションのしようがない話だったからね。でも「露骨すぎるぞ、ありえないだろ」みたいな話になって。一応先輩だから、そこで「いや、すみません」とか「いやいや聞いてますよ」とか言うこともできたんだけど、我ながらいいなと思ったのが、「いや、だってめっちゃつまんないですよ。その話、誰も面白いと思わないと思います」って言ったんだよね。これはいろんな人におすすめしたい。なぜかというと、俺がそう言ったら、さっきまで怒り気味だった人が、「いやあ、まあそうだよな」って。つまり怒りに対して怒りで返したことによって、衝突するんじゃなくて、緩和したんだよ。

周啓　すごっ。なんで？

TaiTan　周啓君に、この機微をわかってほしいんだよね。

周啓　イライラを募らせているその先輩が君の態度に怒って、それに対して君が強い語気で返せば、売り言葉に買い言葉で口喧嘩に発展することもありえただろうと。

TaiTan　そうなってもおかしくないわけよ。ところが俺が、怒の勢いで返したことによって、その先輩は「いや、まあそうだよな。今

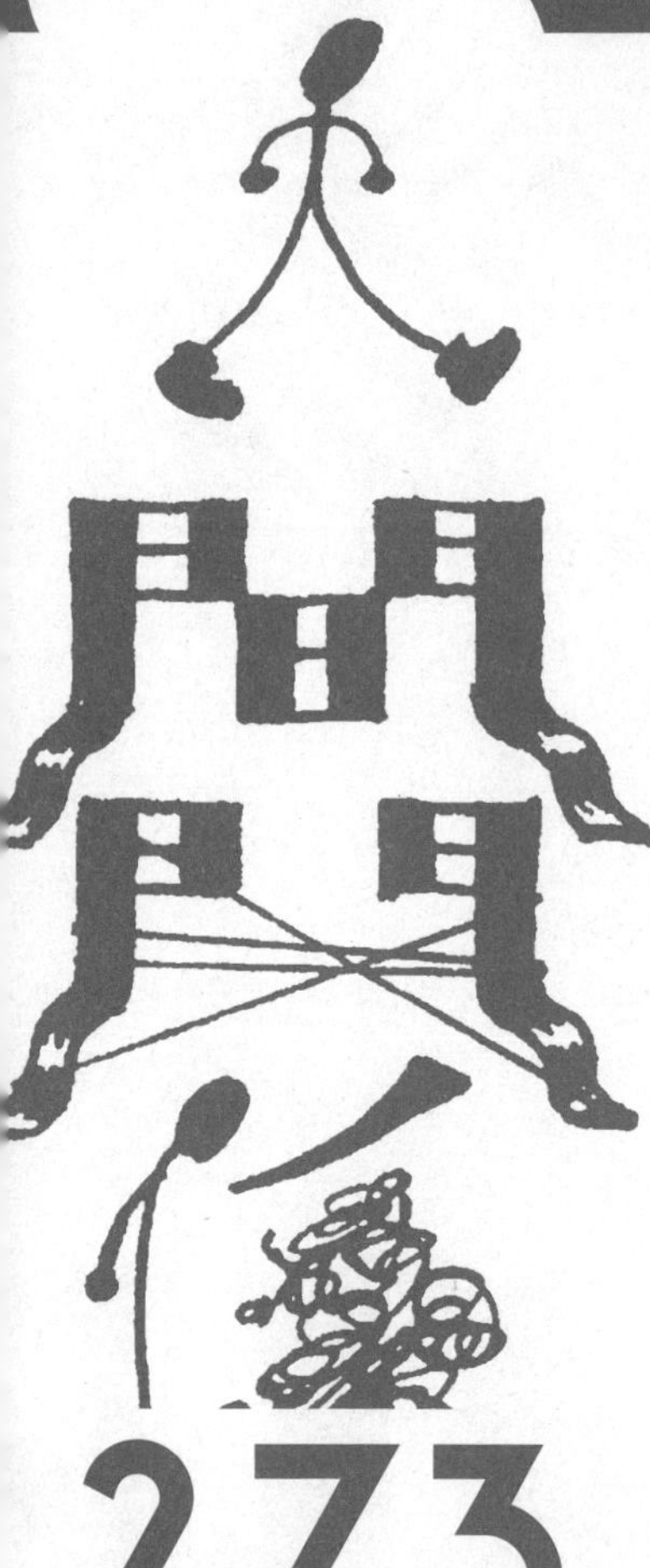

274 愚痴論

の、俺の負けだな」って、白旗宣言し始めたの。その後、その先輩と笑っちゃったんだよね。「つまんない話っていいですよね」みたいな感じで。

周啓　なんでだよ、お前ら（笑）。でもいい話。

TaiTan　この機微を周啓君に伝えてみたかった。

周啓　でも、すごくわかる。多分愚痴ってる時点で、半分罪の意識はあるんだろうな。

TaiTan　あ、そう！　さすが周啓君、話が早いわ君は。コメツキバッタ。

周啓　なんだお前。サブリミナルでお前の前世を差し込んでくんな。

TaiTan　でもほんとにその通りで、その後「なんでそんなことを喋ったのか」という話になったんだけど、その先輩も自分でも止められなかったんだって。頭では、目の前のこいつがぶーたれてるとわかってるのに、なんか口が止まらない。ほぼ無意識の状態で喋ってる。でもこういうことって、あるよなと思ったんだよ。よく言われるのが、「人間って本当は怒ってない論」。

周啓　というと。

TaiTan　人間って、六秒くらい怒ったあとは、実はもう「なんで自分って怒ってるんだっけ？」と思いながら喋ってるときがある。

周啓　なるほどね。沸点に達した瞬間には出ちゃうけども。

TaiTan　そう。実はそこからランディングしていくまでの時間は、「なんで俺、こんなにまくし立ててるんだろう」って冷静だったりする。それと同じものを、愚痴に感じていたらしい。

周啓　しかも、怒るとか愚痴とかっていう負のテンションは、巻き返しを図るのがめちゃくちゃむずいじゃん。

TaiTan　むずい。

周啓　要は自分で切り上げて違う話題を振ったところで、既にぶーたれてる向こうがどう反応するかわからないという恐怖もあるから、ついこの流れで面白くなるまで喋りつづけちゃうとか、そういうことが起きるよね。

TaiTan　ほんとにそう。だから俺、その一個の解決方法として、「ちゃんと怒ってみる」というのがすごくいいと思った。その結果何が起きたかというと、「そうだよな」と。「実は俺も愚痴りながら、『俺何やってるんだろう』と思ってた」、という感じで笑い話なった。そのときに、「お前が言ってくれなかったら、俺はこの後一生誘わなかったと思う」と。すごく嫌な態度をとってたからね。

周啓　（笑）。

TaiTan　だし、俺は俺でこの人の誘いは一生行きたくないと正直思ったし。誘っといてこんなに愚痴言うんだ、と思ってたから、多分そのままフェイドアウトしちゃう仲になってたんだけど、今言い合ったことで、それが笑い話というか、共有財産になった。だからこれはみんなやった方がいいね。ちゃんと指摘してみること。お前できる？　ニコニコしてんじゃねえだろうな、人の愚痴に。

周啓　俺はけっこう笑いながら聞いちゃうね。それでいうと、愚痴を真剣に聞けたことないかもしれない。君のぶーたれと根本が一緒で、俺は向こうがキレるまで、向こうの悩みをいちいちいじり続けるくらいしか能がないんだよ（笑）。

TaiTan　お前、ほんとうに冷笑だな。

周啓　いや、冷笑というか……俺は能天気すぎるのかもしれないけどね。そういうのってめっちゃおもろいじゃん。愚痴ってる人の悩

114b

が許されな

みって、ほんとしょうもないのばっかじゃない？

TaiTan　そうなんだよね。当人以外は、どうでもいいと思っちゃうんだよな。

周啓　そう。そこで真摯に聞くふりはできないから、「なんなんそれ」の連続で応えるしかないよね。で、向こうが堪忍袋というか、痺れを切らすのを待つ、みたいな……（笑）。

TaiTan　気づいてもらうしかないんだよな、「めっちゃつまんないですよ」と。

周啓　逆もあるしね。俺はこんな感じなのに、凹むときは異常に凹んでるからさ。「なんでそんなことで凹んでんの？」というスタンスを崩さずに付き合ってくれる人がいると楽だよね、最終的に。

TaiTan　ほんとにそうだね。俺なんて愚痴ばっかの人生ですから。特に一番被害に遭ってるのは君だよね。

周啓　ほんとなんだよ。何度俺のシャツの第二ボタンをお前の涙で濡らしたか。

TaiTan　だから自分もね、愚痴って所詮コンテンツなんだってことを肝に銘じようと思ったね。

周啓　そうね。そういう昇華の仕方があるんだね。

TaiTan　結局俺は、その先輩と握手して帰ったしさ。愚痴なんてどうでもいいじゃないかと、笑い飛ばしてなんぼだと。そう思えない人にはその人の対処の仕方があるけど。つまんない話って、つまんないなりの面白がり方をしないとなと思ったね。

周啓　そうだよ。だし、悩みは解決しないものもあるかもしれないけど、愚痴は百パーセント最終的に笑いになると思うけどね。そこへのルート、プロセスが人によって違うから、そこに面白味が生まれるよね。「こいつこうやって克服するんだ」みたいなさ。おもろいよな。

TaiTan　一応その方の名誉のために言うと、最近転職やらなんやらで環境の変化があったりで、そっち系の話ばっかりになっていたらしいんだよね。

周啓　そうだよね。古い友達が、愚痴が多すぎてどんどん友達が離れて行っちゃった、という話も聞くしね。

TaiTan　愚痴を言うのは別にいいんだけど、指摘されたら「いやあ、これは俺の負けだね」と言えるその人のあっけらかんさに俺が救われたもんね。俺が完全に悪者になる可能性の方が高かったところを笑いに変えてくれたわけで。

周啓　愚痴なのか相談なのか、そこも曖昧だ

愚痴論

しね。それはいい体験ですな。

謎ポジティブ／Q&A「『ハケンアニメ!』見た?」

TaiTan 君は、愚痴は吐かない?

周啓 なかなかないね。ほんとに何も考えてないんだろうな。愚痴を言う人って、ちゃんと苦しんでるよな。向き合おうとしてるから、出るんだろうな。

TaiTan よく、「愚痴なんか言わないで未来の話をしよう」みたいなポンポコピーがいるじゃない。

周啓 ポンポコナーがいるな。

TaiTan それはそれで、バカだなあと思うんだよね。

周啓 謎ポジティブね。

TaiTan 謎ポジ。それでなんか優位に立とうとしてくる感じ。そういうのはそういうのでまた別のつまらなさがあるので。愚痴は別にあってもいいんだけど、それを面白がる回収の仕方に心得があった方がいいなと思ったね。

周啓 そうね。だから俺は愚痴の肯定派だね。感情の動きになるじゃないですか。面白トークだけになると、会話の楽しみ方が一種類だけになっちゃうから。愚痴れる人とか怒ってる人って面白いなと思うもんね。

TaiTan 感情が生だから、いいよなと思ったね。というようなことで、人を誘うというのは難しいながら……いいなと思ったね。

周啓 おお、すごい終わり方（笑）。

TaiTan 大御所が趣味でやってる番組なんだから。適当な着地をしても、周りのスタッフはもう何も言えなくなってるんだよ。

周啓 （笑）。いや良かったよ。

TaiTan Q&Aを拾いましょうかね。こないだの『ハケンアニメ!』見た?」という質問に、いろんな人が回答してくれましたね。

周啓 見たって?

TaiTan この人の感想、めちゃくちゃいいなと思ったんだよ。h.soenoさんね。「監督対プロデューサー・声優、アニメーター対公務員など、相手への理解が及んだ瞬間、自分の

が崩れない

ボキャブラリー（単に語彙という意味だけではなく）が広がることで、仕事意識の変化やアウトプットの多様化、コミュニケーションの円滑化が起こり、チームが成長する様を見て、心が動かされました。」この、「相手への理解が及んだ瞬間、自分のボキャブラリーが広がる」という解釈はめちゃくちゃいいなと思って。相手の言語を理解した瞬間に、世界は広がるんだというさ。言葉起点で世界を見ている人の世界を見ている人の考え方というか。

周啓 たしかに。表現がめちゃくちゃいいね。「単に語彙という意味だけではなく」というのはよくわかる。

TaiTan そう。自分が考えるバッファですよね。想像力の話なんだよ。それを持った瞬間仕事のクオリティが変わるというのは、そうだよなぁ。

周啓 「自分がこう動く」という世界に閉じこもらない感じだよね。「自分がこう動くと、周りの人はこういう人たちだからこう動く、というのがわかった上で自分の行動が決まっていく」という意味でのボキャブラリーだとしたら、大きく賛同します。

TaiTan あと、さみ。さんね。伝説のコルクバット、サミー・ソーサから感想が来てます。「キービジュアルから、メインキャスト4人の話であろうと思い鑑賞したが、良い意味で裏切られた。チームで物作りをする様々な立場の人たちの思いが上手く表現されていて、自分が抱いたすべての感情に落とし所を見付けられた。」これもいいですね。「すべての感情に落とし所を見付けられた」というのは、俺も思った。全部違和感が解消されるというか。

周啓 変な対立構造とかがないから、喜びも悲しみも全部引き受けられる感じで。

TaiTan そんな感じでございますかな。次回は『トップガン』。玉置周啓が『トップガン』について喋りたくて喋りたくて仕方がないんだって。

周啓 そう言われるとまずいな。

TaiTan ということで、ありがとうございました。

周啓 ありがとうございました。

’714

2024年3月 短編映像作品を公開予定

HOEDOWN

映像プロダクション HOEDOWN は長編作品を
見据えたショートムービーを制作します

それにともない、ストーリーコンテンツの企画
アイデアを募集します。ショートムービーを共
につくりたい方、ぜひご応募ください

素敵な出会いを楽しみにしています

maxilla

We are
Hiring.

株式会社 Helixes / maxilla 事業部

〒111-0053 東京都台東区浅草橋1丁目3-11 萬賓(まんぼう)ビル3F

https://maxilla.jp/ | @maxillajp | @maxillajp

GCD
JYU
CON

「獣（JYU）」とは

アーティスト GILLOCHINDOX☆GILLOCHINDAEの主催するプロジェクトで、現代美術の展覧会とライブを組み合わせ、7年間かけて物語が展開されていく長編プロジェクト。全7章にわたる黒い獣を主人公とした物語であり、毎年一度、各章ごとに展覧会という形式で表現される。昨年9月に開催された「獣（第1章/宝町団地）」は、第2回目となり物語の時系列で最初に位置し、黒い獣の幼少期と幼少期の思い出の中にある公園をテーマとした展覧会とライブイベントが行われた。

(株)十六小節

(株)十六小節

@16shosetsu（インスタ）
@dosmonostres（インスタ）
@kerv（インスタ）

nagaba.com

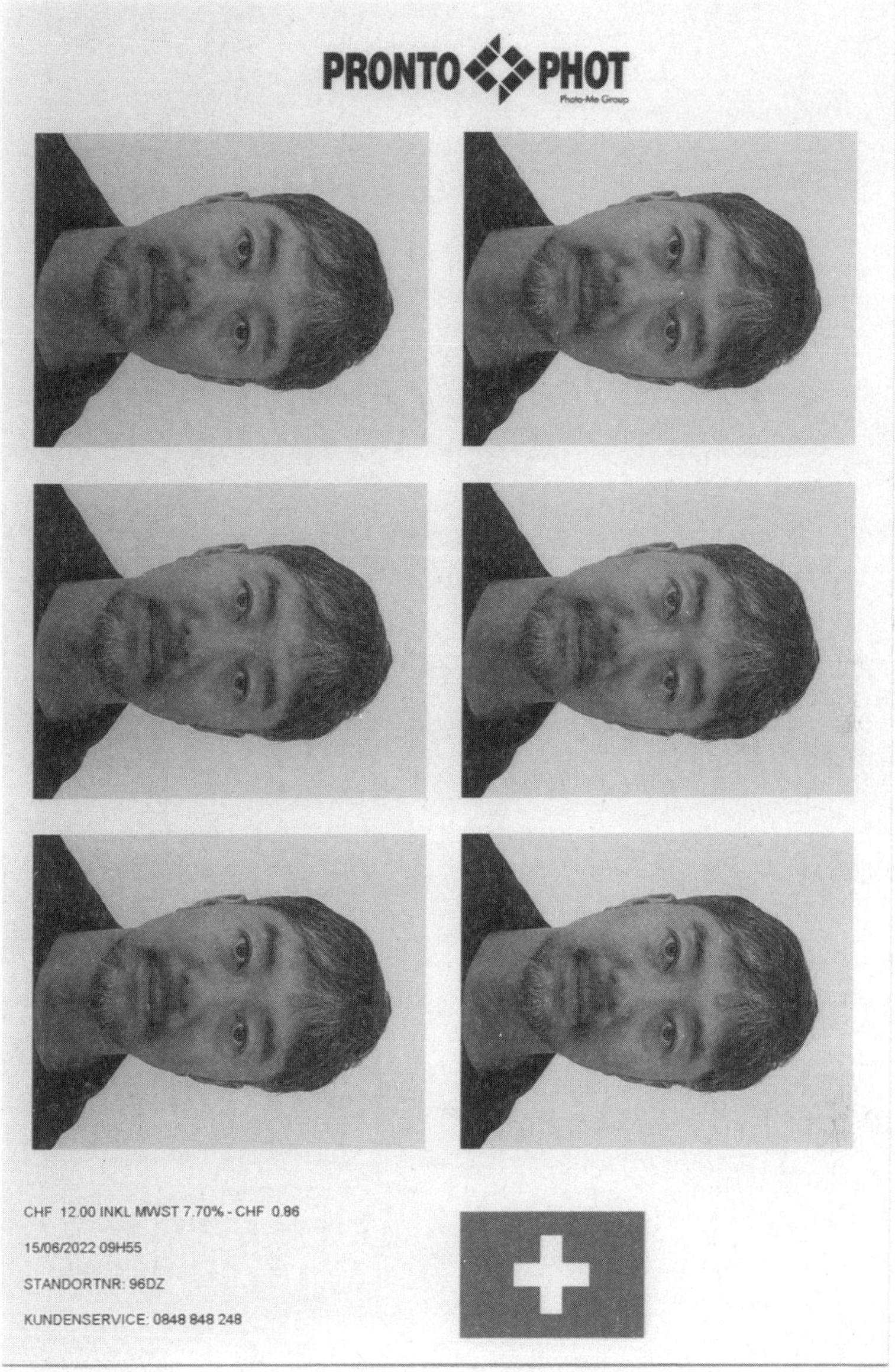

Yu NAGABA

『トップガン』とギター／去りゆく者の物語

TaiTan　えー、TaiTanです。

周啓　玉置周啓です。

TaiTan　えー、『奇奇怪怪明解事典』でございますけれども。『トップガン』ね。

周啓　鳥居みゆきね。

TaiTan　ヒットエンドランがよお前。あれは、ラッパーとしてすごいなという気持ちがあるね。

周啓　どういうことだよ。

TaiTan　「ヒットエンドラン」という言葉に含有される面白さ。そこを見つけるってすごくない？

周啓　リズムもいいしね。

TaiTan　言葉なんて言い方次第で面白くなっちゃう。でもその言い方は、声質とかリズムとか、いろいろな抑揚とかが相まって初めて獲得できる面白さなわけですわな。「ヒットエンドラン」で面白いってすごくない？　ヒットエンドラーン……。

周啓　たしかに、あれは目をつぶってても面白かったから。ヒットエンドラーン……。

TaiTan　言語学的にすごい。なんでそういう気持ちになるんだろう。気持ちいい言葉って、他になんかない？

周啓　「そんな言葉がそこまでいく？」というやつでいうと、中山きんに君の「パワー」って、よくこれで「面白い」ってなったなって。君はわかんないけど、俺はもう聞くと笑っちゃうのよ。

TaiTan　……なるほどね。

周啓　何なんだよ。出せよ、じゃあ。例えばね、「ラッスンゴレライ」とかは違うわけですよ。

TaiTan　完全な造語となると難しい。「ヒットエンドラン」はラップだ、という話をした

トップガンとギターソロ問題

115.

んだけど、ミスチルにとある名曲があって、そのなかの一節が、実は初めてのラップ体験だったんですね。だし、いろんなラップの曲があるし俺も聞くけれども、今だにそれを超えるラインはないんじゃないかなという一節があって。

周啓 へえっ。何だよそれ。

TaiTan 「名もなき詩」っていう曲があって。大サビの前で、すごい早口でまくし立てるところがあるんだよ。これはぜひSpotifyで聞いて下さい。「月額こんなに安い値段で、無料で音楽聞き放題なのはすごいな。こんなに便利なサービスがあっていいのかな。お父さんお母さん、僕を生んでくれてありがとう」でおなじみの……。

周啓 気持ちわりぃな。なんでSpotifyとの出会いを父母に感謝すんだよ。

TaiTan お前、広告のナレ読みの最中に突っ込む奴がいるかよ。

周啓 なんでCMが入ってんだよ。

TaiTan CMが決まって台本渡されて「これ、感謝の対象が違うだろ」って……（笑）。

周啓 そういうのは「水曜日のダウンタウン」でやってもらえばいいわけ。まあ俺はCMの仕事を貰えたことを、お父さんとお母さんに感謝するし。

TaiTan まぁ「生んでくれてありがとう」でおなじみの、Spotifyなんだけれども、ね。

周啓 お前、何喋ってんのかわかってんのか。

TaiTan まぁみんなが嫌いなギターソロも、九〇年代の曲ですから入ってはいるんだけれども、そこは飛ばすなりして頂いて。俺は飛ばさないけど。ギターソロ論やりたいね。やれよ。

周啓 気まずいよ、ギターソロは。

TaiTan なんで？

周啓 もっと知ってる奴がいるからだよ。ギタマガがやるんだよ、そういうのは。

TaiTan でも「ギターソロいらない論」みたいなものはさ、一プレイヤーとしてどう思ってんの。……あ、完全にわかった。はい繋げた。

周啓 どうしたの。

TaiTan 『トップガン　マーヴェリック』はさ、去りゆく者の物語じゃない。追い出される者の物語。ギターソロと重なる部分があるんじゃないですか。

周啓 あの映画はギターソロがギュンギュンの曲から始まってたけどね。

TaiTan そうだよね。それでいうと、周啓君はギターソロ、あるいはギターという楽器でもいいですよ。演奏する人間として、それに対して世の中の逆風が吹いていることを、どう思った。どう？

周啓 何だお前。田原総一朗じゃん、普通に。

TaiTan 違うよ。なんでお前、田原総一朗の家に招かれてポッドキャスト収録してんだ。お前みたいなコメツキバッタが。

周啓 ふざけんなお前。帽子かぶってんじゃねえよ、室内で。失せろ。

TaiTan いちゃもんが過ぎるぞ（笑）。

周啓 そうか、失礼。でもむずいね。俺は、

282

音源にはギターソロはいらんと思ってる。いらないっていうか、そういう世の流れに反抗するほどではない。音源しかない世界だったらあれだけど、ライブがあるもの。俺はギターソロをライブで聞くのが好きなんですよね。「人が動いて実際にその音を出している」という、そこに驚異を感じたくて。ゆうても俺もコンピューター世代っつうか、ゲーム音楽が発達してる時代を過ごしてきたから、けっこう統制されたものを聞きたい欲求が強い気がするね。ギターソロってもっと、熱量が爆発している感じでさ。それが音源になる時点で、難しいものがあるなと常々思ってるんだよね。すげえ奴はそこを超えてくるんだけどね。音源になっても、そいつがそこにいるみたいなギターソロもあるんだけど、まあ無理に入れなくても、というのはあるな。だからMONO NO AWAREはギターソロが少ない。ライブのときは、そのパートを少し伸ばして成順が好き勝手やる時間を作ったりしてさ。そうすると俺は見てるのが楽しいんだよね。という感じですね。

TaiTan　いいねえ。『トップガン　マーヴェリック』もそういう話だよね。めっちゃ面白かったな。

周啓　音がでっかくて。

TaiTan　音がでかいというのはいいことですよ。『トップガン』もみんながいろんなこと言ってるじゃん。だから俺が言いたいことは何もないの。『ハケンアニメ！』とか『グラゼニ』に対してはあるよ。俺が推したいものだから。『トップガン』は、あんなの全人類が見て面白いんだから。でもそのポイントについては話したいなと思ったよね。

周啓　去りゆく者。

TaiTan　そう。だから、「オワコン論」だよね。オワコンとされてるものたちを描くのはいいよね。

周啓　なるほど。

TaiTan　いろんな意味が重なってるわけじゃん。トム・クルーズという役者の去り際ということもあるだろうし、そもそも映画というものの去り際というものも当然かかってくるだろうし、劇中で描かれている人力の戦闘機の役割がもう終わろうとしている、というところもある。一つの時代を築いた人間の退場シーンなんだけど、「でも、その日は今日じゃない」というね。

周啓　いい台詞だったね。そういうことなんだよな。その時間は何なのかというと、ただもがくということではなくて、自分がいなくなるだけで次世代に自分を憑依させていく、引き継がせていくのりしろの時間なんだと思ってさ。当たり前なんだけど、世代交代論的

にも見ていて面白かったね。昨日俺、島にいた頃の駐在さんと久々に会ったんだよ。『トップガン』を見た直後に。

TaiTan 喫茶店でね。

周啓 その人は野球好きでさ、パトロールもしないで野球をやってるんじゃないかという噂が立つくらい好きだったわけ。俺は中学校の二、三年をその人と過ごしたから、ずっと一緒に校庭で練習してさ、相当お世話になった人なんだけど。久々に会ったら、ちょっとぷっくりしてて。子供ももう高校を卒業して、「野球最近やってるんですか?」って聞いたら、「もう動けないよ」と。エラーもするし、打つと息子の方が飛距離が出るんだって。「それって悲しいんですか?」って聞いたら、その人は「悲しい」って言ったんだけど、「でも息子が自分より球を飛ばすのは嬉しい」って言ってたね。それもあって、俺にとってはそういう物語として『トップガン』が回収されたところがあるね。「もう、いいんだな」ってなるというか、ただの哀愁じゃなくて、継承の話として。

TaiTan ほんとにそうなんだよ。今俺が読んでる本でいうと、高津臣吾監督の本ね。なぜ最下位だったヤクルトが、圧倒的な日本一になれたのかっていうのを高津自身が語るっていう。まあいろいろ言ってるんだけど、野村克也監督からの影響を熱心に語るんだよね。俺の解釈だと、つまり野村さんは人を残したんだと。「野村ID野球の申し子」という優れたリリックがありましたけれども、要はそういうこと。人は死んでも、人が残る。思想は残るんだよ!

周啓 張本じゃん、普通に。ガチの。

TaiTan 張本の真似とかじゃなくて、俺が張本だった?

周啓 そう。実物が見れて嬉しいんだけども、ただ帽子は被るべきじゃないな。

TaiTan 球場の外に出たらね(笑)。

周啓 でもずっとグッときてたのはそこなんだろうな。主役だった人が、主役としてふるまえない構造になっちゃってる、みたいなのは最高だよな。

TaiTan いいな。この歳とかで思ってるのはかなり早熟だと思うけどね。だからその方はすごいと思う。

周啓 そうだよ。やっぱ子供を生むと、自然とそうなるというのはあるんだろうけど。だからまだまだだなと思うよね。「自分はもうだめだな」みたいな感じにならないと、ちゃんと子育てとかもできないだろうな、みたいな感覚になってきて。だから人を育てるってめちゃくちゃ大変だよな。自分にある程度諦めがついていたり、「まあまあ、そういうこ

とか」っていうマインドに達してないときっと無理だよな、という気がするね。

TaiTan　なるほどね。『トップガン』では周啓君も泣いちゃって。

周啓　俺泣いちゃうんだよ、ああいうの。でもノスタルジーもありそうだな。ちっちゃい頃見てた、ああいうタッチの洋画みたいな……何が似てるんだろうね。カットなのか、色味なのかわかんないけど。

TaiTan　色味とかだろうね。エンディングの、一人ひとり紹介していく感じとか、すごい昔の洋画の感じがあった。「金曜ロードショーなんじゃん」って。

周啓　そうそう、その感じなんだよ。それを一緒に見てたのは、亡くなったじいちゃんとかだったから、「じいちゃんの胸に抱かれて映画を見ていたな」みたいなことを思い出してさ。人が去っていくということの、ただ泣いちゃうとかじゃない、「そういうもんだ」ということの温かさというか、そういうものがよく描かれていて良かったなということも、駐在さんとお喋りしましたね。

TaiTan　ということでございますわな。じゃあ、良かったと。

周啓　じゃあ、良かった。

書籍化記念鼎巻イベントの最終回／トークテーマ投票

TaiTan　玉置周啓が告知をしたくてしたくて、たまらないんだと。

周啓　申し訳ないけれどもね。明日、「やついフェス」というフェスが渋谷で行われますので、お近くの方はよろしければ、MONO NO AWAREのライブを見に来てくださいという感じですね。

TaiTan　ぅあぁっ。ということで、MIZの玉置周啓でした。

告知をしたんだけれども。

周啓　お前、概念で言うな。中身に触れろ。

TaiTan　『奇奇怪怪明解事典』ものでいうと、六月二十九日（水）に銀座蔦屋書店で、書籍化記念鼎巻イベントの最終回ということで、PERIMETRONのアラタ&カンベ、押しも押されもせぬ二人がやってきてくれて、四人で喋ろうかなと思ってますので。良かったらチェックしてみてください。あと吉岡里帆さんの番組に出させて頂きましたけれども、そのタイムフリーがおそらく今日くらいまでなの

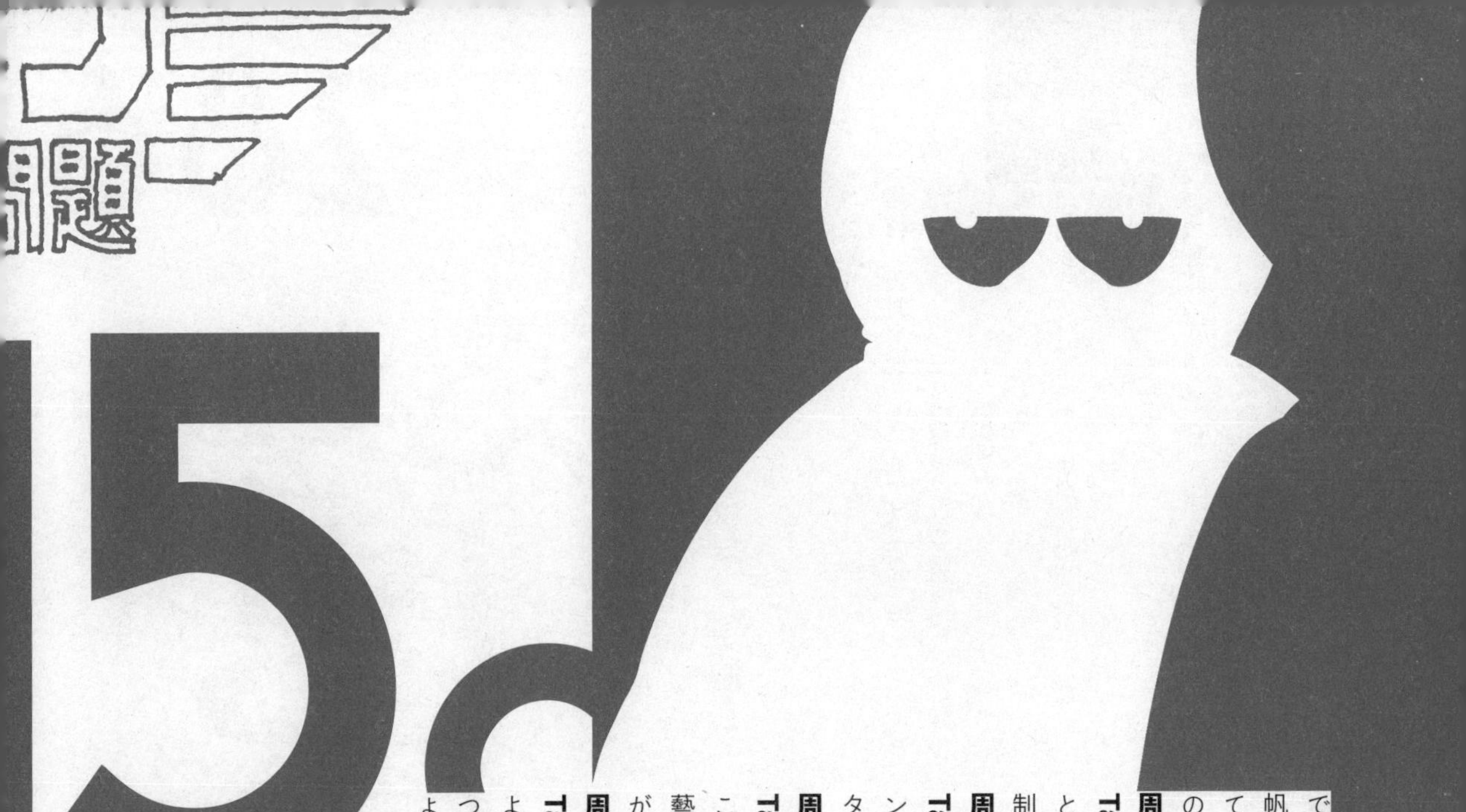

で、駆け込みでぜひ聞いて頂けたら。吉岡里帆さんが『奇奇怪怪明解事典』を褒めてくれているという、なかなかないものが聞けますので。

周啓 はい。

TaiTan 次回予告なんですが、喋りたいことが最近めちゃくちゃあって。ちょっと投票制にしてみようかなと思って。どう？

周啓 めっちゃ面白そう。

TaiTan 一個目、『はりぼて』。これアマゾンプライムで配信されている政治ドキュメンタリーですね。

周啓 面白かった。

TaiTan 面白いよね。選挙も近いですから、これの話をしようかなと。二個目、『信仰』（文藝春秋）という村田沙耶香さんの新作短編集が出て、これも面白かったですね。

周啓 『コンビニ人間』（文藝春秋）の人。

TaiTan 「人は騙されたがってる論」というような話をできるかなと思ってます。で、三つ目。おそらくこれが投票で一番になるでしょう。プロ野球振り返り。

周啓 なるわけねえだろ。

TaiTan 「前半そろそろ終わるね、オールスター前に振り返り」、という。

周啓 センスねえな、タイトル含め。

TaiTan 我らがベイスターズの今中さんがノーヒットノーランを達成して、日本ハム・ビッグボス、圧倒的最下位。

周啓 （笑）。

TaiTan というような話をできたらなと。さっきの高津臣吾の本も面白かったので。あるいは、四つ目。アマゾンプライムの、『The Boys』。

周啓 面白いんだ。

TaiTan 俺史上、一番面白い配信ドラマシリーズ。こんなに面白いものがあっていいんですか？ って思ってる。正直。

周啓 そんな？ すごいね。

TaiTan その『The Boys』と、「連続ドラマ見れない論」。この四つから選んでください。選挙の話か、カルト宗教の話か、プロ野球の話か、連続ドラマ『The Boys』の話。

周啓 まあ、野球だろうな。

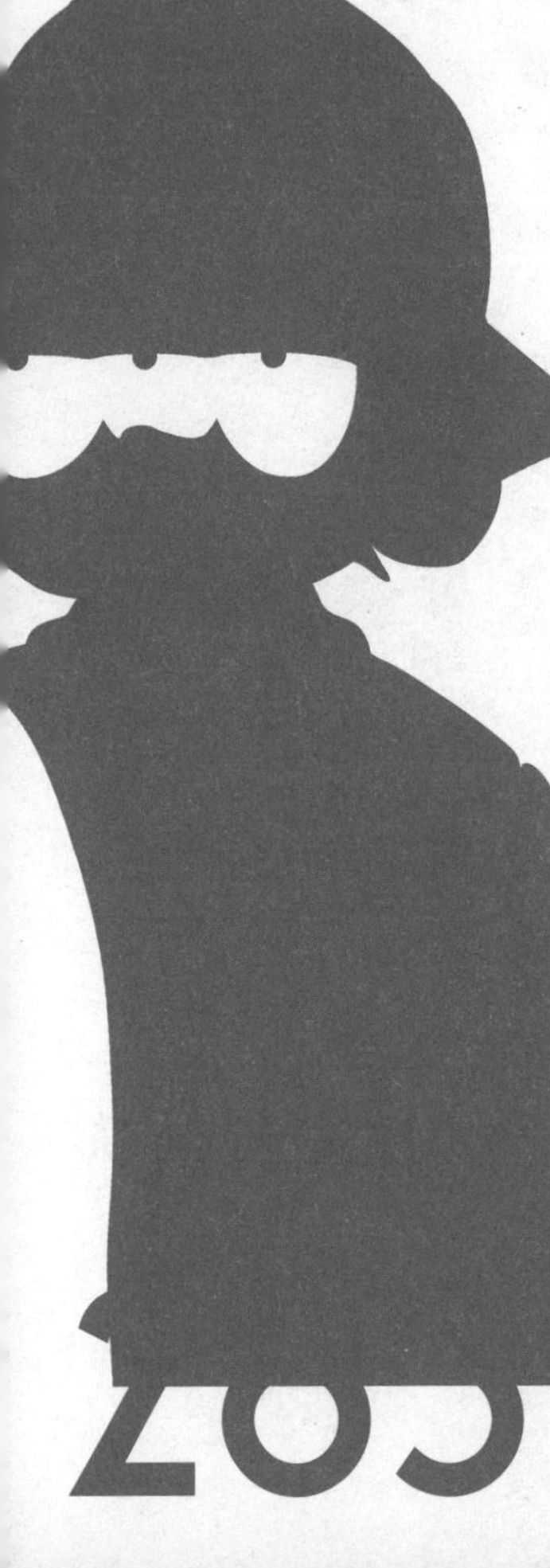

286

追いチーズと高級割烹／玉置と日暮里ザクロ

TaiTan えー、TaiTanです。

周啓 玉置周啓です。

TaiTan えー、『奇奇怪怪明解事典』でございますけれども。顔面ね。

周啓 GACKTね。

TaiTan 判断がよお前。判断が上手いということで。

周啓 ああ、年始の話。

TaiTan どう、君は判断できる？

周啓 ふざけんなお前。抽象化しすぎなんだよ。

TaiTan あれを「判断を競い合う番組」と解釈してる奴は、世の中楽しくなさそうだね（笑）。

周啓 バラエティを見なくていい（笑）。赤本でいい。でもその文脈の判断でいったら、俺はできないんじゃないかな。

TaiTan 俺も年始は見るんだよ。録画してみてる。

周啓 大好きじゃん。

TaiTan A5ランクの肉と、スーパーのちょっとした霜降り肉が出てきて、わかる自信ないね。なんでわかるの、あれ？ これ純粋に楽しみすぎてるのか。ある程度の仕込みはあるのかな。

周啓 アイマスクの裏に、蛍光塗料で答えが書いてあるんじゃない。

TaiTan ……そういう話もあるよな。

周啓 （笑）。話題の判断を間違えましたけれども。

TaiTan 自分でもできるなってものは何かあるかな。盆栽とかヴァイオリンの音色とかも……。どう？ 君が判断できるのは？

周啓 ナットとか。

TaiTan 君、出自がナットなの？（笑）

周啓 じいちゃんが大工だったからね。でもわかんないな。楽器も無理だと思う。ギターでも十万のギターだ、百万のギターだというのはあるからさ。「音がいい」とかみんなが言ってるのを見て、寂しくなるもん。「わかる側の人なんだ」と。でも要は、耳慣れだと思うんだよね。一流のヴァイオリンを聞いた

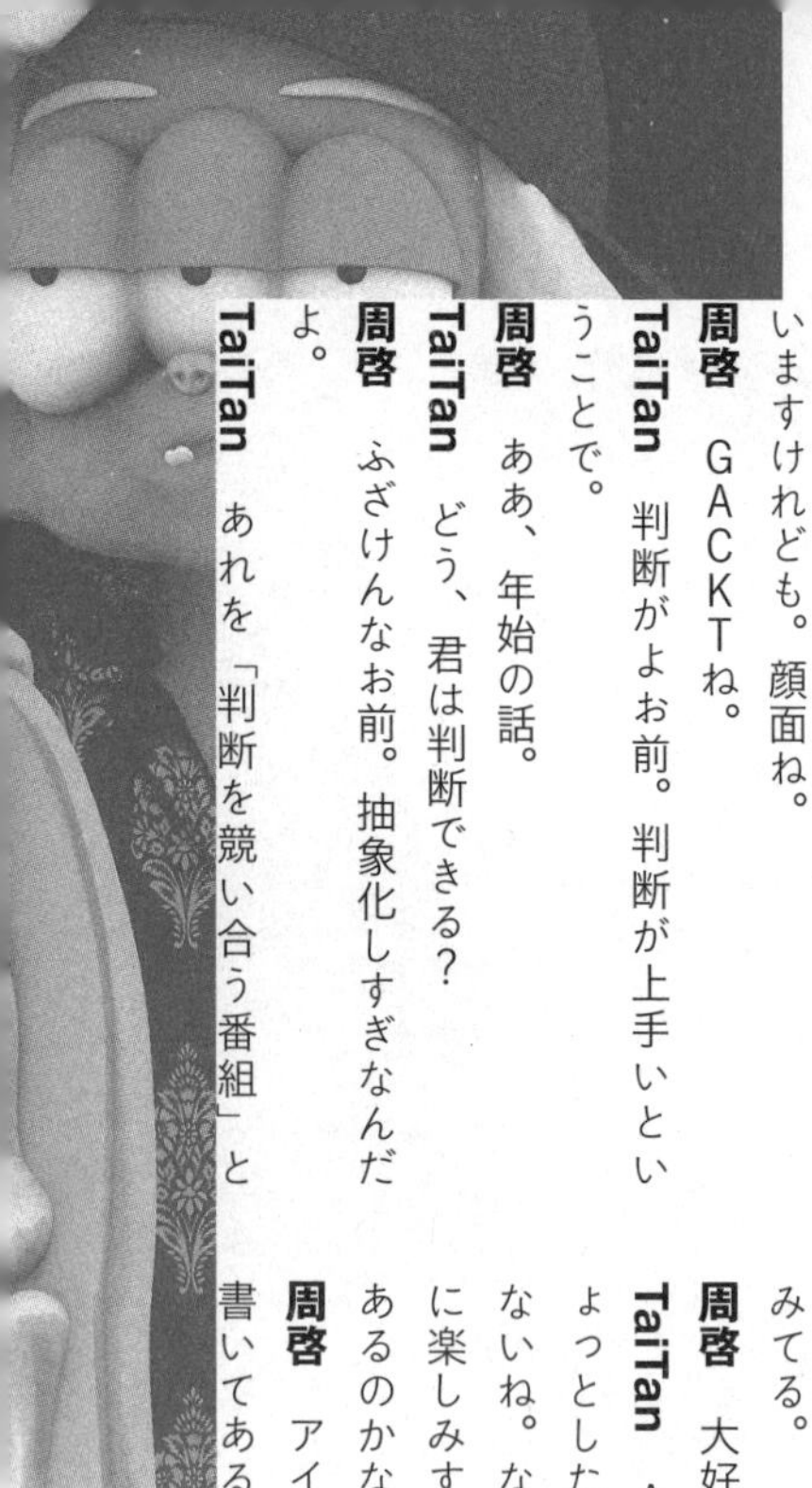

1106

ことがないのに、違いがわかるわけないじゃん。

TaiTan　センスって量の蓄積だからね。

周啓　その結果だもんね。肉も、場合によっては「脂っぽすぎて高級肉とか無理だわ」という人もいるじゃん。

TaiTan　めっちゃわかるわ。ときどき祝い事とかで、目の前で一枚肉を焼いてくれるでおなじみのすき焼き屋に行くこととかあるじゃない。

周啓　あるわ。

TaiTan　あれ、全部食った後、「一枚でいいわ」と思う瞬間ない？「追い肉しますか？」とか言われて、祝いの席だし気まずくなりたくないから「ぜひぜひ」とか言うんだけど、ほんとは「いらないなあ」と思ってる。

周啓　ちょっと待って、店員さんが目の前で焼いてくれるような店でも「追い肉」とか言われんの？ お前、嘘ついてるだろ。

TaiTan　「追い肉」は食い放題二九八〇円の店じゃないとないか。追いチーズはトッピング別料金とか、ないの？（笑）

周啓　追いチーズすんな。高級料理屋はチーズを置いてないんだよ。肉と割り下でやるんだよ。キムチとかチーズは足さないんだよ。

TaiTan　追い〇〇で一番テンション上がるもの、何？ TikTokとかで「イクラをやたらと盛ってくれる話題のお店に行ってみた！」みたいな動画を見るといいですねと思うけど、あれを超えるものに出会ったことないな。どう？

周啓　うーん……ハチミツ？

TaiTan　どう？

周啓　まあ地味だけど、俺は和光というトンカツ屋が好きでさ。あそこの追いキャベツが地味に好きなんだよ。なんか嬉しいんだよ。みずみずしくてさ。

TaiTan　なるほど、実はそういうのでいいっていう説ね。それでいうと、追いイクラより上あるわ。昨日行った、祖師ヶ谷大蔵のスリマンガラムっていうお店は、皿が出てこないんだよ。

周啓　ええっ。

TaiTan　バナナリーフが配膳されて、店員さんに「バナナリーフの使い方わかりますか？」って聞かれて。自分でバナナリーフを

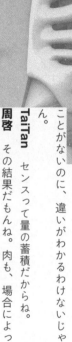

拭かなきゃいけないんだよ。

周啓　めんどくさっ。

TaiTan　本題に戻ると、めちゃくちゃ追い豆とかしてくれるんだよ。

周啓　だから拭くのか。バナナリーフに直で置くからね。

TaiTan　そうそう。大鍋を持った店員さんが巡回していて、「いりますか?」って。それはテンション上がるね。

周啓　そういう、置いてもらう喜びはあるよね。西日暮里にザクロっていうトルコ料理屋があって、大学が近かったからよく行ってたんですよ。そこがよくやるのが、追いザクロね。

TaiTan　ほんとのザクロ?

周啓　トルコ料理って、干しザクロが有名らしくて。それが永遠に足されるわけ。怒らないとそれが止まらないんだよね。

TaiTan　あのトルコ料理屋っていうか、いろいろ混ざってるところね。椅子がないところでしょう。行ったことあるよ。あれびっくりするよね。

周啓　どうだった?

TaiTan　店員さんのフレンドリーさがヤバい。「おいお前、ヒゲ!」って言われたもん。

周啓　覚えてるよ、アリね。俺は入った瞬間、「お前帰っていいよ」って言われたことがあるから、お前だな、ほぼ(笑)。

TaiTan　あ、そう。ブラックボックス店じゃん。

周啓　でもその店長のアリには一回誕生日を祝ってもらったことがあって、けっこう縁があるところでね。人が出てるといいよな、飯だけじゃなくて。

TaiTan　そうだな。追いイクラよりも、やっぱ属人的なサービスの方が嬉しいですね。

16

『脳盗』に込めたメッセージをどうぞ／『フォビア』再び

TaiTan　ということも含めてね。とうとうこの後、TBSラジオ『脳盗』の収録に行くんですよ。どう?　お前。それにこめた、君なりの社会的メッセージは何かある?

周啓　せめて収録後に聞くんだよ。行く前からメッセージ決まってる奴はダサいだろ。

TaiTan　意気込みを教えろよ。

周啓　意気込みなんかねえよ(笑)。

TaiTan　意気込みがないはまずいだろ(笑)。

周啓　地下鉄から、ほとんど直接屋内に入れるのが嬉しいなと思ってるよ。

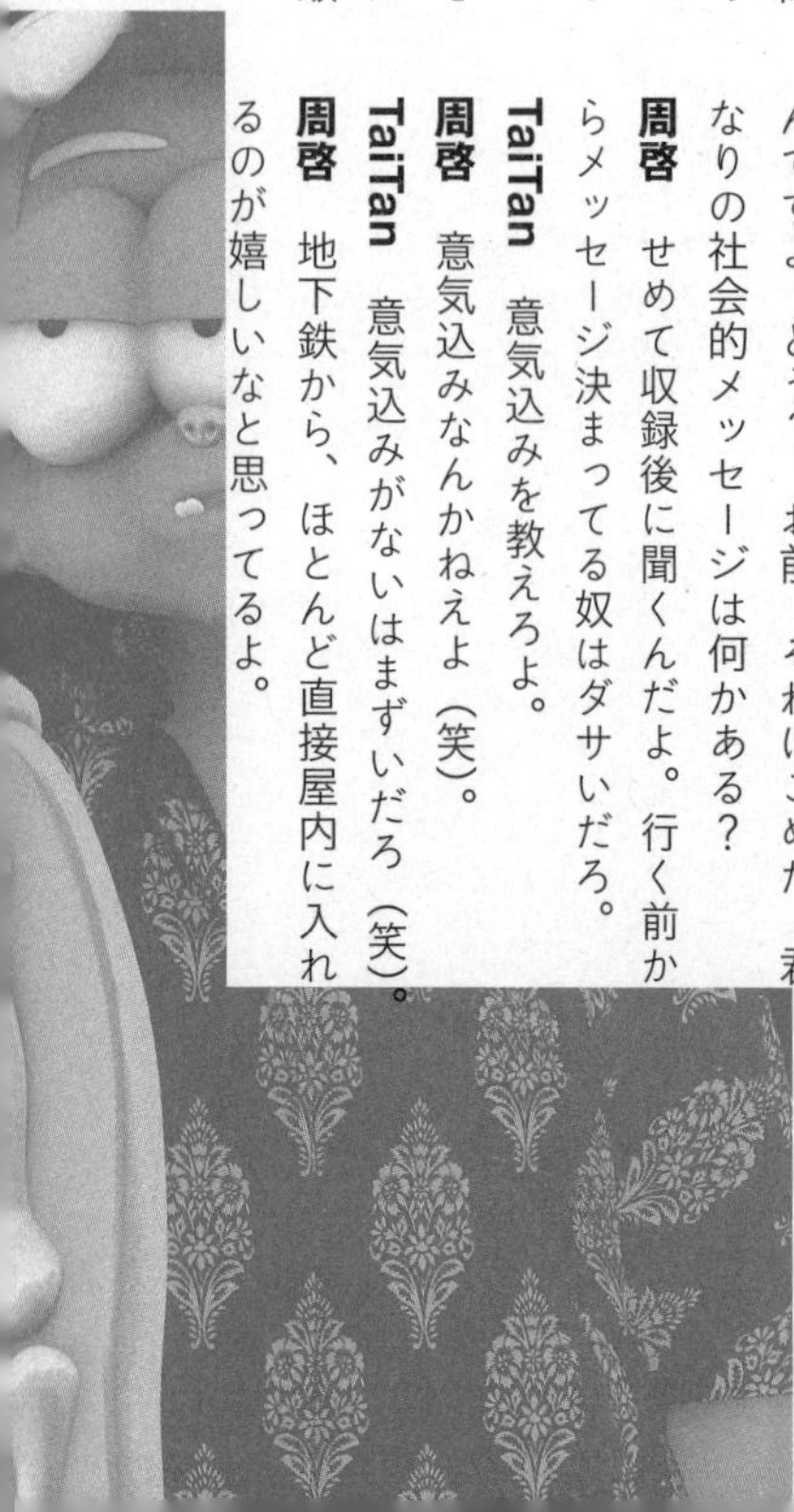

TaiTan　お前、TBSラジオでスカすなよ。お前なりのメッセージを頭のなかにしたためてやってほしいわけよ。

周啓　でも十分という短い時間なので、その時間を有効活用する形で、まあおそらくポッドキャストよりも言葉遣いとかも多少は気にしなくてはいけないわけでしょう。そういうものとの闘いになってくるだろうね。

TaiTan　つまんねえなお前は。まともなこと言うな！

周啓　なんなんだよお前。AもBも選べない。

TaiTan　じゃあメッセージは特にないのね？

周啓　お前、こういうのが百くらい貯まったらちゃんと訴えるからな。じゃあお前の意気込みを教えろよ。

TaiTan　君が言った通り、番組は十分しかないわけですよ。だから、テーマをギュギュギュッと絞って考えなきゃいけない。で、私考えました。基本的に、全五回は「笑い×ホラー」というテーマで通底させようかなと思ってるんでございますと。これを聞いてくれている人たちには先出しをするんですけど、七月一日の初回放送は、この『奇奇怪怪』でも一度取り上げました『フォビア』という漫画について喋ろうかなと思ってます。これでリスナー諸氏の時間を奪っていこうと。これは恐怖症の話で、ちゃんと語り甲斐があるテーマだと思ってるので、もしかしたら『アフター6ジャンクション』の皆々様からも、何かしらコメントがあるかもしれない。

周啓　そこがまた面白いところですよね。

TaiTan　そのプレトークとして、「恐怖症×今っぽいテーマ」というところで俺が気になったのは、顔面加工アプリなんだよね。

周啓　それって、SNOWみたいなこと？

TaiTan　まあそうだね。こないだテレビを見てたらさ、「顔面加工アプリを使いますか」という質問に対して、濃淡はあれど、「使う」と答えた若者が約七〇パーセントを占めていたと。これはすごいことですよ。君はどう？使ってる？

周啓　使ってないよ。お前使ってる？

TaiTan　俺は使わないよ。俺らみたいなもんは。

周啓　もう加工済みだもんな。

TaiTan　まあほとんどそうだな。俺らみたいな人間だと、衒《てら》いもあってなかなか使わないけど、今のもうちょっと若い世代からすると、顔面なんて加工するのが当たり前なんだという感覚らしいんだよね。そこからの派生として、ようやく恐怖症の話になっていくんだけど、最近醜形恐怖症というのが問題になってるんだよ。これは何かというとさ、「自分の顔面が、顔面加工アプリで加工済みの顔よりも劣っていると認識するのが辛くて、自分の顔を傷つけちゃう」という恐怖症なんだって。

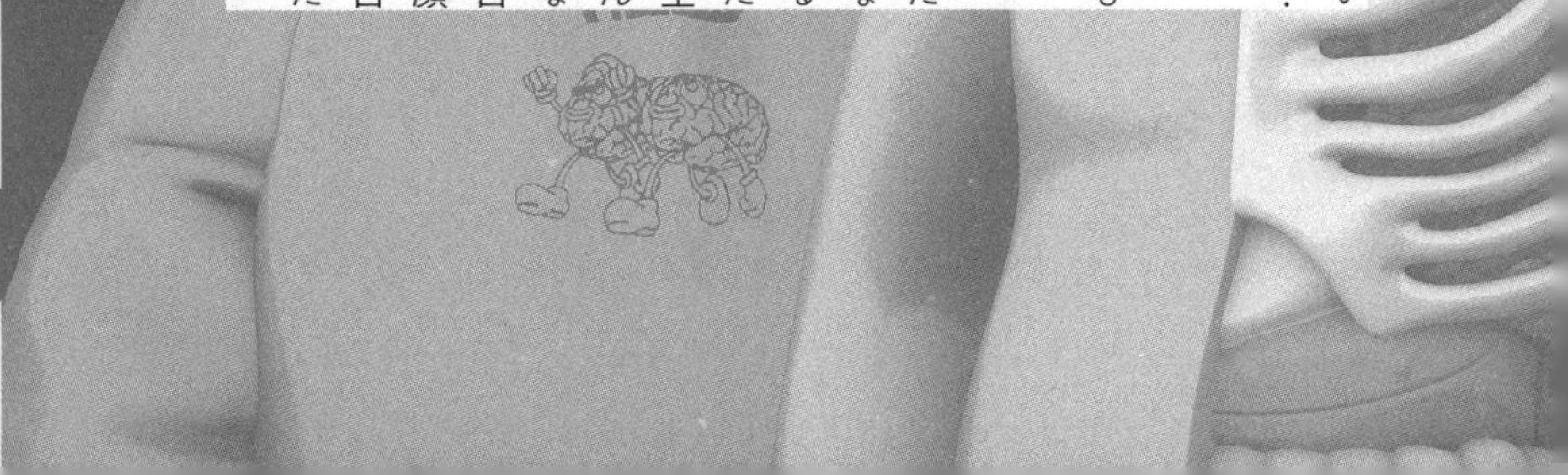

周啓　ええっ。逆転するんだ。加工した顔が自己認識に直結しちゃって、元の素材の部分が怖くなってしまうということね。

TaiTan　そう。鏡とかを見て、「うわ、マジか俺」ってなっちゃって、頬を爪でガリガリやってしまったりさ。だからほんとに、白雪姫みたいな世界ですよね。

周啓　「鏡よ鏡」ね。でもアプリがなくてもその欲求はあったよね。何かと比べて、自分の顔にはこれが足りない、みたいな。今はさすがにないけど、中学校くらいのときはめっちゃ思った。俺なんてニキビが多かったから、よく妄想してたのは、怪人二十面相みたいにこの皮膚を剥がして、下からツルツルのが出てきたらいいのになと思って、耳の下の皮膚に手をかけたことが幾度かあったね。

TaiTan　お前の皮膚には切り取り線が入ってるからね。公的書類だから。

周啓　ふざけんな。なんで取り替え可なんだよ。

TaiTan　「切り取り線こちら」じゃないなのね？　じゃあいいよ別に。

周啓　なんだお前。でも切り取り線があったらいいなと思っていたくらい、当時のコンプレックスはたまんないものだったから。小池徹平をぶん殴りたくてしょうがなかったよ。

TaiTan　「わかるわかるよ君の気持ち」じゃないんだよと。もう『ROOKIES』じゃんお前。校庭で泥まみれになりながら、「お前にはわかんねえんだよ！」って。

周啓　（笑）。「皮膚科行きてえか！」って。

TaiTan　全員野球で皮膚科を目指す、監督の選手へのモチベーションの上げ方が特殊過ぎる野球部の話ね（笑）。

周啓　時代が時代だったらあり得たぞ。プロアクティブと『ROOKIES』が結託して。

TaiTan　野球やって泥だらけになった選手たちが、終わった後化粧水とかでピタピタ保水とかしてる、プロアクティブのタイアップCMね。「そのエピローグいらないんだけどな」って多くの野球少年が思うよな。

美容系高校球児／「マンマミーヤ！」と煮

周啓　でもいたけどね。野球が上手い奴ほど美意識が高くて、誰よりも先に洗顔してたり。

TaiTan　実は今、そういう時代なのかもしれないね。

周啓　美容ではないけど、今の高校球児はマウスピースしてるしね。俺らのときはなかったけど。

TaiTan　それちょっとおもろいね。野球×美容みたいな、「泥だらけだけが高校野球じゃない」という、クールなハンカチ王子2・0みたいなのが主人公の漫画。これ誰か書い

110b

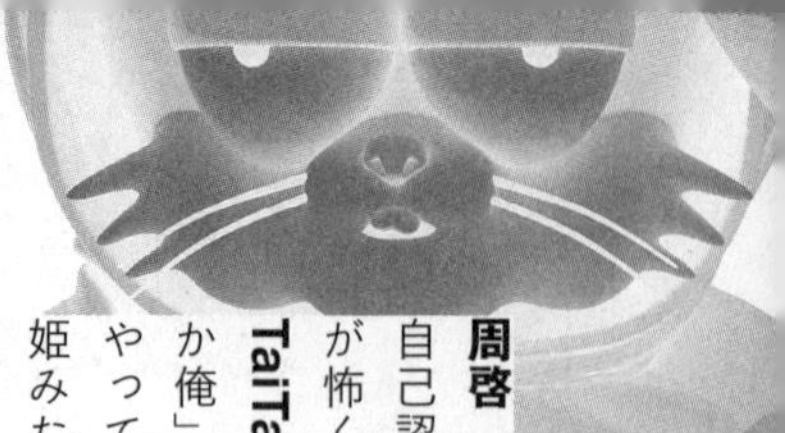

てください。

周啓　なんなんだよお前（笑）。でもウケそうだけどね。

TaiTan　「そういうの、もうよくないすか」という価値観のなかで勝ち上がっていく主人公たち。いいね。応援したくなる。

周啓　いいね。それでいうと、前に言った『おれはキャプテン』は近かったけどね。権威をバカにしながら、仕方なく甲子園に出て勝っていく、みたいな。

TaiTan　「スライディングとかダサくないですか？」みたいなタイプの主人公。これはいいですよ。

周啓　思い出したな。高校のとき既に曲を作ってたから、野球も最初は入りたくなかったんだよ。なぜなら声を出さなきゃいけないからさ。歌は裏声を出すから、声が枯れたらしまいだなと思ってたわけ。

TaiTan　うんうん。

周啓　でも野球の魅力にも駆り立てられて、入ったはいいけどやっぱり声を出させられるわけよ。「オイ！」「オラァ！」って。でも俺は家帰って曲作るとき裏声が出るかどうかが気になりすぎて、声出しした後、後ろ向いてちっちゃい声で「アー、アー」って裏声を出してみて、「よしまだ出る」って思いながら練習してたんだよな（笑）。

TaiTan　（笑）。めちゃくちゃいい話じゃん。その結果生まれたのが、「〽君の自慢の料理を煮る〜」だと。

周啓　煮ないんだよ（笑）。「見る」なんだよ。お前、あんまり替え歌すんな。ライブに実害が出てるんだから。MIZのライブを見た後に、「今日も『魚卵』聞けました」って言ってる人がいるんだよ。

TaiTan　それはそいつが悪いな。リテラシーがなさすぎる。

周啓　（笑）。お前の強気も大概にしろよ。誰が人が作った自慢の料理を煮なおすんだよ。

TaiTan　「今日ローストビーフ丼作ったんだ」って言った彼女に、「〽君の自慢の料理を煮る〜」って和風だしで……（笑）。

周啓　「じゃあこれ煮るね」って。煮ないんだよ。

TaiTan　煮ろよ！

周啓　なんなんだよ。ダメだろ。国際結婚で刺身が怖くて焼き直すとかだったらまだ異文化としてわかるけど……（笑）。

TaiTan　まだ理解の入り口に立てるけど、ローストビーフ丼を……（笑）。

周啓　パートナーはどういう顔してそれを見

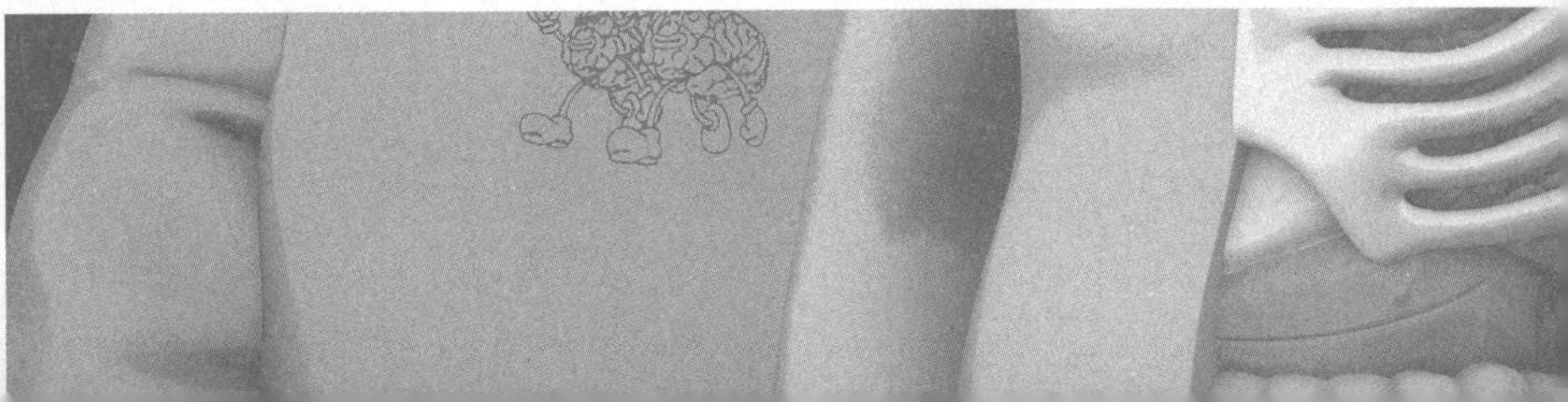

ればいいんだよ。

TaiTan　そういう漫画も、誰か作ってください。全部もう一回火を通し直さないと気が済まない人の話。

周啓　『茹でんぼ』ね（笑）。「俺がもっと柔らかいものを見せてやりますよ」って。

TaiTan　強キャラの台詞ね。「それが君の『煮』かい？」って。第一声で「強キャラだ」ってなるやつ。

周啓　「それで煮たつもりかい？」って。

TaiTan　「煮」界の強キャラも出てくるだろうね。

周啓　それ面白いな。煮もの料理専門漫画。それちょっと面白いな。YouTuberっぽいし。すべてを煮て、しかもちゃんと美味しく食べさせる奴が主人公。

TaiTan　そしたら主題歌は「マンマミーヤ！」ですよ。

周啓　ふざけんな。替え歌なんだよ、だとしたら。

TaiTan　書き下ろしたら？

周啓　『ハケンアニメ！』を見た以上、そういうこともやらないと。人に伝わるってそういうことだから。

TaiTan　いいな。今日、二つも名作が生まれたね。美容系野球部と、「煮」専門のバトル漫画。というようなことも含めてね。面白い話が明日できればいいなという気持ちでいっぱいです。

周啓　なんの話だっけ。煮物？

TaiTan　「恐怖症」の話（笑）。でもそういう恐怖症だってあるかもしれないよね。煮ないと気が済まない、とか。ということで、明日七月の一日の十七時五十分から一八時の約十分間ですが、『脳盗』で我々二人がデビューしますから、ぜひ聞いて下さい。荘子it君のジングルも、ついに〆切二時間前に上がってきましたが、これがかっこ良かった。

周啓　いいね。

TaiTan　という感じでございますかな。顔面加工の話は、もう一回できるな。

周啓　たしかに（笑）。まったくしてないな。

TaiTan　なぜこうなってしまうんでしょうか。ほんとは、最近『新写真論』（ゲンロン）という本を読んで、そこに「スマホ以降の顔について」という項目があって、その話もしたいのでどこかでやります。俺の「どこかでやります」シリーズね。一回もやったことがない。

周啓　イントロだけできた曲を聞かされ続けてる感じだね。

TaiTan　そういうことだね。聞きたい人がいたら、リクエストを送ってください。TBSラジオ『脳盗』、明日ぜひ聞いて下さい。なんとか初回、けっこう聞かれたなという情報で、上層部の方が「こいつら意外といいじゃない」となることを期待しておりますので。僕らが大スベりするのか、意外とTBSラジオの文脈に乗れるのか、そこら辺を確かめてほしいなと思います。ということで、ありがとうございました。

周啓　よろしくお願いします。ありがとうございました。

モノ・ノ・アワレ

MONO NO AWARE

◆切掛

二〇一九年、ウェブメディア・CINRAが主催する『CROSSING CARNIVAL』に出演するにあたり、幾つかのミュージシャンにフィッシュマンズのカヴァーを頼んでおり、MONO NO AWAREもそれを受けてくれないかと打診があった。フィッシュマンズは好きだが、当時同じように声をかけられていた名だたるアーティストの並びを見るにつけ、俺たちがカヴァーすることには些かの抵抗があり、魚違いで「およげ！たいやきくん」を提案した次第である。▼当時はくだらない洒落のつもりだったが、俺はいつも事後にそれを調べる癖があり、イベント後にこの曲について調べた。すると、ただ幼少期に聞いた鮮烈な曲という印象しかない曲であったが、大人になって歌詞を読んでみると示唆的な表現に溢れているではないか。▼七五年発売であるこの曲は「華の経済成長と引き換えにブラック企業や根性至上主義が蔓延る時代における、会社を飛び出し自由な世界を希求するサラリーマンの哀歌である」という古い記事をネットで見つけた。そして、七五年当時の世相を反映していると言いながらも、いまだ社会情勢や働く人々の置かれた環境は殆ど変わらないのではないかと思われた。

◆背景

それは高校生時点の俺が既に抱いていた感覚であり、「井戸育ち・駈け落ち・東京・轟々雷音・普通のひと・LAST・異邦人」といった楽曲にはその感覚を反映させてきた。その中でも「駈け落ち」「LAST」の2曲は、現状に窮屈した人間が自由を求めて外界へ飛び出すものの結局"外界"などというものは幻想だったことに気づく、ということをテーマに据えた曲である。▼この不条理について描くに至ったのは、福田恆存の「人間・この劇的なるもの」を読んだからである。「人は常に自由を求めながらも、実は他者との関係や、何かしらの環境・外圧の中で生きることを欲していて、それは普遍である」という旨の主張がまとまった本であり、俺はそれを読んで自由への欲求の解像度がより高まるという興奮を体験した。▼俺たちは生きていかなければならない。無論生きる理由を見失うことはあれど、そこで悩んだ先には常に生があるべきである。自由になりたい、死にたい、にも関わらず、常に生という用意された環境に引き戻されてしまう感覚。それを肯定すべく作った曲が幾つかあったということである。

◆社会

奇しくも、近年はさらに貧富の差が広がっていると言われる。その貧富は、金に限らない。あらゆる分野においてリッチマンは高説を垂れ、プアマンも一攫千金の機会を持つ時代であることには変わりない。しかしそのどちらでもない中間層は、ただただリッチに羨望の眼差しを向けながら同時にプアに落ちることを恐れ生きている時代と認識している。日本において最も人口の多いマジョリティと言われる集団は、何よりこの中間層であり、俺もその一人である。▼だからこそ、俺は中間層がどう振る舞うかについて常に興味がある。ヤンキーでもなければ優等生とも言えない普通の人間、特殊な環境に生まれたわけでもなければ社会に無関心でいられるほど余裕がないわけでもない人間、先生に「お前は大丈夫だ」と放っておかれながら裏でコンプレックスと不安を育み続けた人間。金ではなく、いわば個性のようなものによって分断されてしまった層。▼そんな人間が、どう生きるのか。この情報・刺激過多の時代においてバズ教養の一つもないただの肉体が、膨らんだ自意識を踏み台にどこまでの精神的高みに上れるものか。何より気掛かりなのは、物見櫓から他人の人生を観察している俺自身の卑しさである。だから何某かの表現に没頭すること、もっと言えば他人に干渉し外圧を与え、また与えられることを欲した。▼端的に言って、中間層は真剣に生きていない。少なくとも俺は真剣に生きてこなかった。どこか宙ぶらりんで、没頭できない。ただの風見鶏である。自意識が、俺を屋根の上でくるくると廻らせる。

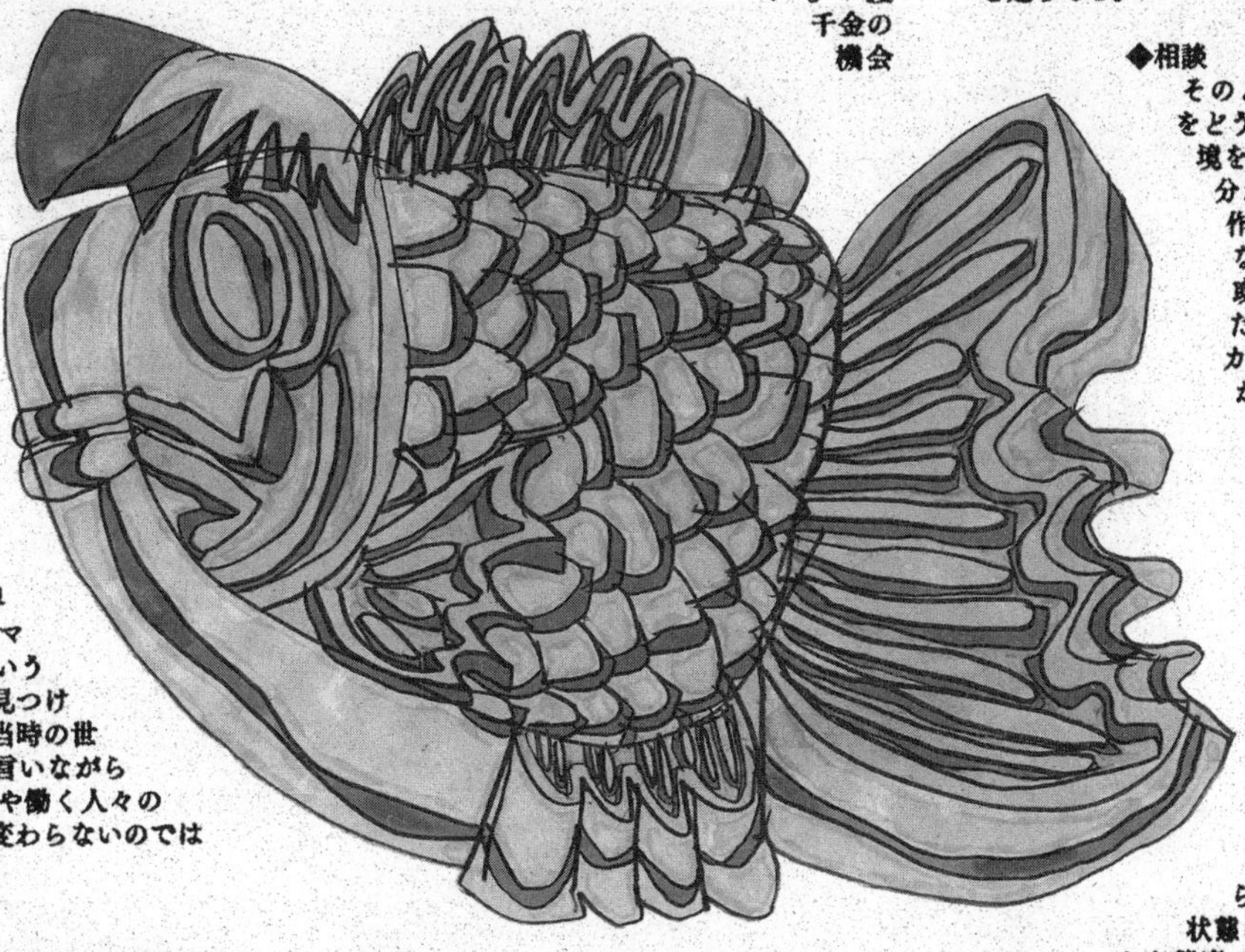

◆相談

そのような人間が、自由をどうぞと言われて制作環境を与えられたとて、自分が愛せるような曲を作り続けることはできない。困った俺は、或る人に相談をした。曲ができないのでカバーをしようと思うが、何かいい曲はないか。その人曰く「ただの名曲ではなく、世間でうっすら忘れられている曲をカヴァーしたらいい」と。これには胸を打たれた。それは、アイデアが面白いからなどという安易な理由でなく、そこに中間層の姿を見たからである。▼「うっすら忘れられている」という状態は、没頭からかけ離れた態度であるし、構造上、中間層はいつもうっすら忘れられている。無論それは楽曲の質を侮る意味にあらず、むしろ質の高いのに見過ごされているようなものを掘り起こすということである。▼では、有名にも関わらずうっすら忘れられている曲にスポットを当て、それに込められた意味性、社会性を引き出すべきではないか。それこそが、俺が渇望していた、俺も含めた中間層の生き方に干渉していくということではないか。▼そのような経緯で、俺は伝説の曲の歌詞とその考察を思い出し、カヴァー音源をリリースすることに決めたのである。何より、俺のような人間が没頭できる数少ない行為が、音楽だったから。

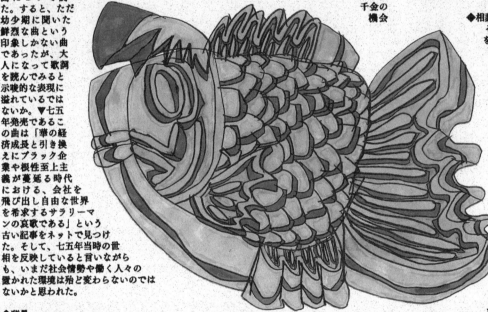

放送×用語と脳盗

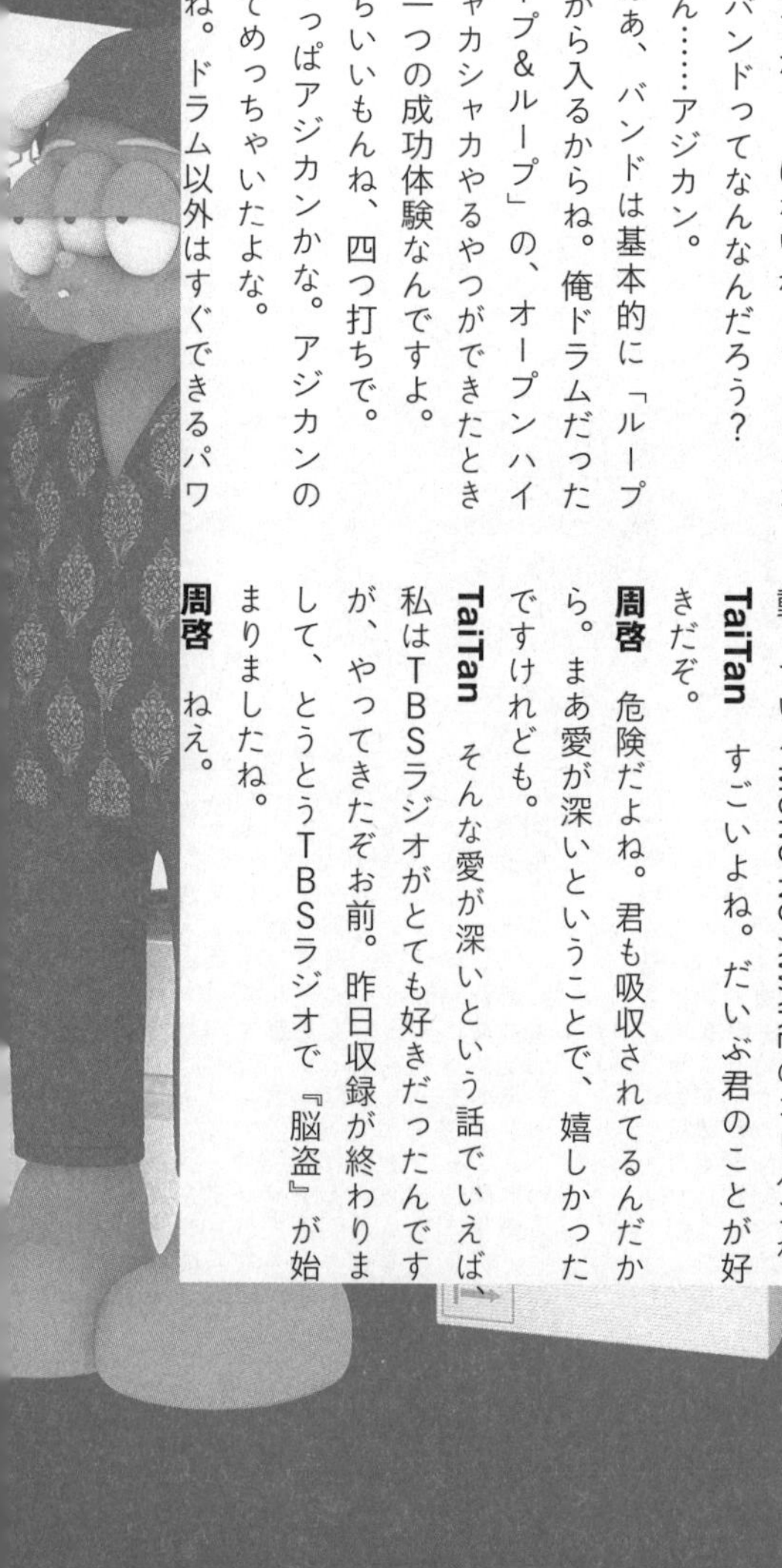

コピバン問題／キッザニアのラジオDJのブース

TaiTan　えー、TaiTanです。

周啓　玉置周啓です。

TaiTan　えー、『奇奇怪怪明解事典』でございますけれども。『脳盗』ね。

周啓　nobodyknows+ね。

TaiTan　憧れがよお前。

周啓　憧れだよね。

TaiTan　憧れなのか？　ギリギリのところだよね。

周啓　でもすごい聞いたけどね。

TaiTan　当時nobodyknows+のコピバン見た？

周啓　コピバンとかできるレベルじゃないんだよあれは。トラックだから。RIP SLYMEをバンドでやる奴いないだろ。

TaiTan　メンバーの担当分けで揉めるもんね。「ギターやりたい」とか言う奴いたら。

周啓　「じゃあお前がSUで、PES、ILMARI、お前がRYO-Z。で、お前らがDJ FUMI-YAな」って（笑）。

TaiTan　そういういじめの構造に繋がるんだから。コピバンでモテてた奴ってなんなの？　恥ずかしいことだぞ。

周啓　そうか？（笑）カラオケでモテることと近しいというかね。「こんなに再現できるんだ」とか「こんなに自分の歌にしちゃうんだ」とか。

TaiTan　恥ずかしくはないね。もっともコピーされたバンドってなんなんだろう？

周啓　うーん……アジカン。

TaiTan　ああ、バンドは基本的に「ループ&ループ」から入るからね。俺ドラムだったから、「ループ&ループ」の、オープンハイハットとシャカシャカやるやつができたときというのが一つの成功体験なんですよ。

周啓　気持ちいいもんね、四つ打ちで。

TaiTan　やっぱアジカンかな。アジカンのコピバンってめっちゃいたよな。

周啓　そうね。ドラム以外はすぐできるパワーコードだったりしてさ。

TaiTan　ドラムは異常に難しいんだよ。「ブルートレイン」がね。

周啓　あれね。俺が唯一ドラムを練習したのはあの曲だったんだけど、難しすぎて諦めたね。

TaiTan　（笑）。難しいとこからいったんだね。MONO NO AWAREのコピバンもいたよね。

周啓　『奇奇怪怪明解事典』という名前で活動しているMONO NO AWAREのコピバンね。

TaiTan　すごいよね。だいぶ君のことが好きだぞ。

周啓　危険だよね。君も吸収されてるんだから。まあ愛が深いということで、嬉しかったですけれども。

TaiTan　そんな愛が深いという話でいえば、私はTBSラジオがとても好きだったんですが、やってきたぞお前。昨日収録が終わりまして、とうとうTBSラジオで『脳盗』が始まりましたね。

周啓　ねえ。

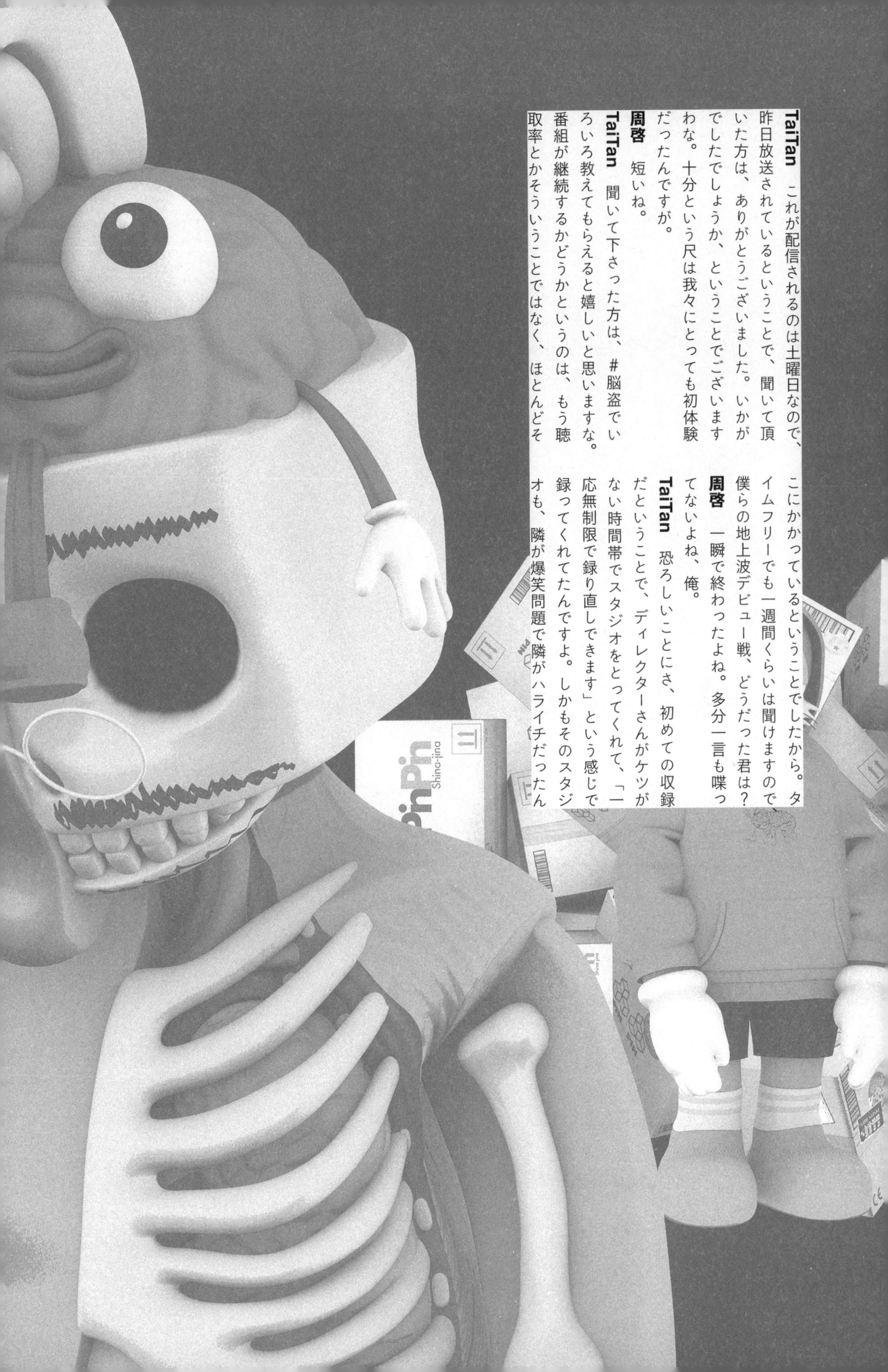

TaiTan　これが配信されるのは土曜日なので、昨日放送されているということで、聞いて頂いた方は、ありがとうございました。いかがでしたでしょうか、ということでございますわな。十分という尺は我々にとっても初体験だったんですが。

周啓　短いね。

TaiTan　聞いて下さった方は、#脳盗でいろいろ教えてもらえると嬉しいと思いますな。番組が継続するかどうかというのは、もう聴取率とかそういうことではなく、ほとんどそこにかかっているということでしたから。タイムフリーでも一週間くらいは聞けますので僕らの地上波デビュー戦、どうだった君は？

周啓　一瞬で終わったよね。多分一言も喋ってないよね、俺。

TaiTan　恐ろしいことにさ、初めての収録だということで、ディレクターさんがケツがない時間帯でスタジオをとってくれて、「一応無制限で録り直しできます」という感じで録ってくれてたんですよ。しかもそのスタジオも、隣が爆笑問題で隣がハライチだったん

放送✕用語と脳盗

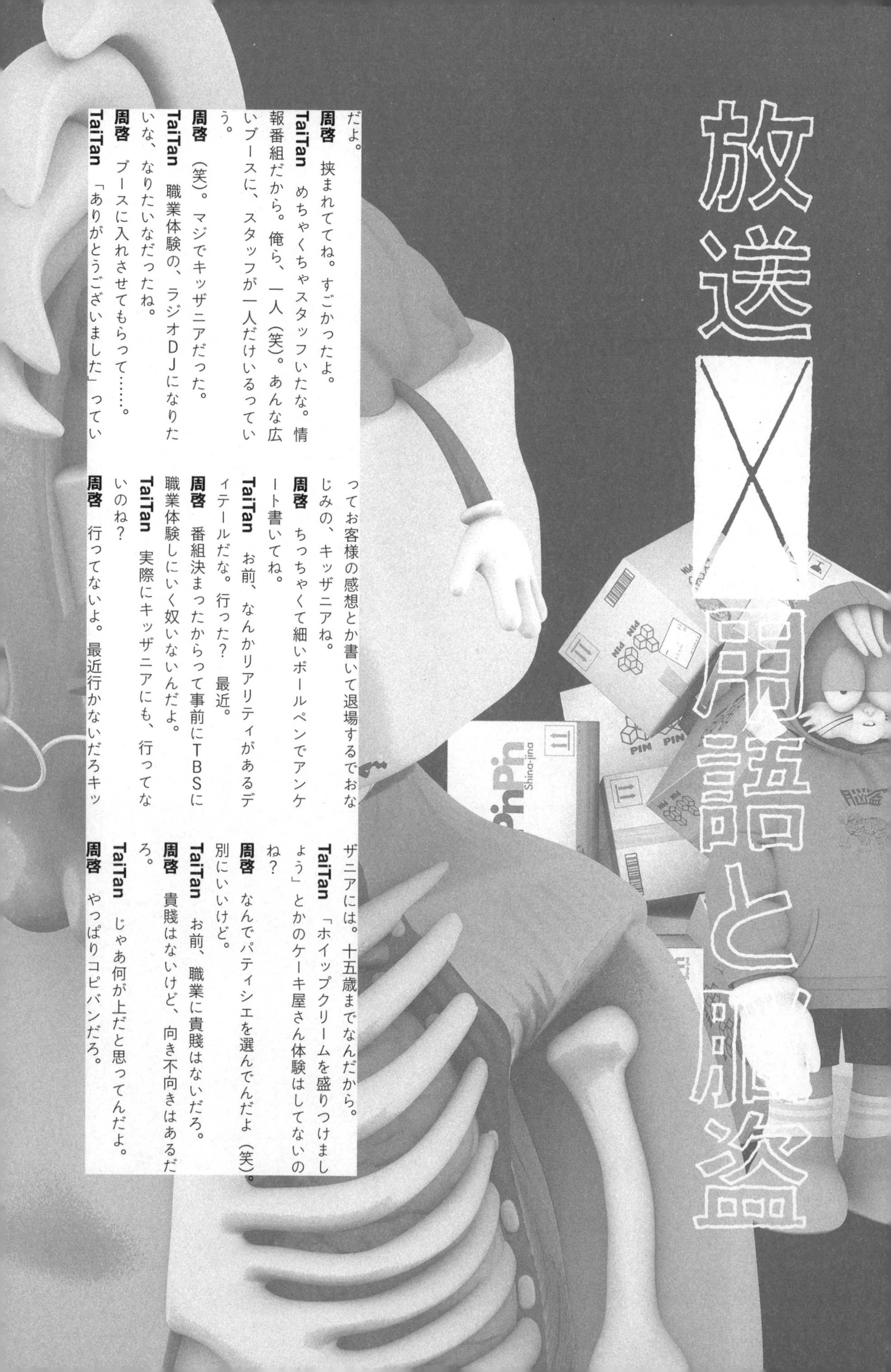

だよ。

周啓　挟まれててね。すごかったよ。

TaiTan　めちゃくちゃスタッフいたな。情報番組だから。俺ら、一人（笑）。あんな広いブースに、スタッフが一人だけいるっていう。

周啓　（笑）。マジでキッザニアだった。

TaiTan　職業体験の、ラジオＤＪになりたいな、なりたいなだったね。

周啓　ブースに入れさせてもらって……。

TaiTan　「ありがとうございました」ってお客様の感想とか書いて退場するでおなじみの、キッザニアね。

周啓　ちっちゃくて細いボールペンでアンケート書いてね。

TaiTan　お前、なんかリアリティがあるディテールだな。行った？　最近。

周啓　番組決まったからって事前にＴＢＳに職業体験しにいく奴いないんだよ。

TaiTan　実際にキッザニアにも、行ってないのね？

周啓　行ってないよ。最近行かないだろキッザニアには。十五歳までなんだから。

TaiTan　「ホイップクリームを盛りつけましょう」とかのケーキ屋さん体験はしてないのね？

周啓　なんでパティシエを選んでんだよ（笑）。別にいいけど。

TaiTan　お前、職業に貴賤はないだろ。

周啓　貴賤はないけど、向き不向きはあるだろ。

TaiTan　じゃあ何が上だと思ってんだよ。

周啓　やっぱりコピバンだろ。

TaiTan　コピバンは、下の下だろ。頑張ってくださいという話だろうが、他人の曲なんだから（笑）。何を気持ちよくなってんだと。

周啓　そこまでコピバンを槍玉にあげる必要もないだろ。

TaiTan　ないな。そこから大成する人もいますから。というかだいたいそうですからね。

周啓　俺だってやってたんだから。まぁキッザニアには行かなかったけど、事前に確認してなかったから動線には困ったけどね。マネージャーもいない状態で、知らねえ奴らが……（笑）。

TaiTan　あれはほんとに、ズッコケ三人組が放送室を占拠しちゃったみたいな、「僕らの七日間戦争」的な感じだったね。

周啓　冒険譚だったよあれは。受付の人もすごいよな。知らねえ二人に「どなた様ですか？」とか言わずに「お名前を頂戴します」って。

TaiTan　『TaiTanと玉置周啓です』って、誰なんだよ！」って言ってたもんね。

周啓　言ってた、小っちゃい声で（笑）。

TaiTan　ツイートしてたと思うよ。「マジで誰なんだよこいつらって奴来たんだけど」って。

周啓　それはもう、アウトだろ（笑）。でもたしかに、ツイートしてからキーを渡されてたよね。「あ、ちょっと待ってください」ってフリック入力してから（笑）。

TaiTan　プロツイッタラーね。「今この状況だいぶ面白いんで、一回こっち優先させてください」って。知らねえ奴が二人来て、一人はグラサンをかけていて、なんか、ぶっていると。

周啓　そんな受付ではなかったんだけれども、あれは怖かったね。名前を言って、入れるんかいという。

張っ倒すぞ問題／リテイクの気まずさ

TaiTan　なんの話からこうなったかというと、君は全然話した記憶がないと言ったけど、それもそのはずで。時間無制限でスタジオをとってもらったわりには、これすごいと思うんだけど一発OKだったんですよね。

周啓　ね。すごいことだね。

TaiTan　ディレクターさんも「これもう全然良くないですか？」という感じで終わったので、喋ることはそんなになかったという（笑）。

周啓　そうだね（笑）。俺はもう終わった直後から、「あそこはもうちょっとちゃんと話せたな」とかいろいろ反省点が出て、二テイク目で頑張ろうとか思ってたんだけど、速攻で「OKです！」って元気よく言われたから。

TaiTan　そこはなかなかひっくり返せないよね（笑）。

周啓　どこに僕がこだわっていますとかは、初めての民放のスタジオでは言えないよな。

TaiTan　所詮キッザニアなんだから。後ろの人が待ってんだから。キッザニアでめっちゃディテール細かくこだわるプロしぐさをし

てる奴がいたら、張っ倒されるからな。

周啓　お前、「張っ倒す」とか。

TaiTan　「張っ倒す」といえばさ。一発ＯＫだったんだけど、ブースを出たら「TaiTanさん、ちょっと一箇所だけ放送禁止用語が入っちゃってます」と（笑）。

周啓　もう言ってたんだもん、お前は。

TaiTan　実際の放送ではその部分は差し換えられたんだけど、俺が『奇奇怪怪』と同じノリで「てめえぶっ殺すぞ！」って、思わず言っちゃったんだよね。まあ放送禁止用語というか、「初回の放送で『ぶっ殺す』とかは、かなり心証が悪いです」と（笑）。

周啓　そりゃそうだよね。わけわかんない二人が「TaiTanと玉置周啓です」とかいって来て、いざブース入ったらいきなり「おめえブチ殺すぞ！」って。こんなことは、あってはならないわけよ。ＴＢＳは知らない奴の殺害予告を放送に乗せなきゃいけないことになるわけなんだから（笑）。

TaiTan　なんでSpotifyはよくてＴＢＳはダメなのかという、その線引きは難しいんだけど（笑）。これもいつか咎められるのかもしれないけどね。まあ公序良俗に反する発言は、多くの人が聞く公共放送においては良くないだろうと。だからその「ぶっ殺すぞ！」のところについては、俺一人で、前後の文脈に合うように「張っ倒すぞ！」っていうのを十回くらい録り直して……（笑）。演劇なんだよ、もう。

周啓　そうだな。「お前に向かって言うから、一応そこにいて」とか言われて、目の前で十パターン聞かされる俺の身にもなってほしいよ。セラピストじゃん。

TaiTan　いろんな声色と緩急つけてね（笑）。お前の気持ちは、あのとき俺もアップアップだったから慮れなかった。

周啓　気づいてなかったかもしれないけど、俺はあのとき一応、十パターンの表情を作ったんだから。傷つくパターン、ムッとするパターン……。

TaiTan　あ、そうなの？（笑）俺ほとんどもう、目をつぶって集中してたから。「張っ倒すぞ！」という台詞を与えられた役者だと思って。

周啓　そうでなきゃ俺の精神が保てなかったんだよ。あれを無表情で聞き続けるのは不可能だった。

TaiTan　そうだよね。「君もそこにいて」は良くなかったね。

周啓　そういったことも含めてね。

TaiTan　その部分だけでも、Radikoで聞いてほしいですね。

周啓　お前、十分で録り終わったのはいいけど、その後三十分「張っ倒すぞ！」の編集をしてたんだから。

TaiTan　あれはシュールだったね。なんだよ、「張っ倒すぞ！」のオンリーって。その後の君の発言も微妙に整合性がとれなくなっちゃってるから、「張っ倒すぞ！」バージョンの君の受けの一言も録って……（笑）。

周啓　俺でさえ二パターンは録ったからね。一個やった後に、「あ、もうちょっと元気な

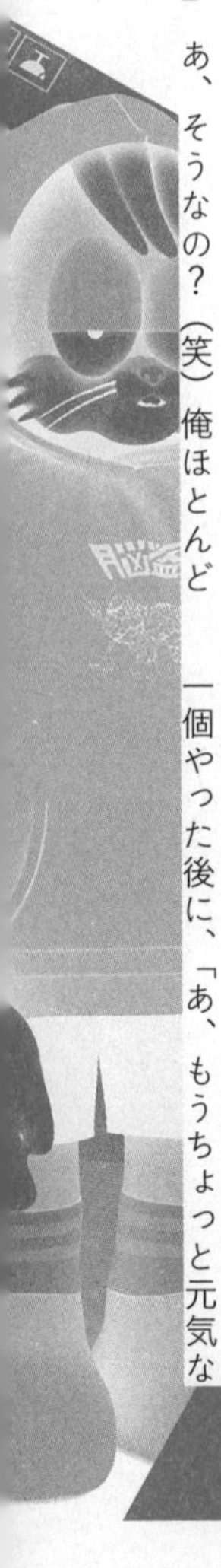

パターンもお願いします」って言われて。

TaiTan　CMなんだよ、こんなの（笑）。面白かったなあれ。君は「こんなこと言われると、たまったもんじゃないですよ」って言えばよかったのに、サービス精神で「こんなふうにダメージを負わせるぞ、と言われるのは心外なんですけれども」みたいにアレンジを加えたんだよね。そしたらディレクターさんが「あっ、そういうのいいです」って（笑）。

周啓　（笑）。ラジオの壁ね。

TaiTan　勝手に俺のミスに付き合わされて、勝手に傷つくっていう。

周啓　むず過ぎるんだよ。生じゃない感覚で、整合性だけを合わせるために脚本を自分で作るのは。

TaiTan　あの君を見てるときの俺らね（笑）。たまんなかったね。

周啓　だし、よく考えてみろ。あの日マネージャーの菅さんがついてきてくれて、菅さんもTBSラジオが大好きでよく聞いてるから、「爆問だ、ハライチだ」って喜びながら俺らの収録を聞いてただろ。俺は普段MONO NO AWAREのRECとかで、「ここは流れが悪いから、ちょっと下手でも流れで録ろう」とかいちいち口出ししてるのに、そいつが「今『張っ倒された』と言いましたけれども……あっ、違うか」とか言ってるって（笑）。恥ずかしすぎるんだよ。菅さんずっと無表情だったな。

TaiTan　そうだよね。流れ重視のお前が、ほんとに些細なパーツの埋め合わせに付き合わされて。で、微妙にアレンジ変えたら、「それはいらない」とか言われて（笑）。

周啓　「楽曲の息吹が」とか普段言ってる俺がだよ。だから、個人的には菅さんに録音の敗北を見られたというのが……（笑）。

TaiTan　あれ、屈辱的だよね。その部分だけ録るっていうのは。まあ言ってはいけないことを言ってしまったのは私なので。良くなかったなと思います。次回から気を付けますよ。

周啓　どうせ言うんだろうけどな。まあ百年後くらいにOKになればいいよね。続いてればね。

TaiTan　続けるためにも、豆等《まめら》一諸氏の皆さんの力がとても大事になってくると。なのでもしよかったら、「タイムフリーでもこんなに聞かれるんだ」というところもチェックされると思うので、聞いて頂けたらと。『脳盗』の後が『アフター6ジャンクション』なので、収録が終わった後宇多丸さんにも挨拶できて、それも嬉しかったね。しかも宇多丸さんに書籍版『奇奇怪怪明解事典』を贈っていたから、「本も送らせてもらって、すみません」と言ったら、「あれ読破はできてないけど、面白いね！」と言ってくれてさ。嬉しかったな。あんな忙しい人が、あんな分厚い本をね。

周啓　そうだよ。嬉しいよな。

TaiTan　石井さんなんて一ページも読んでないんだから。

周啓　（笑）。なんでそこで、わざわざ石井さんを。

TaiTan　まあそんな感じですか。君は他に、楽しかった思い出ある？　やたらとトイレに

放送×用語と脳盗

言ってたよね。ハライチや爆笑問題に会えるんじゃないかという、邪な考えのもと。

周啓　いや、会えると聞いて（笑）。

TaiTan　受付通っちゃいけない奴なんだよ、そんなのは。

周啓　まあ冗談ですけれども。僕は毎週地下鉄から直結であそこに入れるというだけで嬉しいんで。

TaiTan　発想が社会科見学なんだよ。

周啓　あとガチな話、尺が十分以上にならないと僕は一言も喋れないままに一ヶ月が終わる予定なので、さすがにスタジオで涼むためだけに週一でTBSに行くのは「喫茶店でいいだろ」という話になっちゃうんで、皆さんの応援を、ご意見も含めて、初めて僕の方からも心の底からお願い申し上げたいところですね。

TaiTan　ブースの中で水飲んで涼んでるだけなら、近所の茶店でいいからね。

周啓　マネージャーの菅さんに、そういう僕のお休みの面を見せたいわけではないので。

TaiTan　『脳盗』もちゃんと育てていきたいなと思ったので、皆さん良ければ聞いて下さい。

Q&A「過去に出会ったネクスト言語なに」／松本人志の言語感覚

TaiTan　Q&Aでも拾いますか。前回募集したのが、「過去に出会ったネクスト言語なに」というテーマ。agさん。この人は校内に祀《まつ》られている、生徒は誰一人として知らない銅像をアイコンにしてますが、「蓋然性がない」。これはたしかにそうですね。本とかで出くわして、意味不明だと思った記憶がある。口語では使わないし、ちょっと偏差値高めの、専門的な本と向き合わないと出てこない。

周啓　響きがとにかくいいよね。

TaiTan　あと、字としてかっこいい。

周啓　「蓋」ね。

TaiTan　あとはKenTさん。これもよくわかる。「よしんば」ですね。

周啓　ああ、「よしんば」はいいね。

TaiTan　これ使いたくなるんだよね。昔、松本人志に「経て」っていうコントがあって、やたらと「経て」を接続語にする奴、っていう。「何々を経て、経て〜〜〜」って。その中の台詞に「よしんば」が出てくるんだよ。それで俺は初めて知った。

周啓　いいね。

TaiTan　「よしんば私が何々だとして、何々を経て〜〜〜」って。

周啓　また聞きでも面白いな。「いわんや」とか「ならずんば」もいいよね。松本人志でいうと、「ずっさー」ってやつめっちゃ面白くない？

TaiTan　「ざっさー」な。お前、海賊版見んなよ。

周啓　ごめん、コピバンだったわ。

TaiTan　「ざっさー」は死ぬほどおもろい。やっぱ松本人志の言語感覚ってヤバいよね。「ざっさー！」

周啓　俺は面白フラッシュとかの世代だけど、あれも松本人志の影響下にあるんだろうなと思った。あのノリ感とか、編集とか。

TaiTan　言葉というのは、そのものが面白いんだというね。意味を極限まで無効化するんだよね。まあそんなもんかな。今回もアンケートをとって次週話すことを決めようと思ってて、第一候補は村田沙耶香さんの新刊、『信仰』の話で、「人は騙されたがっているんじゃないか論」。二個目は選挙も近いということで、『はりぼて』の話。周啓君も良かったと言っていたけど。

周啓　いいね。面白い映画だった。

TaiTan　あとは前回「顔面加工論」というのを喋りましたけども、それをもうちょっと具体的に話したくて、それが三つ目。最後が、「パワプロが面白過ぎる論」。

周啓　じゃあ実質三択だな。

TaiTan　悪ふざけするとほんとにパワプロになるので、ちゃんと選んでほしいんですが、という感じの四択で、ぜひアンケートに答えてくれたら嬉しいです。という感じでございますかな。ありがとうございました。

周啓　ありがとうございました。

302 人はされたがっている論

Spotifyで検索／IKKOさんの凄み

TaiTan えー、TaiTanです。

周啓 玉置周啓です。

TaiTan えー、『奇奇怪怪明解事典』でございますけれども。『信仰』ね。

周啓 ……IKKOね。

TaiTan デザ費がよ。

周啓 デザ費？（笑）

TaiTan IKKOさんって、キャラクタービジネスやってるのかな？ やっぱりキャラクター系のタレンテッドな方というのはキャラクターで認知されてるから、肉体を離れてのビジネスってやりやすいじゃないですか。芸人はみんなやると思うんだけど。

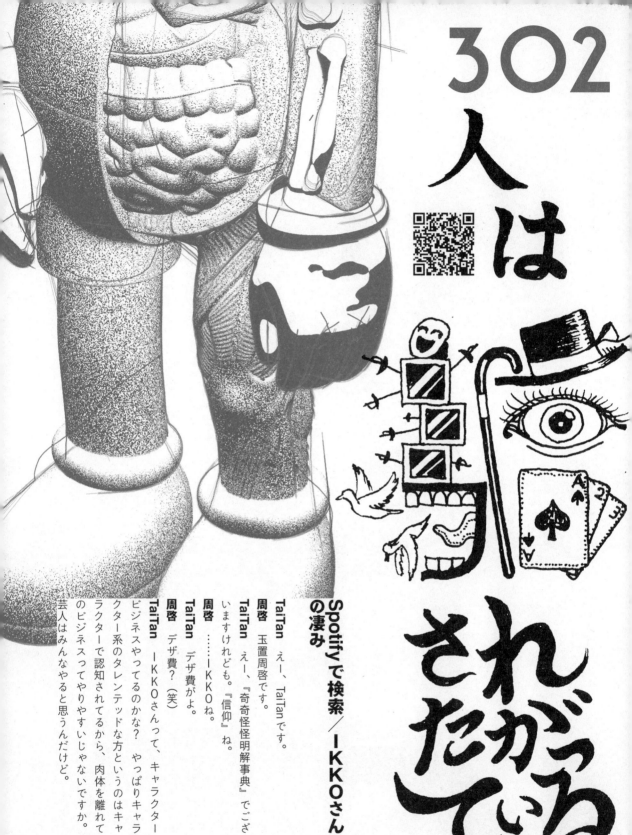

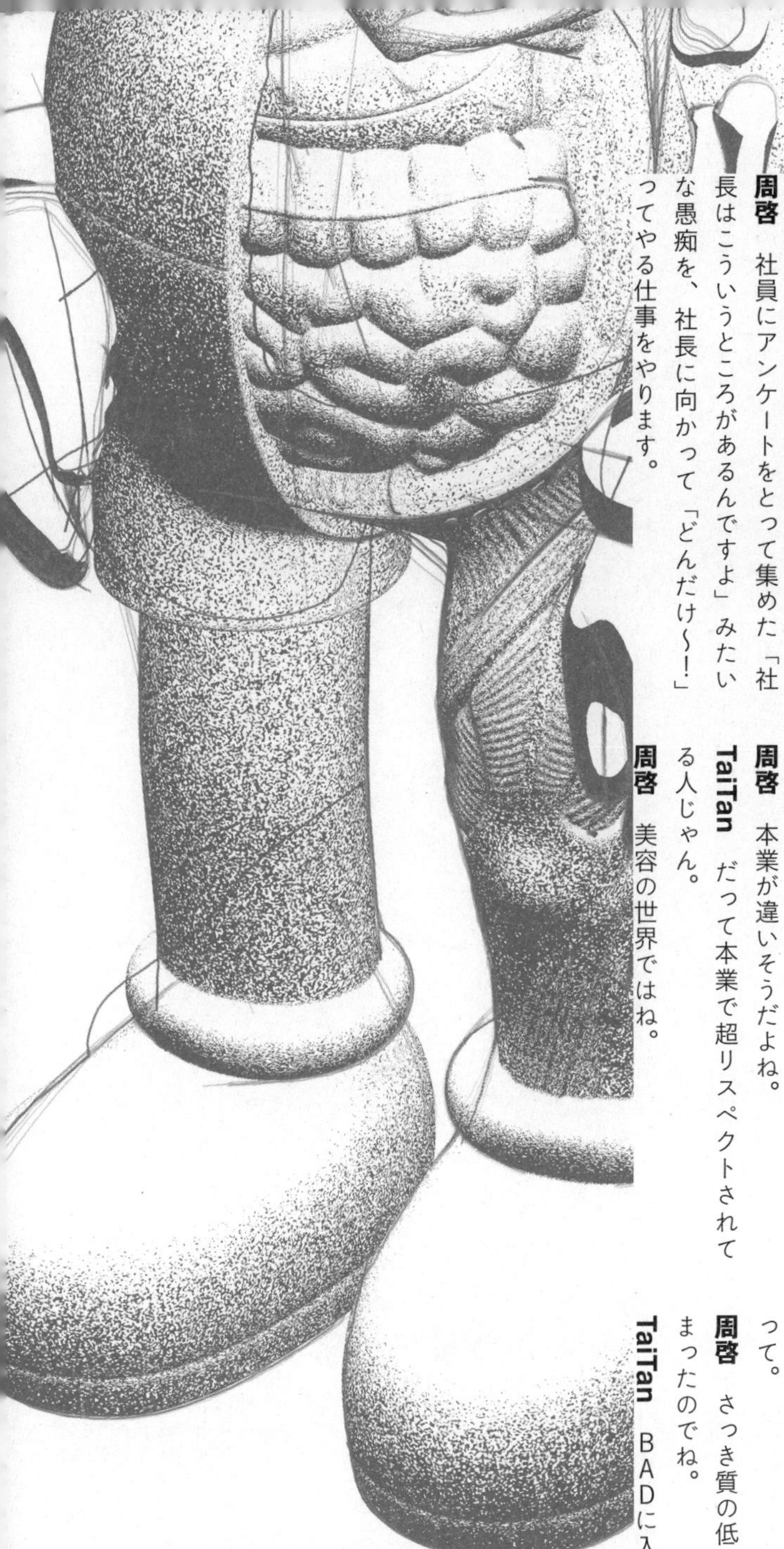

周啓　なるほど。

TaiTan　ＩＫＫＯさんのグッズを、Spotifyで調べてみましょうかね。

周啓　すごいな。検索エンジンと化したんだ。

TaiTan　ああ、やっぱり出てこないな。書籍はたくさん出てくるけど。自分がＩＫＫＯさんだったら、君はどんな活動する？

周啓　それは、全国どんだけ行脚《あんぎゃ》でしょ。

TaiTan　何、「どん脚《ぎゃ》」って。

周啓　勝手に俺が考えたタイトルを略すなよ（笑）。どんだけ行脚ね。

TaiTan　営業で回っていくということね。

周啓　社員にアンケートをとって集めた「社長はこういうところがあるんですよ」みたいな愚痴を、社長に向かって「どんだけ〜！」ってやる仕事をやります。

TaiTan　美学がねえな。舐めんな、ＩＫＫＯさんを。

周啓　そうだね（笑）。ちょっと質が低すぎたかもしれない。

TaiTan　闘魂猪木のどんだけ版ってことね。でも実際、そういう講演会ビジネスというのはありますからね。全国津々浦々を巡って、一回三十万から五十万くらいを取っていくというのがタレントの方のよくいうような商売で。……やっぱグッズは出てこないな。そういうところのはしたなさがないのが、ＩＫＫＯさんはいいんだよね。

周啓　本業が違いそうだよね。

TaiTan　だって本業で超リスペクトされてる人じゃん。

周啓　美容の世界ではね。

TaiTan　すごない？　だって君がＩＫＫＯさんだったら、いの一番にキーホルダーとかお皿とか出すよね。

周啓　なんでさっきから、俺を召喚するの？（笑）でもそれもありそうだよね。自分をわざわざ頑張って売っていこうという欲をかかなくてもいい立場にあるというかさ。もともとキャラクターがたまたま周りから見て面白く見えたというだけで。なんでもかんでも、それを利用して「もっといきましょう！」ということじゃないんだろうな。

TaiTan　そうだろうな。まともなことを言って。

周啓　さっき質の低いアイデアを提案してしまったのでね。

TaiTan　ＢＡＤに入っちゃうからね（笑）。

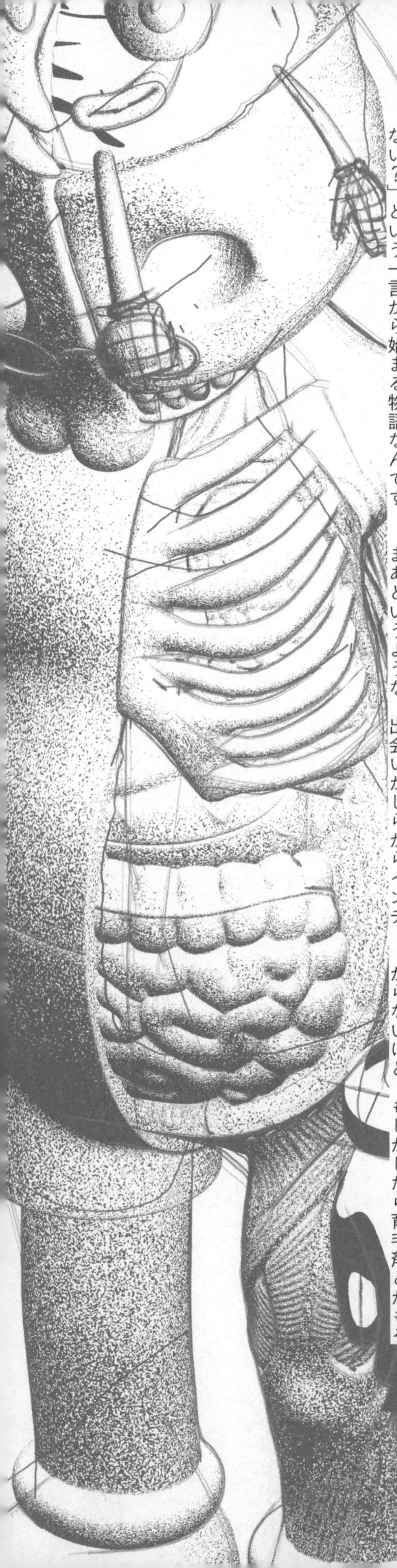

でも調べると、「引き寄せの法則」とか「心の磨き方」とか、そっち系で……あ、十五万部とか売れてるんだ。ほんとにすごい人なんだね。

村田沙耶香『信仰』／「騙されていたい」という感覚

TaiTan でも今日のテーマは、美容とかにも関わってくる気がしててさ。『信仰』なんですよね。前回、アンケートをとって話すテーマを募集したんですよね。『信仰』、『はりぼて』、パワプロくん、「顔面加工論」で募集したんですが、謎に『信仰』が人気だったね。

周啓 あ、そう。

TaiTan これは何かっつうと、村田沙耶香さんの新刊。これが面白くて、さっきの美容にもまつわる話で。「俺と新しくカルト始めない？」という一言から始まる物語なんですよ。

周啓 おお。

TaiTan これは帯にも書いてあるんだけど、この時点で「あらいいじゃない」と。どんな物語なんでしょうかなという気がするじゃない。まず極めて現実主義者の女性がいて、この人の口癖が「それ原価いくら？」なんだけど。

周啓 お前じゃん。

TaiTan ふざけんな。まあ俺だな。というような女性と、「カルト始めない？」って言ってくるような男。

周啓 お前じゃん。

TaiTan 俺じゃん（笑）。俺みたいな奴しか出てこない小説だな。

周啓 すごいね。アニメ化したらどっちもお前が声優だろうな。

TaiTan 一人二役で、かみしも切ってさ。まあというような、出会いがしらからインチキ臭いふたりなんだけど。男の方はいかにもきな臭い奴で、どこからどう見ても怪しいんだけど、女性の方は「原価いくら？」みたいな感じだから、最初は「何こいつ、やるわけないじゃん」みたいな反応を示すわけ。でも物語が進行していくと、彼女は自分の中に、ある欲望が目覚めていることに気づくんだよね。それが、「私も誰かに騙されてみたい」。

周啓 おお。なるほど。

TaiTan これが『信仰』の、一つのテーマになるわけですよ。要は、「人は騙されたがっているんだ問題」ということなんだよね。面白くない？

周啓 たしかに、面白い。

TaiTan 美容とかも、たしかに科学的に効果があるのはもちろんなんだけど、どっちかというと心の問題だったりもする面も往々にしてあるわけじゃないですか。俺は美容がわからないけど、もしかしたら育毛剤とかもそ

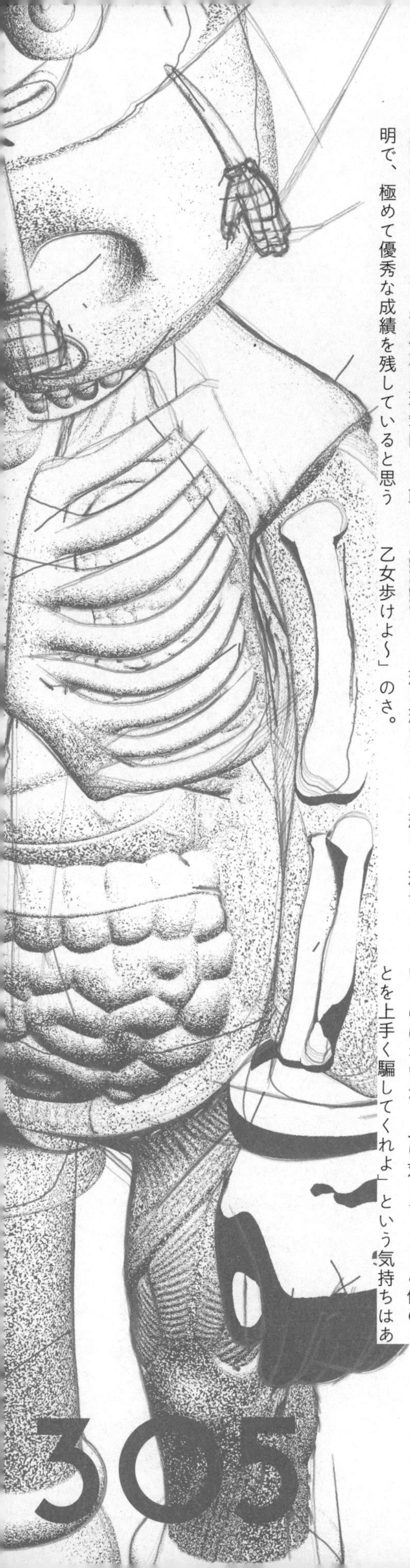

ういうところがあるかもしれない。みたいなことを周啓君と喋ってみたいなと思ったんですよ。騙されてみたいって思うこと、ある〜？

周啓 なんなんだよその聞き方。捕まる保育士じゃん。

TaiTan （笑）。そうだね。触ってきそうだよな。優しい素振りを見せながら。

周啓 触ってるだろ、もう。でも、そういう「点」の願望ではないんだけど、やんわり全体的にあるよ。それこそ、信頼と裏表で関わってくるじゃない。人を信頼するときの根本に、俺はそれがある。「最悪騙されててもいいかな」みたいな、「なんかいい流れになってくれ」みたいな感覚が。だから、面としての感覚でよければ、俺にも「騙されてもいいから、いい感じになってくれ」みたいな願望はあるね。

TaiTan すごいね。普段君は理知的で、聡明で、極めて優秀な成績を残していると思うんだけど、そういう人に限って「騙されたい」と思ってる、というのはあると思うんだよね。「自分のタガから外れてみたい」と思うというか。

周啓 なるほど。

TaiTan 優秀な人ほどハッパ吸っちゃったり、というのはよくあるじゃないですか。そういうのはけっこう普遍的なテーマなんだなとこの小説を読んで思ったけどね。

周啓 君は「騙されたい」ようなタイプにはとても見えないけどね。

TaiTan いや、あるよ。というか普通に、何かを好きになるってそういう状態じゃない。フェティッシュみたいなものって。

周啓 脳が沸騰しちゃって、何がいいのか悪いのかわかんなくなっちゃうような、恋みたいなことだよね。

TaiTan そう恋に恋する、「〜恋に〜恋せよ乙女歩けよ〜」のさ。

周啓 AIかお前。適当に文字繋げて歌うな。

TaiTan 何だよお前。人が好きに歌ってんだからいいじゃねえかよ。川原で歌ってるおっさんに対して「テメーAIか」って額をビタンッてやらないだろ。

周啓 付け加えんなよ、ガリを（笑）。あんまり俺は知らない人の頭を触らないんだよ。

TaiTan 「お前、AIかよ」って。失礼な。

周啓 （笑）。あんまり文言をフックすんな。悪かったよ。でも、恋に近いような感覚はあるだろうな。

TaiTan 騙されていたい、「私はこれが好きなんだ」っていう状態に浸っていたいんだよ。

周啓 うーん……でも俺、あんまりそういうのないかもな。「好きなんだ」っていうのに浸っていたいというのは。

TaiTan 「好き」の魔力に憑りつかれたいというのはないが、人に対して、「まあ俺のことを上手く騙してくれよ」という気持ちはあ

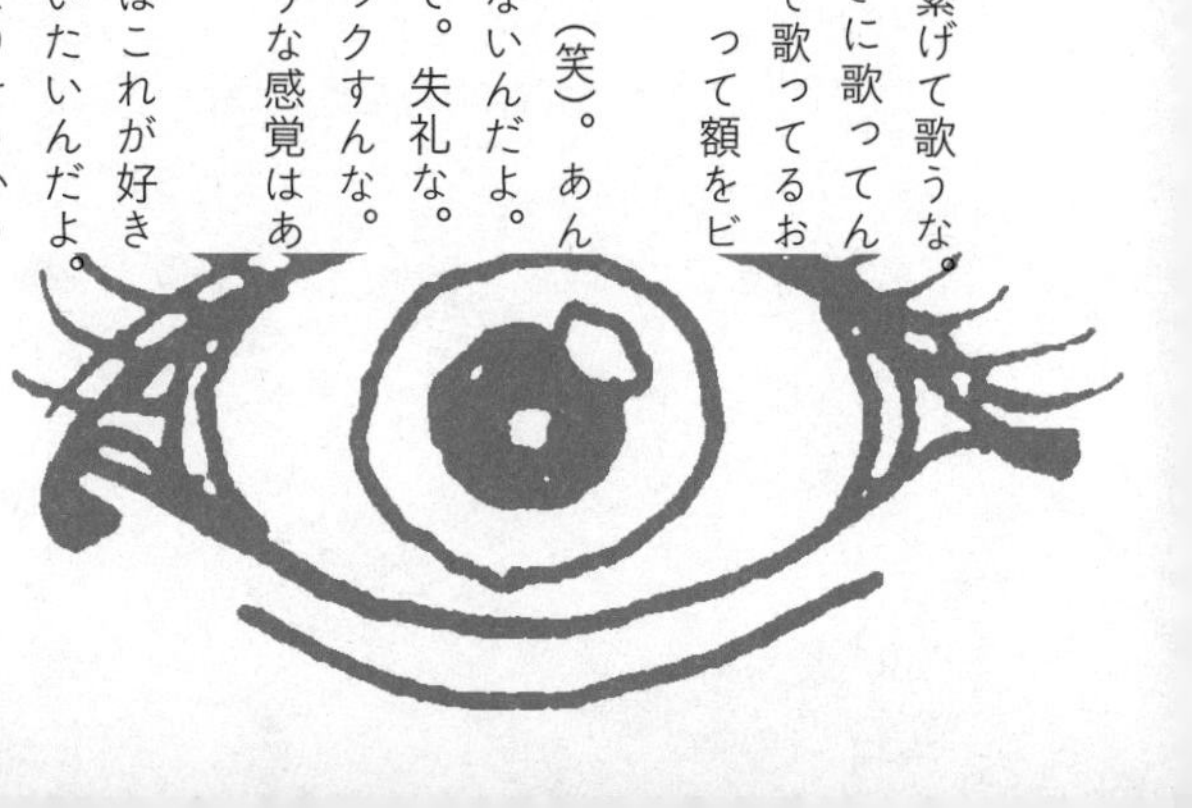

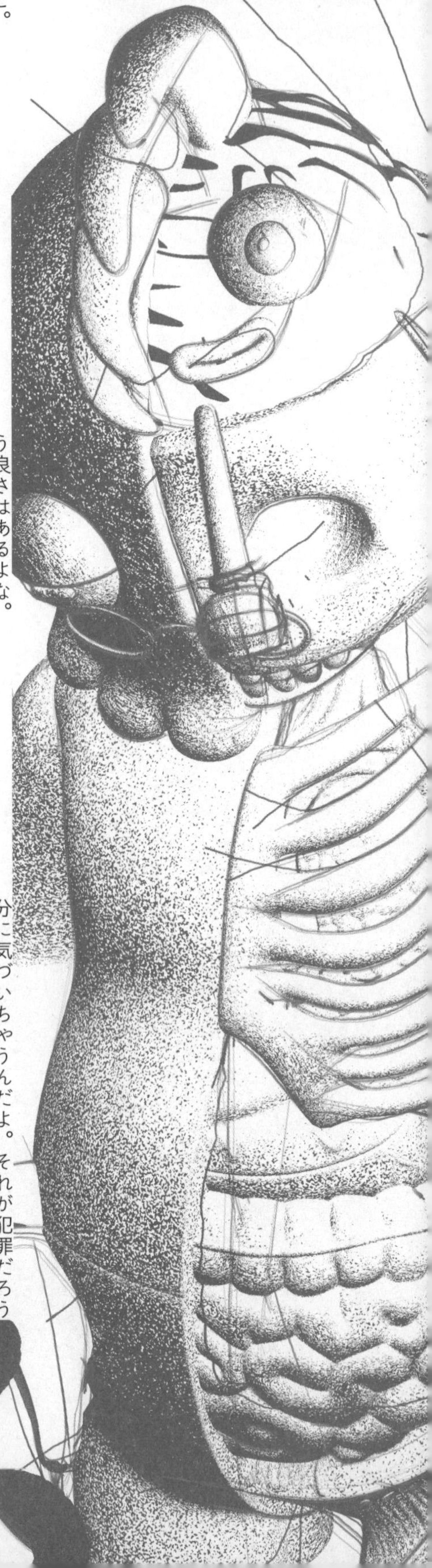

ると。

周啓　そう。それも諦念とかそんなチンケなものじゃなくて、「それでいいじゃん」みたいな。何がマジか、みたいなことになってくるとキリがないじゃんね。そういう意味での、「楽しく生きるための必須感覚」みたいになってるけど……。「のめり込む」みたいなことだよな。家で何か作ってるときがそれかもしれないな。

TaiTan　うんうん。

周啓　そういう意味では、わかるかも。この、今作ってる曲がどこにも届かない、何にもならない可能性があるのに、それをやってる間はめちゃくちゃ幸せ、というのは、一種自分で自分を騙してる状態なのかもしれないしね。別にクリエイティビティとかそういうことだけじゃなくても、没頭できる空間を自分で作るというか。何になるかもわからないのに映画にハマったりする人もいるじゃん。そういう良さはあるよな。

TaiTan　ほんとにそうだよな。「そのくらいじゃないとやってられない」という問題もありそうだね。理性的に好きになるなんてありえないんだってことですよね。

「それぞれの宗派がある」の難しさ／安心な生き方なんてない論

周啓　でもその小説は、犯罪とか、詐欺に遭いたいとかそういう話ではないのか。

TaiTan　いや、まあそういう話ですよ。要はこの「原価いくら?」の女性は、羨ましいわけですよ。「なんでここまで、こんなに怪しいものに執心できんの?」というさ。言うたらばマルチ商法的なものにこの男はどっぷりはまっていって、その取り巻きたちはキャッキャやっている。マジで理解できないんだけど、それをどっかで羨ましく思っている自分に気づいちゃうんだよ。それが犯罪だろうがなんだろうが、「本当に信じるものがある」ってすごいな、と思う感覚。そういう小説だと俺は思ったけどね。

周啓　そっか。それはすごくわかるな。俺も友達で一人、「それマルチなんじゃないの?」っていうとこに入った奴がいたんだよね。最初は親しい友人とかと一緒に止めるんだよ。「それは偽の家族関係でしかないんじゃないか」とか勝手な予想をして言うんだけど、向こうはもちろん否定する。こういうことって、絶対そこらじゅうで起きてるじゃん。正常な俺たちと異常な会社、みたいな二項対立で、「そっち側に行くなよ」と。そういう状態に俺もどっぷりはまっていたことはあったんだけど、ある時期からそいつの顔つきが明らかに良くなっていったんだよね。それは目がキマっちゃってるみたいなことじゃなくて、もうちょっと柔らかい、「めっちゃ幸せに生きてるんだ、

147.

今」みたいな顔にそいつがなったときに、「もう口出しすることじゃないな」という感じがして。勝手にこっちが思う幸せの価値観で友達も生きてほしいなんて傲慢か、みたいな感覚になって、あんまりしつこく言わなくなったけどさ。

TaiTan　難しいところだよね。それぞれの宗派があるんだというところに着地させるのが一番穏やかではある。止めなきゃダメだろみたいな話をする人もたくさんいるけど、線引きは難しいよね。実害が半端なく出てたら、あらあらと思うけど。

周啓　だからあらかじめ言ったけどね。「めっちゃ失礼なことを言って申し訳ないけど、俺はお金貸せないよ」と。もしめっちゃ悪い会社だったとして、そういう助け方はできないよ、という感じのことは言った。

TaiTan　なかなか類型的に喋るのはあれだから、特定の体験談として喋るんだけど、「ああ、どう考えてもブラック企業に入ったなあ」という感じの、友達のふるまいはあるよね。その「キマっちゃってますなあ」という感じをどうすることもできないときの、彼岸の世界に行っちゃった感じ。でもそれは、俺が正しいわけでもないしさ。向こうはもしかしたら、そういう戦闘民族に憧れてたのかもしれないし。「時計買ったたわ」みたいなことを、けっこうベタに言ってるんだよね。

周啓　おお、なるほどね。

TaiTan　キツかったね。で、社会人二年目くらいのときに、みんなでコンビニに行ったんだよね。止せばいいのに。

周啓　憧れてたもんな、みんなでコンビニ。

TaiTan　不良よろしく、たむろしようぜと。そしたらそいつがさ、「いいよいいよ、俺全部出すよ」みたいなこと言い始めるんだよ。

周啓　ああ、それはもう、恥ずかしいな（笑）。

TaiTan　いいんだよ、「時計買ったった」みたいな、そこまでだったら。でも俺にとっての実害ってそういうことなんだよなって思ったんだよね。「いや、フラットじゃなくなるじゃないか」と。お前がいくら稼いでるのか知らねえけど、とんがった靴履いて、濃紺のスーツ着てさ。それクソが付いたらクソ付きの濃紺スーツだぞと思いながら。

周啓　どの服でもそうだけどな。

TaiTan　そんな恰好で風を切って歩いてんのよ。ジェルで固めた七三にして刈り込みを入れて、リップクリームとか塗って唇はテカテカしてて、常に油取り紙で額の脂をシュッシュやってとってんだよ。で、女性が困ってたら「お困りですか？」って言ってその油取り紙で人の脂をシュッシュやってとるような男になってたんだよ。

周啓　ドラえもんじゃん。何を言っても油取り紙しか出てこない、濃紺の（笑）。

TaiTan　ネオリベドラえもんね。あいつ濃

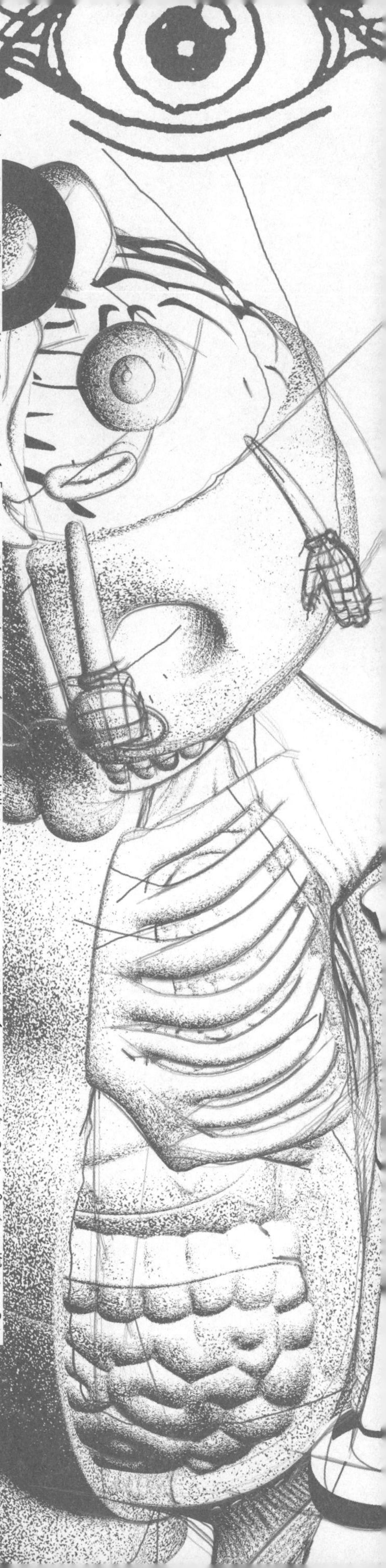

308

紺だもんな。

周啓　違うんだよ。あれは濡れて青になっちゃったんだよ。

TaiTan　ポマードとかつけて、首のまわりとかにほのかな柑橘系の香りを漂わせながら、常に歯間ブラシを持って、常に身だしなみをチェックするような男になってたんだよ。

周啓　歯の隙間は外見に入らないけど（笑）。内面だろ、どっちかというと。

TaiTan　右手に歯間ブラシ、左手に油取り紙。それが社会人の身だしなみなんだ、という男に育っていたんだよ。

周啓　そんなキャラクターいないんだよ。シザーハンズじゃん。

TaiTan　悲しみの玩具、悲しい悲しいモンスターになってたんだよ。で、俺は「俺のおごりだ！」って言われて悲しい気持ちになりながらも、じゃあいいやと思いながら、ぼんぼんぼんぼんカゴに入れてたんだけどさ。悲しかったね。

周啓　やっぱり、コミュニケーションが変わる予感がするから、止めたくなるんだろうな。そっちに行ったら、異言語になっちゃうと。

TaiTan　俺とお前はもう元に戻れないけど、いい〜？　って聞きたくなったけどね。

周啓　変態保育士＝ね。

TaiTan　どこにでもいるんだよ、こいつは。

周啓　（笑）。逆パターンもあるけどね。なんかの祝いのときかなんかに、親戚のおばさんにかしこまった感じで顔を近づけられて……。

TaiTan　そのときは何を食べてたの？

周啓　なんだったかな。カジキマグロの煮つけかな。

TaiTan　ふざけんなお前。特殊な料理食うな。平凡なものであれ。

周啓　八丈島は食文化が豊かだから。あ、俺のじいちゃんの葬式かな。向かいのおばさんが、すごくじっくり俺の顔を見つめながら……。

TaiTan　お前のデコに脂が浮いてたんじゃないの？

周啓　なんで全員油取り紙アンバサダーなんだよ。そうじゃなくて、要は「ほんとに音楽をこれからも続けるの？」っていう質問だったんだよ。

TaiTan　ああ、ぶん殴った方がいいね。

周啓　結論が早いんだよ（笑）。親戚だし、小っちゃい頃から良くしてもらってるから。俺もそこで尖ってとやかく言うタイプでもないし、「はぁ、はぁ」って聞いてたんだけど、やっぱまあ、「普通に働いた方が安心だよ」という。

TaiTan　どの口が言ってんだよという話だけどな。お前が安心な生活してんのかと、俺だったらそこで正論をぶちかますね。

周啓　すごいね。

TaiTan　「俺はお前よりもまともな人間になってやる！」って言って、カジキマグロをひっくり返して、嫌な記憶でその場を終わらせる。

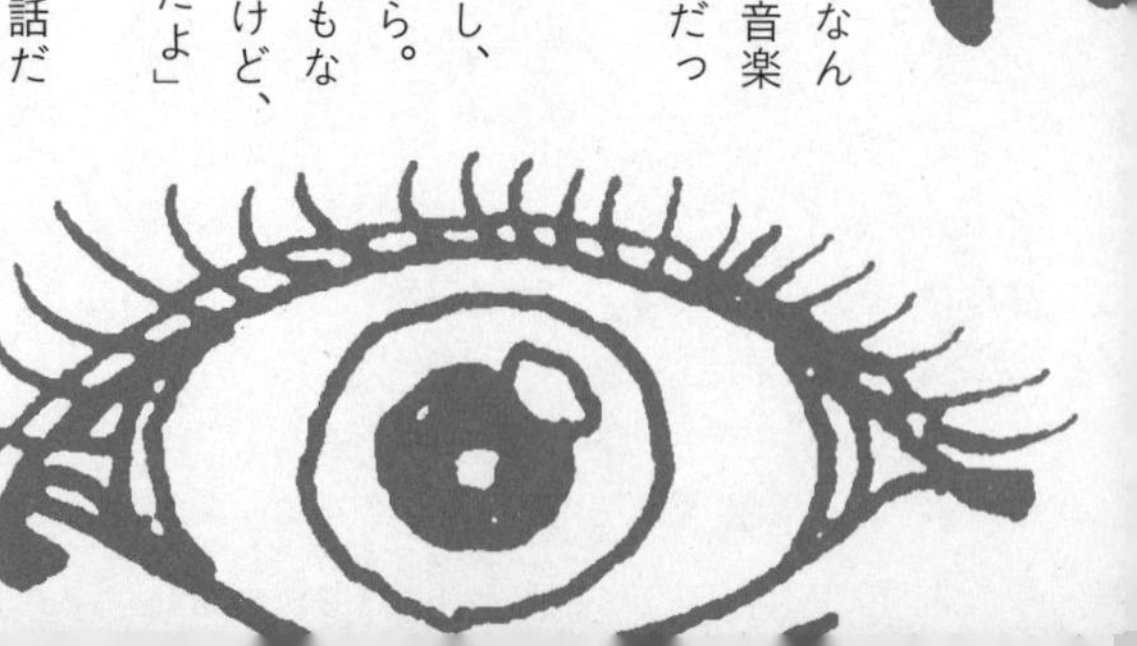

周啓　じいちゃんがそこで寝てるんだから、食べ物はあんまりダメだけれども。

TaiTan　そうだね（笑）。悲しむもんね。今から天国に昇ろうとしてる人間が、「マジか……」って。

周啓　（笑）。「残された者で喧嘩しちゃってんじゃん」と思わせたくないから、そこまではできなかったけど、これも一種の、異業種間での彼岸ということなんだろうと思って。お互いに「信仰」だと思ってるというか。

TaiTan　安心な生き方なんてねえんだよ、バカ野郎と。

周啓　まだキレてんのかよ。

TaiTan　ということでね。『信仰』の話はこれくらいで鞘を納めていただいて。『脳盗』第一回の放送、ありがとうございました。すごい大評判で、TBSラジオの方々も喜んでくれてるらしいですよ。どう？

周啓　嬉しいよね。反応がいつもより多い感じがして、「こんなに聞いてくれてる人がいるんだ」と。

TaiTan　あんなにリアタイで聞いてくれてね。Spotifyの人もリアタイで聞いてくれてて、めちゃくちゃ嬉しかったね。Q&Aですが、渋滞学さん。「鞘を納める（納刀）でゴンフィンガーでした」。さすがの着眼点ですね。あとは万ジョン次郎さん。「始まり方がディズニーランドのアトラクションっぽくてワクワクしました」。

周啓　たしかに。ナレーションの山本さんがいい声でね。

TaiTan　あれはTBSの山本匠晃さんが読んでくださっているということで。あと最後、さみ。さん。「運転しながらのリアタイでしたが、渋滞にハマっている間に終わってしまうほど一瞬だったので、8月から30分超の番組への栄進を切望します。」と。

周啓　使ってる言葉がかっこいいな。

TaiTan　かっこいいですね。僕らもそれを望んでますので。でも皆さんが反応して下さったお陰で、TBSラジオの方も「反応が良かったらしいじゃないですか」みたいな感じだったので、第二回、第三回と、リアタイで聞いて頂けると嬉しいかなと。今度こそは、玉置周啓君も拡散にご協力頂けるということだったので。

周啓　いやもちろんですよ。してるわ。

TaiTan　一つもリツイートをしないということで、クレームが入ったんだけれどもね。

周啓　誰がクレーム入れるんだよ（笑）。いや、いるかそれは。

TaiTan　それはそうでしょう。頑張ってみんなで作ってるんだから。

周啓　俺は本当にダメな人間だよ。

TaiTan　そんなことはないんだけれどもさ。ということで、ありがとうございました。

周啓　ありがとうございました。

310 ギャグセン最強

19a

「偉いね」とは何か／「自炊」は親離れから来てる言葉説

TaiTan　えー、TaiTanです。

周啓　玉置周啓です。

TaiTan　えー、『奇奇怪怪明解事典』でございますけれども。ドラえもんね。

周啓　ホリエモンね。

TaiTan　こないださ、すごくホリエモン氏の気持ちがわかった出来事があって。私、ほぼ毎日料理をするんですよ。

周啓　いいね。

TaiTan　「料理してます」とか「自炊してます」とか言うと、人によっては「偉いですね」って言われるんだよね。

周啓　たしかに、今「偉いな」って思った。

TaiTan　画面を殴りたくなるんだよね。

周啓　（笑）。

TaiTan　料理は、好きだからやるんだよ。「偉い」とかじゃないんだよ。テメーの立脚点はなんなんだよ、というさ。

周啓　「偉い」ってほんと危険なワードだよな。自分はずっと同じ地平にいたはずなのに、「お、一個上がったね」みたいな。別に言った側が上とは限らないけどね。「僕なんかずっと外食ですよ」みたいな人もいるじゃん。

TaiTan　師範代じゃん、と思って。どういう価値観なの？「自炊してて偉いね」って。

周啓　でも、料理するのが普通の人でも言うことあるのかな。だいたいそれを言うのって自分で料理してない人じゃない？

TaiTan　だし、物事を深く考えない奴がそういうことを言うんだよ。料理することがめんどくさいことだと思ってたり、健康を意識してやっていることとか、節約とか質素倹約みたいな方向に自炊というものの文脈をくっつけすぎてるんだよね。

周啓　なるほどね。たしかにそう。

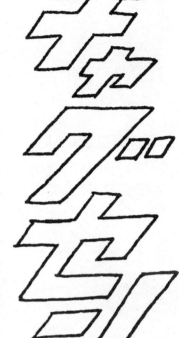

TaiTan　俺なんて、下手したら自分で料理するときの方が外食より金使うし、自分が食いたいものを作るわけだからカロリーだってブヨブヨのものを作るわけだし。ハムを丸ごと素揚げしたりするからね。

周啓　（笑）。何になるんだよ、それ。

TaiTan　それだって自炊と呼ぶわけ。というか、「自炊」という言葉が嫌いなんだよ。なんか「丁寧な暮らし」みたいで嫌なんだよな。

周啓　たしかに、「自炊」っていつできた言葉なんだろうな。

TaiTan　なんか、編み物みたいでダサくね？

周啓　別に編み物はいいだろ。殴るぞテメー！　やってんだよ、俺の母親も。

TaiTan　なんか、「家庭科」みたいに言うなと思うんだよね。料理って本当はもっとも楽しい行為のはずなのに、それをあたかも家庭科の授業を熱心に受けていて偉いね、お母さんを助けてて偉いねと言われているような……殴りたい、そいつらの画面を。

周啓　え、なんか一気にわかった。「自炊」って主婦／主夫の人に使わないじゃん。

TaiTan　そうだよね。「自炊」みたいな言葉が最も貧相だと思う。

周啓　前提として、外食とかコンビニが当たり前の人が、ということだよね。対義語としては、外食と自炊でしょ。

TaiTan　そうだね。そもそも「自ら炊く」ってなんだよ、と思うんだよね。この言葉に感じる負け犬根性っていうか、あの……シンプルな貧乏臭さっていうか。すげえ嫌なんだよね。

周啓　言葉が成虫になって欲しいなと思うね。「自炊」は幼虫の言葉っていうか……要は「自炊」って、親離れから来てる言葉なんじゃないか？

TaiTan　なるほど。やっぱり君は言葉の感覚がすごいね。「〽言葉がなかったら　すべて……すべてを……」上手くいかなかったわ。

周啓　（笑）。

TaiTan　穴が見つからないほど優れた歌詞だということで。マジで今見つからなかったな。くそっ。

周啓　あんまり悔しがんなよ。こっちが画面を殴りたくなるんだから、替え歌は。まあでも、保護者が作ってくれていたものを自分で作らなきゃいけなくなるということを指して「自炊」というわけでさ。

TaiTan　そうね。たしかにそうだ。

周啓　でも俺も含めて、その歳の奴らって挫折するからさ。結局コンビニ飯だったじゃん。それを引っ張ってるんだろうな。「自炊が偉い」というのは。

TaiTan　俺はこの話で語気を荒げましたけど言いたいのは「その言葉を使うということの意味について、もっと自覚的であってほしい」ということなんだよね。

周啓　たしかにね。「自炊」は変な乱用のされ方をしているのかもしれないね。

TaiTan　「偉い」とかも。何なん？　と思うんだよね。

周啓　そうだね。気を付けた方がいいかもね。

差し入れ論／Franz K Endoとギャグセンバーリトゥード

TaiTan　「偉い」といえば、こないだ『脳盗』の三回目の収録に行ったんだよね。そしたらさ、俺らも出世したもんだと、たかだか野良番組でやってたものがここまで来たかと思ったね。

周啓　なんだよ。

TaiTan　ＴＢＳラジオの局長さんが、直々に挨拶しに来てくれて。収録前に、「すごく期待しております、面白かったです……！」と。嬉しかったねこれは。

周啓　ちょっとお前の語気が、若干味付け濃い目になってるけど（笑）。

TaiTan　社交辞令で言ってた？（笑）俺曲解してる？

周啓　お前は赤坂にいる間だけ、ちょっと冷静になった方がいいかもしれない（笑）。

TaiTan　伝統芸能を見た後のコメントみたいに言ってたけど、そこまでではなかった？（笑）感嘆符も余韻の三点リーダーもついてなかった？

周啓　そこまでのものをやってる自覚もない（笑）。

TaiTan　たしかに、俺のおこがましさが出たね。お詫びして訂正しますが、普通に感想を言ってくれたということですね。

周啓　でも本当に聞いてくれていたらしいしね。

TaiTan　愛が深いなと思ったのは、荘子it君のジングルやカンべっちのキービジュアルにも言及してくれて。

周啓　それ嬉しかったな。

TaiTan　局長さんは音楽とか音の作り方とかにも造詣が深い方で、そういう観点から見ても、「素晴らしかったです……!!」と。

周啓　濃くなりすぎてる。それはもう、醤油

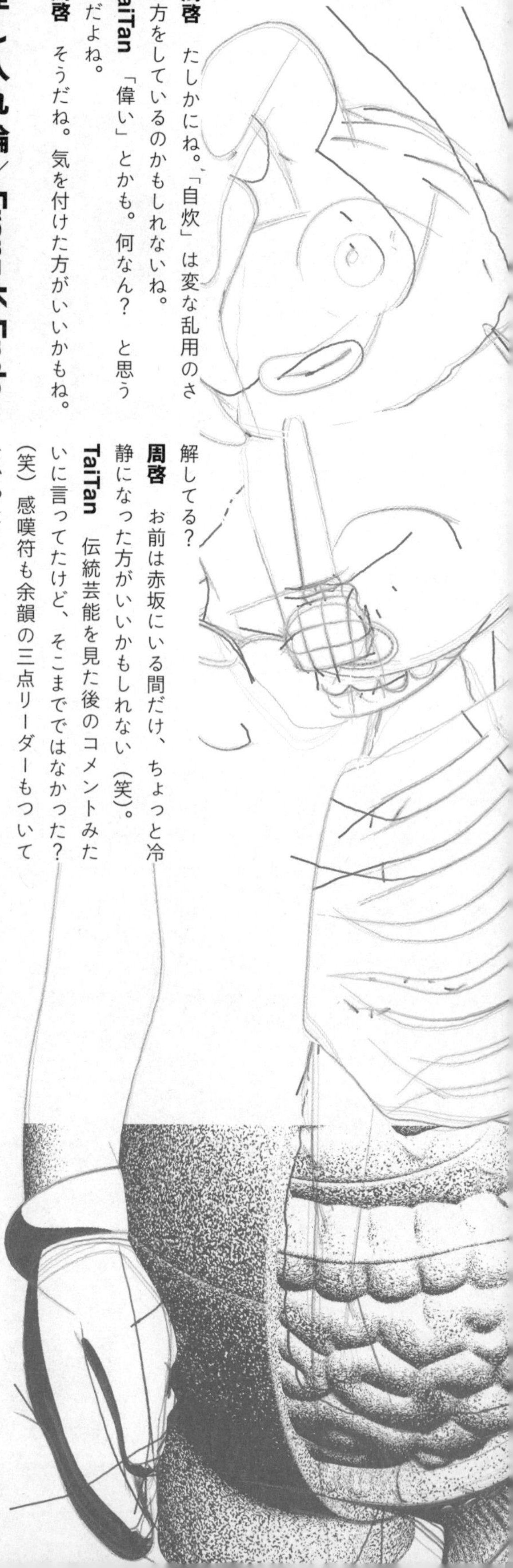

なんだよ。

TaiTan　豆を煮詰めたままの、プロダクト前のね（笑）。そういう発言はなかった？

周啓　でも正直、そこがもっともテンション高い感じの。「ほんとなんだ」という感じが一番したね。

TaiTan　めっちゃ嬉しかったんだよね。私は「チームで上がりたいんだ」ということを常々言っているじゃないですか。だから、言っちゃいますけど、今回の制作費のほとんどをカンペっちのキービジュアルと荘子it君の音楽に使ってるわけですよ。そこに一番クオリティが高いものをつけるべきだろう、というのが私の発想だったりするので。だってこいつらは面白いしかっこいいんだから。そこを褒めてもらえたのが、ほんとに嬉しいなと思った。

周啓　たしかに。お金をかけるだけかけて誰も反応してくれなかったら何にもならないわけだよね。でも第一回の放送時に、聞いてくれた人がビジュアルもジングルもいいって言ってくれたことがまず嬉しかったわけだし、「局長さんも言ってくれるんだ」っていうね。

TaiTan　で、やっぱりSNSとかの反応も、やっぱりチェックして下さってるんですよね。「異例の反響だった」と言って下さって。これは本当に、豆等ー諸氏諸氏のおかげです。

周啓　たしかにたしかに。

TaiTan　褒めてくれたのもの嬉しかったんだけど、TBSラジオの局長さんともなると心遣いがすごくて。新潟県産うるち米のお煎餅と、聞いたこともない横文字のブランドの、チョコレートの詰め合わせを差し入れしてくれて。

周啓　お前ふざけんな。まがりせんべいとミニビットなんだよ。

TaiTan　お前さ……俺がなんとか嘘は言わないように、言ってんだよ。

周啓　何に時間を使ってんだよ。そういえばブースでまがりせんべいの袋をひっくり返して成分表撮ってるなと思ったけど（笑）。

TaiTan　これをどう放送しようかなって、苦悩の一週間だったんだよ。お前、矮小化するなよ。わざわざ差し入れして下さってるものを。お前、贈り物をもらっといて、「これ持ってる」とか言うタイプだよな。

周啓　上出（遼平）さんじゃん。

TaiTan　上出さんはたしかに、退職祝いで俺がプレゼントあげたら「これ持ってる」って言ってた。新潟県産のせんべいと、名前も聞いたことない横文字のブランドのチョコレートで、嘘はついてないんだよ。何お前、本当の事言ってんだよ。

周啓　もう「本当の事」って言っちゃってんじゃん。

TaiTan　でもすっごい嬉しかったな。

周啓　嬉しかったから、別にいいじゃん。お前こそ偏見がヤバいだろ。まがりせんべいとミニビットで十分差し入れとしてありがたいだろ。

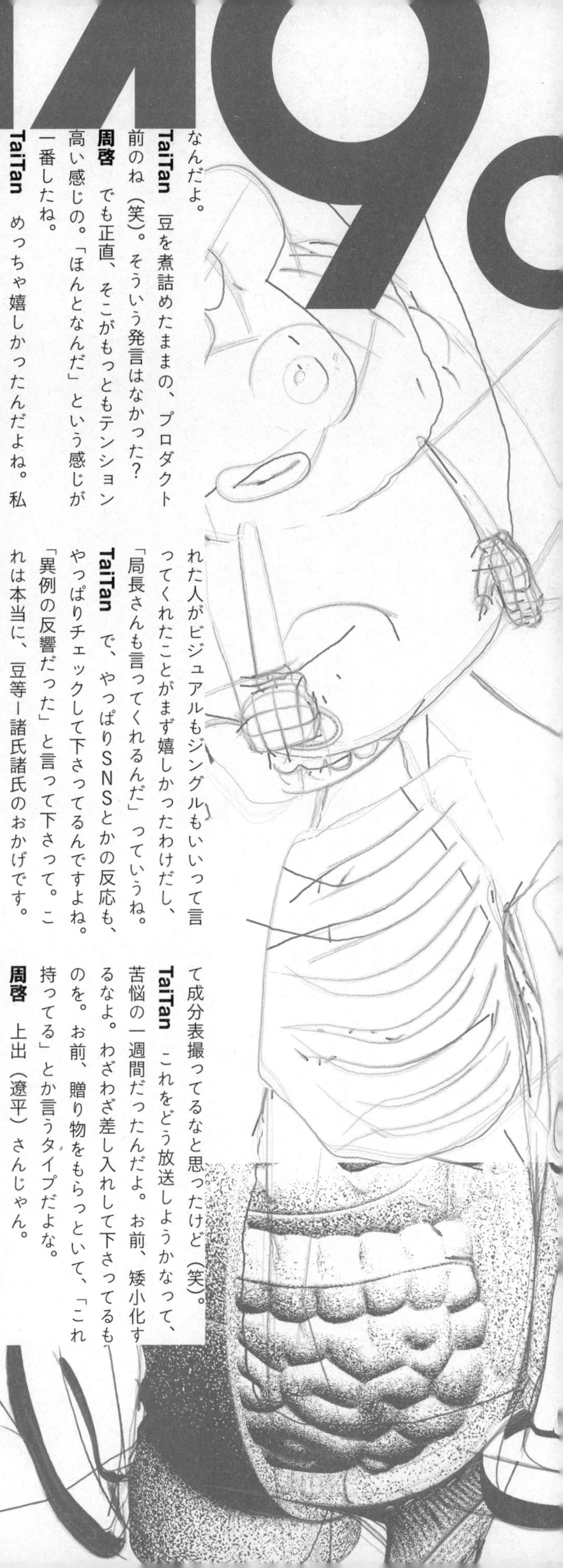

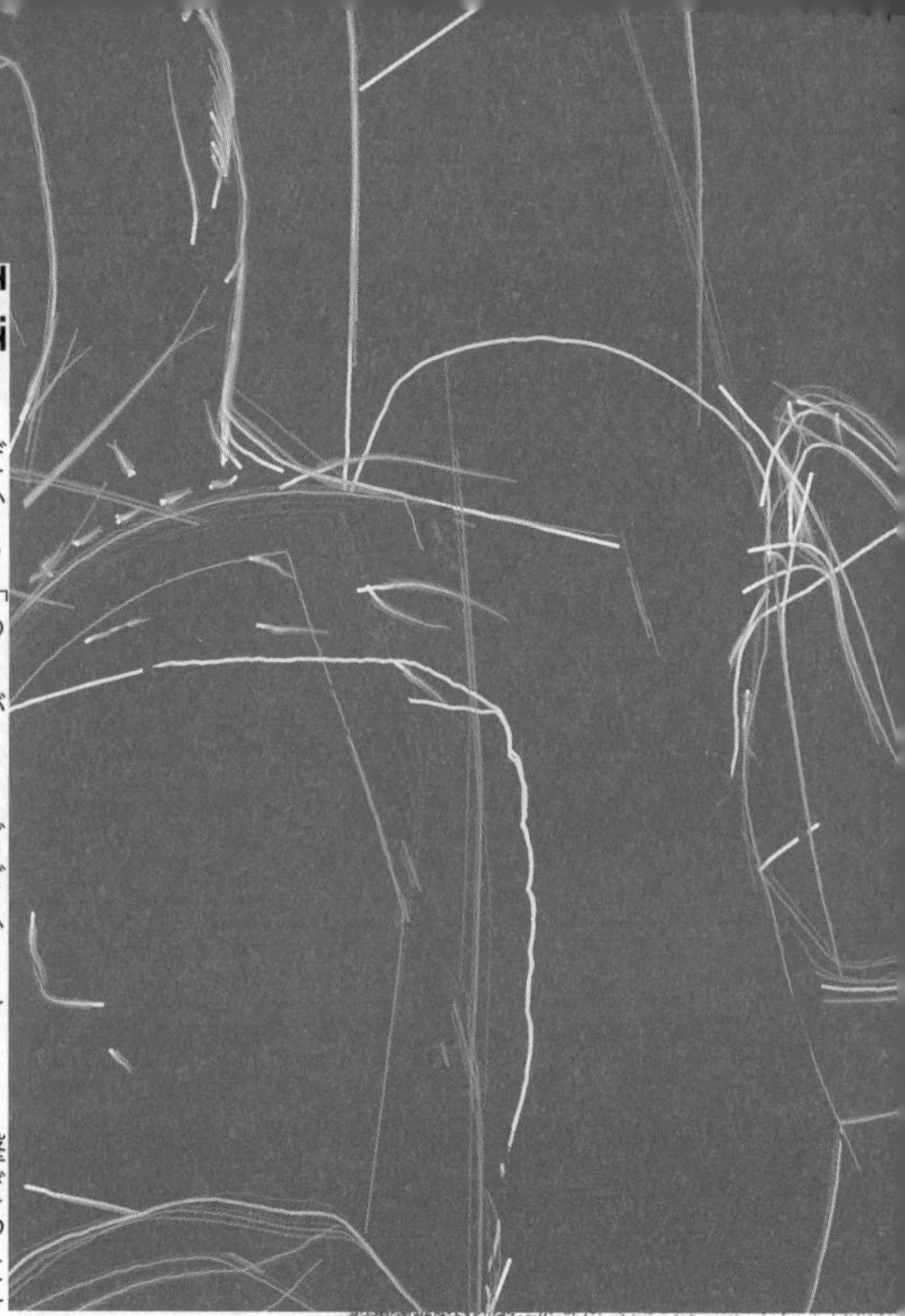

TaiTan　だから「ありがとうございます」って言ってんじゃん。それをお前が、「ふざけんなよ」とか変なツッコミを入れるから、リスナー諸氏は耳が混乱してると思う。どっちの意見が現場で起きたことの正しさを発信してんのかって。

周啓　どう考えても俺だろ。だって表にでっかく「まがりせんべい」「ミニビット」って書いてあるんだから。

TaiTan　レシート入ってた？

周啓　入ってないよ。「コンビニポプラ　二十一時五分」じゃないんだよ。しかもそこにマウントレーニアのカフェオレも三つ入れてくれてたんだから。菅さんのぶんまで。

TaiTan　たしかに、そんなことしてくれる人いないからね。

周啓　差し入れをしてくれるというだけで衝撃だったけどね、俺は。

TaiTan　わざわざ時間を使って頂いたというのが、めちゃくちゃ嬉しかったですね。

周啓　ほんと。わざわざブースに来てくれたんだもんね。

TaiTan　けっこうお話させてもらって、「今後とも何卒よろしくお願いします」とか言って下さって。感極まっちゃったね。

周啓　個人的に一番俺が嬉しかったのが、娘さん、息子さん？

TaiTan　ややこしくなるから言わなかったんだけど、キービジュアルの話とかも、局長さんの娘さんがたまたまこの『脳盗』を聞いてくれていて、娘さんが局長さんに「この番組何？　かっこいいんだけど」と言ってくれたという話でさ。嬉しかったね、それも。

周啓　嬉しいことだらけの一日だったね。

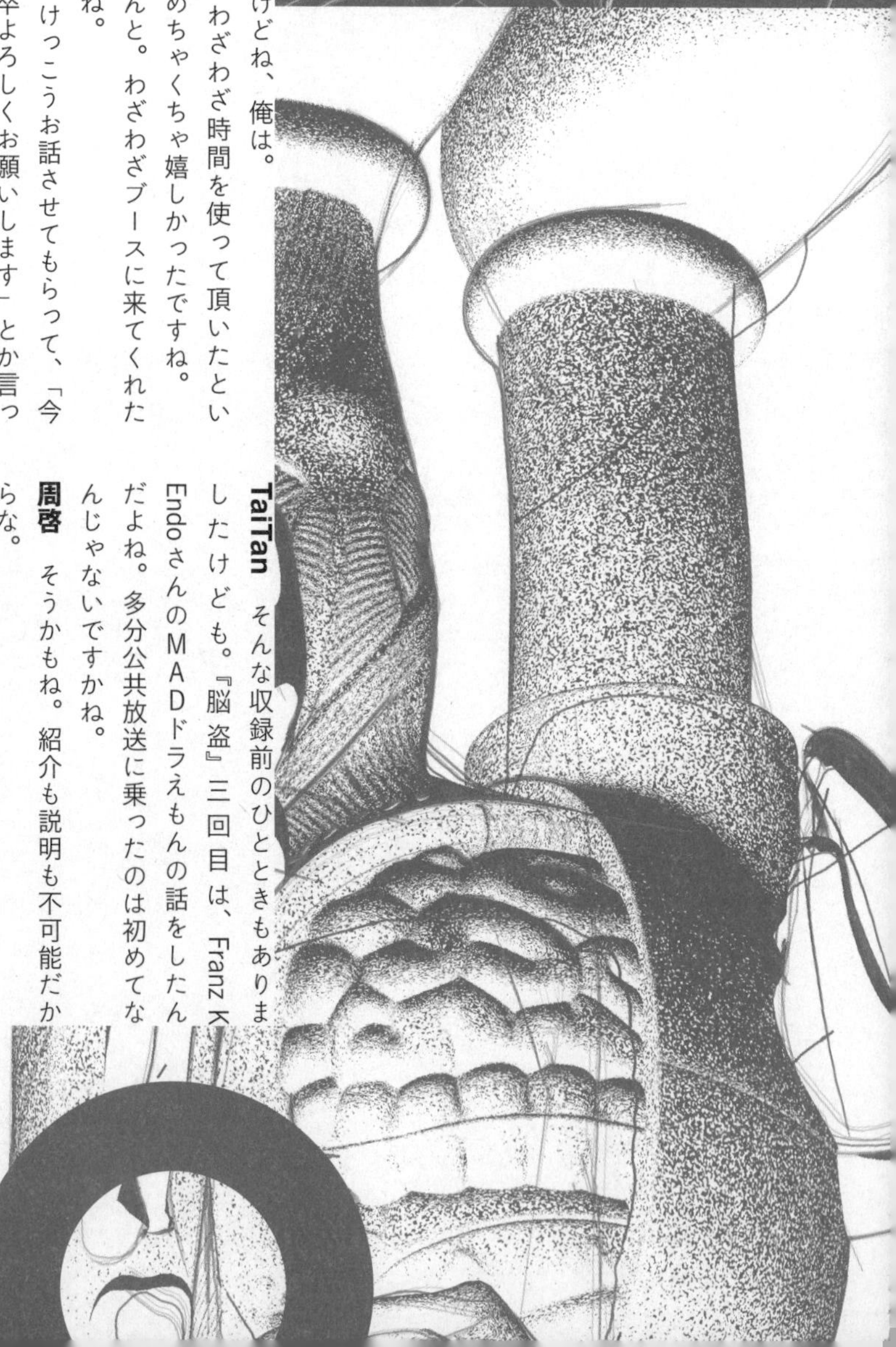

TaiTan　そんな収録前のひとときもありましたけども。『脳盗』三回目は、Franz K Endoさんの MADドラえもんの話をしたんだよね。多分公共放送に乗ったのは初めてなんじゃないですかね。

周啓　そうかもね。紹介も説明も不可能だからな。

TaiTan　でも、ああいうものが面白いじゃないかっていうね。そういうのも含めて、自由にやらせてもらえてほんとにありがたいなと思うね。「TaiTanさんが面白いと思うものを持ってきて下さい」というさ。『脳盗』続けたいな、ほんとな。あと二回で終わりだってよ。

周啓　赤坂のビルに地下鉄から傘もささずにＴＢＳに入れる生活ももう終わりか。

TaiTan　ショボいんだよ。就職先をそうい

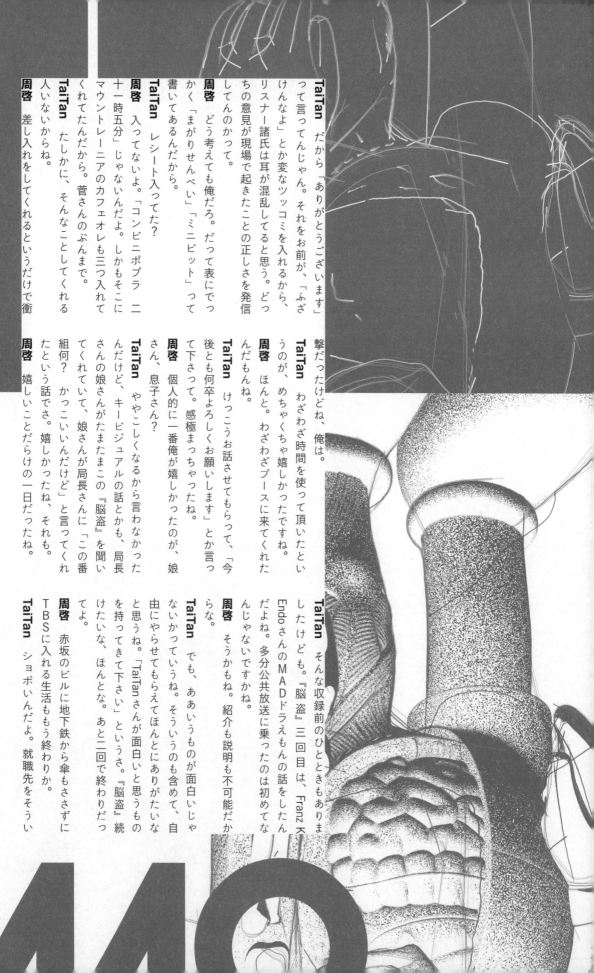

対談

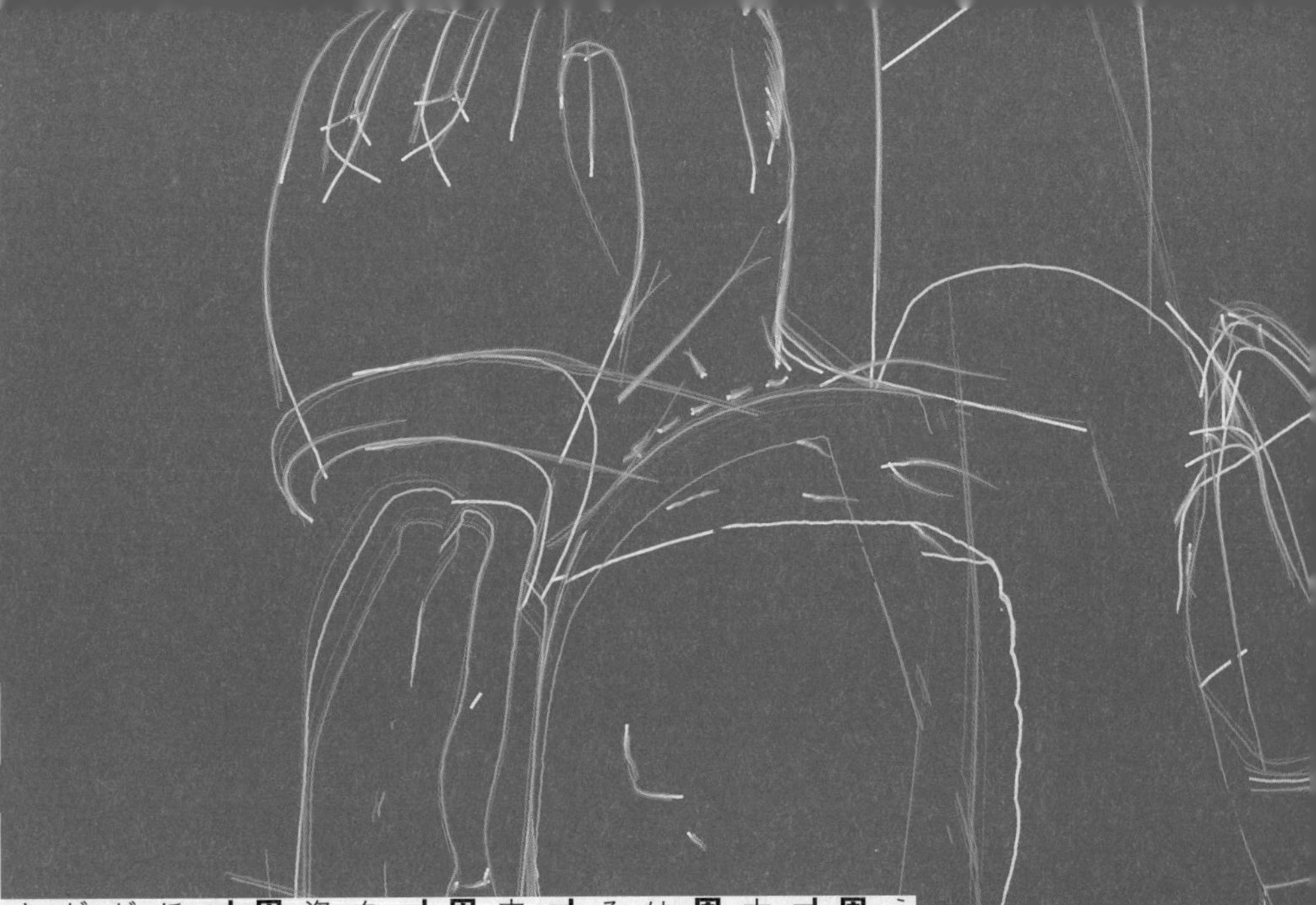

う観点でしか選ばない就活生みたい。

周啓　いるのかな？（笑）

TaiTan　「駅直結だったので、御社の立地に大変共感いたしました」って。逆に面白いな。

周啓　会社概要の社長あいさつが、「我が社は赤坂の駅ビル直結であり」から始まっている。

TaiTan　（笑）。事業内容に自信がなさすぎて、立地の利を推してる会社ね。

周啓　でも切ないね。

TaiTan　だからまたお願いなんですけど、タイムフリーとかで聞いて下さったら、#脳盗でコメントなど頂けると。

周啓　シンプルにモチベーションになるしね。

TaiTan　もちろん。全部見てますから。今ほんとにいいチームでやれてるなという自負があるし、絶対面白いものができると思うんだよね。カンべっち、荘子君、ディレクターさんも年が近いし、感覚が似てるんだよ。もっと面白いものができるなという感じはある。

周啓　そうだよな。

TaiTan　嬉しいのが、『奇奇怪怪』はずっと二人だけで作ってきたから、外部に委託することに潔癖なところがあったんだけど。初めて「他の人とやってみる」というのが、めっちゃ楽しいんだよね。

周啓　ちょっとずつ接続していく感じ、すごく楽しいね。

TaiTan　自分が面白いな、とかかっこいいなと思うクリエーターと一緒に何かを企んでいける、「こういうのがかっこいいし、面白くないですか」というものを提示できている。ようやくここまで来たか、という気持ちがあるので、この流れにぜひ豆等ー諸氏諸氏も乗って頂けたら嬉しいな、という感じでございますわな。

周啓　まだまだ行きますよ！　と。

TaiTan　なんだお前、ダセえな。会社説明がよ。

周啓　あんまり社長あいさつが「まだまだ行きますよ！」だけの会社はないんだよ（笑）。

TaiTan　株主とかからつっこまれるよね。「右肩上がりを目標にしています」とかね（笑）。まぁ『脳盗』三回目、けっこう面白いと思いますよ。

周啓　シンプル笑っちゃう系で楽しいんで。

TaiTan　だんだんラジオの尺感というか、ラジオで喋るということを、馬のしっぽ一本

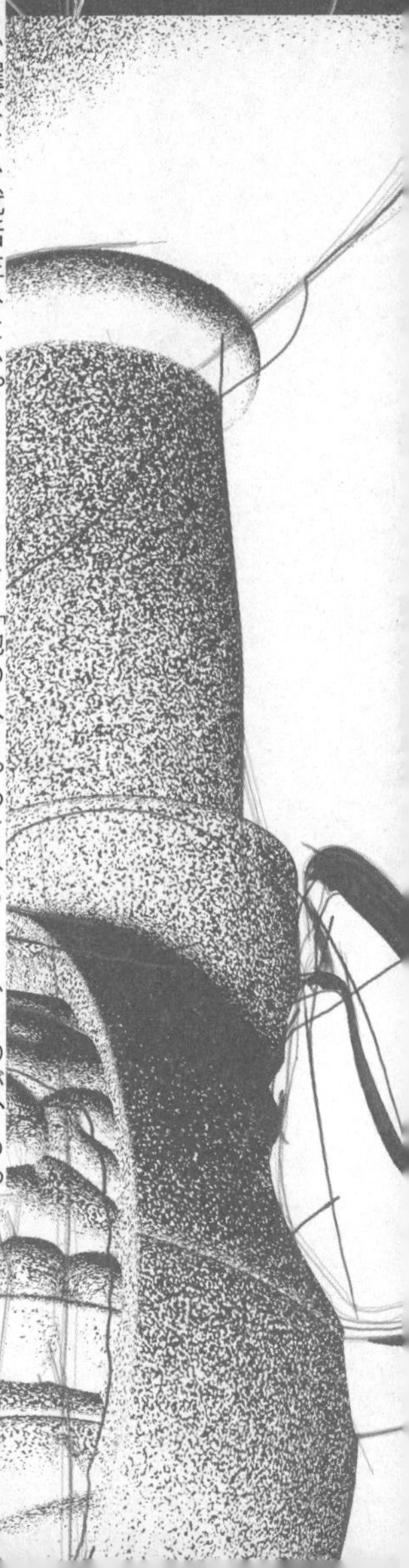

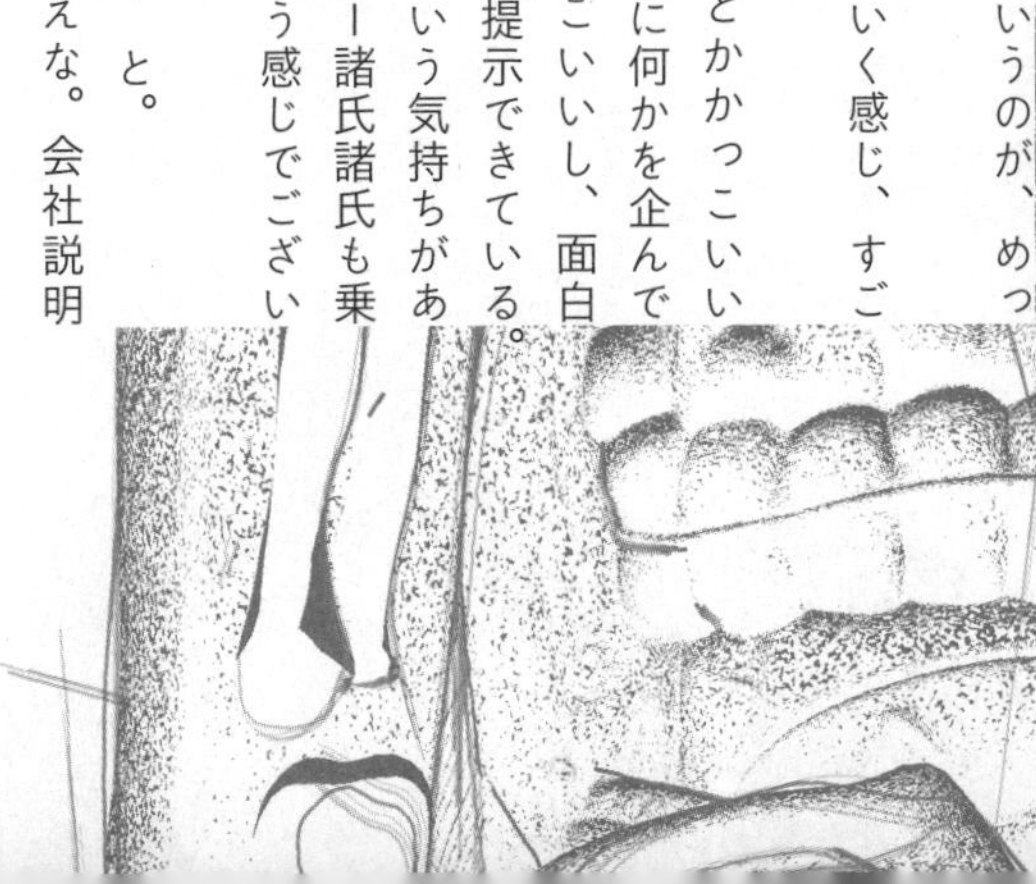

分くらいは掴めてきたかなという感じなので、良かったら聞いて下さい。

Q&A「ダサいファッションとは」／許さない古着屋

TaiTan Q&Aでも拾っていこうかな。こないだ募集したやつでいいですと、「ダサいファッションとは」。

周啓 これ、ピーコの回か（笑）。

TaiTan まず、これは誰しもが思ってる大ネタですね。HRKさん。「そで、えり、裏地がチェック柄」。

周啓 （笑）。これは逆にかっけえときがあるから、むずいけどね。

TaiTan こういうのは、いつかまた流行るんだよ。こういう服が生まれたのも、何かしらの流行があったからなわけでしょう。

周啓 俺も大学一年のとき一ヶ月間だけ、ジーパンが二重になってて、表のウエストのところが膝のあたりまで裏返せるようになってて、その中側が全部チェック柄っていうズボンを穿いてたよ。

TaiTan ダセえなお前な。それ今年のフジロックで穿いてごらんよ。

周啓 まあチェック柄の服に使われる素材と、山で行われるフェスは相性が良くないから。

TaiTan でも、だからこそ俺はチェックをリスペクトしてる部分もあって、ときどきハイブランドのファッション誌で、チェックをうまいこと着こなしてるのがあるじゃないですか。なんてかっこいいんだろう、と思うね。

周啓 ほんとだよな。

TaiTan よし、フォローできた。

周啓 お前（笑）。そういうスタンスで生きてると、不幸になるぞ。

TaiTan あとは……。

周啓 Here Me Twoさん。この「中尾彬のネジネジ（泣き笑いの顔文字）」っていうの、母親からのメールっぽくていいな。

TaiTan たしかに（笑）。あとこの方はよく見ますね。mouci_greenさん。「ピッチピチのパンツに光沢感のあるとんがり革靴（或は分厚いスニーカー）にデカいプリントのあるTシャツ（或は総柄のシャツ）をinにして、

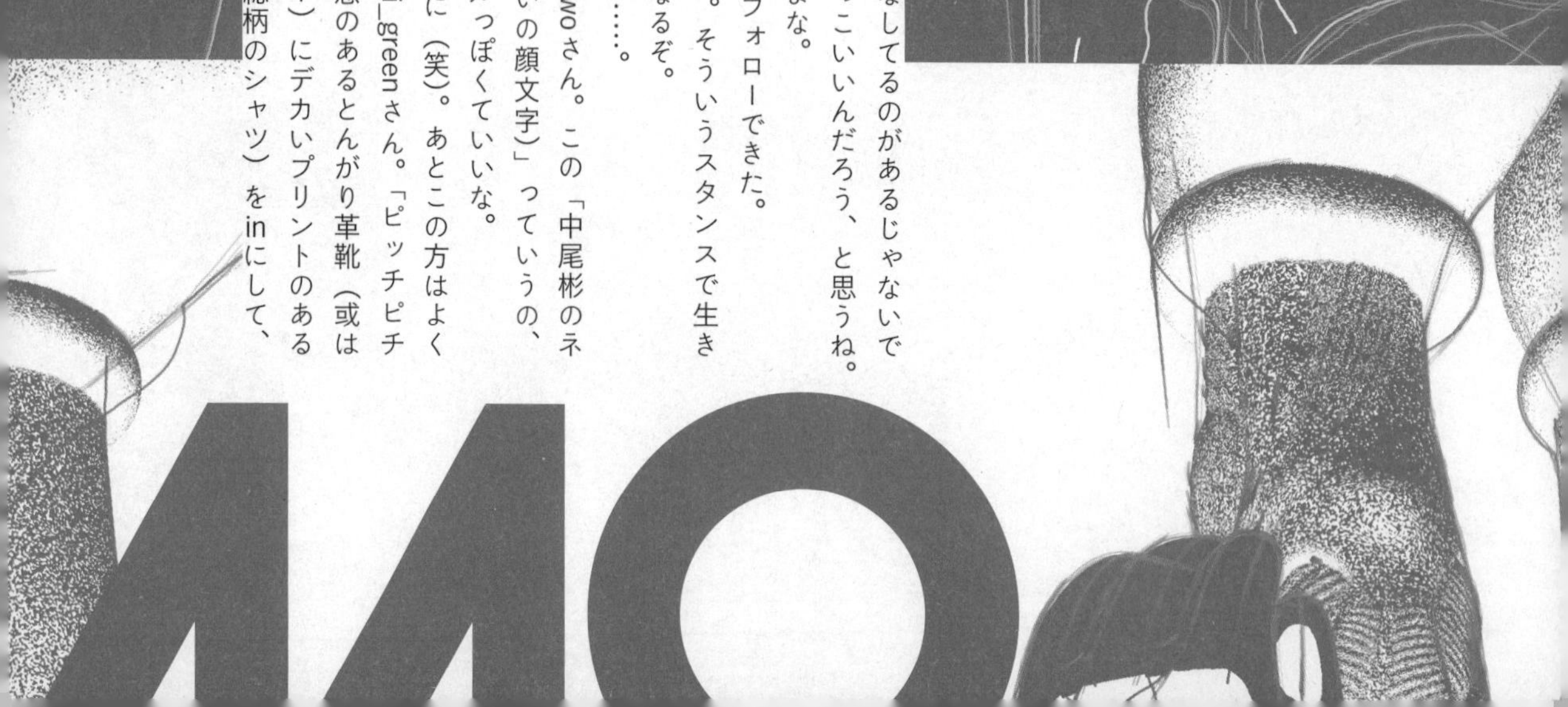

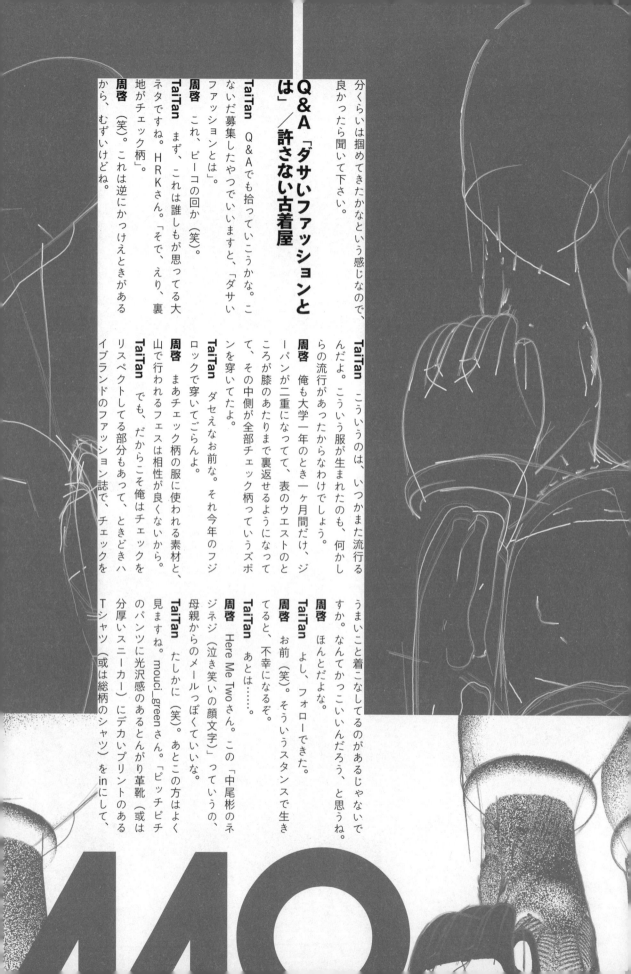

その上更にGUCCIのダブルGロゴベルトを締め、丈短めのテーラードジャケットを羽織り、最後に鮮やかなレザークラッチバッグを手に持つスタイルは一つ代表的な例として取り上げるべきです。」いません。

周啓 (笑)。

TaiTan ダセえ製作委員会が作ったダセえ邦画に出てくる、ダセえ金持ち像。架空のやつ。そういう記号っぽいの、ダサいんだよな。

周啓 でもわかる。象徴的にしようしようとして、結果的にキメラみたいなものができてしまう(笑)。

TaiTan でもこのmouci_greenさんが指摘しているポイントポイントは、その通りだと思いますね。

周啓 あと一個だけ。久々なんですけど、タイラデンさん。

TaiTan ああ、これいいじゃん。

周啓 「洋服屋へ行く為に着る服」。

TaiTan これはめちゃくちゃ面白い。

周啓 IPPON! だよね。

TaiTan これすごくいい指摘で、洋服屋に行くためにドレスコードがあるという感覚って、めちゃくちゃ愚かだよねと思う。意味わかんないよね。

周啓 しかも、消費者の自意識なんだよね。

TaiTan でも洋服屋の同調圧力っていうか、嫌な感じの空気が出ている洋服屋ってたしかにある。

周啓 ダサい服で行くと無視されるみたいなね。

TaiTan なんかチャラチャラした、コミュニティ内でチヤホヤされてるのか知らねえけどさ、足元からつむじまでジロジロ俺のことを見てきた下北沢の服屋は、一生許さないから。

周啓 でも最近、STUDYの長畑さんとフジロック三日分の服を一緒に買いに行ってさ。長畑さんはスタイリストでもあるから。下北とか渋谷の何店舗かに連れて行ってもらったんだよ。あれは良かったね。俺、服買うの楽しいなってめちゃくちゃ久々に思った。

TaiTan それ、めちゃくちゃ俺も最近思ってるんだよね。この話は、また別途でやろう。

周啓 すごいね。「古着屋は消滅した方がいい論」から(笑)。

「服おもろくね論」。

TaiTan いやいや、特定のね。絶対に許してない古着屋はある。めちゃくちゃ嫌な思いしてんだから。

周啓 (笑)。接客って重要だな、ほんと。

TaiTan スティーブ・ジョブズが言ってたよね。「私が一番大事にしてる社員は、本部のマーケティング部とか高給取りの彼らでは

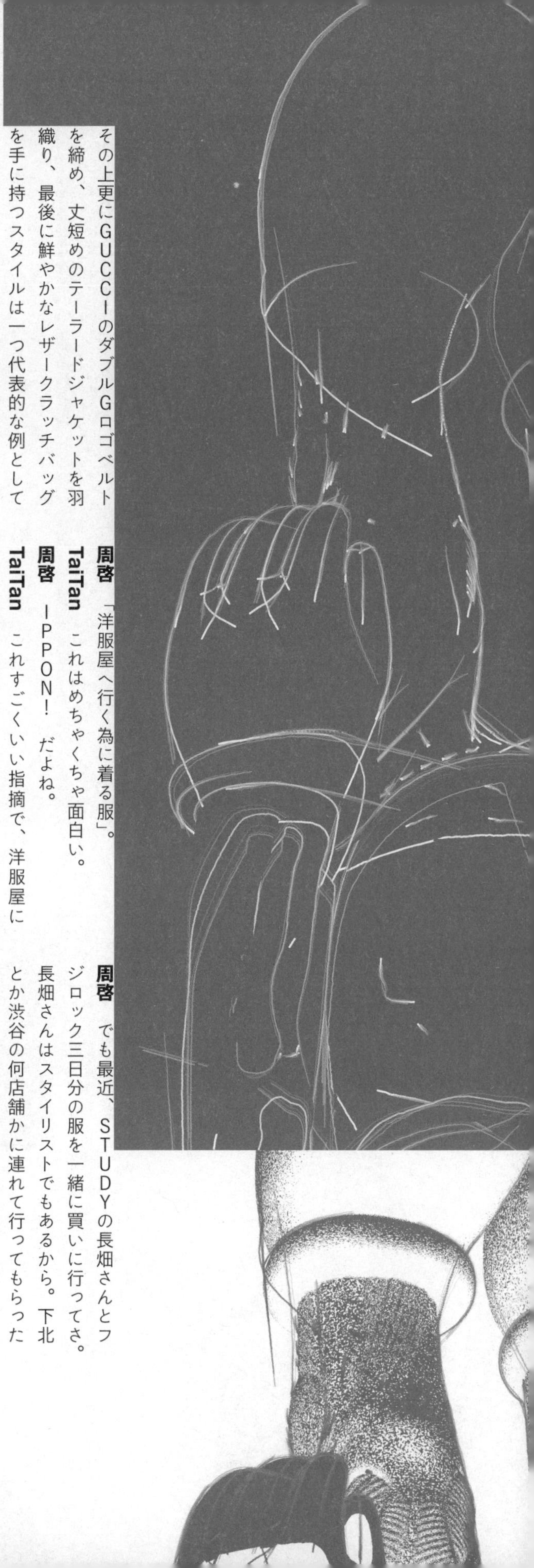

348

なくて、現場の接客スタッフなんだ」と。

周啓　なるほどね。

TaiTan　「なぜなら愛をこめて育てたプロダクトをお客さんに直接渡す、その接点になる人だから、彼らが一番私の思想を理解してほしい」と。そういうことを理解していない古着屋は、もし俺と直接会う機会があったら、実名で言うから。

周啓　（笑）。お前、何に怒ってるんだよ。

TaiTan　怒るんだよ。あのときすごい嫌な思いしてるんだから。

周啓　服の話になるとどうしてもよぎってしまうほどのトラウマを植え付けられたわけだ。でも俺にもそういう時期はあったよ。Q&Aにも来てたけど、詐欺師に「ベースボールボーイ」と呼ばれて、全身ハンジローで買い揃えたマイケル・ジャクソンみたいな服で竹下通りを歩いてたんだから。俺はそれが怖くて今だに竹下通りに行けないけれども。

TaiTan　迂回して原宿駅に入るんだもんね（笑）。

周啓　表参道の方からも行けるんだと知って、ほんとに嬉しかったんだから。まあだから気持ちはわかるけれども、いい人と会うと服を買うのってこんなに楽しいんだなって思ったという話があってさ。

TaiTan　「服おもろくね論」、これは絶対話したいね。次回火曜日と木曜日は、二回にわたって、とうとう「顔面論」の話をしようと思いますので、お楽しみに。ありがとうございました。

周啓　ありがとうございました。

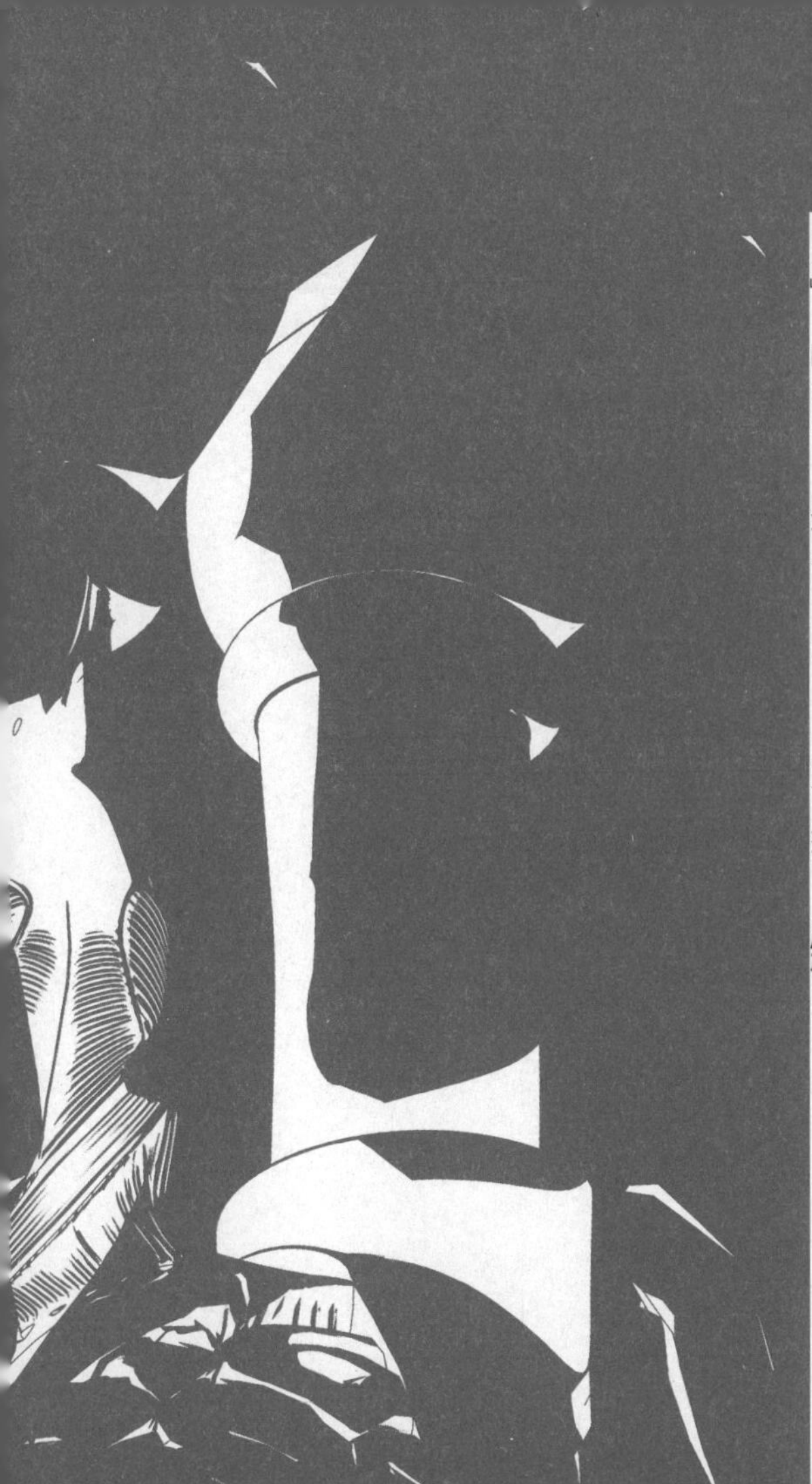

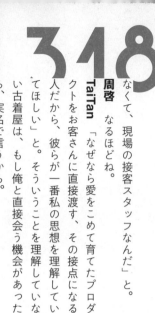

『新写真論　スマホと顔』／メディアの変遷と美の感覚

TaiTan　えー、TaiTanです。

周啓　えー、玉置周啓です。

TaiTan　えー、『奇奇怪怪明解事典』でございますけれども。顔面ね。

周啓　……GACKTね！

TaiTan　美の感覚というのは、時代によって移り変わっていくと。しかもそれは、新しいメディアが生まれることによってどんどん変わっていく、というのがおもろいなと思ったんだよね。

周啓　なるほど。

TaiTan　これは最近ある本を読み返してて思ったことなんだけど、『新写真論』という本があってさ。この本は「新」とつくくらいですから、従来の写真論とは一線を画すものなんですよ。その従来の写真論というのは、ざっくり言うと構図の取り方とか、撮影技術のイロハとか、要するに「ハードとしての写真機」と、「表現というものの進化」を論じるものが多い。でもこの『新写真論』は、現代の写真機、つまりそれはスマホだとこの本は言ってるんだけど、その誕生によって写真というメディア、あるいは人間の感覚がどう変化してきているのか、というところに着目した。つまり「ハードとしての写真機」と、「表現」というよりは「社会」というものを接続させる仮説を立てたんだよね。現代メディア論的でありながら、社会学的な好奇心も満たされる本で、めちゃくちゃ面白い。

周啓　それは面白そうだね。

TaiTan　で、その本の中のぶっとい論旨として、なんなら副題になってるんだけど、「スマホと顔」というトピックがあるんだよ。今

日周啓君と喋ってみたいのは「スマホ以降の美しさの変遷」みたいなこと。

周啓　面白そう。気になってたしね。みんなが写真を撮れる時代になって、それと写真家が撮ったものの良さと何がどう違うのか、というのがずっとよくわからなかったし。

TaiTan　例えば舞台俳優と、テレビで売れる俳優と、映画界で愛される俳優ってなんかちょっと違うじゃない。つまりメディアが変われば、ウケるビジュアルは変わるんだというのはよく言われる話。それはたしかにそうですねと思いつつ、でもダイレクトにその変遷を追ってきている世代じゃないから、頭では理解できる、知識としてそれを理解できるという感覚でしかなかったんだけど、でもSNSの変遷とその時々でウケる顔やビジュアル、ムーブということを考えていくと、「なんでこんなに変わるんだろうな」と思ったりするわけですよ。

周啓　そうね。わかりやすい。

TaiTan　つまりTwitterで人気の人間と、インスタで人気の人間と、TikTokで人気の人間が全然違うのって、けっこう不思議な話だなと思って。なぜ渡辺直美氏は、Twitterでも TikTokでもなくインスタの女王と呼ばれるのか。

周啓　たしかにね。フォーマットに最適化していくキャラクターがあるということなのかな。

TaiTan　そうだよね。要はさ、「美しさというものは、メディアが決めていく」という。それぞれの時代における真ん中のメディアが、美しさというものを規定していくんじゃない

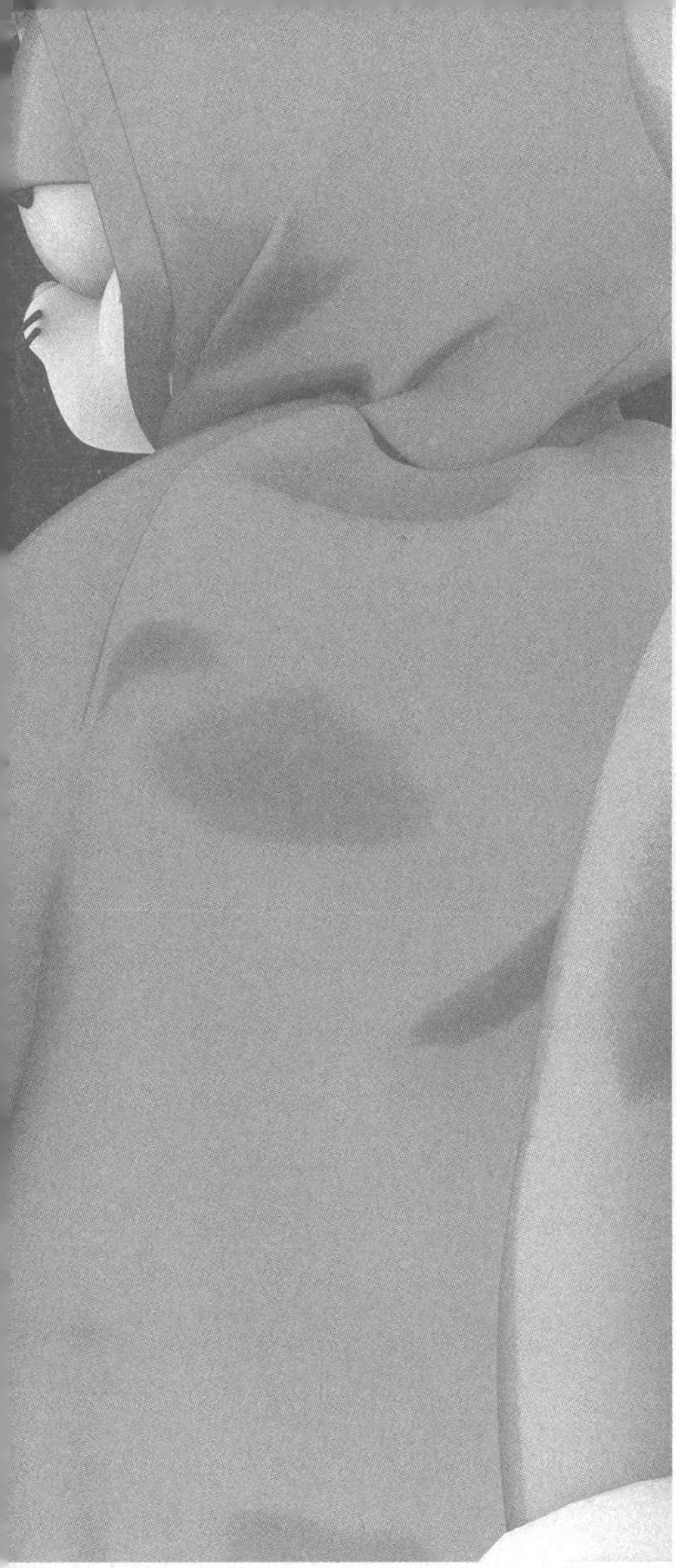

か、ということをこの本を読んで思ってさ。当たり前っちゃ当たり前の話なんだけど、めちゃくちゃ面白いなと思うんだよね。特に今日周啓君と喋りたいと思ってるのは、俺がすごく悩んでるポイント。

周啓　どうした。入ってみ。

TaiTan　君を保健室の先生だと思って、誰にも言わないで下さいという話なんだけどね。TikTokに出てくる、いわゆる美形とされている女性というかね。あれがマジで意味わかんないんだよね、ということなんだよ。つまり、二〇二〇年的な「映え」の感覚というものに、ついぞマジで追いつけなくなったということ。

周啓　具体的には言えるの？　名前とかではなく。

TaiTan　具体的に言うと……常時プリクラ顔、みたいな。

周啓　なるほど。ちょっと前でいうSNOWとか。

TaiTan　いや、「お耳が生えてます」みたいな話というより、単純にフィルターをかけすぎっていうか。

周啓　CGに近い感覚になるというか。

TaiTan　CGアイドルのSayaという人がいたけど、それに見えてしまう。人間がむしろ、CGに近づいているというか。でもそれは、今の感覚が終わってるのではなくて、俺がそこに追いつけない、乗っていけてないということね。でも今の人、特に若者が純粋に興奮する感覚はそこにあるんだなと思うと、面白いなあと思うんだよね。

周啓　たしかになあ。だし、アップデートが難しいよな。美しいとかかわいいとか、視覚に対する感度って、服ならまだあれかもだけど、特に顔みたいなものは、思春期の影響が大きいんじゃないかと思う。

TaiTan　俺は親鳥・雛鳥理論というのをずっと持ってて、やっぱり十代とかで培われた美的感覚が、その後をずっと左右するんだなと思う。その頃に出会った「この人かわいいな」と思う要素から、生理反応として外れられない。だから、君が今だにiモードで堀北真希の画像を収集してるのも、そういうことだと思うんだよね。

周啓　iモードはもう、終了したんだよ。

TaiTan　ないの？　なんか卒業式とかやってたもんね。

周啓　だし、堀北真希も引退しちゃってるから、ないサービスでない人を検索するってあんまりないと思うんだけれども。話題が変わっちゃうかもだけど、俺、高画質過ぎるゲームがなかなかむずいというところがあって。

TaiTan　そうなんだよな。わかるよ。

周啓　それってスーファミ、プレステ、いっ

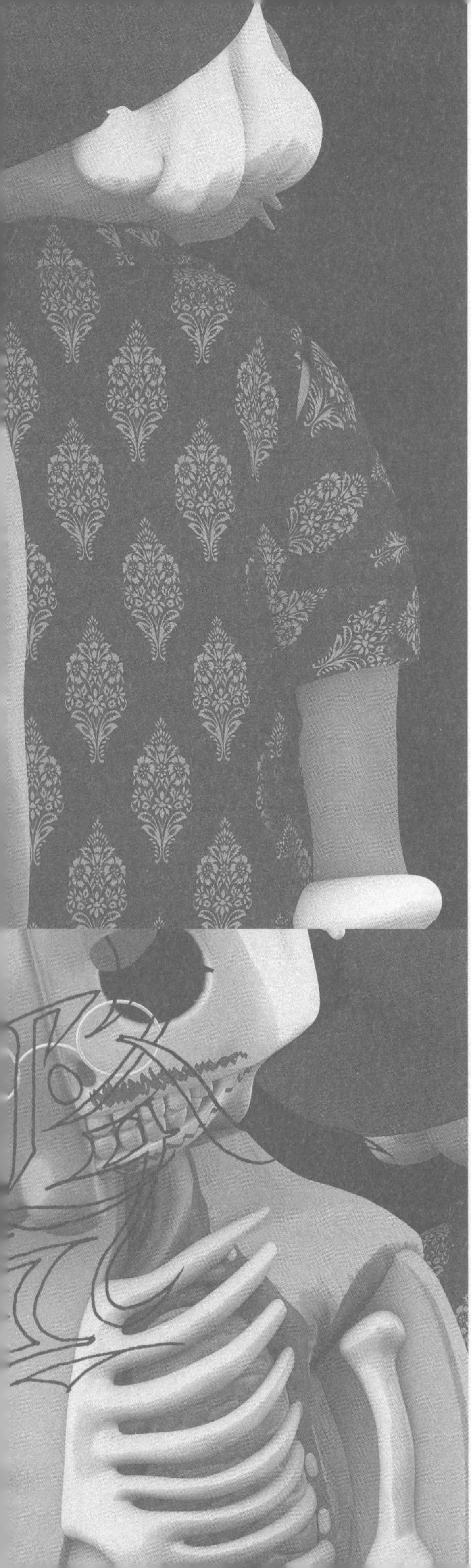

てプレステⅡまでの時代を過ごしてたから、そうなるとキャラクターとしての顔に対しても、「うーん、造形は美しいがグッとこないのはなんでだろうな」と。もちろんこれは批判でもなんでもなくて趣味の話だから、ここがフェチじゃないんだ、みたいなことは思うね。

TaiTan　それを発言することによって、「回顧厨だ」みたいなリアクションが飛んでくるのがわかるから言わないけれども、というのはあるよね。

周啓　そうそう。だから見た目とかビジュアルについては、たしかに若い頃の、一番そういうのに興味があった頃のものが完全にフェチとして内在化するイメージはあるね。

TaiTan　だからさ、マジで難しいなと思うんだよな。これは変な話じゃなくて、いわゆるアダルトビデオですわ。ああいうビデオにおいては、今の美しいという感覚が常に踏襲されるわけだから、TikTokっぽい顔が増えてんのかな、とかって思うんだよな。というか、照明を当てすぎ。

周啓　ああ、美肌感。

TaiTan　つまり毛穴とかってものがない。

周啓　たしかに。誰が言ってたか忘れたけど、「パイパン多すぎ論」というのを、それと繋がる感じがした。「パイパン」とか言っちゃダメか。

TaiTan　いいよ別に。俺だってパイパンだもん。

周啓　まあ俺も一回、迷惑行為をしたことがあるから。

TaiTan　銭湯で剃毛して、排水溝を詰まらせてたね。

周啓　水柱が立ってたんだけれども。まあつまり、その人の要望は、「もっと毛が生えてる人を見たいな」っていう。それって多分、どんどん清潔になっていく何かに対する反動なんだよ。

TaiTan　「毛が生えててほしい」までいくと俺の範疇を超えるんだけど、なんか、リアリティというもののメモリーというか……。

周啓　これは繋がると思うんだけど、その人は多分、「フィギュアみたいだ」という言い方をしてたのよ。局部がそんな状態だと、「作られた造形美としてはわかるが、人との接続点がどんどん薄まっていくような感覚がある」というようなことを言っていて、だからもう

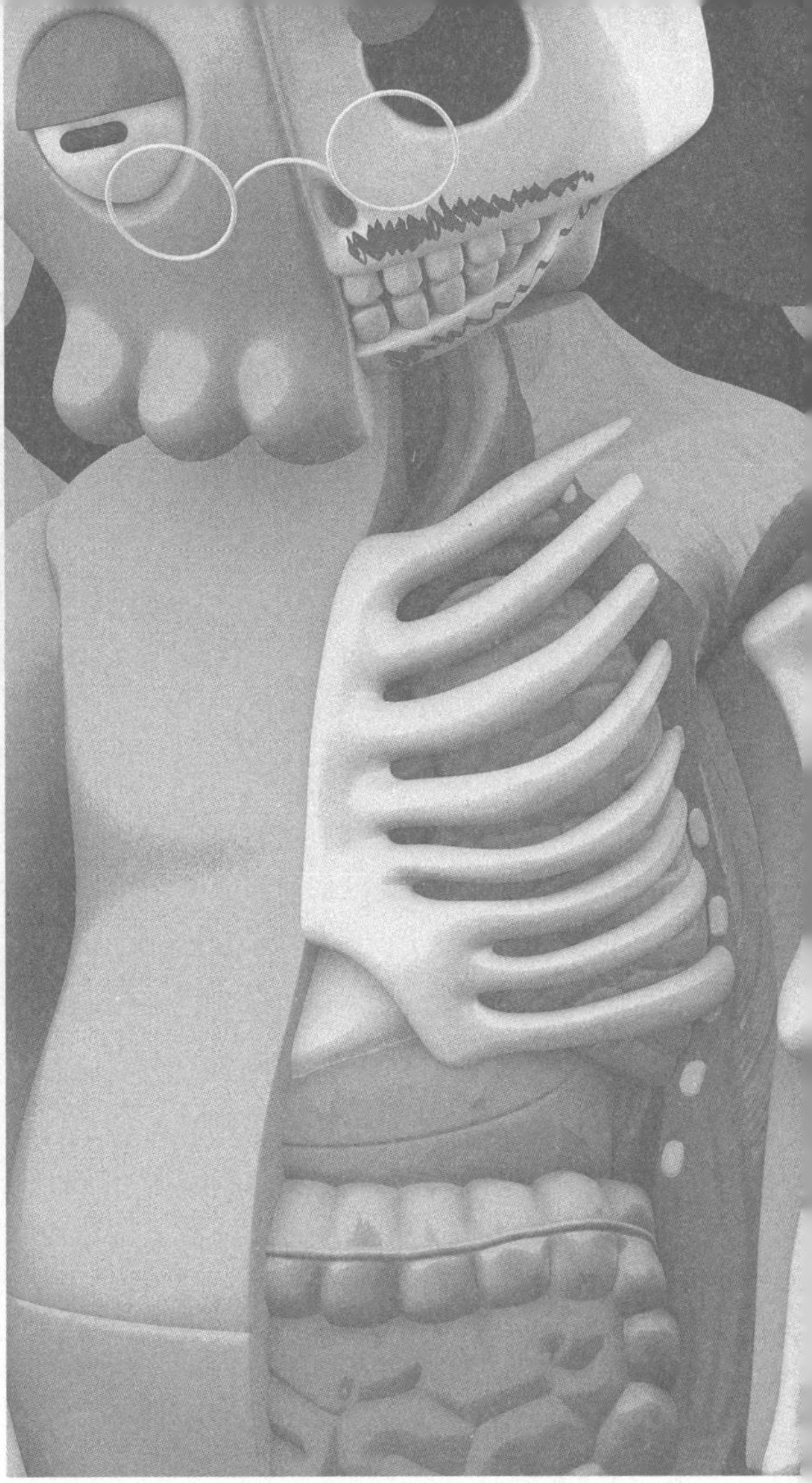

ちょっと、普通に生えてる人がいてもいいんじゃないか、みたいな話をしててさ。要は自分が思う人間味みたいなものとか、フェチのポイントを押さえててほしい、というのを、もちろんAVに限らず人は持っているんだろうなというのが思ったことの一つでさ。

　で、もう一個はスマホの話になるんだけど、前に「GEM GUN」という名前の展示を見たことがあって。それは何かというと、あるアーティストさんが、雑誌とかに載っている拳銃とか宝石の画像を切りぬいてコラージュした作品の展示だったわけ。その作品に明らかに貼り合わせた跡がないから、そのアーティストさんに「どうやってるんですか?」と聞いてみたら、切り抜いて貼ったものをiPhoneで撮影して印刷したと言っててさ。それがなぜかというのがまた面白くて、画像って画面に近づいていくと、赤と緑と黄色の粒になるじゃん。

TaiTan　構成要素がわかるよね。

周啓　でもiPhoneのカメラは、どれだけ拡大してもそうならないように設定されてるんだって。引き延ばしてぼやかす機能がついている。コラージュはそれぞれのパーツの印刷のばらつきがノイズになるから、iPhoneで一回撮って、全体がぼやけた、粒がない状態にしてから印刷しているんだって。それはさっきの、人の顔にできるだけ照明を当てて、のぺっとさせるというか、お化粧を強くする感じに似てるなと思った。

TaiTan　だから、「デジタル化粧」みたいなところですよね。それを表現として使う場合もあれば、化粧に対して「そこまで加工しなくていいのにな」と思う人間の生理反応は難しいもんで、美しければいいというわけではない、というのが面白いですよね。

周啓　そうだよね。「何が美なのか」みたいな話になってくると。

ケツメイシの「さくら」問題／記念写真論

TaiTan　でも、「美の感覚」ってほんとに面白いなと思ってさ。例えば二〇〇五年とかのPVを今見ると、「なんじゃこりゃ」っていう……。たしかに小学生の頃にはこれをかっこいいと思っていたのに、言うたらば、「かっこ悪いな」と思ってしまう感覚。

周啓　たしかに、ミュージックビデオとかはわかるな。

TaiTan　ダサいし、服とか。何これ？　って。

周啓　（笑）。服は如実だよね。あとは眉毛とか。

TaiTan　ほんとに相対的なものなんだなと思った。だからこそ、価値の吊り上げとかがしやすいんだなと。ちなみに周啓君は、二〇〇〇年代のPVで印象に残っているものはありますか。

周啓　俺は、浜崎あゆみがグアムかハワイかに建てた家を燃やすやつ。

TaiTan　あ、そっち？　俺がパッと思ったのは、浜崎あゆみの「〽青い空にシャッサッヨー、サァー、エサァーセロイー」みたいなやつ。

周啓　まず、差し歯を入れるべきだった。

TaiTan　喜寿の（笑）。いやあるだろ、そういう歌が。「BLUE　BIRD」。ああいうのが俺の、二〇〇五年とかのPV感なんだよ

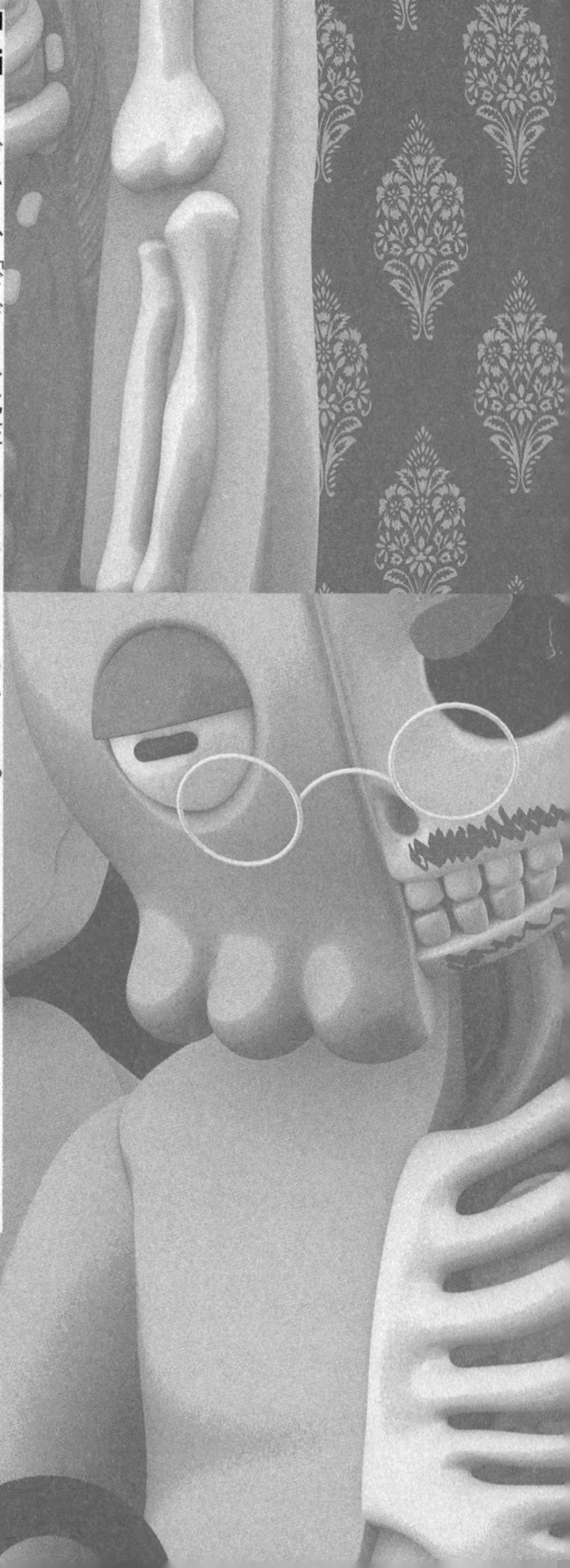

ね。

周啓 GReeeNの感じとか?

TaiTan あるよね。なんか、のっぺりしてるなあ……という感じ。これはまったく別の話なんだけど……まあ話すか。スベったらごめんなさい。今日この話をするにあたって、二〇〇〇年代のPVをパーッと見てたんだよ。で、ケツメイシの「さくら」のPVを、いい曲だな、いい曲なんだなと……。

周啓 呟きながらね。

TaiTan コメントとかを残しながら見てたんだけど、当時はまったく気にならなかったのに、とんでもねえ演出だなというところが一箇所あってさ。要はあのPVって、偶然に出会った男女がくっついてすれ違って、みたいな内容なんだけど、中盤あたりで二人が喧嘩して、映画監督志望の男の方が、部屋をめちゃくちゃにしちゃうというシーンがあるんだけどさ。そこを見てほしいんだよね。豆等ー諸氏諸氏に、ほんとに見てほしい。このシーンの部屋の荒らし方が、あまりにもやり過ぎているという面白さがあるので。

周啓 ちょっと今見ていい? Spotifyで。

TaiTan 見て。……もうちょい後だね。そこそこ。今SpotifyとYouTubeを同時接続して見てますけれども。……ほら、喧嘩してる喧嘩してる。まあよくあるシーンじゃないですか、喧嘩なんて。その結果、彼女悲しんでいる、はい男出ていく、その後こうなる!

周啓 (爆笑)。

TaiTan これ、マジで見てほしい。当時は何も気にならなかったのに、今見ると絶対にやり過ぎてる(笑)。ガメラが通過した後の部屋にみたいになってるんだよ。

周啓 これはちょっと、胸が痛いな(笑)。

TaiTan 大道具部とかが、テンション上がっちゃったとしか思えない。一人の男がブチ切れる描写としてありえない破損。周啓君は絶対この面白さをわかってくれると思ってた。

周啓 共同作業の壊れ方なんだよ。「みんなでぶっ壊そうぜ」の(笑)。

TaiTan まあマジで脱線したけど、当時気にならなかったのに、今となっては「なんだこれ?」ということは、表現においても美の感覚においてもあるという話ですよ。

周啓 めっちゃ目が覚めたな、今ので。

TaiTan というような話で、「スマホ以降の顔」というこの切り口はクソ面白い。前に、「醜形恐怖症」という話をしたけど、要はエフェクトのかかった自分の顔面に慣れ過ぎて、鏡に映るリアルな顔面を受け入れられない、という。これもスマホ以降の症状じゃないですか。そこらへんにもちゃんと触れててさ。でもそれって実は現代だけのものではなくて、昔から肖像画を書かせる貴族とかも、描かせてみたら自分の理想とのギャップに必ず文句を言っていたとかね。そういう歴史的な話とか、もっと卑近な例でいうと、似顔絵を描かせてみたら、「なんか違うんだよな」と。

周啓 たまにいるよな、浅草のカリカチュアの店で、「こんな顔じゃないんですけど」とか主張してる人。

TaiTan 俺なんだよ、そういうこと言うのは。

周啓 「発注通りになってない」ね(笑)。違いを楽しむんだよ、あれは。

TaiTan カリカチュアという表現を委託してる以上は、何が出てきても許さなきゃいけないんだけどさ。でも自分の顔の認識というものと、実際の実像というものは、なぜこん

顔

なにもズレるのか。めちゃくちゃ面白いんだよね。

周啓　面白いね。よくあるのが左右反転ね。要は、インカメで自分の一番かわいい、かっこいい顔で撮るとするじゃん。でも実際の画像は左右反転して仕上がるから、それを見たとき衝撃を受けるんだよね。「知らない顔だ！」みたいな。

TaiTan　自分の顔って意外と知らないんだよね。これめちゃくちゃ面白い。

周啓　俺、個人じゃなくてメンバーみんなで映ってるときの自分の顔を見て、「こんな顔してんだ」ってびっくりするもんね。

TaiTan　めっちゃわかるわ。俺はそう思うのが嫌だから、自分が写真に映るときは必ず同じ表情をしてるんだよ。それは何かというと、自分の違和に、いちいちノイズを感じたくないから、もうキャラクターとしてやっちゃおう、ということだったりするんだよね。だから普通の顔が、自分の顔じゃないように思える。面白いよな。顔という認識。そういうようなことが、すごく入ってる本。これ、もっと喋れるテーマがあるんで、久しぶりに二回にわたってこの本について喋りたい。で、次回は、「人はなぜ飯の写真を撮りたがるのか」。

周啓　ああ。たしかに。

TaiTan　クソおもろくない？「何なの？」って思わない？

周啓　何なんだろう。俺も撮るな。

TaiTan　というところの、謎性みたいなことを喋ろうと思います。

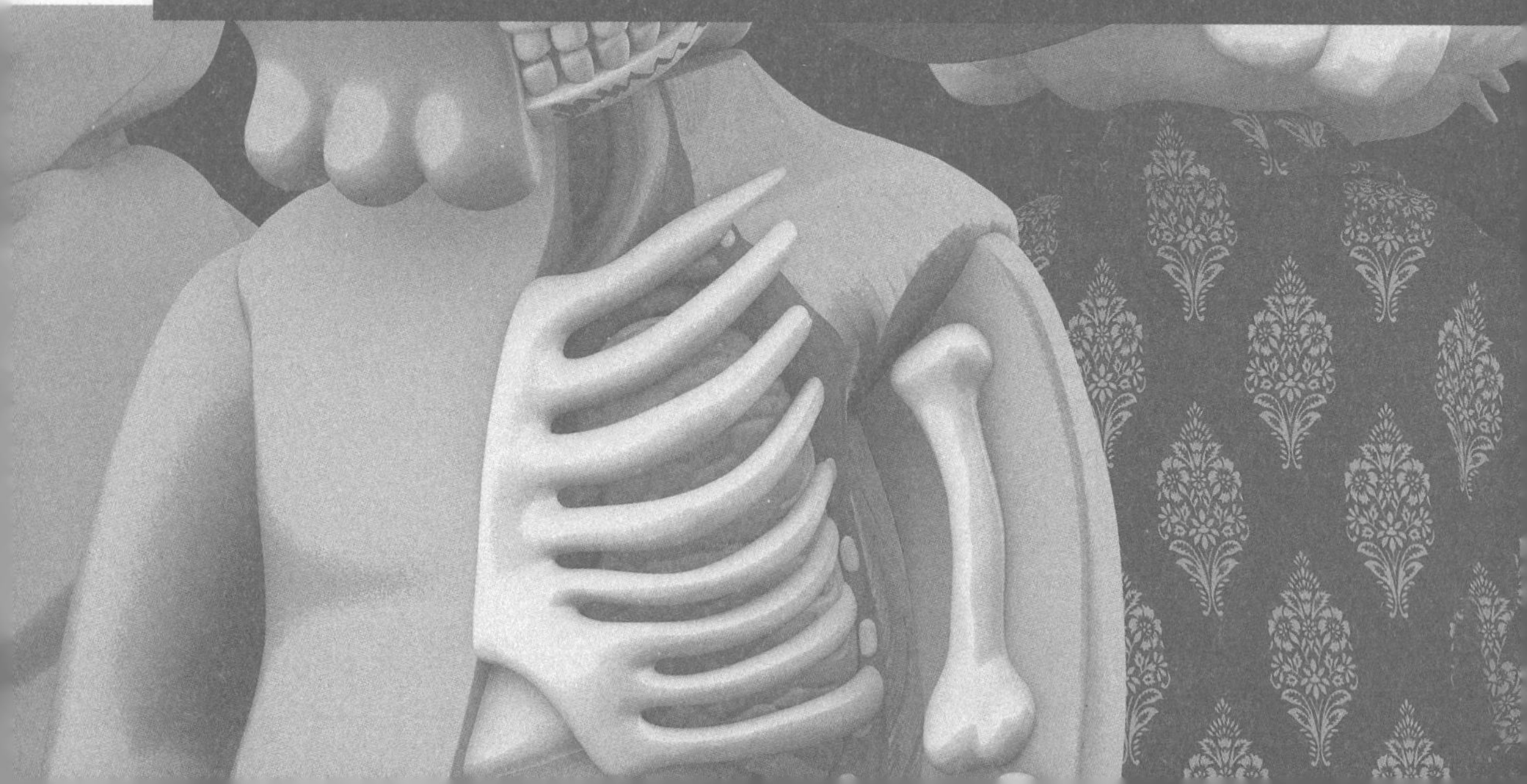

結婚式の記念撮影問題／なぜ人は飯の写真を撮りたがるのか

TaiTan　えー、TaiTanです。

周啓　玉置周啓です。

TaiTan　えー、『奇奇怪怪明解事典』でございますけれども。記念写真ね。

周啓　樹木希林ね。

TaiTan　あのポジションは、誰になったんだろうと思うよね。

周啓　何の話ですか。

TaiTan　いや、樹木希林さんはもう絶対的なポジションだったじゃん。「是枝映画といえば」とか、「めちゃくちゃいい感じのおばあさん」みたいな。今誰になったんだろう。

周啓　ああ、そういうことか。ここからは、もたいまさこさんとか。

TaiTan　樹木希林さんは、毒っ気があるのがすごいと勝手に思ってたけどね。清廉潔白ではなく雑味に溢れているんだが、なんかこの人すごく魅力的だな、という。

周啓　優しくてかわいがりたいおばあちゃん像でもないというかね。

TaiTan　編み物とかしてる感じではない。というか、スーパーとかでいちいち文句言ってたりするのがリアルじゃん。おばあちゃんが全員いい人なんて、俺は思ってないから。

周啓　いやおばあちゃんは、半分以上悪い人ですよ。

TaiTan　というか、人類のあらゆる属性の半分以上が悪い人だから。マジでそう思う。

周啓　島とかは、優しくしてもらえるけど口悪い人ばっかだしね。「悪い人」っていうのは、「意地悪」って意味よ。

TaiTan　だからこそ魅力的だったりする。それを体現してるような人って、今誰なんだろうねと思いましたけどね。

前回、「スマホと顔」という話をしてさ。久しぶりに面白いテーマだと思うんだけど、スマホというものが出て以降、多くの人にとっては写真機といえばスマホのことを指すわけで、今めちゃくちゃ時代の転換点にあるんだ

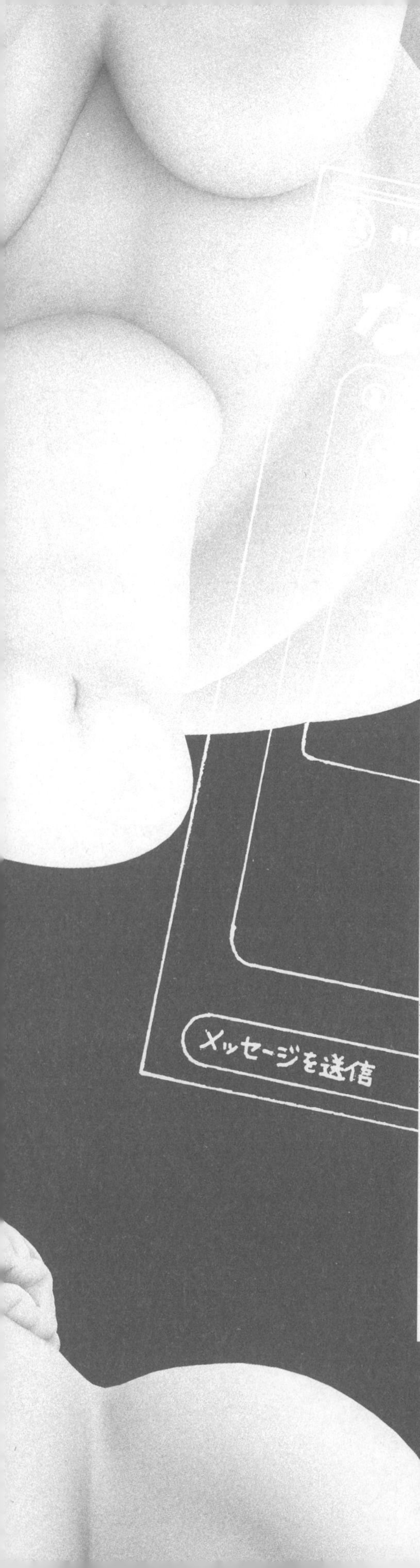

なと思った、ということを、『新写真論』という本を引用しながら喋りましたけどさ。今日喋りたいなと思うのは、またこの『新写真論』からのインスパイアなんだけど、「人はなんで飯の写真を撮るんだろう」ということなんですよ。

周啓　面白いね。

TaiTan　もうちょっと前提の情報を説明すると、この本に「結婚式の記念撮影論」というのが出てくるんだよね。要は何かというと、記念撮影というのは、いろんな参列者が新郎新婦を生意気にも撮影するわけだよね。

周啓　（笑）。生意気というか、そういう儀式だからね。

TaiTan　だからほとんど、拍手みたいなもんなんだよ。「撮りたくねえけど撮ってやるよ」と思ってる奴が半分くらいいるんだけどさ。でも実際、その場の空気に呑まれて撮りたくなるじゃん。俺は結婚式に出たことないからわからないんだけど、多分撮りたくなるだろうなと、その空気の感染みたいなものはすごくリアルに想像できる。

周啓　めちゃくちゃよく見るしね。

TaiTan　でもここで冷静になって考えてみてほしい、とこの本は言うわけですよ。なぜそいつは写真を撮る必要があるんだろうか。つまり記念撮影なんてものは、マスターの一枚あればそれでよくないかと。

周啓　「その日それがあった」ということはね。

TaiTan　その通り。その日のことを記憶するためには多点撮りする必要なんてなくて、一つクオリティの高い写真を撮って、それが思い出として記録されればそれでいい。なのになぜ、参列者はわざわざ写真を撮るんだろうか、ということなんですよ。

周啓　たしかになあ。何なんだ。

TaiTan　しかも後ほど見返すわけでもないし。

周啓　そうなんだよ。見返さないんだよな、ああいうの。

TaiTan　だとするならば、なぜその瞬間に写真を撮るのかという話なんですよ。これをもうちょっと身近な例に置き換えていくと、俺の解釈では「なんで人は飯の写真を撮るんだろう」ということを思うわけですよ。

周啓　それで繋がってくるわけだ。

TaiTan　だって飯の写真なんて、食べログに載ってるそれなりの店だったらプロの写真家が撮ったやつがあるわけじゃん。なのになんで、飯の写真なんてものをテメーがテメーで、撮ってんねんねん、という話じゃん。後から見返すわけでもないのに。これって何なんですかね、トリビアの種になりませんか？という話じゃん。マジでなんで、人ってあんなに飯の写真撮るの？

周啓　うーん……二つあって。

TaiTan　来た。頭いい喋り方。

周啓　（笑）。盛り上げんな。前にバイトしてた居酒屋のお客さんで、飲んだ酒を毎回撮ってる人がいて。その人が言ってたのは、酒で脳がやられてて、次の日昨日何してたか思い出せないから記録用に撮ってる、という人。これは例外っちゃ例外かもしれない。俺は今まったく同じ理由でご飯の写真を撮ってるんだけどね。昨日何食べたかとか忘れちゃうから。

TaiTan　うん。あんまりピンとこないかもね。

周啓　で、もう一個の方が近いんじゃないかと思ってて、「もったいない精神」じゃないかと思うんだよね。

TaiTan　なるほどねえ。そうね、今ってすごく不思議な時代というかさ、これは俺もあんまりまとまってないからただたどしくなるかもしれないけど、例えば結婚式の話とかも、「写真を撮る」という能動的なアクションを通過してないと、「自分がそこにいた」という記憶が体に付着しないんじゃないか、という意識がある。

周啓　ああ、めっちゃわかるよそれ。

TaiTan　それは飯も同じで、もう今は情報が多すぎて、飯をただ食うだけではそれを経たという実感が湧かない、ヤバい時代に突入してるんじゃないかと。

周啓　いや、それはマジでありえると思う。

TaiTan　写真を撮ることで、既成事実を作っている。自分で自分の、テメーでテッ…テッ……に安心してるんじゃないかという。

周啓　もう、妨害電波じゃん（笑）。トンネルでいきなり聞こえてくる。

TaiTan　（笑）。高速とかでね。ネオンの電灯が秒で過ぎていくときの。でもこれはけっこう正しい気がするな。自分の体験というものを、スマホ越しにしか理解できなくなっている、満足できなくなっている、解釈できなくなっている、咀嚼できなくなっている。

周啓　そうね。それってこの前の、顔の話と似てるなと思うんだよね。スマホを通した世界を認識している。もうスマホがコンタクトレンズみたいになっている。

TaiTan　これ、すごい繋がるわ。ベタな話だけど、電車に乗っててふと顔を上げると、全員スマホを見てる。世界ってそういうことなんだと、スマホというものがフィルターになっているんだということな気がするんだよね。

周啓　めっちゃようわかるわ。人によるんだろうけど、俺むっちゃ美味いものを食ったときに写真撮らないもんね。なんかそれを忘れ

TaiTan 俺も最近、いくら俺がカレー好きでやってるとしても、写真を撮りたくないんだよね。

周啓 懐かしいな（笑）。君はボランティア広告塔だろ？

TaiTan 下手したら、店舗でカレーに対して「お父さんお母さんありがとう」を言う可能性あるからね。

周啓 それ、誰への広告なんだよ（笑）。届いてないんだよ。

TaiTan メディアを通してない以上はね。

周啓 ちなみに俺はたまにやるんだけど、美味すぎた料理屋には返すものが金だけじゃ足りないと思って、店を出た瞬間「クソ美味かった……！」って歩いてる人に聞こえるように言うときがある。

TaiTan お前、やっぱり気が合うわ。俺が昔意識してたのは、例えば俺と君が中央林間の通りを歩いてると。そこですれ違った人がお洒落だったとするじゃない。そのとき俺は、「めちゃくちゃお洒落だね」ということをあえて口にする。

周啓 なるほど。それはすれ違ったその人に、後ろからちょっと聞こえるくらいの。

TaiTan 要は何かというと、周啓君のお店の話と同じだと思うんだけど、「俺が発した情報が、何かに影響を与えるということ」に面白さを感じてるんだよね。

周啓 なるほどなあ。たしかに。

TaiTan もしかしたらその彼が、その日一日「あ、俺ってお洒落なんじゃん」みたいなことを思ってくれたら、もしかしたらポジティブがあるかもしれない。だから情報というものを、いかに世の中に作用させていくか、という。

周啓 しかもその根幹が好意だというのがいいんだよな。

TaiTan ほんとに思ったことだから。そういうことでしょ？ 君も。

周啓 そういうことなんだよ。「ちゃんと届くアクションをしたい」という感覚だよね。Twitterで「この店美味しかった」と発信するよりも、その店先で「ここ美味かった！」という、一人二人しか聞かない言葉の方が、発話者の僕としては喜びが大きい。まあ「何なん？」とは言いつつも、飯を撮ったっていいんだけど、実は記録しても見返さないようなものって……。

TaiTan そうだよね。飯なんか撮るよりも、「美味っ！」と発話する方が、実は体験としての純度は濃くなるんじゃないか、という。だから山に登って、みんな「空気が美味しいね」とか「水が美味しいね」とかわかったみたいに言うじゃん。それを言うことによって、実はその体験の濃さというものが確定されていく。

周啓　たしかになあ。

TaiTan　だって山の写真なんて撮ったってしょうがないんだから。川のせせらぎを録ってもしょうがないんだよ。葉々の揺らぎを撮ってもしょうがなくて、虫々の音色を録ったってしょうがなくて、根菜の丸々とした姿を撮ったってしょうがないんだよ。

周啓　お前、根菜好きすぎるだろ（笑）。あと繰り返しの「々」を最近覚えたんかってくらい使ってたけど、「葉々」ってあんまり言わないんだよ。

TaiTan　（笑）。でもスマホを通さなくても、世界というのは認識できるし、自分の世界の実感値というものは人に届くということなんだよ。

周啓　めっちゃいいな。すごくわかる。写真に期待をこめて記録するけど、それじゃ取り返しがつかないんだよな。

TaiTan　そうなんだよ。これは普遍の真理を言っちゃうんだけど、豆等ー諸氏諸氏、自分のスマホの写真フォルダー見返してごらん。全部つまんないから。

周啓　お前失礼だな、それはそれで。

TaiTan　愚にもつかない写真ばっかだなって絶対思うはず。

周啓　自分的にもってことね。

TaiTan　恋人とかと撮ってる写真はかわいいなとか思うけど、山とか飯とか風景とかは、クソどうでもよくない？　撮って何になるのと思わない？

周啓　俺、ハードディスク二テラのうち、五百ギガが車窓からの風景で埋まってるんだよね。

TaiTan　きめえな。自我が固まってない人間のやることなんだよ。

周啓　たしかになんか、恥ずかしいわ（笑）。ハイエースとか新幹線とか、高速で通っていく景色が好きでさ。

TaiTan　表現としてやってるとかそれが好きだったりするならいいんだけど、スマホに撮らされちゃってるのが気持ち悪いと思うわけ。

周啓　それこそ「デバイスに作られた自己」みたいなね。

TaiTan　そう。そのアクションでしかないっていうか。それよりももっと、世界をダイレクトに感じる方法って絶対あるよと思うよね。

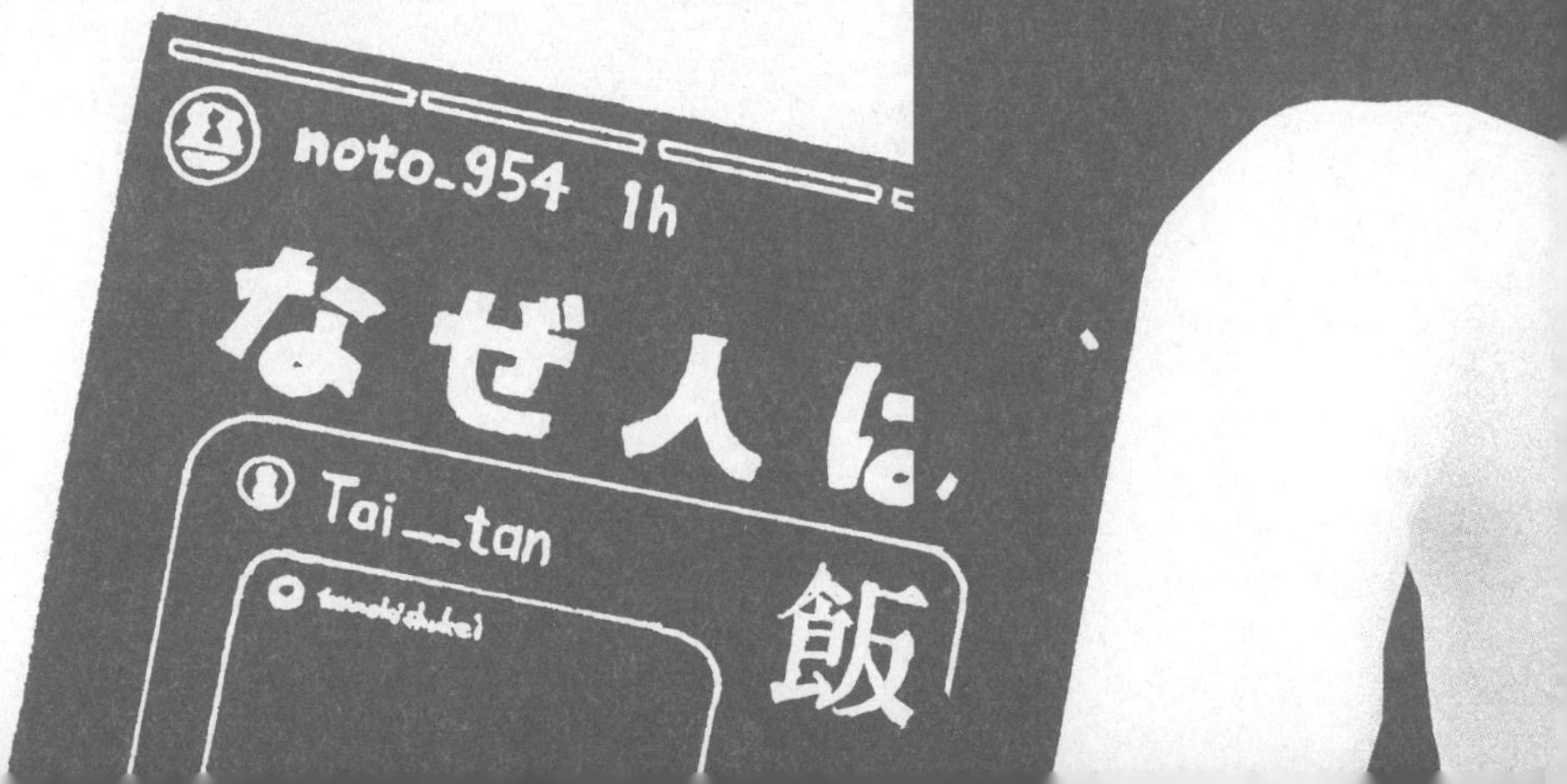

周啓　たしかになぁ。よく「旅は二人がちょうどいい」ということを言うのは、景色を一人で写真に撮るとか、自分一人で「いいな」と思って終わるより、「今、すごいもの見てない？」って隣の人に伝える、このコミュニケーションが旅の魅力を最大にまで膨らませるんだ、という考え方だと思うんだよね。だから俺はやっぱり、そこが興味範囲なんだなと思ったな。

TaiTan　この話はめちゃくちゃ面白いよね。記念写真撮るって何なんだっけ、とか、飯の写真撮るって何なんだっけ、とか、自分のスマホの写真フォルダを見たときの「あれ、思ったよりつまんないぞ」って思う感覚に対して意識的になることって、スマホ中毒に対しての、一種の有効なセラピーだと思ったな。これは別に、マナーとして写真を撮るのがナンセンスだとか無粋だとか、「温かいうちに食いなよ」とかそういう道徳的な話をしてるんじゃなくて、一旦立ち止まってみるというか。「俺の世界認識の方法って、ほんとに正しかったんだっけ？」と思うきっかけになったらいいな、とか思うね。

スマホに撮らされてしまっている問題／写真と顔関連の本読みたい

TaiTan　あと、これも面白いから言うんだけど、飯の写真撮ってるとき、人って気まずそうにしてない？　飯の写真撮ってるときって、みんなちょっとこそこそしてない？

周啓　そうね（笑）。

TaiTan　ということは、自分でもなんで撮ってるのかわかってないんだよ。それってただ撮らされてるだけなんだよ。

周啓　なるほどね。体操とか行進とかに近い何かね。

TaiTan　美味そうなビジュアルの飯が出たら、写真を撮らなければいけないと思っている。でも自分でそれを論理的に説明することができないから、なんかちょっと気恥ずかしそうだったり気まずそうにしてるんだよ。俺もそうだし。カレー屋に行って、こそこそ写真を

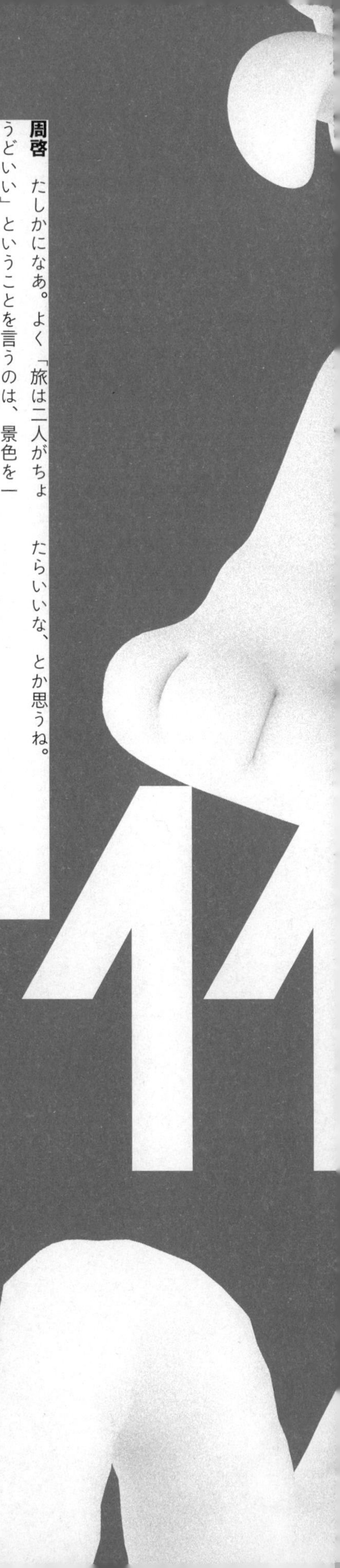

撮ってるわけよ。

周啓　シェフの？

TaiTan　胸元とか撮らないんだよ。

周啓　なんで胸元なんだよ（笑）。

TaiTan　でも確かにカレーは俺にとって美しいんだよ。でもこれを撮らなければいけない理由って、何？　と。食べログに写真なんていっぱいあるんだから。

周啓　思い出すだけなら全然それでいいもんね。

TaiTan　そう。なんでそれを自分で所有しなければいけないのか、ということの、納得できる理由を俺は持ってない。

周啓　なるほど。さっきの話でいうと、俺は自分でさえ覚えていない写真を撮っていた、という体験は、すごく肯定的に捉えていて。『新写真論』でどう語られているかわからないけど。

TaiTan　なるほどね。それはそれでわかる。

周啓　どうせ毎日が楽しい時代なんて、そのうち終わるじゃない。暇で仕方なくなったときに、浸れるものがあった方がとは思うんだよね。大きな反省点があって、俺は大学四年間のデータを持ってないのよ。パソコンが壊れちゃって、過去のことなんてどうでもいいわとか思ってたからデータも全部消したんだけどね。だから今、大学のときの記憶が一番薄いんだよ。高校のときの写真は別でとってあったから今でも見られるんだけど。こんなの当たり前の話なんだけど、写真を見ないと思い出せないこともあるんだなと思った。ちょっとクラシックすぎる話かもしれないけど。

TaiTan　いや、いいよ。それはそれで真実だよね。写真って何なんですかね。なんで人は写真を撮るんだろうね。こういうのが学べる本があったら、教えてほしいですね。

周啓　『新写真論』は問題提起という感じってこと？

TaiTan　この方も、すべてに答えを出していくというより、「こういう風に思いますね」という論調。だから説教臭くない。

周啓　それいいね。読んでみたい。

TaiTan　顔と写真、撮影という行動、スマホというデバイス。こういうテーマは本当に面白い。「顔」だね。「顔ってなんなの？」みたいな話、興味あるな。

　というような感じでございましたかな。今日は四本録りをしたので、疲れたのでやめるんですが。例によって、次回というか、直近で喋る話題のアンケートをとりましょうかというところで、一個目。『ぬいぐるみと億万長者』論」。二個目が、これもクソ面白い話になると思う。「バディ論」。とある取材を受けて、これも言うのをめちゃくちゃ楽しみにしてるんだけど。面白かったよね。

周啓　あれ面白かった。

TaiTan　その裏話をいろいろ喋れると思いますので、で三つ目が、「パワプロくん論」ですね。

周啓　声が弱いんだよ、

TaiTan　もう本当に、野球の回、数字が取れない。高津の回ですら、カスみたいな数字だった。

周啓　いたよね、何人か。「真剣に聞いた結果、一言もわからなかった」と言ってる人（笑）。

TaiTan　「本当に外国語を聞いてるようでした」というクレームがあったんだけども。努力が足りないね、プロ野球はこんなに面白いのに。四つ目は、どうしようかな。

周啓　『BRUTUS』、触れてもいいんじゃない？

TaiTan　OK、そうしよう。久しぶりに「百貨戯典」のトピックから、「スピーチ論」これ、全連載回で一番面白い論点だったと思う。以上四つのなかから、選んでください。というようなもんでございますかな。

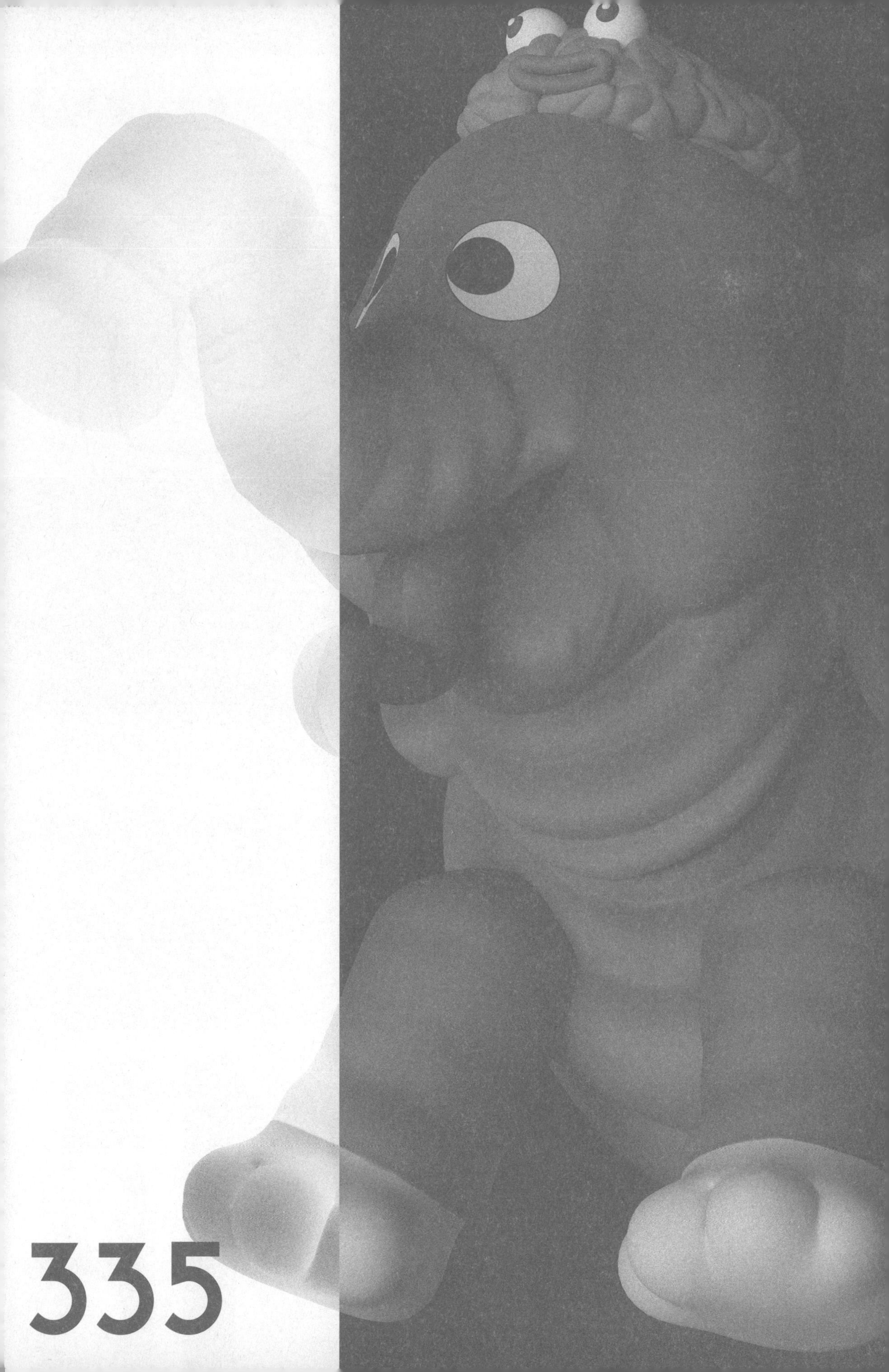

335

336

気持ちいい取材とは／「出会いの可能性」に嫉妬する論

TaiTan　えー、TaiTanです。

周啓　玉置周啓です。

TaiTan　えー、『奇奇怪怪明解事典』でございますけれども。バディね。

周啓　板東英二？

TaiTan　今年のプロ野球は面白くてね。ノーヒットノーラン三人と、五打席連続ホームランの村上。

周啓　あれすごいよな。ホームランってまた、興奮するからね。

TaiTan　なんだそれお前。どっかからやり直せ。

周啓　なんでだよ。

124b

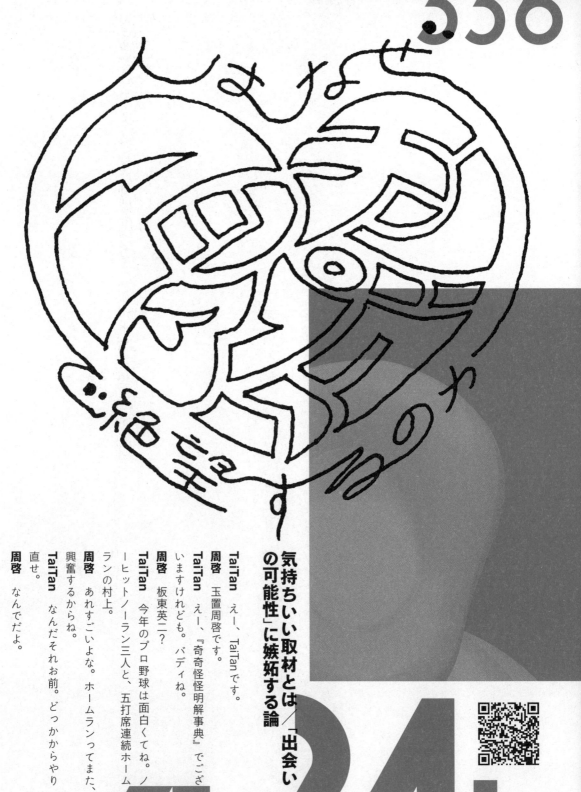

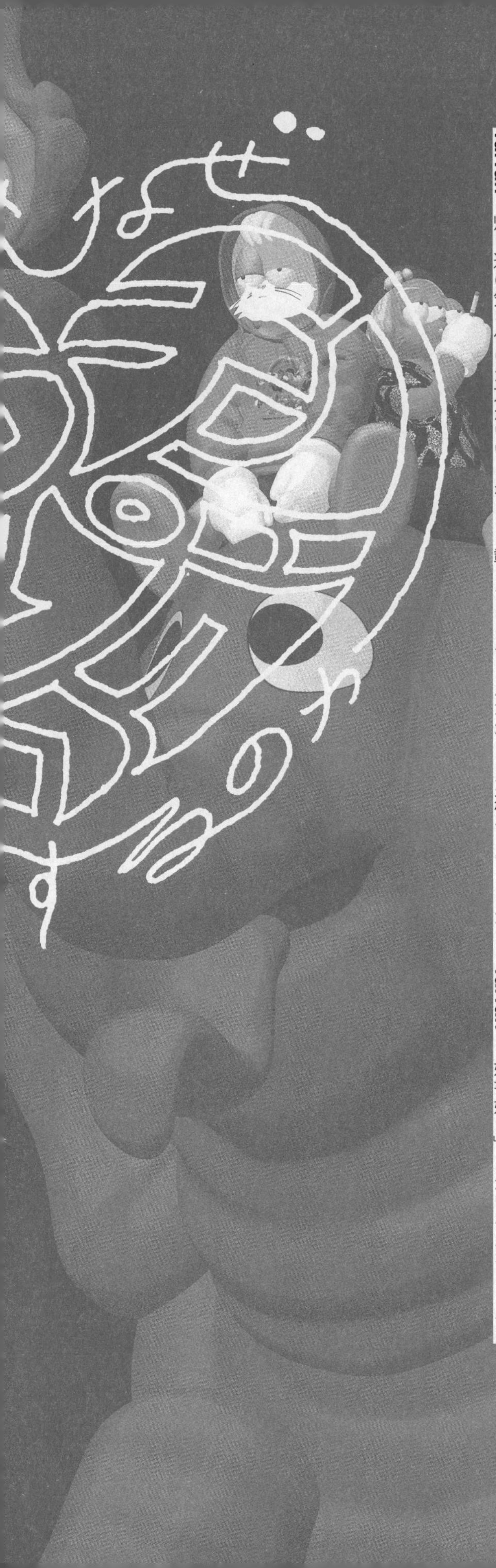

TaiTan なんだよ、「ホームランって興奮するからね」ってお前。お前が仮に何かの間違いで売れて、放送席のゲストに来たとき、そんなこと言ってたら殺されるぞ。

周啓 十分だろ、どう考えても。そういうのしか聞いたことないんだよ（笑）。

TaiTan 実況席と解説委員の横にいるゲストは、どうでもいいことしか言わない？

周啓 それ担当で呼ばれてるんだから。お前みたいな奴が行って……。

TaiTan 「なんで内角投げんだよ！」とか言ってね。

周啓 実際、お前が殺されると思う。確率で言えば（笑）。

TaiTan 帰り道に気を付けた方がいいよね。

周啓 今は現地で中継聞きながら試合見る人もいるからね。「何こいつ」ってなるだろうが。文句つけんな。選手の方が常に上にいるんだよ。

TaiTan そうなの？　じゃあ「ホームランっていうのは上を見られて楽しいですからね」みたいな愚にもつかないことの方がいいのね。

周啓 そうだろお前。圧倒的な肉体の躍動の前で、言葉は無力だよ。

TaiTan プロ野球の話でいうと、佐々木朗希と松川っていう最強のバディがいるんだよね、ロッテの。それが『an・an』の裏表紙を飾ったというんだから恐ろしいよな。何より恐ろしいのがさ、その伝説的な回に俺らが載ってるっつうんだからまた恐ろしいことだよな。

周啓 ラッキー。しかもこれ、けっこう頭の方に載ってる感じだよね。

TaiTan あれは『an・an』のルールとかはわかってないけど、いわゆる巻頭のところに載ってるっつうんだから恐ろしいことだよ。先週とかに出ているから、ほんとはもうちょっと早めに取り上げたかったんだけどね。その特集っつうのがさ、バディ特集っつうんだよな。

周啓 バディね。

TaiTan あの取材は面白かったよね。

周啓 楽しかったなあ。インタビュアーもおぐらさんだったしね。

TaiTan 「好書好日」とかいろんなところで

お世話になってるおぐらさんがやってくれてさ。取材の論旨としては、「バディについてどう思いますか？」という論旨だったんだけど、気持ちいい取材というのは、何よりも頭が気持ちいいんだなと思ってね。

周啓　うんうん。

TaiTan　おぐらさんの一言目、「今回はバディ特集ということで、『バディ』という言葉の原義を調べてきました。これが『おい、テメー』という意味だったんですよ」という入りだったんだよね。

周啓　あれ良かったな。

TaiTan　で、「『おい、テメー』といえば、『奇奇怪怪明解事典』じゃないですか」と。そこでもう俺は、心を掴まれた。「あ、この取材は楽しいやつだ」と。

周啓　インタビュアーの人に心を掴まれるって、ほんとにすごい経験だよね。「クソインタビュアー」とか言ってた時期が懐かしいよな。マガジンハウスの会議室に揃って、いきなり「はい、どう？」とかいう乱暴な人じゃないわけよ、おぐらさんは。

TaiTan　（笑）。

周啓　しかもそんな「『バディ』の原義はこうで……」なんて誌面に載らないわけじゃない。そこをオフレコのところで入れてきてくれるという。

TaiTan　そんなおぐらさんの導入も含めて、面白い取材だったんだけどさ。ここで喋った内容がめちゃくちゃ面白いなと思ってて。いわゆる「バディ」、二人組というものに、なんで我々は興奮してしまうのかという話だったわけでございますよ。

周啓　いいテーマだね。

TaiTan　俺はそこで、「可能性への嫉妬」なんじゃないかということを喋ったんですよ。これは何かというと、その二人が出会ってしまったこと、出会えたことを本当に祝福したくなるような、今「尊い」という言い回しがよくされるけど、ほんとにそうとしか言いようがないような感じ。それにみんな嫉妬を感じるんじゃないかと思うんだよね。

周啓　佐々木朗希と松川だってそうだし、あとは相当わかりづらいと思うんだけど、今日本ハムにいる、金足農業の吉田輝星《こうせい》が有名になった年の甲子園で、近江高校というところのバッテリーが二年生だったんだよね。その二人は中学校から一緒で、みたいな感じだっ

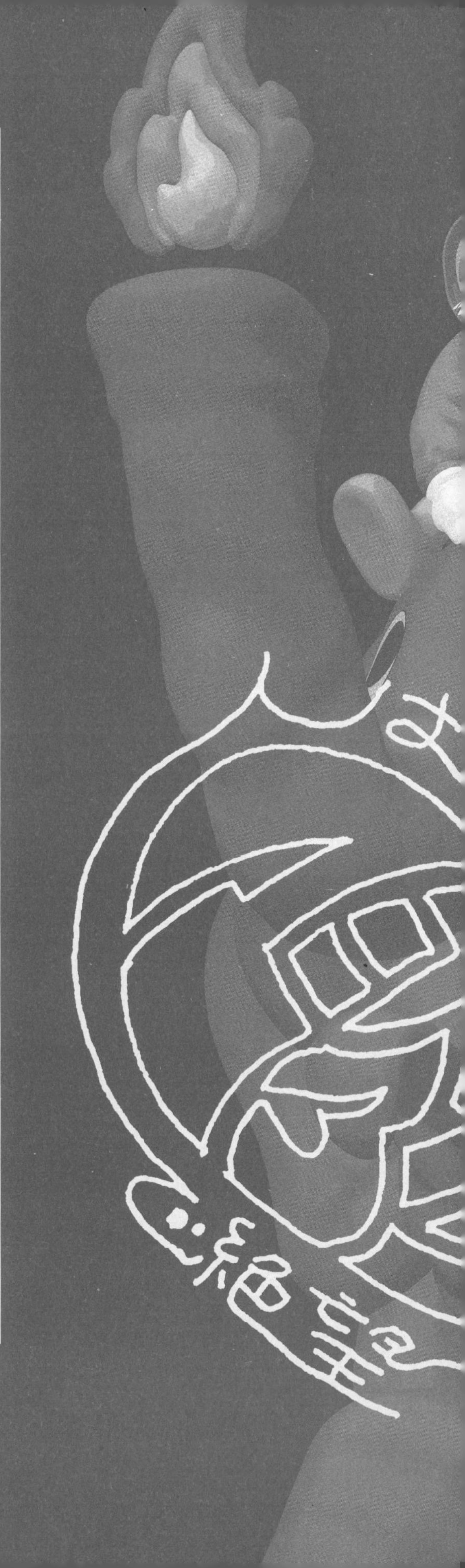

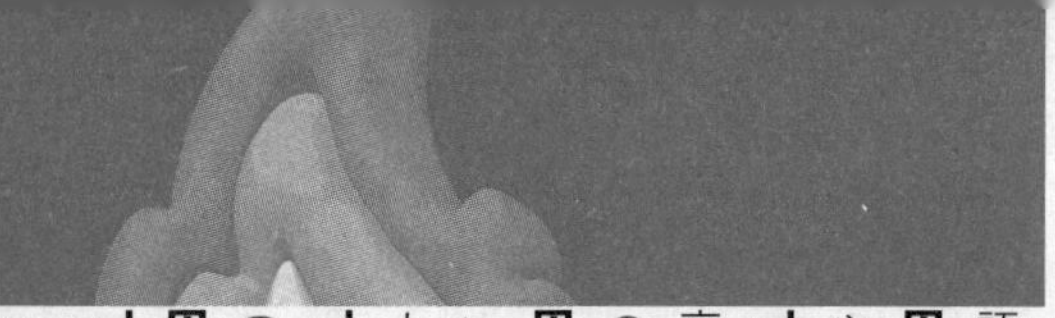

たと思うんだけど。近江高校は金足農業に、伝説のサヨナラ2ランスクイズで負けてしまうんだけど、その直前に、キャッチャーの子がマウンドまで行って、ピッチャーの子に声をかける様子とか、今映像を見てもポロッといっちゃう感じでさ。なんか、そこの物語というか、それぞれの人生がクロスした瞬間に、人は興奮するんすなあ。

TaiTan なんだお前。解説委員できんじゃん。語尾が。

周啓 「ホームランと、人の出会い。これはやっぱ、興奮ですなあ」。

TaiTan まあその話はカットする可能性が高いからいいんだけれども、人の出会いってのは、ア、アァーア。

周啓 なんなんだよ。解説向いてねえな。というか、言葉が向いてない。子音を選択しろよ。

TaiTan 啼き声だったね、ニドクインの(笑)。

周啓 「バァ〜イイ」じゃないんだよ。

TaiTan 待って。確認なんだけど、俺ってニドクインじゃないのね?

周啓 なんなんだよお前。盛り上がんないよ、そんな台詞から始まる映画は。

TaiTan 映画じゃねえよ。ニドクインはポケモンだから。でも人と人の出会いの興奮というのはありますよね。今、マッチングアプリというのがすごく盛り上がってる。お見合い結婚から自由結婚になって、次のスタンダードになる可能性すらあるでしょうと。なんだけど、マッチングというのは、マッチングしないんだよね。

周啓 なんなんだよ。

TaiTan よく言われる話でさ。これだけ性格、属性、あるいは収入のレンジとかが私と完璧に合っている、データ上は私と上手くいかないわけがないと思えるような相手でも、なぜかすれ違ってしまう。ときめきの入り口には立っても、その後「やっぱ全然違うわ、もうちょっといい人いるんじゃないかな」みたいなことを思ってしまう。

周啓 たしかに。それは聞いたことがあるよ。

TaiTan まあそういうような世の中になって、なのにあの二人はすごい仲良さそうにしてるな、みたいな二人を見ると、すごくいいよな、と思わされる。

周啓 なるほどね。それが「可能性への嫉妬」

339

124

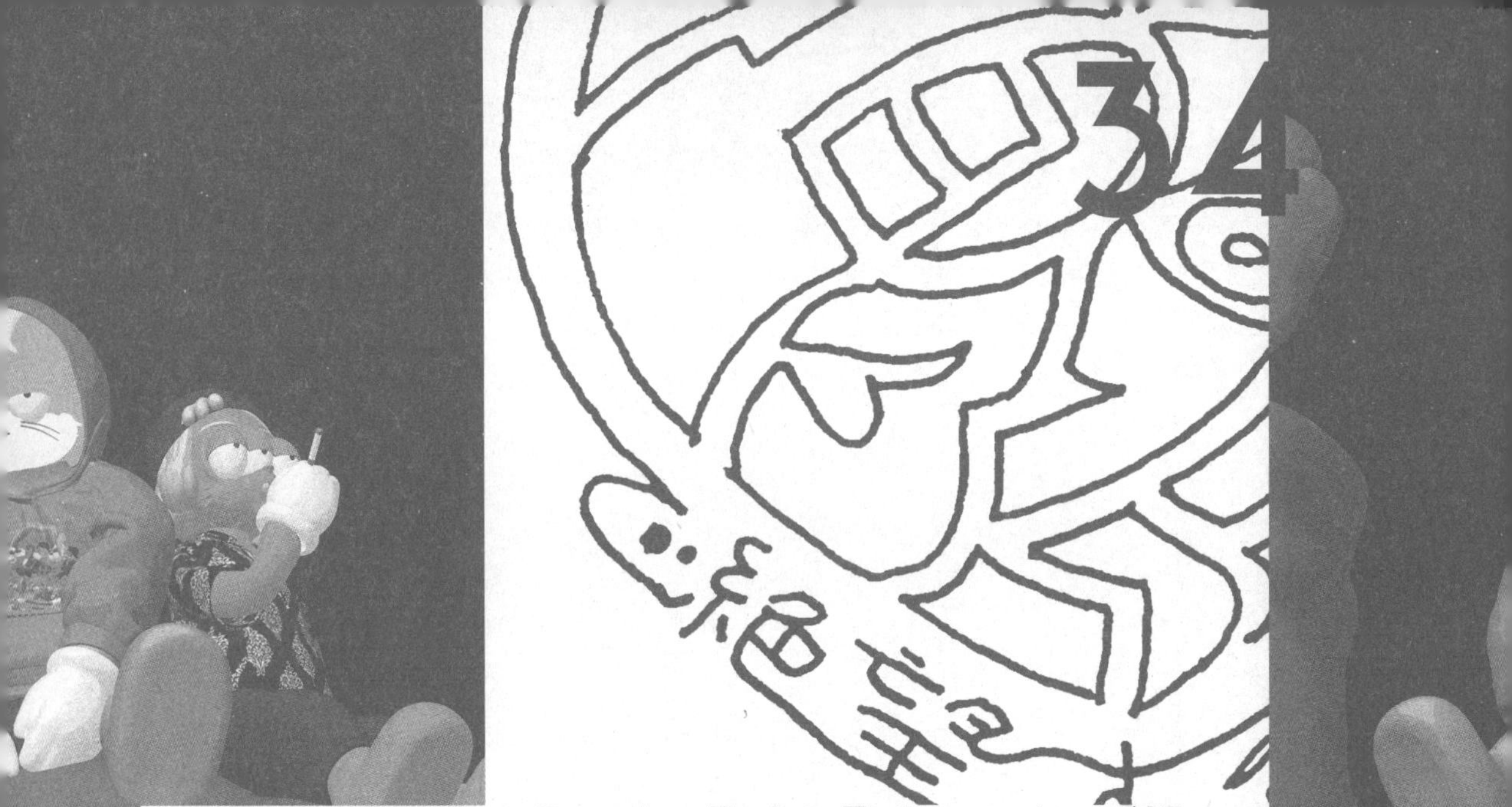

ということか。

好きなバディとは／好敵手はなぜ「好」なのか

TaiTan　普段そういうことは思わないんだけど、いい取材ってインタビューされる側がその場で着火するっていうか、知恵熱がグルグル回転するっていうか。

周啓　そうね。喋りながら理解していくような体験でしたけれども。

TaiTan　どう？　バディは。

周啓　クソインタビュアーがよ。おぐらさんとのコントラストがえぐすぎるんだよ。

TaiTan　俺、その取材の場では言えなかったんだけど、雑談の中で「自分が好きな二人組とかいますか？」という質問があったんだよ。でもその時はあんまりよくわからなくて。芸人さんとか好きだけど、嫉妬するみたいな感じではないなと。

周啓　「いいな」ということではあるけど。

TaiTan　そう。でも、一組だけいたね。那須川天心と武尊。ザ・マッチのさ。

周啓　なるほど。

TaiTan　あれをバディと呼ぶのかどうかわかんないんだけど、あんなに強い物語を共有している二人って、アァーアーアーア、と思った。

周啓　お前。なんで大事なところで、ニドクインになっちゃうんだよ。グリム童話でもそんな呪いねえよ。

TaiTan　「大事な話で、ニドクインになあれ」という塗り薬を塗られてるんだよ。

周啓　（笑）。でもわかるわ、たしかにライバルも一種のバディだよな。野球でいっても、斎藤佑樹と田中マー君も、もちろんチーム同士の闘いなんだけど、二人の闘いに見えてくる感じ。そこにただの対決じゃなくて、結びつきを感じるんだよな。

TaiTan　まあバディについては、『an・an』を読んでください。またはウェブで公開されてる気もするので、それを読んでいただければいいのかなと思いつつ、ライバルって何なんだろう、というのも面白いよね。

周啓　たしかに。好敵手ね。

TaiTan　何言ってんだテメー。漢字に起こすな。

周啓　お前、漢字大好きだろうが。お前の文章は八〇パー漢字なんだから。俺は漢文だと思って読んでるわけだからね。

TaiTan　レ点こそ振られてないけど（笑）。

周啓　だから一番読みづらい漢文じゃねえか。

「好敵手」の「好」っていいじゃん。「好き」って書くんだよ。

TaiTan それはめちゃくちゃいい話だと思う。格闘技の試合を見てて、一番「もう！」と思うのは、フェイスオフのときにはあんなに煽り合ってたのに、試合が終わったら抱擁して、「またやろう」とか言ってんだよ。なんかあれは、喧嘩とセックスが同時に発生してるというかさ。殴り合ってるんだけど、ほぼセックスと同じ快楽が発生している。すごく羨ましいなと思うんだよね、ああいう感じ。

周啓 たしかになあ。なんて言ったらいいんだろう、関係の色味が濃くなる、ビビッドな関係性というか……動く感じがするよね。別に何もしなくても、どうにかふわふわと生きていけるじゃない。記事でも話したけど、マッチングアプリとかSNSはその最たる例だと思うし。「いいね」で簡単に繋がれる感じっていうかね。それに比べると、「倒す！」とか、「またやろうね」とかいう、セックスとか喧嘩にあるような、普通の生活では起こりえない動きがある。

TaiTan わかるよ。「好敵手」ライバルを「好き」と書くって、いいなお前。お前じゃん。それで一本かけるよ。「好敵手」って曲書いたら？

周啓 ああ、いいね。たしかに、いい画題ですよね。

TaiTan 「好敵手」は、いい漢字、いい言葉だよね。ライバルはVS構造になるから、憎しみ合ってるのかなという感じだけど。

周啓 第一段階はそういう解釈になるよね。

TaiTan だから、カタカナのライバルを純粋に漢字に起こしたら「憎敵手」じゃん。なのに、「好き」だっつうんだから。

周啓 だから勝負事というのは、そもそも「相手が善きものである」という前提に立って行われているんだろうなというところまで感じ取れるよね。君も『文學界』の対談で伊藤亜紗さんの言葉を引用して言ってたけど、「会話はキャッチボールじゃなくて玉入れだ」というさ。殴り合いではあるんだが、実は二人で一個の何かを、勝負というシステムを作る共同作業なんだ、という感じね。そこが面白いところだよね。

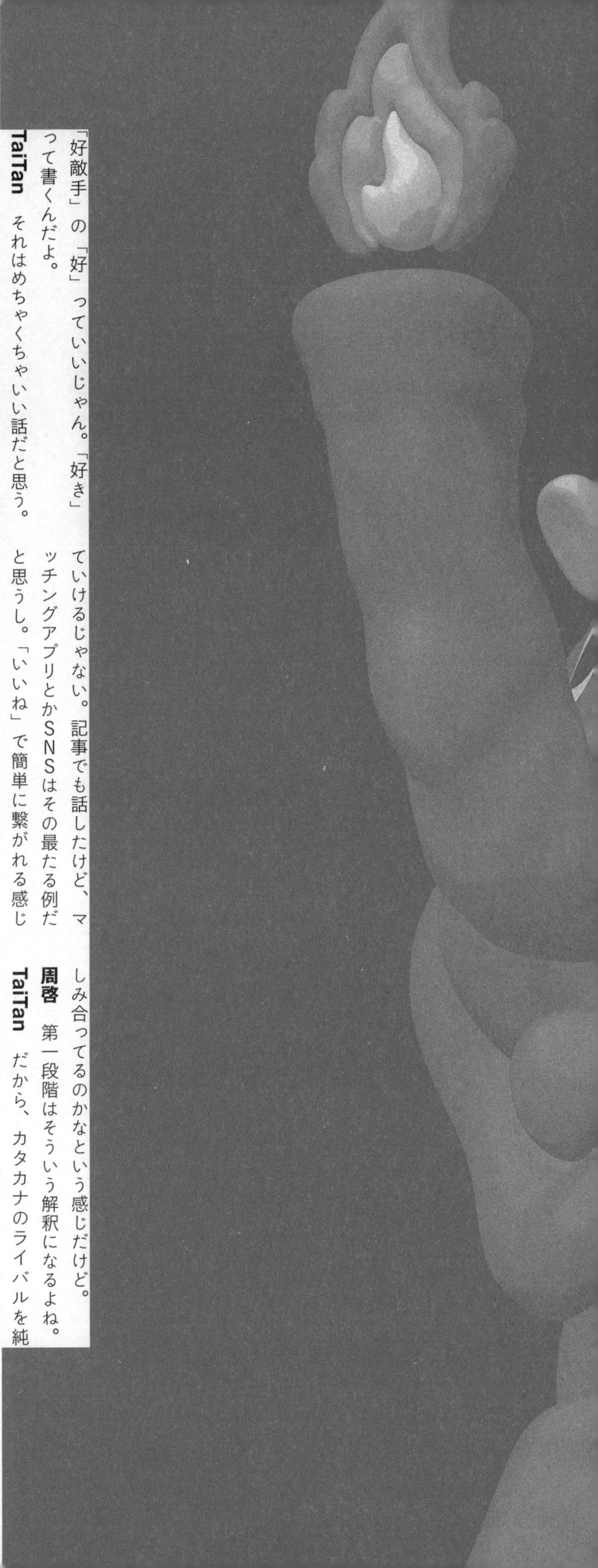

24.

TaiTan　いいわ。なんかさ、「お前を殴りたい」っていう感情ってさ、実はめちゃくちゃ大事なものだったりするよね。「殴りたい」と思わせてくれる相手。

周啓　めっちゃわかる。しかも殴られてもいい相手にね。

TaiTan　しょうもない奴に殴られたら「は?」と思うけど、自分が実力を認めている相手から殴られる、仕掛けられるということは、すごく気持ちいいことですよね。

周啓　そうね。そういう存在がないと伸びないって話もあるしな。昨日、アラタと飲んでたじゃん。あいつのタンクトップから出てるムチムチの、ツルッツルの腕を……。

TaiTan　殴ってたよな、お前。

周啓　あれ、超良かった。「お前何言ってんだよ!」とか言いながらね。

TaiTan　俺らとアラタっちカンべっちで飲んでたんだよね。ああいう回は楽しいよね。

周啓　当たり率高くない?　あの『わいわいレディオ』の二人と喋るとき。

TaiTan　あの二人とトークイベントやったじゃない。あの二人と帰ってて、アラタが「俺は全然楽しくなかったけどね」とか言ってて、普通に落ち込んだからね。

周啓　そうだよね（笑）。

TaiTan　俺は普通にわいわいが好きなのに、「しょうもない奴らと喋ってきたわ」みたいな……（笑）。

周啓　（笑）。あれ許せなかったな。でも方向性は違うけど、面白いなと昨日も思ったもん。

TaiTan　会話が止まんないのがいいよね。一回今日は終わらせるけど、喋っていくなかで生まれた「ライバルがいるって超幸せなことじゃね?」というのもどこかでしたいですな。

松川と佐々木の今年の成績には注目ですけれども。高校野球でいうと、斎藤佑樹のあの文章（日本郵便「夏のお手紙キャンペーン」より「この夏にすべてをかける君へ」）はめちゃくちゃ美しかったね。「この夏、いちばん速い球を投げるのは、君じゃない。／いちば

24b

ん熱い球を投げるのが、いちばん強い球を投げるのが、なんだかいちばん凄い球を投げるのが、君であってほしいと思っています。／今から君の過ごす夏が、君を一生奮い立たせる夏になりますように。」

周啓　感動したよね。やっぱすごいなと思った。スポーツマンの言語領域を超えてるよね。

TaiTan　格闘家の方も頭がいい人が多いなと思うんだけど、頭がいいよね、斎藤佑樹は。単純なスポーツをやっているだけとは到底思えない、物語のストーリーテラーなんだなと思う。

周啓　夢見がちなことを言うわけでもないしさ。淡々とした垂直な文章を書いてる感じでね。

TaiTan　超グッときた。あれ広告代理店とか入ってたら嫌なんだけど。

周啓　でも、右下に小っちゃく「電通」って書いてなかった？（笑）

TaiTan　ふざんけんなよお前。超冷めるわ、それは。でも本人の言葉じゃないかなあ。

周啓　直筆だったしね。

TaiTan　でもそれこそ那須川天心と武尊の話でいうと、武尊選手の方にグッときちゃったというのはある。要は負けた側ということね。斎藤佑樹も、言うたらプロではあんまりできなかったわけじゃん。そこからの斎藤佑樹の言葉は、なんていうの、追い求めたいというか。

周啓　わかるよ。負けを知っている人の文章だったからっていうね。その最後のところもグッと来たけど、「不安な時期もあります」みたいなことも中腹に書いてあって、明らかに自分のこともわかった上で書いている感じというか。

TaiTan　そうだね。斉藤祐樹という、高校大学と日本一の投手になった人が言うからこそだよね。俺、斎藤佑樹に会いたいな。その文章を読んで、プロ野球に興味を持ってもらえたらなと思いますね。次回は、今出ている『文學界』の話をしようかなと思います。

周啓　ありがとうございました。

ドミニク・チェンさん×TaiTan／会話は言葉の交換ではなく身体全体の交換

TaiTan　えー、TaiTanです。

周啓　玉置周啓です。

TaiTan　えー、『奇奇怪怪明解事典』でございますけれども。ZOOMね。

周啓　ズレータね。

TaiTan　百打点カルテットね。ダイエーの松中、ズレータ、小久保……あともう一人いたよね。井口だ。

周啓　あれは、ありがたかったよね。

TaiTan　「ありがたい」？（笑）野球なんかから勇気もらうな。

周啓　もらうだろ。どっちの味方なんだよ。野球かそれ以外か。

TaiTan　勇気もらっていいのは、病床に伏してる子供だけなんだよ。あれの、ホームラン以外のやつってあるのかな？「明日君のために、まあ……犠牲フライ打つよ」っていう（笑）。

周啓　あんまり「犠牲」とか言うな、病室の子供の前で。犠飛で盛り上がる子供なんていないんだよ。

TaiTan　打率二割一分で代打要員の選手もいるわけよ、三十八歳くらいの。レギュラーにはならないけどレジェンドなんだよ。で、その彼は誠実なわけよ。お母さんから「子供があなたのファンなんです」と手紙をもらって、試合の前に病室に来て、「ぶっちゃけ今の俺のポテンシャル的にはホームランは約束できない」と。

周啓　飛距離がまたね。ちょっと歳だから。

TaiTan　「タイミングが合えば、犠飛打つんで。勇気もらってもらえればいいかなって」。

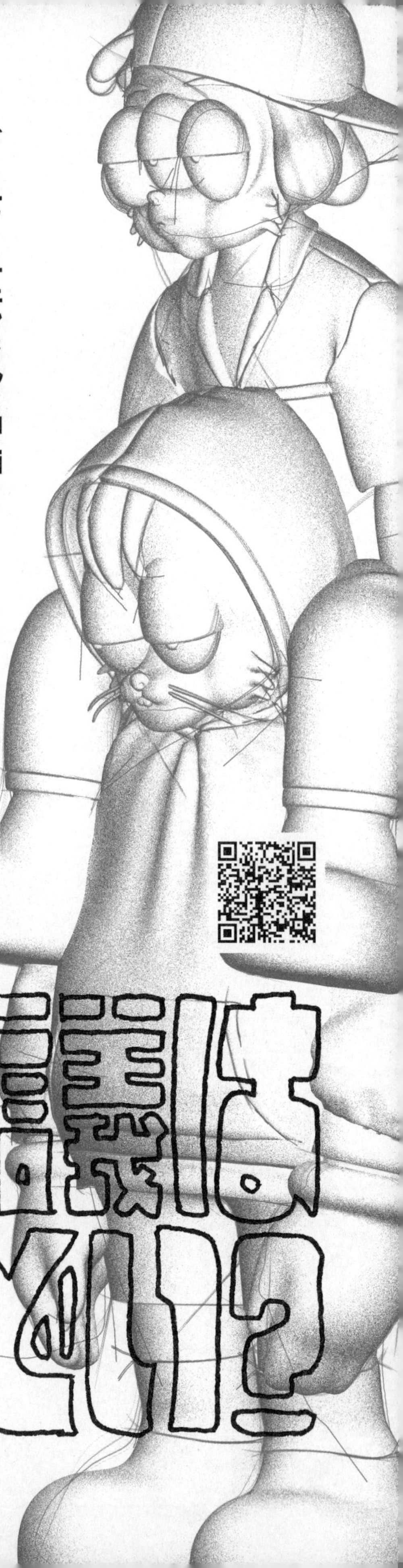

ZOOM会議はなぜしんどいの？

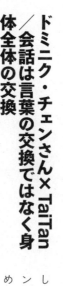

周啓　勇気を与えるときに、条件つきはあんまりないんだよ。それは、どういう交渉になるわけ？（笑）「ランナーが三塁にいた場合は僕が犠飛を打つんで、君は手術を受けてくれるね？」って子供に言えないだろ。

TaiTan　そうね（笑）。子供も戸惑うだろうね。「あっ、こんな感じなんだ」って。まあ手術といえばさ、ZOOMってよくやるじゃん。

周啓　オンライン会議ね。

TaiTan　これはZOOMに限らずなんだけど、「オンライン会議ってなんで盛り上がらないんだろう？」っていう話をしてきたんですよ。文藝春秋から出ている『文學界』（二〇二二年九月号）という文芸誌で、ドミニク・チェンさんという、僕が大学生の頃からずっと本を読んできた、すごくお会いしたかった方と対談させて頂く機会がありまして。その記事が十四ページぶち抜きで載ってるんですね。

周啓　すごいよ。面白かった。

TaiTan　そのなかで、さっきの「オンライン会議ってなんで盛り上がらないんだろう？」という話をしてるんですよ。これを今日は喋りたいと思ってるんでございますな。どう？　ZOOMっていうか、オンライン会議で盛り上がったことある？

周啓　「盛り上がる」って何？　アイデアがポコポコ出るとか？

TaiTan　俺も会議は楽しいものではあると思ってるんだよね。いわゆるブレストというか、「これいいんじゃない？」というものがポンポン出てくるときは、それこそスパーリングしてるような感覚ですごく楽しいんだけど、ZOOMでそれが起きたことは、一回もない。

周啓　なるほどね。俺、基本ZOOMの会議のときとかも、関係のない話ばっかして、ほとんど本題について喋ってないから、あんまり実感がないな。

TaiTan　なんだお前。でもそれは、ZOOMの使い方として正しいかもしれないね。その『文學界』の対談のテーマとしては、「なぜ人は言葉を選択できるのか？」とか「なぜ情報は人に届くのか？」という話を基本してるわけなんだけど、そのなかで出てきた話題として、「ZOOM会議とかは情報の伝達を目的としているから、脱線がしにくい」と。本題に向かって規定演技をし続けるために最

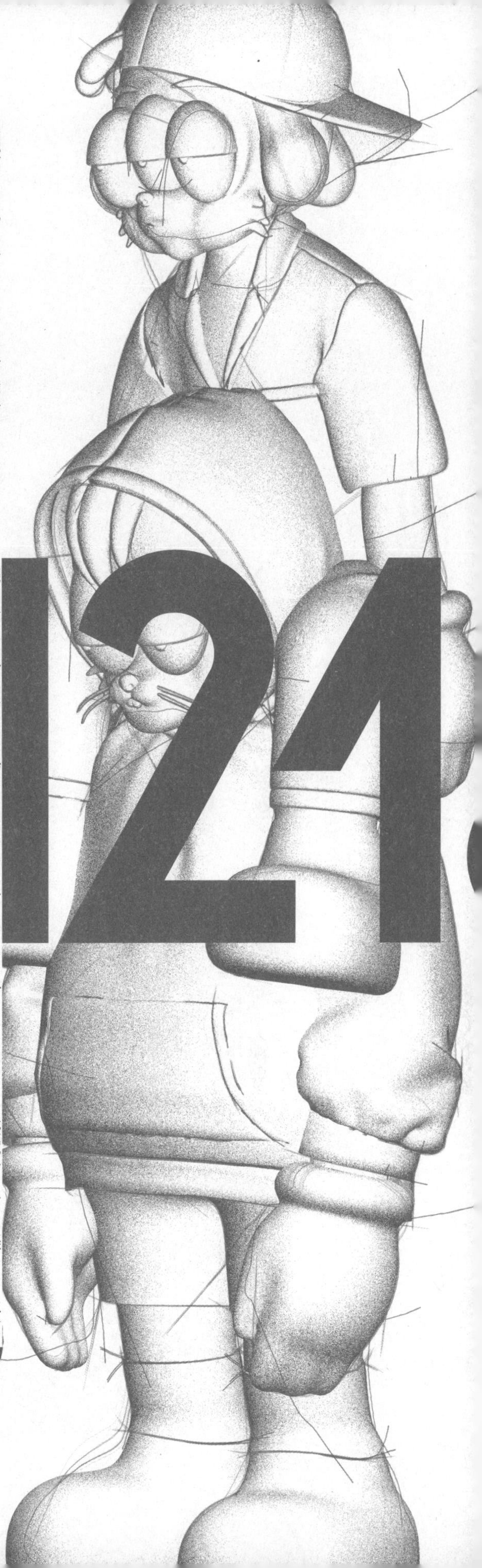

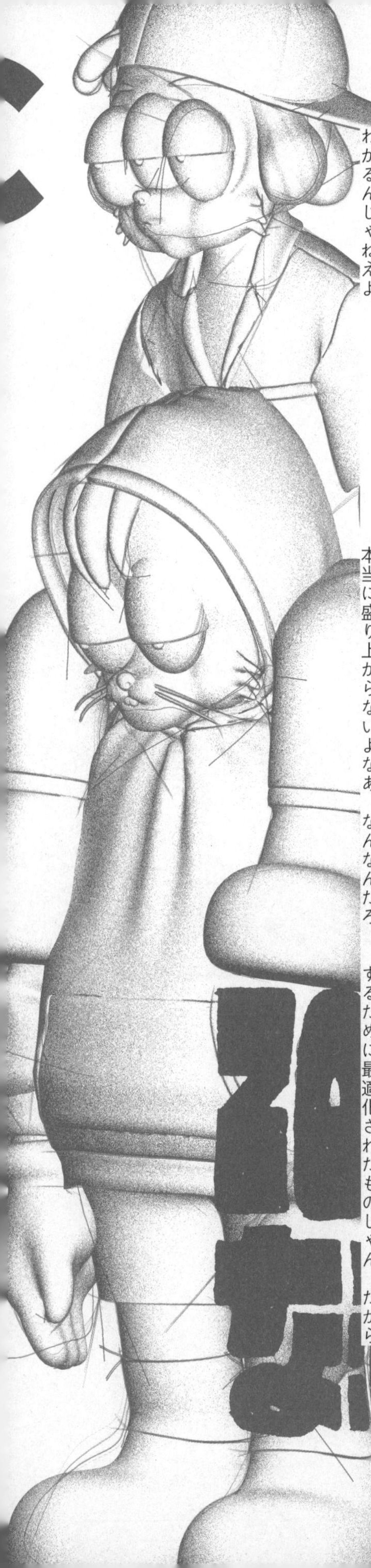

適化されたツールだから脱線しづらい、という。それでいうと、周啓君はZOOMでも、脱線を率先してやってるんだ。

周啓　そうね。しかも工夫とかじゃなく、なっちゃう系の。グッズの話とか、ライブの対バン誰にしましょうか、とかいう話をしてても、一人でワーッと喋って、最後「最近何聞いてる?」みたいな話になってさ。

TaiTan　喫煙所でやるやつだよね(笑)。

周啓　そうだね(笑)。で、メンバー全員無言、みたいなそういうときがあるんですよね。でもこれは自画自賛するわけではなく、俺がそれをやることによって……いや、その後めっちゃ黙るのよ。スベったから。あんまりMONO NO AWAREのメンバーって、どんどん意見を出して自分が自分がって感じじゃないから……。

TaiTan　まぁそうだな。

周啓　なんでお前がわかんだよ。わかんな。わかるんじゃねえよ。

TaiTan　「わかる」の三段活用ね(笑)。

周啓　なんで否定形の三段活用なんだよ(笑)。まあだから、意見が出やすくなるのよ。思ってたけど言わなかったということは普通にあるから、それが引き出される感じもするときがある。要は、オンライン会議って「誰が喋るの?」って感じになるじゃん。

TaiTan　なる。会話がバッティングして「バリバリッ」ってなるときめっちゃ面倒くさくない?「一回喋ってください」ってなるしさ。

周啓　フィジカルの会議だったら「この人、今喋りそう」って肌感ですぐわかるから、チューニングできる。ZOOMだとそれができないんだよね。一回脱線すると、さっきまで黙ってた人が「まあそれは置いといてひとまず……」みたいに喋りだすかもだから、脱線はオンライン会議において重要なのかもしれないね。

TaiTan　ほんとにその通りだよ。でもなんか、本当に盛り上がらないよなあ。なんなんだろうね、あれ。みんなどうやってるんだろう。コロナに入って三年だけど、今だに本当に喋りたいことは喋ってないと思う。とりあえず規定演技に則って喋ってる。とりあえずの最適解に着地させるために、ちょっとずつ情報を交通し合ってやっているというくらいかなと思うね。

周啓　たしかに。会話がグルーヴしていって、なんかテンション上がって出しちゃったアイデアみたいなものは出にくいかもしれないね。テンションが上がらないといいアイデアが出ないってことは普通にあるじゃん。

TaiTan　『文學界』の対談でも、今みたいな話は出てきたんだよね。ドミニクさんが言っていたのは、要はZOOMとかに代表されるオンラインツール、というかデジタルのツール全般のそもそもの基本的な役割って、「情報を圧縮する」ということなんだと。例えばMP3ファイルとかも、情報を圧縮して送信するために最適化されたものじゃん。だから

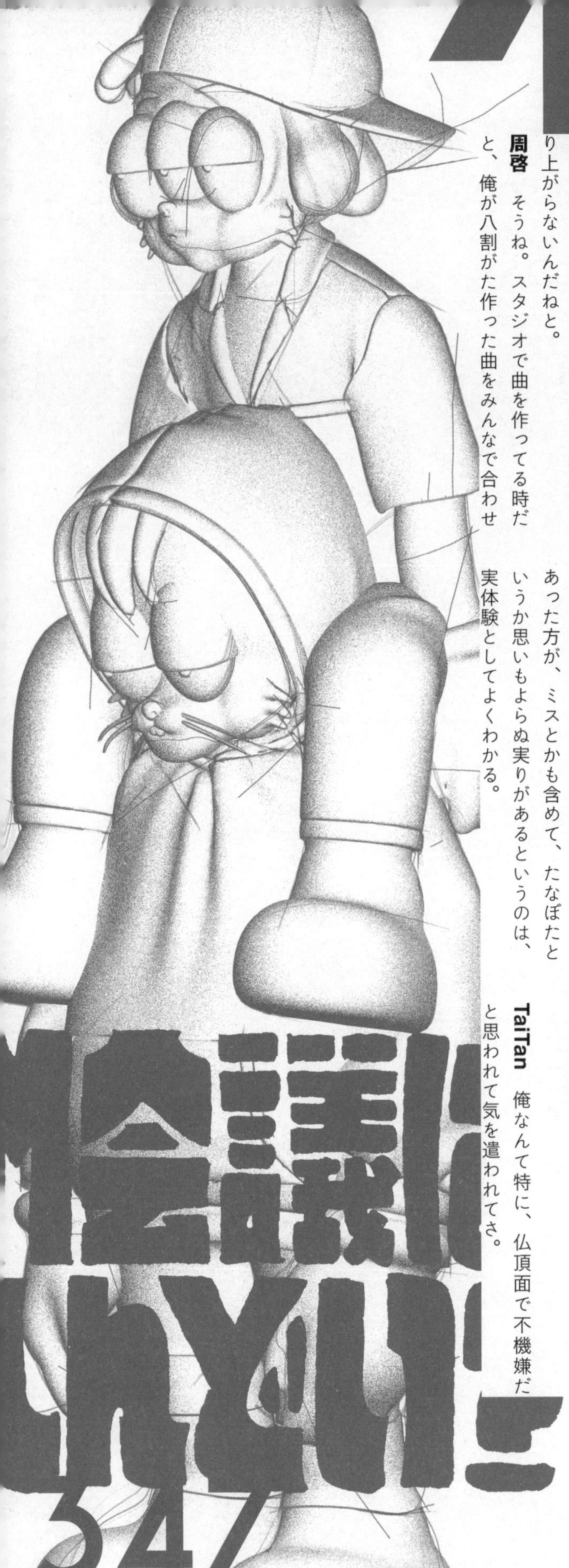

会話においても、僕がAという情報を発するにあたって、それを圧縮して相手に伝えることには向いているんだけど、それ以外の情報はなかったことにされる。だから盛り上がらないんだと。要は余剰分が発生しないから、なかなか予想外の盛り上がりとかハプニングみたいなものは起きない、という話で。

周啓　うんうん。

TaiTan　で、会話における余剰分の情報って何かというと、君がさっき言っていた身の乗り出し方とか、「なんかこいつ、乗ってきたな」という感じ、バイブスみたいなもの。それが伝わらないから、オンライン会議は盛り上がらないんだねと。

周啓　そうね。スタジオで曲を作ってる時だと、俺が八割がた作った曲をみんなで合わせながら詰めていくんだけど、ひとしきり合わせた後に成順が「あ、ヤバい。今ミスってたわ」と言ったフレーズに対して、「え、めっちゃ好感触だったしそれで良かったんじゃない？」ってなる、みたいなことがたまに起こるのよね。もし自分が考えたアイデアを打ち込むなり、弾いたやつをデータにして送ってもらうみたいな形で曲を作ってたら、そういう途中式とか、うっかりミスみたいなものがない、完成された状態で送られてくるから、それ以上の広がりはない。それだと「これが完成形です」というものの交換でしかない、という意味では、やっぱフィジカルのノリがあった方が、ミスとかも含めて、たなぼたというか思いもよらぬ実りがあるというのは、実体験としてよくわかる。

TaiTan　そうなんだよな。だから会話って、実は言葉の交換じゃなくて、体全体を交換し合ってるということなんだよね。空気の振動すらも相手に情報として伝わってて、だから不機嫌な人間が一人いたら、それはそれとして情報として相手に伝わる。オンラインだとそれがわかんないんだよね。不機嫌なのか、ナチュラルにそういう人なのか、とか。

周啓　たしかに、人となりはわからないよね。

ZOOMは自分の顔を再認識するツール／ZOOMで恋愛はできるのか

TaiTan　俺なんて特に、仏頂面で不機嫌だと思われて気を遣われてさ。

周啓　ああ、絶対そうだ。

TaiTan　ふざけんなよお前。お前に何がわかるんだよ。

周啓　今めっちゃ仏頂面じゃん。直接会って仏頂面は、仏頂面じゃん。

TaiTan　「仏頂面だと思われてて」とか言ってるけど、仏頂面なんだよ。でも、俺が仏頂面であるという言外の情報も、オンラインだと伝わらないというか、なんなら嫌な形で伝わっちゃうことがある。俺が仏頂面のときって何かを考えてることでしかなかったりするんだけど。

周啓　その顔を関係地が深くない人がそれを見て、遠慮しちゃったりしてね。アイデアはあるんだが、「言わんとこ」で終わっちゃうみたいな。

TaiTan　会議って難しいよね。「会議」って言い方が良くないんじゃないか。「気持ちの擦り合わせ」とか……。

周啓　ふざけんな。誰がGoogleカレンダーに「気持ちの擦り合わせ　十四時半」とか入れるんだよ。

TaiTan　「お気持ち表明共有」。

周啓　「ハートすりすり」ね。

TaiTan　でも俺は、会議とか好きなタイプだからこそ、オンライン会議をなんか……単純な進捗確認の会議だったら、別にいいんだけど。

周啓　顔だけだから嫌だなって思うときはあるね。全身が映ってたら、「動いてるわ」とか思って愛着が湧くんじゃないかと思うけどね。

TaiTan　ちょっとわかるかも。体の揺れとか傾き具合とかも人は情報として受け取るから、全身が映ってたらまともな会議になるんじゃないかと。その予算は、Googleしかできないだろうね。

周啓　行けると思うけどね。全員寝っ転がりながらとか。「しょうもねえわ、こいつら」と思う状況を作っちゃえば、意外と良くなったりするんじゃない？　なんで座らなきゃいけないんだよと毎回思うわ。

TaiTan　それを思ってるというのは、嘘だと思う（笑）。

周啓　（笑）。いや疲れるんだよ、動いちゃいけないからさ。カメラから外れると変じゃん。それで体が硬直するんだよね。

TaiTan　面白いのが、オンライン会議中に、参加者の視線はどこに集中しているかというと、自分の顔しかみんな見てないんだよ。

周啓　それめっちゃわかるなぁ。

TaiTan　あれ実は、自分の顔を見てるだけのツールなんだよ。そういう意味では面白い体験なんだよね。「俺ってこんな顔してるんだ」と。人は鏡が生まれた瞬間に自意識が発生したというけど、ZOOMが生まれたことによるネオ自意識みたいなものが発生している気はするね。「喋ってるときの俺の顔、なんか嫌な感じするな」とか。

周啓　冷静になっちゃう感じね。それもあり

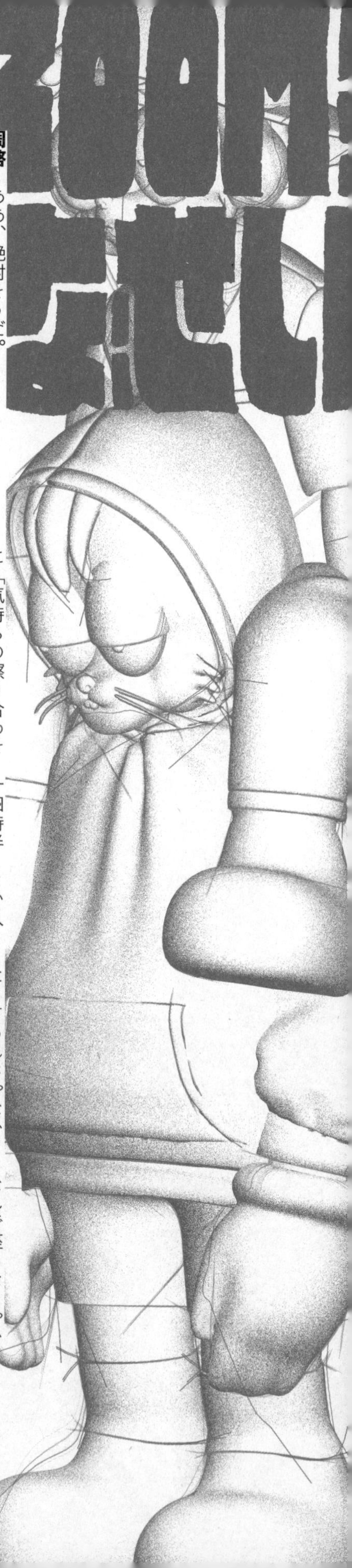

そうだな。喋ってる自分が見えてるから、ヒートアップしづらいとかっていうのは。

TaiTan　そう、常に自分が自分のことテッ…テメーがテッ……を見てるから、冷静になっちゃうんだよ。

周啓　今、電波塔が破壊されたろ。大雷で。

TaiTan　(笑)。フル尺に足りてなかったね。でもこれは、実はめちゃくちゃ面白い指摘だと思う。なぜオンライン会議が盛り上がらないかといったら、自分が自分を監視員として見ているからだと思う。はいこれ絶対にバズる。これ絶対俺のⓒ。誰も使うんじゃねえ。

周啓　お前は大物になれないわ（笑）。こんなZOOMに対する発見一つで。バズんねえよ。バズるな。バズるわけねえだろ。

TaiTan　三段活用（笑）。

周啓　でもその見立ては、かなり正しいだろうね。

TaiTan　そう。なぜ盛り上がらないかといったら、自分が自分を、テメーがテメーで監視している、常にどこか客観視しているからなんだよ。これは面白い体験だと思う。

周啓　そうね。綾斗とか、今は知らんけど、昔とかは会議がほぼ飲み会みたいなことを聞いて、こいつほんと酒好きなんだなとか思っていたけど、もしかしたらそういうのもあるのかもと思ったね。ZOOMとかとは別の話になるけど。

TaiTan　わかるよ。

周啓　「なんでミュージシャンがこんな真面目に会議やってんだよ」みたいな、対面でさえも起こる自意識を吹き飛ばす方法としてのお酒、みたいなね。だからZOOM会議も、お酒飲みながらやったらいいんじゃないの？

TaiTan　それはあるかもしれないよね。それで言うと、単純に全員画面オフの方が絶対いいと思う。姿が映らない方が、誰の顔も見えないし自分からの監視も逃れられる。

周啓　それいいかもね。長電話でヒートアップすることは全然あるもんね。情報をあえて減らすという。

TaiTan　それもデータを見たことある気がするな。画面オフの方が、「盛り上がった」という読後感の率が上がった、みたいな。

周啓　それいいね。それかめっちゃカメラから遠ざかって、全身映った状態で会話すると。

TaiTan　スペシャだけでやってもらえばいいかなと思うんですけども。

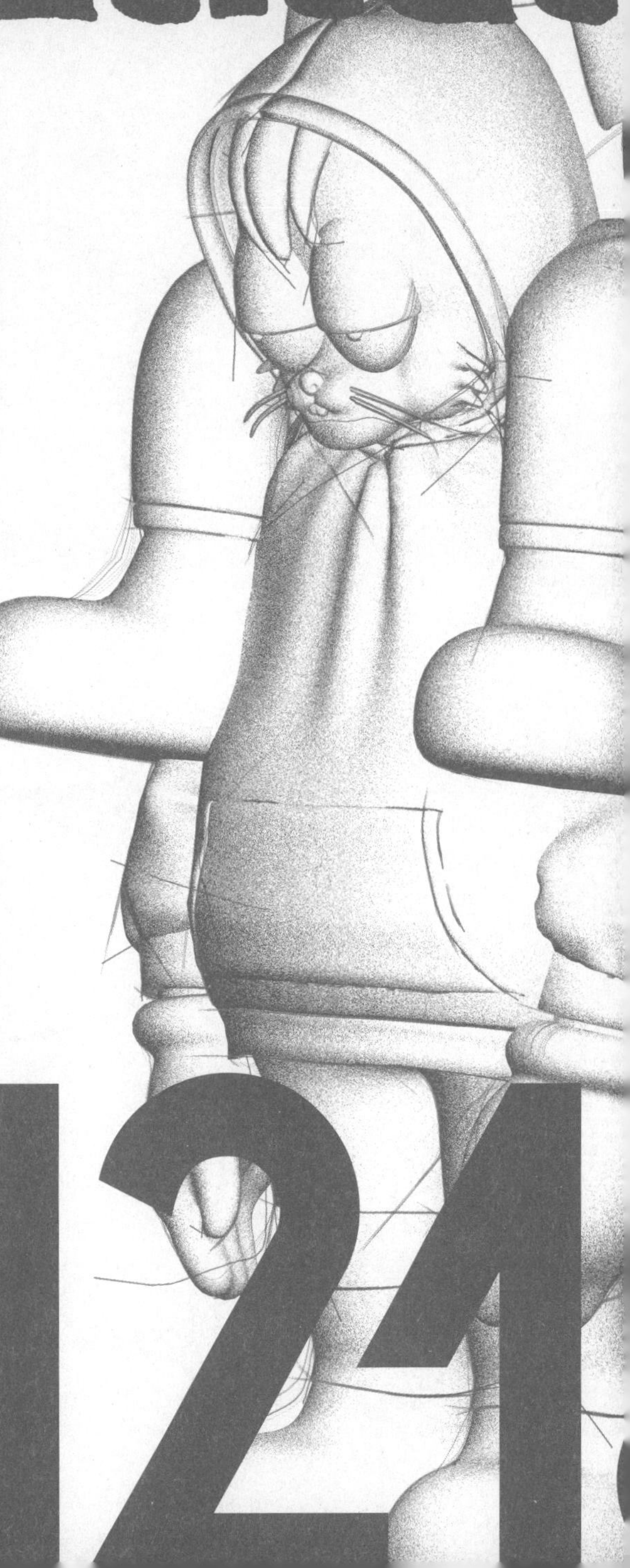

周啓　宗教がよ。

TaiTan　実はこの話ってもっと発展する可能性があって、今日ほんとは話したかったのが、「ZOOMで恋愛はできるのか」という。要は仕事のコミュニケーションが恋愛関係に発展することはあるわけじゃん。なんならかなり王道だけど、それがもしZOOMのみで進行していくようなプロジェクトだったらそれが起きるのか、という。

周啓　なるほどな。それこそ余剰がないもんな、リモートワークって。本題が終わったらコミュニケーションが切れるわけでしょう。別でLINEするとか？「課長、今日ホクロでかくね？」とか。

TaiTan　それ面白いね。ZOOMやりながら、裏でそいつらはLINEで密通してて、「はい出たこいつのいつもの論法」とか「これしか言わない、いつまでやってんのかな」とかやってたら（笑）。

周啓　そいつらは、結ばれてほしくない。やっぱ対面の方がいいわ、だとしたら（笑）。

TaiTan　こっそりLINEとかしてる奴が生まれない方が、人は幸せですよ。でも本題に戻ると、今出ている『文學界』、それこそ筒井康隆さんとDos Monosの新曲の裏話とかも載ってる号ですけれども、それとはまったく別の記事で、早稲田大学教授のドミニク・チェンさんと私の対談が載っておりますので、これはマジで読んでほしい。言葉と体と情報、というこの三つにまたがる、俺のすべての関心範囲のテーマを盛り込んだ内容になっております。

周啓　めっちゃ面白かった。

TaiTan　マジで超面白いと思う。今のZOOMの話とか、「なぜ失言は起きるのか」とかいう今まで俺がずっと話してきたことをドミニクさんの切り口で語ってもらったりとか、あと素晴らしいのが、『声』というものは二十一世紀の石油になりうるんじゃないか」と

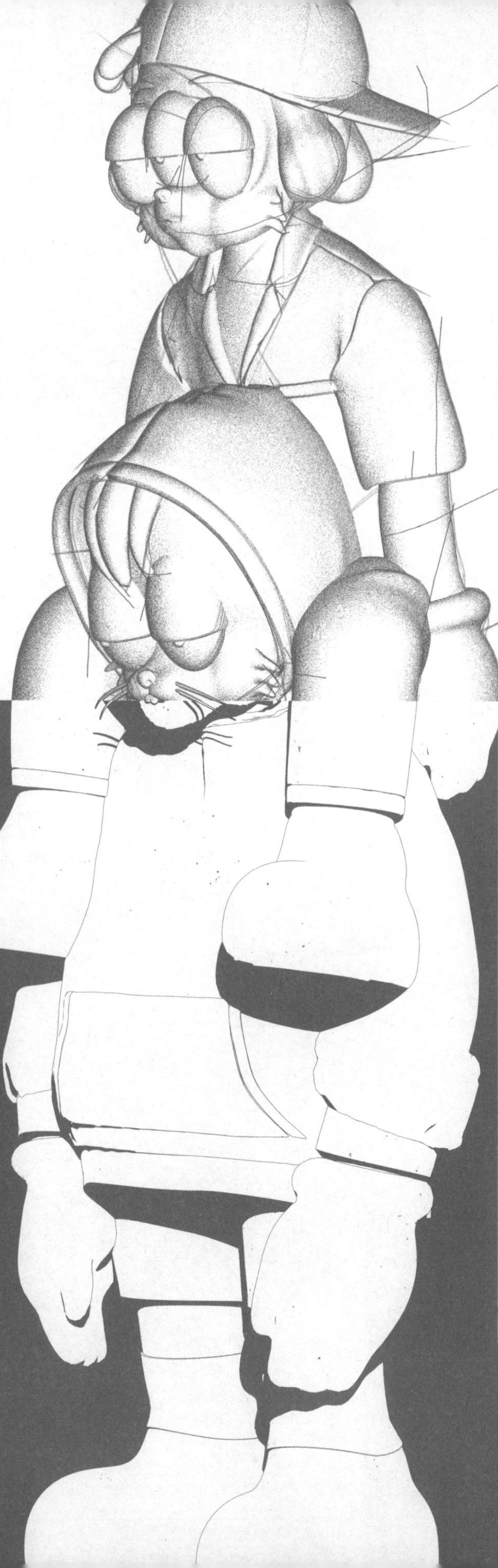

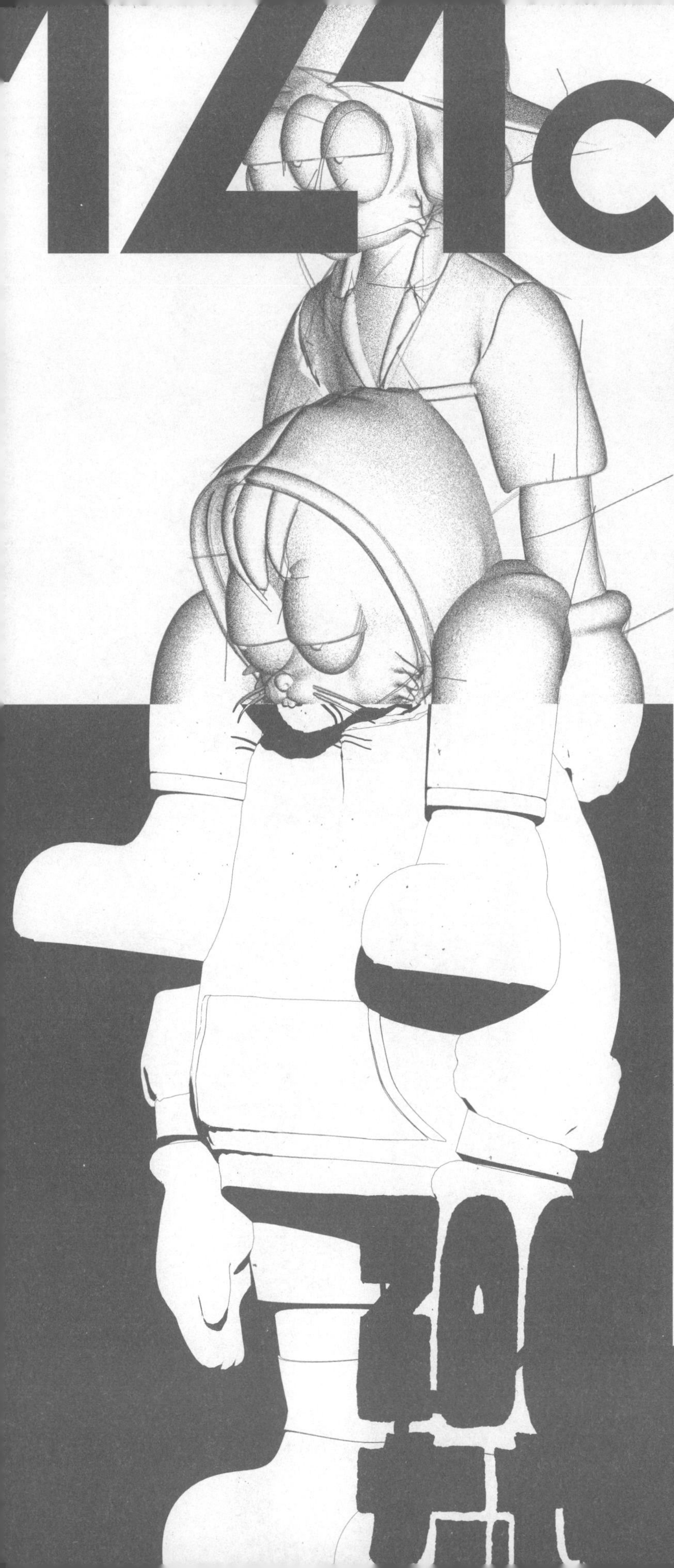

いう話。そういうところにまで踏み込んでいく。今までいろんな対談とかさせて頂いたし、取材とかも受けたけど、あんなに興奮した対談はなかった。プラス、一文字も赤を入れてない。

周啓　すごいね。

TaiTan　なんなら文字起こしそのままで成立するくらいだったと思う。フィール具合がやばかった。みたいな対談が載っておりますので、読んでいただきたいなと思いますね。で、そのページが終わると、頬杖ついて足組んだ荘子it君の、「俺が『だんでぃどん』を作るまで」みたいな記事が……（笑）。

周啓　なんで「俺が」なんだよ（笑）。普通「『だんでぃどん』ができるまで」なんだよ。

TaiTan　それはそれで濃密な。

周啓　強気の自伝ね。

TaiTan　一曲作って自伝出してたら、人生間に合わないわけよ（笑）。でもその、荘子it君の「だんでぃどん」制作秘話も、俺も初めて知るみたいなことが書いてあって。そもそも今回の『文學界』の特集テーマが「声と文学」だからね。

周啓　ああ、その時点でね。それもあって買いましたよ。

TaiTan　ありえないほど面白いんで、良かったら皆さん読んでください。

今年のBest映画が決まりました

大傑作『NOPE』／百年後のコナン映画

TaiTan　えー、タイタンです。

周啓　玉置周啓です。

TaiTan　えー、『奇奇怪怪明解事典』でございますけれども。『NOPE』ね。

周啓　『脳盗』ね。

TaiTan　今日はもう、『NOPE』の話をのっけからしようと思ってるんですが。下らないマクラはいらないんだよ、今日に限っては。バウムクーヘンの話とかはしないんだよ。

周啓　バウムクーヘンがドライヤーかどうかの議論はしないのね？（笑）

TaiTan　「バズよさらば」とかタイトルに書いといて、聞いたらバウムクーヘンの話をしてるって。ほんと詐欺番組だよな。

周啓　そうだね（笑）。

TaiTan　今日はのっけから本題。『NOPE』、めっちゃ良かった。ぜひ見に行ってくださいという話ですよ。

周啓　めっちゃ面白そうだよなぁ。

TaiTan　話題出頭の、ジョーダン・ピールの新作。これはめっちゃ面白かったよね。

周啓　珍しいよね、そこまで手放しで言ってるのは。

TaiTan　俺がこんなにワーワー言ってるのは『ハケンアニメ！』を超えたかもね、俺の中で。劇場で見たものでは、今年『NOPE』を超えるものはないんじゃないかな。

周啓　あれだけ激賞していた『ハケンアニメ！』を。すごいな。しかも4DXとかでもないんだ。

TaiTan　残念ながら時間が合わなくて、IMAXでは見ていないんだよ。でも『NOPE』を何度も見ている人間からすると、それは邪道らしい。

周啓　「『NOPE』を何度も見ている人間」？（笑）

TaiTan　いるんだよ、この世の中には。い

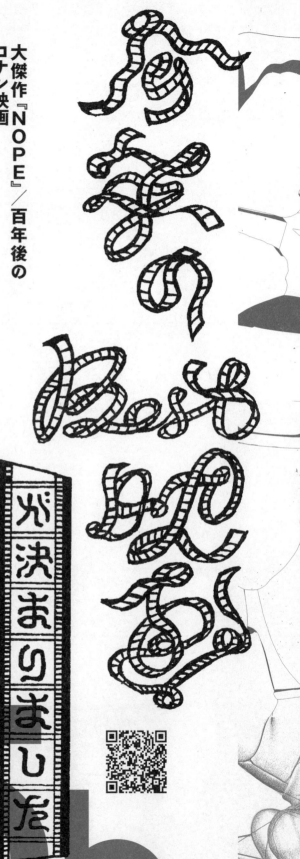

るだろ、人間食べ食べガエルさんみたいな人。

周啓　いいよね、あの人。

TaiTan　全然前知識なく見に行ったんだけど、食らったね。

周啓　俺は予告しか見てなくて、周りの人らが『NOPE』を見に行った、という写真をアップしている。だから、きっと良いのだろうという状態。

TaiTan　でも俺の周りではけっこう賛否両論だったりしてね。Dos Monosのスタッフの人とかは「微妙だわ」というスタンスだったんだけど、俺は正直、自分が見たいものが全部詰まってて、しかもそれを表現するための発明がすごいなと思った次第なんだよね。じゃあ、玉置君は見てないと思うんだけど、久しぶりの映画回。俺が一人でべらべら喋る回にしようかなと思います。でもネタバレはそんなにしないようにする。

周啓　誰が犯人かとかは言わないのね？

TaiTan　お前、俺はコナン映画を見に行ったわけじゃないんだよ。

周啓　『コナンVSエイリアン』を見に行ったわけじゃないのね？

TaiTan　（笑）。百年後、映画産業の規模が十分の一くらいになって、IPが出がらしになった時代の。まあ、『NOPE』ね。予告だけ見ても、ほとんど何の情報も明らかにされていないから、できるだけ前情報なしで見に行った方がいい映画ではある気がする。これから見に行く人はここで一回劇場に行ってもらった方がいいのかなと思いますね。ここから先は、もう『NOPE』を見た人向け。

見世物にされてきたものたちの復讐／怨念の造形の新しさ

TaiTan　これはあくまでも俺の感想だから間違っているかもしれないんだけど、俺はよく、「見る／見られる」の関係が恐ろしいん

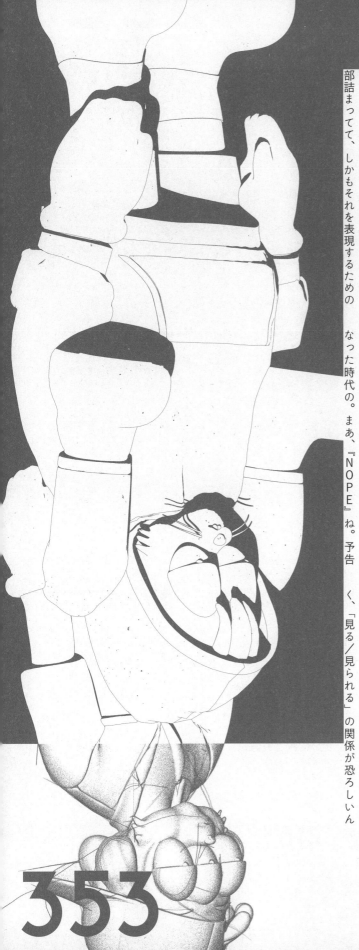

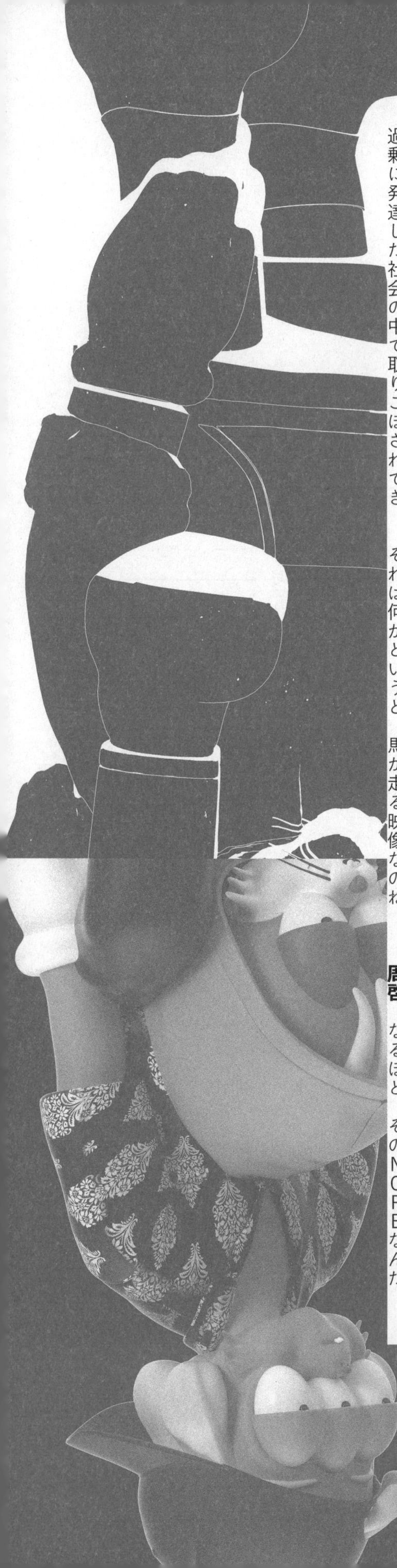

だという話をするじゃん。あとは前回みたいな、「バズとは何か」という話。そういう「これって何なんだろうな」という自分のうっすらした感覚に近いことを問題意識として作られた映画だった、というのが俺の感想だったんだよね。それをまるっと表現すると、「映像の二十世紀とソーシャルメディアの二十一世紀の落とし前をつける映画」ということなんですよ。

周啓　何それ。めちゃくちゃいい見出しじゃん。

TaiTan　めちゃくちゃおもろいんだよ。要は何かというと、「見る」という行為が二十世紀以降、明らかに発達したわけじゃん。映画ができて、テレビができた。二十一世紀に入ったらソーシャルメディアができて、あらゆるものが監視下に置かれるような時代になった。そういうふうに「見る」という行為が過剰に発達した社会の中で取りこぼされてきたものたち、映ってはいるんだけどなかったことにされてきた、価値がないとされてきた、つまり見世物にだけされてきたようなものたちの、概念全体が復讐しに来る、という映画なの。

周啓　なんそれ。

TaiTan　わけわかんないでしょ？　でもこの主題が、俺は超天才的だなと思ったんだよね。

周啓　へえ。それってハリウッド映画のなかの、カーチェイスに巻き込まれて横転していく車に乗っていた運転手、みたいなこと？

TaiTan　お前、やっぱ鋭いよね。ジョーダン・ピールは、『ゲット・アウト』から『アス』からこの今回に至るまで、黒人への差別意識がテーマとしてあるんだけど、『NOPE』はオープニングでいきなり、人類最初の映画と言われている映像が映し出されるんだよ。それは何かというと、馬が走る映像なのね。で、その映像を撮影した人も走っている馬も名前が記録されているんだけど、その馬に騎手として乗っている黒人の人は、歴史上に名前が残っていない。つまり、そういうものに対するレクイエムの映画だということなんだよ。

周啓　ああ、なるほど。ただ「日の目を見なかった人たち」という意味ではなく、今までのジョーダン・ピールの作品のテーマとも接続してくるということね。

TaiTan　そう。人類最初のメモリアルなものに映ってるはずなのに、なかったことにされている。そういうものって人類の映像のなかにめちゃくちゃあるわけですよ。そういう、掃き捨てられてきたものたちの怨念が復讐しにくる。その映画タイトルが、『NOPE』。つまり、ティンダーとかでもあるでしょ、「いらん」という意味の。

周啓　なるほど、そのNOPEなんだ。

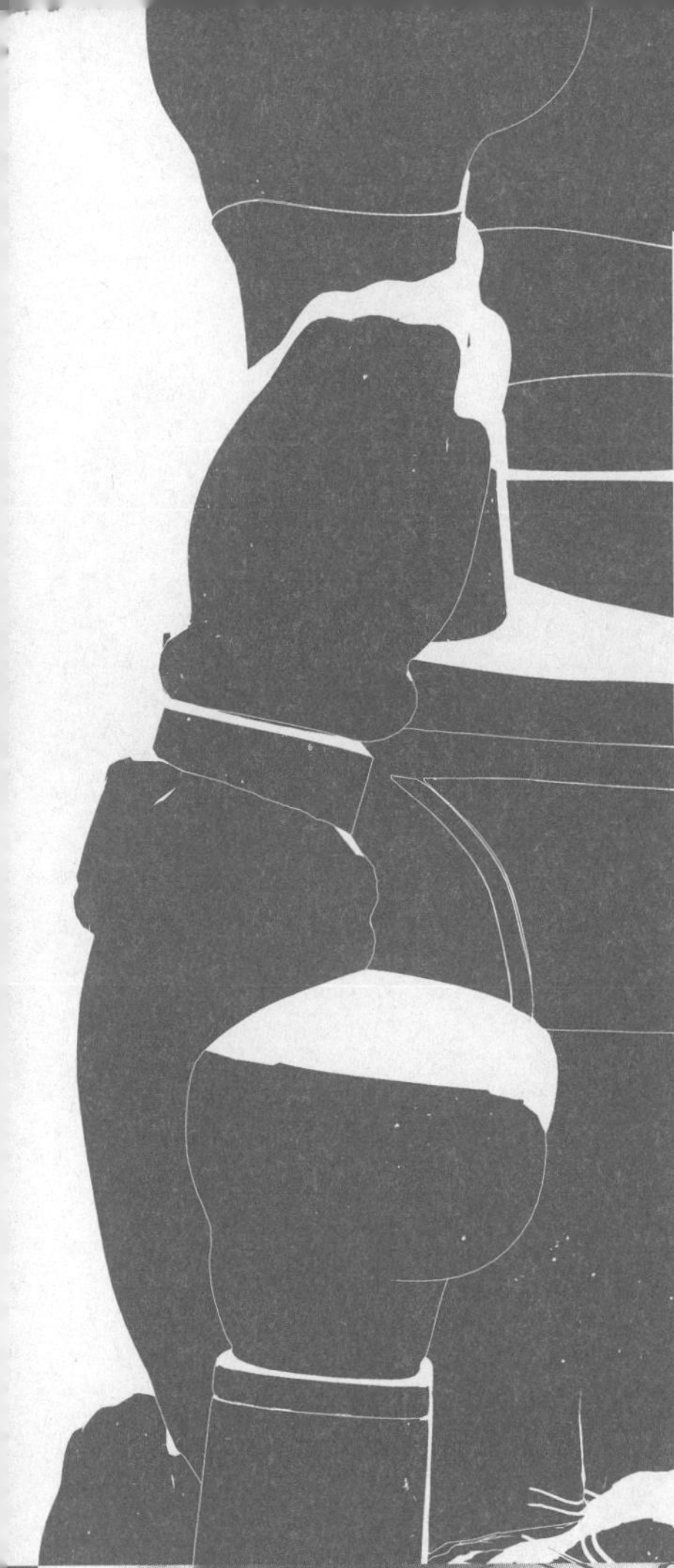

TaiTan　そのNOPEには「名もなき者」という意味も引っかかっていたりもする。このすごさね。ここに注目するのはマジでヤバい。

周啓　たしかにすごい。とてつもねえ強度がありそうだな。

TaiTan　周啓君は見てなくてリアクションが取りづらいだろうから俺がべらべら喋っちゃうんだけど、この映画ほんと面白いから俺の話聞いてよ！　という感じなんだよね、今日は。

周啓　全然聞くんだから。

TaiTan　しかも俺が今言った、「なかったことにされてきたものたち」の怨念の集合体が、どういう姿で人類に復讐しに来るのか。

周啓　あ、それめっちゃ気になってた。

TaiTan　その表現の仕方が、「UFO」なんだよ。今までUFOって地球外生命体、「外敵」的な描かれ方だったじゃん。でも今回は、その着想元が「怨念」みたいなものなんだよ。普通は幽霊とかに託されるものを、UFOというものに接続させるっていうさ。

周啓　たしかにそれは見たことないな。

TaiTan　俺感動しすぎて、劇場を一人で駆け巡ってたもんね。

周啓　ふざけんなお前。上映中に走るんじゃねえよ。ポップコーン持って。こぼれるだろうが。

TaiTan　だいたい後半には水になるでおなじみの、コーラのLを持って、「エエェッ！　これ、すごいこと起きてますよ！」って。

周啓　赤塚不二夫に出てくるキャラクターじゃん。

TaiTan　俺、「挿絵」だから。

周啓　（笑）。お前が『NOPE』だった。

TaiTan　いらんものとされてきた（笑）。

周啓　いらんというか、しちゃいかんことなんだよ、走りまわるというのは。

TaiTan　だから、三つのポイントで面白い。二十世紀的・二十一世紀的な「見る」という行為のなかで捨てられてきたものたちの復讐劇であり、かつそれがジョーダン・ピールがずっと描いてきたテーマと接続されていて、しかもその表現として造形化されたものがUFOなんだっていう。

周啓　すごいね。

TaiTan　だし、俺が感じたようなことを感じなくても、普通に見てUFO映画として面白い。戦ったりするからね。そのバランス感覚もある。バチおもろかったね。

周啓　でもわかるな。背景をぼかして被写体一つしか映らないようにするカメラの機能が普通だったり、基本的に俺らが使うカメラとか目に触れる映像媒体って、何かフォーカスするものが最初からはっきり決まっていて、お互いに「それを見るのが当たり前」と思って受け取っている情報ばかりで。

TaiTan　そう。映ってるんだけど、あくまでもそいつらは背景として存在させられている、ということの残酷さ、グロテスクさに着目してるのがクソヤバい。だし、超現代的。

周啓　もちろんジョーダン・ピールがそれまで黒人の問題を撮ってきたからそこが強く映るだけで、類推もできるだろうしね。いいなあ。

TaiTan　しかもその「見る／見られるの残酷さ」みたいなものが裏テーマにありつつ、ストーリーラインとしてはどういう話かというと、ある牧場主の兄妹が主人公なんですよ。その牧場で飼われているのは、いわゆるCMの撮影とかで使われる馬たちなわけ。例えばハイブランドのCMとかで、馬にまたがる黄金の女性、みたいなのはよくあるじゃん。その兄妹はそういう馬たちが撮影中に暴れないように手なずけたりする、調教の仕事をしているんですよ。つまり華やかな産業にはいるんだけど、歴史には残らない陰の部分に従事している二人が主人公なんだよね。

周啓　なるほどね。

TaiTan　その主人公たちが、さっきの「見られてきたものたち」の怨念であるUFOに立ち向かっていくという話なんだよね。めっちゃおもろいのが、彼らがそのUFOを倒そうとする動機が、「地球を救う」とかそういうことじゃなくて、「俺たちはこのバケモノをやっつけて、歴史に名前を残すんだ」ということなんだよ。

周啓　バズじゃん。

TaiTan　そう。まさに、写真とかを絶対撮ろうとするんだよね。「自分は名もなきもの、このバケモノの一部になりたくない。そのためにはこのバケモノを倒して、有名になるんだ」と。それによって名前を獲得しようとするんだよね。

周啓　すごい話だね。

TaiTan　もう複層的すぎて、おもろすぎるんだよ。

周啓　そんなん重なってきたら、最後らへんは声出して走り回っちまうわな。

TaiTan　走り回ってた。ケツ出してブリブリさせていたとしたら、隣の席になった人には申し訳なかった。

周啓　捕まった方がいいよね、そんな奴は。

TaiTan　なんでTOHOシネマズは野放しにしてるんだって話だよね。

周啓　御曹司でもなきゃ無理なんだよ。

TaiTan　TOHOシネマズを作ったでおなじみの人の孫でなければおかしいんだけれども。もう、おもろすぎんだよ。すべてのテーマがブレずに一貫してて、名もなきものたちの集積体を、このままいったら自分たちも名もなきものとして歴史から消えてしまう奴らが、自己承認のために倒しにいくっていう。

周啓　その「自己承認欲求」というものも、

正統なストーリーの真ん中に来られなかった概念だもんね。欲求さえもNOPEなもの、というのがいい。実際に社会問題として厳然と存在してはいるんだが、なんか見栄えが良くないからテーマとしてはポジティブには取り上げられてこなかったものというか。

TaiTan だから、説教臭くないんだよね。Save the earthみたいな文脈じゃなくて、Save the we、俺たちはこれで名を上げるんだ、というさ。これはそんなに大きなネタバレじゃないと思うんだけど、UFOって中にエイリアンがいて初めて成立するじゃん。UFOはあくまでもハードであって、その中にブレーンが乗っている、という構造。でも『NOPE』のUFOは、それ自体が捕食者として襲ってくるんだよ。

周啓 ん、UFOが食うってこと?

TaiTan UFO自体に口があって。そこが造形的にめちゃくちゃクリエイティブだし、なんでその表現に至ってるかっていうことにもめちゃくちゃハッとしてね。要は、見世物にされてきたものたちの怨念が襲ってくるわけだから、「お前ら今まで食い物にしてきただろ? だから俺は食い返すんだ」というさ。設定上の筋が全部通ってる。

周啓 なるほどね。

TaiTan 普通に笑えるし、ロジックで見ていってもすべてについて膝を打つような展開で。

周啓 何分?

TaiTan 百三十分くらいあったね。でも一回も飽きなかった。

周啓 けっこうすごくない? 今どき二時間で飽きないのは。

TaiTan ほんとにおすすめですよ。モンスター系のもので、「目が合ったら襲われる」っていう設定がよくあるじゃん。

周啓 メデューサから連なる何かかね。

TaiTan 「目が合ったら死ぬ」とかね。そうなってはいるけど、実はそんなに妥当性がないじゃん。なんでそうなるの? と考えるとわからない。『NOPE』のUFOも目が合ったら食われるんだけど、要は「今までお前らは見ることによって食い物にしてきたんだから、見るなら食い返すよ」っていうさ。そのよくある設定へのアンサーにもなっていて、歴史的マスターピースだと思うね。

周啓 すごいね、レトリックの応酬で。

TaiTan 比較するもんじゃないと思うんだけど、よく対比される『ミッドサマー』とか『ヘレディタリー』のアリ・アスター監督より、俺はジョーダン・ピール監督が好きだなと思ったね。

周啓 それがただの、「幽霊より怖いのは人だよね」より何層か深いレイヤーを描いてるのがいいよね。

TaiTan 歴史みたいなものの文脈の編み込

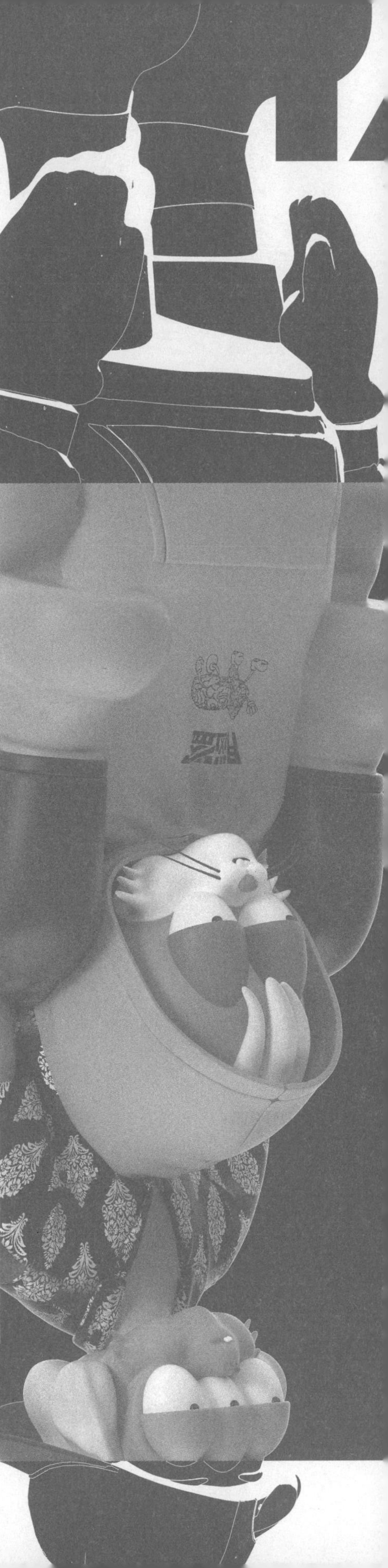

み方が、ジョーダン・ピールはすごい。「社会派」といったらそれまでなんだけど、そうとしか言いようがない。社会を映画に落とし込むのが上手いと思うな。

周啓　しかも、笑っちゃえるのがでかいね。『ゲット・アウト』もそうだったけど。

TaiTan　そう、笑っちゃう。なんか変なんだよね、ずっと。

ジョーダン・ピールの誠実さ／テーマと表現手法の完全一致

TaiTan　いやすみませんね、俺ばっかり喋って。一昨日見たばっかで、興奮がすごくて。「こんなすごいものを作る人がいるんだ」って。

周啓　それがまず一番嬉しいことだな。そんなものを作れるんだっていうことが、事実としてあってくれるんだという。

TaiTan　もっと語れる切り口があるんだけどね。『見る／見られる』の加害性にもっとも加担してきたのは映画だろう」ということを、映画というメディアを通して表現する。なんてことなんだと思うね。

周啓　自己言及まで果たす、みたいな。

TaiTan　ジョーダン・ピール自身もインタビューで、「スペクタクル映画への懐疑的な視点も、それが面白いという事実も表現したい」と。今までスペクタクル映画を見て無邪気に「すごーい」とか言っていたけど、そこにある加害性みたいなものにも言及したい、しかしそれが面白いという事実も俺は知っている、という。だから、パッと見てたら『NOPE』もめっちゃおもろいんだよ。

周啓　構造としてはスペクタクルの方に寄ってるということだもんね。これは冒頭のヴァースに戻るってことでしょう。スペクタクルになればなるほど、NOPEされていく人らが増えていくということだから。だからジョーダン・ピールは、平等を求めてそういう映画を作っているというよりは、「こういう人が実際にいるんだ」という事実を、平たく言えばどう面白く伝えるかにフォーカスしたのかな、と今の話を聞いて思った。

TaiTan　すごく誠実な作り手だと思うな。自分は映画産業の中で成り上がって、富も名声も手に入れたのに、最新作がこれだったというのはすごいよね。

周啓　めっちゃいい映画だった。

TaiTan　もう見た気になったでしょ。

周啓　見た（笑）。

TaiTan　と言っても差し支えないと思う。あと君は、チンパンジーの話だけできるようになれば、完全に『NOPE』をコンプリートします。だから、チンパンジーのところだけ見に行って。

周啓　どういう映画？（笑）

TaiTan　チンパンジーって、人間に見世物にされてきた動物の最たるものじゃない。パンくんとか、人間とのふれあい云々とかいってさ。そのチンパンジーの行動も出てくるんだよ。「今までお前ら、食い物にしてきたよな?」という。そこがクソヤバい。

周啓　マジか。

TaiTan　これ、あと四十回できる。『NOPE』だけで。名前を変えようかな。『奇奇怪怪明解事典』じゃなくて、「『NOPE』解説ラジオ」に変えます。

周啓　僕は、辞めます（笑）。映画館でケツ出して走り回ってるような奴がやってる「『NOPE』解説ラジオ」は、二週間で終わるんだから。

TaiTan　Spotifyのお父さんお母さんに「ごめんね、ごめんね」って言いながら。

周啓　嫌なスタンスだな（笑）。「ありがとう」なら許されるんだけれども。

TaiTan　勘当されちゃうもんね。お父さんお母さんに。

周啓　「ごめんね、ごめんね」で映画館でケツ出して走り回ってる奴は、NOPEなんですけれども。

TaiTan　その「NOPE」が、予告編のなかでは「そんなの無理だよ!」という台詞にかかってるじゃん。そういうこう、なんていうの……。

周啓　わかるよ。予告も含めてエンタメ化されている、筋の美しさだよね。

TaiTan　そこにもタイトルかかってるんだ、って感動したんだよな。

周啓　病的なまでの、執拗なテーマ設定というか。そういうのは興奮するよな、実際。

TaiTan　人類はこんなものが作れるんだ、と思った。……おしまいだよ、今日は。

周啓　すごい伝わってきましたよ。

TaiTan　今日九月八日は、『品品』の初日なんですよ。

周啓　ああ、そうか。

TaiTan　初日なのにこんな話をしていいのかっていう。

周啓　でも『品品』終わりに『NOPE』を見に行ってもらうのがいいじゃんね。

TaiTan　そうだね。それが一番いいデートコースだと思うな。

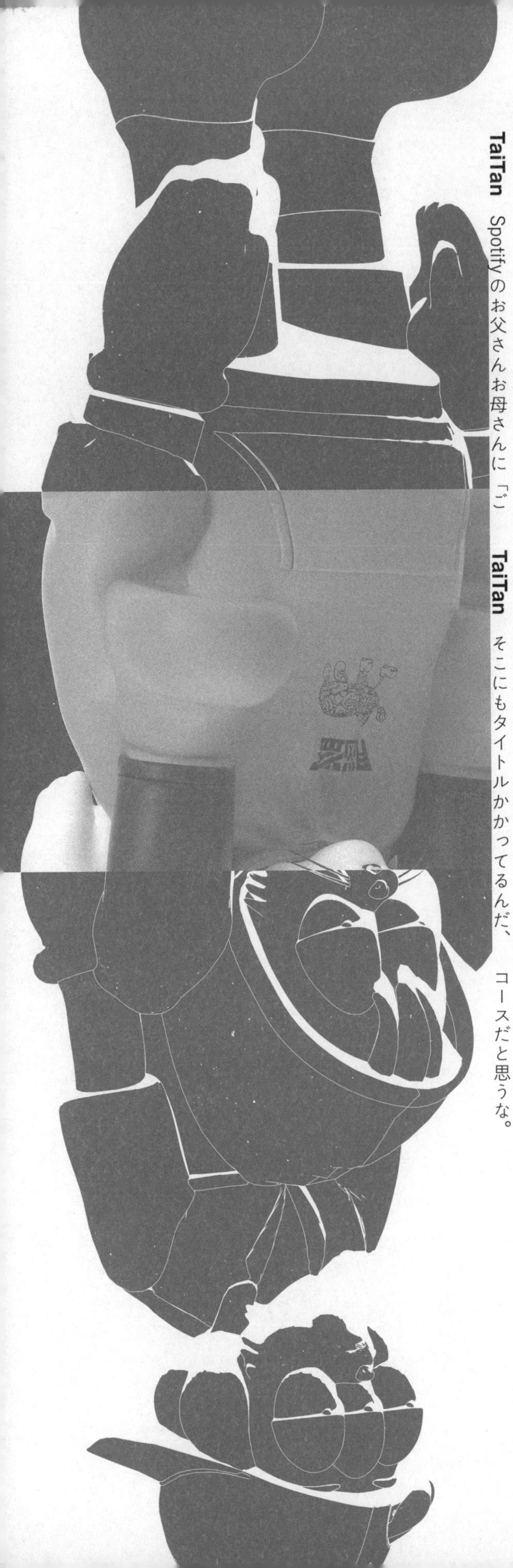

爆説

『脳盗』レギュラー化決定／フラッシュモブかと思った

TaiTan　えー、TaiTanです。

周啓　玉置周啓です。

TaiTan　えー、『奇奇怪怪明解事典』でございますけれども。猫糞《ねこばば》ね。

周啓　猫ひろしね。

TaiTan　ブルーオーシャンがよお前。

周啓　マラソン界における。

TaiTan　カンボジアで走るってのは、いい選択だと思うんだよね。何かにふんづまったら、ポジショニングを変えればいいっていうさ。

周啓　コンバートだよね。いいっすなあ。

TaiTan　君もどう？　音楽で、ちょっと休憩したいなと思ったりしたら、キルギスでべっこう売りとかになれば。

周啓　お前。知らない土地で知らないものを売ったら、死ぬだろ。

TaiTan　しかもキルギスとかの方が、レッドオーシャン感がある。

周啓　そうだね。おそらく人口も少ないだろ。

TaiTan　まあポジションをうまく考えましょうというようなもんでさ。とうとうここまで来たかという話がありますな。

周啓　なんですか。

TaiTan　『奇奇怪怪明解事典』というのは、ポッドキャストなんて誰もやってない頃に始めたペニー番組なんですけれども。その時はまだブルーオーシャンだったんですが、もうそろそろ真っ赤っかになってきたと。というところで、とうとう我々も、もう一個陣地を作る機会が来たのかなと。今日十三時に発表がありましたけれども、『脳盗』ね、お前ね。

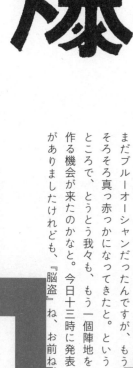

お前がよお前な!

周啓　何なんだよ。英訳したら「NOTO you you you you!」なんだよ。

TaiTan　『ビートルズがやってくる ヤァ!ヤァ!』ね。

周啓　あ、そうですか。

TaiTan　(笑)……地上波できないだろ、これ。

周啓　できないんだよ。でもラジオだったら、ここでビートルズを流せるから。

TaiTan　たしかに、それでどうにかなるんだけれども。でも発表にあったとおり、『脳盗』がとうとう、レギュラー番組化しましたよと。拍手喝采だね。

周啓　すごい。というか、早い。この前はだって、七月だろ。

TaiTan　七月の一ヶ月間やっていたのは、五分番組ですから。それがレギュラー番組だっつうんだから、TBSで。

周啓　ふざけんなよ、マジで。

TaiTan　声色もあんまり作ってない「ふざけんなよ」は、「ふざけんなよ」になっちゃうから。

周啓　(笑)。喜びの反動とかにもなってない、ただキレてる奴になっちゃってた。

TaiTan　仕事が決まって悪態つくのは、フワちゃん以上じゃないと難しいんだよ。でも嬉しいことでございますよ。これも七月の『脳盗』が大変ご好評だったということで。ありがたいでございますよ。『品品』が終わった翌日に節操ないなと思うかもしれませんけど、『品品』の初日に決まった話だったりしたんで。TBSラジオのディレクターさんが会場まで来てくれてさ。皆さん覚えといてください、松重いう人です、ディレクターさんは。

周啓　松重いう人がね。

TaiTan　松重いう人が、関係ない人もたくさんいるなかで、「お話があります、みんな静かにしてください」とか言って場を仕切りだしてさ。

周啓　「主催この人なのかな」と思っただろうね(笑)。

TaiTan　「十月から、あなたたちのレギュラー番組が始まりますんで」とか言ってさ。その場にいる人たちがまばらに拍手したりしてね。気まずかったねあれは。

周啓　乾杯じゃなかったことによって、場自体は盛り下がっていたけれども(笑)。

TaiTan　なんだっけ、そういうやつ。通行人とかがいきなり踊り出すやつ。

周啓　フラッシュモブね。

TaiTan　フラッシュモブが始まるのかなと思ったらね(笑)。

周啓　まばらな拍手も含めてフラッシュモブなのかと思ったよね。

TaiTan　出来の悪いフラッシュモブだなと思ってさ。困惑豆だったんだけれどもさ。

周啓　そのときは上手く喜びを表せなかった

けれども。フラッシュモブを疑っていたから。

TaiTan　まずは隠しカメラを探してたからね。出来の悪いYouTubeチャンネルだなと思って。というような感じで、松重さんというディレクターさんが七月もずっと担当してくれてて。松重さんは我々と一緒に、会議とかすごくスムーズにやってくださる方なんで。『脳盗』面白くなるんじゃないですか、ということも含めて、今日の重大発表でございましたね。

文化祭のスケジュール感／オリーブオイルお化け屋敷

TaiTan　嬉しいですね、しかし。TBSラジオでレギュラーやるってんだからね。すごいことだよな。

周啓　でもやっぱり地下鉄からさ、屋根がずっとある状態で、雨に濡れないでスタジオに入れるというのがほんとにいいよね。

TaiTan　しょぼいんだよ、東京に出てきてからずーっと。みんな思ってるよ。何食っても、「この店、屋根があるからいいね」とか。

周啓　だいたいあるんだよ。たしかに振り返ってみると、成人してから屋根しか褒めてないかもしれないね。

TaiTan　初デートとかでタンとか食ってんだろ。

周啓　気持ちわりいな。

TaiTan　「美味しいタンのお店があるんだけど、そこは屋根があるからぜひ行こうよ」って。

周啓　キモいんだよな。だとしたら「屋根があるからモスバーガー行こう」でもいいよな。

TaiTan　「今日、僕の家来る？　屋根があるからさ」って。

周啓　気持ちわりぃな。北海道であったけどな。猛暑のとき、「うちクーラーあるよ」ってね。

TaiTan　ふざけんなよ。TBSは屋根があるからいいわけじゃないんだよ。だから君はTBSラジオまでの定期券を購入しなきゃいけないという話になってくるよね。

周啓　そうか。あれっ、週五だっけ？

TaiTan　週五は、帯すぎる（笑）。さすがに現役でアーティストやっていて帯は厳しいんだけれども。日曜日ですね。しかもすごい時間だぞ。二十時三十分から五十五分まで。

周啓　嬉しい。ドラえもんとかと対等に渡り合える形？

TaiTan　テレビで言ったらゴールデンタイム。

しかもその前の番組が、石橋貴明御大ですからね。

周啓　とんねるずーの？

TaiTan　とんねるずーの。石橋貴明御大からの、ネズミ小僧だよ。君は、どう？　お父さんお母さんに、言った？

周啓　まだ言ってないよ。口が軽いから。

TaiTan　お前の父母は、「八丈島時事通信」とかに書いちゃうからな。

周啓　見る奴がいないから、書いてもボトルメールみたいになっちゃうのでやらないんだけれども。でも嬉しいことでね。報告はしたいんだけれども、全貌がよくわかってないから。

TaiTan　俺だって全貌わかってないからね。初日に報告があって、まだほぼ会議もしてない状態なんで、一体どういう番組にしていくかというのは、固まりきってはいないんでございますな。

周啓　そんなことあんのかよ。いまだかつて。

TaiTan　（笑）。あと一週間で始まるんだぜ。

周啓　文化祭じゃないんだから。「男子ちゃんとやってよ」で成立する世界じゃないだろ。

TaiTan　「お化け屋敷でいんじゃん？」

周啓　（笑）。襟足がよ。

TaiTan　意外と助けてくれるんだよな、襟足の長い速水もこみちが。

周啓　オリーブオイルお化け屋敷ね。

TaiTan　ヌメヌメしてんでしょ？　中華料理屋はサラダ油でぬめってるけど、速水もこみちお化け屋敷は、オリーブオイルで床がベタベタしてると。

周啓　そんなテレビドラマ、流行るわけねえだろ（笑）。

TaiTan　こういう話、二十時にできんのかな？　てか、具体名って言っていいの？　速水もこみちとかさ（笑）。

周啓　ほんとだよね（笑）。

TaiTan　オリーブオイルお化け屋敷とか……（笑）。そういうところも含め、お叱りを受けながら頑張っていきますよ。

周啓　クビになるまで頑張りたいよね。

TaiTan　正直、地上波だからってそんなに気構えることじゃないと俺は思っててさ。

周啓　おおっ。何お前、大きく出たな。

TaiTan　かかってこいっていう話ですよ。

周啓　すごいな、お前（笑）。

TaiTan　かかってこいってのは、地上波って概念自体ですよ。潰せるもんなら潰してみろと。まあ地上波でやるというのは、しかもこんなまとまった期間やり続けるというのは、なかなかないことなんでね。しかも僕なんかは、TBSで育った人間ですから。

周啓　それが大事だよな。

TaiTan　恩を返す時間ができたということで。イッツマイターン！　てことだろうがお前。

周啓　それ元ネタ知らないけど、英語でかっこよかったわ。

No.364

TaiTan　グーグーグーうるせえなお前。地上波だと思ったらブチ殺されるぞ。

周啓　どういう文法？「地上波だと思ったらブチ殺される」って。『GANTZ』とか『殺人先生』の世界なんだよ。『殺害先生』だっけ？

TaiTan　『暗殺教室』ね。

周啓　（笑）。

TaiTan　地上波でお腹が鳴ったら、ブチ殺されるからな。

周啓　どんな世界なんだよ。

『品品』閉幕／「スイクン」では伝わらない

TaiTan　ということで、それに伴ってのご報告なんでございますが、『奇奇怪怪明解事典』の配信頻度を減らそうと思ってます。こればっかりはという感じでね。週三回というのも、書籍発売の時期に合わせたイレギュラーなので、その後『品品』の期間があって週三が固定されていたけど。じゃあどれくらいの頻度にするのかと言ったら、週二かなと思っておりますな。

周啓　それでも週二は。週0はないってことね。

TaiTan　週0は、番組の打ち切りを意味するんだよ。『ニュー宝島』じゃないんだから。

周啓　お前（笑）。口にしてはいけない番組だろ、今のは。

TaiTan　ということで、週二か一に整えていこうかなと考えておりますが、これは全然後ろ向きな決断じゃなくて、健全に更新を続けるための態勢づくりだとご理解いただけたら嬉しいなと。

周啓　週一回分はTBSの方を聞いて頂けたらと。

TaiTan　そうそう。だって週三で奇奇怪怪やって『脳盗』やってたら、週四だぜ。

周啓　ほぼ「いいとも！」だよ。

TaiTan　マジで「いいとも！」なんだよ。ほとんど商売あがったりになっちゃうんで。他のことができなくなっちゃうから。

周啓　「何をされてる方なの？」って言われちゃうわけよ。

TaiTan　和田アキ子にね。ということで、『品品』も大盛況のうちに終わりまして、第二ガンダーラにも突入して、かなり走り切った感もあるので一回落ち着こうかなと。とはいえ内容の濃さは、誰にも負けませんよ！

周啓　キモYouTuberがよ。画面を殴っていいのは、亀田史郎と外国のゲーマーだけなんだよ。

TaiTan　堀江っちを忘れるなよお前。

周啓　堀江っちは、殿堂入りしてたわ。

TaiTan　まあそこに並ぼうかなというところなんでございますが。俺としても、内容が薄いものをやりたくないわけですよ。クリン

チみたいな配信は。やっぱりちゃんと準備できるものをやりたいなと。配信頻度と曜日は、正確に決まったらまたお知らせしたいなと思っております。

周啓　ありがとうございます。

TaiTan　しかし『品品』が昨日終わってさ、カンべっちと三人で「飯でも食うか」っつってマスクを取ってベラベラ喋って、お互いの唾を飲み込みながらさ。

周啓　気持ちわりいな。なんで空中ディープキスしてんだよ。

TaiTan　もう緊急事態宣言中じゃないから(笑)。でももう、デニーズしか開いてないんだよね。あれは悲しかったな、こんなに頑張って生きてるのにさ。

周啓　一番悲しかったのは、君が「せっかくパルコでやったわけだし、パルコで飯食っていこうや!」とか言ってさ。

TaiTan　「あのドイツビールとソーセージの店、行こうぜ!」とか言ってたのに。

周啓　クソでけえんだよな、「CLOSED」の字が。百メートル先でも見えたもん。

TaiTan　お呼びじゃないんだよと。悲しかったね。

周啓　出たら出たで暴風雨の兆しが表れ始めているわ、どの店も閉まっているわで、デニーズでしたよね。

TaiTan　カンべっちがほうれん草とベーコンのソテーしか頼まなくて、「ごめんな、ごめんな」と思ったもんね。『火垂るの墓』かと思ったもん。

周啓　ふざけんなよ。おはじきと間違えて食ってねえよ。あいつはほうれん草と間違ってお手拭き食ってなかっただろ。

TaiTan　食んでなかった?　草食動物のように。

周啓　だとしたら疲れすぎなんだよ。

TaiTan　カンべっち、四十八時間寝たらしいよ。すごいよね、八徹して。

周啓　(笑)。俺、聞いたことある。自分の体験もあるけど、異常な量徹夜すると、その後しっかり二十四時間以上昏睡状態に陥るらしいね。頑張ってくれたな、ほんとに。

TaiTan　まあ次はこういうことやろうな、という話もうっすら出たりしているので。『品品』はこれからもお楽しみに。インスタライブでも言ったけど、二千人だって。

周啓　すごいよね。当初は「千人とか来たらいいよね」くらいの言い方だったのに。

TaiTan　予約で埋まってたのが五、六百だったんだよね。俺的にはそれで「すごい数来たな」と思ったんだけど、単純に四倍ですか。これもSNSとかで拡散してくれた皆さんのおかげですよ。

周啓　途切れることなくね。

TaiTan　あと最終日、周啓君が来ますよと、「ついにスイクンが降臨します」とTwitterに俺がポーンと投稿したら、すごかったね。あ

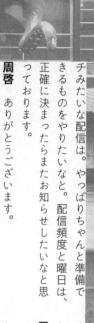

れで千五百くらい……。

周啓　三人なんだよ。

TaiTan　なんでスイクンで三人しか来ないんだよ。

周啓　ポケモン人口が減ってるとしか思えなかった。

TaiTan　スイクン、伝わってなかったのかな？（笑）ラティオスとかの方が良かったのかなと反省したけどね。

周啓　十九時にはスイクンのツイートがされていたのに。さらば青春の光のYouTubeチャンネルの企画だって、渋谷から五反田まで人が来るわけでしょう。俺は十九時半に着く予定だったから、「三十分くらい待たせちゃって申し訳ないな」と思ってたら、入ってみたらお前とあと一人しかいなかったもんね。

TaiTan　（笑）。閉店間際の一人が、待ってくれてて。その後三人来てくれて、二十秒くらい周啓君のところにわーってなって、その後すぐカンべっちが来たら、そっちにわーってなっちゃって。

周啓　なんか、なめんなマジで。カンべは来るなら連絡すべきだった。

TaiTan　（笑）。ヒーローは遅れてやってくる方式で。

周啓　俺がパルコに入るところを見てたんじゃないかな。

TaiTan　順番を操作した可能性がある（笑）。言うても二百五十回くらい配信してきてさ、その主体たる周啓君が頑張ってくれてるのにね。

周啓　三人同時にカンべっちの方を向いたときは、ダグトリオかと思ったもんね。

TaiTan　エンテイvsダグトリオの図式が出来上がっていたんだけども。心斎橋パルコでやれるやれないみたいなところは、あのTwitterのアンケートの結果次第ですから。今のところ「行かないよ」という声が、多数なようですが。

周啓　（笑）。中止になったらウケるよな。民主主義に則って、来ない人の方が多いから。

TaiTan　あれは俺がミスったね。「そんなに需要ないんじゃん」って判断されて、中止になる可能性があるんだけれども。まあいったん今日はそんな感じでございますかな。十月二日（日）二十時半から、『脳盗』がとうとうレギュラー放送として始まりますから。そちらもぜひぜひ。俺は十年続く番組にしようと思ってますから。十年後は、もう三十八歳でございますから。

周啓　えっ、キモいな。やめてくれマジで。ブイブイいわせたがってるんだろうな、三十八になってもさ。二十八から思う自分の三十八ってヤバいよな。

TaiTan　ヤバい。まあというような感じでございますので、もう時間がないので、トップスピードで走っていきますよ！

周啓　口調丸尾君、行動ホリエモンね。

金属バットとひつじねいり／ロングコートダディの旅人コント

TaiTan　えー、TaiTanです。

周啓　玉置周啓です。

TaiTan　えー、『奇奇怪怪明解事典』でございますけれども。金属バットね。

周啓　きゃりーぱみゅぱみゅね。

TaiTan　Dos Monosのヨーロッパツアーを一緒に回ったBlack Midiがさ、日本公演をやるんですよ。その告知画像にきゃりーぱみゅぱみゅとのツーショットが使われてて、「ああ、こういうことなんだな」と思ったんだよね。

周啓　どういうことだよ。

TaiTan　「これが日本のリアルなんだな」ということなんですよ。海外にとっての「日本のアーティスト」、「日本のディーヴァ」の象徴って、きゃりーなんだなと。だって、その日本公演にはまったく関係ないんだよ。でも「日本といえば」みたいな感じで使ってるニュアンス。

周啓　ユーモアとして使ってるってことでしょう。

TaiTan　そうそう。これはすごいなと思ったんだよね。

周啓　そんなイメージあるけどね、きゃりーぱみゅぱみゅとかperfumeとか。

TaiTan　すごいよね、そのイメージを独占した感じ。Black Midiみたいなキワキワのことをやっている人たちにとっても、そういう存在なんだというのが、おもろいなと思ったね。

今日は、金属バットはこのまま行きそうだね、という話ですな。

周啓　俺、サッカーにかまけてM‐1何も見てなかったわ。

TaiTan　この配信が終わる頃には、決勝進出者が発表されてるくらいかな。十一月三十

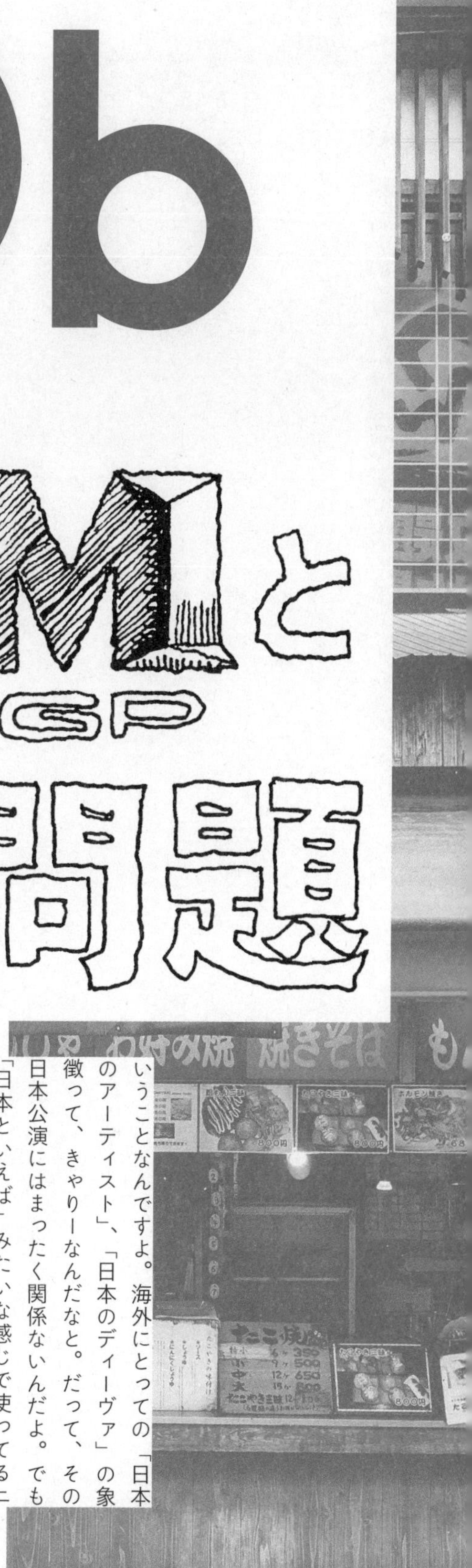

367

日が準決で、これは配信買って見ようと思ってます。その日の夜とかには発表されるよね、全員集まって。だからこの配信は、かなり遅れて聞こえると思うんだけど。

周啓　いっこく堂ね。

TaiTan　これを録ってるのが十一月の二十九日なので、その時点での情報で喋りますけれども。金属バット、行くんじゃないと思っちゃったけどね。

周啓　じゃあワイルドカードで、準決勝に上がったってことか。それも知らなかった。

TaiTan　そうそう、圧倒的ブチ抜きで。

周啓　YouTubeの再生回数とか見てても、金属バットだけ異常だったよね。

TaiTan　みんながまだ五百回再生とかの段階で八千回とか再生されてたからね。でもそうなってくると、金属バットに物語があるじゃん。敗者復活どころの話じゃなくて、敗者の敗者の敗者復活みたいなところからガガガガガッと上がっていくのは。

周啓　多分いないだろうね、ワイルドカードの制度ができて以降。

TaiTan　みんながわかりやすいように言うと、二〇〇七年くらいの千葉ロッテマリーンズがレギュラーシーズン三位から日本一位になったみたいなさ。あれを思い出したね。

周啓　わかりにくいんだよ。思い出すどころか、記憶にないわけよ。

TaiTan　頭に入ったことがない（笑）。「奇跡の下剋上」と言われたんだから。

周啓　たしかに。里崎が自分のチャンネルで話してるやつな。

TaiTan　そうそう。「下剋上」というのはストーリーとして一番熱いから、決勝までは行くんじゃない？　という。これ外してたら恥じいな。

周啓　（笑）。まあそこは博打して。絞っていかないと。

TaiTan　いや、俺は行くと思う。これは世の中がそうさせると思うね。製作者的にも、この物語を使わない手はないだろ。そういう判断はあると思うけどね。

周啓　いや、たしかにわかるよ。全面的に賛同なんだけど、おぐらりゅうじさんが最近ツイートしていてさ。

TaiTan　ああ、物語のね。

周啓　そうそう。「『お笑いブーム』というけど、実は『芸人ブーム』なんじゃないか？」というね。つまりこのブームでは作者と作品の境界線があいまいで、人柄とかそういうところと切っても切れなくなっているんじゃないかという話で。

TaiTan　芸人ドキュメンタリーがめちゃくちゃ流行っているというのも、そういうことですよね。

周啓　そうそう。それでいうと金属バットは、裏側まで見てもあけすけに全部楽しそうな人の代表だなと思ってね。今どきのなかでは、漫才のスタイルが一番喋くりに近いというか、二人が好き勝手喋ってる感がちゃんとあって、いいなと思いますけどね。オワライター的にも。

TaiTan　プロオワライターとして飯食ってる周啓君でございますけれども。まあ、一回M-1の話をするか。本当の本題は「M-1と『ジョブチューン』問題」というのが、今俺の中で熱い話なんだけど。

周啓　パンケーキの。

TaiTan　そう。まあ一旦M-1の話をすると、準準決で見て、「これで落ちるんですか」と思った人を言っておきたい。金属バットも普通に思った。あと、ひつじねいり。

周啓　あ、ひつじねいりいいね。めっちゃおもろかったなあ。

TaiTan　パワー系って強いイメージがあるから、行くんじゃないかと思ったけどね。パワー系でもあり、言語感覚系でもあるのがめっちゃいいなと思ったんだよね。

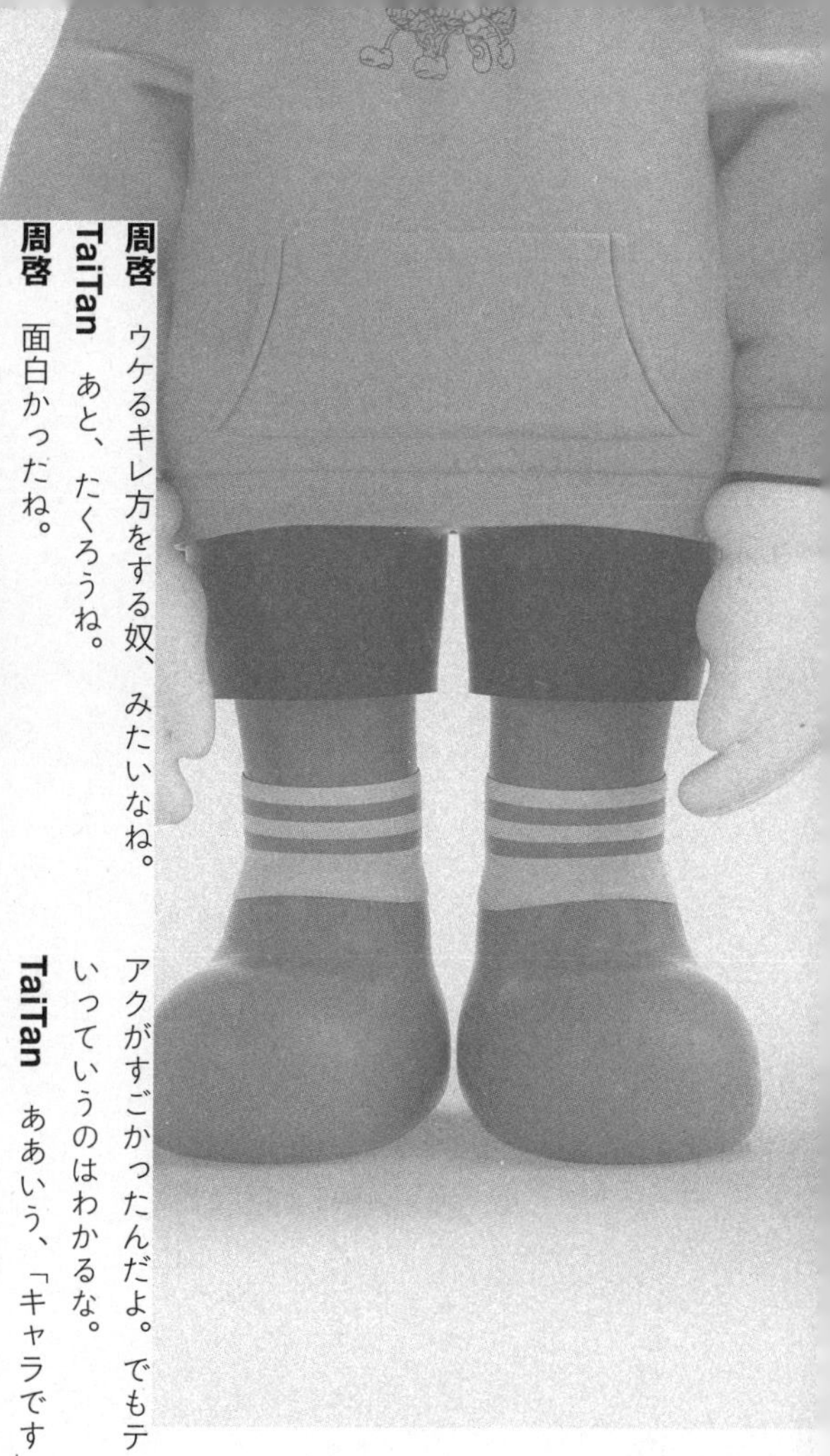

周啓　ウケるキレ方をする奴、みたいなね。

TaiTan　あと、たくろうね。

周啓　面白かったね。

TaiTan　「自分が週刊誌に報道されるときの異名は何がいいか」みたいな……（笑）。あのネタはいい切り口だよね。一生転がせるし。

周啓　しかも、去年までのネタがああいう感じじゃなかったからね。スタイルを変えたというのが新鮮で。

TaiTan　まあその三組かな。「これで落ちるって、ヤバすぎだな」と思ったのは。でも今、もう決勝進出者が発表されてるのか。せっかくなら恥かくか。

周啓　たしかに。想像してみたら。

TaiTan　毎年やってますけど、俺が決勝に行ってほしい人を挙げると、君はずっと否定してくるけど、俺は令和ロマンが見たい。

周啓　いやいやいや、人聞きが悪いよそれは（笑）。君が送ってきた令和ロマンのネタが、アクがすごかったんだよ。でもテレビで見たいっていうのはわかるな。

TaiTan　ああいう、「キャラです」みたいな感じじゃない人が決勝に行ってほしい。あと、ロングコートダディも見たいですね。

周啓　たしかに。おもろいからな。

TaiTan　こないだ、ロングコートダディの「旅人」っていうコントを見てさ。多分君も好きだと思うんだけど、舞台に焚火があって、兎さんが火にあたってると。で、眼鏡の方の堂前さんが来て、「旅人の何々さん！旅の話を聞かせておくれよ！」みたいな、まあよくあるシチュエーションのコントが始まる。で、旅人が「いいだろう。そうだな、あの話をしてやろうか……」みたいな感じで話し始めるんだけど、めっちゃ話が下手っていう（笑）。

周啓　（笑）。

TaiTan　「あれは、よく冷える夜のことだった……」みたいな導入だけちゃんと言えてて、あとは「まあなんか、あの、洞窟みたいなのがあって」みたいな（笑）。なんか、バカにするその仕方が面白いんだよな。喋ってる途中に、不必要に帽子を直したりする描写とかが、意地悪でおもろいんだよ。

周啓　（笑）。そういう観察眼があるよなあ。キングオブコントの、「全然」の使い方とかね。十パーの確率で、その「全然」の使い方する奴出くわすわ、っていうさ。その十パーを持ってくるのが上手い。

TaiTan　話が下手なくせにテンガロンハットみたいなのをかぶって、その微調整をずっとしてる奴のダサさを「旅人」っていうコントでやってるのがすごい（笑）。一番おもろいのが、……これどこまで言っていいのかな。まあ中盤で、ずっと黙って聞いてた方が「話下手すぎだろ！」って普通にツッコむのよ。そこが一番盛り上がるんだけど、それに対し

ての旅人の返しとかが、クソウケる。死ぬかと思うくらい笑いますよ。

周啓　へえ。見ながら帰ろうかな。

TaiTan　真空ジェシカとかも行ってほしいですけどね。

周啓　真空ジェシカはたしかに。

TaiTan　また変なことやってほしいなと。でも金属バットは行くだろうというのは、俺が生き恥を晒すことになったとしても、言っておいていいんじゃないかなと。「その物語を見たい」という、けっこう変な文脈で私も見ちゃってるんでね。

周啓　願望だけでいったら、俺はキュウが決勝に行くところを見たいけどね。

TaiTan　あの枠はあんまりないから、いつか行くんじゃない。

周啓　「めっちゃええやん」やってほしいんだけどな。ファンはそうじゃないんだろうけど……。

TaiTan　わかんないなそれ。

周啓　「めっちゃええやん」知らない？　なんか……いいんだよ（笑）。

TaiTan　あ、そうですか（笑）。まあそれは見ていただいて、今日の本題は「M‐1と『ジョブチューン』問題」。

お笑いとチェーングルメは語ったら負け問題／料理人への想像力

TaiTan　『ジョブチューン』問題って知ってる？

周啓　パンケーキでしょ？　あれ何なんだよ。

TaiTan　ちなみに周啓君は、何に対してムカついてるというか、鬱陶しいなと思ってんの？

周啓　なんか、一流料理人が中流以下の人たちが食べてる食事にケチをつけて、ネットがそれに反撃するという構図が、もう飽きた。前もあったじゃん、ツナマヨのときとかさ。

TaiTan　『ジョブチューン』って基本的に、半期に一回くらいこういうことが起きる。

周啓　狙ってやってるのかね。

TaiTan　まあおもろい企画ではあるじゃない？　プロの舌を持つ人が、みたいな構図は。

周啓　それ自体はね。

TaiTan　でも毎回こうなるじゃん。サイゼリヤとかも、「庶民の味方の味に何言ってんの」みたいな。この構図が、お笑いとかM‐1に似てるなという気がちょっとする。

周啓　おお。なるほど。

TaiTan　厳密には違うんだけど、要は「語ったら負け」という空気。「ロイヤルホストのパンケーキは神なんだから、批評とかすんな」みたいな。お笑いとか味覚って、そういう空気にさせるよね。それがおもろいと思ったんだよな。

周啓　ファンダムみたいなものも含めてって

いうことか。

TaiTan　そうそう。「語ったら負け」、「語ってる奴はクソダサい」みたいな。それってめちゃくちゃ感覚的なところだから、そうなるんだろうね。

周啓　ああは言いつつも、俺は普通にロイホのパンケーキ好きだからね。

TaiTan　ロイホは俺も、一番好きなあれだからさ。なんていうか、ロイホのあの……。

周啓　建物？

TaiTan　建物なわけねえだろお前。なんで俺は京都のスターバックスよりもロイヤルホストが好きなんだよ。

周啓　あの鴨川沿いのね。

TaiTan　あるよな、茶色いやつ。

周啓　スタバはだいたい茶色いんだよ。

TaiTan　スターバックスは緑色だろうがお前。だいたい京都のチェーン店は茶色がかってますけれども。でもロイヤルホストは、厳密にはファミリーレストランとは呼べないくらいの価格帯じゃないですか。

周啓　たしかに。平気で千五百円とかいくもんね。

TaiTan　俺が必ず頼むのは、ギャザリング・プラッターね。

周啓　それ、カードゲーム？

TaiTan　ギャザリングマザリングじゃないんだよ。なんだっけ？（笑）

周啓　マジックギャザリングね（笑）。「ギャザリングマザリング」はお前の大好きなやつの混ぜ飯版だろ。

TaiTan　ギャザリング・スプラッターはね……いつも「ギャザリング・スプラッター」って言い間違えちゃうんだよな。

周啓　もう無茶苦茶じゃん（笑）。ますます遊戯王っぽいやん。何なの。

TaiTan　牛と鶏とエビとサラダが同じ皿に乗ってて、高いんだけど美味いんだよ。

周啓　西洋の人にもウケそうな。いいですね。

TaiTan　俺は必ずそれを食うぐらいロイヤルホスト大好き人間なんだけど、サイゼとかガストとか、他のチェーンに比べるとちょっと高いよね。あの感じの価格帯の王者だと思う。だからファンが強すぎて、そりゃこうなるよなという感じ。やっぱり敵にしちゃいけない相手はいるよね。

周啓　たしかにそうね。サイゼとかというか、ファミレスは殿堂入りだろ。

TaiTan　サイゼは絶対燃えるもんね。

周啓　そうだよ、千葉雅也とかもさ。しかもそこに正当性があるかというより、君が言ったように語るに落ちる、語ったら負けっていう……。

TaiTan　そう。その「語ったら負け」なのが寂しい面もあるんだよね。俺がすごく好きな稲田俊輔さん。カレーの番組でもご一緒してたんだけど、めちゃくちゃ言語感覚が面白いんですよ。

372

周啓　ああ、そうなんだ。
TaiTan　「左脳的に飯を楽しむことの面白さ」というか、それこそこの番組でも一度紹介したと思うんだけど、『人気飲食チェーン店の本当のスゴさがわかる本』（扶桑社）なんて神だと思うんだけど、ああいう話がまったくできなくなっちゃうじゃん、という気がする。
周啓　うんうん。
TaiTan　「ロイホのパンケーキは俺らのソウルフードなんだから、なんか言ってくんじゃねえ」みたいな気持ちもわかりつつ、何かを言うという場が……まあ、あれをテレビでやるのが下品なんだろうな。
周啓　でも言わんとしてることはわかるよ。好きなんだったら一流料理人に批判されようが味は変わんないっていうか。
TaiTan　まあでも、やっぱり味は変わんなくてもムカつく心はあるよね。どうしても上から目線だから……あれ、どうやったら成立するんだろうね。あれ引き受ける料理人、決死の覚悟だよな。
周啓　たしかに（笑）。
TaiTan　「今日お父さん、死んでくるから」って言ってると思うんだよな。
周啓　もう退屈してきてるんじゃない？　ずっと厨房で料理してるから。
TaiTan　どういう推測だよ（笑）。それは人間の人生に対する冒涜だろうが。なんで一流三ツ星シェフとかが、「つまんな」とか言いながら醤油とみりんを足してんだよ。たまの記念日でドレスアップした若夫婦が、「今日つまんねえな」と言いながら作られた料理をミャアミャア食ってるとしたら、日本はもう、終わりだぞ。
周啓　なんで猫なんだよ。だとしたら終わりだし、そうとは言ってないよ。料理は本気でやってるけど、料理だけで世の中と対峙するのが退屈になる人もいるんじゃないかなと思って。テレビに出るって、相当飛んでないとできないよ。
TaiTan　わかるよ。ワンチャン賭けてる説もあるよね。シェフとかでも、急にいく人がいるじゃん。鳥羽シェフとか。あれは確変モードっていうか、自分の店を守りながら、外貨を稼ぎに行くっていうスタイル。かつて君が好きだった川越シェフとかもそうかもしれないけど。
周啓　真ん中だわ（笑）。
TaiTan　中庸の態度だったか。まあだから、自分の人生のフェイズを一個上に上げるというか、そのワンチャンに賭けて出演している可能性がある。でも「うわテレビの出演依頼来たけど、『ジョブチューン』で、しかも批判して欲しいっぽいぞこれは」みたいなオファーが来たら、悩むよな。
周啓　だから正直、SNSで怒ってる人も「こんなの何が楽しいんですか」と思ってるんなら座組にキレるのがいいと思うんだよね。

料理人に言ってる人がいるじゃん。

TaiTan　番組にキレるのが正しいよな。しかも今は閉店にまで追い込まれるしね。パンケーキ革命だよね。世界史の資料集とかに載りそうだなと思うもんな。

周啓　『ジョブチューン』が旗を持ってね（笑）。

TaiTan　さすまたにパンケーキを刺した民衆がお店を潰してる、そういう姿に見えるんだよね。

周啓　打ち毀《こわ》しだ。料理人仲間とか、自分の店に来てるお客さんも見てる可能性があるなかで、ロイホのパンケーキに忖度して「正直美味しいっすね」とか言えないじゃんね、環境として。

TaiTan　あれ悪魔の契約だよなあ。あれなんだっけ、音楽家が出てきてミャアミャア言うやつ。

周啓　猫の音楽会？

TaiTan　じゃあそれでいいよ（笑）。関ジャムだ。あれは基本褒めてください系の、ポジの感じじゃん。それはまあ誰も損しない構図だけど、『ジョブチューン』のガチ感ってすごいよね。Ｍ-１の審査とは厳密には違うと思うんだけど……何が違うんだろう。『ジョブチューン』の方は、「関係ないもの」について言ってるからってことなのかな。自分の店とロイヤルホストのパンケーキは関係ない、つまり「業界の発展のために一肌脱ぐ」という構図が見えないから嫌なんだろうな。本当にただ上から目線なだけに思えちゃう。

周啓　なんか、アドバイスして辛辣な意見を言った人が、一回ロイホのパンケーキをそいつバージョンでプロデュースしてみるとか。それで普通に、前のロイホのパンケーキの方が美味かったら、その人を批判する側も正当にいけるっていうか、「あなたの舌と私の舌が全然合いませんでした」で終われるじゃん。現状だと、勝手にこっちが食ってるものを「それはほんとは不味いんですよ？」って言ってきてるだけだから（笑）。

TaiTan　そうだよね（笑）。あれは料理人に対する救済がないとえぐいよね。せっかく美味しいものを出してるのに、一生「偉そうな奴」みたいなレッテルが貼られるかもしれないわけで。

周啓　だし、ある意味視聴者にも救済がない状態なんだよ。

TaiTan　やり場のない気持ちだよね。「俺が好きなロイヤルホストのパンケーキをなんでこんなボロクソに言われなきゃいけないんだ」みたいな。やめた方がいいよ、あれ。

周啓　（笑）。

TaiTan　やっぱ飯とかに触れるのは、「行列ができました、ニャンニャン」でいいんじゃないかな。

周啓　なんで猫のラーメン屋さんなんだよ。でもそこで、番組側が覚悟をもってコラボを

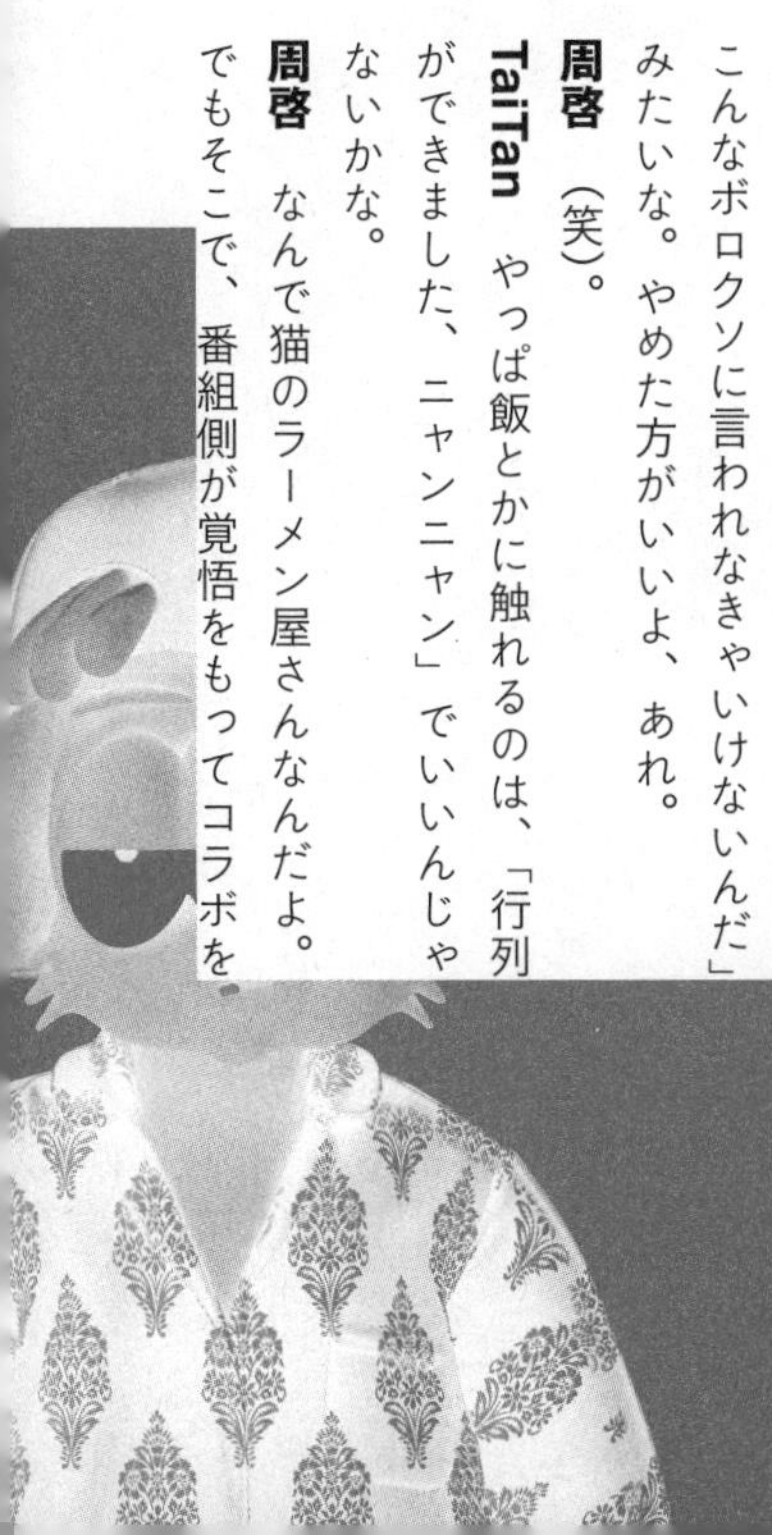

374

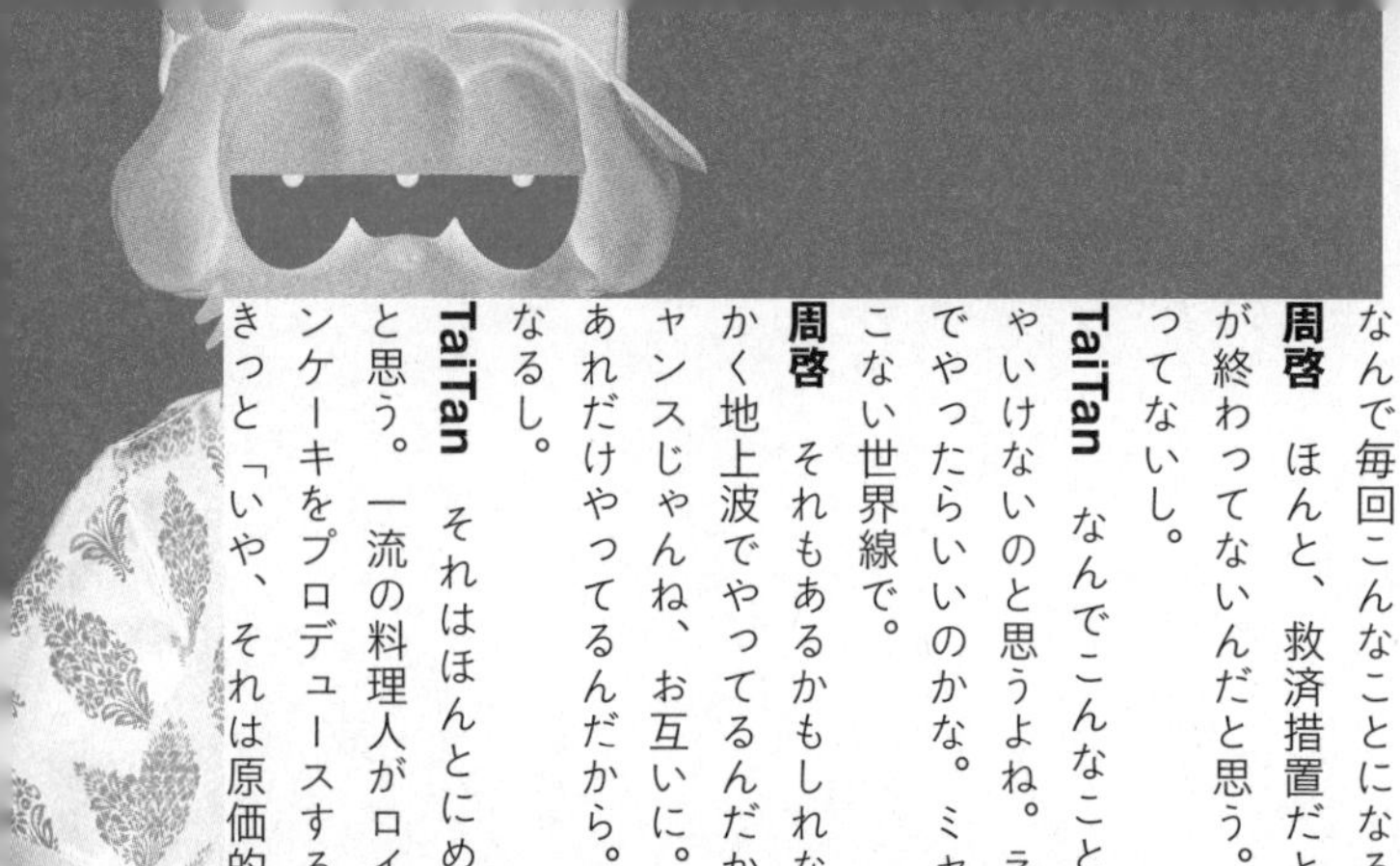

取り付けるとかさ。だってあの場にロイホの宣伝担当とかもいるわけでしょう。

TaiTan　固唾をのんで見守ってるよね。ロイホだって、当然プロモーションのために出ている面もあるわけじゃないですか。共犯関係を結んで出ているのに、ロイホ側はまったく損をしない構図になっている。まあパンケーキを批判される場面が放送されるというリスクはあるけど、結局守ってもらえるっていうさ。

周啓　構図としてはそうなってるよね。

TaiTan　まあ普通に、成立してないのか。なんで毎回こんなことになるんだろう。

周啓　ほんと、救済措置だと思う。フォローが終わってないんだと思う。サイゼのも終わってないし。

TaiTan　なんでこんなことで分断されなきゃいけないのと思うよね。ネットフリックスでやったらいいのかな。ミャアミャア言ってこない世界線で。

周啓　それもあるかもしれないし。でもせっかく地上波でやってるんだから、コラボはチャンスじゃんね、お互いに。コンビニとかもあれだけやってるんだから。番組の宣伝にもなるし。

TaiTan　それはほんとにめちゃくちゃいいと思う。一流の料理人がロイヤルホストでパンケーキをプロデュースするとなったときに、きっと「いや、それは原価的に無理です」みたいな壁にぶち当たると思うんだよ。「これくらいの値段に抑えないとうちの基準に達しないんです」と。そうなったときに、「こういう背景と企業努力があって出た味なんだ」ということを体験させるみたいな過程がないと、ほんとに嫌な奴で終わっちゃうよな。

周啓　そうなんだよ。さっき君は「関係ない」という言い方をしてたけど、一流シェフがロイホにコメントすることには師弟関係も社会的なメリットもない。でもそれを番組が作ればいいじゃんというね。それは君が今言った方向性もそうだし、まさかの安い原価でもっと美味くできちゃったというパターンもあると思うんだよ。

TaiTan　なるほど。

周啓　そしたらそのバージョンで出してみて、お客も「たしかにこっちの方がいいな」となったらメニューがそれになっちゃうとか。で、レシピはそのファミレスにあげる、とかだったら、ひとまず一側面から見たら、社会がいい方向に回ってる感があるじゃない。そこまでいったら誰も文句言わないだろうなと思うけどね。

危険物図鑑募集／お土産企画

TaiTan　そんなもんで、M-1とジョブチューンとワールドカップという、批評してはいけないもの。でもサッカーはなんか許され

135

ている。この差はなんなんだ、というね。これ募集したいな。「語ったら負け」とされているもの、そのあわいとか、なんでそれを語ってはいけないのか、とか。

周啓　触ったら炎上するやつってことだよな。

TaiTan　それの図鑑作るのおもろくない？　よく「危険物図鑑」みたいなのあるじゃん。工事現場の「触っちゃダメよ」みたいな感じで、「可燃性図鑑」的な、名前はいい感じに考えますが。

周啓　「ドンタッチ図鑑」とかな。

TaiTan　「ドンタッチ図鑑」は、ない。言語が混在しているので（笑）。でもちょっとやりたいですね。

周啓　それはたしかに、いくらでもテーマに上げられるはずだったのに、みんなが忖度して出してないものが浮き彫りになるよね。

TaiTan　「こういうことじゃない」というのを言っておくと、BTSとかファンダムがデカすぎて、無文脈で入っていったら死ぬのが当然なものではなくて、さっきの「ロイヤルホストのパンケーキ」とかそこまで解像度を高めてほしい。「これ危ねえな」みたいなやつを共有することで、「でもそれって、なんで触っちゃいけないことになってんの？」みたいなことを考えたい。

周啓　いいね。

TaiTan　という感じでござんして、こないだQ&Aというか、お土産企画を募集したんですわな。

周啓　ああ、『脳盗』と別でね。

TaiTan　『脳盗』の方はめちゃくちゃ盛り上がったんですが、「奇奇怪怪」の『ハリー・ポッター』とかは全然盛り上がらなかったでおなじみの。全然盛り上がらなかったな。

周啓　まあ、いらねえからな（笑）。

TaiTan　いらねえんだろうな、パリで買った『ハリー・ポッター』は。日本で買った『ハリー・ポッター』と変わらないから。

周啓　別に、ストーリーもないしね（笑）。

TaiTan　リバプールで買ったミスター・ビーンとかもね。ビートルズだったらいいんだけれどもというところで、そんな中でもいいじゃないですかという人にあげたいなと思うんだけれども。これは今を決めます。まずこの人、わいたさん。水がわいた、ということでね。MONO NO AWAREが大好きだと。

周啓　あら。ありがとうございます。

TaiTan　レゴ本店で買ったバットマン。「当たったら仲良しの近所の5歳児にあげるぞっ！」。これはいいですよ、ストーリーがあるから。副次的な効果がありそう。

周啓　そうだね。あげるついでに『奇奇怪怪』のQRも渡して頂いて。

TaiTan　五歳児に「なんで『ジョブチューン』問題って起きると思う？」みたいな話をしてほしいなと思いますが。

周啓　（笑）。3チャンしか見れないんだよ、

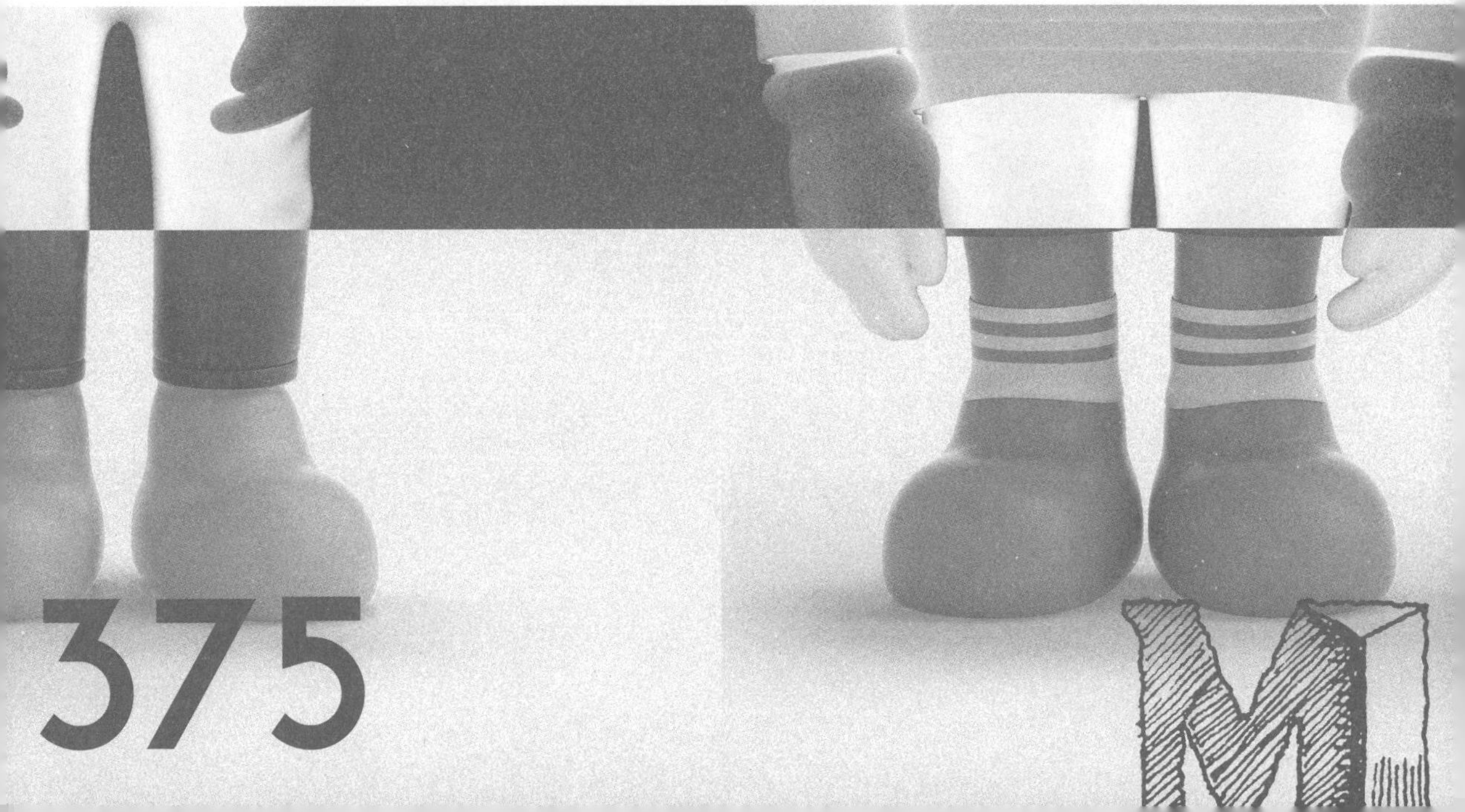

五歳児は。

TaiTan 3チャンって古いな。

周啓 今2チャンか。

TaiTan あと、どうしようかな。この人いいじゃないですか。sh1geさん。「ミスター・ビーンで育ったので、ミスター・ビーン欲しいです。」というね。

周啓 あ、子供?

TaiTan 嘘をついてますね、この人は。「ミスター・ビーンで育つ」ってどういうことなんだろうか。見て育ったってことか。

周啓 あ、そういうことか。

TaiTan ミスター・ビーンの息子かと誤認するよな。

周啓 「父の私物を返してください」じゃないのね?(笑)

TaiTan じゃあこのsh1geさんに、ミスター・ビーンはあげようかな。最後、『ハリー・ポッター』ね。俺この人にあげてみようかな。みっくさん。これちょっとおもろいな。

周啓 何?

TaiTan 「この『ハリー・ポッター』は何?」って引用リツイートしてくれてるんだよね(笑)。

周啓 (笑)。

TaiTan 確かめてみてください、あげますから。「この『ハリー・ポッター』は何?」って。『ハリー・ポッター』だっつってんだろうが。

周啓 おもれーな、この語法。「あら、この『ハリー・ポッター』は、なあに?」

TaiTan 貴婦人だな。貴婦人は引用リツイートとかしないんだよ。

周啓 いいねしかしないからな、貴婦人は。

TaiTan まあそんな感じで、当選した人はおめでとうございます。バットマンの人は五歳児にちゃんとあげてください。その後のこともぜひ報告いただければ、という感じですか。あとは、年末にちょっといい発表があるかも、という告知だけふんわりとして、終わりましょうかな。ありがとうございました。

周啓 ありがとうございました。

「二作目」ということ／事典から漫画雑誌へ

TaiTan　えー、TaiTanです。
周啓　玉置周啓です。
TaiTan　二冊目ですよということで。
周啓　はい。『奇奇怪怪』のね。……ちょっと、コピーしそうになったわ（笑）。
TaiTan　拓太郎漫画に引っ張られるなよお前。
周啓　まあ、『奇奇怪怪』二冊目ということで。
TaiTan　一年半ぶりですか。とうとう出ましたねと。これを収録しているのは、ギリ五月。日付だけ言われても何が何だかということだと思うので、もうちょっと分かりやすく言うと、中田敦彦が松本人志に喧嘩を売った翌日ですね。
周啓　ふざけんなお前。縁起が悪すぎるんだよ。
TaiTan　あ、そう。
周啓　どう考えても縁起が悪いだろ。
TaiTan　またTwitterがギャーギャー言ってて、嫌な気持ちになるわけでございますけども。君は最近、誰に喧嘩売った？
周啓　そんな話題ありえないんだよ。半グレじゃないんだから。
TaiTan　誰に売りたいのかって話だな、今日は。「およげ！　たいやきくん」は、そういうことではないんだ。
周啓　俺は別に、子門真人に喧嘩売るために作ったわけじゃないんだよ。
TaiTan　違うの？
周啓　違うだろうが。そんなつもりでカバーする奴いないんだよ。
TaiTan　ということでね、喧嘩を売らないでいきたいなと思うんですけれども。まあ二冊目というのは、いかんせんね。ラーメン屋と同じで、オープン記念の時には人は来るけど、二冊目となると本当の実力が問われるというところで。私は戦々恐々としているわけでございますけれども。この本が売れるのかと。
周啓　一体何人がこれを読んでいるのかっていうね。
TaiTan　五月三十日の我々と、八月以降にこの本が出た時の読者との、時を隔てた交信を今から楽しみにしているんですが。どうなんだ、二冊目って。でも『ターミネーター』は2が一番面白かったもんな。『バック・トゥ・ザ・フューチャー』も2が一番面白かったもんな。
周啓　『ロッキー』も2が面白いっていうよね。
TaiTan　と考えるとワンチャンあるなというのはあるね。
周啓　でも『ジュラシック・パーク』は1が良かったと言われてるよな。
TaiTan　『ロスト・ワールド』ね。『ロスト・ワールド』は愚作だよ。小さい恐竜に女の子が食べられるっていう残酷描写から始まるん

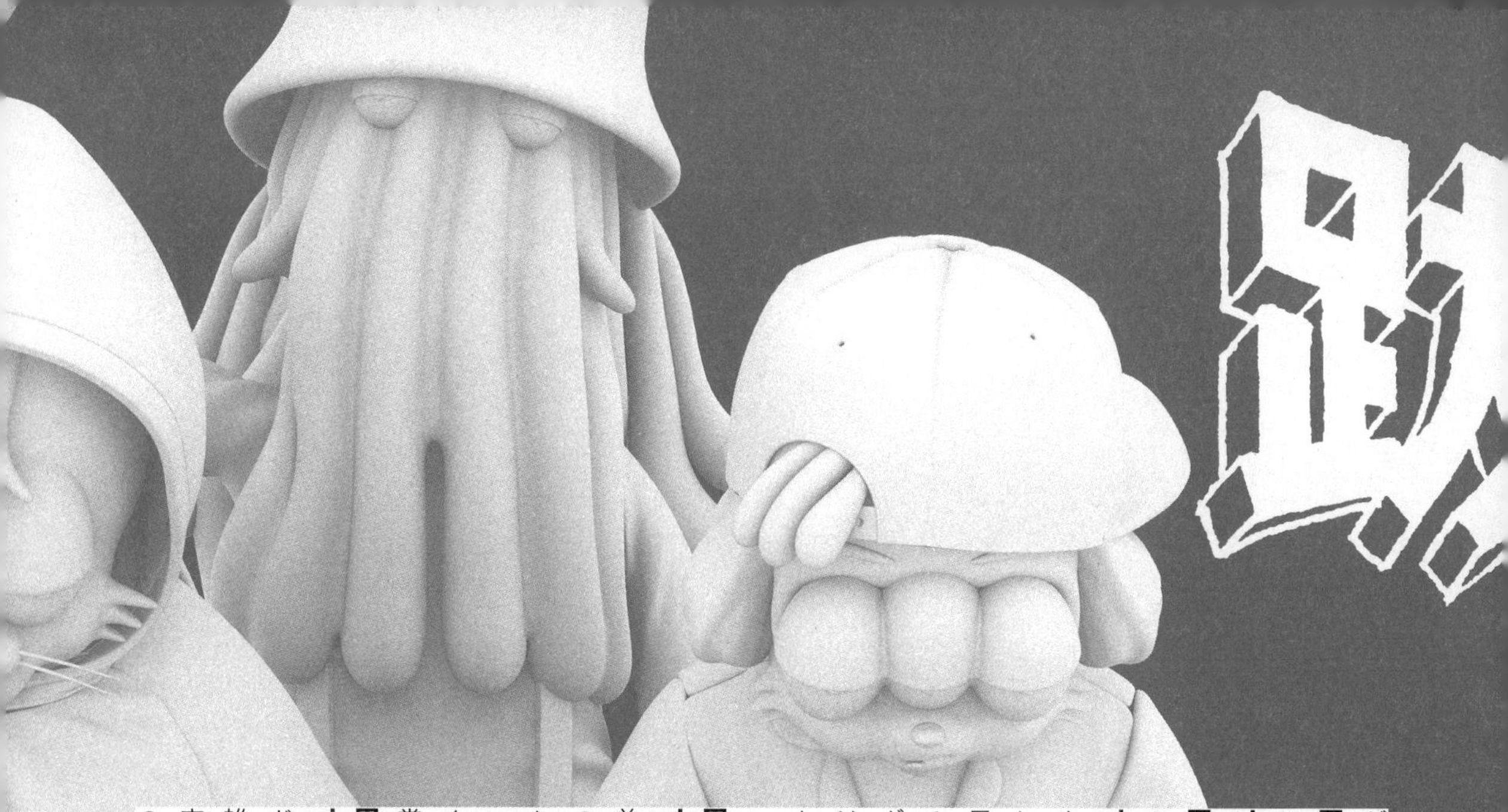

だから。

周啓　そうだな（笑）。『ジョーズ』も1が良かったと言われてるよな。

TaiTan　『ジョーズ』って2あんのかよ。

周啓　あるだろ。あれは今、57くらいまであるんだよ。

TaiTan　それはもう、サメの生態を描いたナショグラだろ。まあ二冊目を頑張っていきたいなと思うんでございますけれども、一冊目と何が違うのかというのをまともに喋ってみてもいいのかなというのが今回の趣旨でございますわな。どっかの配信でも言ったんだけど、今回は事典ではなくて、漫画雑誌の軽さを目指したというのがとっても大事なポイント。

周啓　ほう。漫画雑誌の軽さね。

TaiTan　漫画雑誌ってめっちゃいいなって前から思ってて。なんでかっていうとさ、あのザラ紙がすごく好きなんですよ。何が好きかっていうと、一週間で掃いて捨てられるという宿命にある、商品としての在り方がすごく好きなわけ。別に本には生鮮食品と違って賞味期限があるわけではないだろ？

周啓　はいはい。

TaiTan　なんだけれども、ジャンプでもマガジンでもサンデーでもいいけれども、漫画雑誌にはもとより一週間という賞味期限が設定されている。その短命性。だからこそ、この軽いザラ紙でいいんだ、表紙が破れていたってそれがそのままモノとしての価値に直結しているんだっていう、そういうものがめっちゃかっこいいなと思ってたんだよ。

周啓　すごいね。そっちに目を付けたんだね。

TaiTan　そうなんだよ。だから今回は、「事典」というコンセプトから遠く離れて、俺たちの最近のムード、漫画とかコントとか、戯画的なところを表現するものとしては、漫画雑誌のあの形態が似合うなと思って、最初からそうしようと決めてたんだよ。

周啓　なるほどね。

TaiTan　そうすると、まぁ必然的に値段も抑えられるだろうというところで企画を始めたんだけど。結果から言うと、むしろそっちの方が値段が高かったという悲劇が待っていたんだけどね。

周啓　ええっ。どういうカラクリなんだ。

TaiTan　ジャンプがなんで二百九十円ででてきてるかといったら、桁違いの冊数を刷っていて、それ専用の生産ラインとかがあるわけよ。そういうシステムの中で初めて、あの値段が達成できると。

周啓　なるほどね。

TaiTan　あれを全くの部外者がやろうと思ったら、むしろめっちゃ高いという。

周啓　まあ、ロット数にも影響を受けるし、ということだよな。

TaiTan　そう。だからインディペンデントの出版社がやるような企画ではなかったんだけども、俺はもう言い出しちゃってるから。石原さんに、「俺はこれをどうしてもやりたいんだ」って言ってさ。独立して一発目の仕事で、登記の準備とかで忙しいわけよ。そんな中毎日のようにLINEして、「あの件どうなりましたか」「あの紙がダメなら代案はなんですか」って。

周啓　何なんだよお前。役所まで行って？

TaiTan　俺はリュークじゃないんだよ。

周啓　登記中の石原さんに話しかけたわけじゃないのね？（笑）

TaiTan　姿は見えないがリンゴが浮いているでおなじみの。

周啓　「えるしつているか　漫画雑誌の紙は思ったより高い」でいいんじゃないの。

TaiTan　そうだね。ということで石原さんと毎日のようにLINEをしながら進めているんだけれども、これを録ってるのが五月三十日なんで、ちゃんと着地してるのかっていう……。ちょうど先週も、「紙の件で問題が発生しました」っていう連絡が来て。

周啓　ええっ。

TaiTan　俺その時、慶応大学ってところで登壇して、ベラベラ喋ってたんだよ。

周啓　勝手に？

TaiTan　勝手には、『いいとも！』の放送事故なんだよ。勝手に上がってきちゃった奴いたけれども。

周啓　いたな（笑）。

TaiTan　あれ俺じゃないからさ。

周啓　違うんだ。

TaiTan　まあその登壇の中休みに石原さんからLINEが来てて、パって見たらすごい長文で、「問題が発生しました」と。「今お電話大丈夫でしょうか」と。

周啓　へえ。

TaiTan　もうその場で、「それがだめなら、その代案はないんですか」と。

周啓　何なんだよお前。

TaiTan　それしか言ってない（笑）。でも俺はどうしてもやりたいんだと。なんなら第一弾より製作費がかかるというのは最初から分かってたから、それを乗り越えるための案を考えます、ということで考えたのが、漫画雑誌みたいな装丁にするならば、広告を入れましょうと。本なのに広告が入ってるというのは出版業界的に面白い取り組みだし、それが石原書房というインディペンデントな出版社と、俺らみたいな何の後ろ盾もないコンテンツだからできる、新しい挑戦じゃないですか、と。

周啓　なるほど。

TaiTan　そしたら石原さんが、「上手いこと考えましたね」って。

周啓　何なんだよ。親玉じゃん。背後を取った時にしか吐けない台詞なんだよ。

TaiTan　（笑）。俺もその時、めっちゃ妙案だなと思って。漫画雑誌とか文芸誌に広告が入ってるのはよくある。でも単行本の書籍という形態で、広告が入っててもおかしくないものを表現できたら、めっちゃウィンウィンだなと。漫画雑誌っぽいものを作ろうと思ったら、最初に思ってた見積りの二・五から三倍くらいの見積りが来て、これはマジで死ぬと。

周啓　現実的じゃなくなってくるよね。

TaiTan　そう。でも絶対にやりたいから、俺が金を工面すると。そういうことで始まったのが、今回の『奇奇怪怪』第二弾だったんだよね。

周啓　妙案も妙案だね。

TaiTan　で、今五月三十日時点では、数社

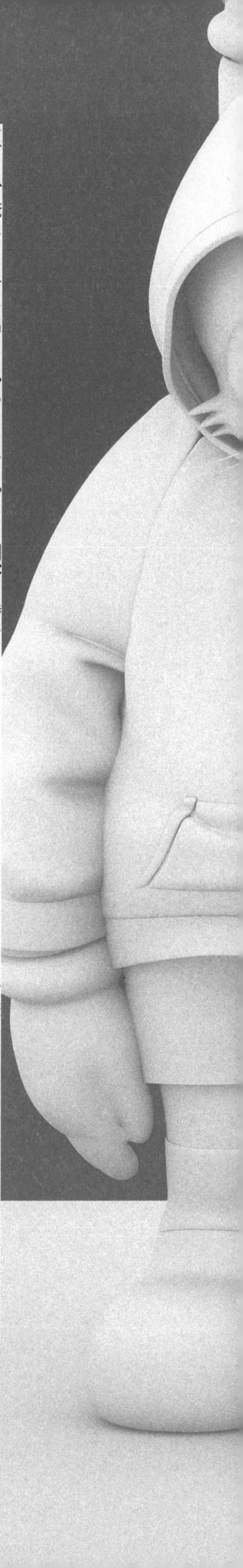

から広告を頂きまして。ありがたいことですよ、ほんとね。でも面白いことをやるってのは、お金がかかるなと改めて思ったね。

周啓　この案が面白いのは、自社広告だったら普通にあるわけじゃない？　要は岩波文庫だったら、岩波文庫の他の本とかの宣伝とか。ところが、その本を読みたい人に対して、CMとかウェブ広告でも到達しえないような広告を打てば、新しい広告のルートが見つかる。それはただ本を使ったから新しいんじゃなくて、刺さるはずのなかった人に刺さるという新しいルートの発掘でもあるのかもしれないと思った。それはすごいことだなと思ったね。

TaiTan　なるほどね。俺的には、いたずらに漫画雑誌っぽいものをやりたい、こういうコンテンツおもろいよね、あってもいいよね、というのは俺の美学に反するわけ。それが意味をなしてなければいけない。

周啓　コスプレになっちゃいけないってことだろ。

TaiTan　そう。ワーキャーやって表面だけおもろいことをやってもしょうがない。というところでの、こういう出版の形があってもいいんじゃないかという一個の挑戦でございますけれどもね。これが、作る面での、石原さんとだからできるだろうと思ったチャレンジ。

周啓　良いものになってればいいですよね。

本が本の広告をしだす／本の権威性への疑義

TaiTan　それにまた続きがあって、「売る」というところでも、今回新しいことをやろうと思って。

周啓　なるほど。

TaiTan　そんな時に手を組んでくれたのが、蔦屋書店。

周啓　昔、深夜の遊び場に使っていた書店だな。

TaiTan　ドンキじゃねえんだぞお前。

周啓　ドンキも遊び場だけれども（笑）。でも蔦屋書店は、書店なのに二時までやってるだろ。その時点で画期的じゃん。駐車場もあるし、よく遊びに行ってたな。

TaiTan　いいよね。何をやったかというと、「書店内書店」というのをずっとやりたくて。それを俺がプロデュースするとしたら、本のみで構成された小屋みたいなものを作りたいなというのが、ずっとあったわけ。

周啓　お菓子の家みたいなこと？

TaiTan　そういうことですね。なんでやりたいと思ったかというと、『品品』の時もそういうチャレンジをしたと思うんだけど、今回は「本の広告とは何なのか」ということをめちゃくちゃ考えたわけ。

周啓　なるほど。

TaiTan　本というのは、書店に一冊だけあ

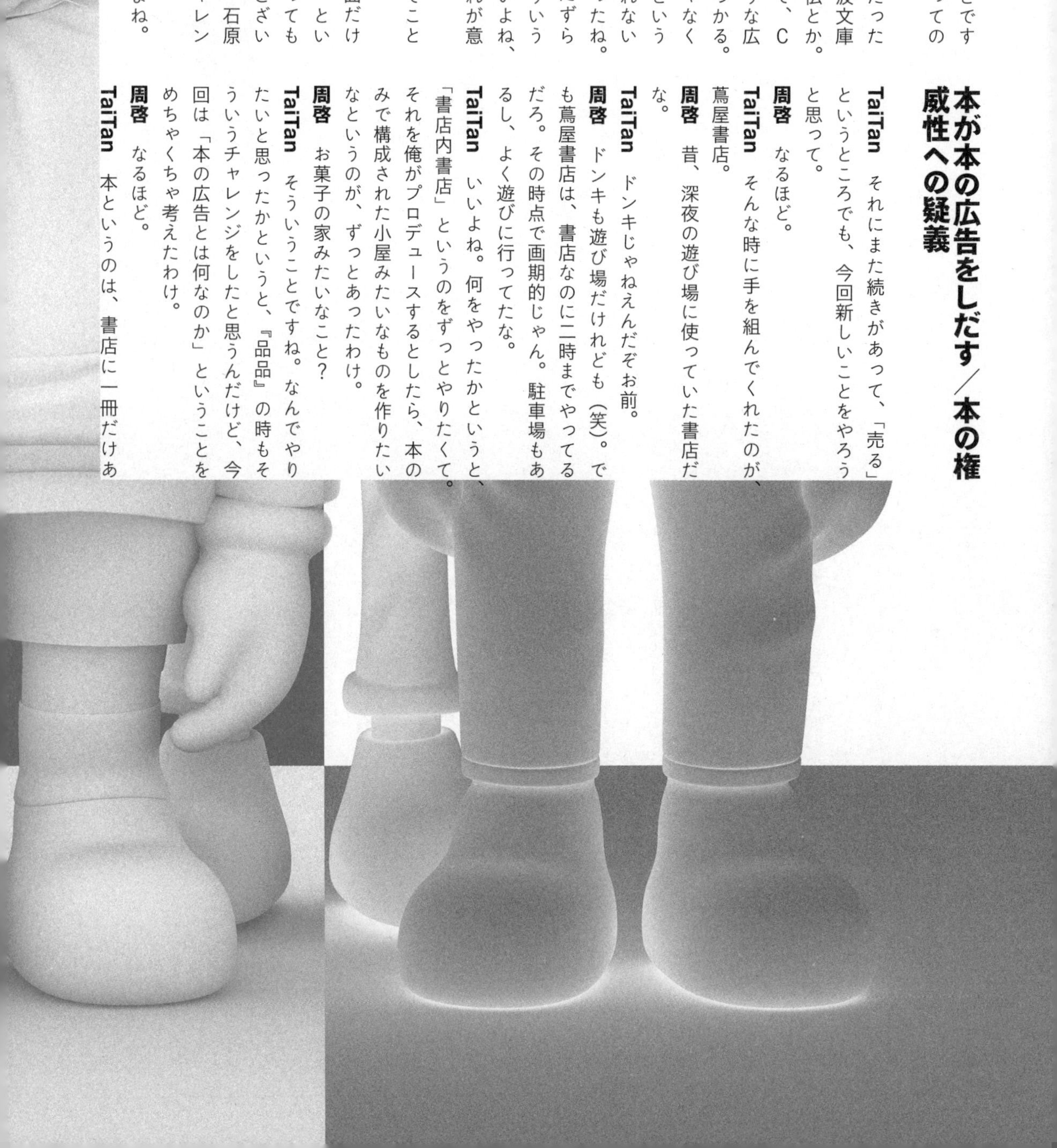

っても全く広告として機能しない。なんだけれども、それが二冊あったらどうなる、三冊あったらどうなる。四冊連なったらどうだ、五冊くらいになったらだんだん目立ってきたぞ……というように、つまり本というのは一冊単位では商品としての価値しか帯びないんだけど、それが五冊、十冊、二十冊と増えていけば、それ自体が物体として目立つ存在になっていく。

周啓　それこそ書棚に十冊並べたら、横長のポスターになるもんな。

TaiTan　そう。つまりだよ、本というマテリアルは、ある閾値を超えた瞬間に、単なる物体という概念を超えて、そのモノ自体がそれ自身の広告をしだすんですよ。それが究極の「本の広告」だと思ったわけ。

周啓　なるほど。

TaiTan　で、それじゃあそういう本の広告を作りましょうかと考えたんだけど、いや待て、そんな金は無えだろうと。もとより石原書房で出すと決めているんだから。

周啓　そうだな（笑）。

TaiTan　クビになるなよ、と俺は思ったけどね。

周啓　（笑）。

TaiTan　石原さんが会社を辞めるって時に連絡が来て、一緒に飯食ったんだけど。「俺、出版社にも顔が利くところがあるんで紹介しますよ」とか言いながらも、俺はエビチリを食いながら「クビになってんじゃねえぞテメー」と腹の中で思ってた。

周啓　失礼過ぎるだろ。なっちゃった人にかける言葉じゃないんだよ。

TaiTan　クビじゃねえんだよ（笑）。突っ込めよ。

周啓　クビじゃないの？（笑）

TaiTan　自主退職だよ。まあ冗談ですけれども、石原さんと独立出版社でやるんだったら、あらゆる面で挑戦しなかったら意味がないなと思っていたから。「本が本の広告をしだす」という現象を、マックスのレベルでやったらどうなるのかなっていうのを、めっちゃやりたいなと思ったわけ。

周啓　うんうん。

TaiTan　で、これを実現させてくれたのが蔦屋書店だったというね。その事の始まりもめっちゃ良くて、俺らがどこかの配信で、「本屋をやりたい」と話した回があったんだよね。それを聞きつけた蔦屋書店の人が連絡をくれて、「もし良かったら弊社と何かやりませんか」と言ってくれたんだよね。それで俺は「やりましょう！」って言って、それから三ヶ月くらい放置してたんだけど。失礼な奴だよなほんとに。

周啓　いや大丈夫だよ、元気出せよ。泣くなよ。

TaiTan　何だよ。そしてなんでお前は、その蔦屋のことを知らないんだ？（笑）

周啓　お前が言ってきてねえからだろうが（笑）。

TaiTan　言ったところでだろうが。お前はすぐツアーに出ちゃうんだから。

周啓　ふざけんな。俺はスナフキンじゃないんだよ。でも奇跡だと思うよ、本の広告のあり方について四、五行の返答をしている時点で。今日初めて聞いた話ばかりなのに。

TaiTan　そうだな（笑）。本の語り下ろしのタイミングで、今回の本のプロジェクトの全体を告げられてるっていうことだからね。

周啓　やっと今共有されて、「あ、そういう感じなんだ」って知りながら喋ってるんだから。

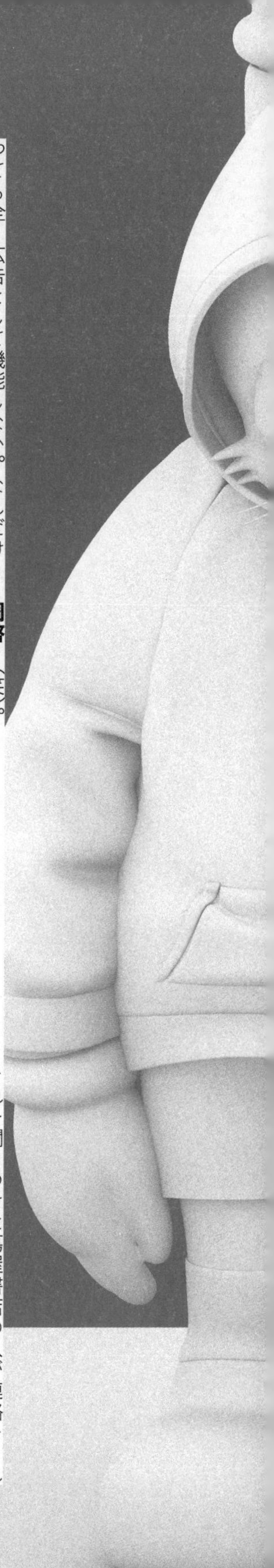

TaiTan　読者だよね。

周啓　読者なんだよ、俺は。

TaiTan　まあ三ヶ月放置して何も浮かばないな、と思っていたけど、蔦屋さんとの打ち合わせが発生したんだよ。「しばらく時間が経ったんで、顔合わせて喋りますか」みたいな。それがたしか十五時くらいだったんだけど、十四時くらいまで他の打合せがあって、やばい、なんの案もないぞと。このまま十五時に会って、俺が「なんか面白いことできたらいいっすね」って言った瞬間この案件は流れるなと思ったわけ。

周啓　そういうもんだよな。

TaiTan　「おもろいことやりましょうよ」系は絶対に実現しないから。だからこれは俺が何か持って行かなきゃいけないと思って、本の広告とか新しい書店の形とかを考えていたら、「本を本の広告に使えばいいんだ」と思いついたんだよ。

周啓　その一時間で。

TaiTan　そう。なんでお前は隣にいないんだよ。

周啓　話が来たことすら知らないんだよ、俺は（笑）。俺は鳩じゃないから、いつでもお前のところに帰ってくるわけじゃないんだよ。

TaiTan　あ、そうなの。まあ急いで資料をまとめたんだけど、これは面倒くさいだろうから、蔦屋側がOKを出してくれるか分からないなと思ってさ。でも説明したら、藤田さんという方なんだけど、「おもろいですね」とその場でOKを出してくれて。

周啓　懐が広いね。

TaiTan　五月時点ではどこまでできてるか分からないけど、そういう予定になったと、うまくいってたらいいなということですね。

周啓　希望的観測込みでね。

TaiTan　周啓君も今回の本の中の字を担当してくれて。それに対しての思い入れは何かある？

周啓　あるわけねえだろ。

TaiTan　「あるわけねえだろ」って何なんだよお前。

周啓　楽しそうだからやっただけなんだよ。

TaiTan　そして厳密には、まだやってないからね（笑）。

周啓　そう。五月三十日時点でやってないから、俺の字も希望的観測込みのあとがきだな。

TaiTan　未来の自分に、「うまくいってたらいいな」ってね。納期明日とかでおなじみの、字ね。

周啓　そうね。石原さんに「やって下さい」って言われて、「正直最短でいつ欲しいですか」って聞いたら出てきたのが六日後だったからね。

TaiTan　（笑）。もともとは周啓君がイラストを沢山描くっていうことになっていたんだけど、それを俺の三ヶ月放置よろしく、二ヶ月放置してたんだよね。

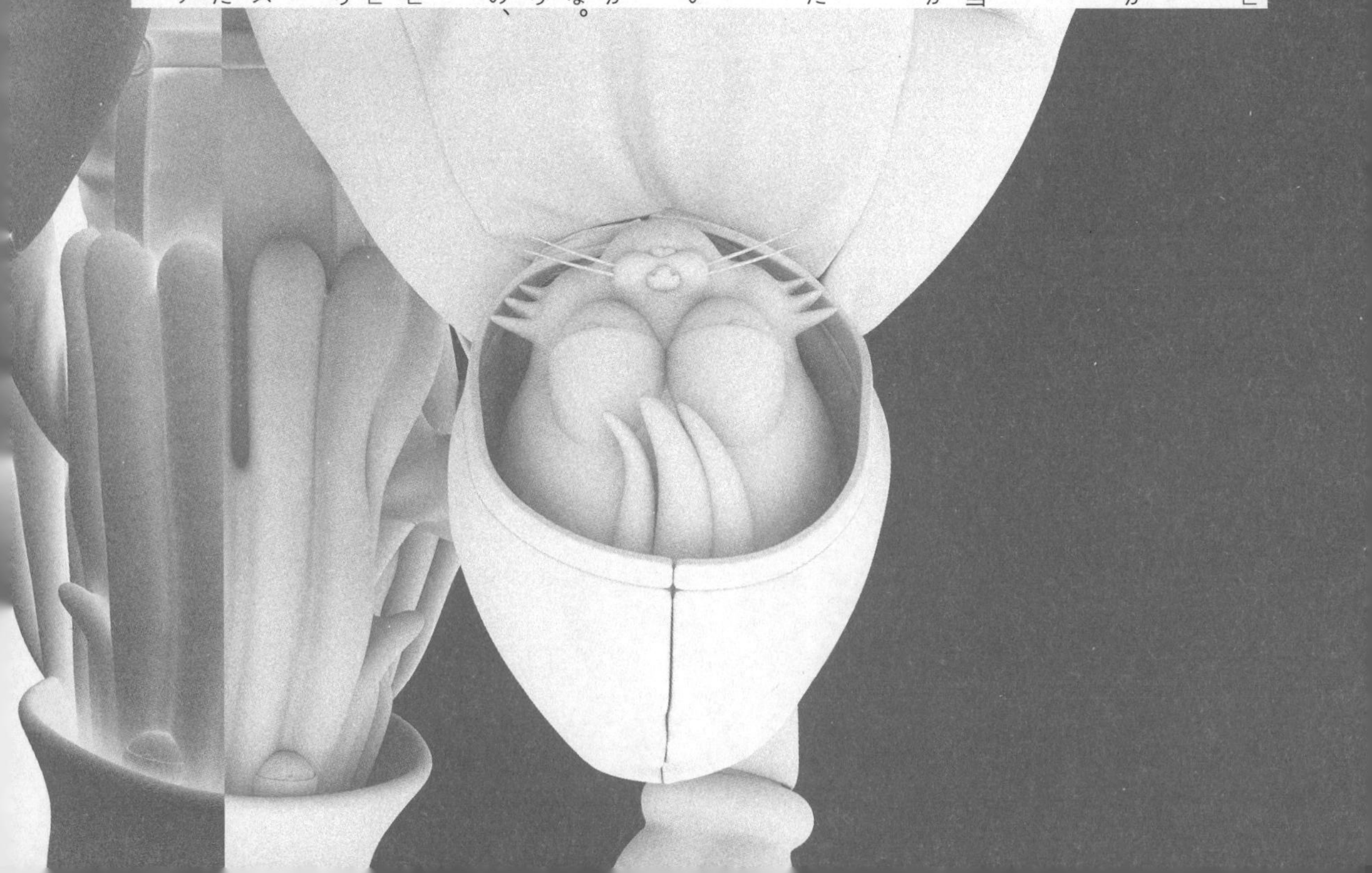

周啓　そうだな（笑）。というか、本の連絡が来ないから、まさか本当にやると思ってなかったっていうかね。でも、神戸の素晴らしいキャラクターがあったのでね。

TaiTan　バッティングしちゃうんじゃないかっていう懸念があったんだね。

周啓　濁るんじゃないかって。本自体がね。

TaiTan　そんなことないけどね。

周啓　でも最近は字を書いてる方が楽しいから、それでどうですかってことで石原さんに提案して。

TaiTan　でもあのタイトルの字はめっちゃ褒められたけどね。

周啓　あ、ほんと。「僕じゃなくて玉置君が書いたんです」ってちゃんと言った？

TaiTan　言ってない。「ありがとうございます」って言った。チームとして嬉しいです。

周啓　言えや。なんでアノニマスな奴が描いた字になってんだよ。それでいて俺の字に思想があるのか聞いてくんな。

TaiTan　ということで、周啓君が今日から明日にかけて描き上げる字にも注目して頂いて。

周啓　天気がよ。天気じゃないんだよ俺は。

TaiTan　他にもいろいろと、蔦屋の上でやるレセプションのパーティとか含めて、たった一冊の本を出すだけなのに、ここまでやれんだってことをどうにか証明したいんだよね。出版をするということは、こんなにも可変的な行為なんですよと。

周啓　なるほど。

TaiTan　既存のルールに従うだけじゃないんだということを、プロジェクト全体を通してやれたらなと思いましたね。特装版とかも、いろいろと。

周啓　特装版だってまぁあ珍しいでしょう？　CDじゃ当たり前かもだけどさ。

TaiTan　そう。本なのに特装版というのがおもろいと思うわけ。あたかもBalenciagaのように本を売るとしたらどうするんだろうね、というのを特装版でやっているんだよね。

周啓　いいじゃん。マジかよ。

TaiTan　俺はとにかく、本というものにめちゃくちゃ愛着があるからこそ、本に対して疑いも持っているわけよ。偉そうにすんなと。「本」とかいって。お前は本なんだよ。

周啓　って、お前は蔦屋書店とかで言ってるわけだろ。

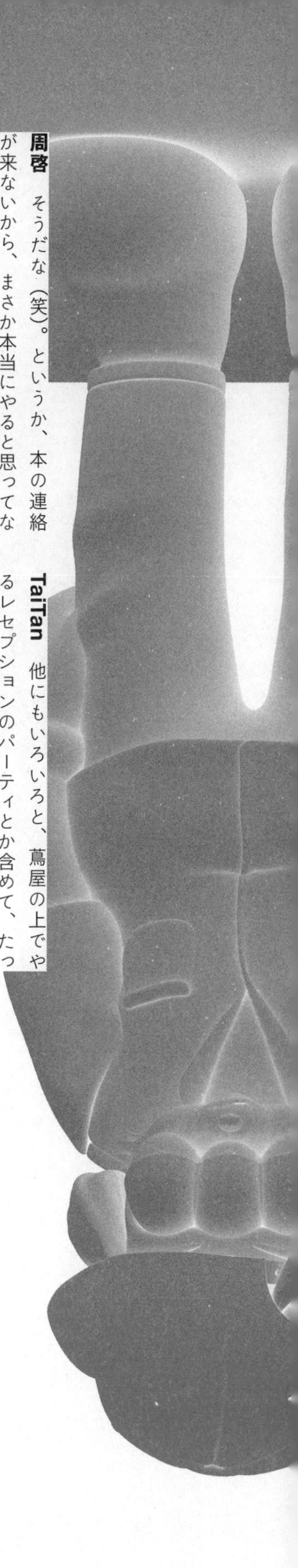

跋

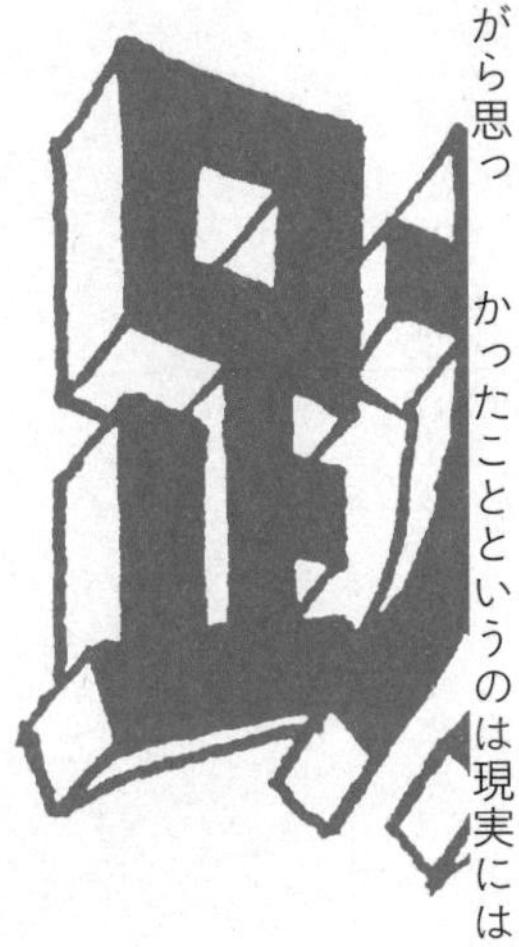

TaiTan　言ってるんだよ。B&Bでも、ABCでも言ってる。たかが本だぜ、商品じゃん、と思ってる。

周啓　ありえないんだよ（笑）。三十年後にやれよ、そういうのは。

TaiTan　俺はずっと、子供の時から本がマジで好きだから、だからこそ「本を読むのは偉いよね」とかいうムードがめっちゃ嫌いなの。自分が好きなものが、優等生キャラの小道具みたいになっているのがめっちゃ嫌なわけ。

周啓　なるほどね。そのレベルで本を好んで読んでいたわけではないからね。

TaiTan　そう。「こんなに面白いのに」って思っていて。だから、「野菜は美味しいから食うんだよ！　本は面白いから読むんだよ！」って言いながら書棚をポコポコ殴っている時に、「漫画雑誌風だ。一週間しか賞味期限がない、その低耐久性がその本というものの表現になっている、それによって広告も入れられて、それも表現になっている。全てが繋がったわ」というのを、画面を殴りながら思ってたんだよ。

周啓　何かを殴る奴は、捕まった方がいいんだよ。

TaiTan　「本なんて、ありがたがるようなもんじゃないんだ」というのを、この出版を通して伝えられると思ったんだよね。

周啓　なるほどね。出所後のお前からそれを聞けただけで、俺は満足だよ。

TaiTan　（笑）。

周啓　そういう思いが詰まった一冊が出来上がりましたってことだな。

TaiTan　マジで初めて共有しているから、本当に知らないことが多すぎて……（笑）。

周啓　そうだな（笑）。今のところ、おいしいパンと同じくらいの情報量なんだよ。「ふっくら仕上がりました」程度。

TaiTan　『カンブリア宮殿』見てる気持ちになってたでしょ。「ああ、そうなんだ」って。

周啓　じゃあ後記を書くよ。

TaiTan　まあ五月時点で喋ってることなんで、うまくいったこと、予想以上にうまくいかなかったことというのは現実には発生してると思うけれども、こういう構想の中でやってたということはお知らせしておきたいな、ということでございましたな。

周啓　それに、うまくいかなかったらインタビューとかでこういう話ができないわけだろ。だから何を考えていたかを保存しておくという意味では、先出しのあとがきということで。

TaiTan　うまく落ちたね。もしうまくいったら、ジャンプに読者アンケートのはがきが挟まってるだろ？　あれをやろうと思っているから。

周啓　一番面白くなかったエピソードは打ち切りな（笑）。

TaiTan　そんな残酷なシステムを……（笑）。でもやってもいいかもね。一番おもしろかったものと面白くなかったものを聞くので、良ければ送ってください。まあそんな感じで、『奇奇怪怪』第二弾、第一弾を超えるものになっていたらいいなと思います。

周啓　いい本になるでしょう。

TaiTan　拓太郎さんもありがとう。

周啓　ありがとうございました。

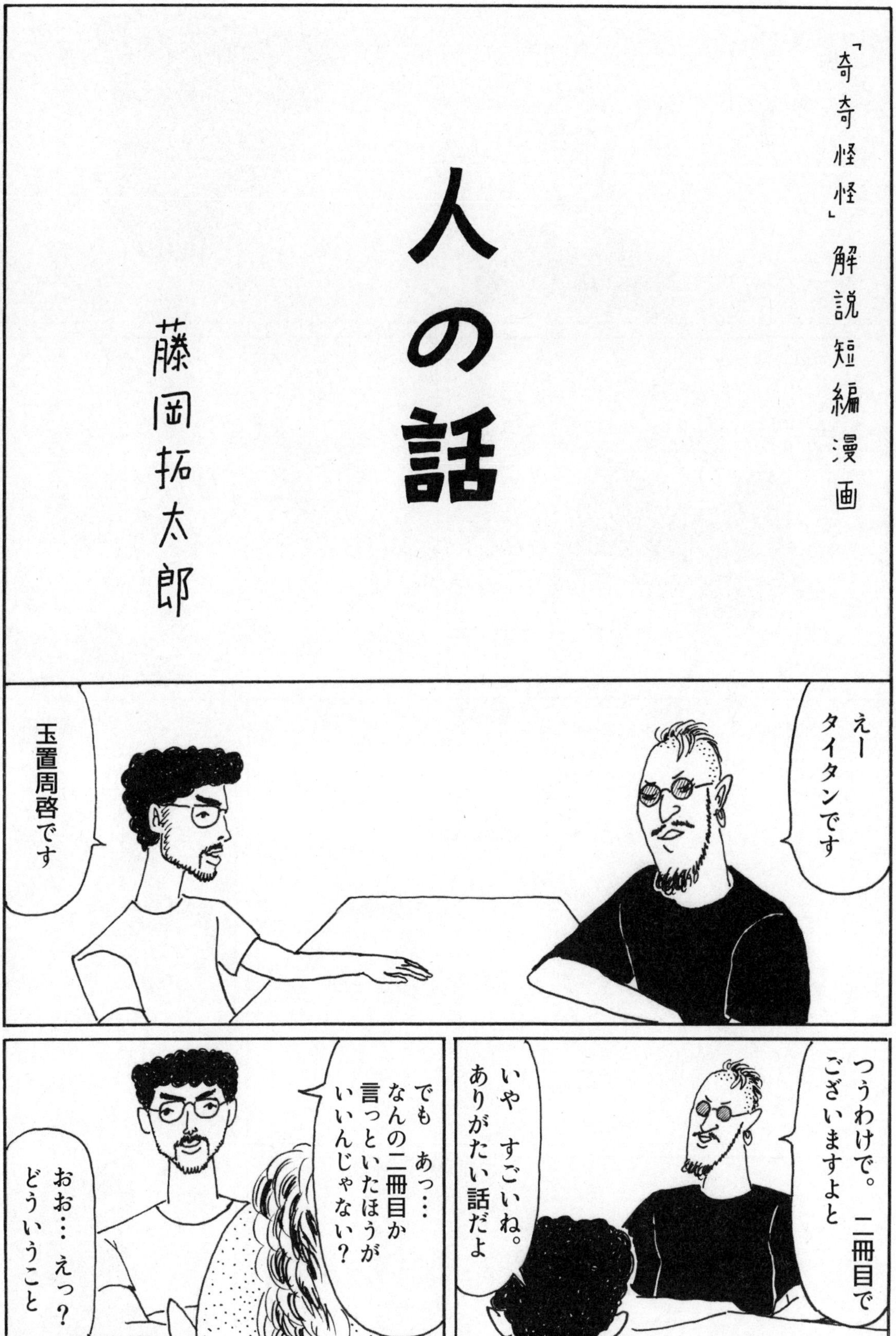
「奇奇怪怪」解説短編漫画
人の話
藤岡拓太郎
えー タイタンです
玉置周啓です
つうわけで。二冊目でございますよと
いや すごいね。ありがたい話だよ
でも あっ… なんの二冊目か 言っといたほうが いいんじゃない?
おお… えっ? どういうこと

世の中には　無数の
二冊目があるでしょう
おぉん
アラレちゃんの
コミックスの話かな？
と思うかも
しれないわけだよ
『Dr.スランプ』の第二巻を
今　ことほぐ奴は
いないんだよ
いない？　本当？
えぇっ
『奇奇怪怪』のね、
二冊目でございますよ
ゲラが今　手元に
ありますけども
各巻のタイトルを
眺めるだけでも、
いぞむものが
あるじゃない
ねえ。　どうですか
これだけ
喋ってきて
率直な
感想っつうのを
君にひとつ
たまわりたいね
ん〜
まあ
まぎかわす
っていうかね
確かにね。　しかし
よく喋ったね今回も
めぎった感覚は
少し　こう
あったかもしれないな
あ　ほんと。
それはいいことだね

君はどうなの
俺はもうね、完全に寺《てら》を帯《お》びたね
お前。それは言わない約束だろうが
くっくっくっくっ
安全猿《あんぜんざる》がよ
ポムの樹《き》ね。リアルポムの樹
いいんだよ それは(笑)感想を言えって
だから、まあ……
続けていく中でみどり高《こう》じて
ほんで 自分でも予想してなかったタイミングで
寺帯《てらお》びた

横犬《よこいぬ》が多い！
とにかく
まあまあまあ、
それは確かに
たんぱく質
どうこうじゃないんだよ
船がでかすぎるよなあ
弁護士がいちいち
木を登るようになったら
終わりじゃん
ひざが青けりゃ
いいってもんじゃないからね
接続詞を使えるのは
木曜だけになる
それこそ
魚の思う壺だね

淡水魚でごめんなさい
絶対言うと思った（笑）
くっくっ。今のでマイ天むすが底を突いたね
イタリアの旅館がよ
骨が憎い〜〜〜〜！
うぜえ（笑）
まあまあこれは30分でも喋れるテーマだから、また改めて話すとしてだね
あら、もうお時間ですか
こんな終わり方でいいのか（笑）どうもありがとうございました
終わり損《ぞん》だね（笑）
THE END

PIN PIN
PIN
CE

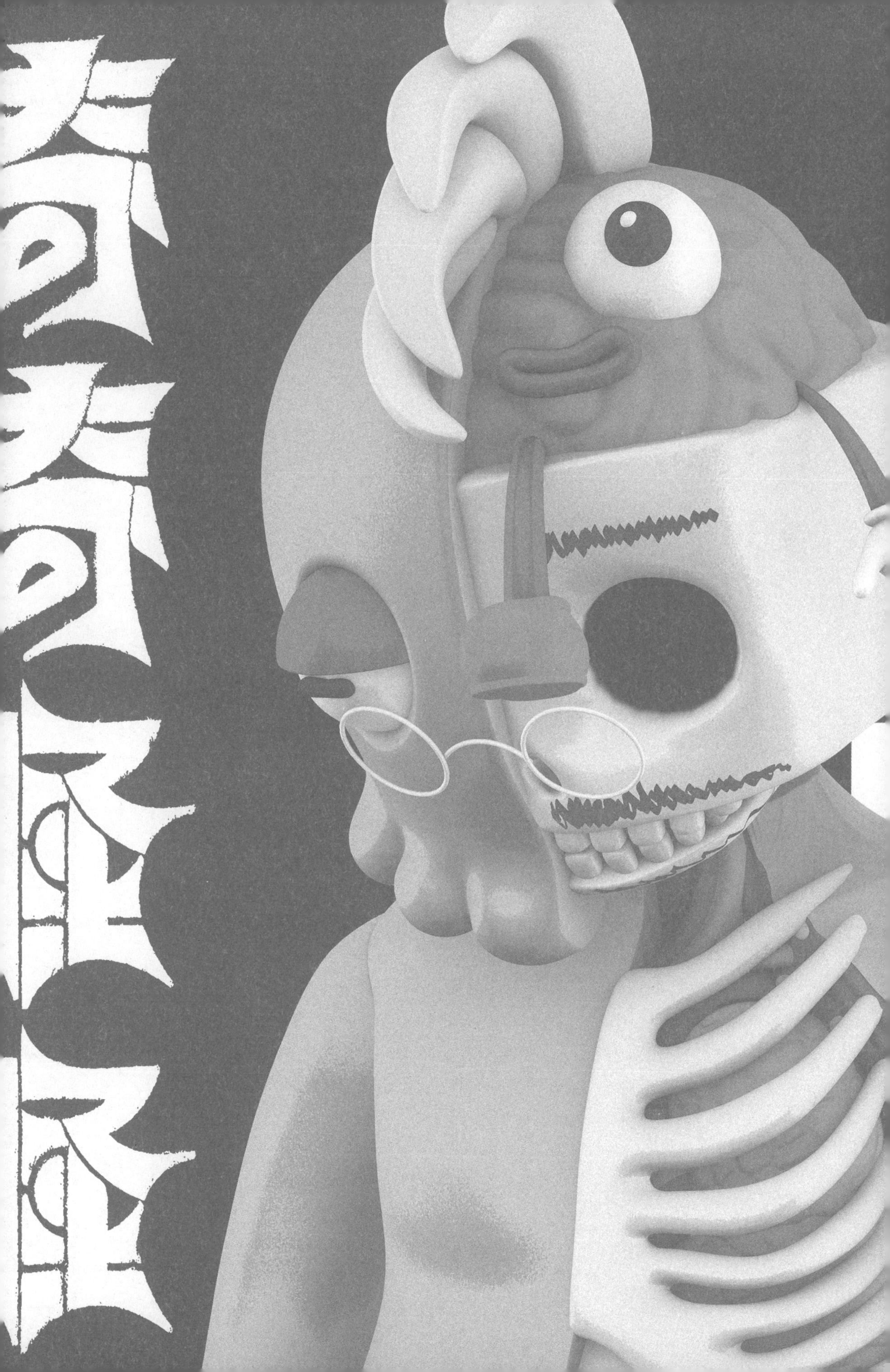

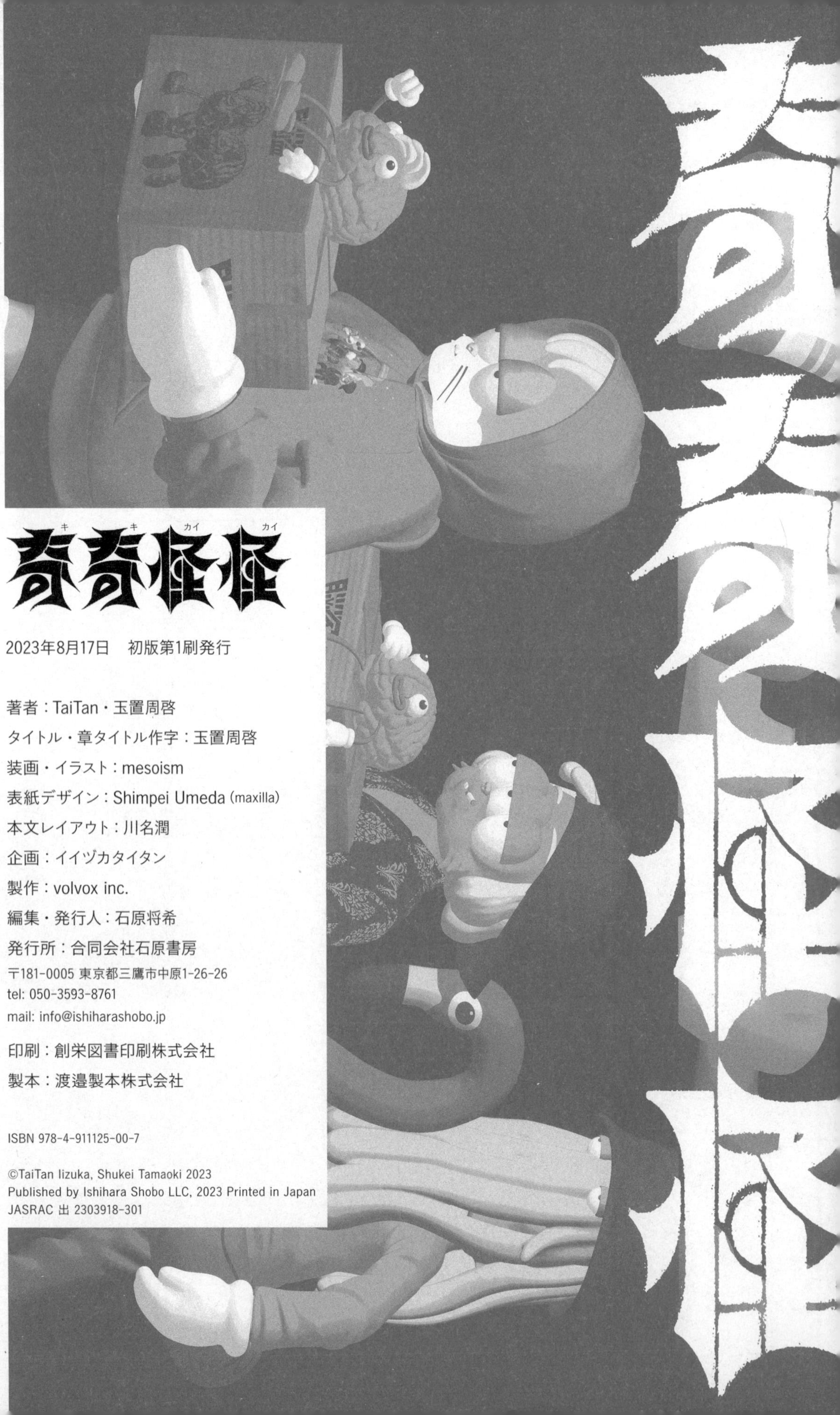

奇《キ》奇《キ》怪《カイ》怪《カイ》

2023年8月17日　初版第1刷発行

著者：TaiTan・玉置周啓
タイトル・章タイトル作字：玉置周啓
装画・イラスト：mesoism
表紙デザイン：Shimpei Umeda (maxilla)
本文レイアウト：川名潤
企画：イイヅカタイタン
製作：volvox inc.
編集・発行人：石原将希
発行所：合同会社石原書房
〒181-0005 東京都三鷹市中原1-26-26
tel: 050-3593-8761
mail: info@ishiharashobo.jp
印刷：創栄図書印刷株式会社
製本：渡邉製本株式会社

ISBN 978-4-911125-00-7